北方民族大学铸牢中华民族共同体意识研究文库

西夏文《三菩恒经典明灯》整理对勘研究

孙昌盛　著

社会科学文献出版社
SOCIAL SCIENCES ACADEMIC PRESS (CHINA)

本书受国家社会科学基金项目"西夏文藏传佛经'《本续》诸注疏'整理研究"（15BMZ017）资助

总　序

　　学科的出现和演变是人类对知识不断追求、探索的结果，也是现代高等教育的重要基础。虽然北方民族大学是一所年轻的大学，但其民族学学科伴随着学校的发展而壮大。20世纪80年代，著名元史专家邱树森先生兼任北方民族大学历史系主任期间，著书立说，培养人才，推进学科建设，为其后学科的快速发展奠定重要基础。北方民族大学民族学2003年获批中国少数民族史二级学科硕士点，2011年获批民族学一级学科硕士点，2018年获批民族学一级学科博士点，是宁夏回族自治区仅有的两个文科博士点之一。2019年获批民族学本科专业，2020年开始正式招生。目前拥有完整的学士、硕士、博士三级人才培养体系。经过近40年的发展，目前民族学学科团队成员40人左右。团队成员中有10余人次入选国家"万人计划"哲学社会科学领军人才、国家级"千百万人才工程"、国家民委突出贡献专家、自治区哲学社会科学领军人才等人才项目，获得国务院政府特殊津贴，累计申请国家级科研项目40余项，获得省部级以上人文社会科学奖励30余次。

　　近40年来，北方民族大学民族学学科始终贯彻党的民族理论和政策，坚持服务国家战略和地方需求，产出了较为丰硕的研究成果。在西夏研究、岩画研究、西北少数民族史研究、西北地区生态移民研究、边疆社会治理研究等方面已有不少学术建树。

　　中国特色社会主义进入新时代，中国民族学研究面临重大升级转型。

我校民族学学科抓住时代机遇，积极开展学科调整，以铸牢中华民族共同体意识为主线，开展各项教学、科研工作，目前初步形成了几个研究方向。一是立足重大理论问题，开展中华民族共同体建设的理论探索。主要聚焦"中华民族"概念的分析、党的民族政策和民族工作史的研究、中国特色民族理论体系构建等的开展。二是立足地方，深入挖掘各民族交往交流交融的历史与现实，包括农牧交错地带各民族交往交流交融史、黄河"几"字弯、中华民族多元一体发展史等。三是立足实际，在如何加强和改善党的民族政策、铸牢中华民族共同体意识的社区实践、维护边疆社会稳定、推动生态移民搬迁等问题上持续发力。此外，在学科建设上，持续开展有计划科研，大力引进人才，构建立体化的学科发展平台，等等。目前，形成了老中青结合的学术梯队，学历层次高，部分中青年学者在学术界崭露头角；积极参与"三交"史料汇编等重大国家级学术工程；出版《石榴花开：铸牢中华民族共同体意识》论文集、《中华民族共同体研究文摘》（第一辑）等。总之，经过几代人的努力，北方民族大学的民族学学科，科研实力不断增强，学术声誉不断提高，研究特色不断凸显，学科发展势头良好。

在新的历史背景下，以铸牢中华民族共同体意识为主线，大力挖掘学科发展潜力，精选民族学学科团队成员近年来的最新研究成果，展现我校民族学研究的最新风貌，主要包含中国民族学的学科建设问题、中华民族共同体建设的一般理论问题、各民族交往交流交融史、铸牢中华民族共同体意识的应用与实践等，是题中应有之义。

基于上述历史和现实背景，北方民族大学推出"北方民族大学铸牢中华民族共同体意识研究文库"。文库的顺利出版，受到学校领导和各部门的大力支持，同时也受到学术界的广泛关注，相信在各界人士的不断帮助下，北方民族大学民族学学科将承前启后，不断创新发展，为构建中国特色哲学社会科学的学科体系、学术体系和话语体系做出应有的贡献。

目　录

上　编
专题研究

上　编

专题研究

绪　论

一　西夏文本简介

1991 年 8 月至 9 月，宁夏文物考古研究所的考古工作者在位于贺兰山拜寺沟深处的西夏方塔废墟中发掘出土了 30 多种珍贵西夏文献。这些文献以西夏佛教文献为主，有西夏文《吉祥遍至口合本续》《吉祥遍至口合本续之科文》《吉祥遍至口合本续之广义文》《吉祥遍至口合本续之解喜解疏》和佛经长卷、经咒等；汉文有《大方广圆觉修多罗了义经略疏》卷下、《佛顶心陀罗尼经》、《圣妙吉祥真实名经》[①]、《吉祥上乐轮略文等虚空本续》、《异本救诸众生一切苦难经》、《吉祥出有坏现观》[②]、仁宗乾祐十一年（1180）施经发愿文等。非佛教文献仅有汉文佚名"诗集"。此外，还有墨书汉文大安二年（1075）建塔的塔心柱题记等。[③] 在方塔出土文献中，保存最完整、数量最多的是西夏文《吉祥遍至口合本续》及其释续《吉祥遍至口合本续之解喜解疏》、《吉祥遍至口合本续之广义文》和《吉祥遍至口合本续之科文》。本书整理研究的对象为《吉祥遍至口合本续》的两种释续《吉祥遍至口合本续之解喜解疏》和《吉祥遍至口合本续之广义文》。

---

① 《圣妙吉祥真实名经》在宁夏文物考古研究所编著《拜寺沟西夏方塔》（文物出版社，2005）一书中拟名为《初轮功德十二偈》，误。
② 《吉祥出有坏现观》在《拜寺沟西夏方塔》一书中拟名为《修持仪轨》，误。
③ 孙昌盛：《西夏方塔塔心柱汉文题记考释》，《考古与文物》1997 年第 1 期。

  《吉祥遍至口合本续之解喜解疏》全本五卷，现存四卷，均为木活字版印本，白麻纸精印，蝴蝶装。有的有封皮，封皮左上侧贴有刻印的长条书签，书签经名外环以竖长方形边框。卷一无封皮，正文完整，21叶，9000余字；卷二为残本，存18叶，有13叶为全叶，余为残叶，7000余字；卷三为残本，21叶，仅7叶为全叶，余为残叶，4000余字；卷五完整，有封皮，正文24叶，1万余字。《吉祥遍至口合本续之解喜解疏》版框高均为30.5厘米，宽19.4厘米。每叶四界有子母栏，栏距上下23.5厘米，左右两面各宽15.5厘米，无界格。天头、地脚及两侧，皆宽约3.5厘米。每面（半叶）10行，满行者22字。字大小约1厘米见方，间有小体字。书口宽1.2厘米，无象鼻、鱼尾，上半为卷号，下半为页码。页码有汉文，也有西夏文。正文首叶首行为经名，顶格；第2—4行低四格，为著者、传者、译经者人名题款，用小体字。最后一叶末行也有题款，字大小与正文同。①

  《吉祥遍至口合本续之广义文》全本是上下两卷，现存上卷为残本，下卷完整，木活字版印本，白麻纸精印，蝴蝶装。有封皮、扉页，封皮左上侧贴有刻印的长条书签，书签经名外环以竖长方形边框。封皮里侧另有褙纸，褙纸为佛经残纸。正文有26叶，1.1万余字。版框高均为30.5厘米，宽19.4厘米。每叶四界有子母栏，栏距上下23.5厘米，左右两面各宽15.5厘米，无界格。天头、地脚及两侧，皆宽约3.5厘米。每面（半叶）10行，满行者22字。字大小约1厘米见方，间有小体字。书口宽1.2厘米，无象鼻、鱼尾，有汉文页码。正文首叶首行为经名，顶格；第2—4行低五格，为著者、传者、译经者人名题款，用小体字。最后一叶末行也有题款，字大小与正文同。②其内容可分为两部分，前半部是对《吉祥遍至口合本续》中的一些密教修法、仪轨和密咒等进行注释，后半部分记载的是印度大成就者毗卢巴、黑行师等的传奇证道故事。

---

① 《拜寺沟西夏方塔》，第102—144页。
② 《拜寺沟西夏方塔》，第88—102页。

　　《吉祥遍至口合本续之解喜解疏》和《吉祥遍至口合本续之广义文》
两种西夏文本的藏文底本作《三菩怛经典明灯》（*dpal Saṃbuṭavi rnam
bshad gzhung gsal bavi sgron ma*），故本书最终名为《西夏文〈三菩怛经
典明灯〉整理对勘研究》。

二　前人研究

　　西夏文佛经的研究历史几乎与解读西夏文字的历史一样古老。在黑
水城文献出土之前的 1904 年，法国学者毛利瑟（M.G.Morisse）就曾利用
西夏文《妙法莲华经》残卷研究西夏语言文字。后来，随着黑水城文献
的出土，学者开始利用佛教文献研究西夏语言文字，同时也开始解读西
夏文佛教文献。尤其是近年来，解读西夏语译的佛教文献之成果越来越
多。但是，解读译自藏文的西夏文佛教文献数量并不多，原因有二：一
是大多数西夏学学者并不掌握相应的藏文知识；二是译自藏文的西夏文
佛教文献中存在许多与中原佛教术语不同的难以理解的藏式意译词。这
些就成为制约学界解读西夏语译藏传佛教文献的因素。

　　《吉祥遍至口合本续》及其注释续《吉祥遍至口合本续之解喜解疏》
《吉祥遍至口合本续之广义文》出土以后，曾引起学界的广泛关注。1994
年国家社科规划办立项"方塔出土西夏文献研究"，对这些文献进行了外
观描述并影印出版。牛达生从版本学、印刷史方面进行研究，认为这些
文献采用木活字技术印刷，是我国现存最早的木活字版印本实物之一。[①]
聂鸿音和孙昌盛分别通过对《吉祥遍至口合本续》的卷首题款进行译考，
认为该文献系由克什米尔论师迦耶达啰（Gāyadhara）传到西藏，并由他
和西藏著名译师桂·枯巴拉拶（vgos khug pa lhas btsas）从梵文译成藏文，

---

① 牛达生：《我国最早的木活字印刷品——西夏文佛经〈吉祥遍至口和本续〉》，《中国
印刷》1994 年第 2 期。

西夏僧人毗菩提福从藏文译成西夏文。^①同时，聂鸿音还对《吉祥遍至口合本续》卷五中的一些西夏文咒语进行译释。通过释读，总结了西夏人翻译梵文咒语中使用小字的一些规律：小字"引"表示梵文长元音，"鼻音的小字表示要在前面大字后面加上鼻音韵尾，非鼻音的小字表示要和前一个大字一起念成带复辅音的音节"等。^②《吉祥遍至口合本续》的藏文译本在《藏文大藏经》中未收录，沈卫荣凭借深厚的西藏佛教史知识，在浩如烟海的藏文文献中同定出与西夏文《吉祥遍至口合本续》一致的藏文本为迦耶达啰和卓弥·释迦益西（vbrog mi shākya ye shes）翻译的《真实相应大本续》（yang dag par sbyo rba zhes bya bavi rgyud chen po），并对《吉祥遍至口合本续》和《真实相应大本续》之间的关系以及《藏文大藏经》中未收录藏文本《吉祥遍至口合本续》予以考证。^③孙昌盛在对西夏文《吉祥遍至口合本续》全文解读的同时，还与藏文本《真实相应大本续》进行了对勘和整理研究。^④经过学界的不懈努力，《吉祥遍至口合本续》的源流和甚深密意渐为人所熟知。

关于《吉祥遍至口合本续之解喜解疏》《吉祥遍至口合本续之广义文》，仅孙昌盛通过两种文献卷首题款对它们的著者、到西夏的传经者进行考证，^⑤对它们的全文解读尚无人问津。

三　本书内容概述

《吉祥三菩怛经典明灯》的集撰者为藏传佛教俄派噶举高僧俄·协当

---

① 聂鸿音：《贺兰山拜寺沟方塔所出〈吉祥遍至口和本续〉的译传者》，《宁夏社会科学》2004年第1期；孙昌盛：《西夏文佛经〈吉祥遍至口和本续〉题记译考》，《西藏研究》2004年第2期。

② 《拜寺沟西夏方塔》，第425—435页。

③ 沈卫荣：《西夏文藏传续典〈吉祥遍至口合本续〉源流、密意考述（上）》，杜建录主编《西夏学》第2辑，宁夏人民出版社，2007，第92—98页。

④ 孙昌盛：《西夏文〈吉祥遍至口合本续〉整理研究》，社会科学文献出版社，2015。

⑤ 孙昌盛：《方塔出土两部西夏文藏传续典源流考》，《北方民族大学学报》2020年第4期。

多吉（rngo zhe sdang rdo rje，1090—1166），由俄派噶举高僧不动金刚（mi bskyod rdo rje）把它传到西夏，然后又由西夏报恩利民寺僧人毗菩提福从藏文译成西夏文。西夏本《吉祥遍至口合本续之解喜解疏》是藏文《吉祥三菩怛经典明灯》的主体，而藏文本中的一些咒颂、佛教专词、人物故事等注释性内容，西夏人则单独另辑成册，取名《吉祥遍至口合本续之广义文》，两个西夏文本合在一起就是一部完整的藏文本《吉祥三菩怛经典明灯》。

西夏文《吉祥遍至口合本续之解喜解疏》《吉祥遍至口合本续之广义文》是《吉祥遍至口合本续》的注释续，藏文底本为《吉祥三菩怛经典明灯》。本书是对西夏文译本《吉祥遍至口合本续之解喜解疏》《吉祥遍至口合本续之广义文》与它们的藏文本《吉祥三菩怛经典明灯》进行的整理和对勘研究，全书分为专题研究和译注对勘两部分。专题研究主要是从西夏文本的著者和传者、藏文底本、整理与校勘、西夏字词释义，以及藏式佛教译词的解读等方面进行研究。译注对勘对两种文本进行详细的对勘，确定西夏文本中大量残叶的顺序，校正西夏文本中的印刷错误，并对西夏文本进行译注。

在以往的著作中，如《拜寺沟西夏方塔》《中国藏西夏文献》等，对《吉祥遍至口合本续之解喜解疏》《吉祥遍至口合本续之广义文》个别残叶的归属、顺序编排都存在一定错误。本书在对勘过程中，依据藏文底本把这些错误编序的页码予以订正。另外，在西夏文本中还存在颇多的印刷错误，其中最突出的错误是形近字混淆、前后颠倒等，共有错误数十处之多，本书对这些错误也逐一进行勘正。同时，本书利用藏文底本还对学术界目前不识或理解不准确的个别西夏文字义和词义进行补识，如毲、糚、瀢、鿥骸、糩瀢、瓛瀢等。

本书的另一个突出成果是对西夏译藏传佛教文献中的藏式佛教名词术语进行解读。汉传佛教和藏传佛教在西夏同时存在，而西夏语译佛经中佛教术语也并存着以音译为主的中原风格和以意译为主的藏传风格。

如"阿罗汉"在西夏文佛经中至少有𗁅𘀄𘉑、𗣼𗂧两种译词，𗁅𘀄𘉑明显是音译汉语"阿罗汉"（梵文 Arhant 的音译）；而𗣼𗂧（毁敌）是意译藏文 dgra bcom pa（毁敌、杀贼），指梵文 Arhant。类似于𗣼𗂧（毁敌）这样的藏式意译词是西夏文直译藏文形成的，它们在西夏译的藏传佛教文献中普遍存在。对于这种西夏文译词，即使每一个字都认识，但把它们合在一起也很难明白它指什么，这就给我们今天解读西夏文文献带来了很大的困难。西夏文《吉祥遍至口合本续之解喜解疏》《吉祥遍至口合本续之广义文》译自藏传佛教文献，其中藏式意译词数量众多。本书在译注过程中，通过夏藏文本对勘，确定了那些令人费解的西夏文藏式意译词对应的藏文词，也就是把这些直译自藏文的西夏字词还原到藏文语境，借助藏文来准确理解和翻译这些西夏文词语。本书利用这种方法释读了近千个西夏文藏式意译词，希望有助于深化人们对西夏语译藏传佛教文献中独具特色的藏式意译词的认识。

第一章 西夏文本源流考

藏传佛教在西夏比较流行，但藏传佛教在西夏是如何发展、流传的，因受多方原因之掣肘，人们所了解的情况极其有限。现存西夏文献中有大量藏传佛教文献，这就需要我们花费大量精力在浩如烟海的藏文佛教文献中找出西夏语译藏传文献的藏文原本，以此来确定它们的来历，再通过不同文本的对勘和比较研究，以及对著者、译者的身份考证，大致确定这些文本传承的年代，并读懂这些文本所涉及的藏传佛教义理，从而勾勒出藏传佛教在西夏传播的历史脉络。长期以来，对与《吉祥遍至口合本续》密切相关的方塔出土西夏文藏传密续《吉祥遍至口合本续之解喜解疏》《吉祥遍至口合本续之广义文》两种文献，人们仅仅知道它们译自藏文，对它们的著译者、传者、藏文底本以及具体内容等知之甚少。为了能使学者对这两种文献有一个更全面、更深入的了解，下面从文献学的角度，对《吉祥遍至口合本续之解喜解疏》和《吉祥遍至口合本续之广义文》的藏文著者、西藏到西夏的传经者，以及这两种文献与藏文底本的关系等做一介绍，以期为研究藏传佛教在西夏的传播与影响提供更多的材料。

第一节 西夏文本的著者、传者

拜寺沟方塔出土的西夏文《吉祥遍至口合本续之解喜解疏》和《吉祥遍至口合本续之广义文》各卷，存卷首者均有相同的西夏文题款：

𗕥𗧀𗤁𗤒𗒹𗤀𗄍𗤢𗄡𗆧𗑠𗧻𗇊　　　𗀯

𗉖𗢳𗧑𗇐𗤒𗤙𗤙𗤢𗄍𗒹𗧻𗇊　　　𗆊

𗥃𗒐𗤠𗦳𗄼𗄡𗥃𗆟𗐔𗆐𗒹𗤙𗄲　　　𗧄

汉译为：

蕃中国 ① 大善知识俄·忿怒金刚师　　集

四续善巧国师弥啰·不动金刚师　　传

报恩利民寺副使毗菩提福番　　　　译

通过题款知《吉祥遍至口合本续之解喜解疏》和《吉祥遍至口合本续之广义文》两部文献都是由西藏大善知识俄·忿怒金刚师集撰，由四续善巧国师弥啰·不动金刚师传播到西夏，西夏报恩利民寺副使毗菩提福译成西夏文。

在藏文佛教史料中，名作忿怒金刚、不动金刚的人有很多，题款中"俄·忿怒金刚"可以勘同为藏文文献中的哪一位？笔者曾对西夏文佛经题款中"俄·忿怒金刚"的身份进行推测，认为此人可能是藏文文献中的俄·协当多吉（rngo zhe sdang rdo rje，意为"忿怒金刚"）。俄·协当多吉属卫藏雄日沃地方的俄（rngo）氏家族，其父俄·却杰多吉（rngo chos kyi rdo rje），是西藏大译师玛尔巴（mar pa）的"四大柱弟子"之一，是西藏佛教史上的著名大德，由他发展出了俄派讲解教法传承。却杰多吉的弟子众多，其中最有影响的是俄·协当多吉，也即他的儿子。俄·协当多吉与西夏文题款中的俄·忿怒金刚不仅均属俄氏家族，而且人名也相同，只不过一为音译，一为意译。另外，俄·协当多吉生于

---

① 　西夏文𗧀𗕥（中国）是藏文 dbus vgyur（中国、中土）之对译，其并非指中原，也非指中天竺，而是指佛教徒所说的正统佛教流行之中心。

1090 年，卒于 1166 年，与西夏文题款中"俄·忿怒金刚"的生活时代相当，更重要的是二人均善于做本续的讲解。所以，俄·协当多吉与西夏本中的"俄·忿怒金刚"或为同一人。①

多年前，德国莱比锡大学侯浩然博士向笔者提供了一条重要信息，他在《俄派师徒文集》中发现一部俄·协当多吉所著文献可以与《吉祥遍至口合本续之广义文》部分段落同定。根据这一线索，笔者在《俄派师徒文集》中找到了俄·协当多吉撰写的那部文献，其名《吉祥三菩怛经典明灯》。②通过夏藏文文本的仔细对勘，《吉祥三菩怛经典明灯》不仅包含《吉祥遍至口合本续之广义文》，也包括《吉祥遍至口合本续之解喜解疏》四卷本的所有内容。至此完全可以确定，方塔出土两部西夏文藏传密续题款中的"俄·忿怒金刚"就是藏文文献中俄·却杰多吉之子俄·协当多吉。

其实，俄·协当多吉在藏传佛教史上的影响并不比他的父亲俄·却杰多吉小。他的事迹在《青史》里有详载：俄·协当多吉又名俄·多德（rngo mdo sde），他在世期间"广传灌顶、密续、秘密教授等诸法类，作出极大的利益众生之事业。人们认为他是一位具有大福德的藏族密修士。他曾亲见包括无我母等在内的十五尊女神，获得方便道。因此，他能运用方便道真实通达诸弟子无生胜义，讲说如《大宝庄严》等诸多论典。他在尼木居召集了秦钦波，以及香喇嘛等九大善知识举行大法轮会"。③他是藏传佛教后弘期初期的一位著名学问僧。俄·协当多吉在藏传佛教史上的突出贡献还在于他融百家之长，继承并发展了其父的密续讲说传规。他曾亲近惹译师、巴操、涅地的甲诺·达哇俄色、徐普译师穹奈坚赞、念译师、桑嘎·帕巴喜饶、坝日译师、玛译师等大德，④撰写了各种

① 孙昌盛：《西夏文佛经〈吉祥遍至口和本续〉题记译考》，《西藏研究》2004 年第 2 期。
② 俄·秋谷多吉等：《先哲遗书·俄派师徒文集》第 226 册，中国藏学出版社，2013，第 88—252 页。
③ 管·宣奴贝：《青史》，王启龙、还克加译，中国社会科学出版社，2012，第 371 页。
④ 管·宣奴贝：《青史》，第 371 页。

密续疏释，涉及《喜金刚续》（*kyevi rdo rje*）、《无我母续》（*bdag med ma*）、《密集续》（*gsang vdus*）、《摩诃摩耶》（*mahāmāya*）、《四座》（*gdan bzhi*）等法类，仅收录在《俄派师徒文集》中的作品就有近 30 种，其中就包括《吉祥三菩怛经典明灯》。他培养的门徒众多，著名的有扎·达玛惹乍（rsags Dharmarāja）、让·多吉扎（ram rdo rje grags）、噶·扎西仁钦（vgar bkra shis rin chen）、哲沃·多吉贡波（tre bo rdo rje mgon po）等共 360 多位。① 他与俄派诸大德对藏传佛教诸密续的讲释极为广泛，对玛尔巴传出的密续讲解之规贡献极大，被"称作由尊者玛尔巴噶举传出的俄巴噶举"。②

　　不动金刚是把这两部藏传密典传播到西夏的传经者。他在西夏文献中首次出现，以往除了知道其为西藏僧人，曾到西夏传法被西夏封为四续善巧国师之外，别无所知，更不能确定他是藏文文献中的哪位不动金刚。笔者在研读《俄派师徒文集》中发现，与俄·协当多吉生活时代相近的俄派高僧中有一位弥觉多吉（mi bskyod rdo rje）符合西夏文题款中的"不动金刚"身份。首先，两者人名一致，"不动金刚"还原成藏文为 mi bskyod rdo rje，即"弥觉多吉"。其次，《俄派师徒文集》中有弥觉多吉极其简略的生平介绍，据载他为协当多吉的再传弟子，曾于智者贾·虚空自在（rgya nam mkhav dbang phyug）处听闻《密集》等法类，通达一切俄派注释续口诀。③ 换言之，弥觉多吉传承了俄派噶举的密续讲解传规，尤其以注疏《密集续》而著称，《俄派师徒文集》中就收录了他的数种著作。而西夏本中的"不动金刚"是把俄·协当多吉的多种密续讲解文本传播到西夏的藏族高僧，并被西夏封为四续善巧国师，表明其亦传承着俄·协当多吉密续讲解之风。最后，弥觉多吉还秉承着楚普

① 俄·秋谷多吉等：《先哲遗书·俄派师徒文集》第 224 册，第 9—11 页。
② 措如·次朗：《藏传佛教噶举派史略》，王世镇译注，宗教文化出版社，2002，第 30 页。
③ 俄·秋谷多吉等：《先哲遗书·俄派师徒文集》第 250 册，第 8 页。

寺（mtshur phur）之典籍注疏与佛法传承。① 楚普寺是噶玛噶举初期的主寺，与西夏王室联系密切。该派创始人都松钦巴（dus gsum mkhyen pa，1110—1193）曾派遣自己的弟子格西藏波瓦（dge bshes gtsang po ba）到西夏传法，后者被西夏王尊为上师，传授藏传佛教的经义和仪轨，并组织力量翻译佛经。后来在都松钦巴修楚普寺白登哲蚌宝塔时，西夏王又献赤金璎珞、经幢、华盖等饰物。都松钦巴圆寂后，在其焚尸处建造吉祥聚米塔，格西藏波瓦又在西夏做贡献，以金铜包饰此塔。② 楚普寺与西夏王室之间的关系，为身兼俄派讲经传承和楚普寺佛寺传承之责的弥觉多吉到西夏弘传俄派噶举密续创造了条件。所以，尽管《俄派师徒文集》弥觉多吉生平简介中没有他去西夏传法的记载，但我们有理由相信，在西夏传法的不动金刚极有可能是《俄派师徒文集》中的俄派大德弥觉多吉。

第二节　西夏文本与藏文本《三菩怛经典明灯》

如前所述，《吉祥遍至口合本续之解喜解疏》和《吉祥遍至口合本续之广义文》两部藏传续典是由藏文本译出，它们的藏文名称为何，内容如何，在此之前学界并不知情。事实上，《吉祥遍至口合本续之解喜解疏》和《吉祥遍至口合本续之广义文》也不是学术界宣称的"海内外孤本""是藏密经典中的唯一传本"，③ 它们的藏文本仍完整存留，名为《吉祥三菩怛经典明灯》。"三菩怛"梵文作 Saṃbuṭa，又作 Saṃbuṭa tantra，译为《三菩怛本续》。《三菩怛本续》即《藏文大藏经》中的《真实相应大本续》，西夏文译本名为《吉祥遍至口合本续》。④ 顾名思义，《吉祥三

---

① 俄·秋谷多吉等：《先哲遗书·俄派师徒文集》第 250 册，第 8 页。
② 巴卧·祖拉陈哇：《〈贤者喜宴〉译注（一）》，黄颢译注，《西藏民族学院学报》1986 年第 2 期。
③ 牛达生：《西夏文佛经〈吉祥遍至口和本续〉的学术价值》，《文物》1994 年第 9 期。
④ 沈卫荣：《西夏文藏传续典〈吉祥遍至口合本续〉源流、密意考述（上）》，杜建录主编《西夏学》第 2 辑，第 92—98 页。

菩怛经典明灯》是《三菩怛本续》的注疏文，也就是《吉祥遍至口合本续》的注疏文。那么，为什么《吉祥三菩怛经典明灯》传到西夏被分成《吉祥遍至口合本续之解喜解疏》和《吉祥遍至口合本续之广义文》两部不同文本？它们之间又有怎样的关系呢？

若要回答上述问题，我们不妨先看看《吉祥三菩怛经典明灯》的主要内容。《吉祥三菩怛经典明灯》共分十节，每节四品。

第一节第一品解说《四座》《喜金刚》语相续生起之法；第二品讲解《胜乐》《喜金刚》秘密次第；第三品《金刚甘露生起》《佛平等合》《胜乐》等三部续；第四品生圆次第之果以及了义和不了义。第二节第一品解说一切本续之共同所依；第二品方便续与《密集》之菩提心；第三品《喜金刚》释续之共同法和不共同法；第四品《四座》之释续。第三节第一品《喜金刚》之因位和果位金刚持生长次第；第二品《四座》之生长次第；第三品喜金刚十五天母修行方式；第四品《胜乐》《佛平等合》释续。第四节第一品《喜金刚》《四座》《胜乐》之诸释续；第二品智慧灌顶之所依；第三品庄严之形相等；第四品诸语表。第五节第一品《胜乐》《喜金刚》供养成法之会供轮；第二品皈依处、果与道；第三品行业；第四品诸续之行业法。第六节第一品《四座》之加持法；第二品《四座》释续；第三品《四座》释续之四次第；第四品《四座》之密座和《喜金刚》释续。第七节第一品《喜金刚》果之羯磨集；第二品《喜金刚》成为护摩尊之业；第三品《喜金刚》咒颂结合之法和幻轮羯磨；第四品《喜金刚》护摩等羯磨修供之法。第八节第一品四种真性；第二品《四座》之教诫法；第三品迁识修定法及智慧之差异；第四品四种迁识往生。第九节第一品《四座》《佛平等合》之释续；第二品《胜乐》《四座》之施食仪轨和会供轮；第三品胜住加持；第四品达麻噜之性气与会供轮法。第十节第一品金刚上师之性气与灌顶法；第二品相应之果；第三品诸加持；第四品护摩拒罪与生起果法等。

西夏文《吉祥遍至口合本续之解喜解疏》亦为十节四十品，完本为五卷，现存四卷。由其卷首题款可知，它与藏文本《吉祥三菩怛经典明灯》的作者均为俄·协当多吉（俄·忿怒金刚），再与藏文本对勘，《吉祥遍至口合本续之解喜解疏》的品节、次序和内容与《吉祥三菩怛经典明灯》一致，可以同定《吉祥遍至口合本续之解喜解疏》的藏文底本就是《吉祥三菩怛经典明灯》无疑。虽然二者可以同定为同一文献，但是《吉祥遍至口合本续之解喜解疏》和《吉祥三菩怛经典明灯》之间仍有细微区别。二者之区别，一方面，《吉祥三菩怛经典明灯》中的部分内容未载于《吉祥遍至口合本续之解喜解疏》中，而是辑录于《吉祥遍至口合本续之广义文》中；另一方面，二者之间个别文句互有缺失。这种缺失并非不同底本造成，亦非译经者断章取义，应是当时藏传佛教传承的实际情况造成的。13 世纪之前，藏文文献是以手抄本或口耳相传的形式流传，再加上西夏传经说法的不动金刚有自己的理解认识，西夏文本和藏文本之间略存差异也就在所难免。

在对勘过程中还发现西夏文《吉祥遍至口合本续之广义文》并非由《吉祥三菩怛经典明灯》整节或整品译出，而是摘译自藏文本中的某一段或几句话，然后辑录在一起。与《吉祥遍至口合本续之解喜解疏》相比，其内容毫无次序，或是《吉祥三菩怛经典明灯》第六品之内容，或又是第三品之章节；既有咒语集录、佛教术语解释、坛城安置方式、各种佛母特点，也有佛经介绍、人物故事等，毫无逻辑，纷繁杂乱。其如此安排，让人甚是费解。前文已述，西夏文《吉祥遍至口合本续之解喜解疏》和藏文本《吉祥三菩怛经典明灯》是《吉祥遍至口合本续》（《三菩怛本续》）的注释续，即对《吉祥遍至口合本续》主要经义的解说。但是，在藏文本《吉祥三菩怛经典明灯》中，除了主要经义的解说之外，个别佛教专词、咒颂、仪轨等还有更为详尽的注释，而这些详细注释在《吉祥遍至口合本续之解喜解疏》中悉数阙如。如第二节第三品解说"中尊增长法"和"眷属增长法"，藏文本引用了大量中尊增长法咒颂，而西夏文本阙如；第三节第四品解说彩画大坛城，藏文本详细介绍上乐坛城的偈句、佛母安排与对应种字等，而西夏本无此部分内容；再如第七节第四品讲解修供羯磨禅定时共列举了十八种禅定法，并详载了秉持日月法、毁敌兵法和劈裂法三种禅定法的成就者——毗卢巴（birwapa）所成就此禅定法的传奇故事，[①] 而这些传奇故事在西夏本中不见；等等。类似此等对咒颂、仪轨、佛教专词、人物故事等做进一步详细注释之内容，均未收录在《吉祥遍至口合本续之解喜解疏》之中，而是统一另辑成册，取名《吉祥遍至口合本续之广义文》。换言之，西夏文《吉祥遍至口合本续之广义文》是藏文本《吉祥三菩怛经典明灯》中个别咒颂、仪轨、佛教专词、人物故事等的注释集。

　　方塔出土的这两部藏传密续体量比较大，内容较多，都是俄派高僧协当多吉的遗作，又都由俄派高僧不动金刚传至西夏。在现存众多西夏藏传佛教文献中，俄派高僧的著作也不仅仅以上两部，在俄藏黑水城西夏文献中就有多部俄派大德的著述，如《喜金刚本续之记》《新译常所作略记》《喜金刚九佛坛城灌顶次第》等。[②] 其中《喜金刚本续之记》是《喜金刚本续》之释论，《喜金刚九佛坛城灌顶次第》是关于喜金刚九尊坛城修法之文本。这些文献均有集者题款，《喜金刚本续之记》和《新译常所作略记》题款相同，汉译为"西蕃中国三藏善巧罗弥鲁果我瓦师集"；《喜金刚九佛坛城灌顶次第》题记汉译为"西蕃中国遍密乘罗弥鲁果"。毫无疑问，"罗弥鲁果我瓦"和"罗弥鲁果"当为同一人，即"罗弥鲁果我瓦"。按西夏语译藏语或汉语之译音习惯，"罗弥鲁果我瓦"是指俄派噶举高僧让·扎坚（ram rtsa can）。让·扎坚又名让·鲁贡瓦（ram klu kong ba），显而易见，"罗弥鲁果我瓦"就是藏文 ram klu kong ba 的西夏语音译。[③]

---

① 孙昌盛：《西夏藏传文献中所见印度大成就者毗卢巴事迹译注》，《西夏学》2017 年第 2 期（总第 15 辑），甘肃文化出版社，2018，第 265—274 页。

② 克恰诺夫：《俄罗斯科学院东方学研究所西夏佛教文献目录》，京都大学，1999，俄馆藏编号 No.2825、8324、2877。

③ 由于西夏语中 -ng、-m、-n 之类的鼻韵尾消失，所以西夏人在翻译汉、藏语时往往以大小字的形式表示二合音。

让·扎坚是俄派噶举创始人俄·却杰多吉之传法弟子，平生悉心研究显密教法，曾以博学和善辩驳倒印度班智达，在俄·却杰多吉的弟子中，以主持传讲喜金刚法而著称。[①] 以上材料表明，在西夏传播藏传佛教的僧人，不仅有大家熟知的萨迦派、噶玛噶举、蔡巴噶举、拔绒噶举和希解派僧人，也有在藏地以密续解说传规而著称的俄派噶举僧人。

---

① 索南才让：《西藏密教史》，中国社会科学出版社，1998，第 427 页。

第二章　西夏文本整理与校勘

第一节　西夏文本残叶顺序整理

迄今为止，权威刊布方塔出土西夏文献的著作有《拜寺沟西夏方塔》、《西夏方塔出土文献》以及《中国藏西夏文献》，其中基础成果是宁夏文物考古研究所编著的方塔考古工作报告《拜寺沟西夏方塔》，后两种著作的文献定名、顺序编排、页码次第等都是以《拜寺沟西夏方塔》为蓝本。而《拜寺沟西夏方塔》在编排方塔出土西夏文献时，对于一些没有经题和页码的残叶存在编排顺序不准确的情况，尤其是残叶较多的《吉祥遍至口合本续之解喜解疏》。如本属于第二卷的残叶，却编在第三卷里，本来是前面之叶，却又放在后面等。《拜寺沟西夏方塔》前后次序编错，其他著作诸如《西夏方塔出土文献》《中国藏西夏文献》均以其为准，故而一误再误。下面根据藏文本《吉祥三菩怛经典明灯》将《拜寺沟西夏方塔》中对《吉祥遍至口合本续之解喜解疏》和《吉祥遍至口合本续之广义文》编序错误的页码予以订正。

1. 编号 F025-8 残叶

《拜寺沟西夏方塔》定为《吉祥遍至口合本续之解喜解疏》第三卷第14叶后的散叶。其与《吉祥三菩怛经典明灯》对应如下（藏文中黑体字与残存西夏文内容对应）：

□□□空性气是，一切寻思舍弃也。

……与启请心咒相应。于金刚身谓

……脉者略有何谓也。出有坏语

……万二千脉成，其亦集百

……法数是如何。彼清净

……及精脉及中脉

……者尘土、黑暗、心力

……生起，舍弃所取、能取谓

……起，中脉……

藏文转写：byang chub **nam mkhavi mtshan nyid de**// rtog pa thams cad spangs pa yin// zhes so// de la rdo rje **snying pos gsol pa zhes bya bar sbyar**/ rdo rjevi lus la zhes pa bskyed pavi rim pa sngon du song pavi lus **la rtsa du mchis ces so**// bcom ldan vdas kyis bkav stsal pa zhes pa gzhug/ rtsa **bye ba phrag bdun bcu rtsa gnyis su vdus**/ de yang **brgya** nyi shur vdus/ de rnams kyang sum cu rtsa gnyis su vdus te mi phyed pa la sogs pavo// bcom ldan vdas rtsa de dag ji lta bu lags dwangs ma sum cu rtsa gnyis po de ji lta bu lags/ byang chub kyi phyogs **chos de dag ji lta bu la**gs zhes dri ba gsum sbyor ro// srid gsum yongs su bsgyur ba ni ra sa na dang/ **la la na dang/ a ba dhū ti** gsum nas rtsa rnams bskyed/ dwangs ma sum cu rtsa gnyis **rdul mun pa snying stobs** gsum gyis bskyed/ byang chub kyi phyogs kyi chos ni snang ba stong pa zung vjug rnam pa gsum gyis **bskyed/ gzung ba dang vdzin pa spangs pa** ni/ a ba dhū ti sdigs pa yin/ dhū ti ni spangs pa/ **a ba dhū ti** mtshan nyid la zag pa med pavi ye shes te/ lam gyi dbang du byas na bzhi pa rtogs pa/ vbras buvi dbang du byas sangs rgyas so//

此部分藏文在藏文本第 127—128 页，即紧接《吉祥遍至口合本续之解喜解疏》第一卷最后一叶之藏文，故编号 F025-8 残叶应是《吉祥遍至口合本续之解喜解疏》第二卷第 1 叶。

2. 编号 F024-1 残叶

《拜寺沟西夏方塔》将其编在《吉祥遍至口合本续之解喜解疏》第二卷第 4 叶前，未明确具体页码。

……真实体性之法，遍满诸体性处，依彼生起。

……金刚本续释续之解说，第二品终。

……之大密及性宣说，《佛平等合》及金刚

……复次谓出有坏者是第六金刚持。如来

……甚深广大宣说。□供养谓者内外密真

……身敬，语旨□□□生起清信也。心

……加持。一切本续

……谓者观想

藏文转写：dngos po kun la khyab pa zhes pa lhan cig skyes pavo// vo na lus la yod pas chog go zhe na/ lus mi skye zhes pa ni ma bsgom na lhan cig skyes pa de nyams su mi myong de dngos po gshis kyi chos dang dngos po kun la khyab kyang/ de las skyes pa min no// bde mchog dang dgyes pa rdo rjevi bshad rgyud kyi bshad pavo// rab tu byed pa gnyis pavi sgron mavo//

其对应藏文在《吉祥三菩怛经典明灯》第 130 页，其后是《吉祥遍至口合本续之解喜解疏》第二卷第 4 叶之内容，故编号 F024-1 残叶是《吉祥遍至口合本续之解喜解疏》第二卷第 3 叶。

3. 编号 F025-19 残叶

《拜寺沟西夏方塔》定为《吉祥遍至口合本续之解喜解疏》第三卷第 14 叶后的散叶。其与《吉祥三菩怛经典明灯》对应如下：

成谓者是方便。谓增长者显明……

菩提谓者是果。彼双……

□□谓□□□界摄……

母者是三种道，谓应不弃也。抑或贪欲者……

狱道，愚痴是畜生道。妙观察智及法界性智……

生起之法，如何生起也。故谓法界不等同和等同之所依，不等同……

等同者是胜慧空性。觉受之譬喻，所谓执持犹如芭蕉者……

有也。从依空性不能持续修行禅定起，直至谓断除二种……

定道于不染着解说也。不染着于唯一空性，不染着于唯一显明。此二种……

则谓凡俗人分别心生起也。因依止人不染着，谓执持此二种……

藏文转写： bu dha rmad du gyur ni thabs so// vphel ni snang ba las grol ba/ vbri ba ni stong pa las grol ba/ bla ma byang chub dam pa skyes ni vbras buvo// zung vjug de gzhi gang la rten nas skye na/ phung po la sogs chos dang zhes pa la sogs khongs su skye mched dang khams te/ bskyed pavi rim pa dang sbyar na bu dha lnga byang chub sems dpav drug lha mo lnga/ lam gsum po ni dor mi bya zhes pavo// yang na vdod chags yi dwags sam/ zhe sdang dmyal bavi lam/ gti mug byol song gi lam ste/ so sor rtog pavi ye shes dang chos kyi dbyings kyi ye shes dang me long lta buvi ye shes dang sbyar bavo// skye lugs ji ltar skye zhe na/ chos dbyings mi mnyam pa ni snang ba rten vbrel/ mnyam pa nyid ni stong pa nyid/ nyams su myong pavi dpe chu shing lta bur gzung bar bya ba ni snying po med pavo// blang byavi mya ngan las vdas pa de nyid rgyas par bshad pa ni/ chags sogs dri mas bsgos pa ste/ nyon mongs pavi dri ma spangs pa la sogs pa go slavo// mya ngan vdas sgrib pa gnyis spangs pavo// mchog vgro bar vgyur ni nyan thos dang rang rgyal ba las so// nam zhig la sogs pas mjug bsdu ba bstan to// stong pa nyid du la sogs pas bsgom pavi las la mi zhen pa vchad de/ stong pavi vbav zhig tu mi zhen pa/ snang ba vbav zhig mi zhen pa/ de gnyis su zhen na tha mal pavi rnam rtog tu skye zhes pavo// rten gyi gang zag la mi zhen pa vdzin pa gnyis ni bsgom bya bsgom byed do//

此部分藏文在藏文本第 154 页，其后与《吉祥遍至口合本续之解喜解疏》第三卷第 4 叶之藏文相差约一叶内容，故编号 F025-19 残叶应在《吉祥遍至口合本续之解喜解疏》第三卷第 2 叶位置。

4. 编号 F025-10 残叶

《拜寺沟西夏方塔》定为《吉祥遍至口合本续之解喜解疏》第三卷第 14 叶后的散叶。其与《吉祥三菩怛经典明灯》对应如下：

……主集解说也。所说此之者然□□□苦罚谓于

……也谓于直至解说也。其间咒颂之摄持，咒颂者何时

……生起也谓于直至，是轮回之摄持。何久谓

……瑜伽令决定谓者胜慧方便修

……谓者是修供者处获取此二种。安住记句谓者

……是。谓生起共同成就者是生长次第之果。

……之加行谓者圆满次第之俱生喜是修胜慧方便。

……谓也□应。谓四第性气现证时是圆满次第显

藏文转写：dngos po dngos med la sogs pas goms pa las vbras bu skye bar bstan to// vkhor dang mya ngan las vdas pa rang gavi rtsa ba sems yin par bstan pa la/ de nas sdug bsngal zhes pa la sogs pas bstan to// rnal vbyor nges par byas pa ni thabs shes rab bsgom pavo// rjes su gnang ba ni bsgrub pa povi rjes su gnang bavo// thun mong dngos grub bskyed pa ni bskyed rim gyi vbras bu yin pas mchog skye bavi rgyu ma yin par bstan pavo// rang vdod lhavi sbyor ba ni rdzogs pavi rim pavi sa ha dza thabs shes rab bsgom pa ste/ lus las byang bavi don gyis na lha zhes byavo// mtshon bya mtshan nyid mngon byas ni rdzogs rim gtan la phab pavo//

此部分藏文在藏文本第 156—157 页，其之前与《吉祥遍至口合本续之解喜解疏》第三卷第 2 叶之藏文间隔约一叶内容，故编号 F025-10 残叶应在《吉祥遍至口合本续之解喜解疏》第三卷第 4 叶位置。

5. 编号 F025-11 残叶

《拜寺沟西夏方塔》定为《吉祥遍至口合本续之解喜解疏》第三卷第 14 叶后的散叶。其与《吉祥三菩怛经典明灯》对应如下：

……者谓底呀迦，方

……及上方唯□十□

……应也。其他依此推知。舍弃觉受，败坏誓愿

……者是谓每天等，是四第诸集及咒颂等也。

……母摄持法是方便。谓遍满相应是增长和究竟二次第。

……有应恒常安住也。三界唯一之自性

……不可，谓修无上果者前面解说，胜慧方便

……《密集》中菩提心解说之

藏文转写：yang na mngon sum ni bcu gnyis ma la sogs pa ma rnyed na tyīr ya ka te logs la vgro bas/ bcu gnyis pavi yar logs bcu gsum mar logs bcu gcig ma kho na la sogs par byavo// des gzhan bsgrevo// nyams myong gi rten thig le shor na dam tshig nyams pa yin pas dam nyams la sogs pas sdom pa blang ba bstan to// nyams myong gi rten phyag rgya ma dgug pa ni sogs te ting nge vdzin gyi pho nya mo dgug pavi thabs so// kun tu kha sbyor ba ni bskyed rdzogs gnyis so// nyams myong mi vchor ram zhe na/ blo ldan rtag tu gnas par bya zhes pavo// srid gsum gcig gi rang bzhin gyis ni sa ha dzavo// rgyud thabs cad kyi bshad rgyud yin na yang/ gsang ba vdus pavi byang chub sems kyi levuvi bshad pavi brtag pa gnyis pavo// rab tu byed pa gnyis pavi sgron mavo//

此部分藏文在藏文本第 157—158 页，与《吉祥遍至口合本续之解喜解疏》第三卷第 4 叶相邻，故编号 F025-11 残叶应在《吉祥遍至口合本续之解喜解疏》第三卷第 5 叶位置。

6. 编号 F025-15 残叶

《拜寺沟西夏方塔》定为《吉祥遍至口合本续之解喜解疏》第三卷第 14 叶后的散叶。其与《吉祥三菩怛经典明灯》对应如下：

次与相合。明……

中昏惑者坚硬地……

实依贪欲爱着进入谓……

者五蕴之因，成明点之谓……

恶众生谓者是未灌顶者……

于自心微谓者是自知解显明……

是，彼者不得，故谓畜趣者……

一第品中轮者……

至，以一句半……

成为，无量宫增……

令增长之略说。广说者……

能解成，是二菩提。第二……

应谓者是吽字。第三，色相身圆满……

是谓解说。第四，谓所安置文字者金刚……

光明遍满时谓者金刚之脐间汇集吽字……

谓者金刚之脐间汇集也。伐啰……

藏文转写：devi nang du vbyung ba rim brtsegs bskyed/ devi steng du rnam par snang mdzad yab yum bcas pa gyur pa las gzhal yas khang gdan dang

bcas pa bskyed/ dang po stong pavi byang chub sems la sogs pa tshig bzhis
lha bskyed pavi mdor bstan pavo// rgyas bshad la ā li zla ba kā li nyi ma zhes
pa dang povi stong pavi byang chub bshad pa ste/ mngon par byang chub pa
gnyis so// gnyis pa la ni sa bon bsduvi bshad pa dbus su sa bon bsam par bya
ni hūṃ ngo// gsum pa la ni gzugs brnyan rdzogs ni rdo rje de nyid sems dpav
zhes brjod de zhes pas bshad do// bzhi pa la ni yig vbru dgod ni rdo rjevi lte ba
la hūṃ yod pavo// slar yang snying gar bsdus nas su ni rdo rjdvi lte bar bsdus
pavo//

　　此部分藏文在藏文本第 161—162 页，与《吉祥遍至口合本续之解
喜解疏》第三卷第 5 叶间隔约 2 叶，故编号 F025-15 残叶应在《吉祥遍
至口合本续之解喜解疏》第三卷第 8 叶位置。

　　7. 编号 F025-21 残叶

　　《拜寺沟西夏方塔》定为《吉祥遍至口合本续之解喜解疏》第三卷第
14 叶后的散叶。其与《吉祥三菩怛经典明灯》对应如下：

　　　　　中与功德相应，不然唯彼时者非也。……

　　　　　禅定解说者无上本续中宣说。今灌顶之时……

　　　　　处所等谓，不清净瑜伽士灌顶及聚轮时……

　　　　　混合及清净瑜伽士于生起事业时□证悟也。……

　　　　　利益者不清净瑜伽士欲证悟上乐□，瑜伽……

　　　　　断除骄慢之因，及自我灌顶及记句及所作一切成就之因……

　　　　　诸（清）净瑜伽士语表及领悟语表之答时，外道……

　　　　　莫能截断之因及诸正法空行母能赐成就……

　　　　　实中宣说，谓空行母胜势威力也。此……

　　　　　利益者　瑜伽士清净及不……

　　　　　□□□□先未曾遭遇及……

　　　　　□远住勇士之　友及姐妹……

之区分有二种，真性及……

解悟真性是觉受智慧。名句者……

身表亦有二种，支分各别及……

是每个文字及汇集文字。彼中此……

有谓于起，直至谓我欲闻。彼中谓瑜伽者……

清净混合。诸瑜伽母者诸咒生空行母、刹土空行母、俱生母……

手印者是每个文字及汇集文字。空行母胜势……

又于诸空行母中，上乐之诸空行母胜过之谓……

藏文转写：mi rnams nang gi yon tan la sbyar te/ devi dus kho na ni ma yin no// brdavi dus ni nges brjod bla ma las dbang bskur bavi dus dag gam/ yang na gnas lugs su ces pas ma dag pavi rnal vbyor gyis dbang dang dam tshig gi dus so// vdres pa dang dag pavi rnal vbyor pas spyod pa rtsom pavi dus so// brdavi dgos pa ni/ ma dag pavi rnal vbyor bde mchog shes nas slob ma rnams nga rgyal bcag par bya bavi phyir/ rang nyid dbang dang dam tshig dang ldan par bsgrub par bya bavi phyir ro// vdres pa dang dag pavi rnal vbyor pa rnams kyis brda dang brdavi lan shes nas mu stegs kyi mkhav vgro ma rnams kyis bar bcad par mi nus pavi phyir dang/ sangs rgyas pavi mkhav vgro mas dngos grub ster nus pavi phyir ro// des na vdi nyid nas mkhav vgro ma rnam par rgyal bas stobs ces gsungs so// vdi ni thun mong ma yin pavi dgos pavo// thun mong gi dgos pa ni rnal vbyor pa ma dag pa vdres pa gsum nas dam tshig gcig pavi spun dang mi sring sngar ma phrad pa dang/ rigs pa na gnas pa yang shes par gyur pa ste/ de yang gang zhig ring gnas dpav bovam// spun dang sring mor the tshom med// ces gsungs so// brdavi dbye ba ni gnyis te/ de kho na nyid dang tha snyad do// de kho na nyid kyi brda ni lhan cig skyes pavi de kho na nyid rtogs pa shes rab bo// tha snyad pa gnyis te/ lus kyi brda dang/ ngag gi brdavo//

lus brda la gnyis te/ yan lag so so ba dang yan lag bsdus pavo// ngag gi brda la gnyis te/ yi ge re re ba dang/ yi ge bsdus pavo// de la vdi nas ngag brda ston te/ dang po zhus pa ni rnal vbyor zhes pa nas/ nyan par vtshal zhes pas zhus pavo// de la rnal vbyor ni dag pa dang ma dag pa vdres pavo// rnal vbyor ma rnams ni/ sngags skyes zhing skyes lhan skyes las skyes rnams so// ngag gi phyag rgya zhes pa ni yi ge re re dang/ vdus pa rnams so// da las da nas ngag brda bstan te/ mkhav vgro ma rnam par rgyal bavi stobs ni/ mu stegs kyi mkhav vgro ma rnams la bde mchog gi mkhav vgro ma rnams brgyal bavo//

此部分藏文在藏文本第 176 页，根据藏文篇幅，西夏文残本当在第 17 叶前后，故编号 F025-21 残叶应在《吉祥遍至口合本续之解喜解疏》第三卷第 17 叶位置。

8. 编号 F025-20 残叶

《拜寺沟西夏方塔》定为《吉祥遍至口合本续之解喜解疏》第三卷第 14 叶后的散叶。其与《吉祥三菩怛经典明灯》对应如下：

> 语表二品……
>
> 及□□等……
>
> 谓者灌顶及记句……
>
> 器及所饮器。饮食残余……
>
> 甘露摄持也。中间居处略有者上乐轮……
>
> 依喜金刚是三十二域。依喜金刚，此二十四……
>
> 及迦利摩巴二句者迦摩噜有二，东……
>
> 中有，中部迦摩噜是也。诃哩拘喇者二……
>
> （诃）哩拘喇者不是，中部诃里拘喇之谓。如此三……

藏文转写：brdavi levu gnyis dang/ rigs ldan mavi levu gnyis kyis rigs ldan pa brtags nas/ da ni rigs ldan ma mchod pavi gnas dang dus dang/ rgyu mtshan gsum vchad pa ni/ de nas la sogs pa ste/ badzra ba dam pa ni dbang

dang dam tshig dang ldan pavo// snod gnyis ni dpav bovi snod dang dpav movi

snod do// bzav btung lhag phud do// mdzes pavi bshos la nan tan bya ba ni

bdud rtsir byin gyis brlab pavo// vdu bavi gnas su mchis ni bde mchog vkhor

lovi dbang du byas na nyi shu rtsa bzhi/ dgyes pa rdo rje la sum cu rtsa gnyis

so// dgyes pa rdo rje la bde mchog gi gnas nyi shu rtsa bzhivi steng du ka ma ru

pa dang dkar ma pad ces bya ba la sogs pa mnan te ka ma ru pa gnyis yod pa la

shar phyogs ka ma ru pa bde mchog tu rtogs/ dbus kyi ka ma ru pa bgrang/ ta

ri ke lavam gnyis shar phyogs rgya mtsho nang gi ha re ke ma mi bgrang dbus

kyi ha re ke ma bgrangs pas de ltar sum cu rtsa gnyis so//

此残叶对应藏文在藏文本第 181—182 页，根据藏文篇幅，西夏文残本当在第 20 叶，故编号 F025-20 残叶应在《吉祥遍至口合本续之解喜解疏》第三卷第 20 叶位置。

9. 编号 F021-21

《拜寺沟西夏方塔》定为《吉祥遍至口合本续之广义文》下半第 18 叶，误。该叶内容与第 17 叶和第 19 叶前后并不衔接。其与《吉祥三菩怛经典明灯》对应如下：

"……集轮，汝往殑伽河之滨，谓俄诃巴哩的上乐之地施供，在此江河边大宝等处修行。依彼喜金刚之四种看视法，修供四事，亦可成就。我修习时候已到。"引导众多明女修行戏论业。其亦师以骨璎珞严身，在其他国中所行利益，众人已见矣。其后之次第，罗底伐折罗师见，问："汝是谁？""我是迦栗那怛巴。"复次，罗底伐折罗师云："未行业时，汝莫作。"迦栗那怛巴想"然惧我"，不肯为。复又请来作集轮，罗底伐折罗师与眷属一起坐于尸座右侧，迦栗那怛巴师与眷属一起坐于尸座左侧，以此作集□□。罗底伐折罗师云："无须搬运，愿尸座到尸林。"指□□□，罗底伐折罗师与眷属之尸座立即而去，迦栗那怛巴师之尸座却不能动。罗底伐折罗师以三摩地禁诫，云："我略有此能力，亦不能作所行业，汝今所行更莫能。"（迦栗那怛巴）不从。次，黑足师传于西西摩喇。有一厌憎禀持正法的外道空行母，师欲调伏彼。至其住所，时值二十九日时节。空行母往他处不在，仅有一女僮仆。彼处叫那哩鸠喇，上师乞："请给我汝摘之水果。"女仆不给。上师做看视法，诸水果坠落地上。女仆复亦做看视法，水果回到树上。如此不断重复。上师愤怒，我一是班弥怛；二遍游二十四宫；三亲见空行母面等。依三种众功德，如此……

藏文转写：……bde mchog bshad nas bsgoms shig zer nas btang ngo// gang gāvi gtsang povi vgram bde mchog gi gnas go ta ba ri bya ba mchod sbyin gyi vgram rin po che la sogs par phyin nas bsgoms so// der dgyes pa rdo rjevi lta stangs bzhi las bzhi bsgrub pa yang grub nas/ nga spyod pa bya ran snyam nas spyod pa byed pa la rig ma mang po khrod nas spros bcas kyi spyod pa byas so// de yang tshogs bdag gi spyod pa rus pavi rgyan gyis brgyan nas yul mang por spyod pa byas pa las mi kun gyis mthongs so// de nas slob dpon ratibadzras mthong nas su yin byas pa la karnatapa yin zer/ de nas ratibadzras spyod pa mi ran par ma byed byas pas/ karnapas mtho sdogs su mthong nas ma mnyan to// de tshogs bya yis shog byas nas tshogs byas te/ ratibadzra vkhor de bcas pa rovi gdan la g-yas gral du dgrigs/ karnapa vkhor bcas rovi gdan la g-yon du dgrigs nas tshogs byas so// ratibadzra na re ro bskyal mi dgos par dur khrod du thong cig zer ro// ratibadzra vkhor rang bcas pavi ro se gol gtogs pas song ngo// nag povi ro tig tig vdug pas ratibadzra ting nge vdzin gyis mnan no/ nga la nus pa vdi tsam yod pa yang/ spyod pa mi byed par khyod spyod pa ma byed byas pas ma nyan no// de nas nag po si ti mkhav vgro ma nang pa sangs rgyas pa la sdang ba yod na de vdul bar dgongs nas der phyin no// devi thams cad nyi

shu dguvi mchod pa la song nas mi vdug go// g-yog mo gcig vdug nas de la na
ri ke la bya bavi shing thog blangs pas khyo rang thogs zer nas ma ster ro// der
slob dpon gyis lta stangs kyis shing gi vbras bu rnams sa la phab pas mos slar
lta stangs byas kyi slar sbyar ro// de ltar yang nas yang du byas pas slob dpon
khros te paṇḍita yin pa dang/ gnas nyi shu rtsa bzhi bgrod pa dang/ dngos su ḍā
ki zhal mthong ba dang/ yon tan gsum dang ldan pa la vdi tsug byed pa snyam
nas/ bud med de brdungs/······

该叶西夏文内容与《吉祥遍至口合本续之广义文》下半第 22 叶衔
接，藏文转写亦在西夏文第 22 叶对应藏文之后，故编号 F021-21 应在
《吉祥遍至口合本续之广义文》下半第 23 叶位置。

第二节　西夏文本勘误

文献资料的整理以及甄别勘误是历史研究最基础的也是首要的课题。
毋庸讳言，《吉祥遍至口合本续之解喜解疏》《吉祥遍至口合本续之广义
文》中也存在一些错误，其中最大的问题是校勘不精，印刷错误较多。
由于这两部文献为深奥难懂的藏传密续，仅单纯地依靠西夏文本整理研
究难以发现其中的错误，只有经过与藏文本《吉祥三菩怛经典明灯》逐
字逐句对勘，才能发现西夏文本中的错讹。下面以藏文本《吉祥三菩怛
经典明灯》为参照，一一勘正《吉祥遍至口合本续之解喜解疏》《吉祥遍
至口合本续之广义文》中的错误。

一　勘误

1.《吉祥遍至口合本续之解喜解疏》第一卷

第 2 叶第 20 行为藏文字符，第 3 叶
第 1 行亦为藏文字符，显然第 3 叶第 1
行重复。

第4叶第5行：𗾳𗾳𘟛𗗙𗾆𗄊𘄴𗐹𗾆𘕘𗾆，译为"谓诃诃啰是所化之意智也"。此处"意智"藏文本作 yid vphrog pa，直译为"意取"，佛书中常译作"意乐"。西夏文𗾆（取）与𗾆（智慧）字形相近，疑西夏本中的𗾆（智慧）有误，当为𗾆（取）。此句正确作𗾳𗾳𘟛𗗙𗾆𗄊𘄴𗐹𗾆𘕘𗾆，译为"谓诃诃啰是所化之意乐也"。

第4叶第14行：𗥃𗾔𘉞𗄊𗏇𗤛𗏇𘔮𘉻𘈩𗧑𗥃，译为"彼上依阿利迦利有月日有"。此处藏文作 devi steng du ā li kā li las zla nyi hūṃ yod，译为"彼上依阿利迦利有日月吽"。西夏文𘈩（有）与𗧑（吽）字形相近，疑西夏本𘈩（有）误，当为𗧑（吽）。此句正确作𗥃𗾔𘉞𗄊𗏇𗤛𗏇𘔮𘉻𘈩𗧑𗥃，译为"彼上依阿利迦利有日月吽"。

第5叶第4行：𘟀𗹙𘕘𗾆𘕄𘔮𗗙𗤛𘕄𗾆，译为"我闻者谓增噜怛是盈流"。此处的𗾆𘕄𘔮（增噜怛）对应藏文作 sruta（悉噜怛）。西夏文𗾆意为"增长""昌盛"，"增噜怛"其意不通。根据藏文本，西夏文𗾆应为译音字𗾆（悉），𗾆（悉）与𗾆（增）形近，疑𗾆（增）为𗾆（悉）之误。所以，此句正确作𘟀𗹙𘕘𗾆𘕄𘔮𗗙𗤛𘕄𗾆，译为"我闻者谓悉噜怛是盈流"。

第5叶第15行和第16行：𗥃𗐹𗾆𘕄𘉞𗧑𗄊𘔊𗧑𗾆，译为"彼之觉受阿都底中生起"。这里的𘉞𗧑𗄊（阿都底）在《吉祥三菩怛经典明灯》中对应作 a ba dhū ti，西夏文应是遗漏了一个𗄆（哇）字。所以，此句正确应作𗥃𗐹𗾆𘕄𘉞𗄆𗧑𗄊𘔊𗧑𗾆，译为"彼之觉受阿哇都底中生起"。a ba dhū ti（阿哇都底），梵文作 Āvadhūti，译为"中脉"，藏文又作 dbu ma。藏传佛教认为人体内风（气）等所依附的最主要脉道有三条，即左、中、右脉，其中又以中脉为最。

第13叶第8行：𘔊𗹙𘉞𗄊𘕘𗾆𘕘𘔮𗾆𗾆，译为"故依显明何是大圆镜智"。此处藏文本作 gsal bavi sgo nas me long lta bu，西夏文𗹙𘉞𗄊（显明何）对应藏文为 gsal bavi sgo，译为"显明之门"，即明门，指学者、智者。西夏文𗄊（何）与𗄊（门）字形非常相近，疑西夏文原文𗄊（何）是𗄊（门）之误。此句正确应为𘔊𗹙𘉞𗄊𘕘𗾆𘕘𘔮𗾆𗾆，译为"故依明门是大圆镜智"。

第 16 叶第 16 行：𗰽𗤽𗤽𗰜𗥫𗜓，此句中𗤽为虚词，该句译为"净治之天母"。其在《吉祥三菩怛经典明灯》中作 dag byed dbang gi lha mo，直译是"净治主天母"，即净治自在天母，密教女性神灵名。西夏文𗤽与𗤽（主）字形相近，原文中的𗤽应是𗤽（主）之误。该句正确应为𗰽𗤽𗤽𗰜𗥫𗜓，译为"净治主之天母"。

第 17 叶第 20 行：𗳦𗫉𗤋，译为"谓十明"。其在《吉祥三菩怛经典明灯》中作 cis shes，直译是"由何明"，即由何理解。所以，西夏本原文中的𗳦（十）是𗳦（何）之误。此句正确为𗳦𗫉𗤋，译为"谓何明"。

第 20 叶第 15 行：𗤋𗫉𗤋𗰭𗦀𗰜𗥫，其中𗰜应为别字。据上下文和藏文本此句当为𗤋𗫉𗤋𗰭𗦀𗰜𗥫，译为"谓应说者是序语"。第 21 叶第 8 行亦有相同错误。

第 21 叶第 1 行：𗤵𗪺𗰪𗰜𗫉𗰭𗤽𗰽，译为"右手交叉于密宫"。此处藏文作 lag pa g-yas g-yon gsang bavi gnas su bsnol，译为"左右手交叉于私密处"。可见西夏本漏𗤵（左）字。此句正确为𗤵𗤵𗪺𗰪𗰜𗫉𗰭𗤽𗰽，译为"左右手交叉于密宫"。

2.《吉祥遍至口合本续之解喜解疏》第二卷

第 5 叶第 11 行：𗰽𗦀𗤽𗤋，译为"显非有也"。其对应藏文作 snang ba vbav zhig min pavo，译作"唯非有也"。故此句西夏文当为𗰽𗦀𗤽𗤋，译作"唯非有也"。

第 9 叶第 3 行：𗪺𗜓𗰭𗫉𗤽𗰪𗰽𗰜，此处的"𗤽"字有误，当为𗤽，与𗫉组成"嫉妒"。正确当为𗪺𗜓𗰭𗫉𗤽𗰪𗰽𗰜，译为"因行蕴及嫉妒而惑"。

第 11 叶第 2 行：𗰽𗪺𗰭𗰜𗤽𗫉𗤺𗰪𗦀𗰭𗤽𗰪𗫉𗤋𗰽，此处的"𗤽"有误，当为𗤽，与𗰭组成"咒颂"。该句正确应为𗰽𗪺𗰭𗰜𗤽𗫉𗤺𗰪𗦀𗰭𗤽𗰪𗫉𗤋𗰽，译作"宣说世间八种成就羯磨咒颂重点"。第 12 叶第 8 行亦有相同错误。

第 12 叶第 4 行：𫭡𫶲𫷷�𫶚**𫿰**𬚸𫌭𫵓𫮫𫶢𫓪𫴬𫏻𫗧𫺳𬕴𫮻𫲵，其在《吉祥三菩怛经典明灯》中作 badzra bē ro tsa navi sngags las saṃ bu tar rtsa sngags su byung，译为"伐折啰咪绕旆尼咒者是《三弥菩怛》中根本咒颂"。由此可见，西夏本中的**𫿰**字误，当为𬚸（旆）。

第 14 叶第 2 行：𫴀𫴀𫵼𫏻𫲵𫵓𫶚𫺬𫲵𫲵，译为"昝昝嘎怛是应大诸众生"。此句在藏文本中作 vdzav vdzav gad dang vdul bavi skye bo rnams so，译为"vdzav vdzav gad 与调伏之诸众生"。据藏文本及西夏本上下文知，西夏文𫲵（大）为𫏻（教习）之误。此句正确应为𫴀𫴀𫵼𫏻𫏻𫵓𫶚𫺬𫲵𫲵，译为"昝昝嘎怛是调伏之诸众生"。

第 16 叶第 4 行：𫲵𫗢𫶢𫮫𫵼𫶢𫓪𫏻𫷷𫱣𫶢𫴬𫲵𫮻𫲵𫮻𫮻，译为"应做议余不超三指宽之三肘坛城"。此处《吉祥三菩怛经典明灯》中作 dal gyi tshad sor mo gsum lhag pavi khru gsum par byavo，译为"坛城之衡量为三肘余三指"。可见西夏本中的𫶢（议）误，当为𫣻（缺、少）。该句正确应为𫲵𫗢𫶢𫮫𫣻𫶢𫓪𫏻𫷷𫱣𫶚𫶢𫴬𫲵�，译为"应做多少不超三指宽之三肘坛城"。

第 18 叶第 7 行：𫴬𫶨𫶢𫓪𫵼𫵓𫳿𫵼，译为"众会供中唤门时"。此处在《吉祥三菩怛经典明灯》中作 tshogs kyi nang du bos，译为"会供之内呼唤"。可见此处西夏文𫵼（门）为𫵼（呼唤）之误。该句正确应为𫴬𫶨𫶢𫓪𫵼𫵓𫳿𫵼，译为"众会供中呼唤时"。

第 18 叶第 13 行：𫵼𫱣𫶲𫷷𫮻𫶨𫵓𫮻，译为"喉间纥哩字或同字"。此处西夏文𫮻（同）字在藏文本中相应是梵文种字 paṃ，故西夏文𫮻（同）应为𫶨（班）之误。

第 19 叶第 7 行：𫶨𫮻𫶲𫭡，译为"依叭字瓶"。其在《吉祥三菩怛经典明灯》中对应作 bhya dmar po，译为"叭字红色"。故西夏文𫭡（瓶）当为𫶲（红色）之误。此句正确应为𫶨𫮻𫶲𫶲，译为"依叭字红色"。

3.《吉祥遍至口合本续之解喜解疏》第三卷

第 2 叶第 10 行：𫶲𫷷𫳿𫭡𫮫𫮻，译为"依说人不染着"。其在

《吉祥三菩怛经典明灯》中对应作 rten gyi gang zag la mi zhen pa，译为"依止人不染着"。𗼝（说）与𗌭（处）字形相近，西夏本中的𗼝（说）应是𗌭（处）之误。此句正确应为𗹮𗌭𗾟𘝨𗸲𘒣，译为"依止人不染着"。

第10叶第19行：𗟲𘇂𗱲𘋨�522𗊮𘑞，译为"无我母、有形噜迦"。其中，𘋨�552𗊮𘑞（有形噜迦），前当缺一个𗄭字，应为𗄭𘋨�552𗊮𘑞（吉有形噜迦），即吉祥形噜迦。𗄭𘋨直译为"吉有"，其在西夏文《吉祥遍至口合本续》中多次出现，对应藏文为 shrī，即梵文 Śrī，有吉祥和尊敬之意。

第13叶第3行：𗼷𗑞𗑞𘝨𗊮，译为"是化为遍处处"。显然此处多一个𗑞字，应为𗼷𗑞𘝨𗊮，译为"是化为遍处"。"遍处"是直译，佛书中常译作"含藏"，意为一切之所依处。其在《吉祥三菩怛经典明灯》中对应作 kun gzhi gnas gyur pa yin，译为"是化为含藏"。

第17叶第7行：𘀝𗰜𗤋𘋨𗿦𗤋，译为"诸清净三有者"。其在《吉祥三菩怛经典明灯》中对应作 dag pavi rnal vbyor pa rnams，译为"诸清净瑜伽士"。显而易见，西夏本中的𗤋𘋨𗿦有误，𗤋（三）应是𘋊（默）之误，即默有者，指瑜伽士。

4.《吉祥遍至口合本续之解喜解疏》第五卷

第2叶第10行：𘒀𗔀𘘥𗢳𗸲𗊮，译为"则是谓愚等"。此在《吉祥三菩怛经典明灯》中对应作 na lto ba zhes pa la sogs pavo，译作"则是谓腹等"。西夏文𗔀（愚蠢）与𗜫（腹）字形相近，疑此处的𗔀（愚蠢）是𗜫（腹）之误。此句正确应是𘒀𗜫𘘥𗢳𗸲𗊮，译为"则是谓腹等"。

第2叶第18行：𘒀𘋨𗖰𗸲𗢳𘌠𘓜，译为"则谓虽有面手等"。其在《吉祥三菩怛经典明灯》中对应作 phyag dang zhabs la sogs pa，译为"手足等"。根据藏文，西夏文此处的𘋨（面）字有误，当为𘌴（足）字。此句应改为𘒀𘌴𗖰𗸲𗢳𘌠𘓜，译为"则谓虽有手足等"。

第4叶第4行：𘟀𗏇𘏛𗤋𗟻𗵐𘒉，译为"来师主弟子五人来"。此句在《吉祥三菩怛经典明灯》中对应作 nang par dpon g-yog lnga byung，译为"晨，主仆五人现"。西夏文𗀎（来）与𗀎（晨）字形相近，西夏本中的𗀎（来）为𗀎（晨）之误。另外，西夏文中的"师主弟子"是指上师和徒弟，在藏传佛教中又指上师和仆从。

第 4 叶第 16 行：𗀎𗀎𗀎𗀎𗀎𗀎𗀎𗀎𗀎，译为"谓眉间生白喜者是双运"。很明显，西夏文𗀎（喜爱）有误，应为𗀎（毫）之误。该句正确应为𗀎𗀎𗀎𗀎𗀎𗀎𗀎𗀎𗀎，译为"谓眉间生白毫者是双运"。

第 5 叶第 13 行：𗀎𗀎𗀎𗀎𗀎𗀎𗀎𗀎𗀎，译为"等比及毒及又额及令影等"。其中𗀎𗀎（令影）在《吉祥三菩怛经典明灯》中作 ltung ba，译为"坠落"。西夏文𗀎（影）与𗀎（坠落）字形相近，疑西夏本中的𗀎（影）为𗀎（坠落）之误。此句正确应为𗀎𗀎𗀎𗀎𗀎𗀎𗀎𗀎𗀎，译为"等比及毒及又额及坠落等"。等比、毒、额和坠落应指藏传密教中的四种眼观法。另外，该卷第 5 叶第 16 行亦有相同错误。

第 11 叶第 11 行：𗀎𗀎𗀎𗀎，译为"人羯磨集"。其在《吉祥三菩怛经典明灯》中对应作 vbras bu las tshogs，译为"果羯磨集"。西夏文中的𗀎（人）与𗀎（果）字形接近，疑这里的𗀎（人）为𗀎（果）之误。此句正确应为𗀎𗀎𗀎𗀎，译为"果羯磨集"。此外，《吉祥遍至口合本续之广义文》第 4 叶第 16 行与第 17 行亦有相同错误。

第 12 叶第 20 行：𗀎𗀎𗀎𗀎𗀎𗀎𗀎𗀎𗀎，译为"阿哇都底者是金刚之杆"。此句在《吉祥三菩怛经典明灯》中对应作 a ba dhū ti rdo rje snying po yin，译为"阿哇都底是金刚心"。西夏文𗀎（杆）与𗀎（心）字形相近，疑此处的𗀎（杆）为𗀎（心）之误。此句正确应为𗀎𗀎𗀎𗀎𗀎𗀎𗀎𗀎𗀎，译为"阿哇都底者是金刚之心"。

第 13 叶第 17 行：𗀎𗀎𗀎𗀎𗀎𗀎𗀎，译为"允许时我欲听闻也"。其在《吉祥三菩怛经典明灯》中对应作 bos nas nyan par vtshal zhes bos pavo，译作"由请唤欲听闻谓也"。据此，西夏本中𗀎（允许）当为𗀎（请唤）之误。此句正确应为𗀎𗀎𗀎𗀎𗀎𗀎𗀎，译为"请唤时我欲听闻也"。

第 17 叶第 2 行：𘜶𗫂𗆧𘕣𘄒𘏨，此处的"𗫂"有误，当为𘜶𗫆之𗫆，𘜶𗫆译为"蜜蜂"。其在《吉祥三菩怛经典明灯》中对应作 bung bas me tog gi dri len pa ltar，译为"如蜜蜂采花香"。故该句正确应为𘜶𗫆𗆧𘕣𘄒𘏨，译为"如蜜蜂采花香"。如此错误同样出现在该卷第 18 叶第 16 行中。

5.《吉祥遍至口合本续之广义文》下半

第 3 叶第 16 行：𗼖𗾖𘜶𗦻𗱕𘌞𘌞𗋈𗰜𗵘𗵘𘓞𗭼𗫷，此句中𘌞字重复。正确应为𗼖𗾖𘜶𗦻𗱕𘌞𗋈𗰜𗵘𗵘𘓞𗭼𗫷，译为"以胜义菩提心遍及一切内外诸法处"。

第 4 叶第 5 行：𗐱𗱻𘜶𘄒𘄤，译为"谓脐者是耒"。其在《吉祥三菩怛经典明灯》中对应作 lte ba ni thab bo，译为"脐者是炉"。西夏文𘄒（耒）与𘄱（炉）字形相近，疑西夏本中的𘄒（耒）是𘄱（炉）之误。此句正确作𗐱𗱻𘜶𘄱𘄤，译为"谓脐者是炉"。

第 10 叶第 18 行：𗰜𘜶𘏨𘈩𘓞𘔼𘓞𘇂𘄑𗫷，译为"如此应与'啊嚁咦'四字相应"。西夏文中有三个种字，而非四个，显然西夏本中漏一字。其在《吉祥三菩怛经典明灯》中对应作 de bzhin du a ā i ī bzhi dang sbyar ro，其中种字为 a、ā、i、ī 四个。西夏本中缺𘃽（阿）字。此句正确应为𗰜𘜶𘏨𘃽𘈩𘓞𘔼𘓞𘇂𘄑𗫷，译为"如此应与'阿啊嚁咦'四字相应"。

第 11 叶第 12 行：𘝤𗱻𗢸𘓺𘆈𘏨𗼺𘓻𘄒𗱻，译为"谓嘻哄二牙微露之谓"。此处西夏文𗢸（哄）疑有误，为𘓺（者）之误。根据原文上下文以及西夏文法，此应为𘝤𗱻𘓺𘆈𘏨𗼺𘓻𘄒𗱻，译为"谓嘻者二牙微露之谓"。

第 12 叶第 5 行：𗱴𘏨𘄴𗱻𗱻𘜶𗦻𗾖𗦻𗹦，译为"谓谓如此语者生起菩提心"。显然西夏文中多了一个𗱻（谓）。

第 13 叶第 13 行：𘓐𗴷𗼖𘓻𘕣𗧙𘄀𗴢𘜶𘔼𗰖𗈚𗧉𗈪𗱕𗜓𘄤𗻻𗨁，译为"讲说第七节之第三品中咒颂结方之法"。其在《吉祥三菩怛经典明灯》中对应作 bdun pavi rab byed gsum pa nas sngags btu ba yod pa，译为"由第七节第三品存有密咒结合之法"。根据藏文知西夏文𗻻𘄤（结方）可能有误，应该是𗙴𗙴（结合）。西夏文𗙴（方向）与𗙴（结合）字形相近，𗙴（方向）是𗙴（结合）之误。该句正确应为𗙴𗙴𗙴𗙴𗙴𗙴𗙴𗙴𗙴𗙴𗙴𗙴𗙴𗙴𗙴𗙴𗙴𗙴，译为"讲说第七节之第三品中咒颂结合之法"。

第 16 叶第 8 行：𗙴𗙴𗙴𗙴𗙴𗙴，译为"谓声律者声间"。其在《吉祥三菩怛经典明灯》中作 sgra tshul ni mdzod pu，译为"声律者眉间白毫"。据此，西夏本中𗙴𗙴（声间）当为𗙴𗙴（眉间）之误。此处西夏文正确应为𗙴𗙴𗙴𗙴𗙴𗙴，译为"谓声律者眉间"。

第 20 叶第 18 行：𗙴𗙴𗙴𗙴𗙴，译为"书于瓶颈"。其在《吉祥三菩怛经典明灯》中作"书于蛇颈"。据此，西夏文𗙴（瓶）当为𗙴（蛇）之误。此句正确应为𗙴𗙴𗙴𗙴𗙴，译为"书于蛇颈"。

二 错误特点及成因

《吉祥遍至口合本续之解喜解疏》和《吉祥遍至口合本续之广义文》中的上述错讹，最突出的特点是形近字混淆。如𗙴（取）误为𗙴（智慧），𗙴（吽）误为𗙴（有），𗙴（悉）误为𗙴（增），𗙴（门）误为𗙴（何），𗙴（主）误为𗙴（虚词），𗙴（何）误为𗙴（十），𗙴（教习）误为𗙴（大），𗙴（呼唤）误为𗙴（门），𗙴（班）误为𗙴（同），𗙴（红色）误为𗙴（瓶），𗙴（处）误为𗙴（说），𗙴（腹）误为𗙴（愚蠢），𗙴（晨）误为𗙴（来），𗙴（毫）误为𗙴（喜爱），𗙴（坠落）误为𗙴（影），𗙴（果）误为𗙴（人），𗙴（心）误为𗙴（杆），𗙴（炉）误为𗙴（末），𗙴（结合）误为𗙴（方向），等等。这种错误不应该是西夏本译者翻译或书写之误，多数应是在印刷过程中形成的。《吉祥遍至口合本续之解喜解疏》《吉祥遍至口合本续之广义文》与《吉祥遍至口合本续》一样，都是我国现存西夏时期的木活字印刷品，这一点已被学术界所肯定。[①]鉴于雕版印刷和活字印刷在排版印刷工艺上的特点和区别，

---

① 牛达生：《我国最早的木活字印刷品——西夏文佛经〈吉祥遍至口和本续〉》，《中国印刷》1994 年第 2 期。

这种形近字混淆的错误完全可以作为其是活字印刷品的证据之一。我们知道，雕版印刷和活字印刷是两种完全不同的印刷工艺。雕版印刷是整页正面书写，反贴样稿镌刻，[①]形近字混淆一般不会出现。而活字印刷则是先制作所需字丁，然后按书稿内容逐字逐行排版。[②]由于活字印刷时每个字丁上的字均是反刻，检字排版过程中稍有不慎，形近字很容易混淆，出错的概率要比雕版印刷大得多。《吉祥遍至口合本续之解喜解疏》《吉祥遍至口合本续之广义文》中形近字出现混淆的特点，再一次证明它是活字印刷品。

其次，《吉祥遍至口合本续之解喜解疏》《吉祥遍至口合本续之广义文》中还有印字重复、遗漏字等现象，这也是活字印刷的证据之一。文献中遗漏字有：《吉祥遍至口合本续之解喜解疏》第一卷第5叶第15行中的𗹬𗫉𗗙𗰖（阿哇都底，"中脉"）漏𗫉（哇）字，第21叶第1行中𗊉𗫳𗎵（左右手）漏𗊉（左）字；《吉祥遍至口合本续之广义文》第10叶第18行四个种字𗹬𗻨𗤋𗥩（阿啊翳咦）漏𗹬（阿）字；等等。文字重复者有：《吉祥遍至口合本续之解喜解疏》第三卷第13叶第3行𗫡𗗉𗗉𗼋𗴺（化为遍处处）中的𗗉字重复；《吉祥遍至口合本续之广义文》第3叶第16行𗹙𗤋𗫾𗴴𗣀𗣀𗣀𗣀𗣀𗤋中的𗤋字重复，第12叶第5行𗰖𗪉𗤋𗴴𗴴𗴴𗫾𗤋𗴴𗔋中𗴴字重复；尤其是《吉祥遍至口合本续之解喜解疏》第一卷第2叶第20行和第3叶第1行内容完全相同，整行重复。

《吉祥遍至口合本续之解喜解疏》《吉祥遍至口合本续之广义文》中的这种排版错乱现象应该是由活字排版不精所致，而雕版印刷中则完全不会出现。古代活字印刷，一般有检字和排版两个程序，检字者按文检

---

① 张树栋、庞多益、郑如斯等：《中华印刷通史》，台北：财团法人印刷传播兴才文教基金会，2004，第105—108页。

② 张树栋、庞多益、郑如斯等：《中华印刷通史》，第128—130页。

字，检好之字悉数交由排版者排印。[①] 这一过程中，即使检字者所检之字准确无误，如果排版者排版不精，再加上校对不细，极易出现前后颠倒甚至错乱的现象。这一现象进一步证明它们都是活字印本。

---

① 张树栋、庞多益、郑如斯等：《中华印刷通史》，第 128—130 页。

第三章 内容结构

与《吉祥遍至口合本续》《吉祥遍至口合本续之解喜解疏》《吉祥遍至口合本续之广义文》等文献一起出土的还有西夏文《吉祥遍至口合本续之科文》。顾名思义,《吉祥遍至口合本续之科文》是分科《吉祥遍至口合本续》之文句段落,即《吉祥遍至口合本续》之纲目提要。《吉祥遍至口合本续之解喜解疏》《吉祥遍至口合本续之广义文》是《吉祥遍至口合本续》的注疏文,其内容体系均以《吉祥遍至口合本续》为基础。所以,《吉祥遍至口合本续之科文》反映的也是《吉祥遍至口合本续之解喜解疏》等的章节次第和内容结构。

由《吉祥遍至口合本续之科文》知,《吉祥遍至口合本续》以及《吉祥遍至口合本续之解喜解疏》都为十节,每节四品,共四十品。它们的章节次第和内容结构如下:

第一节

第一品

一宣说依解脱道观想语相续生起之法,

　　一生长次第之种字,

　　二圆满次第之种字。

　　　一有相,

　　　　一菩提心之相应,

　　　　二脉,

　　　　三风,

一宣说相应禅定法，

二宣说风之不共事业。

四缠缚，依仪宣说三种相应禅定果。

二无相。

二依异熟灌顶语相续生起之法，

一彼第三灌顶俱生智依靠何生起法，

二禀持菩提心法，

三依止三种相应禅定法。

三宣说缠缚。

一宣说声韵之大密缠缚，

二宣说三种相应之缠缚，

三宣说普通大密之缠缚。

第二品

一宣说熟习秘密次第，

二宣说不熟习秘密次第。

第三品

一诸眷属加持依门请问之法，

二前面所说相续生起现前解之语依门作答。

一略说，

一宣说域界之往来，

二宣说心识之往来。

二广说。

一道之大密，

二广说胜义菩提心，

三宣说诸眷属菩提心之偈颂，

四自性身唯与譬喻一并说。

第四品

一圆满次第之果,

　　一现前说圆满次第之果,

　　二宣说轮回之近取因,

　　三宣说涅槃之近取因。

二生长次第之果,

　　一现前说生长次第之果,

　　二宣说与八种成就咒颂相关咒之结合处,

　　三宣说生处,

　　四广说八种成就。

三序言已定方便二义,依门以缠缚宣说第一节之义。

　　一如何以依靠处生起,

　　二能令生起方便,

　　三已觉受法。

第二节

第一品

一略说,

二广说。

　　一宣说承事,

　　二地界仪轨,

　　三远离魔患次第,

　　四坛城日数仪轨。

　　　一宣说坛城画法,

　　　二宣说灌顶法。

　　　　一灌顶,

　　　　　一宝瓶灌顶,

　　　　　二秘密灌顶,

　　　　　三智慧灌顶,

四第四灌顶。

二功德，

三供布施。

第二品

一性气，

一宣说轮回之性气，

一略说，

二广说，

三缠缚。

二宣说涅槃性气。

一所弃涅槃，

二所取涅槃。

二禅定，

一入定，

一不着于道之禅定法，

二修者不着于人，

三不着于修定果，

四宣说与三种慈悲所依修定，

五道人果三种之缠缚，

六广说修行者不着于人，

七譬喻所修不成，

八彼所修能修无分别心者不可思议之喻，

九如何以所依处生起觉受。

二出定。

三功德，

一名数，

二一切能起因，

三修习所依生起果。

四宣说尽皆圆融之因是心，

五宣说依是心能修方便。

　　一宣说生长次第能起不共成就非因之仪，

　　二宣说圆满次第所起不共成就之是因之仪，

　　三宣说无相圆满次第禅定处，

　　四宣说彼无相者如何依凭于居处生起之仪。

　　　　一生起仪与方便时节一起说，

　　　　二守护彼觉受法，

　　　　三觉受明点衰时授禁戒法，

　　　　四生起觉受处摄持手印女法。

第三品

一共同法，

　　一内处，

　　二外处，

　　三宣说一切供养法汇集之仪，

　　四宣说生长次第之身体。

二不共同法。

　　一生长次第禅定法，

　　　　一瑜伽自在，

　　　　二福德俱足聚积法，

　　　　三智慧俱足聚积法，

　　　　四观想守护轮法，

　　　　五观想生法处之仪，

　　　　六令佛身增长法。

　　　　　　一令中尊增长法，

　　　　　　　　一令一面二臂形噜迦增长法，

二令四臂形噜迦增长法，

三令各手臂增长法。

二令眷属增长法。

一宣说二臂之眷属及四臂之眷属，

二宣说四臂及六臂之共同眷属。

二诵咒，

三圆满次第禅定法。

第四品

一依救度天母九宫格宣说轮，

二宣说解毒孤噜孤喇，

三宣说救度母生现之孤噜孤喇，

四宣说乌鸦之孤噜孤喇，

五令智慧炽盛法，

六宣说依止金刚体之八佛。

第三节

第一品

一因位金刚持令增长法，

一令中尊增长，

二摄持虚空密时双运仪，

三眷属令佛增长法。

一能令增长咒，

二获得咒，

三佛之性气。

二果位金刚持令增长法。

一入于融合三摩地，

二天母以歌感应，

三宣说生于融合明点。

第二品

一生长次第，

　　一福德俱足，

　　二智慧俱足，

　　三宣说皈依处无量宫禅定法，

　　四皈依者观想佛之仪。

　　　　一广说令中尊增长法，

　　　　二广说令眷属增长法。

二圆满次第禅定法。

第三品

一智慧俱足，

二守护轮，

三生法处，

四四大次第积累禅定法，

五宣说依彼融合无量宫与座一起禅定法，

六广说皈依者中尊。

第四品

一宣说金刚体坛城，

　　一坛城名号依门略说，

　　二宣说修定坛城，

　　　　一广说修定大坛城，

　　　　　　一福德俱足，

　　　　　　二智慧俱足，

　　　　　　三皈依处令坛城增长，

　　　　　　四皈依者令坛城增长。

　　　　　　　　一以五菩提令中尊增长法，

　　　　　　　　　　一五菩提禅定法次第，

二五菩提之缠缚，

三广说身及领悟二种之菩提，

四宣说中尊之色相手印。

二令眷属增长法。

二广说彩画大坛城。

三宣说彩画坛城。

二宣说形噜迦坛城，

一现前讲说形噜迦之坛城，

一皈依处禅定法，

二皈依者禅定法，

一中尊禅定法，

二眷属禅定法。

二讲说坛城之尸林性气。

第四节

第一品

一解说加持，

二讲说答。

一语表，

一依喜金刚语表，

二依四座语表，

三依上乐语表。

一依单独字语表，

二集合字理解义。

二有种姓供养等齐处。

第二品

一讲说世间皈依处，

一讲说以属耳听教诫法，

二现说世间名，

三讲说取名法之语因。

二讲说手印。

第三品

一宣说善美母等共同性气，

二宣说喇母等区别法。

一宣说喇母之喇母，

二宣说世间自在之喇母，

三宣说有杂秽喇母，

四宣说形噜迦喇母，

五宣说亥母喇母。

第四品

一与有种姓母相关语表，

二与业相关语表。

第五节

第一品

一有种姓母外供养作会供轮法，

二会供处所，

一令上乐轮之二十四域显明，

二令喜金刚之三十二域显明，

三随八域之差异讲说八树，

四讲说十域与十地相应法，

五讲说内外域之分法。

三会供时节，

四会供之语因。

第二品

一方便，

一讲说皈依处，

二讲说果，

　　一入定，

　　　　一讲说依凭于何皈依处，

　　　　二讲说果之答，

　　　　三讲说道。

　　　　　　一讲说四菩提之禅定处，

　　　　　　二皈依处先前往第四义之入禅定法，

　　　　　　三四菩提之所依处生长次第禅定法，

　　　　　　四现前讲说四菩提禅定法。

　　　　　　　　一略说，

　　　　　　　　　　一依智慧讲说菩提瑜伽，

　　　　　　　　　　二依自摄持瑜伽讲说菩提，

　　　　　　　　　　三依无我母瑜伽讲说菩提，

　　　　　　　　　　四依明点讲说菩提瑜伽。

　　　　　　　　二广说，

　　　　　　　　　　一依明点广说菩提，

　　　　　　　　　　二广说自摄持，

　　　　　　　　　　三依智慧广说菩提，

　　　　　　　　　　四依无我母广说菩提。

　　　　　　　　三广说最上明点瑜伽，

　　　　　　　　四讲说色相。

　　　　　　　　　　一依明点讲说菩提道之相，

　　　　　　　　　　二依自摄持讲说菩提道之相，

　　　　　　　　　　三依智慧灌顶讲说菩提道之相，

　　　　　　　　　　四依无我母讲说菩提道之相。

　　二出定，

一由喜金刚讲说共同清净法，

二由上乐轮讲说不共同清净法，

三所生圆融之所依讲说义。

三讲说道。

二略说。

第三品

一行业之利益，

一现前利益，

一讲说离弃之根本聚集，

二讲说智慧之根本聚集。

二不行业不得现果故说行业法，

三讲说行业之果色身处礼仪或供养，

四利益之缠缚。

二行业之方便，

一中脉业，

一业之名，

二中脉行业之方便，

三行业之利益。

二普贤业。

一业之利益，

二行业仪次第，

三如何知解真实性之法，

一如何知解内法，

二如何知解外法。

四取舍以此行业，

五缠缚。

一如何知解之缠缚，

二利益缠缚。

三诸方遍胜业,

一利益,

二行业法,

三依无助伴法,

四依一切□行法。

四行诸业法。

一敬礼等□□□法与义一起讲说,

二坛城等亦以彼成所化之讲说不然与获真智者无为之譬喻一起讲说,

三舍弃妄思则得果,不舍弃则生轮回中,故舍弃法,

四行业记句。

一由外以法之空性印契法,

二记句如何守护法。

一饮食记句,

一所令五肉记句,

二所令五甘露记句,

三现前无则以摄持饮食法。

二守护记句,

三上师处供养记句,

四讲说于世间所作,如幻般寻察祈求涅槃法。

第四品

一大疯狂行业法,

二一切行业之处,

三中脉之行业法,

一行业之时节,

二行业之方便,

三利他故行业法，

四行业之处。

四疯狂业之令俱足法，

五讲说诸方遍胜行业法，

一行业之处，

二行业之自性，

三行业之与助伴手印女行业一起讲说。

六国王太子业，

七解悟诛法业。

第六节

第一品

一讲说依身心往来加持法，

二讲说答，

一往来之义，

一所取解说语，

二讲说答。

一广说域界往来法，

一讲说域界之来法，

二讲说诸域界依清浊分离风如何生起法，

三讲说域界之往之三种风。

二广说心识往来法。

一咒颂次第，

二智慧次第。

二惑轮之义。

一身如何安住，讲说身门本续次第，

二讲说语门风之瑜伽咒颂次第，

三能解诸事，讲说意门智慧及秘密次第。

三讲说依凭依止根本续询问法。

　　一问，

　　　　一讲说此四个问题中，依跋萨尼怛（胜乐风）生起乐法及依此域界和心识生起乐法，二者依法之名言不同请问跋萨尼怛之仪；

　　　　二讲说第一节之第二品中愿说不坏母等不安身之询问依凭何处之仪；

　　　　三第五节之第一品中布利啰摩喇耶等，答赡部洲中有，彼中所有询问法；

　　　　四讲说第一节之第二品中所说以三十二脉生起三十二菩提心，各脉及各域界考察询问。

　　二答。

　　　　一讲说所取解说语，

　　　　二现说答之四种义中问此第三义，布利啰摩喇耶之答。

第二品

一讲说答之语相续跋萨尼怛之答，

　　一跋萨尼怛之圆满次第禅定法，

　　二皈依之义以圆满讲说，

　　三缠缚，

　　四讲说跋萨尼怛能生起道或处所。

二讲说第二问及第四问之答以一起回答。

第三品

一讲说四次第依自性俱足仪，

　　一请问内坛城等，

　　二回答，

　　　　一内坛城，

一内坛城如何俱足,

二内坛城之外坛城,

三内坛城之内坛城。

一至不清净处,

一略说,

二广说,

一至外处仪,

二至内处仪。

三缠缚。

二至清净处。

一讲说佛及菩萨一切生法,

二讲说声闻等生长法。

二炉,

三成供养,

四诵咒,

五讲说禅定俱足仪,

六讲说上师俱足仪,

七讲说序言俱足仪。

三缠缚。

二秘密次第与果一起讲说,

一讲说四轮之自性,

二讲说四轮脉叶之大数,

三讲说四轮之果,

四讲说四轮之种字。

三咒颂次第。

一讲说咒颂次第禅定法,

二讲说首要义俱生智及最上无比续之利益。

第四品

一秘密次第，

　　一秘密次第清净仪，

　　　　一讲说不共清净圆满次第，

　　　　二讲说共同清净。

　　　　　　一真实清净，

　　　　　　　　一讲说四身清净，

　　　　　　　　二讲说四果清净，

　　　　　　　　三讲说四部众清净法，

　　　　　　　　四讲说化身清净法，

　　　　　　　　五大乐处生起清净法。

　　　　　　二于清净之义令闷乱清醒法。

　　二譬喻，

　　三义理，

　　四区分种姓法。

二咒颂次第。

第七节

第一品

一讲说语表，

　　一与第四节之种姓母有关之语表，

　　　　一讲说喜金刚之语表，

　　　　二讲说四座之语表，

　　　　三讲说上乐轮之语表。

　　　　　　一各单独字之语表，

　　　　　　二汇集文字之语表。

　　二与第五节之业有关之语表。

二果之羯磨集。

一随喜金刚讲说生长次第之果，

二讲说诸集重要羯磨。

　　一讲说诸识智慧，

　　二讲说触等之智慧，

　　三真实见明点羯磨，

　　四药丸事业相应，

　　五知解不显明，

　　六眼药混合法，

　　七祈求成金药法，

　　八祈求长寿法仪轨。

　　　　一讲说祈求长寿法真实仪轨，

　　　　　　一依六时持六种甘露食，与功德一起讲说；

　　　　　　二甘露单独与四种相合而食，与功德一起讲说；

　　　　　　三增添十种诸集或十四种诸集而食，与功德一起讲说；

　　　　　　四依随酥油仪轨法，与三种方便一起讲说；

　　　　　　五以涂身长寿法；

　　　　　　六以饮食长寿法。

　　　　二讲说祈求长寿之处所，

　　　　三讲说知解与不知解之功罪。

第二品

一以加持门略说，

二以属耳依教诫门广说，

　　一讲说承事，

　　二讲说地界仪轨，

　　三讲说修供羯磨依靠助伴手印女法，

四讲说护摩羯磨。

一讲说炉差异法，

二讲说方位差异法，

三讲说火□差异法，

四讲说修供羯磨之诸集差异法。

三依句义要门缠缚。

第三品

一讲说咒颂结合法，

一加持，

二讲说以属耳先行教诫结合处，

三讲说咒颂结合法。

二讲说幻轮重点羯磨。

一讲说与救度母有关羯磨，

二讲说上乐羯磨，

三讲说与救度母及上乐羯磨相应之功德。

第四品

一加持，

一与坛城有关之护摩加持，

二护摩等羯磨修供之佛加持许与不许迁易。

二回答。

一禅定羯磨以略说所取解说语，

二护摩与坛城有关羯磨修供法，

一讲说先前往，

一地界仪轨，

二胜过依止，

三结绳。

二讲说护摩羯磨修供。

三依凭禅定讲说羯磨修供。

一讲说护摩羯磨修供佛允许迁易法，

二广说依凭禅定羯磨修供。

一讲说不共救度母之三摩地，

二讲说依数计七生驴头救度母，

三大威德禅定，

四具光母之禅定，

五山居具叶母之禅定，

六摩诃摩耶之禅定，

一摩诃摩耶之生长次第相应，

二依凭彼七种羯磨修供法。

七风缠缚法禅定，

八依喜金刚祈雨法禅定，

九止雨禅定，

一止雨三摩地，

二讲说止雨佛及咒颂。

十防止危害禅定，

十一依喜金刚之救度天母摄受灌顶法禅定，

十二依喜金刚尽拒法，

十三依黑色阎魔德迦杀害羯磨，

十四依喜金刚摄受女法，

十四依大威德医毒法，

十六依喜金刚秉持日月法，

十七毁敌兵法，

十八劈裂法禅定。

第八节

第一品

一加持，

二回答。

　　一与利益一起依门以属耳教诫，

　　二现前讲说真性。

　　　　一金刚真性，

　　　　二铃之真性，

　　　　三手摄持令鸣响及金刚杵之利益，

　　　　四讲说不解真性与譬喻罪过一样。

第二品

一答依门属耳教诫法讲说，

二广说。

　　一讲说串珠真性，

　　　　一念珠之物体，

　　　　二念珠之大数，

　　　　三念珠摄持法，

　　　　四能念诵法，

　　　　五不解真性之罪过，

　　　　六能摄持咒颂，

　　　　七缠缚依仪讲说功德。

　　二讲说智慧之真性，

　　三讲说内念珠。

第三品

一识逝，

　　一属耳依门略说，

　　二广说，

　　　　一加持，

　　　　二讲说答。

一与利益一起依门属耳教诫法，

二讲说答之义。

 一门差异法，

  一略说九门之差异法，

  二门之差异因门广说果之差异。

 二逝法要论，

  一知解死相者逝仪以修习逝仪略说，

  二广说，

   一讲说依风根门修习仪，

   二讲说识逝修习仪，

   三讲说修习灌顶不逝仪之方便。

 三逝之功德，

  四讲说至与功德所依时节现逝法。

二讲说随识逝处生长次第修定法，

 一生长次第修定仪，

 二依凭彼讲说圆满次第修定法。

三迁识，

 一先前风修习法，

 二夺舍法。

四讲说智慧之差异。

 一现说智慧差异，

 二知解时生起一切皆为智，讲说精勤于方便法。

第四品

一讲说以属耳教诫法，

二讲说咒颂次第。

 一佛之咒颂，

  一金刚萨埵大坛城咒颂，

二讲说十六手喜金刚之咒颂，

三无我母等十五天母之坛城咒颂，

四喜金刚中尊形噜迦之咒颂，

五上乐轮之咒颂，

六具光母及山居具叶母之咒颂，

七摩诃摩耶之马头明王咒颂，

八讲说四座之智慧空行母、九佛之咒颂。

二施令咒颂，

一金刚空行母施令咒颂，

二部多之施食咒颂，

三施令摄持咒颂，

四施供残食请客咒颂。

三羯磨咒颂。

一净治地界咒颂，

二四种羯磨之咒颂，

三供养咒颂，

四饮食摄持咒颂，

五上乐轮甲胄咒颂。

第九节

第一品

一圆满次第之果，

二迁识，

三依四王形相圆满次第，

四讲说金刚歌。

第二品

一施食仪轨，

一于施食句之要义，

二施食仪轨法。

　　一作坛城法，

　　二施食供养物与诵读一起讲说，

　　三观想佛净治诸集一并说，

　　四请唤与观想佛一并说，

　　五众施食与业寄一起讲说。

二会供轮之因支，

三讲说会供轮及施食发愿法，

四讲说会供轮及坛城集略法。

第三品

一加持，

二讲说答。

　　一讲说画画像，

　　一画师之性气，

　　二彩画与处所一起讲说，

　　三画师如何以佛慢应画，

　　四讲说颜色及笔之性气，

　　五画法，

　　六于颜色之甘露问与答一起讲说。

　　二讲说如何写经卷。

第四品

一达麻噜之性气，

　　一所取解说语，

　　二讲说达麻噜之性气。

　　一敲击法，

　　一依上乐轮及喜金刚讲说达麻噜声音，

　　二依摩诃摩耶讲说达麻噜音乐，

三依阎魔德迦讲说达麻噜声音，

四依四座及喜金刚讲说达麻噜声音。

二物体，

三限量，

四璎珞，

五敲击时节。

二作会供轮法。

一解何加持法，

二先行往属耳教诫会供轮之利益，

三会供轮之处所，

四会供轮如何作之次第。

第十节

第一品

一讲说上师之性气，

一属耳教诫，

二上师之性气。

二讲说灌顶法。

一前面承事，

二令灌顶。

一上师自灌顶法，

二令弟之灌顶法。

一共同说灌顶之功德，

二令甚深灌顶。

一讲说依五种姓修供者手印差异如何所作，

二讲说善怒愿修何定，亦羯磨供养之殊胜禅
定法，

三讲说依凭手印获得欢乐时不修定罪，

四讲说不舍弃欢乐缠缚。

第二品

一广说生于相应之果，

二果以集略讲说。

第三品

一讲说三身之共同自性，

二广说法身，

三广说化身。

第四品

一于护摩拒难论罪，

一讲说依胜义善恶无有法，

二讲说彼善恶者是方便义，

三讲说见悟众则喻与舍弃善恶一样，

四讲说缠缚。

二讲说依相应生起果法，

三记句，

一身记句，

二意记句，

三语记句，

四讲说五甘露与不弃果一样之记句，

五讲说四大记句，

六他处讲说之记句则缠缚喻与生起疑惑一样说。

四随喜依门高赞。

总之，《吉祥遍至口合本续之解喜解疏》和《吉祥遍至口合本续之广义文》是《吉祥遍至口合本续》（即《三菩怛本续》）的注疏文。一般认为，《三菩怛本续》是藏传佛教道果法中喜金刚三续[①]之一。《佛教史大宝藏论》把《三菩怛本续》译作《众密续共通注释续吉祥桑布扎后续》，[②]认为它是"众密续共通注释续"。针对"众密续共通注释续"，《吉祥遍至口合本续之解喜解疏》中有自己的解说，其载："𗆍𗅲𗰜𗷑𗆟𗠁𗖰𗏹，𗆍𗅲�333𗱊𗋽𗡞𗆟𗀉、𗵒𗆐𗄭𗆟𗰜𗖰，𗐓𗬤𗔆𗖰𗱊𗰛。𗺇𗷒�1𗧘𗆟𗷇𗫂𗦜、𗵗𗫂𗖰、𗌞𗳒、𗙛𗴢𗙛𗇂、𗶷𗐓𗷇𗙫𗏹𗆟𗖰，�">𗬤𗔆𗖰𗱊𗰛。"[③]汉译为："方便、胜慧自性续中，方便者是《黑阎摩德迦》、《怖畏》和《密集》三种之自性，是此《三弥菩怛》。胜慧者是《佛平等合》、《上乐轮》、《四座》、《摩诃摩耶》和《喜金刚》等五种之自性，亦是此《三弥菩怛》。"由此可知，《三菩怛本续》是集方便父续与智慧母续为一体的综合性释续。所以，说《三菩怛本续》为"众密续共通注释续"并不为过。《三菩怛本续》是道果法中的一部重要续典，与之相配套的注疏文《吉祥遍至口合本续之解喜解疏》和《吉祥遍至口合本续之广义文》理应也是藏传佛教的重要释续，其记载的藏传密教仪轨涉及无上瑜伽密法中的《胜乐轮》、《喜金刚》、《四座》和《密集》等密法，是研究藏传佛教在西夏传播的重要材料。

[①]　喜金刚三续是指《喜金刚本续》（又名《呼金刚根本续第二品》）、《空行母金刚帐本续》（又名《空行母不共通金刚帐注释续》）和《三菩怛本续》。

[②]　"三菩怛"，布顿大师译作"桑布扎"。见布顿大师《佛教史大宝藏论》，郭和卿译，民族出版社，1986，第327页。

[③]　《吉祥遍至口合本续之解喜解疏》第1卷，《拜寺沟西夏方塔》，第107页。

第四章　西夏字词释义

目前，学术界对单个西夏文字的释读基本上已无大碍，但是，对极个别单字或个别固定搭配词语的理解还存在一些偏差。西夏文《吉祥遍至口合本续之解喜解疏》和《吉祥遍至口合本续之广义文》的藏文底本为《吉祥三菩怛经典明灯》，两种文本不论是词语还是句子，基本上能相互对应，这对我们准确理解一些西夏字或一些西夏文的固定搭配有很大帮助。下面依据藏文转写对西夏文中常见的字和词语，如𗏹𗏲、𗦲、𗋽𗗙、𗤀𗗙等的释义进行简要讨论。

一　𗏹𗏲

在现有西夏文字书中，𗏹一般译为"何""何时"，𗏲译作"未"，𗏲亦常与其他词组成一种否定组合。[1] 而𗏹𗏲二字组合，在《吉祥遍至口合本续之解喜解疏》《吉祥遍至口合本续之广义文》中出现频率很高，根据其对应藏文，𗏹𗏲组合表示的并不是一种否定，而是一种选择关系，可译为"抑或"。

例1　𗰜𗐯𗏹𗆧𗏲𗆧𗫴𗥔𗗙𗑱𗤭𗇃𗉋𗗙𗡔𗰖𗓨𗐯𗪺𗏌，𗤀𗏹𗏲𗰜𗐯𗏹𗆧𗏲𗥾𗑬𗇋𗕿𗋽𗞞𗐯𗓨𗰖𗖋𗷖𗈯𗆧𗤭𗡝𗐯。

汉译为： 先前所说之九种及孤那都噜菩提心十种食，抑或先前所说九种及前所说之水银、硫黄、月经及酥油等四种。

---

① 李范文编著《夏汉字典》，中国社会科学出版社，1997，第205页。

对应藏文： gong gi dgu kun tu byang sems dang bcu bzav bavam/ yang na gong gi dgu dngul chu dang mu zi dang padmavi khrag dang mar/ zho bzhi gong du bshad pa dang kun tu rgyu dang bcu bzhi bzav bzav bavo//

例 2　𗗉𗈲 𗗉𗈱 𗘉𗭠 𘉏　，𗗉𗗉 𗆢𗴺 𗭠 𘉏 𗰖 𗰖 𘜼 𘜼 𘚢。

汉译为： 抑或谓毗拶诃啰，谓毗毗叽得啰是依种种而显现。

对应藏文： yang na bhi tsa ha ra ste/ bhi pi tsi tra na sna tshogs su snang ba/

例 3　𗗉𗈲 𗬩 𘘓 𘟀 𗰖 𘚢。

汉译为： 抑或是听闻不能领悟。

对应藏文： yang na thos pa ma yin rtogs pa nyid yin te/

例 4　𗗴𗆢 𘘓 𗴺 𘖑 𗹭 𗴺 𘚢，𗗉𗈲 𗤋 𘚢 𗆢 𘘓 𘟀 𘈪 𘚢，𘓱 𗆢 𘘓 𗶷 𗘉 𗈇 𘉏。𗗉𗈲 𗗴 𘚢 𗆢 𘘓 𗆢 𗮅 𗹭 𗶷 𘚢，𗤋 𘚢 𗆢 𘘓 𗴺 𘚢。

汉译为： 谓上品是下方之五宝，抑或谓中品是粳米，或谓先说等之谓。抑或谓上品是墓地诸集，谓中品是珍宝。

对应藏文： mchog ni vog gi rin chen sna lnga/ yang na bar ni vbras sovo// zhes pa ni gong gi mchog ces pa la byavo// yang na mchog dur khrod kyi rdzas bar ma rin po chevam/

例 5　𗗉𗈲 𘐀 𘗂 𘜽 𗆢 𗈇，𘓱 𗶷 𗷸 𘈦 𗼻 𗆢 𗑱。

汉译为： 抑或谓婆罗女等，或前所说五种种姓也。

对应藏文： yang na bram ze mo zhes bya ba la sogs pa gong gi rigs lngavi bshad pavo//

以上各例藏文与西夏文的对应完全一致，西夏文𗗉𗈲对应藏文均为 yang na。yang na 在藏语里表示一种选择关系，译为"抑或"。可见，西夏文𗗉𗈲不应该译成"何未"，而应译为"抑或"。

二　𗬩

在现有西夏文字书中，𗬩一般表示一种转折的助词，译为"然则"。

该字在《吉祥遍至口合本续之解喜解疏》《吉祥遍至口合本续之广义文》中时有出现，对应藏文都作 vo na。

例 1　𗧰𗤁𗣼𗋽𗣼𗤅𗢺𗟭，𗧘𗈪𗸦𗤅𗈪𗤅𗣼𗢺。

汉译为：然则声闻之果何故获得，故未证悟是以黑暗障蔽。

对应藏文：vo na nyan thos kyi vbras bu civi phyir byung zhe na/ bag chags sgrib pavi ye shes zhes bya ste//

例 2　𗧰𗣴𗣼𗢺𗥃𗧘𗣼𗢺，𗧘𗥴𗣕𗤅𗥲𗤟𗤅𗣼𗢺𗩱𗤅𗢺𗣼，𗤓𗤁𗢺。

汉译为：那么如何获证独觉之果，则覆盖真智种子者所知之障蔽未断除。

对应藏文：vo na sangs rgyas kyi vbras bu ji ltar vbyung zhe na byas pa la/ bag chags bsgribs pavi ye shes ni zhes bya ste/

例 3　𗧰𗤁𗟷𗟺𗤅𗢺𗣼，𗧘𗣼𗥲𗤟𗊅𗟺𗣴𗤅𗢺𗣼𗤅。

汉译为：那么是谓谁之境界，故是谓大密明满境也。

对应藏文：vo na suvi spyod yul yin zhe na gsang chen sangs rgyas spyod yul lo/

例 4　𗧰𗈪𗤅𗣼𗥴𗤅𗥃𗤅𗢺𗣼，𗧘𗟰𗣼𗨁𗤅𗤆𗜓𗥲𗢺𗣼𗤅。

汉译为：然则无有与种姓等相违，则佛与咒颂等实安住也。

对应藏文：vo na med pa dang rigs lnga la sogs pa dang vgal lo zhe na/

上述几例西夏文与藏文内容完全一致，可以看出西夏文𗧰对应藏文均为 vo na。vo na 在藏语里表示一种转折关系，译为"那么""然则"。

三　𗣪𗦎

𗣪𗦎在西夏文字书中比较常见，学术界对它的释义五花八门，多数不是很贴切。𗣪𗦎在《吉祥遍至口合本续之解喜解疏》《吉祥遍至口合本续之广义文》中出现的次数也极多，其对应藏文作 bcas pa 或 lhan cig。

例 1　𗧘𗊅𗸦𗦫𗥃𗫫𗤅𗟷𗟺𗤕𗢺𗣼𗤅𗣪𗦎𗢺𗸮𗨁𗈪𗸦𗤅𗢺。𗅲𗧾𗪙𗣴𗦠𗧘𗌵𗫫𗟷𗤕𗢺𗣼𗤅𗣪𗦎𗈪𗸮𗨁𗈪𗸦𗤅𗢻𗤅。

汉译为：故汇集者于金刚心之意，与道果一起唯一证悟义。由后继者则于修供者之意，与道果一起唯一证悟义也。

对应藏文：sdud pa po rdo rje snying povi blo la lam vbras bu dang bcas pa gcig rtogs pa // rjes vjug bsgrub pa povi blo la lam vbras bu dang bcas pa gcig rtogs pavo//

例 2　𗾔𗴡𗵐𗼋𗫂𗗙𗰖𗰛，𗍹𗜚𗴟𗴋𗺓𗷲𗱻𗵉𗾝𗬩𗳖𗺓𗷲𗱻𗵉𗼘𗴜𗱈。

汉译为：由某时彼数融解，与世俗衣一起及与无量宫一起，于某时间成也。

对应藏文：de tsho zhu ba las dus gcig nas zhes bya ste kun rdzob gos dang bcas pa gzhal yas khang dang bcas pa dus gcig tu byung ngo//

例 3　𗄻𗶷𗟲𗑞𗺓𗷲𗱻𗵉。

汉译为：与五狮子座一起也。

对应藏文：seng gevi gdan lnga dang bcas pavo。

例 4　𗾔𗫲𗫵𗰛𗦀𗫦𗫋𗺓𗷲𗱻𗼓。

汉译为：彼红白之孔与吽字一起观修。

对应藏文：dkar dmar gyi rnam pa bu gu hūṃ dang bcas pa bsgom。

例 5　𗄹𗥪𗴡𗫂𗴓𗱻𗾔𗵐𗴡𗺓𗷲𗱈𗯷𗴘𗸒。

汉译为：融入瓶中水及咒鬘时一起成一味。

对应藏文：bum pavi chu de sngags kyi phreng ba zhu ba dang lhan cig ro gcig tu gyur pa/

上述第 1 至第 4 个例句，西夏文𗺓𗵉对应藏文均为 bcas pa。bcas pa 一般译为"一起""一并"。第 5 例句中，西夏文𗺓𗵉对应藏文为 lhan cig，译为"一起""共同"。由此，西夏文𗺓𗵉应译为"一起"。

四　𗯨𗵉

按目前西夏文字书解释，𗯨和𗵉均作为西夏语中的助词使用。在《吉祥遍至口合本续之解喜解疏》《吉祥遍至口合本续之广义文》中，𗯨𗵉

多次出现，根据对应藏文，𘊛𘊕有"依照""按照"之意。

例 1 𘊛𘊕𘊧𘊏𘊖𘊨𘊫𘊧𘊖𘊫𘊝𘊸。

汉译为：依照道者是真性道之性气。

对应藏文： ji bzhin lam ni de nyid lam gyi mtshan nyid do//

例 2 𘊩𘊖𘊒𘊨𘊔𘊯𘊡𘊭𘊖𘊛𘊕𘊚𘊝𘊘𘊤𘊕𘊡𘊲𘊯𘊲𘊸。

汉译为：一切之首，因缘随意愿者是翳伐弥摩耶尼。

对应藏文： thams cad kyi glad du gleng bzhivi pavi vthad pavo/ e vaṃ ma yavi zhes pavo/

例 3 𘊕𘊟𘊉𘊨𘊪𘊇𘊚𘊫𘊸𘊏，𘊛𘊕𘊚𘊝𘊫𘊸𘊏𘊘𘊖。

汉译为：其身清净彼本身是谓坛城，随意愿者是解说坛城也。

对应藏文： lus kyi dwangs ma de nyid du dam du bya bavi vthad pa ni dal zhes bshad de/

例 1 中，西夏文𘊛𘊕对应藏文为 ji bzhin，译为"依照""按照"。第 2 例和第 3 例中的𘊛𘊕𘊝对应藏文为 vthad pa，译为"随愿""合理"，也就是说，西夏文𘊛𘊕有"按照""符合"之意。

五 𘊕

𘊕在现存西夏文字书中一般当作无实际意义的助词使用，但是将《吉祥遍至口合本续之解喜解疏》《吉祥遍至口合本续之广义文》与藏文本《吉祥三菩怛经典明灯》对勘，发现其在一定条件下仍有实际意义。如其在动词之后有表示"方法""方式"之意义。

例 1 𘊫𘊖𘊣𘊕𘊏𘊘𘊝𘊖𘊙𘊏𘊚。

汉译为：正文存在之法如何有四种。

对应藏文： dkyus kyi vdug lugs ji ltar vdug na/

西夏文𘊣𘊕对应藏文为 vdug lugs。其中 vdug 意思为住、有，lugs 有方法、习惯、样式等意思，vdug lugs 译为"住法"，即安住的规律、存在的道理。由此，西夏文𘊕表示"方法"。

例 2　𗋽𘝤𗣼𗤁𗼇𗾩𗿭𗧓𘝲𗀎𗦴𘗽𗵘𗼇𗾩�。

汉译为：菩提萨埵以眼观法修治身或忿怒明王以眼观法修治身。

对应藏文：de yang khro bovi lta stangs sam byang chub sems dpavi lta stangs kyis lus bcos/

西夏文𗾩𗼇对应藏文为 lta stangs。lta 意思是观看、见，stangs 有方式、姿态之意。lta stangs 在佛书中译为"眼观法""看视法"，是密教中用眼观来控制或降伏魔障的一种方法。可见，此处西夏文𗼇有"方式""方法"之意。

例 3　𗄊𗾨𗼇𗼃𗦺�𗥃。

汉译为：谓居住法是如何。

对应藏文：gnas lugs ji ltar gnas zhe na/

西夏文𗄊𗾨𗼇对应藏文为 gnas lugs。gnas lugs 字面直译是居住方法，与西夏文𗄊𗾨𗼇字面义完全相应，佛书中 gnas lugs 译为"真理""本性"。同上文一样，此处的𗼇亦可译为"方法"。

例 4　𘓄𗤁𘍔𗦺𗒾𗢤𗾩𗼇𗏹𗏹𗤃。

汉译为：由业手印禀持心法有四种。

对应藏文：las kyi phyag rgya la sems bzung thabs bzhi/

例 5　𗤼𗦺𗟻𗙸𗣼𘉊𗢾𗼇𗤃。

汉译为：讲说三种相应修定法。

对应藏文：kha sbyor rnam pa gsum gyi bsgom thabs bstan te/

例 4 中西夏文𗾩𗼇对应藏文为 bzung thabs，其中 bzung 意思为"持取"，thabs 译为"方法"。例 5 中西夏文𘉊𗢾𗼇对应藏文作 bsgom thabs，译为"修定法"。可见，此两例中的𗼇均对应藏文 thabs，译为"方法"。

第五章　西夏文本所见印度大成就者事迹

　　印度八十四位大成就者是藏学界和藏传佛教信徒耳熟能详的古代印度佛教密教方面获得成就的人物。这些饶有趣味且富有启迪的修法证道人物故事，深受藏传佛教各派推崇。对于八十四位大成就者事迹，藏文文献记载颇为详尽，如巴瓦沃色（dpav bo vod gsel）著《八十四位成就者传》（grub thob brgyad cu rtsa bzhivi lo rgyus）[①] 和《八十四成就者觉心髓》（grub thob brgyad cu rtsa bzhivi rtogs pavi snying po zhes bya ba）[②]，金刚座造的《八十四大成就者祈愿》（grub thob brgyad cu rtsa bzhivi gsoa vdebs）[③] 等，成书于元代的汉文《大乘要道密集》也收录了金刚座造的《成就八十五师祷祝》[④]。

　　西夏佛教深受藏传佛教影响，当时有许多藏传佛教僧人到西夏传法，大量藏传佛教文献被译成西夏文或汉文，在西夏传播。在现存西夏文献中，笔者没有发现完整西夏文八十四大成就者传记，但是个别大成就者的传奇故事和他们所传密续曾在西夏流传。如《吉祥遍至口合本续之广义文》卷下中就记载了几位印度大成就者成道的传奇事迹。

---

① 中国藏学研究中心《大藏经》对勘局对勘《中华大藏经·丹珠尔》（藏文对勘本）第48卷，中国藏学出版社，1999，第413—556页。

② 德格版《西藏文大藏经》（丹珠尔），No.2292，宇井伯寿等编《德格版西藏大藏经总目录》，台北：华宇出版社，1985，第357页。

③ 德格版《西藏文大藏经》（丹珠尔），No.3758，宇井伯寿等编《德格版西藏大藏经总目录》，第564页。

④ 八思巴辑著《大乘要道密集》，台北：自由出版社，1962，第319—320页。《成就八十五师祷祝》当是藏文《八十四大成就者祈愿》的异译本。

第一节　印度大成就者事迹

《吉祥遍至口合本续之广义文》卷下共 26 叶，前 20 叶是对《吉祥遍至口合本续》中一些难以理解的修法、仪轨、关键词语、密咒等做的补充性解释，后 6 叶记载了印度大成就者毗卢巴、罗摩波罗居士和黑行师的传奇故事。现将这 6 叶印度大成就者传奇故事翻译如下：

盖此秉持日月者毗卢巴师所成就。此师生长之地为果_我迦那国。此国中喜信外道。在迦努挦地方有一国王，师欲调伏他。因而往卖酒妇之屋舍处，师云："卖酒于我。"此卖酒妇卖酒给师。师曰："我以太阳作抵押。"遂用所饮酒在地上画写日影界限。其国中，国王之漏滴、日晷等尽皆错乱。告知国王后，国王云："疑是瑜伽士中有人显神通。"便命人寻觅，在卖酒妇屋获瑜伽士。国王乞令瑜伽士释放太阳，已是半夜。

此禁缚他兵者罗摩波罗居士所成。其在彼国东部一林中诵圣六字真言，观世音授记云："汝欲获得大手印成就，则在殑伽河水边有果_果什奢旃檀，用此作成我之像，当作胜住时，我赐汝大手印成就。"遂寻旃檀，依大水牛极热卧凉处，故见卧于沙，彼下掘而获果_果什奢旃檀。以此磨后，作观世音之像，修供则觉心生起。又其磨者，需国王之家法未染之公主。故召请一公主，令磨此旃檀。后彼公主生起无垢。父王云："汝何来？"公主哭泣云："何来，不知道，令我一人研磨旃檀。"彼又其父在脊背施设一包白芥子，底有一孔。白芥子漏下，夏季生出，随彼痕迹，引导大军。彼往居士处，居士云："汝未曾有害。若不听从，蛇颈上书写，犹如国王之颈上书写，当发生时汝斩其首。"（他兵）惧而调伏也。

此所令劈裂神像者乃毗卢巴师而成。其往跋林底啰国中外道空行母住处祈与。空行母一手赐予他一颗燕珠，一手赐予他一朵乌钵罗花，曰："此者汝卖之。"他遂往城中。众人云："明显呀，真可怜！"他问："此是何故？"众人回答："此者是外道空行母给汝的印记，扔掉乌钵罗花。因扔不掉，故今夜来杀汝。"他问："此有何方便？"答："附近住一正法瑜伽士，汝到彼处问。"于是他往彼处。瑜伽士云："汝今能到四由旬半以外，则汝不死。"毗卢巴师曰："今日已过半，我来不及赶到。""然汝可躲于陶酒瓮下"，瑜伽士指着陶酒瓮说。尔时，彼空行母至，变成陶酒瓮。瑜伽士也变。他们相互变化，天已拂晓。空行母遁去。其后，师走吉祥山龙菩提师处，祈求传授降阎摩尊修法。观修之后，法力大增。其后，师欲调伏外道空行母，遂往此前空行母住处。如前所为，此夜晚师坐而丢弃印记。众外道空行母说被招摄的人来了。师因化十三佛坛城，众外道空行母闷绝，被师降伏。其后之次第，师往果_我迦那国中，因礼敬外道神像，神像劈裂。往毗迦摩罗什罗寺院中，因种种行为，众人曰："正法中此行为当抛弃。"于是投毗卢巴于水中，他脚踩水面而走。其后，毗卢巴名更盛。

　　西南迦栗那怛巴地方，父母已给师取名黑色，众人谓之曰迦栗那怛巴。此师欲闻集轮，故往中天竺摩揭陀国罗底伐折罗师处。又因不信彼师所讲集轮，又往赡部洲二十四宫，令二十四宫一空行母喜悦，生起闻思。师问："附近何处？"空行母云："附近东方迦弥噜。"说罢而去。师来到一旧屋前，问："有无人乎？"遂坐于地上。一殊胜善美女子出来，云："班弥怛，汝勿坐地上，请进屋里。"师进屋，见坐着一位如先前殊胜善美女子。彼女子问："班弥怛，汝何往？"师曰："因不信罗底伐折罗师处所听闻之集轮，欲游二十四宫，往空行母处闻法。"彼女人曰："我是空行母迦摩啊叽，迦弥噜是我自现。今因汝不信我所说，故而前往。此后有跋多利草络中盛粳米与汝。"乃遣，次第而去。后，此师又来到此旧屋边。师羞愧云："我走错路矣！"又彼女子出，云："班弥怛，勿坐地上，请进屋里。盖迦弥噜者是我。"因师不信，给予粳米而遣。是日，一日将逝，傍晚，师复亦来到此旧屋处。于此，师遂生三种惑：一吾识途乎；二耽着于饮食坐卧，故来此；三何将是空行母自现？三种惑生起，彼女人复出，云："请进屋里，迦弥噜是我自己。"因此而生惑。彼惑除，故又离去。（次日）午后，又来到彼处，师洗空行母之足，献曼茶罗，礼其足，持阿底嘛阿噜萨罗。空行母云："我今加持汝，因汝妄念厚重，于现世不能获得大手印成就。今给汝灌顶，授喜金刚、集轮，汝往殑伽河之滨，谓俄诃巴哩的上乐之地施供，在此江河边大宝等处修行。依彼喜金刚之四种看视法，修供四事，亦可成就。我修习时候已到。"引导众多明女修行戏论业。其亦师以骨璎珞严身，在其他国中所行利益，众人已见矣。

其后之次第，罗底伐折罗师见，问："汝是谁？""我是迦㗛那怛巴。"复次，罗底伐折罗师云："未行业时，汝莫作。"迦㗛那怛巴想"然惧我"，不肯为。复又请来作集轮，罗底伐折罗师与眷属一起坐于尸座右侧，迦㗛那怛巴师与眷属一起坐于尸座左侧，以此作集□□。罗底伐折罗师云："无须搬运，愿尸座到尸林。"指□□□，罗底伐折罗师与眷属之尸座立即而去，迦㗛那怛巴师之尸座却不能动。罗底伐折罗师以三摩地禁诫，云："我略有此能力，亦不能作所行业，汝今所行更莫能。"（迦㗛那怛巴）不从。

次，黑足师传于西西摩喇。有一厌憎禀持正法的外道空行母，师欲调伏彼。至其住所，时值二十九日时节。空行母往他处不在，仅有一女僮仆。彼处叫那哩鸠喇，上师乞："请给我汝摘之水果。"女仆不给。上师做看视法，诸水果坠落地上。女仆复亦做看视法，水果回到树上。如此不断重复。上师愤怒，我一是班弥怛；二遍游二十四宫；三亲见空行母面等。依三种众功德，如此而作岂亲近也。遂捽彼女子，诸树连根拔起，弃置一边。迦弥布鸠空行母等归来，问："谁来此处？"因听黑足师来之话，说："然此需留难也。"而去。上师有甲胄佛坚固守护，不能留难。尔时我如何留难？变化成凡俗女，往黑足师

之悉闻手印悉地弟子处。问："上师不可留难吗？""不可！"问："然
一直与甲胄不离？""有分离时，当道中面前突生'舍'声时，此时
甲胄分离。"因获得彼处方便，外道空行母入于上师定中，次又从定
中出来间，道中有飞禽倏然飞起，因彼惊恐，上师留难成。尔时，记
句□□之心中生起五因缘：一者空行母之□□□□也，□□□行母处
不信□作，三者不遵罗底伐折罗师之语，四者是因未获（师）允许，
五者因急于利益众生也。五因生于心。我今现世未证获大手印成就，
次，转生中求大手印成就。师坐于无量宫殿中，入口坚固封堵。命令
诸弟子入口七日不得开启。彼宫中欲入识于他尸，其间外道空行母设
障碍，使师迁识于自之尸。空行母化为人："诸弟子，欲界中人七日
没有饮食则死，故入口要开启。"诸弟子不肯开启，空行母强行打开，
见里面上师已寂灭。焚之七日，虚空中传来达麻噜响声，不能获得迁
识，声音生起："跋醯、达弥二位弟子，我此世不能获大手印成就，将
于中有身获得。汝等现前获得大手印成就，悉闻悉地者调伏彼空行
母。我产生之留难，悉闻手印悉地之弟子所作，是为我做。令汝等莫
授女弟子。"其于中有身证获大手印成就。

第二节　印度大成就者事迹在西夏的影响

　　藏传佛教在西夏广泛传播已是人所共知的事，而深受藏传佛教推崇
的印度大成就者事迹在已知的西夏文文献中还没有发现。所以，《吉祥遍
至口合本续之广义文》所载印度大成就者传奇故事有着重要意义。

　　关于印度大成就者事迹传入西藏的时间，目前还没有形成统一的认
识，结集为八十四大成就者传记或赞颂文的时间应该不会早于 12 世纪。[①]

---

　　①　蔡巴·贡噶多吉:《红史》(汉译本)，东嘎·洛桑赤列校注，陈庆英、周润年译，西
　　　藏人民出版社，1988，第 154 页，注 77 认为八十四大成就者是印度 7 世纪到 12 世
　　　纪末出现的人物。既然其中有 12 世纪的人物，那么结集成八十四位成就者传记或赞
　　　颂文的时间就不会早于 12 世纪。

但是单独的大成就者传奇故事传入西藏的时间，肯定要比 12 世纪早得多。译成汉文的印度大成就者事迹，我们能见到的较早版本为辑于元代《大乘要道密集》中的《成就八十五师祷祝》。而西夏文《吉祥遍至口合本续之广义文》的集辑者是清楚的，为玛尔巴的著名弟子俄·却杰多吉之子俄·协当多吉。从协当多吉的生卒年来看，《吉祥遍至口合本续之广义文》藏文本成书时间当在 12 世纪前半叶，其传到西夏不会晚于 12 世纪后期。[①]也就是说，部分印度大成就者故事在 12 世纪后期就已传入宁夏一带。

《吉祥遍至口合本续之广义文》共记载了三位印度大成就者人物事迹，其中罗摩波罗居士未能同定出其人，下面对毗卢巴和黑行师进行简要讨论。

毗卢巴的传说故事，藏文文献记载比较多，《吉祥遍至口合本续之广义文》中涉及毗卢巴四件事迹。第一件是毗卢巴在噶那萨达（西夏本作"迦努捹"）"饮酒指住红日轮"，但从俄·协当多吉著的藏文本和西夏译本看，它与藏文《八十四位成就者传》略有出入。如毗卢巴的出生地，《八十四位成就者传》记载他生于东印度卢扎底瓦帕拉（rudzadewa phala）地方的哲乌拉（trēvura）；西夏本却作印度南部的恭建那国（Końkana）。学术界认为，当时在印度叫 birwapa（Virūpa）的人有两位，一位是出生于东印度的 birwapa，他是香巴噶举的印度祖师；[②]另一位是道果法的印度祖师 birwapa，出生于南印度的王族。[③]《八十四位成就者传》把道果法印度始祖毗卢巴作为东印度人，或许是把两位 birwapa 搞混了。此外，两种文本的故事情节也稍有区别。第二件事迹是毗卢巴降伏外道空行母的事。此在《八十四位成就者传》中失载，见于多罗那它《印度佛教史》，且内容与

---

① 沈卫荣教授认为《吉祥遍至口合本续》传播到西夏的时间不会晚于 1198 年（沈卫荣：《西夏文藏传续典〈吉祥遍至口合本续〉源流、密意考述（上）》，氏著《西藏历史和佛教的语文学研究》，上海古籍出版社，2010，第 417 页）。《吉祥遍至口合本续之广义文》与《吉祥遍至口合本续》及其他释文的西夏文译者均是一位叫毗菩提福的人，毫无疑问，它们应是同时传到西夏并译成西夏文的。

② 柴冰：《〈端必瓦成就同生要〉藏汉文对勘及考述》，沈卫荣主编《文本中的历史——藏传佛教在西域和中原的传播》，中国藏学出版社，2012，第 195 页。

③ 索南才让：《西藏密教史》，第 351 页；柴冰：《〈端必瓦成就同生要〉藏汉文对勘及考述》，沈卫荣主编《文本中的历史——藏传佛教在西域和中原的传播》，第 195 页。

西夏本基本一致。① 第三件事迹在西夏本中仅一句话，即毗卢巴"往果我迦那国中，因礼敬外道神像，神像劈裂"。这是指毗卢巴与大自在天神斗法，劈裂大自在天神像的事。据《八十四位成就者传》，毗卢巴来到南方因底罗（Indra）的外道地方，人们要求他向大自在天神像顶礼，毗卢巴不从，并说如果要我顶礼的话，会有罪恶降临。当地国王坚持要他顶礼，否则就处死他。当毗卢巴顶礼合掌之时，大自在天神像从中间劈裂为两半。后来在大自在天神发誓皈依佛教以后，劈裂的神像合二为一。② 第四件事迹是毗卢巴因在毗迦摩罗什罗寺做种种正法难容的邪事而被驱逐出寺院，被弃之水中，他脚踩水面而走。该传说在《八十四位成就者传》中也有类似记载：毗卢巴在南方索麻补哩大寺（西夏本作"毗迦摩罗什罗寺"）经常喝酒吃

---

① 《印度佛教史》载："他（毗卢巴——引者注）在那烂陀寺学习期间，有一次到 [提] 毗俱吒（Devikota）去，有一个女人送给他一朵优婆罗花和一个贝壳，他收下了。他到那里后，人们对他说：'这是空行母的印记，可怜！'他询问原因，回答说：'抛掉它！'他想抛掉，但是已经粘在手上，抛不掉了。后来，他遇到一位佛教的空行母，请求救护。空行母说：'我们内、外道的空行母把花给谁，就有了支配他的约定。'毗卢波问：'有没有其他的办法？'答：'到五由旬以外的地方，就可以解除。'可是当时天色已晚，走不出去了。于是毗卢波就在客房内坐在一只倒扣的缸内，观修空性。到了晚上，有众魔前来把客店的人一一唤醒，发觉有印记的人就一个地带走。他们没有看到毗卢波，天就亮了，众魔也就散去。毗卢波急忙逃去，回到那烂陀寺。当他成了一名班智达以后，心想现在是调伏女魔们的时候了，就去到南方的吉祥山。在阿阇梨龙觉身前请求传授阎魔尊（Yamāntaka, gshin rje gshed）修习法。观修之后，有一天亲见圣容。据说他又长期观修，因而法力与大吉祥明王相等。以后毗卢波又来到提毗俱吒，从前的那些外道空行母说：'以前受过印记的人来了。'在晚上现出可怖的形相来吞食他，他立起阎魔尊坛城，使女魔们昏倒，几乎死去。毗卢波在降伏了女魔之后，又回到那烂陀寺，致力于行持。"多罗那它：《印度佛教史》，张建木译，四川民族出版社，1988，第162—163页。

② 《八十四位成就者传》载："de nas indra zhes bya bavi mu stegs kyi yul du phyin pa dang/devi yul na dbang phyug chen povi sku khru brgyad cu rtsa gcig pa cig vdug pa la phyag gyis zer ba la/nga pho bo yin pa la nu bo la phyag vtshal bavi lugs med byas pas/von a khyod gsod pa yin zhes devi rgyal po la sogs kun zer ba dang/slob dpon na re/ngas vdi la phyag byas na sdig pa vong bas phyag mi byed pa yin zhes smras pa dang/rgyal pos devi sdig pa nga la shog cig zer nas/slob dpon gyis phyag thal mo byas pas ma hā de bavi stan phyed tshal du gas pa dang/bar snang nas sgra gcig byung nas/nga ni dam bcas pa bzhin du nyan no zer/von a mnav bor byas pas/mnav bor bas lha gas pa yang slar vbyar ro/de nas ma hā de bavi rten gyi mtshod pavi yo byad rnams slob dpon la phul nas/de nang pa sangs rgyas pa gzhan gyi vtsho ba byas nas da dung yod zer ro/。" [《中华大藏经·丹珠尔》（藏文对勘本）第48卷，第418—419页]。

肉，又宰食寺院的鸽子，众僧将他驱逐出寺。在寺院外的大湖边，毗卢巴站在莲叶上渡到湖的彼岸。①

在西夏文献和文物中，除了《吉祥遍至口合本续之广义文》记载了毗卢巴一生中最著名的几件传奇事迹外，山嘴沟西夏石窟 1 号窟中出土了毗卢巴图像。该图像为壁画残片，毗卢巴右手当胸持钵，左手抬起指日，反映的是毗卢巴以手定日的故事。②

毗卢巴传奇故事在西夏的流传，一定程度上反映了毗卢巴所传教法在西夏的盛行。毗卢巴是藏传佛教道果法的印度始祖，他融合《红阎摩德迦续》、《喜金刚续》和《胜乐根本续》等思想和修持方法创立了道果教授。③道果法传入西藏后成为萨迦派的传世要门。

萨迦派道果法又曾在西夏广为流传。④我们在黑水城、拜寺沟方塔等地出土西夏文藏传文献和《大乘要道密集》中都能发现萨迦派僧人传播的道果法文书。传世汉文本《大乘要道密集》收录有西夏甘泉大觉圆寂寺沙门宝昌汉译的《解释道果逐难记》。该文献为大禅巴师集，其师为嗦萨悉结瓦，即萨迦派初祖贡噶宁波（kun dgav snying po，普喜藏，

---

① 《八十四位成就者传》载："gyog pos sha dang chang nyos shing drangs/de nas gtsug lag khang gi phug yo bsad nas zos pa dang/phug ron rnams zad nas dge vdun gyis/nged kyi mchod gnas sus zos byas pas/btsun pa kun gyis nged kyis ma zos zer ba dang/bran khang kun tu ltas nas/birūpavi bran khang ltar btang ba dang/skar khung nas ltas pas/de chang vthung zhing phug ron gyi sha za bam thong nas/dge vdun gyis gaṇḍī brdungs te gnas nas dbyung bar byas pa dang/birūpas chos gos dang lhung bzed sku gzugs kyi spyan sngar phul phyag byas te phyin pa dang/gtsug lag khang devi rtsa na mtsho chen po gcig yod pa la/dge slong gcig gis khyod lam khang la vgro byas pa la/nga khyed kyis bkrad pa la lam bzav gtad ci vdab ma la zhabs bzhag nas pad mavi me tog chur ma nub pa sbyang nas/sangs rgyas la mtshod pa byas te pha mthar song ngo/."[《中华大藏经·丹珠尔》（藏文对勘本）第 48 卷，第 417 页]。

② 谢继胜：《山嘴沟石窟壁画及其相关的几个问题》，宁夏文物考古研究所编著《山嘴沟西夏石窟》，文物出版社，2007，第 321—349 页。

③ 《中华大藏经·丹珠尔》（藏文对勘本）第 48 卷，第 416 页；索南才让：《西藏密教史》，第 353 页。

④ 沈卫荣：《〈大乘要道密集〉与西夏、元朝所传西藏密法——〈大乘要道密集〉系列研究导论》，氏著《西藏历史和佛教的语文学研究》，第 347—391 页；沈卫荣：《序说有关西夏、元朝所藏传密法之汉文文献——以黑水城所见汉译藏传佛教仪轨文书为中心》，氏著《西藏历史和佛教的语文学研究》，第 440—459 页。

1092—1158）。① 黑水城出土西夏文文献中还有《解释道果语录金刚句记》，是《道果语录金刚句》的一种释论。《道果语录金刚句》是毗卢巴专为黑色足师所作，是道果法的入门书，萨迦派哲学思想基本体现在该书中，所以该书一直深受萨迦派大德的重视。换言之，《解释道果语录金刚句记》和《解释道果逐难记》是阐述萨迦派道果法的文书。在拜寺沟方塔出土的《吉祥遍至口合本续》的梵文名为《三菩怛本续》。《三菩怛本续》是萨迦派根本所依喜金刚三续之一，《佛教史大宝藏论》记其为《众密续共通注释续吉祥桑布扎后续》，② 是"众续之释续"。也就是说，《三菩怛本续》（《吉祥遍至口合本续》）是集方便父续与智慧母续为一体的综合性释续，是萨迦派道果法中的一部重要续典。此外，西夏藏传道果法类文献还有《圣空行母金刚帐续之相说疏》《喜金刚本续之记》《喜金刚九佛坛城灌顶次第》等。可见，道果法在西夏是非常盛行的。

《吉祥遍至口合本续之广义文》涉及黑行师的事迹有三件。一是黑行师不信空行母所言而生起三惑，又受佛教空行母加持的事迹。类似传说载于《多罗那它的黑行师生平》，但两者不完全一致。③ 第二个传说为罗

---

① 八思巴辑著《大乘要道密集》，第 288 页；沈卫荣：《〈大乘要道密集〉与西夏、元朝所传西藏密法——〈大乘要道密集〉系列研究导论》，氏著《西藏历史和佛教的语文学研究》，第 347—391 页。

② 布顿大师：《佛教史大宝藏论》，第 327 页。

③ 《多罗那它的黑行师生平》中事迹梗概：黑行师奉上师阿遮黎阇兰达黎巴（ācārya Jālandharipa）之命去北方空行母处迎请密续。路上，他在悬崖边发现一座破旧的房子。他走近后，看到一位挑水的丑女进了屋。黑行师进了屋，看到一位完全不一样的女子。她对黑行师说：瑜伽师，你去哪儿？黑行师讲了他的事。她说：这里是毕利多补黎（Pretapuri，饿鬼城），我是空行母跋得利（Bhadri）。黑行师深思后觉得不应该是这样。第二天早上他离开此地，继续向北而去。在太阳快落山时，他又来到同样的房子附近。次日黎明，他又离开了。在傍晚，和之前一样，他返回了同样的地方。于是，黑行师拜倒在空行母前，说：您拥有《吉祥和合明点怛特罗》（śrī Saṃpuṭaṭilaka Tantra），阿遮黎阇兰达黎巴让我来迎取，祈求赐予我，并赐予解说和后续的教授。说罢，房子立即变得如同宫殿，那个女子坐在黄金宝座上，光芒四射（见 Taranatha's Life of Kṛṣṇācārya/Kāṇha，Translated by David Templeman，New Delhi：Library of Tibetan Works and Archives，1989，p.10）。《多罗那它的黑行师生平》没有西夏文本中黑行师生起三惑、受空行母灌顶和传授喜金刚、集轮法，并指示他获得成就之法等。

底伐折罗师作集轮法，以清除黑行师心中的傲慢。该事迹在《八十四位成就者传》《多罗那它的黑行师生平》中均阙如。第三个传说为黑行师与外道空行母斗法，最后身亡。此见于《八十四位成就者传》和《多罗那它的黑行师生平》，可是各个文本出入很大。①

黑行师的这些传说被译成西夏文在西夏传播，表明黑行师在西夏同样受到信徒崇拜，这在一定程度上反映了黑行师所传教法在西夏的盛行。黑行师是印度佛教无上瑜伽续密法中著名的大成就者，他所传的胜乐修法仪轨在藏地影响很大，据说是印度"九大教果教授"之一。②从已有材料看，胜乐修法在西夏非常流行，这从黑水城和贺兰山方塔出土数量可观、种类齐全的西夏时期胜乐修法仪轨文献可以得到证明。黑水城出土西夏佛教文献中属于胜乐修法的很多，如汉文《大集编［轮］□□□声颂一本》《金刚亥母集轮供养次第录》《金刚亥母禅定》《集轮法事》《金刚亥母修习仪》《金刚亥母略施食仪》《金刚亥母自摄授要门》《金刚亥母

---

① 《八十四位成就者传》载：嘎哈那巴（Kahnapa，指黑行师）到跋哆果拉（bhadhokora）地方，在一棵树下，他向一个女孩要水果，女孩不给。大师做看视法，水果掉到地上。女孩也做看视法，水果又回到树上。如此反复。嘎哈那巴怒火中烧，就对女孩施放符咒，女孩手脚流血，倒在地上。嘎哈那巴产生了慈悲心，把咒收回。女孩趁机对嘎哈那巴下了咒，嘎哈那巴开始患病吐血。他就请空行母班蒂（mkhav vgro ma Bandhe）到南方圣山帮他取药。在班蒂拿到药返回的路上，之前那个女孩又变成一个老妇把药骗去。嘎哈那巴只好在七天中教导了众弟子所有教法，之后便病亡。空行母班蒂非常愤怒，费尽周折找到害死嘎哈那巴的女孩，下咒把她杀死［《中华大藏经·丹珠尔》第48卷（藏文对勘本），第456—457页］。《多罗那它的黑行师生平》把上述黑行师死亡事件一分为二：在 Varendra 地方，黑行师用看视法索取水果，与其斗法的不是外道空行母，而是金刚亥母（Vajravārāhī）（Taranatha's Life of Kṛṣṇācārya/Kāṇha，p.37）；在 Devīkoṭa 地方，黑行师命弟子把外道空行母婆呼黎（Bahurī）设在佛塔上的外道印记扔到河里，引起婆呼黎的怨恨。她处处与黑行师及其门徒作对，并斗法。黑行师由于心生怜悯，中了婆呼黎的咒符，患病呕吐。他让门徒去求药，求到的药又被外道空行母骗去。这与《八十四位成就者传》记载基本一致。后来发生的事则又接近西夏文本，黑行师把自己关在房子里七天不许人进入，十五日后人们打开房门，黑行师已经病亡（Taranatha's Life of Kṛṣṇācārya/Kāṇha，pp.38-40）。

② 索南才让：《西藏密教史》，第360页。

摄授瓶仪》《金刚修习母究竟仪》等，^① 西夏文有《吉祥上乐轮随中有身定入顺要论之要方解释顺》《吉祥上乐轮随狮子卧以定正修顺要论》《吉祥上乐轮随耶稀鸠稀字咒以前尊习为识过定入顺要论》《吉祥上乐轮随中有身定入顺次》，以及大量西夏文金刚亥母修习仪轨文献。^② 另外，在方塔出土文献中还发现西夏汉译的几部与《吉祥上乐轮本续》相关的文本，如迦湿弥罗班智达智金刚所译《吉祥上乐轮等虚空本续王》(*dpal vkhor lo bde mchog nam mkhav dang mnyam pavi rgyud kyi rgyal po*) 的一部释论《吉祥上乐轮略文等虚空本续》的释论。^③ 在这些西夏胜乐修法文献中也有黑行师的著作，如《集轮供养次第》^④、《吉祥上乐轮随六十二佛之百八名》；^⑤ 也有他的弟子小黑足师（nag chung）的作品，如《亥母耳传记》^⑥这表明黑行师胜乐仪轨在西夏也曾广为传播。

① 沈卫荣:《序说有关西夏、元朝所传藏传密法之汉文文献——以黑水城所见汉译藏传佛教仪轨文书为中心》，氏著《西藏历史和佛教的语文学研究》，第 440—459 页。
② 魏文:《西夏文上乐系密法文献叙录（一）》，沈卫荣主编《大喜乐与大圆满：庆祝谈锡永先生八十华诞汉藏佛学研究论集》，中国藏学出版社，2014，第 181—197 页。
③ 梁玒:《十一至十四世纪西域与内地的胜乐修持文献——拜寺沟方塔出土〈吉祥上乐轮略文等虚空本续〉之注释〈无垢……〉研究》，沈卫荣主编《文本中的历史——藏传佛教在西域和中原的传播》，第 98—115 页。
④ 西夏文《集轮供养次第》标题后有𗾉𘉎𗏵𗧘𗗚，译为"黑色足师造"，黑色足师即黑行师。其藏文经题为 tshogs kyi vkhor lovi mchod pavi rim pa(见宇井伯寿等编《德格版西藏大藏经总目录》，第 204 页)。
⑤ 沈卫荣、李婵娜:《"十六天魔舞"源流及其相关藏、汉文文献资料考述》，沈卫荣主编《文本中的历史——藏传佛教在西域和中原的传播》，第 499—564 页。
⑥ 孙伯君:《西夏文〈亥母耳传记〉考释》，沈卫荣主编《大喜乐与大圆满：庆祝谈锡永先生八十华诞汉藏佛学研究论集》，第 145—180 页。

第六章　西夏文译本中藏式译词解读

　　佛教是西夏的主要宗教信仰，翻译、刊印佛经也成了西夏社会生活的重要组成部分。西夏不仅翻译、刊印了汉文《大藏经》中的大部分佛经，而且还派使臣入藏地迎请藏传佛教高僧到西夏传法。随着大批藏传佛教僧人进入西夏，大量藏文佛经被译成西夏文或汉文。因此，在西夏形成汉传佛教和藏传佛教并存的局面。

　　佛教对中原、西藏和西夏来说都是外来之学，佛教的传播要借助于佛经，佛经在这三地的传布只能借助于佛经翻译。人们常说翻译之事，定名甚难。这话用在佛经翻译上，则是指佛教专有名词定名甚难。从古至今，在佛经的翻译上，针对佛教术语的翻译不外乎两种情况，或沿用底本之语汇（音译），或是新造新词（意译）。西夏译经的母本一部分来自汉文《大藏经》，一部分来自藏文本。而且学界也已经注意到在西夏语译的佛教术语中，的确存在以音译为主的中原风格和以意译为主的藏传风格。①

　　例如"阿罗汉"，在西夏文佛经中至少有𗙴𗙴𗙴、𗙴𗙴两种译词。第一个词𗙴𗙴𗙴（音"阿罗汉"）明显是音译汉语"阿罗汉"（梵文 Arhant 的音译）；第二个词𗙴𗙴（毁敌）当是意译藏文 dgra bcom pa（毁敌、杀贼），指梵文 Arhant，即汉文中的"阿罗汉"。

　　对于佛教术语的翻译，一般认为中原汉译佛经以音译较为常见，而

---

① 聂鸿音:《西夏的佛教术语》,《宁夏社会科学》2005 年第 6 期。

藏译佛经以意译为主。那么中原和西藏为什么会出现两种风格迥异的译法？这里就涉及一个译经传统的问题。在论述如何解读西夏译藏传佛经之前，先简要回顾一下中原、西藏历史上译经的一些传统问题。

第一节　汉藏译经传统

一　中原译经

中原译经对于佛教术语的翻译，从东汉佛教传入至隋唐时期，按唐代译师之分法大致可分为古译（旧译）和新译。在隋唐之前，中原地区尽管出现不少名僧大德和著名译师，但是对译经理论、译经规则进行讨论的人并不多，也没有较为明确的译经原则。对于佛教术语的翻译，从所译佛经来看，似乎是以音译为主的，但也没有完全排除意译。

如《大般涅槃经》（东晋法显译本、北凉昙无谶译本），《摩诃般若波罗蜜经》（后秦鸠摩罗什译本），其中“大”为梵音“摩诃”之意译，“般涅槃”（灭度）、“般若波罗蜜”（胜慧到彼岸）则存梵音。再如，薄伽梵（Bhagavān）译为“世尊”，慧琳《一切经音义》载：“薄伽梵，五印度梵语也。《大智度》云如来尊号有无量名。略而言之，有其六种，薄伽梵是总称也。义曰众德之美，尊敬之极也。古译为世尊，世出世间，咸尊重故。”[①]

从所译佛经和文献记载来看，这一时期佛教术语的翻译，音译和意译并不是绝对对立的，而是同时并存。

隋唐时期是中原译经理论成熟时期，众多译家和名僧大德开始注意翻译佛教术语时的原则问题。隋代广州大亮首先总结出“五不翻”：“一名含众名，译家所以不翻，正在此也。……二云名字是色声之法，不可一名累书众名，一义叠说众义，所以不可翻也。三云名是义上之名，义是名下之义，名既是一，义岂可多。……故不可翻。四云一名多义，如

---

① 慧琳：《一切经音义》卷 1，《大正新修大藏经》第 54 卷，台北：佛陀教育基金会，1992，第 313 页。

先陀婆一名四实。关涉处多，不可翻也。五云秖先陀婆一语随时各用，智臣善解契会王心，涅槃亦尔。初出言涅槃，涅槃即生也；将逝言涅槃，涅槃即灭也。但此无密语翻彼密义，故言无翻也。"[1]"不翻"是指不翻译梵义，按现在的说法就是采取音译而不意译。大亮之"五不翻"指出了中原早期译经师针对梵文一名含多名、含多义、在不同场合有不同含义的实际情况"不翻"的原因。因为中原早期所谓的译经师，并不是华梵精通，如东晋道安，虽然是擅长文辞的大译经师，但译梵则须借胡人之手；后秦鸠摩罗什，虽然通胡梵，但译汉语则必依助于他的弟子僧叡和僧肇等。

到了唐代，中原译经名师辈出，最著名的当数玄奘法师。他根据多年译经之经验，完善了"五不翻"之说："一秘密故，如陀罗尼。二含多义故，如薄伽梵具六义。三此无故，如阎浮树，中夏实无此木。四顺古故，如阿耨菩提，非不可翻，而摩腾以来常存梵音。五生善故，如般若尊敬，智慧轻浅。"[2]玄奘法师之"五不翻"比隋大亮更为全面。玄奘法师曾用近17年时间遍游五天竺，是华梵俱精的大译师，他译的佛经可谓当时译经的典范。《续高僧传·玄奘传》评玄奘译经"意思独断，出语成章；词人随写，即可披玩"。[3]此外，唐代还有义净、不空等，他们都是华梵俱通的译经大师。他们的译文并非听言揣义，而是名词确立，因此被遵为永式。故玄奘以后佛教术语的翻译，玄奘之"五不翻"基本上渐成定式。

也就是说，中原译经从隋到唐宋，对于佛教术语的翻译基本上是以音译为主。

二　吐蕃译经

吐蕃的佛经翻译事业同现行的藏文几乎同步诞生。赤德松赞时期

---

① 灌顶：《大般涅槃经玄义》卷上，《大正新修大藏经》第38卷，第1页。
② 周敦颐：《翻译名义集序》，《大正新修大藏经》第54卷，第1055页。
③ 道宣：《续高僧传》卷四，《大正新修大藏经》第50卷，第566页。

（khri lde srong btsan，798—815 年在位）和赤祖德赞时期（khri gtsug lde btsan，815—838 年在位），吐蕃不仅对藏文不断进行厘定和完善（即第二次文字改革），而且还制定了一系列翻译佛经的规则——《声明要领二卷》（sgra sbyor bam po gnyis pa，又称《声律第二卷》《语合二章》等）。[①]

《声明要领二卷》跋中说当时编写了《翻译名义大集》、《翻译名义中集》（声明要领二卷）和《翻译名义小集》。编写《翻译名义大集》是为了统一藏文佛教术语。为何要统一佛教术语？五世达赖喇嘛认为是由于"佛教传入西藏不是来自单一地区，有从汉地来的，也有从印度、克什米尔、尼泊尔、西域于阗来的，甚至还有从中亚一带来的。把这些地方的佛经译成藏文的那些译师，也因为有各自不同的传统和背景，翻译出来的作品也往往各有不同的地方特色，这就难于使所有人都能了解译文的内容。另外，当时藏文的词汇和语法有时也难于表达佛教中的一些比较复杂的以至是全新的概念"。[②] 也就是说，由于当时吐蕃译经事业蓬勃发展，佛教术语大量增加，译经中存在译文词语不确切、不统一、译文有失原意等问题。[③] 针对这种情况，在赤德松赞的支持下，吐蕃才编写了《翻译名义大集》。而《翻译名义中集》是对《翻译名义大集》中一些难以理解的佛教术语的释文，可以说是《翻译名义大集》的续编。

同时，《声明要领二卷》的序文中还规定了一些译经的规则和限制。首先规定译文要"既不违反原意，藏文又要尽量通顺"。在翻译时，要遵守以下规则。

意译规则："一个梵文音，与多种藏文词语相对应的，应根据上下文创立最适当的词语。"如薄伽梵（Bhagavān）有六义，玄奘的"五不翻"，因其含多义，故保留梵音，译为薄伽梵，而藏传佛教认为 Bhagavān 有超出

---

① 罗秉芬、周季文：《藏文翻译史上的重要文献——〈语合〉——附〈语合〉序与跋的汉译》，《中央民族学院学报》1987 年第 5 期。

② 五世达赖喇嘛：《西藏王臣记》，刘立千译注，民族出版社，2000，第 48 页。

③ 罗秉芬、周季文：《藏文翻译史上的重要文献——〈语合〉——附〈语合〉序与跋的汉译》，《中央民族学院学报》1987 年第 5 期。

生死涅槃二边，具有六功德、坏灭四魔等盛德，故定名 bcom ldan vdas（出有坏）。①

音译规定：“翻译地方、动物、花卉、草木等的名称，对那些译出来可能使人误解，或者语句不顺，以及实际上是否准确尚无把握的，可以在所译名称前冠上‘地方’或‘花’或‘树’等，表明是哪一类事物的名称，而保留梵文原样（音译）。”②

《声明要领二卷》对敬语的翻译做了明确规定：除了关于佛、菩萨和声闻等表示尊卑等级不同的词语外，对于佛教专有名词的翻译均为意译。这与玄奘“五不翻”中因“生善故”而不翻，截然不同。玄奘“五不翻”认为“般若尊敬，智慧轻浅”，因而把“智慧”音译为“般若”（Prajñā），藏文则意译为“智慧”（ye shes、shes rab）。再如常见的 Buddha，中原音译为佛陀、佛，藏文意译为 sangs rgyas（明满、觉者）等。

《声明要领二卷》的规定与玄奘“五不翻”相比，除了大部分地方、动物、花卉、草木等名音译外，其他佛教术语则是以意译最为常见。

尽管《声明要领二卷》是藏传佛教前弘期的产物，但是藏族人民在长期、大量翻译实践中的经验总结，与中原译经相比在佛教专门术语的翻译上具有明显的系统性和统一性，无疑对后弘期西藏佛经的翻译具有深远影响。从后弘期翻译的藏文佛经来看，佛教术语的翻译仍遵循《声明要领二卷》的规定。也就是说，藏传佛经中对于佛教术语的翻译是以意译为主。

三　西夏译经

西夏王朝虽然进行了大规模的赎经、译经、印经、校经，现存

---

① 胡进杉：《藏文〈声明要领二卷〉研究》，《民族学报》第 22 期，1996 年，第 169—185 页。

② 胡进杉：《藏文〈声明要领二卷〉研究》，《民族学报》第 22 期，1996 年，第 169—185 页。

西夏时期的汉传、藏传佛经也不少，但是从史料和佛教文献中很难发现西夏关于译经理论或译经原则方面的信息，也许西夏王朝根本就没有制定这一方面的规则。根据现存西夏佛经，西夏人在翻译佛教名词术语时没有统一标准，翻译时很少进行语料的改造，基本上是忠实于原本。

所以，西夏译经中出现中原音译、藏传意译两套传统并存的局面。这些词语也是我们判断西夏译本的母本是来自汉文本还是藏文本的重要依据。

第二节　西夏语译藏传佛教术语的翻译

藏传佛经和汉传佛经最大的区别在于佛教名词术语的翻译，而且西夏佛经中存在大量藏式意译词。对于这些藏式意译词，有时候即使我们认识每一个西夏字，可是仅凭西夏字的字面意思很难明白它在说什么。

例如，𗙴𗁾𗏇𗾖𗆧（非常做第一）、𗣼𗴘𗪊𗴟𗺌𗆧（大众明主实来）。再如，俄藏编号为 No.682 的西夏文献𗼻𗪊𗩾𗈪𗶷𗶨𗤋𗙴𗴘𗼞𗱼𗦬，人们译为"喜金刚王九佛中绕依主承顺次"。我们不知道西夏佛教信徒是否全都理解这些藏式意译词，但是，这些词给我们今天解读西夏文文献带来很大困难。尽管有专家学者进行了这方面的研究探索，但这远不能满足我们今天解读文献的需要。这种译词最大的特点是西夏文直译其意，每一个西夏字的意思我们都能理解，可是把它们组合在一起就不太容易理解了。对于这些西夏语中的藏式译词，有时我们都不知道与哪些汉语词对应。所以，如何准确翻译这些藏式译词成为我们解读藏传西夏文文献的关键。

由于这些词基本上是从藏文直译过来的，我们在解读它们的过程中，最省事的办法就是还原它们的藏文语境，逆推成藏文词，以藏文词为中介来对它们进行解读翻译。因为西夏语毕竟是一种死语言，而藏语是现在仍在使用的一种成熟的语言，藏文词汇所表达意义的全面性和准确性，西夏文是无法比拟的。另外，把西夏文词语还原成藏文，不仅可以考察这些西夏文词语在藏语中的对应词，明白它们是怎么来的，而且还可以考察它们的汉语对应词，译成人们比较熟悉的词汇，也更易于理解。下面用这种办法对上面西夏文词语进行翻译。

　　𘟙𗴺𘓐𘚢𗤎，其中的𘟙𗴺𘓐，字面直译是"殊妙做、非常做"。仅从𘟙𗴺𘓐（殊妙做）这几个西夏文字义上看不出它所指。但是，若把它们还原成藏文，这几个西夏文对应藏文作 rab tu byed pa，藏文字面意思为"十分做""非常做"，与西夏文意义完全一致。藏文 rab tu byed pa 译为章、节、品等，那么西夏文𘟙𗴺𘓐𘚢𗤎意译自然是"第一品""第一节"等。

　　𗡪𗼻𗳍𗵽𗰜，字面直译是"大众明主实来"，还原藏文作 rnam par snang mdzad chen po de bzhin gshegs pa，字面意思为"大众明主实来"，与西夏文一致。西夏文𗼻𗳍𗵽（众明主）应是直译藏文 rnam par snang mdzad（众明主），相应梵文作 Vairocana，汉文文献中译作"毗卢遮那"，意为"众明主、遍照明"，即日、太阳的别称。《大毗卢遮那成佛经疏》曰："梵音毗卢遮那者，是日之别名，即除暗遍明之义也。"[①] 西夏文𗵽𗰜（实来）当指藏文 de bzhin gshegs pa，梵文 Tathāgata，汉文译为"如来"。也就是说，西夏文𗡪𗼻𗳍𗵽𗰜就是指汉文文献中的"大日如来"。大日如来，佛之名号，是密教至高无上的本尊佛。

　　俄藏编号为 No.682 的西夏文献𗵽𗟲𗿒𘟣𘐬𗴟𗡪𗵽𗥃𗴺𗰜，人们译为"喜金刚王九佛中绕依主承顺次"。这仅仅是把西夏文从字面上"转写"成汉文，这样的直译我们不清楚它是一部什么样的佛经。很显然，这一佛经是从藏文译成西夏文的。下面我们逐个词分解一下。其中𗵽𗟲𗿒字面直译是"喜石王"，对应藏语是 dgyes pa rdo rje 或 kyevi rdo rje（字面意思为"喜石王"），佛书中译作"喜金刚"；𘐬𗴟直译是"中绕、中围"，对应藏语是 dkyil vkhor（中围），梵文为 Maṇḍala，汉文佛经中译为"坛

---

①　一行记《大毗卢遮那成佛经疏》卷 1，《大正新修大藏经》第 39 卷，第 579 页。

城"或音译为"曼荼罗"等；縚縅字面直译是"主授、主承"，藏语当是 dbang bskur（主授、权授），佛书中译为"灌顶"；縦直译是"次"，对应藏语为 rim pa，译为"次、次第"。这样，西夏文佛经縬縩席縘綽縡敽繃縚縅縼縦可译为"喜金刚九佛坛城灌顶次第"。

所以，在翻译西夏译藏文佛经时，只有突破西夏语中藏式译词与藏语、汉语对应词这个瓶颈，才能准确翻译这些西夏语词，对西夏语词有一个更全面的了解，为我们将来解读更多的藏传西夏文文献创造一定便利条件。

第三节　藏式译词解读举例

方塔出土诸种藏传密续中保存有大量藏传佛教词语，其内容基本上可以与藏文本相对应。将两种文本对勘，对我们解读西夏文藏传词汇意义极大。藏传密续中有三类词汇最有特点，也是不太容易理解的。对这三类词汇的准确翻译，也就成了我们解读这些藏传西夏语译本的关键。

第一类词汇，就是前面所说的西夏语藏式意译词。如：

　　　縭縩縚穊轮缹繏縅　　駇绎縼綖綄縩糯縩縩　　　頨绦屍绎薪蓣靺　　縢瀗瀗纰縠縦綏縅

　　善满主及紧行之　烧施如何作法及　　咒诵食施供养等　坏有出处听欲我

縭，该字在西夏文《金光明最胜王经》中对译作"善"。这里的西夏文縭对应藏文作 zhi ba，字面意思为"寂静""善"，字义与西夏文縭对应。zhi ba 在佛经中译为息灾、灭灾，密教护摩四业之一。其对应梵文作 Śatika，汉文文献中常音译作扇底迦，或译为息灾。所以，这里的西夏文縭当指密教护摩法中的息灾法。

𘄄，字面直译是"满、满足"，对应藏文作 rgyas pa，直译为"满、满足"，在佛经中又译为增益。其对应梵文作 Puṣṭika，汉文佛经中常音译作补瑟征迦，或译作增益。如《大毗卢遮那成佛经疏》云："增益亦名圆满，谓能满一切所愿也。"[1] 是密教护摩四业之一。

𗁫，字面意思为"主、帅、统领"，对应藏文作 dbang ba，字面义为"主、控制"，在佛经中又译为勾召，密教护摩四业之一。其对应梵文作 Vaśikaraṇa，汉文文献中音译为缚施迦罗拏，或译作勾召。这里的西夏文𗁫当指密教护摩法中的勾召法。

𗉓𗏁，字面意思为"紧行、勇行"，对应藏文作 mngon spyod pa，字面意思为"勇行"，在佛经中又译为降伏，密教护摩四业之一。其对应梵文作 Ābhicārika，汉文文献中音译成阿毗遮噜迦、阿毗左磂迦等，或译为降伏、诛。

𗰔𗤁，直译是"烧施"，对应藏文作 sbyin bsreg，字面意为"烧施"。sbyin bsreg 对应梵文为 Homa，汉文诸本中常音译为护摩、呼么等。慧琳《一切经音义》亦载："护摩梵语，唐云火祭祀法，为飨祭贤圣之物火中焚燎，如祭四郊五岳等。"护摩，其原为事火婆罗门烧火祀天，婆罗门以火为天之口，认为烧飨物于火，则天食之，而予人以福。密教取其法，设火炉，烧乳木，以智慧之火烧烦恼之薪，以真理之性火而除尽魔害。

这样：

𗗙𘄄𗁫𗰜𗉓𗏁𗥻 𗉲𗤁𗤟𘃜	𗰔𗤁𗰜𗣋𗤛𗴮𗰜	𗥃𘃔𘙌𗤁𗩛𘜶𗰚	𗰞𗱲𗥃
善满主及紧行之处听欲我	烧施如何作法及	咒诵食施供养等	坏有出

①　一行记《大毗卢遮那成佛经疏》卷11，《大正新修大藏经》第39卷，第702页。

可译为：

> 如何作息灾增益　勾召降伏之护摩　诵咒施食供养等　欲听闻
> 于薄伽梵

这样的译文，既没有违背西夏文原意，也符合汉文佛经中译经用词习惯，更能让略有佛教知识的人明白每个译词的意思。

在藏传密续中，这类藏式意词是普遍存在的。不仅佛、菩萨和声闻等名称，诸如天龙八部、饿鬼、三界、方隅等其他杂名等，也常以意译词出现。如佛教天龙八部、饿鬼名称有：𗀗𗥤（施碍），译自藏文 gnod sbyin（施碍），梵文为 Yakṣa，汉文文献中译为药叉、夜叉等；𗍁𗣫（忍者），译自藏文 gnon po（忍者），梵文作 Ostauraka，汉文佛经中音译为坞娑多罗迦、坞娑怛罗迦，佛教中的异类，是一种食人精气的鬼神。坛城四方四隅名称有：𗱴𗦳𗣫（具主隅），译自藏文 dbang ldan gyi phyogs（具主隅），东北方；𗲲𗣫（风隅），译自藏文 rlung gi phyogs（风隅），即西北方；火隅指东南方，离谛隅指西南方。

第二类词汇是西夏语直译藏文异名词。

如前文中的 rnam par snang mdzad（众明主、遍照明）是日、太阳的异名。翻开《藏汉大辞典》，发现藏语中类似词汇很多。不知这类词在藏语中是如何形成的，但它多表示的是"某一对象"的一种特性。诸藏传密续的西夏语译者把这些谜一样的藏文词直译成西夏文。如：

𗼑𗦛𗱈𗦢𗲢𗧹𗣼

午前四等（助）食故

𗱈𗦢，字面直译为"四平等、四等"。藏文对应作 bzhi mnyam，字面直译是"四平等、四等"，意与西夏本相同。bzhi mnyam 在藏文佛经中又指人粪、大便。大便是密教护摩法中烧供忿怒相神的吉祥五甘露之一。其可译为"午前食用粪便故"。再如：

𗢏𗤺𘃨𗢏𘋩

脚独二脚四

"脚独二脚四"，即独脚二脚四脚。藏文本中作 rkang gcig rkang gnyis dang rkang bzhi，直译为"独脚二脚和四脚"。藏文 rkang gcig 字面意思为"独脚、独足"，为鸟的异名；rkang gnyis 字面意思为"二脚、二足"，是人的异名；rkang bzhi 字面意思为"四脚、四足"，是牲畜的异名。所以，西夏文𗢏𗤺𘃨𗢏𘋩（脚独二脚四）当指鸟类、人类和畜类。

这类词在诸藏传密续中非常多。对于这些"硬译"成西夏文的藏语词，如果不通过藏文把它们还原到藏文语境，是很难准确翻译的，也就不能准确推断出这些词所表达的真实含义。

第三类词是音译词。

《声明要领二卷》规定："翻译地方、动物、花卉、草木等的名称，对那些译出来可能使人误解，或者语句不顺，以及实际上是否准确尚无把握的，可以在所译名称前冠上'地方'或'花'或'树'等，表明是哪一类事物的名称，而保留梵文原样（音译）。"《吉祥遍至口合本续》中也有不少音译词，多数集中在地名、人名、花名、树木名、香名等中。

如《吉祥遍至口合本续》中的地名：

𗢳𗤺𘓆𘜶𘆗𗥧𘄄𘘥	𘄴𗢍𘐆𘔶𘜶𗫓𘎮𘕤
细母�··答啰是	彼如发与又毛流
𗩰𗤺𘋩𘋭𘆗𘅫𘇂𘏛	𘕼𗠁𘄴𗽟𘎦𗒹𘕤
显母呜牙··宫是也	右耳于依皮流也
𘝞𘚊𗤺𘜥𘜊𘜶𘚍	𗢏𘕤𘅡𗒼𘖃𘝜𘕤𘆧
左方母者空行上	肉流阿利部恒是谓

这里有不少词让人难以理解：如细母、··呢答啰、呜牙呢、阿利

部怛，另外还有发与毛流等。要理解这段经文还得有一点藏传佛教背景知识。掇喇呢答啰、呜牙呢、阿利部怛都应是藏传佛教中的二十四处圣地名，也就是说，这些译名是古代印度或西藏的地名。它们在藏文文献如《佛教史大宝藏论》《红史》等中都有记载，相传是大自在天以神通到达须弥山和赡部洲化现的二十四个地方，是修行胜乐教法的主要场所。这二十四个地方也就成为藏传佛教的二十四处圣地，又称为二十四宫。因二十四处圣地远离魔事，是藏传密教理想的修道之处，因而又被密教修行者喻为修习气脉中的二十四域脉。藏传密教修行的基础要素是气、脉、明点。其中的脉如同中医、道家气功所讲的十二脉络，是气的运行通道。其数目众多，遍布全身，最主要的为中脉，中脉再分左右二脉，又支分出 72000 个小脉。其中重要的有二十四大脉，即体内暗络脏腑的八大脉和体表明络肢节的十六大脉，共二十四脉，又称人体二十四域脉。二十四脉有不坏脉、细脉、左方脉、护门脉等。而二十四域脉的气在藏传密教修法中又分流于人体不同部位，如不坏脉分入发际，细脉分入顶轮，显脉分入右耳，左方脉分入枕骨，护门脉分入两眼。所以，二十四处地名与人体部位对应是指二十四域脉各脉之气分流于人体的不同部位。

西夏文𗧅𗏁（细母）应是藏文 phra ma（细母）之直译，phra ma，藏传佛教中指人体内的细脉。在这里，西夏文本的译者把 phra ma 直译成𗧅𗏁（细母），这种译法可能犯了一个比较低级的错误。藏文 phra ma 字面硬译可译为"细母"，但是此处的 ma 并非表阴性的人称词，而应是构成名词的后缀，指名词"细脉"。下面的"显母""左方母"等都是相同的问题。𗄊𗏚𗗙𗀔𗒛（掇喇呢答啰），当为梵文 Jālandhara 的音译，为古代印度一国名，密教二十四处圣地之一，位于北印度境，汉文文献音译为阇烂达罗、阇烂达那、左栏陀罗、阇兰陀等，方塔出土汉文藏传佛经《吉祥出有坏现观》（《修持仪轨》）中音译为"掇兰怛啰"。其在今印度旁遮普邦的贾朗达尔（Jullundur）。𗃀𗏚𗀔（呜牙呢），梵文为 Udyāna，古印度一国名，位于北印度，汉文文献中多音译为乌仗那、乌长那、乌长、乌苌等，方塔出土汉文藏传佛经《吉祥出有坏现观》中音译为"乌延"，密教二十四处圣地之一。𗙴𗀔𗰜𗋽（阿利部怛），梵文作 Arputa，方塔出土汉文藏传佛经《吉祥出有坏现观》中音译为"阿乌怛"，密教二十四处圣地之一，藏学家比定其在南印度，相当于现在印度的中南部地区。

这样，前面那段文字可译为：

细脉是拶喇呢答啰　　流到头发又汗毛
显脉是鸣牙呢处　　　分流依存右耳皮
左方脉空行最上　　　流到肉是阿利部怛

诸藏传密续中一些佛教专有名词术语也有采用音译的。这类词与我们常见的藏传佛经佛教术语采用意译有些不同，基本上是音译梵文。可把它还原成梵文，通过梵文或藏文进行翻译。如：

𗙴𗀔𗰜𗵆（阿哇都底），为梵文 Āvadhūti 之音译，藏文作 dbu ma，即中脉。

𗀔𗰜𗵈（啰萨捺），为梵文 Rasanā 之音译，藏文作 ro ma，即血脉。

𗽲𗾔𗵆（形噜迦），为梵文 Heruka 之音译，藏文 bde mchog，胜乐、胜乐金刚。

𗵈𗺉𗵆（达麻噜），为梵文 Dāmaru 之音译，藏文作 cang tevu，小鼓。

另外，同一佛教术语既有意译，也存在音译。如：

𗰜𗙴𗾔（底喇迦），为梵文 Tilikaḥ 之音译，藏文作 thig le，即明点。

𗉟𗓴（圆点），是译自藏文 thig le（滴、圆点），即明点。

𗄊𗅲𗉟𗓴𗆿（山墓叶具母），是译自藏文 ri khrod ma shing lo can（山居具叶母、山居母）。密教菩萨名，能救治一切病苦。

𗵠𗓴𗉟𗺼𗔅𗱸（钵喇那舍哇哩），为梵文 Pranāśavarī（山居女、山隐女）之音译，藏文转写作 ri khrod ma shing lo can（山居具叶母、山居母）。Pranāśavarī 在汉文佛经中音译作钵兰那赊缚哩、钵兰拿赊缚哩等。

通过方塔出土藏传密续的翻译，发现西夏语译藏文佛经的佛教术语虽然以意译为主，但音译的也不仅仅局限在地名、人名、花草名、树木名、诸香名等。西夏文本中的这种佛教术语音译，应与藏文本译传者有关，可以说，西夏语译本的译者在翻译时并没有进行发挥，而是忠实地按藏文原文进行直译。

所以，准确解读西夏语译藏传文献的关键是这些藏式译词的准确翻译。为方便学界准确理解西夏语译藏式译词，笔者把近几年来在解读藏传文献中遇到的藏式译词附录于后。其中有西夏文原文、相应的汉文译名和对应藏文，有的还有梵文。这样，人们在解读中一旦遇到这些藏式译词，便可省去不少查证之苦。

附录：夏汉藏（梵）词汇对照表

𗰔𗵘𗾮𗰔𗽻：犊之腹脐主、牛肚虫，ltovi srin bu。

𗄀𗄊𗆧𗵽：长龟骨脉，rus sbal skyes ma。

𗕦𗵰：滑石、石笔，thod le kor。

𗴮𗗟：令堕、犯戒，ltung bar byed pa。

𗋽𗷟𗏵：鬼宿日，skar ma rgyal。

𗤋：善、息灾，zhi ba，Śatika。

𗰖𗵧𗤋𗵽：菩提心真、菩提道场、菩提藏，byang chub snying po。

𗰖𗵧𗼃：菩提心，byang chub kyi sems。

𗰖𗵧𗕦：菩提道，byang chub kyi lam。

𗲛𗆧：忍者鬼、坞婆多罗迦，gnon po，Ost ō raka。

𗣼𗕤：自性，rang bzhin。

𗣼𗼃：自佛、欲天、极喜自在魔，rang vdod pavi lha。

𗣼𗐯：自共、相互，phan tshun。

𗣼𗬚：利自，rang phan。

𗆩𗵓：三时，dus gsum。

𗆩𗥽：三重，sum rtseg。

𗆩𗵧：三世，dus gsum。

𗆩𗵲𗾮𗙏：三股叉、三叉戟，mdung rtse gsum pa。

𗆩𗵲𗾮𗙿𗱕：三股金刚杵，rdo rje rtse gsum pa。

𗆩𗼃𗐯𗳉𗆧𗙏：三遍弹指间，se gol gsum gtogs。

𗋽𗰖：三热、三苦，ska ba gsum。

𗋽𗣼：三有、三界，vjig rten gsum。

𗋽𗣼：三界，vjig rten gsum。

𗋽𗣼𗤛𗫂：三界明王，vjig rten gsum rgyal。

𗋽𗣼：三铁，lcags gsum。

𗋽𗤁𗢳𗰖：三甜上食，dngar gsum。

𗉛𗣼𗄽𗨻𗫡：那伽鸠萨啰、龙花，Nāgakesar。

𗉛𗤻𗤋𗴂：那乞绕怛、无节树，Nyagrodha。

𗉛𗴲𗄽𗴲：那哩鸠哩、椰子，Nālikela、Nālikera。

𗉛𗴲𗄽𗱼：那哩鸠喇，Narikela，古印度地名。

𗉛𗣦𗴲𗴤：那伽怛嘛、调伏龙，klu vdul ba，Nāga dama。

𗉛𗣦𗫂：那嘎啰，Nāgara，古印度地名。

𗃛𗄈：眼药，mig sman。

𗦳𗷬𗦳：颅生母，dum skyes ma。

𗦳𗱷𗱷𗧅：戴人头鬘，thod pavi phreng ba vphyang ba can。

𗦳𗂤：颅具、颅骨碗，thod pa。

𗷒𗆉：庄严，rgyan pa。

𗰦𗋔：腋间，mchan khung。

𗆀𗬫𗤋𗤀：会聚绕围、众僧眷属，dge vdun du mavi vkhor。

𗆀𗬫𗤋：众集会、会供，tshogs。

𗮔𗮔：食肉鬼、毗舍阇，sha za，Piśāca。

𗷅𗻻𗫶：了义，nges pavi don。

𗦜𗄈：笛母，gling bu ma，Vamsā。

𗴒𗨁𗵀𗤁𗤀：微妙细相，vphra ba dang yang ba。

𗤱𗤋：令醉，myos ma。

𗤱𗰩：醉具，myos byed。

𗫃𗄈：黑香、安息香，gu gul。

𗙐𗨁𗴻：白香木，gu gul gyi shing。

𗙐𗴻：香母，bdug pa ma。

𗧘𗤒𗤓：出入气、呼吸之气，dbugs rdub pa dang dbugs vbyin pa。

𗦧𗉽𗴻：阿迦木、日树，nyi mavi ljon shing。

𗦧𗄽𗷖𗷕𗴃𗴻：阿底目割怛迦、善思花，Atimuktaka。

𗦧𗾔𗴃𗾕：阿利迦利、字鬘，a phreng ka phreng，Ālikāli。

𗦧𗗙𗴃𗴃：阿输迦、无忧，Aśoka。

𗦧𗢳𗬺𗗊：阿利阇嘎、兰香，Arjaka。

𗦧𗢳𗑾𗹏：阿利部怛，Arputa，古印度地名。

𗦧𗢳𗗊：阿利嘎、福田，mchod yon，Arka。

𗦧𗲍𗹋𗷖：阿哇都底、中脉，dbu ma，Āvadhūti。

𗟱𗴃：明相、标识，cha lugs。

𗴉𗴻：细脉，phra ma、phra gzugs ma。

𗣛𗭴：十地，sa bcu。

𗣛𗤗𗤘𗴻：十二部母，ma mo bcu gnyis。

𗣛𗤗𗭴𗷘𗴃：十二分教，gsung rabs yan lag bcu gnyis。

𗎯𗘂𗴅：尼弥钵、山豆树，Nimba。

𗣗𗩾：衣下、衣缝里，gos kyi mthav。

𗮺𗘤𗷕：遮乌哩、强盗女，chom rkun ma，Caurī。

𗢊𗷝：石臼，rdo bavi gtan pa。

𗅲𗱸：大拇指，mthe bong。

𗴘𗴽：合时，dus sbyor。

𗴘𗩾：非时，dus min。

𗪅𗵤：种字、种子字，sa bon。

𗱿𗴻：要语、口诀，man ngag。

𗩶𗩾𗙦𗵎𗴫：黑泥中生长、莲花，vdam las skyes pa。

𗰔𗘤𗷕：遮乌哩、强盗女，chom rkun ma，Caurī。

𗹥𗭴：白氈、棉花，ras bal。

𗬧𗄢：美脉，sdu gu ma。

𗫂𗄢：畏日、猫头鹰，nyin mo vjigs pa。

𗫂𗫐：日半、正午，nyi ma phyed。

𗱒𗴡：双运，zung vjug。

𘄡𘜶：颠倒拔、导邪，log vdren。

𘊮𘏮：回遮、破除，ldog pa。

𗏁𗭴：护齿药，so rtsi。

𗏁𘃸𗄢：洗齿木，so shing，Danta kāṣṭha。

𗡞𗫐：密集，gsang vdus，本尊神、密续名。

𗡞𗁬：密主、秘密灌顶，gsang dbang。

𘊛𗹥：蝇畏、拂尘，rnga yab。

𗼩𗗙：宫殿、精舍，khang bzangs。

𗼷𗰜：非天，lha min，Asura。

𗼷𗄢：天母，lha mo。

𗒛𗭴：指药，a lag ta。

𘃵𘈅𗏇：达呢怛、牙齿，Danta。

𘃵𗄑𘂤：达昙啰、茛菪，Dhadura。

𘟩𗭴：俱胝、千万，bye ba，Koṭah。

𘓺𗄢：灯母，mar me ma。

𗳇𗹦𗤁𘟀：数论外道，grangs can pa。

𘞌𗴴：宝珠，rin po che。

𘞌𗥢：宝藏、净梵天，dbyig gi snying po。

𘞌𗱕：宝生、宝生佛，rin chen vbyung ldan。

𗦣𘄜：报轮，longs spyod vkhor lo。

𘜒𘃪：器械，mtshon cha。

𘃀𗭴：杀害，gsod pa。

[illegible]：龙王，klu dbang。

[illegible]：木果、水果，shing vbras。

[illegible]：拼绳，thig gdab pa。

[illegible]：作明，rig byed。

[illegible]：作明教派、吠陀教派，rigs byed kyi grub pavi mthav。

[illegible]：明王，rig pavi rgyal po。

[illegible]：无明、痴，ma rig pa 。

[illegible]：持明，rigs vchang。

[illegible]：醯伐折啰、喜金刚，kyevi rdo rje，Hevajra，本尊名、密续名。

[illegible]：醯摩、冬，Hemanta，

[illegible]：形噜迦、饮血、胜乐，bde mchog，Heruka，本尊名、密续名。

[illegible]：成尊、依怙，mgon po。

[illegible]：氐宿，sa ga，二十八宿之一。

[illegible]：主、勾召，dbang ba。

[illegible]：主悟、调伏，dbang du byed。

[illegible]：主授、灌顶，dbang bskur。

[illegible]：灌顶记句、灌顶誓言，dbang gi dam tshig。

[illegible]：主女，dbang mo。

[illegible]：具主隅、东北方，dbang ldan gyi phyogs。

[illegible]：主脉，dbang ma。

[illegible]：黄门、中性人，ma ning。

[illegible]：四种黄门种字，ma ning bzhi yi sa bon。

[illegible]：舍乞底、短矛，vphang mdung，śakti。

[illegible]：舍达布悉钵、百花，me tog brgya pa，Śata puspa。

[illegible]：舍哇哩、山人女，ri khrod ma，Śabarī、Śavarī。

[illegible]：持禁戒者，brtul zhugs can gyis vdi vdzin pa。

[illegible]：吉祥，dpal。

𗫔𗾔𗗙：吉祥山，dpal gyi ri，Śriparāta，古印度地名。

𗫔𗰖：有吉、吉祥，dpal ldan。

𘆖𗣼𘃡𗰖：义有成就、不空成就，don yod grub pa。

𗫜𗫩𘆕𗰛：迦达喇舍、硫黄，ghan dha la shi。

𗫜𗉞𗾹𗵆：迦悉摩哩、大腹女，Ghasmarī。

𘄿𗫩𗵌𘃽：妙观察智，so sor rtog pavi ye shes，佛教五智之一。

𘄿𗳅：妙女，bzang mo。

𘄿𗰀𗗙：妙高山、须弥山、苏弥卢山，ri rab ri，Sumeru。

𗫣𗿓：起告、训诫，skul ba。

𗫣𗿓𗾖：感应母，skul byed ma。

𗱒𘄼𗫜𗄉𗵆：乌昙弥跋啰、瑞应树，Udumbara。

𗱒𗫭𗥤：呜牙呢、乌仗那，Udyāna，古印度地名。

𗱒𗺼𘆗：乌钵罗、青莲花，Utpala。

𗱒𗵆：乌母、乌摩天母，bgrod par dkav ba、lha mo dkav zlog，Umā。

𗬷𗕟：圆寂、涅槃，mya ngan las vdas pa。

𗏹𗭴：络孔、网格，ri mig。

𗎁𘃽：萨啰、秋，śarat。

𗎁𘃽𗾹：萨罗萨、鹤，bzhad，Sārasa。

𗎁𘅤𗽭𘃦：《三弥菩怛》《三菩提怛特罗》，Saṃpuṭa tantra，《吉祥遍至口合本续》梵文名。

𗎁𘄧𗭴：萨利迦、稻谷，śalika。

𗎁𗫩𘈑𘃽：萨利旃啰、白安息香，gu gul dkar po，Sarja rasa。

𗎁𘊁𗎁：萨哇哩、山居母，ri khrod ma shing lo can，Śavarī。

𘈩𘈩𗿇：生长次第，bskyed rim。

𗽀𗤓𘈪𗥤：主仆、上师弟子，dpon g-yog。

𘃀𗭴𘈑𗵆：驱邪天母，bkav bsgo lha mo，密教女性神灵名。

𗗙𗰀𘉡：至彼岸乘、小乘，pha rol tu phyin pa。

𗹦𗋐：真智、智慧，ye shes。

𗎆𗗙：果续，vbras buvi rgyud。

𗼋𗩾：令忘鬼、阿婆娑娑摩罗，brjed byed，Apasmāra。

𗾞𗋹𗤼𗨳𗆊：山墓具叶母、山居具叶母，ri khrod ma shing lo can。

𗗙𗆊：喜脉，rangs ma。

𗋐𗩩𗄻𗆊：喳尼铛诃，tshan do ha，古印度地名。

𗶠𗤗𗇋：嗰怛利、起尸母，Betālī。

𗶠𗤙𗙑𗆟：咪啰弥跋、大集会，rtsom chen，Merambha。

𗹦𗆊：金木、金树，gser shing。

𗹦𗎆：金果，kanakavi vbras bu。

𗹦𗋣𗊬：金翅鸟，nam mkhav lding。

𗹦𗋹𗉔：金河园、金洲，gser gling，古印度地名。

𗙘𗗚：柔善、息灾，zhi ba，Śatika。

𗙘𗗚𗉾：善乐饮、清净饮食，zhi bavi btung ba。

𗙘𗤟𗆊：柔软木、潮湿木，rlon pavi shing。

𗙘𗤞𗤜：柔金刚、妙金刚，vjam pavi rdo rje。

𗅲𗋐：璎珞，phreng ba。

𗋐𗋐𗩩𗾞𗤗：捹喇尼答啰，Jālandhara，古印度地名。

𗤚𗾯𗾞：须弥山、苏弥卢山、妙高山，ri rab ri，Sumeru。

𗎥𗅲𗋐：吶四摩喇、喜马拉雅山，hi ma la ya。

𗾪：顶位，rtse mo。

𗾪𗼋𗤜𗤗：无肢金刚师，yan lag med pavi rdo rje，Anangavajra，印度大成
就者。

𗩾𗗚𗅢：旨供求、加持，byin gyis brlabs pa。

𗩾𗅢：加持，byin gyis brlabs pa。

𗰖𗶠𗵚𗤘：嗔怒尊者、嗔怒佛，zhe sdang vdren pa。

𗻰𗤚𗈣：萤火虫，srin bu me khyer。

𘕿𗪺：善近、居士，dge bsnyen。

𘕿𗉝𗤿：善逝法，bde gshegs chos。

𘕿𗣼：善起、比丘，dge slong。

𗣚𗴾：度哇、百节草、盐味草，Dūrba。

𗭴𗦎：无相，gzugs med。

𗭴𗂦：有相，gzugs can。

𗭴𗭴𘜶：有体母，gzugs can ma。

𗴦𗣂：主尊，bdag po。

𗟲𗜓：小香、小便，gci ba。

𗟲𗦮：食香、干闼婆，dri za，Gandharva。

𗟲𗤿：大香、大便，bshang ba。

𗟲𘜶：香母，dri ma。

𘊵𘜚：赞叹，bsngags。

𗼻𗼱：受用、受用身、报身，longs spyod、longs sku。

𗼻𗼱𗴟𗥃：圆满报身、受用报身，longs spyod rdzogs sku。

𗼻𗼱𘜶：受用脉，longs spyod kyi rtsa。

𗥃𘕿：卵生，sgong skyes。

𗼶𘟙：面阴、怒面，khro gnyer。

𘂝𘕿：咒生，sngags skyes，空行母名。

𗯬𘆡：果续、果位续，vbras buvi rgyud。

𗫂𗬈𗫂𗤀𘜌：果我迦那国、恭建那国，Końkana，古印度地名。

𗫂𗭴𘝢𘜌：瞿卢旃那、牛黄，ba lang gi gi wang，Gorocanā。

𗫂𗴩𗉝：拘萨喇，Kosala，古印度地名。

𗫂𗵄𗥃𗆧𗥃𘜴：果栗什奢旃檀、牛头旃檀，tsan dan Gorshiśa

𗬔𗭴𘜶：老相母，rgan byed ma。

𘊰𗴟：非业、恶业，las min。

𗥄𘝞：加行，sbyor ba。

104

𗼀𗰖𗰇：加行母，sbyor ma。

𗼀𗁬𗿷：业手印、明妃，las kyi phyag rgya。

𗕁𗾟：名号、名称，ming、grags。

𗕁𗰚：无名指，srin lag。

𗤓𗆧：诫集、戒律，sngom pa。

𗗰𗼀𗃜：难业修、苦修，dkav thub。

𗾅𗾬𗰇：迦那耶、独股叉，rdo rje rtse gcig pa，Kanaya。

𗾅𗥰𗅆：迦尼支，Kantsi，古印度地名。

𗾅𗆁𗈧：迦努捡，Kanutsa，古印度地名。

𗾅𗖀𗆴𗖀：迦啰毗啰树、羊蹄躅，Karavira。

𗾅𗫵𗰃𗷫：迦弥菩祇、诏洲女，g-yo ldan ma，Kamboja。

𗾅𗣿𗆾：迦比陀、迦比陀果，Kapittha。

𗾅𗤋𗉓𗾅：迦利我迦，Kaliṅga，古印度地名。

𗾅𗤋𗉁：迦利花，kā li me tog。

𗾅𗤸𗾅𗐔𗉁：迦喇迦果、黑果，nag par gyung pa，Kālaka。

𗾅𗹦：迦布、龙脑，ga bur。

𗾅𗥰𗅆：迦摩支、肝摩唧，Kāmaci。

𗾅𗥰𗝠𗆈：迦摩噜钵，Kāmarūpa，古印度地名。

𗂆𗋽𗂧：婆罗门、净行，bram ze，Brāhmaṇ。

𗂆𗋽𗰖：婆罗门女，bram ze mo。

𗙴𗣿𗐔𗶷：多罗树叶，talavi vdab ma。

𗙴𗥰𗉁：怛麻喇、藿香，Tamāla。

𗬚𗧠𗰇：大入脉，vjug ma chen mo。

𗘂𗆾：缠缚，rengs pa。

𗴴𗆈：恨主、怨敌，dgra。

𗧺𗧺：瞿哩、白女，dkar mo，Gaurī。

𗧺𗧺𗾅𗅱𗧺：瞿哩迦栗尼迦、铁，rivi ze vbru，Giri karṇikā。

𗗟𗵗𗴟：瞿乌哩、白女，dkar mo，Gaurī。

𗀊𗵘：狱帝、阎王，gshin rje，Yamā。

𗀊𗵘𗰔：狱帝王、阎王，gshin rjevi rgyal po。

𗷟𗾞：情流、迁识、往生，vpho ba。

𗷟𗹙：有情、众生，sems can。

𗷟𗹙𗕑𗸕：卑下众生，phongs pavi sems can。

𗷟𗹙𗴴：有情界、众生界，sems can khams。

𗷟𗴴：情界，bcud kyi sems can。

𗷟𗽼：迁识、夺舍，vpho ba。

𗷟𗵈：情行、往生，vpho ba。

𗤦𗰔𗷖：愚痴种，gti mug rigs。

𗗙𗵾：总持、陀罗尼，gzungs。

𗟻𗿢：施凉脉，bsil sbyin ma。

𗔉𗿀：烧施、护摩，sbyin bsreg，Homa。

𗰜𗴖：火炉，thab khung，Kuṇḍa。

𗰜𗵚：火神，me lha、me bdag，Āgni。

𗰜𗼃𗴞：火中围、火轮，mevi dkyil vkhor。

𗼄𗷅𗸾：黑顶女，rtse mo nag mo。

𗴢𗵘：帝释、帝释天，brgya byin。

𗫻𗵕：瑜伽，rnal vbyor，Yoga。

𗫻𗵕𗵂：瑜伽士，rnal vbyor ba。

𗫻𗵕𗸻：瑜伽母，rnal vbyor ma。

𗤦𗴞：铸像，lugs ma。

𗤦𗵙：洒勺，blugs gzar。

𗺌𗵃：上师、喇嘛，bla ma。

𗺌𗹟：上乐、胜乐，bde mchog，本尊名、密续名。

𗺌𗵩：上喜，mchog dgav。

𗼲𗗙𗏹：上喜种，mchog tu dgav bavi rigs。

𗼲𗰜：上处、善趣、上位，mtho ris、go vphang。

𗵐𗐫𗆀𘃽𗦎：野兽持莲花、麝香，ri dwags padma vchang。

𗴆𗤋：雌黄，bab la。

𗴆𗾺𗆀𗾈：女人树、乳浆树，vo mavi shing。

𗒙𗨁𗾟𗵆：枭之恨主、乌鸦，Kā gnyis。

𗧁：触犯、嵌入，bsnun pa。

𗧁𗤛：暖触，reg bya drod。

𗣳𗥔𗏱：啰萨捺、血脉、右脉，ro ma、Rasanā。

𗣳𘕰𗰜𗣳：啰蜜尸啰，Rameśvara，古印度地名。

𘃽𘜶：儿童，byis pa。

𘄒𗱇：小鼓，cang tevu。

𘄒𗼺：大鼓母，Mukundā。

𗹢𗰠：化轮，sprul pavi vkhor lo。

𗹢𗩱：化身，sprul sku。

𗇋𘖑：夜脉，mtshan mo ma。

𗷬𘔾𗷰：五医药、五甘露，bdud rtsi lnga。

𗷬𗵒𗷿：五正觉、五佛，sangs rgyas lnga。

𗷬𗰜𗷐𗥺：五不断罪、五无间罪，mtshams med lnga。

𗫘𘖑：成脉，grub ma。

𗫘𘕣：成就，grub pa。

𗪚𘖚𗪘：一肘量，khru gang tshad。

𘒤𘌣：洗脚，zhabs bsil。

𗽉𘖑：兽香、麝香，gla rtsi。

𘙟𘔾：同类、等流果，rgyu mthun pa，佛教五果之一。

𘄢𗑆：刹那，skad cig，Kṣaṇa。

𗍊𗥔𘖑：有过脉，skyon ldan ma。

𗰱𗲱：坏劫，vjig pavi bskal pa。

𗰱𗋕：毁灭、大梵天，vjig par byed。

𗏵𗭼：蕴界，phung po khams。

𗰖𗴺𗬪：骨璎珞，rus pavi phreng ba。

𗬟𗮔：解脱，grol ba。

𗬮𗫊𗫡：显明门、智者，gsal bavi sgo。

𗬮𗭼：显脉，rtse ba ma。

𗭴𗭱𗬪𗫡𗴺：什哩迦呢怛、白旃檀，Śrīkhaṇḍa。

𗭴𗭱𗺸𗴺：什哩卡达、白檀香，Śrīkhaṇḍa。

𗴧𗮔：微聚，sdud pa。

𗴧𗪺：恶语，tshig rtsub。

𗹙：嘻笑、掉，rgod pa。

𗫾𗬱：屠类、屠户种，gdol pa。

𗋽𗬜：方便，thabs。

𗋽𗬜𗬮：不了义，drang bavi don。

𗋽𗬜𗬂：方便续，thabs rgyud，密续种类。

𗫦𗬦：小人、卑下之人，dman pavi mi。

𗳌𗫡：安乐、殊胜，mchog。

𗵀𗴺𗴚：牟咕哆、圆鼓，Mukuṇṭa，Mukunda。

𗴟𗪺𗫊：大自主、大自在，dbang phyug chen po。

𗴟𗋭：大肉、人肉，sha chen。

𗴟𗷈𗫝：大主女，bdag mo chen mo。

𗴟𗳟：大乐，bde chen po。

𗴟𗳟𗬪𗭱：大乐尊者，bde ba chen po。

𗴟𗫋𗫝：大黑女，nag mo che。

𗴟𗱈𗷖：大施主，nor gyi bdag bo chen po。

𗴟𗫊𗭼：大怖母，vjigs byed chen mo。

108

𗾲𗰿𗾲𗱿𗸯：大圣众明主、大日如来，vphags pa rnam par snang mdzad chen po。

𗾲𗣁𗸯：大怖变、大威德，vjigs byed chen po。

𗾲𗔡：大种、大种姓，rigs chen。

𗾲𗾲𗱿𗸯𗸰𗵘：大众明主实来、大日如来，rnam par snang mdzad chen po de bzhin gshegs pa。

𗧨𗱊𗴺：无量光，dpag med pa。

𗧨𗴩𗧨𗫴：具光天母，vod zer can。

𗾲𗔿𗸯：大自在天、湿婆神，dbang phyug chen po，Maheshvaraḥ。

𗾲𗤔：大宝，rin chen、rin chen che ba。

𗾲𗸯：大主、帝释，dbang chen。

𗾲𗭿𗰭𗮅：大圆镜智，me long lta buvi ye shes，佛教五智之一。

𗾲𗻴𗰩：大乐轮，bde chen vkhor lo。

𗾲𗭠𗰚：大威仪，gzi brjid chen po。

𗾲𗤒𗫒：大喜乐、喜金刚，dgav chen。

𗾲𗭼𗰝：大势至，mthu chen thob。

𗾲𗤩𗫦：大手印，phyag rgya chen，藏传密教修法名。

𗦖𗾳：断见，chad pa。

𗦖𗫵𗰬𗴫𗸰：伐呢度迦花、具根枝，Bandhuka。

𗦖𗱀：伐怛木、无花果树，Bhaṭa，Vaṭa。

𗦖𗰵𗦖𗫵：伐嘎伐那、有福分者，Bhagavana，skal ldan。

𗦖𗵱𗱈𗰶：伐喇怛迦、修竹根，Bhallātaka。

𗦖𗰷𗰽：伐折啰、金刚，badzra，Vajra。

𗳹𗳺𗰾：分别者、胜论师，bye brag pa。

𗺮𗾺：异熟果，rnam smin、rnam par smin pa，佛教五果之一。

𗸲𗰽：旃檀，tsan dan，Candan。

𗸲𗰽𗱤：红旃檀，tsan dan dkar po。

𗹂𗄴𗣇：旃陀罗女，Caṇḍālī。

𗹂𗄴𗣎：白旃檀，tsan dan dmar po。

𗹂𗏁𗣛𗬦：旃弥钵迦、郁金花，Campaka。

𗹂𗴺：热脉，tsha ba ma。

𘔼𗲵：饿鬼，yi dags，Pretā，佛教异类、古印度地名。

𗴧𗤀：妄思、分别心，rtogs pa。

𗓝𗭪：科文，mdor bshad pa、sa bcad pa。

𗴔𘋤𗤁：鬼指血、无名指之血，srin lag gi khrag。

𗧯𗹂𘙂：路拶哇、译师，lo tsva ba。

𘌱𗪚：心真、心咒，snying po。

𗉫𗸓𗥱：知足天、兜率天，dgav ldan lha，Tuśitaḥ。

𗣙𗸓𗴺：狗头母、狗面母，khyi gdong ma。

𘞤𘃽：灭时、死亡时节，vchi bavi dus。

𘝣𘄡：顶髻，gtsug tor。

𘝣𘄡𘎑𘟣𘌀：有铜顶髻、公鸡，zangs kyi gtsug phud can。

𘝣𗭁：灌顶，Abhiṣikta。

𗬦𘜶𗬢：悉努诃、呕吐，Snuha、Snuhī。

𗬦𗴯𗷓𗤁：悉怛利部、醋汁，Starbu。

𗬦𗨁𗧇𗼨𗰗𗬦：悉啰呢目底迦、绿豆，mo sran sdevu，Śranmudga。

𗥴𗥱：生者、部多，vbyung po，Bhūta。

𗥴𗥱𗧸：生者日、鬼日，vbyung povi nyi ma。

𗥴𗥱𘒣𗴋𗲬：部多鬼之毛发，Bhūta keśi。

𗤻𗤀：近诵、承事，bsnyen pa。

𗆖𗀆：天主、帝释天，lhavi bdag po。

𗁦𗪺𗒘：毕帕喇、榕树，Pippala。

𗁦𗫂𗣛𗒘：毕勒钵果、木果，bilbavi vbras bu。

𘎫𗉫𗣛𗏛：嘎那钵底、集主，tshogs kyi bdag po，Ghanapati。

𗧀𗆧𗗚：鸦窝木，khwavi tshang。

𗱕𗾔：四座，gdan bzhi，密续名。

𗱕𗉫𗱕𗉬：四方四隅，phyogs bzhi mtshams bzhi。

𗱕𗗚：四等、粪便，bzhi mnyam。

𗱕𗃛：四口、大梵天，gdong bzhi pa。

𗲠𗏵：摄授，byin gyis brlab pa。

𗕟𗀔：棍杖、日晷仪，dbyug gu、dbyu gu。

𗕟𗴟：舞女，gar ma。

𗤭𗬧：流传、轮回，vkhor ba。

𗤭𗬧𗴴𗟻：流传中解、渡出轮回，vkhor ba sgrol ba。

𗧀𗰖：止观，zhi lhag。

𗆐𗬧：根本堕、根本堕罪，rtsa ltung pa。

𗆐𗲠𗵆：有色根，dbang povi gzugs can。

𗵆𗴴：妙色母、具金母，gser ma。

𗵆𗘂𗸫𗙏𗏵：黑色狱帝主、黑色阎摩德迦，gshin rje gshed nag po，密续名、本尊名。

𗵆𗘂𗰖𗟻：黑色足师、黑行师，nag po spyod pa，Kṛṣṇāpāda、Kṛṣṇācārya，印度大成就者。

𗵆𗰭𗧁𗰭：色末中围、彩砂坛城，rdul chon gyi dkyil vkhor。

𗵆𗘂：善色脉，shin tu gzugs can。

𗵆𗘋𗰭𗰭：色究竟天，vog min。

𗀔𗼋：人主、国王，mivi bdag po。

𗀔𗴼：人血，skyes pavi khrag。

𗰭𗘂：有断、断除，gcod pa。

𗊴𗱲：界记、界限，mtshams。

𗥃𗧀𗾰𗤭：八辐轮，vkhor lo rtsibs brgyad pa。

𗥃𗴟𗤭：八地狱，dmyal ba brgyad。

𗣌𗆜𗷃𗥦：八叶莲花，pad ma vdab ma brgyad pa。

𗣌𘕿𗰛：八龙王，klu brgyad。

𗷃𗤻：净梵天，tshangs pa。

𗷃𗤻𗟲𗯟：净梵主者、净梵天，tshangs pa dbag po。

𗷃𗤻𘓉：净梵火，tshangs pavi mi。

𗷃𗤻𗣛：净梵穴，tshangs pavi bu ga。

𗷃𗇃𗟲：宝瓶灌顶，bum dbang。

𘚸𗣫𗣑：卜那沙、硼砂，rgya tsha。

𘕀𘕀：渐渐，je mang je mang。

𘕀𘊝：末品，chung ba。

𗤂𗪞：离喜，khyad dgav。

𗉘𗥧：慈氏、弥勒菩萨，byams pa。

𗱕𗴛：刹土空行母，zhing skyes。

𘕰𗥦𗟲𗯟：龙菩提师、龙智，Nāgabodhi，印度大成就者。

𘕅𗟰𗆀：底喇迦、明点，thig le，Tilika<u>h</u>。

𘕅𘋠𗆀：底呀迦、舍弃、断离，Tyāga。

𗇅𗰔：助器、资具、钵盂，vtsho bavi yo byad 、lhung bzed。

𗇅𗰔：供奉、布施，yon dbul ba。

𗴠𗐺𗴴𗯟：毗卢巴师，Virūpa，印度大成就者。

𗟲𗰔：欲界，vdod pavi khams。

𗸰𗧘：脐间、中心，lte ba。

𗺤𗵒：郁金、藏红花，yung ba。

𗭼𘅤：苦罚，sdug bsngal。

𘜶𗣀：腐臭鬼、迦吒富单那，lus srul po，Kaṭapūtanā。

𗴻𗷔：受生，skyes ba len pa。

𗴻𗱕：生处，skye gnas。

𗴆𗥼𗰛：利我迦、男根，mje，Líṅga。

𗣼𗣼𘟛：利利香、多揭罗香，Takara。

𗣶𘜍：他兵、敌人，pha rol gyi dpung。

𗣶𘔧：利他，gzhan phan。

𗤃𗤶𘜋𗝔：揭哩诃提哇、室中天，khyim gyi lha，Grīhadeva，古印度地名。

𗤴𗤴：入内、容纳、理解，nang du chud pa。

𗤶𘟀𘜓：施因脉，rab sbyin ma。

𗤶𗤞：因续，rgyu rgyud。

𗤭𗤎𘟙：苇啰啾、百节草，Dūrba。

𗤮𘈅：唯识师，sems tsam pa。

𘉋𗤱：察法、看视法，lta stangs。

𗤸𗤾：游戏，rol pa。

𗤸𘈝：戏论，spros pa。

𗤺𘝆𘜓：白衣母，gos dkar mo。

𗥃𘐮：来此、召请，dgug。

𗥉𗥷𘈮：除害橛、降魔杵，bgegs bskrad phur ba。

𗥘𘟶𘜕：能作果，byed pavi vbras bu，佛教五果之一。

𗥘𗡾𘖍𘉐：事、行、瑜伽，bya ba dang spyod pa dang rnal vbyor。

𗥘𘟶𗺄𘜕𗝔：成所作智，bya ba nan tan du grub pavi ye shes，佛教五智之一。

𗥞𘐈𘜓：哆弭尼、屠户女，g-yung mo，Ḍombhinī。

𘋧𘟶𘜕：日光尘，nyi mavi vod zer gyi rdul。

𘋧𗣢𘔤：日中围、日轮，nyi mavi dkyil vkhor。

𗦒𘜕：怖果，mgo bos vbras bu。

𗦣𗤫：心力、精力，snying stobs。

𗦣𗤙：心悦、如意，mdzes pa。

𗦣𗤙𘐀：心悦处、如意处，mdzes pavi gnas。

𗦣𗤙𘜓：心悦母、如意母，mdzes pa ma。

𗦤𗦧：施碍、夜叉，gnod sbyin，Yakṣa。

𗊂𗬩𗤸：疾行母、马面母，rta gdong ma。

𗤻𗤻：最后，phyi ma phyi ma。

𗤻𗣽：后续，phyi rgyud，密续名。

𗤻𗥃：后继者、追随者、罗刹，rjes vjug。

𗼃𗜀：无实有，dngos po med pa。

𗼃𗼓：实有，dngos po。

𘃵𘃵𘃶𘃶𗢤：卡卡目卡脉、无语脉，kha kha mu khavi rtsa。

𗢰𗢳𗣝𗣹：串矛男子，gsal shing gis phug pavi skyes bu。

𗠝𗡣𗤫𗰪：骄慢不二，khengs bcas gnyis med。

𗥤𗡞𗤦：七马车、日座，rta bdun pa。

𘃑𗳳：集轮、聚轮，tshogs vkhor。

𗪊𗥞：海珠、珍珠，mu tig，Muktikā。

𗪊𗰦：海生，rgya mtsho las skyes pa。

𗤻𗭄𗣌𗬑：提韦拘底、天女城，lha mo mkhar，Devīkoṭa，古印度地名。

𗤻𗰖𗯸𗭰𗦴：提哇钵怛噜、神树，lhavi shing，Deva dāru。

𗣝𗬅：墓地、尸林，dur khrod，Slta vana。

𗣝𗬅𗮴𗱕𗰞：喜欢墓地、尸林修者，dur khrod la dgyes pa。

𗣝𘋏𗧲𗬒𗫈𗭣：守地仪轨，sa gzung bavi cho ga。

𗣝𘋏𗧸𗫸：令地居净、净地，sa sbyang ba。

𗣝𗱘𗥱𗤸：地祇天母，savi lha mo。

𗣝𗬩：地行、蛇，sa spyod。

𗣝𗬩𗤸：地行母，sa sbyod ma。

𗧼𗤺𗩍：除盖障、除盖障菩萨，sgrib pa rnam sel。

𗰚𗯴：医药、甘露，bdud rtsi。

𗯉𗰀：施拳，khu tshur。

𗬅𗣩𗤦：呵李勒、柯子果，Harītakī。

𗰜𗰜𗫝：彩虹相，brgya byin gyi gzhu lta bu。

𗸪𗼅：令狂、令狂鬼，smyon pa。

𗼅𗺉：夜末、黎明，tho rangs。

𗼌𗾉：捧花，me tog snyim ba。

𗼌𗾅：莲花，pad ma。

𗼌𗾅𗔸𗾼：莲花自在，pad mavi dpang phyug。

𗼌𗾼𗫂𗾉𗼑：食花而吐、蜂蜜，me tog zos nas skyugs pa。

𗼌𗺉：花母，me tog ma。

𗫰𗷈：示指、食指，mdzub mo。

𗫰𗺈：能表、象征，mtshon byed。

𗫰𗻓：所表、名相，mtshon bya。

𗼆𗺉：母脉，ma mo。

𗼆𗺫𗺱：等作因、助缘，lhan cig byed pavi rkyen，佛教因之一种。

𗼆𗺑𗼑𗼑𗶅𗼅𗼑：额广平齐相，dpral bavi dbyes mnyam pa。

𗼆𗸋：等生，lhan cig skyes pa。

𗼆𗸋𗯨：俱生喜，lhan skyes kyi dgav ba。

𗼆𗸋𗰞：俱生智，lhan skyes pavi ye shes。

𗼆𗷫：等持、禅定，ting nge vdzin。

𗻓𗳸𗻓：达麻噜、小鼓，cang tevu，Dāmaru。

𗼊𗼍𗷰：太子，rgyal tshab。

𗼊𗼈：王种，rgyal rigs。

𗼊𗼈𗾰：王种女、刹帝利女，rgyal rigs ma。

𗼊𗷰：袭位、补处，rgyal tshab。

𗙏𗫢𗼮：离系果，bral bavi vbras bu，佛教五果之一。

𗫦𗫦：喇昙、欢喜团，la du、la thu。

𗫦𗯨𗷇𗺘𗫦：喇弥钵迦噜，lam pa ka ru、lam pa ka，Lampāka，古印度地名。

𗫦𗫦𗷈：喇喇捺、精脉、左脉，brkyang ma，Lālānā。

𗫦𗺱：喇母、天女，lha mo。

𗆃𗢭𗆃：殑伽河、恒河，gang gāvi klung，Gaṅgā。

𗆃𗢭：方护、刹土神，zhing skyong ba。

𗆃𗢭：方隅，phyogs mtshams。

𗽊𗳒𗆃：卜羯西母，Pukkasī。

𗽊𗆃𗢭：布利啰，Pullira，古印度地名。

𗽊𗆃𗢭𗆃𗢭𗆃：布利啰摩喇耶，Pullira-malaya，古印度地名。

𗆃𗢭：导语、缘起，gleng gzhi。

𗆃𗢭：静虑、禅定，bsam gtan，Dhyāna。

𗆃𗢭：九门、九窍，sgo dgu。

𗆃𗢭𗆃𗢭：九生跌者、大梵天神，skye dguvi bdag po。

𗆃𗢭𗆃：九宫格，mig dgu pa。

𗆃𗢭：展右，g-yas brkyang ba。

𗆃𗢭𗆃𗢭：人间主者、国王，mivi bdang po。

𗆃𗢭𗆃：人非人、紧那罗，mi vam ci，Kiṃnara。

𗆃𗢭：杂类、下姓，gdol pa。

𗆃𗢭𗆃：杂类女、下姓女，gdol pavi bu mo。

𗆃𗢭𗆃：杂类种、下姓种，dmangs rigs。

𗆃𗢭𗆃𗢭：摩揭陀国，Māgadha，古印度地名。

𗆃𗢭𗆃𗢭：摩那什喇、雄黄，ldong ros，Manaśilā。

𗆃𗢭𗆃𗢭：摩诃须迦、大欢乐，Mahā-sukha，sgyu vphrul chen mo。

𗆃𗢭𗆃𗢭：摩诃摩耶、大幻化，Mahāmāyā，密续名。

𗆃𗢭𗆃：曼荼罗、坛城，dkyil vkhor，Maṇḍala。

𗆃𗢭𗆃：摩卢花、芭蕉花，chu shing me tog。

𗆃𗢭𗆃𗢭𗆃：摩达那帕喇、醉果，myos byed kyi vbras bu，Madana phala。

𗆃𗢭：摩醢、水牛，ma he，Mahi。

𗆃𗢭：摩舍、豆，mo sran grevu，Māṣa。

𗆃𗢭𗆃：摩喇耶，ma la ya，Malaya，古印度地名。

𗐼𗐼𗗚：嘛嘛叽、我母、自己母，Māmakī。

𗐼𗘬：摩噜，Maru，古印度地名。

𗐼𗗏𗙟𗷒𗾔：摩度流我迦、磨独龙伽果，ma du lung ga，Mādūluṅga。

𗴴𗗚：信度，sin du，Sindhu，古印度地名。

𗴴𗗚𗱕𗽳：信度跋啰、浆果，Sindhu bārē、Sindhu vāra。

𗴴𗮒：西喇、安息香，Sihla、Silha。

𗲲𗽃𗲷：莲花手，phyag na padma。

𗲲𗗚：手印，phyag rgya。

𗸰𗷅𗾦：半月冠，zla ba phyed pa。

𗸰𗾵：月末、下弦月，zla ba mar ngo。

𗸰𗴴：月女，zla mo。

𗸰𗷿𗰗：月中围、月坛城，zla bavi dkyil vkhor。

𗾷𗾷：或者，kha cig。

𗫼𗱱𗆀：无量宫，gzhal yas khang。

𗫼𗴹𗰚𗸼：胜势怒变、忿怒明王，khro bo rnam par rgyal ba。

𗫼𗴹𗷿𗰗：胜势中围、佛坛城，rgyal bavi dkyil vkhor。

𗫼𗴫：胜慧、智慧，shes rab。

𗫼𗴫𗸏𗴥：胜慧方便，thabs dang shes rab。

𗫼𗲺：胜住、开光，rab tu gnas pa。

𗲵𗰗：中围、坛城，dkyil vkhor，Maṇḍala。

𗲵𗰗𗶷𗱴：中围地宫、曼荼罗界围，dkyil vkhor gyi bskor zhing。

𗲵𗰚：中有，bar do，Antarābhava，密教修法名。

𗲵𗰜：示中、中指，dbu ma。

𗲵𗮑：中国、中土，dbus vgyur。

𗘿𗐼：无边、阿难陀龙王，mthav yas，Ananto nāgarājā。

𗘿𗮒：居边、小拇指，mthav ma。

𗘿𗮒：居边、边缘，mthar gnas。

𗧾𗓽：般若、智慧，Prajñā。

𗻜𗓽𗺛𗥩：丕啰牟醯、起尸佛母，ro langs ma，Pramoha。

𗻜𗥰𗻜𗤀：丕哩呀咕、栀子，Priyagu。

𗤀𗾞：明满、佛，sangs rgyas。

𗤀𗾞𗋕𗤁：明满等合、佛平等合，sangs rgyas mnyam sbyor，密续名。

𗪺𗲠𗺅：妖媚母、嘻女，sgeg mo。

𗍧𗤢：发愿，smon lam btab pa。

𗤁𗏦𗺣：无伦比，mtshungs med。

𗥩𗤔：白毫、眉间白毫，mdzod spu。

𗑱𗺖：夺舍，grong vjug，密教修法名。

𗑱𗒀：取者、大自在天、湿婆神，vphrog byed。

𗑱𗤀𗢃𗪧𗧴：取道之供养、论藏供养，mngon par blangs pavi mchod pa。

𗒀𗤀𗺅𗾞：大智金刚，ye shes chen povi rdo rje。

𗒀𗕥𗨙：智勇识、智慧萨埵，ye shes sems dpav。

𗒀𗺅𗾞：智金刚，ye shes rdo rje，Vajranāna。

𗾞𗭞：现行、威猛法，mngon spyod。

𗲠𗽪：盈亏，lhag pa chad pa。

𗥩𗤢𗪺：小转气，vpho chung。

𗥩𗤢𗪭：大转气，vpho chen。

𗰖𗤛：行往、众生，vgro ba。

𗋕𗤀𗲠𗻜：跋萨尼怛、胜乐，dpyid，Basantah，本尊名、密续名。

𗋕𗤀𗺣𗤀𗻜：跋林底啰国，Varendra，古印度地名。

𗋕𗻜𗺛：跋咕喇、醉花，Bakula。

𗤢𗻒：雄黄，ldong ros。

𗺣𗺛：河谷口，vbab chu。

𗪭𗤔：奴仆，bran khol。

𗪭𗪧：应使、仆役，pho nya。

𗣛𗫦𘃺：持命风，srog vdzin pavi rlung。

𗦳𗫂：由旬，dpag tshad，Yojaṇa。

𗪊𗫡𗣓：巧健者、五明学者，mkhas pa。

𗬤：暖、暖相，dron po。

𘋩𗰿：性气、性相，mtshan nyid。

𗋚𗫮：毁敌、阿罗汉，dgra bcom pa，Arhant。

𗫨𗾟：遍入天、毗湿奴，khyab vjug，Piśṇu。

𗫨𘄜：遍知、一切智、佛，thams cad mkhyen pa。

𗫨𗱸𗈁𗰔：遍知真智、一切智慧、佛，kun mkhyen ye shes。

𗰞𗣓：作调、安置，dgod pa。

𗬔𗵒：尸林，Slta vana。

𗬔𘋔：尸起母，ro langs，Vetāla。

𘄄𗤁：施食，gtor ma。

𘄄𗤁𘈬：吃食施、乌鸦，gtor ma za。

𗒽𘄈𗰝：白芥子，yungs dkar。

𘋩𗰌：脉轮，rtsa yi vkhor lo、rtsa vkhor。

𗣛𗇋：绢索，zhags pa。

𘘓𗆑：砍手、琵琶，Tambura。

𘜠𗼣𗰔：班弥怛、学者、善知识，Paṇḍita。

𗭾𘉈：间断、留难，bar chad。

𗋺𘃛𘄡：萝卜叶，la phug lo ma。

𘟣𗼋𗰱：噜底啰、大自在神，drag po，Rudraḥ。

𗬍𗫦：梵天，tshangs pa。

𗤍𗫂：怖畏、大威德金刚，vjigs byed、rdo rje vjigs byed。

𗤍𗫂𗵒：怖畏母、大威德金刚母，vjigs pavi gzugs。

𗤍𗱸：怖指、期克印，sdig mdzub po。

𘊰𗄽：桦树皮，gro ga。

𗙻𗋕：围绕、眷属，vkhor，Catvāri。

𗉯𗏵：圆点、明点，thig le。

𗉯𗏵𗦀𗤊：明点母，thig le mchog ma。

𘒣𗉵：器界，snod kyi vjig rten。

𗙻𘎑：功德，yon tan。

𗙻𘏨𘃡𗉺：平等性智，mnyam pa nyid kyi ye shes、mnyam nyid ye shes，佛
教五智之一。

𗙻𗦳：正觉，sangs rgyas，Sambodhi。

𗙻𗫉：正理、因明，tshad ma。

𗙻𗫂𗄊𘋩𗤊：正法空行母，sangs rgyas pavi mkhav vgro ma。

𗤋𗤊：随喜，rjes su yid rang。

𗤋𘂤：随念，rje su sems。

𗤋𗍳：随从、敬爱，rjes su chags pa。

𗢳𗤊𘎨：喜金刚，dgyes pa rdo rje、kye rdo rje，Hevajra，本尊名、密续名。

𗢳𗤊𘎨𗦤𘋩：喜金刚本续，kyevi rdo rje zhes bya ba rgyud kyi rgyal po，密
续名。

𗫂𗏵𗺉𗋪：施无畏印，mi vjigs pa。

𘄒𗉯𘏨：钵那萨、面包树之果实，Panasa。

𘄒𘎑𘈷：钵怛诃、鼓，Paṭaha。

𘄒𗥃𗉣：钵利迦、沙，Bālika、Vālika。

𘄒𗤊𘋦：钵喇舍、松香，Palaśa。

𘄒𗫂𗭴𘋦𘋩𘈷：钵喇那舍哇哩、山居具叶母，ri khrod ma shing lo can，Pranāśavarī。

𗙻𗫕：有响、解释，dkrol ba。

𗖝𘃡𗤊：佛眼母，sangs rgyas kyi spyan。

𗮼𗫉：琉璃，Vēḍūrya。

𗙻𘐄：云定、雨停，char vchad pa。

𘑗𘈷：马项、马头明王，rta mgrin，Hayagriva。

𗰚𗦣：召请，vgugs pa、dgug ba。

𗖼𗗙𗄻：调伏脉，thung ngu ma。

𗦴𗫲：罪过，nyes skyon。

𗰖𗦧：出世间，vjig rten las vdas pa。

𗰖𗴢：世尊，bcom ldan vdas。

𗰖𗩾：世间，vjig rten。

𗰖𗩾𗿳𗦎：世间自在、观世音菩萨，vjig rten dbang phyug。

𗧾𗫾𗳒：吽迦啰，Hūṃkāra，密教神像名。

𗖍𗄻：狮子、遍入天，seng ge。

𗖍𗄻𗼣：狮面母，seng gevi gdong ma。

𗧘𗴔𗟵：殊妙做、品、节，rab tu byed pa。

𗂚𗫲：记句、誓言，dam tshig。

𗂚𗫲𗅲：败坏誓愿，dam tshig nyams pa。

𗲳𗘺：阎摩，sdom pa，Yamā。

𗫮𗹩𗦎：琵琶母，pi wang ma。

𗤁𗾫：不坏脉，mi phyed ma。

𗤁𗄒𗉘：无间业，mtshams med。

𗤁𗫽：不净、污秽，mi gtsang pa。

𗤁𗫽𗂧：不净种、卑贱种，sme sha can。

𗤁𗫴𗷖：不依法、邪法，log pavi chos。

𗤁𗨏：不动、不动佛、尿，mi bskyod pa，Akṣobhya。

𗤓𗄙𗥾𗤋：二十四宫、二十四域，nyi shu rtsa bzhivi gnas ba。

𗤓𗫂𗦎𗵩：二逢皆抱、相互拥抱、双运，gnyis gnyis vkhyud pa。

𗤓𗥰：二遍、加倍，nyis vgyur。

𗤓𗤿𗦵：二间处、结合处，mtshams。

𗰖𗫦：有毛、甘松，spu can。

𗔇𗦣：阳焰，smig skyu。

𘟒𘃸：有兔、月亮，ri bong can。

𗗙𗗙𗄈𗵅：瞿怛哇哩，Gotābari，古印度地名。

𗢳𗵅：离脉、离合脉，sbyor bral ba。

𗟻𗵅：搅木，srub byed。

𗼃𗟻𗢳𗵅：骄慢不二，khengs bcas gnyis med。

𗗙𘟒：幻轮，vkhrul vkhor。

𗵅𗷀𗵅𘏃：赡部洲，vdzam bu gling。

𘏃：满、增益，dgang ba，Puśṭika。

𘏃𘏃：满勺、漏勺，dgang gzar。

𗹙𘏃：拙火，gtum mo，密教修法名。

𗼃：支分、部分，cha。

𗼃𗟻𗢳：无分类、无双，cha med。

𘐯𘈙：某甲，che ge mo。

𗵅𗵅𗗙：依止人、补特伽罗，rten gyi gang zag。

𗵅𘏃：教诫、戒律，sdom pa。

𗵅：囊、根，dbang po。

𗟻𘏃𗵅：阔单迦、髑髅杖、天杖，khri rkang，Khaṭvāga。

𗟻𗵅：取血、医血药，khrag sel bar byed pa。

𗟻𗵅：尼流、青色，Nila。

𘏃𗵅：空行，mkhav vgro。

𘏃𗵅𗵅：空行母，mkhav vgro ma。

𘏃𘏃：空性，stong pa nyid。

𘏃𗵅：空鸟、金翅鸟，nam mkhav lding。

𗿀𘔼𗵅：罐鼓母，rdza rnga ma。

𗽈𗟻：勇勤、精进，vbad pa。

𗽈𗽈𘏃𗵅：勇识交坐、菩萨跏趺坐，sems dpavi dkyil mo dkrung。

𘏃𗵅：集主、大自在天神，tshogs kyi bdag po、tshogs kyi dbang po。

122

𗥜𗤋：集轮、聚轮，tshogs kyi vkhor lo。

𗥜𗦳𗱫𗤋：圆满坛城，rdzogs pavi dkyil vkhor。

𗥜𗦳𗆟𗆐：究竟正觉，mngon par rdzogs byang chub。

𗥜𗦳𗖰：究竟次第、圆满次第，rdzogs rim。

𗵒𗵹：魔魅、罗刹，srin po，Rākṣasa。

𗖾𗗥：念珠，bgrang phreng。

𗶷𗶷：句主、句义灌顶，tshig dbang。

𗵃𗷱𗵜：赡哇花、姜黄色花，yung bavi me tog。

𗴿𗷈：黑禽、雕鹰，byan glag。

𗲠𗷒：咕达、君陀花，Kundam。

𗲠𗽃𗸘𗷒：孤那都噜、薰香，Kunduru。

𗲠𗵉𗴟𗷖：咕须迷钵、红蓝色，le rgan rtsi，Kusumbha。

𗲠𗴲𗵐𗲠𗷒：咕答啰津达、断铁草，Kuṭhāra cchinda。

𗲠𗸦：姑奢、吉祥草，Kuśa。

𗲠𗰖𗷷：孤噜怛，ku lu ta，Kulūta，古印度地名。

𗲠𗷲：咕金、藏红花，gur kum，Kurkum。

𗲠𗵫𗷒：咕目怛、黄莲花，Kumudam。

𗲠𗶬：如来，de bzhin gshegs pa，Tathāgata。

𗥦𗸉𗱫：身语意，sku gsung thugs。

𗥦𗱫𗤋：身中围、身坛城，lus kyi dkyil vkhor。

𗉀𗷒：展左，g-yon brkyang ba。

𗉀𗴫𗵒：左方脉，g-yon pa ma。

𗵄𗵹𗵒：善美母，la ma，Lāmā。

𗴒𗲠：臣种，rjevu rigs。

𗱥𗵞：烧木，yam shing。

𗧁𗶮：本尊佛、主尊，yi dam gyi lha。

𗸤𗷖：随好，dpe byad。

𘟪𘄡𘎑：众明主、毗卢遮那、大日如来，rnam par snang mdzad，Vairocana。

𘟪𘟛：轮回，vkhor ba，Samasāra。

𘄴𘏵𘄡：紫梗花，rgya skyegs kyi me tog。

𗾺𘄨𗢫：呕底啰，Oṭer，古印度地名。

𘅣𗦡𘅨𘏡：吼噪重紧、大声愤怒，drag povi sgra。

𗗛𘄡：亲主、遍入天，nye dbang。

𗗛𗟲𘄴：亲心咒、根本心咒，nye bavi snying po。

𗗛𘘣：近宫、近住、近侍、弟子，nye bar gnas。

𗗛𘄑𘐎：近田地、近佛土，nye bavi zhing。

𗗛𗰖𘄓：近取因，nyer len gyi rgyu，佛教因之一种。

𘈩𘃸𘟣：林中人，nags kyi mi。

𘔼𗅆：金刚，rdo rje，Vajra。

𘔼𗅆𘄓𘄡𘅤：金刚武器母，rdo rje mtshon cha ma。

𘔼𗅆𘄓𗢫：金刚铃，rdo rje dril bu。

𘔼𗅆𘉐𗰔：金刚寂静女，rdo rje zhi ba ma。

𘔼𗅆𘆄𘅤：金刚杵，rdo rje gtun shing。

𘔼𗅆𘇂𘊝：金刚上师，rdo rje slob dpon。

𘔼𗅆𘙰𘝾：金刚獠牙，rdo rje mche ba。

𘔼𗅆𗟲𘄴：金刚心真、金刚勇识、金刚萨埵，rdo rje sems dpav。

𘔼𗅆𗟲𘄴𘅤：金刚真谛母，rdo rje snyems ma。

𘔼𗅆𘈷：金刚色女，rdo rje gzugs brnyan ma。

𘔼𗅆𗏁𘅤：金刚愍母，rdo rje sdug pa ma。

𘔼𗅆𘄡𗧓：金刚碍施女、金刚夜叉女，rdo rje gnod sbyin ma。

𘔼𗅆𘄷：金刚地女，savi rdo rje ma。

𘔼𗅆𘀊𘅤：金刚铁钩母，rdo rje lcags kyu ma。

𘔼𗅆𘅧𘃞𘅤：金刚羂索母，rdo rje zhags pa ma。

𘔼𗅆𘕣𘄴：怖畏金刚、大威德金刚，rdo rje vjigs byed，Mahābhairava。

𗢳𗁂𘄴：金刚有、金刚持，rdo rje can。

𗢳𗁂𘄴：金刚首、金刚亥母，rdo rje phag gdong ma、rdo rje phag mo。

𗢳𗁂𗋽𗴮𗋽𗴮：金刚叽哩叽哩，Kīlīkīlī，密教神灵名。

𗢳𗁂𘕿𗰢：金刚亥母，rdo rje phag mo。

𗢳𗁂𗰷𗟦𗰢：金刚空行母，rdo rje mkhav vgro ma。

𗢳𗁂𗧪𘓢：金刚勇识、金刚萨埵，rdo rje sems dpav，Vajrasattva。

𗢳𗁂𗋽𘄴：金刚遇盛、化身金刚，sprul pavi rdo rje。

𗢳𗁂𗵤𘉹：金刚贪女，vdod chags rdo rje ma。

𗢳𗁂𘈇：金刚线，rdo rjevi skud ba。

𗢳𗁂𗊱𗰠：金刚持链母，rdo rje lcags sgrog ma。

𗢳𗁂𘛗：金刚乳、牡牛之乳，mdzo movi vo ma。

𗢳𗁂𗓁：金刚水，rdo rjevi chu。

𗢳𗁂𗘂：金刚声女，sgravi rdo rje ma。

𗢳𗁂𗼨𘓩：金刚威猛女，rdo rje drag mo。

𗢳𗁂𗵧：金刚持，rdo rje vdzin pa。

𗤦𗆣：诛作、降伏，vgugs par byed pa。

𘜶𗵃𘄱：善良道、善道，bzang povi lam。

𘜶𘈚：道果，lam vbras，密教修法名。

𘜶𗒴：外道，mu stegs pa。

𘜶𗒴𗤿𘄴：外道教法，phyi rol bstan chos。

𘜶𗹢𗤑：恶贱道、恶道，ngan pavi lam。

𘈚𘟖：神变、神通，rdzu vphrul。

𗗉𗎫𗗟：风中围、风轮，rlung gi dkyil vkhor。

𗗉𗗟：风隅、西北方，rlung gi phyogs。

𗦲𘜶：赡貌、狐狸，wa，Jambu、Jambuka。

𘝞𗟤𗫨𘃡：国中头主、土地神，yul gyi bdag po。

𗋈𗉛𗵐𗁂：雹堕遮退、截雹，rdo rjevi char zlog pa。

𗢸𗣼：摧毁、帝释天，vjoms pa。

𗢸𗐦：有坏，bcom ldan，佛之别号。

𗢸𗐦𘃡：出有坏、薄伽梵、世尊，bcom ldan vdas，Bhagavāt。

𘕕𘟛：救度母，sgrol ma。

𗀇𗣈：硇砂，rgya tsha。

𗦲𗿒：裹足、脚絣，rkang rgyan。

𗧆𗣀：作事、羯磨，las，Karma。

𗧆𗣀𗯕：作事光、羯磨光，las kyi vod。

𗬺𘕿：水量、漏刻，chu tshod。

𗬺𗪚：水刀，chu gri。

𗬺𘉒𘃸𘟛：水瑜伽母，chuvi rnal vbyor ma。

𗬺𘋩：水大、水轮，chuvi khams。

𗬺𘃎：水生、水生莲花，chu skyes。

𗬺𘃘：水神，chu bdag。

𗬺𘊧𘄒：水中围、水轮，chuvi dkyil vkhor。

𗬺𗰜：水魔、摩羯，chu srin，Makrara。

𘁂𗈍𗜓：鱼颊面、鱼腮，nya phyis。

𘀄：阴、男根，ling ka。

𗯨𘙶：独觉、佛弟子，rang rgyal。

𗯨𘉋：独多、一异，gcig du。

𘗠𘚇𗴩𗧁𘃅：最上无比宫、无上瑜伽，rnal vbyor bla na med pa。

𗧁𘃅𘟛：无我母，bdag med ma。

𗼇𘟣：声字、韵律，dbyangs yig。

𗼇𗴺：声闻、佛弟子，nyan thos。

𘗼𘉼：倒流，zlog pa。

𗘈𗫡：护财、狗，nor skyong。

𗫤𗬀𘓁：目底迦、绿豆，mo sran sdevu，Mudga。

𗣼𗯻𗐴：动摇草、活草，g-yo bcas rtsa。

𗯿𗥔𗼃𗉞𗐴：绪乌啰西怛，Saurasṭah，古印度地名。

𗊱𗊱：最前，snga ma snga ma。

𗊲𗦦𗼃𗵽𗔽𗵽𗊧𗎦：毗迦摩罗什罗寺、超岩寺，Vikramalaśila，古印度寺名。

𗊧𗦳𗭠𗉞𗼃𗪲𗣼：毗悉努乞啰呢怛花、邦槿花、玉簪花，Biṣṇukrānta。

𗧠𗧠：街衢、城市，grong khyer。

𗷥𗄊：合掌、合十，thal movi phyag rgya。

𗤓𗓽𗊱：法界性智，chos kyi dbyings kyi ye shes、chos kyi dbyings rnam par dag pa，佛教五智之一。

𗤓𗵐：法轮，chos kyi vkhor lo、chos vkhor。

𗤓𗵽：法事、仪轨，cho ga。

𗤓𗼽：法王，chosvi rgyal po。

𗤓𗆐：非法、异法，chos min。

𗤓𗥼：法身，chos sku。

𗮅𗰜：离尘、解脱，rdul bral。

𗈆𗀔：紧行、降伏，mngon spyod pa。

𗈆𗿦：勇女、乌摩天母，drag mo。

𗈆𗉘：勇士、大自在天，drag po。

下　编

译注对勘

凡　例

1. 正文包括西夏文《吉祥遍至口合本续之解喜解疏》《吉祥遍至口合本续之广义文》录文、逐字对译、意译、注释说明和藏文转写。

2. 西夏文原本为竖行，录文中改为横行。残缺字用□替代，□的数量与原文字数一致。凡能确认原文错误的字在录文中予以校勘，并以脚注方式指出。录文前的数字表示该文字在原本中的叶数和行数，如1–5表示第1叶第5行。

3. 每行录文下是汉字对译。西夏文中的助词，凡无法用汉字准确表达其义的均用"（助）"表示。

4. 注释说明采用文中注的方式，主要集中在以下几个方面。

（1）凡与常见西夏文工具书中释义不同的西夏字。

（2）佛教术语。重点考证西夏文诸释续中藏式译词在藏语、汉语中的对应词。

（3）音译的人名、地名、植物名、动物名。

壹 《吉祥遍至口合本续之解喜解疏》

一 《吉祥遍至口合本续之解喜解疏》卷一

1-1 　𗇋𗾟𗌰𗲣𗔇𗄊𗌰𗸦𗔇𗥃𗥃𗢳𗪟

　　　吉祥遍至口合本续之解（助）喜解疏一第

1-2 　𗾟𗌰𗨙𗔇𗌰𗍫𗆧𗍫𗥃𗄈𗪟𗨙　𗧀

　　　蕃中国大善知识俄忿怒金刚师 集

1-3 　𗌰𗍫𗲣𗨙𗌰𗄈𗄊𗨙𗆧𗾟𗥃𗄈𗪟𗨙　𗢳

　　　四续善巧国师弥啰不动金刚师 传

1-4 　𗾟𗠶𗏹𗍫𗲡𗐔𗲡𗹣𗌰𗄊𗢳𗈜　𗌰

　　　恩报民利僧宫副使毗菩提福番 译

　意译:

　　　吉祥遍至口合本续之解喜解疏[一]第一

　　　蕃[二]中国[三]大善知识[四]俄·忿怒金刚师[五]集,

　　　四续善巧国师[六]弥啰·不动金刚师[七]传,

　　　报恩利民寺[八]副使[九]毗菩提福[十]番译。

　注释:

　　（一）吉祥遍至口合本续之解喜解疏:西夏文直译为"吉祥遍至口合
本续之解喜解疏"。佛经名,译自藏文,是藏传密续《吉祥遍至口合本续》的释论。①《吉祥遍至口合本续》，按西夏文可还原藏文为 dpal kun tu kha sbyor ba zhes bya bavi rgyud。可是，在《藏文大藏经》中找不到与此经题完全对应的佛经，内容与其基本一致的藏文佛经为《真实相应大本续》。②但两个译本的藏文译者不完全相同，《吉祥遍至口合本续》的译者是迦耶达啰和桂·枯巴拉拶，《真实相应大本续》的译者是迦耶达啰和卓弥·释迦益西。根据西夏文还原的藏文 dpal kun tu kha sbyor ba zhes bya bavi rgyud，或许可把西夏文𗹦𗄊𗗙𗆤𗤀𗳦𗂧（吉祥遍至口合本续）意译为"吉祥遍相应本续"或"吉祥遍相合本续"。③由于《吉祥遍至口合本续》这一称呼已为学界所共知，所以，本书并未把《吉祥遍至口合本续》改为"吉祥遍相应本续"，而是沿用故有的《吉祥遍至口合本续》。西夏文𗹦𗄊𗗙𗆤𗤀𗳦𗂧𗵆𗙏𗭪𗵆𗂧，以往人们译作《吉祥遍至口合本续之解生喜解补》。按西夏语文法，𗄊𗗙𗆤𗤀𗳦𗂧𗵆𗙏𗭪𗵆𗂧中的𗙏𗭪（𗙏为助词）当译成"能解"，即需要注解；𗭪𗵆𗂧直译是"喜解疏"，即令人心喜的疏解。所以，𗹦𗄊𗗙𗆤𗤀𗳦𗂧𗵆𗙏𗭪𗵆𗂧应当译成《吉祥遍至口合本续之解喜解疏》，是藏传密续《吉祥三菩怛经典明灯》的选译，也是一部对《吉祥遍至口合本续》的注疏。

（二）蕃：西夏文作𗓁，译作"蕃""羌"，指吐蕃，也指藏族地区。

（三）中国：西夏文作𗢸𗖰，直译为"中国""中土"。其应是藏文 dbus vgyur（中国、中土）之对译，也就是佛教徒所说的正统佛教流行之中心。𗢸𗖰（中国）一词在许多藏传佛教文献题款中有出现，常在人名前，如汉文本《大乘要道密集》中《解释道果语录金刚句记》卷首题有

---

① 《吉祥遍至口合本续》的详细研究参见孙昌盛《西夏文〈吉祥遍至口合本续〉整理研究》。

② 《藏文大藏经》（北京版）第2卷，日本大谷大学西藏大藏经研究会编辑影印出版，1955—1958，第245—280页。

③ 关于《吉祥遍至口合本续》和《真实相应大本续》两名称之间的关系，详见沈卫荣《西夏文藏传续典〈吉祥遍至口合本续〉源流、密意考述（上）》，杜建录主编《西夏学》第2辑，第92—98页。

"中国大乘玄密帝师传，西番中国法师禅巴集"；[①]《中有身要论》题记作𘥃𘟣𗣼𗅲𗒘𗟨𗧓𗣼𗄈𗴺𘎑，汉译为："大度民寺中国觉照国师法狮子造。"[②]西夏藏传文献题款中的"中国"肯定不是指中原王朝。其具体指什么，学者有不同的解释。有学者认为"中国"二字是专指吐蕃民族，原因是但凡在作者、译者前冠有"中国"二字的均是吐蕃人。[③]也有学者认为它是指西夏，原因一方面是北宋亡后，西夏以中原王朝的正统自居；另一方面是西夏王朝统治下的地区有许多汉人，这些人也习惯称自己所在的国家为中国。在西夏人的地理观念中，西夏东面是宋朝，北面是辽、金、蒙古，西面是回鹘，南面是吐蕃，而西夏居于天下的中心，所以西夏人称自己是"中国"。[④]沈卫荣教授认为"中国"是藏文 dbus gtsang，即乌斯藏、卫藏之对译。[⑤]笔者以为，这里的𗣼𗅲（中国、中土）或许是藏文 dbus vgyur（中国、中土）之对译，也就是佛教徒所说的正统佛教流行之中心。总之，不论"中国"二字具体含义如何，它后面的人指西藏人这一点是肯定的。换言之，凡在人名前冠以"中国"者均是藏传佛教僧人。

（四）善知识：西夏文作𗏁𗤋𘝵，其译自藏文 legs shes nyen pa，直译为"善知识"，即通达佛学的人。其义与梵文 Paṇḍita 相近，即精通五明学术的佛教徒。西夏翻译藏文佛经题记中常把印度高僧称作"班弥怛"（Paṇḍita），把西藏高僧称为"善知识"或"大善知识"。

（五）俄·忿怒金刚师：西夏文作𗥔𘕰𘕿𗤋𗣼。其中，"俄"是音译西夏文𗥔，也是藏文 rngog 之音译，是忿怒金刚师的家族名。"忿怒金刚"是西夏文𘕰𘕿𗤋𗣼之意译。俄·忿怒金刚即噶举派（bkav brgyud pa）高僧

---

① 俞中元、鲁郑勇：《大乘要道密集评注》，陕西摄影出版社，1994，第 252 页。
② 聂鸿音：《大度民寺考》，《民族研究》2003 年第 4 期。
③ 史金波：《西夏的藏传佛教》，《中国藏学》2002 年第 1 期。
④ 陈庆英：《西夏及元代藏传佛教经典的汉译本——简论〈大乘要道密集〉〈〈萨迦道果新编〉〉》，《西藏大学学报》2000 年第 2 期。
⑤ 沈卫荣：《序说有关西夏、元朝所传藏传密法之汉文文献——以黑水城所见汉译藏传佛教仪轨文书为中心》，氏著《西藏历史和佛教的语文学研究》，第 440—459 页。

俄·协当多吉，其生活时代大致在 1090—1166 年。[①]

（六）四续善巧国师：西夏文作𘋊𘟣𗗙𗖵𗥟，是西夏给弥啰·不动金刚师的封号。其中"四续"指四部续（密教之经典称为"续"），也就是四大类经典，即事续、行续、瑜伽续和无上瑜伽续。"善巧"，即善良巧妙之方便。"国师"是中国古代王朝对僧人的封号，始于北齐。题记中的"四续善巧国师"在已知的西夏多种国师称号中不见其名，这进一步丰富了我们对西夏国师的知识。

（七）不动金刚师：西夏文作𗩈𘜔𗥟𗖵。"不动金刚"是将这批藏传密续传入西夏的俄派高僧，藏文名为弥觉多吉（mi bskyod rdo rje，不动金刚），是俄·协当多吉的再传弟子。其生活时代当与俄·协当多吉相近，约在 12 世纪。

（八）报恩利民寺：西夏文作𗧓𗫂𘄴𗤒𗐯，直译是"恩报民利僧宫"，译为"报恩利民寺"。此寺名在西夏文献中首次出现。明代方志《嘉靖宁夏新志》卷首《宁夏府城图》中，在城西南有"报恩寺"。[②]《宁夏志》又载："报恩寺，在城内西南，元旧寺也。洪武间，僧慧护等重修，香火亦盛。"[③] 明初的报恩寺乃元代旧寺，其很可能是西夏"报恩利民寺"所在地。

（九）副使：西夏文作𘚿𘓺，这两个字是汉语借词，音译为"副使"，西夏僧官名。西夏钦崇佛教，政府在寺庙中设有提举、僧正、僧副、僧监、僧判、僧录等僧官，[④] 用以管理各地的寺院。某某寺副使可能是西夏设在某寺院的僧官"僧副"的别称。

---

① 《青史》记载俄·却杰多吉之子名"俄·多德"（rngo mdo sde）"于庚午年诞生，享寿至七十七岁而逝世"（廓诺·迅鲁伯：《青史》，郭和卿译，西藏人民出版社，1985，第 269 页），庚午年即 1090 年，其生卒年当为 1090—1166 年。《红史》中也有类似的记录（见蔡巴·贡噶多吉《红史》，第 68 页）。

② 胡汝砺编，管律重修《嘉靖宁夏新志》卷首《宁夏府城图》，陈明猷校勘，宁夏人民出版社，1982。

③ 朱旃撰修，吴忠礼笺证《宁夏志笺证》，宁夏人民出版社，1996，第 106 页。

④ 史金波：《西夏佛教史略》，宁夏人民出版社，1988，第 152 页。

（十）毗菩提福：西夏文作𗂰𗥦𗣀𗪊，前三字音译为"毗菩提"，后一字意译为"福"，僧人名。他在西夏文献中首次出现，应是一位兼通藏语、西夏语的西夏高僧。事迹无考。

1-5　𗥦𗧾𗑾𗋽𗥫𗭼𗏵𗿦。

　　吉祥上乐轮之敬礼！

1-6　𗡝𗸐𗖰𗌮𗷉𗷉𗏵𗼃𗐯，𗍹𗷈𗥦𗧾𗐴𘃺𗢳𗫩𗄭𘃽𗏵𘂯𗗓

　　盖此本续皆皆之语序，大密吉祥遍至口合（助）出之性气

1-7　𘕿𗰛𗏵𘏞𗳍𗫤𗿥𗠁𗥫𗯱𗪊𗫤𗄈𘛸𘝾，𗪊𗵐𘀋𗭾𗰛

　　者文之限量二千五百颂十释四十殊妙做，虽是亦说应

1-8　𘃜𘜶𘃜𗎴𗍫𘖑𗫡𗁅𗄉𗶷𗝢𘃺𗥫𗷲。𗑛𗽀𗾟𘃜� 𗏵𗽀𘜽

　　首成者共同集终次等生智显令也。其说应首成之说仪

1-9　𗍹𘘚𘑨𘕿𗰛𗋽𘞗𗍹𘘚𘃜𗡷𘓰𘏞，𘐊𗠁𘘼𗎗𘕿𘓞𗽀，𗳍

　　何云依（助）文之住法何云者四种有，一语序仪依略说，二

1-10　𗳍𘐔𗲲𘘼𘕿� 𗽀，𗍹𗷈𗥦𘃜𗡷𗶷𗿦𘖑𘗟𘘼𘕿� 𗽀，𘌩𘏞𗏵𘂯

　　语生起仪依广说，三说应首成显令何依广说，四皆之性

1-11　𗐯𗀕𘘼𘕿� 𗽀𗏵� 𗽀。𗵐𗫩𘃜𘜶𗖰𗍹𗶷𗝢𘃺𗝢。𗰛𘃝𗸐𘈇� 𗽀

　　气何依广说之广说。难义者后续以显令也。彼中此如谓

1-12　𗷈𗷉，𗐴𗽀𗷮𘘚𗧾𗧾𗏵𗶑𗍹𗢳𘃺𘜶𘃜𘕿� 𗽀𘃜𘕿� 𗽀

　　（助）起，八十俱胝中间住谓与合（助助）至者语序仪依略说

1-13　� 。

　　是。

意译：

敬礼吉祥上乐轮[一]！

盖此一切本续之序言[二]，出于大密吉祥遍相应[三]之性气[四]者，文之限量二千五百颂十节四十品[五]。然所说重点[六]，令共通圆满次第[七]俱生智[八]显现。彼所说重点依何之规宣说？文之住法[九]，如何有四种：

一依序言之规略说；二依缘起^{（十）}之规广说^{（十一）}；三所说重点令显现，依何广说；四尽一切之性气，依何广说。其广说难义^{（十二）}者以后续^{（十三）}令显现也。其间生起如是谓，与居八十俱胝^{（十四）}中间相应，所至者依序言之规略说。①

注释：

（一）上乐轮：西夏文作𗧑𗄊𘊟，译为"上乐轮"，也作胜乐轮，藏文为 bde mchog。上乐轮是藏传佛教密法中的一个重要法门，其根本所依是《上乐根本续》，上乐金刚为其最主要的本尊之一。

（二）序言：西夏文作𗥦𗾔，字面译作"导语"，藏文作 gleng gzhi，译作"序言"。

（三）吉祥遍相应：西夏文作𗣼𗊱𗤺𗭼𘃎𗢳，直译为"吉祥遍至口合"，对应藏文为 dpal kun tu kha sbyor ba（字面译为"吉祥遍至口合"），译为"吉祥遍相应"或"吉祥遍相合"。

（四）性气：西夏文作𘃅𗭽，前一字译为"性"，后一字多译为"允许"。《番汉合时掌中珠》中此二字对译为"性气"。②其藏文一般对应作 mtshan nyid，译为"性相""性气"，指本性、特点。

（五）四十品：西夏文作𗵒𗰣𗰛𗸷𗸏，直译为"四十殊妙做""四十非常做"。其中"殊妙做""非常做"为藏文 rab tu byed pa（字面译为"十分做""非常做"）之西夏语对译。藏文 rab tu byed pa 意译是章、卷、节，旧译为品。所以，西夏文"四十殊妙做"译为"四十品"。

（六）所说重点：西夏文作𗐯𗟶𘃜𗟱，直译为"应说成首"。其对应藏文为 brjod par bya bavi gtso bo，译为"所说之要点"或"所说之重点"。

---

① 该部分的藏文与西夏文略有区别，两者不能完全对应，有的语句藏文本中没有。如"其间生起如是谓，与居八十俱胝中间相应，所至者依序言之规略说"句在藏文本中未出现。

② 骨勒茂才:《番汉合时掌中珠》，黄振华、聂鸿音、史金波整理，宁夏人民出版社，1989，第42页。

（七）圆满次第：西夏文作𗩶𗤁𗫂，直译为"集终次"。其对应藏文为 rdzogs rim，译为"圆满次第"。圆满次第为无上瑜伽密修法总名之一，即修法者对自己身体的各部位加以修炼，使得气息驻于头顶三穴的密宗之道。[1]

（八）俱生智：西夏文作𗰇𘟣𗤓，字面译作"等生智"，藏文作 lhan skyes pavi ye shes，译作"俱生智"。按密教经典说，修习密宗教法到一定程度后，身体中脉里的风、穴等会得到喜乐，此喜乐能证悟空性，故称为"俱生智"。

（九）住法：西夏文作𗫶𘝶，译作"住法"。其对应藏文为 vdug lugs，直译为"住法"，即安住的规律、存在的道理。

（十）缘起：西夏文作𘕴𗏹𗫐，直译是"生起语"。其对应藏文作 gleng bslang ba，意为"始因""主旨"，佛书中又译作"缘起"。

（十一）广说：西夏文作𗖰𗾝，直译是"广说"。其对应藏文为 rgyas par bshad pa，译为"详细解说"，佛书中译为"广说"。文中相应还有"略说"，意指"简略解说"。

（十二）难义：西夏文作𗦬𗾓，译为"难义"，即难懂之经义，也就是佛经中所谓的"难点"。

（十三）后续：西夏文作𘟱𘝑，译作"后续"，藏文作 rgyud phyi ma。藏传佛教密续分根本续（本续）、后续和注释续。本续是指某一密法的根本所依，后续是本续的补充或注释，注释续即是对本续的注释。

（十四）俱胝：音译西夏文𗫛𘀣，藏文作 bye ba，梵文为 Koṭah，西夏文𗫛𘀣当为梵文 Koṭah 之音译，汉文文献中常音译为"俱胝"，译为"千万"，即十个百万的数位。

藏文转写：

rgyud thams cad kyi gleng gzhi dpal gsang chen kun tu kha sbyor las

---

① 蔡巴·贡嘎多吉:《红史》，第 268 页。

byung ba vdi yin/ de la brjod par bya bavi gtso bo ci ston na/ rgyud thams cad
kyi gleng gzhi rgyud thams cad kyi brjod bya/ rgyud thams cad kyi lhan cig
skyes pavi ye shes gtan la vbebs pavo//

gzhung gi tshad ji tsam gcig gnas na tshigs su bcad pa stong phrag phyed
dang gsum/ brtag pa cu tham pa rab tu byed pa bzhivo// dkyus kyi vdug lugs ji
ltar vdug na/ gleng gzhivi tshul gyis mdor bstan pa dang/ gleng bslang bavi sgo
nas rgyas par bshad pa dang/ brjod par bya bavi gtso bo lhan cig skyes pavi ye
shes gtan la phab pavi sgo nas rgyas par bshad pa dang/ thams cad kyi mtshan
gyi sgo nas rgyas pavi rgyas par bshad pavo//[①]

1-13 𗀕𗤌𗤍𗤋𗤎𗤏𗤐𗤑𗤒𗤓𗤔，𗀕𗤕𗤖𗤗𗤘𗤙𗤚𗤛𗤜
彼中谓（助）起益寻胜慧自性续，彼者我说汝听谓应（助）

1-14 𗤝𗤞𗤟𗤠𗤡𗤢𗤣𗤤𗤥𗤦。𗤧𗤨𗤩𗤪𗤫𗤬𗤭𗤮𗤯𗤰，𗤱
（助）至者语生起仪依广说是。初始真虚思虑时谓（助）起，一

1-15 𗤲𗤳𗤴𗤵𗤶𗤷𗤸𗤹𗤺𗤻𗤼𗤽𗤾，𗤿𗥀𗥁𗥂𗥃𗥄𗥅。𗀕
第节终（助助）至以说应首成显令，何依广说之广解是。彼

1-16 𗥆𗥇𗥈𗥉𗥊𗥋𗥌𗥍𗥎𗥏，𗥐𗥑𗥒𗥓。𗥔𗥕𗥖𗥗𗥘。𗥙
中一第语序者益寻（助）定，二种义（助）说。一益寻义依说。故

1-17 𗥚𗥛𗥜𗥝𗥞𗥟𗥠𗥡𗥢𗥣𗥤𗥥𗥦𗥧𗥨𗥩𗥪𗥫𗥬𗥭
此如谓者集绕者之意（助）文无余禀持及义无余意（助）禀

1-18 𗥮𗥯。𗀕𗥰𗥱𗥲𗥳𗥴𗥵𗥶𗥷𗥸，𗥹𗥺𗥻𗥼𗥽𗥾𗥿𗦀𗦁
持是。彼中文者二千五百颂是，义者六种性气法及三种

1-19 𗦂𗦃𗦄。𗀕𗦅𗦆𗦇𗦈𗦉𗦊𗦋𗦌𗦍𗦎，𗦏𗦐𗦑𗦒𗦓𗦔
本续是。彼中本续皆皆之语序者因续是，口合者益寻续

1-20 𗦕，𗦖𗦗𗦘𗦙𗦚𗦛𗦜𗦝𗦞，𗦟𗦠𗦡𗦢𗦣𗦤𗦥𗦦𗦧。𗦨𗦩

---

① 俄·秋谷多吉等:《先哲遗书·俄派师徒文集》第226册，第97页。

为，口合（助）出者果续是，大密及性气者三皆之法是。此如

2-1 　𗣼𗧓𗣠𗍳𗤒𗫲𗥽𗤒𗿒𗥽𗠇。𗆧𗢳𗣠𗍳𗢳𗫢𗫲𗥽𗿒𗥽𗤒𗠇𗳾。

　　（助）闻谓（助）实依补加割断。闻我谓（助助）行依补加割断是。

2-2 　𗫌𗬟𗣠𗫻𗣜𗢎𗐯𗣤𗣵，𗆧𗫻𗣤𗣋𗬩𗲰𗠇𗮀𗥽𗫻𗥫𗠇。𗆧

　　一时谓者文获难法说，此者文（助）敬信起令之因支是。又

2-3 　𗫌𗬟𗢈𗆧𗱈𗨁𗦲𗆧，𗆧𗬟𗢈𗦻𗳾𗠇𗬩𗦲𗆧𗥫𗥾。　𗆧𗫻𗰖𗣵

　　一时（助）此本续生，他时（助）他经契与本续（助）生。此者集绕

2-4 　𗲰𗲲𗬩𗲰𗠇𗮀𗥽𗫻𗥫𗠇。𗮀𗰖𗣵𗲰𗑠𗢳𗠇𗥽𗮨𗮀𗣵，𗣠

　　者处敬信起令之因支是。又集绕者多闻是之显令者，一

2-5 　𗫻𗢈𗆧𗬣𗱤𗰖𗳼𗮀𗥽𗣼𗣠，𗢳𗫻𗢈𗢳𗣼𗣠𗣠𗣴。　𗮨𗆧□

　　时（助）此三弥菩怛本续（助）闻，他时（助）他（助）闻谓也。本续□

2-6 　𗣴𗣴𗲰𗑠𗤒𗯜𗮀𗣴𗣴𗤒𗠇。

　　三种义有自体数解名义是。

意译：

谓于彼间生起，方便^(一)胜慧^(二)自性续。彼者，应我说汝听，所至者随缘起之规广说。开始起于空性思虑，止于第一节终，令所说重点显现，因何广解广说。其中，第一序言是入定方便，① 以二种义宣说。一、以不了义^(三)说，故如是谓。集略者^(四)于文禀持文字不缺，于意禀持义不缺。彼中文二千五百颂，义者六种性气是法，三种是本续^(五)。彼中一切本续，序言是因续^(六)，相应为方便续^(七)，生于相应是果续^(八)，大密、性气和三种法。如是已闻，随真实增益截断^(九)。如是我闻，随传承^(十)增益截断。谓某时^(十一)者是说文难获得。此者于文令生起敬信之部分^(十二)。又某时此本续生，他时他经契及他本续生。此者集略者令生起敬信之部分。又集略者博学^(十三)令显明者，某时听闻此《三弥菩怛本续》^(十四)，他时听闻他续也。本续□有三种义：自性、辨别和

---

① 以上部分藏文本中没有。

名义^{（十五）}。

注释：

（一）方便：西夏文作𗋇𗗅，字面译为"寻益"。其在《吉祥遍至口合本续》、《吉祥遍至口合本续之解喜解疏》和《吉祥遍至口合本续之广义文》中对应藏文转写均作 thabs，译为"方法"，佛书中常译作"方便"。

（二）胜慧：西夏文作𗦊𗕿，藏文为 mchog shes，译为"胜慧"，即最上的智慧。

（三）不了义：西夏文作𗋇𗗅𗰒，直译是"方便义"。其在《吉祥三菩怛经典明灯》中对应作 drang bavi don，译为"不了义"，即暗示。对于所说之义理，不直接说出，而是通过他种行相宣说。

（四）集略者：西夏文作𗦴𗑱𗤶，直译是"集绕者"。西夏文𗦴𗑱（集绕）当是藏文 mdor bsdus 之对译，藏文常译为"简括""集要"。故这里𗦴𗑱𗤶（集绕者）应译为"集略者"，指该藏文文献的汇集者。

（五）三种是本续：即三续，藏传佛教萨迦派中修因、道、果的三种本续，即《因续》、《方便续》和《果续》。

（六）因续：西夏文作𗣼𗢠，译为"因续"，藏文作 rgyu rgyud，译为"因续"。藏传佛教密乘中所谓三续之一。如萨迦派在正修道果时，总集密咒金刚乘中诸因、道、果成三续而修习之：基位为因续，持生死涅槃无二无别之见；体位为方便续，修四灌顶相属之道；究竟位为果续，现五身五智之德。^①

（七）方便续：西夏文作𗋇𗗅𗢠，直译是"益寻续"，译为"方便续"，藏文作 thabs rgyud。藏传佛教把无上瑜伽密续分为父续（pha rgyud）和母续（ma rgyud），父续主要是论述幻身或现分方便生长次第的经典，故又称方便续；母续是以阐述智慧空分为主的密乘经典，故又称胜慧续。

---

① 　张怡荪主编《藏汉大辞典》，民族出版社，1985，第 576 页。

（八）果续：西夏文作􀀀􀀀，译为"果续"，藏文为 vbras buvi rgyud，译为"果位续""果续"。佛教将主要宣讲圆满次第的密续称为"果续"。

（九）增益截断：西夏文作􀀀􀀀􀀀􀀀，直译是"补加割断"。其在《吉祥三菩怛经典明灯》中对应作 sgro vdogs bcad pa，译为"增益截断"。

（十）传承：西夏文作􀀀􀀀，直译是"所行"。其在《吉祥三菩怛经典明灯》中对应作 brgyud pa，译为传承、相传。

（十一）某时：西夏文作􀀀􀀀，直译是"一时"。其在《吉祥三菩怛经典明灯》中对应作 skabs gcig，译为某一时、某时。

（十二）部分：西夏文作􀀀􀀀，直译是"因支"。其在《吉祥三菩怛经典明灯》中对应作 yan lag，常译作部分、肢。

（十三）博学：西夏文作􀀀􀀀，直译是"多闻"。其在《吉祥三菩怛经典明灯》中对应作 thos pa che ba，直译亦是"多闻""大闻"，指博学、见多识广。

（十四）《三弥菩怛本续》：音译西夏文􀀀􀀀􀀀􀀀􀀀，梵文作 Saṃbuṭa tantra，即方塔出土的西夏文《吉祥遍至口合本续》（《三菩怛本续》）。

（十五）自性、辨别和名义：西夏文作􀀀􀀀􀀀􀀀􀀀，直译是"自体数解名义"。其在《吉祥三菩怛经典明灯》中对应作 dbye ba dang ngo bo sa tshig，译为自性、辨别和名义。

藏文转写：

gleng gzhi la drang bavi don dang nges pavi don las/ drang bavi don gyi dbang du byas na/ vdi skad ces pas don ma lus pa yid la byed pa dang/ gzhung ma lus pa yid la byed pavo// don ma lus pa ni chos mtshan nyid na drug rgyud na gsum po de yid la byed pavo// de yang rgyud thams cad dang gcig/ gleng gzhi dang gnyis/ kha sbyor dang gsum/ kha sbyor las byung ba dang bzhi/ gsang chen dang lnga/ mtshan nyid dang drug go/ rgyud gsum ni rgyuvi rgyud dang/ thabs kyi rgyud dang/ vbras buvi rgyud do// de yang mtshan nyid drug po de rgyud gsum du sdud na/ rgyud kyi gleng gzhi rgyuvi rgyud do/ kha sbyor thabs kyi rgyud do/ kha sbyor las byung ba vbras buvi rgyud do// gsang chen dang mtshan nyid rgyud gsum char gyi chos yin no//[①]

yang vdi skad du thos ces byas pavi sgro vdogs bcad pavo// bdag gi thos ces bya ba brgyud pavi sgro vdogs bcad/ dus gcig ni gzhung dkon pa nyid du bstan pas/ gzhung la gus pa bskyed pavi yan lag go/ skabs gcig tu rgyud vdi byung gzhan dang gzhan gyi mdo dang rgyud byung/ sdud pa po la gus pa bskyed pavi yan lag ste/ sdud pa po thos pa che ba nyid du ston/ gnas skabs gcig tu sambhuṭavi rgyud thos te/ gnas skabs gzhan du gzhan thos/ rgyud la gsum/ dbye ba dang/ ngo bo sa tshig go//[②]

2-6 𑘢𑘲𑘱𑘰𑘰𑘰𑘰𑘰𑘰，𑘰𑘰𑘰
    自体者先生依说（助），故集绕

2-7 𑘢𑘰𑘰𑘰𑘰𑘰𑘰𑘰𑘰𑘰𑘰𑘰𑘰𑘰𑘰𑘰。𑘰𑘰𑘰
    者石王心真之意（助）道果与一样义一俱悟者是。后入依

2-8 𑘰𑘰，𑘰𑘰𑘰𑘰𑘰𑘰𑘰𑘰𑘰𑘰𑘰𑘰𑘰𑘰𑘰𑘰。𑘰𑘰
    说（助），故供修者意（助）道果与一样义一俱悟者是也。数解

2-9 𑘰𑘰，𑘰𑘰𑘰𑘰𑘰。𑘰𑘰𑘰𑘰𑘰𑘰。𑘰𑘰𑘰𑘰𑘰𑘰𑘰𑘰𑘰。
    者因，益寻果续是。益寻果者悟易。因续者四第（助）悟之谓。

意译：

自性者依据（一）先前所生（二）说，故汇集者于金刚心（三）之意，与道果（四）一起唯一证悟义。由后继者则于修供者之意，与道果一起唯一证悟义也。辨别是因、方便和果续。方便续和果续容易领悟（五）。因续者第四领悟之谓。

---

① 俄·秋谷多吉等：《先哲遗书·俄派师徒文集》第226册，第97—98页。
② 俄·秋谷多吉等：《先哲遗书·俄派师徒文集》第226册，第100页。

注释：

（一）依据：西夏作蘬，译为"依"。其在《吉祥三菩怛经典明灯》中对应作 dbang du byas pa，译为"依据""按照"。

（二）先前所生：西夏文作蘺縫，意为"初生""先生"。其在《吉祥三菩怛经典明灯》中对应作 sngon byung，译为"先前已生起""前面已生"。

（三）金刚心：西夏文作蘿席祿蘌，直译是"石王心真"。其在《吉祥三菩怛经典明灯》中对应作 rdo rje snying po，译为"金刚心""金刚藏"。

（四）道果：西夏文作蘌鏊，译为"道果"，藏文作 lam vbras。藏传佛教修法之一，为萨迦派之不共法门。

（五）容易领悟：西夏文作蘺鏊，直译是"悟易"。其在《吉祥三菩怛经典明灯》中对应作 go sla ba，译为"容易理解"。

藏文转写：

ngo bo la sngon byung gi dbang du byas pa yin na sdud pa po rdo rje snying povi blo la lam vbras bu dang bcas pa gcig rtogs pa / rgyud kyi ngo bovo// rjes vjug bsgrub pa povi blo la lam vbras bu dang bcas pa gcig rtogs pavo// dbye ba rgyu/ thabs vbras bu/ thabs vbras bu go sla ba rgyuvi rgyud la bzhi pa rtogs pa la bya//[①]

2-10 鈶縫繼祿縧鏊。紙术羕颬菠罷赦紙蘺鵁蕊祿縧鏊。羕颬
　　　名义者缚系是。其亦自性与同及其依（助）起缚系是。自性

2-11 菠罷祿縧繼蘌鏊罷慰祿縧潸羕愬颬鏊。蘿蘺褫散衍愭
　　　与同缚系者道果同类缚系密乘仪依是。道时（助）三身五

2-12 祿牖，鏊蘺褫散衍愭祿鞘祿。祿牖蘺愭蕼蕠鏊祿祿蒠愧罷。
　　　智修，果时（助）三身五智获也。彼岸至仪依道果种相不同。

① 俄·秋谷多吉等：《先哲遗书·俄派师徒文集》第226册，第100页。

2-13 𗀰𗇋𘈩𗀰𘊩𘗼𗀰𘊩𗰜𗗟𗀰 𗣼𘗼𗫼𗰜𗀰𘏨𘊴𗭴𗦻𘗟𘉋

他道一习（助）依他果一起求也。其依（助）起缚系者密乘依

2-14 𗫂𗤛𗳣𗀰𘊩𗈁𘏨𘊴𗪅𗦻𘏨𗥺𗳔𗀰𘊩𗈁𘏨𘊴𘉋。彼岸至者三数无劫中道果缚系求

现身（助）道果缚系求。彼岸至者三数无劫中道果缚系求

2-15 𗀰。

也。

意译：

名义者联系[一]。其亦与自性同，及由此而生为系缚。自性相同之系缚者是与道果同类，依密乘[二]之规系缚。于道之时修习三身五智[三]，于果之时获得三身五智也。依至彼岸乘[四]仪之道果诸相不同。因修习另一道而求起另一果。依彼而起之系缚者依密乘于现世希求道果系缚。至彼岸乘者三无数劫[五]中希求道果系缚。

注释：

（一）联系：西夏文作𗀰𘊩，译为"系缚"。其在《吉祥三菩怛经典明灯》中对应作 vbrel ba，译为"联系""关系"。

（二）密乘：指密教，其在《吉祥三菩怛经典明灯》中作 sngags kyi theg pa，译为"咒之乘"，即密教。

（三）三身五智：三身即如来三身——法身、报身和化身，五智指大圆镜智、平等性智、妙观察智、成所作智和法界性智。

（四）至彼岸乘：西夏文作𗈁𘏨𘊴，译为"至彼岸"，指小乘。《吉祥三菩怛经典明灯》中作 pha rol tu phyin pa，译为"至彼岸"，指小乘佛教。

（五）三无数劫：西夏文作𗰜𗗟𘏋𗰢，译为"三无数劫"。《吉祥三菩怛经典明灯》中对应作 bskal pa grangs med pa gsum，译为"三无数劫"。"劫"是佛教计算漫长年代的单位。"三无数劫"是指小乘要经过无数次漫长的累世修行才能得道成佛。

藏文转写：

des pavi tshig vbrel ba la bya ste/ de yang bdag nyid gcig pa dang/ de las byung bavo// bdag nyid gcig pavi vbrel pa ni lam vbras bu dang vdra ba vbrel

ba ni sngags kyi theg pavi lugs te/ lam gyi gnas skabs na sku gsum ye shes lnga

ldan de bsgoms pas vbras buvi gnas skabs na sku gsum ye shes lngavo// pha

rol tu phyin pavi lugs kyis lam vbras bu rnam pa mi vdra ba yin te/ lam gzhan

zhig bsgoms pas vbras bu gzhan zhig vbyung bar vdod/ de las byung bavi vbrel

ba tshe vdi la lam vbras bu vbrel bar vdod/ pha rol tu phyin pa yang bskal pa

grangs med pa gsum na lam vbras bu vbrel bar vdod//[①]

2-15　𘜨𘟳𗾪𗴦，𘕰𘊖𘍚𘊖𗾪𗴦。𘝵𗣬𘜫𗨌𘏽𘍯𘝸。𗦻𗌭𘏻
　　　 谁处闻谓，故伐嘎伐处谓。四魔（助）毁坏有出是。彼之毁

2-16　𘜨𘝶𗴦𗫨𗣵𘇚𗴮𘙸𘟳𘈩𘏿𘓨𘛙𘚷𗨌𘏽𘜧𘝸。𗏼𘜵𘏹𗏆
　　　 仪者他化自主天众（助助）莫能者天魔（助）毁是。尔时节（助）

2-17　𘝵𗣬𗡪𘘴𘙸𗫨𗌭𘏻𘄒𗫡𘊰𘜱𗺖𗅋𗺖𗺖𘙸，𗬼𘝶𗬜
　　　 四魔王女（助助）坏有出之烦恼（助）起令亦起令不，获者烦

2-18　𘄒𗣬𘜧𘝸。𘃽𘏵𗸲𘏵𗢰𘉪𘅥𘜱𘗴𗰦，𗁼𘟖𘞐𘡶𗧀𘜲𗥾
　　　 恼魔（助）毁是。那罗拶罗池边难业修时，身老衰瘦枯牛牧

2-19　𘜱𘜧𘏵𘀗𗯔𗆟𗡘，𗵷𘉺𘝾𗫎𘜫𗨌𘜲，𗵷𘝾𗄼𗁼𘜒𘜵𗶷
　　　 女（助助）一牛（助）起，乳相互之喂（助）挤，乳（助）施依身金色（助）

2-20　𘜲𗍣𘜵𘟺𗣬𘜧𘝸。𗨌𘏽𘍯𗸲𘞚𘏵𘕰𗫭𘝶𘠕𘝗𘇚𘝸，𘝌
　　　 （助）成者蕴魔（助）毁是。坏有出岁八十成（助）涅槃入应是，中

3-1　𘜲𗍣𘜵𘟺𗣬𘜧𘝸。𗨌𘏽𘍯𗸲𘞚𘏵𘕰𗫭𘝶𘠕𘝗𘇚𘝸，�[②]
　　　 （助）成者蕴魔（助）毁是。坏有出岁八十成（助）涅槃入应是，中

3-2　𗨁𘐗𘍯𗣬𘜧𘜲𘝫𘉪𘞚����Ｖ𘜵�����P𗣬
　　　 铁匠子（助助）敕（助）寻依八十二为（助）涅槃（助）入者死魔（助）

3-3　𘜧�R𘜵。𘃽𘊖𘜫����R𘙸𗺖𘜲𘟳𘅤，𗫨𗣵����ｎ𘜒�

---

①　俄·秋谷多吉等：《先哲遗书·俄派师徒文集》第226册，第100—101页。
②　第3叶第1行与第2叶第20行内容重复，应是西夏人印刷过程中的失误。

毁是也。又伐嘎等者禄有（助）亦（助）生，自主等六种禄与有

3-4 散。

也。

意译：

谓闻于何人，故谓伐嘎^(一)处。毁灭四魔^(二)是出有坏^(三)。彼之毁灭仪者他化自在天^(四)之天众^(五)，不能者是毁灭天魔^(六)。于彼时节，令四魔女生起或不生起，出有坏之烦恼获者毁灭烦恼魔^(七)。那罗捴罗^(八)池边苦修^(九)之时节，身体衰老枯瘦。一牧牛女于一牛旁，挤牛乳施喂。彼时身成金色是毁灭蕴魔^(十)也。出有坏应八十岁入涅槃^(十一)，其间因铁匠子^(十二)加持^(十三)，八十二入涅槃，彼者毁灭死魔^(十四)也。又伐嘎等者亦生有福禄，具有自在等六种福禄。

注释：

（一）伐嘎：西夏文作𗧘𗢍，音译为"伐嘎"。其当为梵文 Bhaga 之音译，藏文又作 stu，译作"生处"，即胎生所生之处，在密教中又指女性生殖器。

（二）四魔：魔即魔天，梵音译作摩罗（Māra），藏文作 bdud。佛教认为它是害人命、障善法的一种邪魔，为六欲天之一类。共有四种：天魔、烦恼魔、蕴魔和死魔。

（三）出有坏：西夏文作𘂝𘄴𗟲，字面直译为"坏有出"，是藏文 bcom ldan vdas 之对译。藏文 bcom ldan vdas 在佛书中均译为"出有坏"，指梵文 Bhagavān，汉文佛经中音译作薄伽梵、婆伽梵等，即世尊、佛的一种名号。慧琳《一切经音义》载："薄伽梵，五印度梵语也。《大智度》云如来尊号有无量名。略而言之，有其六种，薄伽梵是总称也。义曰众德之美，尊敬之极也。古译为世尊，世出世间，咸尊重故。"[①]藏传佛教认为薄伽梵（Bhagavān）有超出生死涅槃二边，具有六功德、坏灭四魔等

---

① 慧琳：《一切经音义》卷1，《大正新修大藏经》第54卷，第313页。

盛德，故名"出有坏"。

（四）他化自在天：西夏文作𗙏𗧹𗆧𗙏，直译是"他化自主"，其在《吉祥三菩怛经典明灯》中作 gzhan vphrul dbang byed，译作"他化自在"，即他化自在天，六欲天之一。其夺他所化妙欲资具而自享用，故名他化。西夏文𗆧𗙏，直译是"自主"，藏文作 dbang phyug，译为"有权势"，佛书中常译作"自在"。佛教认为进退无碍，可谓之自在，又心离烦恼之系缚，通达无碍，谓之自在。

（五）天众：西夏文作𗼃𗘯，译为"天众"。其在《吉祥三菩怛经典明灯》中作 lhavi tshogs，译为"天众"，即诸天会众、佛会。

（六）天魔：极喜自在魔，是欲天（爱神）之子，佛教四魔众之一。

（七）烦恼魔：佛教四魔众之一，因贪嗔等烦恼势力强大，能障碍善行者，故名烦恼魔。

（八）那罗拶罗：音译西夏文𗆟𗣼𗤋𗣼，其在《吉祥三菩怛经典明灯》中作 nēranydzara，梵文或指 Nērajñara，其义不解。

（九）苦修：西夏文作𗴿𗇋𗏹，直译是"难业修"。其在《吉祥三菩怛经典明灯》中作 dkav thub，译为"苦行""苦修"。

（十）蕴魔：佛教四魔众之一。蕴，意为堆积一处，故名。由于业和烦恼生起五蕴，有此五蕴，就会生起诸病、衰老等障碍善事，故名蕴魔。

（十一）出有坏应八十岁入涅槃：关于释迦牟尼的生卒年，南传佛教和北传佛教有不同的说法，按我国传统说法是他生于公元前 565 年，去世于公元前 486 年，寿八十岁。而藏传佛经中说，释迦牟尼本来应八十岁涅槃，因得到铁匠子加持，到八十二岁才涅槃。

（十二）铁匠子：西夏文作𗧑𗆟𗤋，直译为"铁匠子"。其在《吉祥三菩怛经典明灯》中作 vgar bavi bu，译为"铁之子"。铁匠子可能是古代印度数论派中的一位哲学先驱。

（十三）加持：西夏文作𗥜𗰜𗤋或𗥜𗤋，字面直译为"旨寻""敕寻"。其对应藏文为 byin gyis brlabs pa，译为"加持"，即以神力加于众生，使之受持、感应。

（十四）死魔：佛教四魔众之一，即毁弃寿想、抛离命根、中断善业的魔障。

藏文转写：

su la thos zhe na/ bha ga la bya ste/ bdud bzhi bcom pa ni gzhan vphrul dbang byed kyi lhavi tshogs kyis ma thub pa lhavi buvi bdud do// nyon mongs pavi bdud ni devi dus su bdud kyi bu mo bzhis ji ltar nyon mongs pa bskyed kyang nyon mongs pa ma skyes pavo// phung povi bdud ni nē ranydzaravi dkav thub kyi dus su rgas shing vkhogs pa la ba rdzi mos ba gcig nas gcig tu bzhos pavi vo ma gcig la blud pa de ltar byas pavi vo ma phul bas sku gser gyi gtan pa phyis pa da bur song pavo// vchi bdag gi bdud ni bdag brgyad cu tham pa la mya ngan las vdav ba las vgar bavi bu yis gsol ba btab nas brgyad cu rtsa gnyis la mya ngan vdas pavo// bha ga ban skal ldan du bsgyur te/ dbang phyug la sogs pa drug gi skal ba dang ldan pavo//[①]

3—4　自主者世间自主及世出自主是。世出自主者身语意

3—5　神变至行等八种德功有也。彼语身语意神变至行八种

3—6　德功是谓，灯明十五第品中显也。世间自主以种种依变

3—7　化者，若祈则梵王释帝（助）至驴相依变化等宝幢中（助）

3—8　说如也。然其色相数善（助）谓，故其数异熟身是，种种依变

---

①　俄·秋谷多吉等:《先哲遗书·俄派师徒文集》第 226 册，第 101 页。

3-9　𗏝𘊝𗴆，𗧰𗛆𘊜𗾆𗾆𘜶𗄊𗧰𗴆𗛆。　𗏢𘜶𗴆𗤋𘊜𗵈𘉵𗴆𗛆

化无有，初数（助）种种依变化有也。然坏有出（助）妄思有也

3-10　𘍞𗧟𗍫𘉑𗧦𗧰𗛆𗥤𗛤𗤋。𘊜𗵈𘊝𗴆𗛆。𗤋𘊝𗧰𘜼

谓则细妙及薄轻智之自体是，故妄思无有也。色妙者相

3-11　𗌭𘊶𗸓𗸑𗢏𗛆。𗛆𗤧𘜼𗤪𘕿𗧔𗢏𗤪𗛆。𗤧𗶥𘜼𗤪𘕿𗧔𗶥𗴆

及种善俱足是。吉祥者人天中吉祥是。名称者人天中皆

3-12　𗥧𗭪𗧋。𗛆𗧟𗥾𘉈𗴆𘜶𗛆。𗻈𗼨𗧟𗴆𘜶𗘇𘜙，𗥾𘕿𗞂𗫢𗴏

至之谓。智者理事皆悟也。勇勤者其（助）自成，何求陶匠轮

3-13　𘈩𗴆𗛆。𗛆𗊬𘊜𗮺𗘇𗧟𘕘𘊜𗄈𗣼𗫷。　𘕘𗫽𘊜𘀜𗄊𗩴

如起也。岂居处（助）听谓故伐嘎谓与合应。伐嘎者见法不

3-14　𗊬𗣈𘕖𘊜𗥤𗥾𘈪𗁋𘋠𘉒𗗙𗄺𘈽𘍞𗥂𗾱𘜼𗴆。𗁋𘜶𗊬

清净者（助）吉祥师利达那稻麦泊图相表依现也。见法清

3-15　𗣈𗨰𘊜𗨭𘈪𗴾𘈎𘊶𗄃𘊼𗢏𗴆。𘉵𗾆𘕘𗕚𗛆𘉪，𗗌𘂇𗘁𘉪。

净者（助）女人之法生宫相现也。谁之伐嘎是谓，则德女谓。

意译：

　　自在者世间（一）自在及出世间（二）自在。出世间自在者身语意（三）有神变遍行（四）等八种功德（五）。彼身语意神变遍行八种功德，《明灯》（六）第十五品（七）中显现也。以世间自在，随祈求变化者，若祈则变为梵天帝释天（八）乃至驴相（九）等，如从宝幢中宣讲。然彼诸色相或为善相，则彼数为异熟（十）身，随所欲无有变化身，于先前诸所欲变化有也。然谓出有坏妄思有也，则微妙细相（十一）为智慧之体相，故妄思无有也。色妙者是俱足相和随好（十二）。吉祥者是人天中吉祥。名称者是人天中遍满。智慧者理与事（十三）皆理解。精勤（十四）者彼自然成就（十五），何求生起如陶匠之轮也。所谓住处听闻，则谓应与伐嘎相合。伐嘎者看视法不清净者（十六）处吉祥师利达那（十七）显现稻麦之塔相外形。清净者看视法，女人之法生处（十八）相显现也。谓谁之伐嘎，则明妃（十九）也。

注释：

（一）世间：西夏文作𗧊𗫂，译为"世间"，藏文作 vjig rten，指众生生死流转的轮回世界。

（二）出世间：西夏文作𗧊𗫲，译为"出世"，即出世间，藏文作 vjig rten las vdas pa。指佛涅槃寂静世界，它是超出生死、永离苦恼之境。

（三）身语意：西夏文作𗥔𗟲𗫾，译为"身语意"。当为藏文 sku gsung thugs 之对译，藏文又作 lus ngag yid，佛书中译为"身语意"，即行为、言语和思想。身语意即身密、语密、意密，此三密是密教的基本修炼方法。身密是指修行者的特定手势（手结印契）和坐法；语密是指修行者口诵本尊真言，即咒语；意密是指修行者心中观想本尊的种子和本尊。通过身、语、意三密的修行，修行者可与本尊佛的身、语、意相应，即身成佛。身、语、意三密修行法在藏传佛教中尤为盛行。

（四）遍行：西夏文作𗁮𗴮，直译是"至行"，对应藏文作 kun tu vgro ba，直译为"至行"，佛经中常译为"遍行""周遍"，即随逐一切心法相应生起的诸心所。

（五）八种功德：又称作八种悉地、八大自在等。《大般涅槃经》卷23记载此八种功德：一能示一身为多身，二示一尘身满大千世界，三大身轻举远到，四现无量类常居一土，五诸根互用，六得一切法如无法想，七说一偈义经无量劫，八身遍诸处犹如虚空。

（六）《明灯》：西夏文作𗫲𗖵，译为"明炬""明灯"。当指《吉祥遍至口合本续之解喜解疏》和《吉祥遍至口合本续之广义文》的藏文本《吉祥三菩怛经典明灯》。

（七）西夏文本记载为《明灯》第十五品，而藏文本《吉祥三菩怛经典明灯》此处作第十七品。

（八）梵天帝释天：西夏文作𗏵𗥦𗫂𘟣，译为"梵王帝释"。其在《吉祥三菩怛经典明灯》中作 tshangs pa dang brgya byan，即梵天和帝释天。

（九）西夏本此处作驴相，而藏文本《吉祥三菩怛经典明灯》此处作兔相。

（十）异熟：西夏文作𗈁𘜶，译为"异熟"，其在《吉祥三菩怛经典明灯》中作 rnam par smin pa，译为"异熟"，即果报、因果报应。

（十一）微妙细相：西夏文作𗋈𗙫𗦫𗤀𗤓。其在《吉祥三菩怛经典明灯》中作 vphra ba dang yang ba，指佛相中的微妙细相。

（十二）随好：西夏文作𗧘𗤁，直译是"诸善"。其在《吉祥三菩怛经典明灯》中作 dpe byad，译为"随好"。如来有八十随好，即如来所有八十种微妙细相。

（十三）理与事：西夏文作𗼃𗥩，译作"理事"，其在《吉祥三菩怛经典明灯》中作 ji lta ba dang ji snyed pa。ji lta ba 意思是"真理"，佛书中译为"如所有""法性"。ji snyed pa 意思为"所有"，佛书中译为"尽所有"。

（十四）精勤：西夏文作𗽀𗫸，直译是"勇勤"，《吉祥三菩怛经典明灯》中对应作 brtson vgrus，佛书中常译为"精勤""精进"。

（十五）自然成就：西夏文作𗩱𗭦，直译是"自成"。其在《吉祥三菩怛经典明灯》中对应作 lhun gis grub pa，译为"任运""自然成就"，即不费力气而做成。

（十六）不清净者：西夏文作𗉝𗤁𗓦𗏁，译为"不清净者"。其在《吉祥三菩怛经典明灯》中对应作 ma dag pa。不清净者指有染者，也就是凡俗之人。

（十七）师利达那：音译西夏文𗣼𗗑𗦻𗤁，《吉祥三菩怛经典明灯》中作 Śridana。其义不解。

（十八）法生处：西夏文作𗃀𗰭𗉛，译为"法生处"。其对应藏文为 chos vbyung gi gnas，直译是"法生处"，即密法产生之处，佛书中又译作"法源"。其位于脐下左、中、右脉之交汇处的密轮，与"伐嘎"义一致。

（十九）明妃：西夏文作𘝵𗤁，直译是"德女"，为藏文 btsun mo 之对译。指藏传密教中的修法女伴，即明女、明妃。

藏文转写：

dbang phyug ni vjig rten gyi dbang phyug dang/ vjig rten las vdas pavi dbang phyug go// lo ka las vdas pavi dbang phyug ni sku dang gsung dang thugs rdzu vphrul sngon du vgro yon tan brgyad dang ldan pavo// de yang/ sku dang gsung dang thugs dang rdzu vphrul kun// vgro kun yon tan brgyad ces bya ste/ sgron gsal levu bcu bdun pa na gsal lo// lo kavi sho ri ni vdod dgus bsgyur ba ste/ vdod na tshangs pa dang brgya byan dang/ tha na ri bong gi gzugs su bsgyur ba la sogs pa rin po che tog nas bshad pa lta buvo// vo na gzugs de rnams bzang ngam byas pa la/ de tshe rnam par smin pavi lus yin te vdod dgur bsgyur bavi lus min gong ma rnams la vdod dgur bsgyur ba yod pavo// vo na bcom ldan vdas la rnam par rtog pa mngav vam byas pa la/ vphra ba dang yang ba ste shes kyi ngo bo yin pavi phyir na rtog pa med do// gzugs bzang ba mtshan dang dpe byad dang ldan pa/ dpal lha dang mivi dpal du gyur pa/ grags pa lha dang mi la khyab pa/ ye shes ji lta ba dang ji snyed pa mkhyen pa/ brtson vgrus lhun gis grub pa/ ji ltar vdod pa rdza mkhan gyi vkhor lo bzhin du vbyung ngo// gnas gang du thos zhe na bha ga zhes bya bar sbyar te bha ga ni mthong ba ma dag pa la dpal shri da na so bavi mchod rten gyi phyi rol gyi vbyung bavi rnam pa can no//[1]……mthong ba dag pa la ni bud med kyi chos vbyung gi rnam pa can no//[2]

3-16 𗇂𗱲𗾔𗱵𗱵𗾦𗾦。𗾦𗯿𗣼𗱵𗱵𗾲𗼷𗤭𗪘𗪘𗦖𗩱𗥃𗀔𗤁𗬋𗣼�

　　　乐起令故德女是。数谓者唯石王亥母独之法生宫者非

3-17 𗣼𗃀𗪘𗥃𗥃𗤭𗤥𗱲𗀔𗾦𗾦。𗼷𗱽𗯿𗱵𗦐𗥃𗣼𗣏𗯿，𗳉𗳉𗯿𗯿

　　　最拙母等之伐嘎亦是也。又胜殊德功何有谓，则实谓化

---

① 俄·秋谷多吉等：《先哲遗书·俄派师徒文集》第 226 册，第 101—102 页。
② 俄·秋谷多吉等：《先哲遗书·俄派师徒文集》第 226 册，第 103 页。

3-18　𗰖𗼑𗊨𗫂𗆧𗣼𗰖𗼑𗊨𗫂𗊨𗻮。𗱕𗥤𗫂𗴛𗤽𗰖𗊨𗫂𗫂𗴜𗼑𗤽

　　　　身之习应及报身之习应是。来谓者其二种习应（助）二种

3-19　𗰖𗱕𗼑𗊨。𗷅𗷅𗊨𗫂𗊱𗤽𗊨𗤽𗫂。𗼑𗎭𗜓𗜟𗰖𗤽𗊨𗌭𗴜𗊱

　　　　身来之谓。皆皆谓者宫同以摄。卡那答迦巴喇等皆（助）其

3-20　𗼑𗈜𗫔𗡪𗊨。𗰖𗤽𗎮𗊨𗫂𗰖𗡪𗈜，𗤽𗡪𗈜，𗈜𗡪𗈜𗵘𗴔𗭼

　　　　德功法有也。身语意谓者身一隅，语一隅，意一隅依（助）现

4-1　　𗊨𗊨。𗟀𗼑𗊨𗫂𗊨𗆧𗆧𗊨𗆧𗫂𗫂𗴜𗊨。𗆰𗊨𗫂𗊨𗤽𗗙

　　　　之谓。石王谓者他之毁自之毁莫能义也。住谓者（助）下中

4-2　　𗂷𗊨𗬛𗄯𗊨。𗰖𗆰𗫂𗉅𗆰𗣋𗫂𗫂𗊨。𗆰𗆰𗫂𗱈𗯼𗼑𗼑𗊨，𗆰

　　　　间谓与合应。身住者行住坐卧是。意住者昔成无二智，意

4-3　　𗵱𗈜𗆰𗊨。𗊨𗊨𗰚𗎄𗊨𗆰𗢨𗤽𗆰𗫂𗵘𗊨𗆰𗊨。𗉅𗈜𗉅

　　　　依醒悟也。三种行业以住中语住者法说以住也。何未毗

4-4　　𗊨𗟀𗤽𗊨，𗵘𗵘𗣋𗎄𗤽𗊨𗈜𗈜𗵱𗺟𗊨。𗊨𗊨𗴷𗎄𗟀𗊨𗈜

　　　　拶诃啰谓，毗毗叽得啰谓种种依现是。拶拶嘎得答谓习

4-5　　𗫂𗼑𗊨。𗟀𗟀𗤽𗊨𗈜𗫂𗼑𗈜𗆰①𗤽𗈜。𗵘𗟀𗼑𗊩𗤽𗆧𗤽𗝺

　　　　应之谓。诃诃啰谓习应之意取 作也。问石王心真汝自独

4-6　　𗊨𗟀𗊨，𗊭𗦮𗫔𗝺𗫂𗙴𗈜𗄡𗦱𗊨，𗼑𗎭𗜓𗜟𗵘𗊨𗤽𗊨。

　　　　是（助）谓，则默有自主八十俱胝谓，卡那答迦巴喇等是。

意译：

令乐起则是明妃。谓诸明妃者金刚亥母⁽一⁾唯一之法生处，彼者非最拙母⁽二⁾等之伐嘎也。又谓有何殊胜功德，则"如"是化身⁽三⁾之所化⁽四⁾及报身⁽五⁾之所化。所谓"来"者彼二种所化处二种身来之谓。所谓一切者以同处摄。卡那答迦巴喇⁽六⁾等一切处，将有功德法也。所谓身语意者依身一角落⁽七⁾，语一角落，意一角落显现之谓。所谓金刚者是能毁他而不可毁自己之义。所谓居住者谓与下面中间居住相应。身居者是行住坐

---

　　① 原本作𗎮（智），误。此据藏文本改。

卧。意居者是原始不二智^(八)，依意醒悟也。以三种威仪^(九)居住中，语居者以说法居住也。抑或谓毗拶诃啰^(十)。谓毗毗叽得啰^(十一)是依种种而显现。谓拶拶嘎得答^(十二)是所化之谓。谓诃诃啰^(十三)是所化之意乐^(十四)也。问金刚心^(十五)：汝是独自乎？则瑜伽^(十六)自在八十俱胝是卡那答迦巴喇等。

注释：

（一）金刚亥母：西夏文作𗧃𗄽𗯨𗗲，字面直译是"石王猪母""石王亥母"，是藏文 rdo rje phag mo（直译亦为"石王猪母"）之对译，梵文作 Vajravārahi，译为"金刚亥母"。金刚亥母是藏传佛教中重要的女性神灵，是胜乐金刚（上乐金刚）的阴性佛母（明妃）；也被看作摩利支天的两种变化身形之一，是马头明王的明妃。^①

（二）最拙母：西夏文作𗈪𗀤𗯨，字面直译是"最拙母"，是藏文 ra tu gtum mo（直译为"最暴母""最猛母"）之对译，梵文为 Pracaṇḍā，译为"暴怒母"。暴怒母，上乐金刚坛城中女性神灵之一。

（三）化身：西夏文作𗵽𗗀，译为"化身"，梵文为 Nirmāṇakāyā，藏文作 sprul pavi sku，译为"化身""变化身"。佛所具备的四身之一种。

（四）所化：西夏文作𗮀𗉘，直译为"应习"。其在《吉祥三菩怛经典明灯》中对应作 gdul bya，译为"所化"，即所驯化、调伏。

（五）报身：西夏文作𗰜𗗀，译为"报身"，梵文为 Sambhogakāyā，藏文作 longs sku 或 longs spyod rdzogs pavi sku，译为"报身""受用身"。佛所具备的四身之一种。

（六）卡那答迦巴喇：西夏文作𗗙𗗙𗱈𗙏𗙢𗗲，音译作"卡那答迦巴喇"。《吉祥三菩怛经典明灯》中对作 kha dang ka pa la，译作"口和颅骨"。两者不完全一致。

（七）一角落：西夏文作𗏁𗏁，译为"一角""一隅"。其在《吉祥三

① 谢继胜：《西夏藏传绘画——黑水城出土西夏唐卡研究》，河北教育出版社，2002，第119页。

菩怛经典明灯》中对应作 zur gcig，译为"一角落""一边"。

（八）原始不二智：西夏文作𗼑𗀚𗫡𗤁𗧘，直译是"昔成无二智"。其在《吉祥三菩怛经典明灯》中对应作 gnyug ma gnyis su med pavi ye shes，其中 gnyug ma 意思是"本来""固有"，gnyis su med pa 译为"不二"，也就是"唯一"。所以𗼑𗀚𗫡𗤁𗧘译作"原始不二智"。

（九）威仪：西夏文作𗦳𗽴，直译是"行业"。其在《吉祥三菩怛经典明灯》中对应作 spyod lam，直译是"行业"，佛书中常译成"威仪"。

（十）毗拶诃啰：音译西夏文𗆐𗤋𗫻𗜁。《吉祥三菩怛经典明灯》中记音为 bhi tsa ha ra。其义不解。

（十一）毗毗叽得啰：音译西夏文𗆐𗆐𗶷𗤒𗜁。《吉祥三菩怛经典明灯》中记音为 bhi pi tsi tra。其义不解。

（十二）拶拶嘎得答：音译西夏文𗤋𗤋𗰣𗤒𗵽。《吉祥三菩怛经典明灯》中记音为 dza dza ga da da。其义不解。

（十三）诃诃啰：音译西夏文𗫻𗫻𗜁。《吉祥三菩怛经典明灯》中记音为 ha ha ra。其义不解。

（十四）意乐：西夏文作𗥃𗤁𗢭，直译是"意取作"。其在《吉祥三菩怛经典明灯》中作 yid vphrog pa（直译是"意取"），译为"动心""动人"，佛书中常译作"意乐"。

（十五）金刚心：西夏文作𗣼𗚩𗤓𗢭，直译是"石王心真"。其在《吉祥三菩怛经典明灯》中作 rdo rje snying po，译为"金刚心""金刚藏"，指密教教法中的精华。

（十六）瑜伽：西夏文作𗣀𗿮，直译为"默有""在寂"，藏文为 rnal vbyor（直译为"相应""在寂"）。rnal vbyor 相当于梵文 Yoga，汉文文献中常音译为"瑜伽"。

藏文转写：

de yang gang gi bha ga yin zhe na/ btsun mo ste bde ba bskyed pavi
don gyis btsun mavo// rnam zhes bya ba ni rdo rje phag mo vbav zhig gi chos

vbyung ma yin te/ rab gtum mo la sogs pavi yang ngo// gzhan yon tan gyi khyad par ji lta bu dang ldan zhe na/ de bzhin te sprul pavi skuvi gdul bya dang/ longs spyod rdzogs pavi skuvi gdul byavo// gshegs pa ste gdul bya gnyis la sku gnyis po de gshegs pavo// thams cad ni bzhi mthun gyis bsdu ba ste/ kha dang ka pa la sogs pa thams cad la yon tan gyi chos de yong yod pavo// sku zur gcig gsung zur gcig thugs zur gcig tu snang/ rdo rje gzhan vbyed cing tshur bshig tu mi btub/ bzhugs pa ni vog gi dbus su bzhugs pa ni zhes pa dang sbyar te/ skuvi bzhugs pa ni bzhengs pa dang gzims pa dang bzhugs pa dang gshegs pavo// thugs kyi bzhugs pa ni gnyug ma gnyis su med pavi ye shes thugs su btags pavo// spyod lam gsum gyis bzhugs pa las gsung gis bzhugs pa ste chos ston pas bzhugs pavo//

　　yang na bhi tsa ha ra ste/ bhi pi tsi tra na sna tshogs su snang ba/ dza dza ga da da na gdul ha ha ra na yid vphrog pavo// rdo rje snying po khyod vbav zhig yin nam byas pas/ yi ge bye ba phrag brgyad cu ste khan da ka pa la la sogs pavo//[①]

4-7　ᢛᢚᢤᢥᢥᢛᢥᢑᢤᢤᢥᢤᢤᢤᢥᢥᢥᢤᢥ。ᢥᢥᢤᢤᢥᢤᢤᢤᢥᢤᢤᢥ，ᢥ

　　彼中谓者法生处中胜妙殿之谓。譬宅主富富（助）家谓时，此

4-8　ᢥᢥᢥᢥᢤ，ᢥᢥᢥᢥᢥᢤᢤᢥᢤᢥᢥᢥᢤᢥᢥᢥᢥᢤᢥᢤ。ᢥᢥ

　　城中家谓，室善一有示与一样法生宫中胜妙殿示。住谓

4-9　ᢥᢥᢥᢥᢥᢥᢥᢤᢥ。ᢥᢥᢥ[②]ᢤᢥᢥᢥᢤᢥᢥᢤᢤᢥᢥᢤᢥ。ᢥ

　　者八部根续于喻也。坏有出谓者初说导师与缚有也。默

4-10　ᢥᢥᢥᢥᢥᢤᢥᢤᢤᢥᢥᢥᢤᢥᢥᢤᢥ。ᢥᢤᢤᢥᢥᢤᢤᢥᢤᢥ。ᢤ

　　有自主八十俱胝谓者绕围是也。二（助）定义依四种有。一

4-11　ᢥᢥᢤᢤᢥᢤᢥᢤᢥ，ᢥᢥᢤᢥᢥᢤᢤᢥᢤ，ᢤᢥᢥᢥᢥᢤᢥᢥᢤ，ᢥᢥᢥ

---

①　俄·秋谷多吉等：《先哲遗书·俄派师徒文集》第 226 册，第 104—105 页。
②　藏文本此处作 bha ga（伐嘎）。

续次与合以说（助），则鬶以地中围说，伐弥以水中围，摩以

4-12 𗼇𗤓𗏵，𗤛𗄼𘎑𗤓𗏵。𗏵𗤓𗘞𗗿𗧓𗼇𗏵𗯨�𗤓𗠁𗄼𗧓𗮀

火中围，耶以风中围。此四聚集相依须弥山王及种色花

4-13 𗮱𗤓𗏵。𗁲𗯨𗆞𗟳𗥩𘄒𗩾𘝞𗪉𗏵𗖂𘊊𘝞𗏵。𗏵𗤛𗧓𗮀

净成也。殊妙做一第二第以亦此之字种说也。听我谓者

4-14 𗶙𗗘𗕯𗥢𗭾𗥢𘄽𘕿𘃋𘝞[①]𗏵，𗤛𗤓�𗧓。𗤓�𗧓𗁬𗤓，𗁬

彼（助）阿利迦利依月日吽有，故悉嚕怛谓。悉嚕者流是，融

4-15 𘝞𗁬𗮀𗫠𗮱𘚢𗏵。𘄒𗧓𘈤𗁬𘕿𗧓𘚢𗧓𘇂𗮀𘕀𗆞𘙇𘕿𘞝

（助）盈流（助助）起也。其数（助）融依一时谓世俗衣与一（助）及

4-16 𗼧𗬢𗏉𗮀𘙇𘕿𗧓𘚢𘎪𗮱𗏵。𘄒𗏵𗁬𗧓�𗭾𗤛𗄑𘞝𗮱𘕿

胜妙殿与一（助）一时中成也。坏有出谓者吉祥形嚕迦之

4-17 𗧓。𘈤𗫐𗨁𗨁𗧓𘚢𘕿𗮳�𗖂𗘞𗔹𗣼𗄑�𗧓。𗚜𗧓𘚢𗊅𘞝𗧓。

谓。如来皆皆谓者卡那答迦巴喇等是。身谓者身轮是。

意译：

其间法生处内是无量宫（一）之谓。譬如谓哪家屋主富有时，谓此城中
宅表明（二）有一宫殿（三）与法生处内示现无量宫一样。谓住者喻于八部根
本续（四）也。谓出有坏者先前讲说，与导师系缚也。谓瑜伽自在八十俱胝
者是眷属（五）。二、据了义（六）有四种：一、解说与本续之次第相应，则
以鬶说地轮（七），以伐弥说水轮，以摩说火轮，以耶说风轮。依此四聚集相
（八），成须弥山（九）及诸色莲花也。第一品（十）第二品亦说此之种字。谓听
闻者彼之上阿利迦利（十一）有日月吽，故谓悉嚕怛（十二）。悉嚕者是流，变成
融化或盈流也。由某时彼数融解，与世俗衣一起及与无量宫一起，于某时
间成也。谓出有坏者是吉祥形嚕迦（十三）之谓。谓一切如来（十四）者是卡那答
迦巴喇等。谓身者是身轮（十五）。

---

① 原文作𘕀（有），误。此据藏文本改。

注释：

（一）无量宫：西夏文作𗱕𗥨𗴺，译为"胜妙殿"。其在《吉祥三菩怛经典明灯》中作 gzhal yas khang，译为"无量宫"。意为材料、规模和功德都无可比量的本尊宫殿式坛场。

（二）表明：西夏文作𗆈，译为"示"。其在《吉祥三菩怛经典明灯》中作 mtshon pa，译为"显示""表明"。

（三）宫殿：西夏文作𗷭𗴺，直译为"善室"。《吉祥三菩怛经典明灯》中作 khang bzangs，译为"精舍""美宅"，指建筑结构精美的房屋，佛书中译为宫殿、无量宫。

（四）八部根本续：西夏文作𗷝𗰜𗣼𗽊，译为"八部根续"。《吉祥三菩怛经典明灯》中作 rtsa bavi rgyud brgyad，译为"八部根本续"。根本续是藏传佛教无上瑜伽部佛经之一类。

（五）眷属：西夏文作𗥃𗤽，直译是"围绕"。《吉祥三菩怛经典明灯》中作 vkhor，直译是"围绕""转"，佛经中译为"眷属众"，即服侍佛、菩萨等的低一级的神灵，相当于梵文 Catvāri，汉文文献中常音译为"跋儞嘟罗"，或译为"眷属"。如《梵语杂名》云："眷属，云跋儞嘟罗。"[1]

（六）了义：西夏文作𗮔𗤁𗣷，可译成"已定义"。《吉祥三菩怛经典明灯》中作 nges pavi don，译为"定义"，佛书中译作"了义"。就是对义理的绝对认识。

（七）以𗿒说地轮：西夏文作𗤋𗥡𗶩𗤙𗤽𗣷，译作"以𗿒说地轮"。密教认为地、水、火、风是构成宇宙万物的基本元素，称为"四大"（vbyung ba bzhi），因它又是无处不周遍圆满的，故又称作"轮"，即地轮（savi dkyil vkhor）、水轮（chuvi dkyil vkhor）、火轮（mevi dkyil vkhor）和风轮（rlung gi dkyil vkhor）。地、水、火、风又有不同的标识字，"𗿒说地轮"

---

[1] 礼言：《梵语杂名》，《大正新修大藏经》第 54 卷，第 1232 页。

中的"翳"即音译梵文ī。下文中"以伐_弥说水轮"之"伐_弥"是音译梵文 Baṃ，"以摩说火轮"之"摩"是音译梵文 Ma，"以耶说风轮"之"耶"是音译梵文 Ya。

（八）四聚集相：指地、水、火、风四轮之相。密教认为地轮为方形，黄色；水轮为圆形，白色；火轮为三角形，红色；风轮为半月形，黑色。[1] 密教中的坛城、佛塔等都是由这四种形制构成的。

（九）须弥山：西夏文作𘝢𗁾𗢶𗤁，译为"须弥山王"。"须弥山"是梵文 Sumeru 之西夏文音译，汉文文献中译为苏迷卢山，又作妙高山，藏文作 ri rab lhun po，译为妙高山。须弥山为佛教宇宙学所说物质世间的基础、金轮上形成的高山，形势优美，被认为是群山之王。佛教以其为南赡部洲之中心，顶上为帝释天所居之地。

（十）第一品：西夏文作𗢨𗤋𗿵𗥔𗧊，直译是"殊妙做一第""非常做一第"。其在《吉祥三菩怛经典明灯》中作 rab tu byed pa dang po，字面义为"十分做第一"，其原义与西夏本一致。藏文 rab tu byed pa 意译是章、卷、节、品。所以，西夏文"殊妙做一第"意译是"第一品""第一节"。

（十一）阿利迦利：音译西夏文𗒛𗣼𗝠𗣼。"阿利迦利"字当是音译梵文 Ālikāli，汉文文献常译作"阿哩嘎哩"字，藏文为 a phreng ka phreng，意思是元音和辅音组成的字鬘，即梵文 a、ā、i、ī、u、ū 等十六个元音和 ka、kha、ga、gha 等三十四个辅音组成的字鬘。修习"阿利迦利"字实为藏传密教上乐轮生长次第中修习集咒之法。在藏传佛教中，"阿利迦利"字又有它特定的含义，"阿利"为月亮，代表白色菩提心，即智慧，"迦利"为太阳，代表红色菩提心，即方便。所以，"阿利迦利"字也指日月，又是方便和智慧的别称。

（十二）悉噜怛：音译西夏文𗐲𘄒𗖀。《吉祥三菩怛经典明灯》中记

---

[1]　不空：《都部陀罗尼目》，《大正新修大藏经》第18卷，第899页。

梵音为 Sruta。按《吉祥三菩怛经典明灯》的解释，"悉噜怛"有"盈流"之意。

（十三）吉祥形噜迦：西夏文作𗊁𗣼𗊁𗏴𗣼𗈷，其中𗊁𗣼译为"吉祥"，𗏴𗣼𗈷音译为"形噜迦"。𗊁𗣼对应藏文多作 dpal，即梵文 Śrī，藏传佛教徒常在佛经、本尊、圣地等名前加此字表示尊敬之意。𗏴𗣼𗈷当为梵文 Heruka 之西夏文音译，译为"饮血"，藏学家常音译为呬噜迦、黑如迦等。"形噜迦"是藏传密教中的一重要神灵，又称胜乐金刚、上乐金刚，或指忿怒神总名。

（十四）如来：西夏文作𗱻𗏵，译为"实来"，即如来。《吉祥三菩怛经典明灯》中作 ta thā ga ta，此为如来的梵名 Tathāgata，藏文作 de bzhin gshegs pa，汉文文献译作"如来"。佛之名号之一，佛教认为佛不住生死涅槃，乘如实道来成正觉，故名如来。

（十五）身轮：西夏文作𗞞𗊁，译为"身轮"。"轮"的藏文作 dkyil vkhor 或 vkhor lo，其在藏传佛教中代表周遍圆满。身轮、语轮、意轮指藏传佛教中的身业、语业和意业。

藏文转写：

der ni chos kyi vbyung gnas kyi nang na gzhal yas khang der/ de dper na pu rivi phyug pa gang na yod ces dris pas grong khyer vdi na yod byas pas/ khang bzangs gcig na yod bya bar mtshon pa dang vdra bar chos kyi vbyung gnas kyi nang na gzhal yas khang mtshon/ yang na rtsa bavi rgyud brgyad la ltos pa/ bha ga ni gong gi ston pa dang vbrel/ rnal vbyor bye ba phrag brgyad cu ni vkhor ro// nges pavi don rnam pa bzhi ste/ rgyud kyi rim pa dang sbyar te bshad de/ es savi dal bstan/ baṃ gyis chuvi dal/ maṃ mevi dal/ yaṃ rlung gi dal/ de bzhi vdus pavi gzugs su rivi rgyal po ri rab vbyung ngo// rab byed gnyis pa nas vdivi sa bon bstan pas de ltar byung/ thos pa ni devi steng du ā li kā li las zla nyi hūṃ yod sus sru ta zhes bya ba na sru ba na vdzag pa ste/ zhu ba vam vdzag pa las vgrovo// de tsho zhu ba las dus gcig nas zhes bya ste kun rdzob gos dang bcas pa gzhal yas khang dang bcas pa dus gcig tu byung ngo// bha ga ni dpal he ru kavo// ta thā ga ta thams cad ni khan da ka ba la sogs pavo// sku ni sku yi vkhor lo//[①]

4-18 𗉘𗆟𗫠𗉘𗫡𗫖。𗫟𗆟𗫠𗫝𗫡𗫖。𗫔𗊴𗆟𗫠𗫋𗥃𗣀𗰗𗫡𗫖。

语谓者语轮是。意谓者意轮是。石王谓者记句及大乐轮是。

4-19 𗫝𗫮𗆟𗫠𗣀𗪙𗫡，𗰑𗫝𗪙𗫖，𗫔𗊴𗄭𗊬𗏹𗆟。𗉮𗱈𗆟𗫠𗗙

德女谓者乐起令，故德女是，石王亥母之谓。伐嘎谓者法

4-20 𗒹𗜰𗫖。𗉮𗆟𗫠𗫡𗪓𗋽𗫝𗏹𗆟。𗺇𗆟𗫠𗫲𗫠𗫡𗫖。𗎀𗗔𗆟

生宫是。数谓者空行母等之谓。住谓者先说与同。彼中谓

5-1 𗫠𗱈𗒹𗜰𗏹𗗔𗣎𗮿𗵽𗎃𗫖，𗫢𗆟𗫠𗋽𗰆𗭂𗫳𗫯𗫠𗯱。𗵾

者法生宫之里方胜妙殿是，复谓者八部根续于喻也。默

5-2 𗫟𗆉𗴰𗰆𗨁𗎜𗰑𗆟𗫠𗫰𗫒𗰰𗫳𗦮𗠋𗮼𗜟𗒳𗎐𗆟𗊬𗴰𗴂

有自主八十俱胝谓者最上本续二第品中（助）说如说（助）

5-3 𗤋𗴲𗴂𗤋[②]𗆟𗫠𗫖。𗠋𗊵𗰑𗨁𗴰𗄭𗴲𗷉，𗣞𗕳𗆟𗫠𗫷𗫡𗫖。

不说（助）不谓者是。二咒次与合以说（助），则𗌭谓者化轮是。

意译：

谓语者是语轮。谓意者是意轮。谓金刚者是记句[（一）]及大乐轮[（二）]。明妃令乐生起，故为明妃，金刚亥母之谓。伐嘎是法生之处，诸数是空行母[（三）]等之谓。谓住者与前说相同。其间法生之处内是无量宫，又谓喻于八部根本续也。瑜伽自在八十俱胝者是如无上本续[（四）]第二品中所说，说不尽[（五）]者是。二、解说与咒之次第相应，则𗌭是化轮[（六）]。

注释：

（一）记句：西夏文作𗈁𗫠，直译为"记句"，藏文本中对应作 dam tshig，此译为"誓言"，梵文作 Samaya，汉文文献中音译作"三昧耶"，

---

① 俄·秋谷多吉等：《先哲遗书·俄派师徒文集》第 226 册，第 105 页。

② 此处疑重复，应只有一遍𗴲𗴂𗤋。

即不可逾越的金刚誓词，也就是保证之语。

（二）大乐轮：西夏文作𗣘𗋈𗄻，译为"大乐轮"。《吉祥三菩怛经典明灯》中对应作 bde chen vkhor lo，译为"大乐轮"，又称为"顶轮"，即藏传密教修法中的人体顶间脉轮。

（三）空行母：西夏文作𗤁𗄻𗣼，译为"空行母"，藏文作 mkhav vgro ma，梵文为 Ḍākiṇi，汉文佛经中常译作荼吉尼、拿枳尼等。是密教中的本尊名，指能空中飞行的神灵，即所谓飞天。空行母出现时一般是以舞蹈身形，持天杖。藏传佛教中的空行母有很多种类，可总括为世俗空行母和智慧空行母两种。世俗空行母有天宫仙女、龙宫龙女和夜叉女等；智慧空行母则指修学佛道，已有证悟的佛母、明妃等。

（四）无上本续：西夏文作𗄈𗵽𗐯𗃺，字面直译是"最上本续"，译为"无上本续"。密乘经典分四大续部，即修习次第的四个层次：事续、行续、瑜伽续和无上瑜伽续。其中无上瑜伽续在密教中至高无上，过此再无其他更上密续，故称"无上"。西夏文"无上本续"当为无上瑜伽续中的一类密续。

（五）说不尽：西夏文作𗋽𗗟𗉋，直译为"无可说"。其在《吉祥三菩怛经典明灯》中作 brjod kyis mi lang pa，译为"说不完""说不尽"。

（六）化轮：西夏文作𗐓𗄻，译为"化轮"，《吉祥三菩怛经典明灯》中作 sprul pavi vkhor lo，译为"化轮""变化轮"，指藏传密教修法中的人体脐间脉轮。

藏文转写：

gsung ni gsung gi vkhor lo/ thugs ni thugs kyi vkhor lo/ rdo rje ni dam tshig dang bde chen gyi vkhor lo/ btsun mo ni bde ba bskyed pa byed pas na btsun mo ste rdo rje phag movo//（dgyes pa rdo rjevi dbang du byas na sku zhal gcig phyag drug pa/ gsung zhal gsum phyag bzhi pa/ thugs zhal gcig phyag gnyis pa/ rdo rje brgyad phyag bcu drug pa/ btsun mo yum bdag med

mavo//）① bha ga ni chos kyi vbyung gnas so// rnams ni mkhav vgro ma la sogs
pavo// bzhugs pa ni sngar gyi dang vdra/ der chos kyi vbyung gnas nang gi
gzhal yas khang ngo// yang na rtsa bavi rgyud brgyad la ltos pavo// bcom ldan
vdas ni sngar gyi de nyid/ rnal vbyor bye ba phrag brgyad cu ni rgyud bla mavi
levu gnyis pa nas vbyung ba ltar brjod kyis mi lang pavo// sngags kyi rim pa
dang sbyar te bshad na/ es sprul pavi vkhor lo//②

5-4　扱毅纜禋飢绍。娟纜蒲飢骸。羧纜敽靠飢孫姦。蕬继纜該③
　　　伐弥者法轮为。摩者报轮是。耶者大乐轮之谓。闻我者悉

5-5　鄒穥劲蒢緂骸，骸靠悀羙蒢孫骸。羧嬚劲纜毹及莁蒲瓻
　　　嚕怛谓流流是，大乐中含流之谓。一时谓者风阿哇都底

5-6　悀該，羆嬚絆羆蒣緂骸霓纜祸羞骸。蘶桷羞孫羧劲，豩耾
　　　中入，其时心昔成悟见起者胜慧是。此胜慧之坏谓，烦恼

5-7　傸桷绡羞。蘶桷羞敽桷绡毅荒毹緂骸。蘶桷绡纜羞潇飈
　　　魔明无灭。此胜慧与明无等相违因也。此明无（助）灭依天

5-8　傸颒飏飳薐鬶羞。蘶薐鬶纜羞潇苧傸辈緂桷緂羞。羆辈
　　　魔体性于垢着灭。此垢着（助）灭依蕴魔生受续续灭。其生

5-9　緂桷緂纜羞潇桷傸匙嗽嘉斄絲敽霓纜羞骸，瀻芾羆縿
　　　受续续（助）灭依死魔妄思自莫主以起者灭也，有亦其实

5-10　骸。縿劲纜庞禋禰禰孫劲。傤纜飢緂骸。禰禰纜祅孫羞
　　　是。实谓者诸法皆皆之谓。来者解悟是。皆皆谓者独之空

5-11　輴骸纜祇孫羞骸。矛纜牐羞瀿翼骸。彤纜刃颫瀿羘翼绍。
　　　何是者皆之空是。身者显空（助）喜是。语者一味（助）上喜成。

5-12　瓿纜羞瀿嗽辈翼孫劲。蘶席劲纜該孫糤嘉孫糤嗽纜羞。

---

① 括号里内容在西夏本中无。
② 俄·秋谷多吉等:《先哲遗书·俄派师徒文集》第226册，第105—106页。
③ 此字原文作骸，译为"增长""昌盛"，误，正确应为译音字骸，读作悉、昔、西。

意者空（助）等生喜之谓。石王谓者他之毁自之毁莫能也。

意译：

伐弥为法轮^{（一）}，摩为报轮^{（二）}，耶是大乐轮。我闻者悉嚕恒是盈流。大乐中含^{（三）}是流之谓。谓某时者风^{（四）}入阿哇都底^{（五）}内，于彼时心生起原始寻思^{（六）}是胜慧。谓此胜慧所毁，灭烦恼魔无明^{（七）}。此胜慧与无明等相违故也。随此无明灭除，灭除天魔体性着垢。随此着垢灭除，灭除蕴魔熏习不断^{（八）}。随彼灭除熏习不断，死魔以妄思^{（九）}不禁^{（十）}生起者灭除也。有亦彼如是。谓如者一切诸法之谓。来者是知解证悟。谓一切者何是唯一之空性，彼者皆空。身者是明相或喜。语者成一味^{（十一）}或上喜^{（十二）}。意者是空或俱生喜^{（十三）}之谓。金刚者毁他而不能毁自也。

注释：

（一）法轮：西夏文作禩瓺，藏文作 chos vkhor，译为"法轮"。藏传佛教中"法轮"有两层意思：一是指佛讲经说法，即常说的转法轮之"法轮"；另一层意思是指心间脉轮，即人体心间的轮状脉结。此处"法轮"指心间脉轮。

（二）报轮：西夏文作蒻瓺，译为"报轮"。《吉祥三菩怛经典明灯》中作 longs spyod vkhor lo，译为"受用轮""报轮"。因其位于喉间，是受用饮食味道的脉轮，故称受用轮。

（三）含：音译西夏文虆。"含"当为梵文种字 Haṃ 之西夏语音译。

（四）风：西夏文作觥，藏文作 rlung，译为"风"，即风息、气。藏传佛教密宗所说体内风、脉、明点三者中之风息，遍布于体内各脉道。

（五）阿哇都底：音译西夏文図茏蕭祇，《吉祥三菩怛经典明灯》中记音为 a ba dhū ti，梵文作 Āvadhūti，译为"中脉"，藏文又作 dbu ma。藏传佛教认为人体内风（气）等所依附的最主要脉道有三条，即左、中、右脉，其中又以中脉为最。因其不分男女，均居中央，又是一切智慧之本、风等运转之路，故称中脉。

（六）原始寻思：西夏文作羏翲絾薂，直译是"昔成悟见"。《吉祥三菩怛经典明灯》中对应作 gnyug mar rtogs pa，译为"原始寻思""固有思维"。

（七）无明：西夏文作𗄊𗦎，直译是"明无"，《吉祥三菩怛经典明灯》中对应作 ma rig pa，译为"无明"，即痴。佛教中的六根本烦恼之一。

（八）熏习不断：西夏文作𗇋𗦫𗰗𗰗，直译为"生受续续"。其在《吉祥三菩怛经典明灯》中对应作 bag chags kyi mtshams sbyor ba，藏文译为"熏习之不断"，即不断之习气。

（九）妄思：西夏文作𗭪𗦎，译作"妄思"。其在《吉祥三菩怛经典明灯》中对应作 rtogs pa，意思为"思维"，佛书中译作"寻思""分别心"。

（十）不禁：西夏文作𗪊𗦫𗥃，直译是"自不主"。其在《吉祥三菩怛经典明灯》中对应作 rang dbang med pa，直译是"自主不"，常译作"不禁""不能控制"。

（十一）一味：西夏文作𗏹𗄊，译为"一味"。其在《吉祥三菩怛经典明灯》中作 ro gcig pa，译作"一味"，即一致、不二。

（十二）上喜：西夏文作𗰜𗦫，译为"上喜"，其在《吉祥三菩怛经典明灯》中对应作 mchog dgav，译为"胜喜""最上喜"。密教中的四喜（喜、胜喜、离喜和俱生喜）之一，即极大欢喜。

（十三）俱生喜：西夏文作𗾟𗇋𗦫，直译是"等生喜"。其在《吉祥三菩怛经典明灯》中作 lhan skyes kyi dgav ba，译为"俱生喜"。密教中的四喜之一，即修行者在智慧灌顶时可获得四喜，其中全身明点集合一处时所现的智慧和喜乐称为俱生喜，又称俱生智。

藏文转写：

waṃ gis chos kyi vkhor lo// mas longs spyod vkhor lo/ yas ni bde chen vkhor lo/ sru ta ni vdzag pa ste bde chen nas haṃ vdzag pa ste/ dus gcig ni rlung a ba dhū tir tshud pa/ devi dus su shes pa gnyug mar rtogs pa skye ste/ de shes rab yin/ prad nya la bha ga ste/ nyon mongs pavi bdud ma rig pa vgag/ prad nya ma rig pa vgal bas so// ma rig pa vgags pas lhavi buvi bdud dngos

po la mngon par zhen pa vgag/ mngon par zhen pa vgags pas phung povi
bdud bag chags kyi mtshams sbyor ba vgag/ bag chags kyi mtshams sbyor
vgags pas vchi bdag gi bdud rnam par rtog pa rang dbang med par rgyu ba
vgag/ ldan pa yang de nyid yin/ de bzhin chos thams cad kyi stong nyid do//
gshegs pa ni rtogs pavo// thams cad ni gcig gi stong nyid gang yin pa de ni kun
gyi stong nyid do// sku snang ba vam dgav ba/ gsung ro gcig pa vam mchog
dgav/ thugs stong pa vam lhan skyes/ rdo rje gzhan vbyed tshur gzhig tu mi
btub pa//[①]

5-13　　　　　　　　　　　　　　　　　　　　　　　
德女伐嘎谓者阿哇都底是。住谓者双入自体是。彼中谓

5-14　　　　　　　　　　　　　　　　　　　　　　　
者阿哇都底中是。复者根续于喻也。坏有出谓者初说其

5-15　　　　　　　　　　　　　　　　　　　　　　　
实是。默有自主八十俱胝谓者八十俱胝脉是。彼之觉受

5-16　　　　　　[②]　　　　　　　　　　　　　　　
阿哇都底中起也。三智次与合以说（助）则二种有，依（助）有与

5-17　　　　　　　　　　　　　　　　　　　　　　　
一（助）定作及依（助）无是。彼中依（助）有与一（助）定作者续次

5-18　　　　　　　　　　　　　　　　　　　　　　　
及咒次于坚固获时，心中石王亥母化。翳者彼之花净是。

5-19　　　　　　　　　　　　　　　　　　　　　　　
伐弥者石王是。摩耶谓者双入是。闻我者菩提心点圆流

5-20　　　　　　　　　　　　　　　　　　　　　　　

---

① 俄·秋谷多吉等：《先哲遗书·俄派师徒文集》第226册，第106页。
② 甄字原本漏，录文补。

流之谓。一时者石王瓶中等生智授是。坏有出者初说如

6-1 𗣼𗤋。𗧓𗜓𗖰𗣫𗤋𗱆𗈪𗤋𗹬𗤋。𗗙𗔇𗣫𗤋𗤗𗵒𗗙𗔇𗇐。

合应。德女谓者石王亥母是。伐嘎谓者彼之伐嘎是。

意译：

明妃之伐嘎者是阿哇都底。谓居住者是双运^(一)自性。谓彼间者是阿哇都底内。又者喻于根本续也。出有坏者是前说之真实。瑜伽自在八十俱胝是八十俱胝脉^(二)。彼之觉受^(三)生起于阿哇都底中。三、解说与智慧次第相应则二种有，是与有所依^(四)及与无所依一并修定。彼中与有所依一并修定，于本续次第和密咒次第获得坚固时，心间化金刚亥母。醫是彼之莲花。伐弥是金刚。摩耶是双运。我闻者菩提心^(五)明点^(六)盈流之谓。某时者是金刚瓶^(七)内受俱生智。^①出有坏者如前说应相应。明妃者是金刚亥母。伐嘎者是彼之伐嘎。

注释：

（一）双运：西夏文作𗤋𗹬，直译是"双入"。其在《吉祥三菩怛经典明灯》中作 zung vjug，藏文直译亦为"双入"，佛书中译作"双运"。"双运"原义是指两种事同时同地存在，不相冲突。在密教中指男女双身修。

（二）脉：西夏文作𗧓，译为"脉"，藏文作 rtsa。藏传密教修行的基础要素是气（风）、脉和明点，其中脉如同中医、道家气功所讲的十二脉络，是气（风）的运行通道。在藏传佛教中，脉的数目众多，据说有72000个小脉，遍布全身。诸脉中重要的有三十二脉，最重要的为左、中、右三脉。

（三）觉受：西夏文作𗇐𗣫，直译为"觉受"。其在《吉祥三菩怛经典明灯》中作 nyams myong，译为"享受"，佛书中常译作"觉受""亲证"，即了解所修法的道理。

---

① "某时者是金刚瓶内受俱生智。"藏文本中无。

（四）所依：西夏文作𗗊𗡪，译为"依处""所依"。《吉祥三菩怛经典明灯》中作 rten，译为"所依"，即依靠的事物。

（五）菩提心：西夏文作𗹝𗠰𗾑，藏文作 byang chub kyi sems，译为"菩提心"，即觉心、佛心。

（六）明点：西夏文作𗄼𗾑，直译是"点圆"，对应藏文为 thig le，佛书中译作"明点""滴"。藏传佛教所说体内风（气）、脉、明点三者中之明点，是胜乐的精髓或种子，以各种形式存在于体内脉道之中。

（七）金刚瓶：西夏文作𗦎𗵒𗿳，藏文作 rdo rje bum pa，译为"金刚瓶"。金刚瓶是密教灌顶时使用的法器。

藏文转写：

btsun movi bha ga ni a ba dhū ti/ bzhugs pa ni zung vjug gi ngo bor/ der ni a ba dhū tir/ yang rtsa bavi rgyud la ltos pa/ bcom ldan vdas sngar gyi de nyid/ rnal vbyor bye ba phrag brgyad bcu ni rtsa bye ba phrag brgyad bcu/ devi nyams myong a ba dhū tir skye/ ye shes kyi rim pa la gnyis te/ rten dang bcas te bsgom pa dang/ rten med pavo// de yang rgyud kyi rim pa dang sngags kyi rim pa la brtan pa thob nas/ snying ga nas vod phag movi sprul pavo// e ni devi padmavo//waṃ rdo rje/ ma ya ni snyoms par vjug pa/ thos pa byang chub sems kyi thig le vdzag pa/ bcom ldan vdas la ni sngar bzhin sbyar ro// btsun mo ni rdo rje phag mo bha ga yang devi bha ga//[①]

6-2　𗫂𗥫𗗙𗤁𗊱𗦖𗥫。𗖐𗤋𗥫𗗙𗙴𗰐𗌺𗊱。𗫂𗗙𗌮𗤓𗫨𗭴𗦖。𗰜𗬥
　　　住谓者双人之谓。彼中谓者法生宫是。复者根续于喻也。坏有

6-3　𗰖𗥫𗗙𗥛𗥫𗥑𗧈。𗰆𗑲𗤁𗐆𗟲𗦖𗝠𗷦𗥫𗦳𗤧𗙟𗦖𗗙
　　　出谓者先说与同。默有自主八十俱胝谓者三种喜之绕

6-4　𗤋𗗊𗐆𗦖𗤧𗤧𗰜𗟲。𗧀𗤧𗰜𗝱𗦖𗲲𗴥𗤧𗌺𗦖𗲲𗴥𗤘𗗎𗦖

①　俄·秋谷多吉等：《先哲遗书·俄派师徒文集》第 226 册，第 106—107 页。

围依八十种自性起。其自性亦清净分及不清净分中清

6-5 　𗀓𗬫𗰜𗰭𗼃。𗈁𗢳𗋒𗰓𗉛𗆊𗥫𗨙𗥥𗦺，𗼉𗱕𗉛𗐛𗏁𗈁𗫢
　　　净分者起也。依（助）无智次与合以说（助），则咒次于坚固获

6-6 　𗼀，𗹭𗆊𗬫𗴖𗥀𗙜𗦀𗣼𗣮𗼃𗉛。𗗙𗿷𗬫𗷋𗥀𗙜𗣮𗼃𗉛
　　　时，翳谓者右鼻孔中往来风是。伐弥以者左鼻孔中风入

6-7 　𗁩𗼃。𗌉𗬫𗰚𗴲𗀋𗮰𗼉𗀋𗥴𗣮𗼃𗥫𗤭𗢸𗀓𗀓，𗼉𗪿𗀓𗫻𗫨
　　　令也。摩者眉间导应心导（助）风以表依出时，心虚空中察

6-8 　𗬫𗼃。𗉛𗆊𗬫𗀓𗑱𗴖𗀋𗥷𗀓𗕦𗸘𗼉𗼃。𗉛𗐬𗆊𗬫𗳉𗫢
　　　者是。耶谓者净梵穴中来时定出心是。悉噜怛谓者大乐

6-9 　𗀋𗄻𗆊𗼉𗘄，𗉛𗉛𗷚𗩾𗀋𗰍𗼃𗉛𗪾𗰜𗬫。𗉛𗫻𗆊𗬫𗰭
　　　中菩提心流，三十二脉中至时觉受起者是。一时谓者其

6-10 　𗬫𗰜𗗙𗿷𗕦𗫢𗀋𗼃𗗏𗆊。𗇋𗼈𗉛𗰍𗼉𗥫𗼃。𗍊𗁶𗰜
　　　时（助）风阿哇都底中入之谓。尔又数皆初说如也。四密次

6-11 　𗆊𗥫𗨙𗥥𗦺，𗼉𗹭𗆊𗬫𗈁𗼃，𗗙𗿷𗬫𗏡𗆊𗺛。𗌉𗉛𗬫𗴪𗼉
　　　与合以说（助），则翳谓者空是，伐弥者益寻成。摩耶者双入

6-12 　𗼃。𗉛𗐬𗆊𗬫𗗙𗮳𗗙𗷓𗵀𗳉𗬫𗼃。𗉛𗫻𗆊𗬫𗣼𗥌𗋽
　　　是。悉噜怛谓者伐嘎伐那（助助）悟是。一时谓者自性身

6-13 　𗼃。𗴖𗱣𗴖𗬫𗰭𗼉𗼃。𗼉𗬫𗵒𗤲𗢳𗱇𗤲𗅾𗄻𗤌𗉛𗪾𗼃。
　　　是。坏有出者其实是。实谓者化身及报身之二种习应是。

6-14 　𗰙𗬫𗰭𗤲𗄻𗵒𗥶𗛄𗬫𗼃。𗤮𗤮𗆊𗬫𗥥𗫝𗼙𗥥𗆊𗥫𗥰。
　　　来者其二种处（助）现者是。皆皆谓者他类先说与合应。

意译：

谓住者是双运，彼中是法生之处，又喻于根本续也。出有坏者与前所
说相同。瑜伽自在八十俱胝者随三种喜之眷属生起八十种自性。彼自性亦
清净部分^{（一）}与不清净部分，其中清净部分者生起也。宣说无所依与智慧
次第相应，则于密咒次第获取坚固时，谓翳者是风息通过右鼻孔，以伐弥
者是令风入左鼻孔中。摩应引导于眉间，心以能导风由外出时，心缘于虚

空中。谓耶者净梵穴^(二)中来时是出定心。谓悉噜怛是大乐中菩提心盈流，遍及三十二脉^(三)时，觉受生起也。谓某时者，于彼时风入阿哇都底中之谓。复又诸种如前说也。四、三解说与秘密次第相应，则谓翳者是空。伐弥为方便。摩耶是双运。悉噜怛者是伐嘎伐那^(四)领悟。谓某时者是自性身。出有坏者是彼真实。谓如者是化身及报身之二种所化。谓来者是彼二种处显现。谓一切者应与前所说他类相应。

注释：

（一）清净部分：西夏文作𗆧𗋽𗁬，直译为"清净分"。《吉祥三菩怛经典明灯》中作 dag pavi cha，译作"清净部分""清净分"。

（二）净梵穴：西夏文作𗊪𗰉𗰜，译为"净梵穴"。《吉祥三菩怛经典明灯》中作 tshangs pavi bu ga，译为"净梵穴"，即顶上顶轮的异名。

（三）三十二脉：脉是藏传密教修行气（风）、脉、明点的通道。在藏传佛教中，脉的数目众多，其中重要的有三十二脉。

（四）伐嘎伐那：音译西夏文𗤋𗒛𗤋𗰜，当为梵文 Bhagavana 之音译，藏文作 skal ldan，译为"吉利者""有福分者"。

藏文转写：

bzhugs ni zung vjug der ni chos kyi vbyung gnas/ yang na rtsa bavi rgyud las ltos pa/ bcom ldan vdas slar bzhin/ rnal vbyor bye ba phrag brgyad bcu ni/ dgav ba gsum gyi vkhor du rang bzhin brgyad bcu skye la/ rang bzhin de yang dag pavi cha dang/ ma dag pavi cha las/ dag pavi cha skyevo// rten med pavi ye shes rim pa dang sbyar na/ sngags kyi rim pa la brtan pa thob nas/ e ni sna bug g-yas pas rlung rgyu bavo// waṃ gyis ni sna bug g-yon pa nas rlung vjug pavo// ma ni mdzod pu nas shes pa khrid bya/ rlung khrid byed kyis phyir phyung nas sems nam mkhav la gtad/ ya ni tshangs pavi bu ga nas zhugs pas rjes kyi shes pa/ sru ta ni bde ba chen po nas byang chub kyi sems vdzag pa ste/ rtsa sum cu rtsa gnyis na mar sil sil song tsam na nyams su myong ba vong ngo// dus gcig ni devi dus su rlung a ba dhū tir vjug pavo// gzhan ma thams cad slar bzhin no// //

gsang bavi rim pa dang sbyar te bshad/ es ni stong nyid do// waṃ ni thabs so// ya ma ni zung vjug go/ thos pa ni bha ga nas thugs su bdar bavo// dus gcig ni ngo bo nyid kyi skuvo// bha ga ban ni de nyid do// de bzhin ni sprul sku dang longs spyod rdzogs pavi skuvi gdul bya gnyis lavo// gshegs pa ni de nyid la snang bavo// thams cad ni rigs gzhan snga ma thams cad yang sbyar/^①

6-15　𗥦𗅈𗍷𗥃𗾫。𗼃𗅈𗷺𗾫𗤻。𗱸𗅈𗨁𗾫𗥔𗡪。𗴝𗤋𗅈𗫤𗼅𗥃𗾫。

　　　 身者化身是。语者报身成。意者法身之谓。石王者自性身是。

6-16　𗩱𗩾𗅈𗔅𗫽𗱕𗱕𗅆𗤶，𗾟𗫤𗱕𗱕𗤻𗫽𗾫。𗐩𗲠𗅈𗕥𗺌

　　　 德女者体性皆皆生起，诸法皆皆之真空是。伐嘎者坏毁

6-17　𗾫。𗧐𗸟𗅈𗬥𗆠𗁡𗦻𗙏。𗹦𗱸𗫦𗢭𗡝𗹙𗰖𗆐𗅈𗍷𗥃𗡝

　　　 是。彼中者先说如合应。默有自主八十俱胝谓者化身八

6-18　𗰖𗆐𗑱𗡪。𗣼𗋽�303𗧩𗥰，𗣼𗮔𗰔𗮜𗬢𗚜𗹜𗁡𗆠

　　　 十俱胝染之谓。业手印与合（助），智次依（助）有与一（助）如是

6-19　𗁉𗦻。𗧇𗣊𗤻𗅈𗆐𗺸𗰔𗦳𗅆𗧘𗦟。𗰫𗤼𗑠𗤻𗅈𗆐

　　　 知应。二第语生起仪依广说者二种有，导师（助助）语生起

6-20　𗱈𗍾𗩺𗥢𗣊𗤻𗅈𗾫。𗰫𗤼𗣉𗣊𗤻𗅈𗕥𗰔�303𗅈

　　　 及集绕者（助助）语生起是。导师（助助）语生起者实依生起

7-1　𗱈𗍬�303𗅈𗤻𗧘𗾫。𗪮𗬥𗁡𗍾𗩺�6𗣉𗗂𗘂�6𗾫。

　　　 及随依生起二种是。其（助）如集绕者之亦实随二种是。

意译：

　　身者是化身。语者为报身。意者为法身^(一)。金刚者是自性身^(二)。明妃者一切自性生起，是一切法之空性。伐嘎者是毁坏。其中者应与前面所说相应。瑜伽自在八十俱胝是化身获八十俱胝之谓。与业手印^(三)相应之

――――――――――

　　① 俄·秋谷多吉等：《先哲遗书·俄派师徒文集》第226册，第107—108页。

规，所知解如与智慧次第依处一起。第二依缘起之规广说有二种，导师缘起和集略者缘起。导师缘起是直接生起和间接生起^{（四）}二种。其亦犹如集略者之亦直接间接二种。

注释：

（一）法身：西夏文作𗋒𗰜，藏文为 chos sku，译作"法身"。佛所具备的四身之一种，即修行所成之究竟果位，可以从此分出四身之佛身。

（二）自性身：西夏文作𗱴𗰛𗰜，《吉祥三菩怛经典明灯》中作 ngo bo nyid kyi sku，译为"自性身"。佛所具备的四身之一种，即具足二种清净究竟法界之身。

（三）业手印：西夏文作𗥃𗦳𗀅，《吉祥三菩怛经典明灯》中作 las kyi phyag rgya，译为"业手印"。印又作印契、印相等，即用手指作种种之形，以为法德之标志。由小指依次到大指，为地、水、火、风、空之五大。又左手为定，右手为慧。此处的业手印当与手印母（phyag rgya ma）相通，即佛母、明妃，指行者修欲乐定时所依之助伴。

（四）直接生起和间接生起：西夏文𗰜𗱤𗥃𗱥𗱧𗥃𗰜𗱥𗱧，直译是"依实生起与依随生起"。其在《吉祥三菩怛经典明灯》中作 dngos su gleng bslang ba dang shugs la gleng bslang ba，译为"直接生起和间接生起"。其中西夏文𗰜𗱤（依实）译为"直接"，𗥃𗱥（依随）译为"间接"。

藏文转写：

sku ni sprul sku/ gsung ni longs sku/ rdo rje ni ngo bo nyid kyi skuvo// btsun mo dngos po thams cad bskyed pa chos thams cad kyi stong pa nyid do// bha ga ni vjoms pas so// der yang ni sngar bzhin du sbyar/ rnal vbyor bye ba phrag brgyad bcu ni sprul sku bye ba phrag brgyad bcu vphro bavo// las kyi phyag rgya dang sbyar ba ye shes rim pa rten dang bcas pa dang vdra bar shes par byavo// gling bslang bavi tshul rgyas par bshad pa la gnyis te/ ston pas gleng bslang ba dang/ sdud pa pos gleng bslang bavo// ston pas gleng ba dngos su gleng bslang ba dang/ shugs la gleng bslang ba gnyis so//[1]

7-2 　其中导师（助助）随依语生起（助）者彼中谓于起，面相略笑谓

7-3 　于（助）至是。笑者谁是谓。则坏有出谓与合应。岂（助）笑谓，则

7-4 　彼中谓法生宫（助）胜妙殿中是。何时（助）笑谓，则复谓根续

7-5 　（助）说又方是。何云（助）笑谓，则石王心真之观时面相略笑

7-6 　也。其八十俱胝中石王心真之观者何因是谓，则根续（助）

7-7 　说又方说（助）续说时（助）成及彼之集绕者石王心真是，因

7-8 　观及石王心真（助助）集绕依，先生后入习应数之导师能

7-9 　观也。其又迅速谓者集绕者（助助）句袭法是。集绕者（助助）

7-10 　随依语生起（助）说者石王心真坐处一起谓于生。此如语[2]

7-11 　谓谓于至以说也。彼中此如语谓谓者语之作应是。

意译：

　　其中，导师间接缘起之规者生起于其间，面相遍存微笑。微笑者是谁？则谓与出有坏相应。何所微笑？则谓其内法生之处是无量宫内。何时

---

① 俄·秋谷多吉等：《先哲遗书·俄派师徒文集》第 226 册，第 108 页。
② 原文作𘝥，译为"投"，误，当为助词𘝥，指"处""处所"。

174

微笑？则又谓是宣说根本续之后。如何微笑？则观想金刚藏时，面相微笑也。彼八十俱胝中观想金刚藏者是谓因何？则演说根本续后之解说续时而成，及彼之集略者是金刚藏，故依观想及集略金刚藏，随前面生起后入之诸所化之导师能观也。其又谓迅速者是汇集语句连接^{（一）}之法。宣说集略者间接缘起，生于与所谓金刚藏与坐处一起谓。宣说遍及如是语云云。彼中如是语云云者是语之所作。

注释：

（一）连接：西夏文作𗙇𗷪，直译是"袭仪"。《吉祥三菩怛经典明灯》中作 mtshams sbyar ba，译为"结合""连接"。

藏文转写：

ston pas shugs la bslang ba ni/ vdzum pa mdzad ces bya bar sbyar ro// su yis vdzum pa mdzad na bcom ldan vdas kyis so// gang du vdzum par mdzad na/ der te chos vbyung nang gi gzhal yas khang duvo// dus ji tsam na vdzum pa mdzad na/ yang zhes bya bar sbyar te rtsa bavi rgyud bshad pavi gting lavo// tshul lam thabs ji ltar vdzum pa mdzad na/ rdo rje snying po la gzigs te vdzum pavo// bye ba phrag brgyad bcuvi nang nas rdo rje snying po la gzigs pa civi phyir zhe na/ rtsa rgyud kyi gting la bshad pavi rgyud vbyung bavi skabs la bab pa dang/ devi sdud pa po rdo rje snying po yin par gzigs pa dang/ rdo rje snying pos bsdus pas sngon byung dang rjes vjug gi gdul bya gdul bar gzigs pavo// vdzum pa mdzad ma thag pa ni sdud pa po mtshams sbyar bar bya ste/ sdud pa po shugs la gleng bslang pavo// vdi skad ces gsol ba ni ngag gi bya ba//^①

7-12　𗱕𗥰𘝓𗴩𗇁𗦳𗴒𗍳。𗒘𗟭𗰜𗬠𗉛𗴩𗦳𗴒𗍳。𘜺𗩈𗐯𘍩𘂤𗵒𗴛𘓆𗋖

掌合者身之作应是。敬恭者意之作应是。八十俱胝众中石王

7-13　𗦎𗷒𗆫𗠣𗤙𗰜𗴬𗤻𘃡𗎮𘑩，𘕿𗵒𗬠𘍩𗎒𗤨𗦳𗴚𗰜。𗤿𗄻

①　俄·秋谷多吉等:《先哲遗书·俄派师徒文集》第226册，第108—109页。

心真坐（助）一起者何因也谓，则先如三种语因合应。根续

7-14 慨繎彩就俄彩麸彩就俄彩稀䚶繞疹骉麸嘉魏形訩

又方说（助）续说及说（助）续说之集绕者自是及自（助助）集

7-15 繎翭繎散庭舒① 骳骹。綠翭彩就虤繎穆幾愼棱，繎麸腅汖

绕依绕围导师见也。实依语生起者略广二种，问及答亦

7-16 穆幾愼棱骳。耗耕穆繎繎骹嘉綹勢骹彩繞。骹繎穆繎棱

略广二种是。彼中略问者 智自主谓与合应。智者义解及

7-17 颍繎骳。嘉綹繎勢耕骳䫴紉穆骳。溥俄襦襦稀彩骩，繼俄

事解是。自主者（助）获是呼唤义是。本续皆皆之语序，因续

7-18 繎綬缍勢骹彩繞。骹彩繎紉骹俄骳。繎繎丝俄骳。骹藊骹

听欲我谓与合应。口合者益寻续是。生者果续是。大密及

7-19 腻形骹稀襕虤繎綬缍勢骹彩繞。溁虤汖彩勢繎蠢肌耗

性气三之法皆听欲我谓与合应。坏有出语谓者或典于

7-20 羿，蠢肌耗缃骹。穆彩彩耕虤庿訩蒵勢繎缍彩骹嘉綹骹

有，或典于无也。略答说中石王心真谓者先说智自主与

8-1 羢慨䫴紉骹。繧娟勢繎娺骹骳。骹彜繎勢繎愭虤溁彜骳。

一样呼唤是。翳摩谓者惊愕是。大悲有谓者情有察悲是。

意译：

合掌者是身之所作。恭敬者是意之所作。众八十俱胝中，与金刚藏坐处一起者是谓何因，则如前三种语，故相应。根本续后解说续及解说续之集略者是自己，及自己依集要聚集，眷属觉知[一]导师。直接缘起者广略二种，问和答亦广略二种。其间略问者是与智慧自在相应。智慧者是义解及事解[二]。自在者是已获得，是请唤之义。一切本续之序言，与谓欲听闻因续相应。口合是方便续，生是果续，大密与听闻三种法之性气相应。出有坏语，或续典中有，或续典中无。略答说中，金刚藏者与前说智慧自

---

① 此字原本作骳（教习），误。

在一样请唤。翳摩是惊愕。谓大悲有是众生^{（三）}境相^{（四）}之悲悯。

注释：

（一）觉知：西夏文作𗥃，译为"见"。《吉祥三菩怛经典明灯》中作 mthong ba，意思是"见"，佛书中常译作"觉知"。

（二）义解及事解：西夏文作𗥃𗟲𗟲𗥃𗟲，直译是"义解与事解"。其在《吉祥三菩怛经典明灯》中作 ji lta ba dang ji snyed pa。ji lta ba 译为"如所有"，即真实规律、真理；ji snyed pa 译为"尽所有"，即所有了知的事物。

（三）众生：西夏文作𗹙𗰜，译为"有情"。藏文对应作 sems can，梵文为 Sattva，汉文文献中音译作萨埵、索哆，早期将其意译成"众生"，后来则译成"有情"。有情就是有情识，泛指动物。

（四）境相：西夏文作𗈢，直译是"察"。其在《吉祥三菩怛经典明灯》中作 dmigs pa，意思是"观看"，佛书中译作"所缘""境相"，即所希望。

藏文转写：

thal mo sbyar ba lus kyi bya ba/ brgyud pa yid kyi bya ba/ bye ba brgyad bcuvi nang nas rdo rje snying po ston la ltas pa civi phyir zhe na/ sngar bzhin du gsum du sbyar te/ rtsa bavi rgyud kyi gting la bshad rgyud vbyung ba dang/ sdud pa po rang yin pa dang/ rang gis sdud pas vkhor vdu bar mthong bavo//

dngos su bslang pa dang/ mdor bstan pa dang/ rgyas par dri bavo// lan la yang mdor lan btab pa dang rgyas par lan btab pavo// mdor dri ba ye shes kyi dbang phyug ces bya bar sbyor te/ shes bya ji lta ba mkhyen pa dang/ ji snyed pa mkhyen pa ste bod pavo// rgyud thams cad kyi gleng gzhi rgyuvi rgyud nyan par vtshal/ kha sbyor thabs kyi rgyud/ kha sbyor las byung ba vbras buvi rgyud/ gsang chen dang mtshan nyid gsum char gyi chos/ kun la nyan par vtshal lo zhes bya bar sbyar/ bcom ldan vdas kyis bkav bstsal pa/ ces rgya dpe la la na yod/ la la na med/ lan mdor btab pa la/ rdo rje snying po ni gong gi ye shes dbang phyug gi dod bod pavo// e mavo ni ngo mtshar bavo//（gong gi rgyud thams cad kyi gsang chen gang yin pa de dag zhes bya ba gnyis kyi tshig yin te gsang chen gyi mtshan nyid bsdu/ thams cad kyis kha sbyor dang/ kha sbyor las byung ba dang/ gleng gzhi bsdu bavo//）[1] brtse ba chen po ni sems la dmigs pavi snying rje//[2]

8-2　颖多多缫缫徦蘿嘉颰缫骰蘿敪敽。　祋嫩颖多多缫缫徦蘿

善哉谓者因续依自利故旨（助）寻是。（助）下善哉者因续依

8-3　多颰缫骰蘿敪敽。　缫徦毦蘿蒍敪羅，緈隬羱羱霏鿲荒。　瓱

他利故旨（助）寻是。因续于依靠以察，则情有察悲起也。石

8-4　席祋蓁多瓝牁缫缐敨蘿荄彲缢。　矤荄牊隬多缫襪羅鿲

王心真谓呼唤者先三皆与合应。菩提勇识谓者法察悲

8-5　敽。　缫腏多缐缫牁敨徦蘿嘉颰缫骰蘿敪敽。　沵颖多缐缫

是。先善哉句者益寻续依自利故旨（助）寻是。后善哉句者

8-6　牁敨徦蘿多颰缫骰蘿敪敽。　襪羅鿲缫牁敨徦毦蘿蒍敪

益寻续依他利故旨（助）寻是。法察悲者益寻续于依靠以

8-7　霏荒。　沈賵藣韄多缫羅绹敨鿲敽。　缫颖多缐缫终徦蘿嘉

起也。德功本源谓者察无大悲是。先善哉句者果续依自

8-8　颰缫骰蘿敪敽。　沵颖多缐缫终徦蘿多颰缫骰蘿敪敽。　瓱

利故旨（助）寻是。后善载句者果续依他利故旨（助）寻是。其

8-9　氺羅绹敨鿲缫庞沆賵硆藣韄敽多蘿羅绹蒍鿲，终徦毦

亦察无大悲者诸德功之本源是谓依察无乐悲，果续于

8-10　羅敪霏荒。　瓱氺庞绯緈散硆庀氄绹敥，羅蔗毦瓰荄緵蔗

察以起也。其亦诸佛如来之分别无智，察（助）妄思与（助）离

8-11　缫敽。　缫多藣徦禲禲敥蒲颡敽。　瓱敨多耕瓱敨缫愩绤敽。

① 括号里内容对应西夏本第 8 叶第 11—13 行。

② 俄·秋谷多吉等：《先哲遗书·俄派师徒文集》第 226 册，第 109 页。

者是。先说本续皆皆大密何是。其数谓中其数者二句是。

意译：

善哉者依因续利自^{（一）}，故加持。下面善哉者依因续利他^{（二）}，故加持。依靠因续境相，则生起众生境相之悲悯。请唤金刚藏者与先前三种性气相应。菩提萨埵^{（三）}者是法境相之悲悯。前善哉句者依方便续利自，故加持。后善哉句者依方便续利他，故加持。法境相之悲悯者依靠方便续生起。功德来源^{（四）}者无缘^{（五）}之大悲悯。前善哉句者依果续利自，故加持。后善哉句者依果续利他，故加持。其亦无缘大悲悯者是诸功德之来源，无缘乐悲所缘于果续生起。其亦诸佛如来之无分别智，所缘与妄思分离。^①前面宣说一切本续密是何？所谓彼数是二句。

注释：

（一）利自：西夏文作𗧜𗱬，直译是"自利"。《吉祥三菩怛经典明灯》中作 bdag gi don，译为"自之利益"，即利益自己。

（二）利他：西夏文作𗡜𗱬，直译是"他利"。《吉祥三菩怛经典明灯》中作 gzhan gyi don，译为"他之利益"，即饶益他人。

（三）菩提萨埵：西夏文作𗣼𗤶𗾝𗢏，直译为"菩提勇识"。藏文作 byang chub sems dpav，梵文为 Bodhisattva，佛书中译为"菩提萨埵"，即菩萨。

（四）来源：西夏文作𗤊𗰔，直译是"本源"。其在《吉祥三菩怛经典明灯》中对应作 vbyung gnas，译为"生处""来源"。

（五）无缘：西夏文作𗺉𗎭，直译是"无察"。《吉祥三菩怛经典明灯》中作 dmigs pa med pa，直译是"无察"，佛书中译为"无缘""无所得"。

藏文转写：

legs so ni rgyuvi rgyud la bdag gi don du gsol ba btab pavo// legs so vog ma ni rgyuvi rgyud la gzhan gyi don du gsol ba btab pavo// rgyuvi rgyud la

---

① "其亦诸佛如来之无分别智，所缘与妄思分离。"藏文本中无。

dmigs nas sems can la dmigs pavi snying rje/ rdo rje snying po bos pa ni snga ma bzhin du gsum char la sbyar te/ byang chub sems dpav ni chos la dmigs pavi snying rjevo// legs so gong ma ni thabs kyi rgyud la bdag gi don du gsol ba btab pavo// legs so vog ma ni thabs kyi rgyud la gzhan gyi don du gsol ba btab pavo// chos la dmigs pavi snying rje ni thabs kyi rgyud la dmigs nas skye bas so// yon tan gyi vbyung gnas dmigs pa med pavi snying rje ste/ legs so vog ma ni vbras buvi rgyud la bdag gi don du gsol ba btab bo// legs so vog ma ni vbras buvi rgyud la gzhan gyi don du gsol ba btab bo// dmigs pa med pavi snying rje vbras buvi rgyud la dmigs te skyevo//[1] gong gi rgyud thams cad kyi gsang chen gang yin pa de dag zhes bya ba gnyis kyi tshig yin te gsang chen gyi mtshan nyid bsdu//[2]

8-12 𗤻𗭟𗣼𗁬𗣫𗊪𗬌𗤋𗥯𘕰𘕰𗣬𗧒𘓠𗣔𘓠𘎑𗽈𗣼𗣔𘊝𗜀
　　　 此者大密及性气聚集皆皆以口合及合于生及语序聚

8-13 𗤋𗯯。𗤻𘏞𗾟𗤷𘓧𗣼𗻻。𘔼𗾟𘃎𘉑𗡪𘊨𗤛𗣬𗛥𗤛𗣼𘏸
　　　 集也。此如略问答说终。广问依石王心真等谓中等以不

8-14 𗈜𗣼𘏿𘙌𗢭𗣬𗤋。𗣼𗭟𗣔𗽓𗁬𗣬𗤩。𗠣𘓺𗭟𘉧𗽓𗤩。𗒆𗗚
　　　 动及我无母等摄。大者利他毕终是。勇识者利自是。世音

8-15 𘊰𗣼𘑲𘕴𗤩𘗐𘙌𗣬𗀛𗬲𗣬𗠣𘓺𗣬�391𗣔。𘗐𘗐𗣔𘕄𘕄
　　　 观大势力障盖除等十地菩提勇识数之谓。重复谓者敬

8-16 �391𘓺𗣬。𘃡𗣼𘕴𘕞𗣫𘊷𘃡𗣯𘕜，𘊝𗣫𗺉𗣬𘏾𗭑𗤛𘎑𗣼
　　　 之义是。敬礼者导师（助）敬礼时，身语意以表里密真性以

8-17 𗋿𘍠𗤛𗣬。𘔼𗱚𘙃𘕴𗤛𗁬𘕷。𗜥𗣔𗍊𘋗𘕴𗍾𗜀𘕵𘙉𗢭𗚜
　　　 供养作也。最中喜者语依是。目不（助）飞者心于嬉戏（助）起

8-18 𗣬。𘔼𗣔𘕴𘔼𘂤𘔼𗜕𘅣𘊷𗣬，𗣬𗸲𗡪𘏞𘉑𗣔𗊪𗽈𘊾。

---

① 俄·秋谷多吉等：《先哲遗书·俄派师徒文集》第 226 册，第 109—110 页。

② 俄·秋谷多吉等：《先哲遗书·俄派师徒文集》第 226 册，第 109 页。

是。此谓者此三弥菩怛中是，（助）下本续皆皆谓与合应。

意译：

此者是大密及性气以一切集要相应，及生于相应，序言总括也。如是略问解答终。依广问，谓金刚萨埵等以其间等之不动^{（一）}及无我母^{（二）}等摄持。大者是究竟利他，萨埵者是利自，观世音、大势至^{（三）}、除盖障^{（四）}等十地菩萨^{（五）}数之谓。① 复又谓者是恭敬之义。敬礼者是礼敬导师时，以身语意之内外密^{（六）}，以真性供养也。最上喜者是依语。目不暂移者是于心生起嬉戏。谓此者是此《三弥菩怛》中，以下一切本续应与之相应。②

注释：

（一）不动：西夏文作𗧸𘕿，译为“不动”，藏文作 mi bskyod pa。“不动”指密教五方如来中的不动如来、不动佛，梵文作 Akṣobhya，汉文诸本中常译为阿閦佛、阿閦如来。

（二）无我母：西夏文作𗧸𗦀𘓐，译为“无我母”，藏文作 bdag med ma。“无我母”是大乘密教佛母名，常为不动佛之修法女伴。

（三）大势至：西夏文作𗡓𗧿𘚾，直译是“大势力”。其藏文作 mthu chen thob，译为“大势力”，佛书中译作“大势至”。大乘菩萨名，即大势至菩萨，又称秘密主金刚手。

（四）除盖障：西夏文作𘗽𘜼𗣼，直译是“障盖除”，即除盖障。其藏文作 sgrib pa rnam sel，译作“除诸障”，佛书中译作“除盖障”。大乘菩萨名，即除诸障菩萨、除盖障菩萨。

（五）十地菩萨：西夏文作𗥃𘒣𘄄𘝯𘝞𗳵，直译为“十地菩提勇识”，即“十地菩提萨埵”“十地菩萨”。十地，藏文作 sa bcu，指大乘菩萨十地，分别为：欢喜地（rab tu dgav ba）、离垢地（dri ma med pa）、发光地（vod byed pa）、焰慧地（vod vphro ba）、极难胜地（shin tu sbyans

---

① “大者是究竟利他，萨埵者是利自，观世音、大势至、除盖障等十地菩萨数之谓。”藏文本中无。

② “谓此者是此《三弥菩怛》中，以下一切本续应与之相应。”藏文本中无。

dkav ba）、现前地（mngon du gyur ba）、远行地（ring du song ba）、不动地（mi gyo ba）、善慧地（legs pavi blo gros）、法云地（chos kyi sprin）。"十地菩萨"是指证得十地的菩萨。

（六）内外密：西夏文作𘟚𗕟𘓨，直译是"内外密"。其在《吉祥三菩怛经典明灯》中作 phyi nang gsang ba，译为"内外密"，即一切秘密的和公开的密法。

藏文转写：

thams cad kyis kha sbyor dang/ kha sbyor las byung ba dang/ gleng gzhi bsdu bavo// brtse ba chen po ni sems la dmigs pavi snying rje//[①] rgyas par dri ba la/ rdo rje snying po la sogs pa zhes bya ba ni/ sogs kyis mi bskyod pa dang bdag med ma la sogs pa bsdu/ yang dang yang ni gus pa ston pa phyag byas nas lus ngag yid kyis mchod pa vam phyi nang gsang ba de kho na nyid kyis mchod pavo// rab tu dgod pa ni ngag go/ mig gdangs pa ni yid spro ba skyes pa/ vdir zhes pa rgyas par dri bavi skabs suvo//[②]

8-19 𗟲𗟲𘓐𗣼𗧻𗣼𗧻。𗧻𗣼𘜶𘜶�𘄒𘓀𘓀�closed𗣼𗢤𗧹𗣼𗟩。
自自疑数询问也。询问（助）者本续皆皆何之谓等广依问是。

8-20 𘜶𗣼𘜶�𘎡𘄒�𘎡𘄒𗧹𘜶，𘟙𘜶𘎡𘎒𗵘�𗣼𘓀�𗣼𗓰𘟙𘟙
此问故口合及口合于生，道果一切集聚以宫清净道依

9-1 𘜶𘄒。𘟙𘜶�𗟲𗩮𘟙𘎧�𗣼𗓰𘟙𘜶𗣼𗧻。𗢤𗢤𘜶𘄒。𘟙
（助）说。答时（助）自各答作并果清净依（助）说是。余数悟易。答

9-2 𗣼𘄒𘓐𗧹�� 𗓰𗧻。�𘄒 𗓰𗧻𘜶���𘟙𘄒𘜶�。𗧹��𗟲
广说中本续亦是。皆皆亦是谓者宫同依摄是。本续之自

9-3 �𘓀𘜶𗣼𘜶，�𘓐𘄩𘜶�𗵘𗧹𗣼𗧻。𘟙���𗣼𗧻，𘜶𘄒
体名义数解，三种八部续（助）皆俱也。语序真谛谓中，难义

---

①　俄·秋谷多吉等：《先哲遗书·俄派师徒文集》第 226 册，第 109 页。
②　俄·秋谷多吉等：《先哲遗书·俄派师徒文集》第 226 册，第 110 页。

9-4 𗈬𗴾𗴾𗼲𗧁𗬩𗙴𗖰𗤋𗜣𗷲𗴦𗬩𗖰𗴲𗴲𗦂𗵜𗼲，𗼎
之真谛令者此本续以其等生义者本续皆皆中显令，难

9-5 𗧁𗸍𗈬𗴾𗴾𗦂𗼲𗥾。𗆊𗵜𗸯𗺉𗴾𗴾𗼲𗴾𗖰𗴲𗴲𗤋𗈬𗆊
因彼之真谛显令也。说应首成真谛令者本续皆皆之说

9-6 𗵜𗆊𗖰𗛂𗦵𗜣𗖰𗴾𗴾𗼲𗴲𗆊𗥾。𗛂𗱚𗆊𗵜，𗊉𗰗𗣊𗆊
应等生是依此以真谛显明说也。大密谓者，境界无谓与

9-7 𗆊𗵜，𗽾𗺉𗵜𗛣𗜌𗥾，𗤋𗥒𗴲𗛂𗤋𗖰𗆊，𗆊𗘂𗴲𗮟𗾎𗥾。
合应，狮子者至入是，取者者大自主之谓，宝蕊者净梵是。

意译：

询问各自[一]之疑问。询问之法者一切本续如何依广释。此问则相应及
生于相应。道果一并聚集处，依清净道宣说。答时相互回答，及果依清净宣
说。余数易解。宣说详答中，亦是本续。谓一切亦是者依同处摄持。理解本
续自性诸名义，三种八部续皆俱也。谓序言真谛中，难义之令真实者，以此
本续彼等俱生义[二]令在一切本续中显现，因难彼之真谛令显现也。所说重
点令真实者，宣说一切本续是俱生，以此宣说真实显明也。谓大密者，应与
无境界相应，狮子是遍入天[三]，取者是大自在天[四]，宝藏是净梵天[五]。

注释：

（一）各自：西夏文作𗈬𗈬，直译是"自自"。其在《吉祥三菩怛经
典明灯》中对应作 rang rang，译为"各自""分别"。

（二）俱生义：西夏文作𗖰𗛂𗦂，直译为"等生义"，常译作"俱生
义"，即同时存在的经义。

（三）狮子是遍入天：西夏文作𗽾𗺉𗵜𗛣𗜌𗥾，译为"狮子者是遍
入"。"遍入"，藏文作 khyab vjug，梵文作 Piśṇu，汉文文献译作"毗湿
奴"，即密教中的天神遍入天。遍入天是古印度婆罗门教徒崇奉的造物
主，遍满一切器世间和情世间，故为"遍"；又以十种方式入世济人，故
名"入"。遍入天入世济人变化作十种神物，其中就有狮面形。所以，密
教中狮子亦指遍入天。

（四）取者是大自在天：西夏文作𗟲𗥃𗢸𗿒𗎫𗾔𗗙𗟲，直译为"取者是大自在之谓"，即"取者是大自在"。"大自在"指天神大自在天，藏语作 dbang phyug chen po，梵文为 Maheshvaraḥ，即湿婆神的异名，是佛教和非佛教徒共同承认的天神。"取者"对应藏文当为 vphrog byed，译为"能取""能夺"。佛书中译为大自在天、帝释天、遍入天等。

（五）宝藏是净梵天：西夏文作𗟲𗾔𗥃𗥃𗎫𗗙𗟲，直译为"宝蕊者是净梵"，即"宝蕊是净梵"。"净梵"指净梵天，藏语作 tshangs pa，译为"净梵天""梵天"。"宝蕊"藏文作 dbyig gi snying po，常译作"宝藏"。"宝藏"是净梵天的异名。

藏文转写：

rang rang gi the tshom rnams zhus pa zhes pavo// zhu lugs ji ltar zhu na/ vdir dri bavi thad du kha sbyor dang las byung ba gcig tu dri bar bya/ gzhi rnam dag lam gyi dbang du byas te gsang sngags vbras bu lam vkhyer ba la dgongs te bshad/ lam gyi gnas skabs su so sor vdebs pa de vbras bu rnam byang gi dbang du byas te bshad pa yin no// rgyas pavi lan la rgyud ni don gyi rgyud gsum mo// thams cad ni vdus pa la sogs pa brgyad do// vo na vdus pa la sogs pa la rgyud thams cad civi phyir bya zhe na/ rgyud kyang yin la thams cad kyang yin pas zhes pas te/ rgyud kyang yin na don gyi rgyud gsum yod pavo//

thams cad ni tshig tshogs mang pas/ gleng gzhi nges pa zhes bya ba ni/ dkav bavi rin po che nges pa ni/ rgyud vdis brjod byavi gtso bo lhan cig skyes pavi don de rgyud ste thams cad de dkav ba de nges par byed pavi phyir ro// gsang chen spyod yul ma yin zhes bya bar sbyar te/ gang gi zhe na/ seng ge ni khyab vjug go// vphrog byed dbang phyug chen povo// dbyig gi snying po ni tshangs pa ste//[①]

---

① 俄·秋谷多吉等:《先哲遗书·俄派师徒文集》第 226 册，第 110—111 页。

9-8 􀀀􀀀􀀀􀀀􀀀。􀀀􀀀􀀀􀀀􀀀􀀀，􀀀􀀀􀀀􀀀􀀀􀀀􀀀，􀀀􀀀􀀀􀀀

　　　密主依名成。境界无因密是，然谁之境界无谓，故声闻独

9-9 􀀀􀀀􀀀􀀀􀀀􀀀􀀀􀀀􀀀􀀀􀀀􀀀􀀀。􀀀􀀀􀀀􀀀􀀀􀀀

　　　觉等谓者彼岸至乘及作行默有数摄也。胜慧谓于起自

9-10 􀀀􀀀􀀀。􀀀􀀀􀀀􀀀􀀀􀀀􀀀􀀀􀀀。􀀀􀀀􀀀􀀀􀀀􀀀􀀀􀀀

　　　各答也。增长集终二中集终次是。此亦相有相无二中相

9-11 􀀀􀀀。􀀀􀀀􀀀􀀀􀀀􀀀􀀀􀀀、􀀀􀀀􀀀􀀀、􀀀􀀀􀀀􀀀􀀀􀀀。􀀀

　　　有是。此之三种脉之口合、风之口合、菩提心之口合是。生

9-12 􀀀􀀀􀀀􀀀，􀀀􀀀􀀀􀀀􀀀􀀀，􀀀􀀀􀀀􀀀􀀀􀀀􀀀。　􀀀􀀀􀀀􀀀

　　　者生长也，因与同类果是，习（助）依实前成之谓。皆至口合

9-13 􀀀􀀀􀀀􀀀􀀀􀀀􀀀􀀀􀀀􀀀􀀀。􀀀􀀀􀀀􀀀􀀀􀀀􀀀􀀀，􀀀􀀀􀀀􀀀。

　　　等持谓者果道作依（助）说是。性气者牢器界是，动情界是。

意译：

依秘密灌顶为名^{（一）}。境界无是因密，然何之境界无，故声闻^{（二）}独觉^{（三）}等者摄持到彼岸乘^{（四）}及事、行、瑜伽^{（五）}数。谓起于胜慧，相互答也；生长圆满二次第^{（六）}中是圆满次第；此亦有相、无相^{（七）}中是有相。此之三种是脉之相应、风之相应、菩提心之相应。生是生长也，与因同类是果，修习现前成之谓。谓遍相应等持^{（八）}是道果依事宣说。①性气者，牢固是器界，动摇是情^{（九）}。

注释：

（一）依秘密灌顶为名：西夏文作􀀀􀀀􀀀􀀀􀀀，直译是"依密主为名"。其在《吉祥三菩怛经典明灯》中作 gsang mtshan gyi ming yin，译作"赐得密名"，即密宗灌顶时所赐名。西夏文􀀀􀀀（密主）当指藏文 gsang dbang（密主），其在佛教中常指"秘密灌顶"。

（二）声闻：西夏文作􀀀􀀀，译作"声闻"，藏文作 nyan thos，指佛

---

① "境界无是因密……谓遍相应等持是道果依事宣说。"藏文本中无。

弟子。佛教三乘中的声闻乘人，指小乘中人。

（三）独觉：西夏文作𗗙𗵑，译作"独觉"，藏文作 rang rgyal，指佛弟子。佛教三乘中的独觉乘人，指小乘中人。

（四）到彼岸乘：西夏文作𗴭𗵒𗴮𘜶，译为"到彼岸乘"，《吉祥三菩怛经典明灯》中作 pha rol tu phyin pavi theg pa。"到彼岸乘"指大乘佛教中的显宗教法，即波罗蜜多乘。《大乘义章》载："波罗蜜者，是外国语，此翻为度，亦名到彼岸。"[1]谓菩萨乘此六度船筏之法，既能自度，又能度一切众生，从生死大海之此岸，度到涅槃究竟之彼岸，为大乘佛教最主要的中心教义。

（五）事、行、瑜伽：西夏文作𗵐𗵑𘜷𗵒，直译是"作行默有"。其在《吉祥三菩怛经典明灯》中作 bya ba dang spyod pa dang rnal vbyor，直译为"所作、行为和瑜伽"，即藏传佛教四部续的前三部：事、行和瑜伽。

（六）生长圆满二次第：西夏文作𗴮𗵑𗴭𗵒𗴯，直译是"增长究竟二"，即生长圆满二次第。密教中修习本尊三身为生长次第（bskyed rim），修习气、脉、明点为圆满次第（rdzogs rim）。

（七）有相无相：西夏文作𗴰𗵑𗴱𗵒，直译为"相有相无"，佛书中译为"有相无相"。"有相"藏文当为 mtshan bcas，指密教修习本尊身肢形象；"无相"藏文当为 mtshan med，指修习诸法性空。

（八）等持：西夏文作𗴲𗵑，译为"等持"，藏文作 ting nge vdzin。"等持"的梵文作 Samādhi，汉文诸经中音译作三昧、三摩地等，义为"等持"，即禅定。《妙法莲华经玄赞》云："梵云三摩地，此云等持，平等持心而至于境，即是定也。云三昧者讹也。"[2]又《一切经音义》曰：三昧"或此言三摩提，或云三摩帝，皆讹也，正言三摩地，此译云等持。等者正也，正持心也，持谓持诸功德也，或云正定。谓住缘一境，离诸

---

① 慧远：《大乘义章》卷 12，《大正新修大藏经》第 44 卷，第 655 页。
② 窥基：《妙法莲华经玄赞》卷 2，《大正新修大藏经》第 34 卷，第 679 页。

邪乱也"。①

（九）牢固是器界，动摇是情界：指情、器二界，即两种世间。佛教把有灵性的生命体称为情界（bcud kyi sems can），即整个生物世界；把无灵性的物质称为器界（snod kyi vjig rten），如四大洲、须弥山和日、月等三千大千世界。

藏文转写：

gsang mtshan gyi ming yin/ sogs ni pha rol tu phyin pavi theg pa dang/ bya ba dang spyod pa dang rnal vbyor bsduvo// mtshan nyid ni brtan pa snod kyi vjig rten/ g-yo ba bcud kyi vjig rten//②

9-14 𑾰𑾰𑾰 𑾰𑾰𑾰 𑾰𑾰 𑾰𑾰

体性之自性，彼（助）如谓者，体性之住（助）法，此以续之三第

9-15 𑾰𑾰𑾰 𑾰𑾰𑾰 𑾰𑾰

（助）说三第以四第悟也。何未谓者或前前者广语生起成

9-16 𑾰，𑾰𑾰𑾰 𑾰𑾰

谓，此（助）下以略语生起（助）是谓。或前前者益寻义及（助）定

9-17 𑾰𑾰𑾰，𑾰𑾰𑾰 𑾰𑾰

义俱二依语生起（助）成，（助）下者（助）定义有是谓也。或前前

9-18 𑾰𑾰𑾰，𑾰𑾰𑾰 𑾰𑾰

者增集俱二是，（助）下者增长次有是谓。其三种皆亦不依谓。

意译：

有事（一）之自性，如彼谓者，有事之所住之法，以此演说本续之第三节，以第三节领悟第四节。抑或谓何者，或前面者成为详细缘起，以此下面是谓简略缘起之规。或前面者，依不了义与了义俱二缘起成，后面是谓有了义也。或前面是生长圆满（二）俱二，后面是谓有生长次第。谓彼三种

---

① 慧琳：《一切经音义》卷9，《大正新修大藏经》第54卷，第358页。
② 俄·秋谷多吉等：《先哲遗书·俄派师徒文集》第226册，第111页。

皆亦不是。

注释：

（一）有事：西夏文作[illegible]，直译是“体性”。其在《吉祥三菩怛经典明灯》中作 dngos po，佛书中译为“有事”，即一切有法。

（二）生长圆满：西夏文作[illegible]，译为“增集”。“增”即增长、生长，“集”即究竟、圆满。“增集”指藏传佛教中的生长次第和圆满次第。其在《吉祥三菩怛经典明灯》中也作 bskyed rim rdzogs rim，译为“生长次第、圆满次第”。

藏文转写：

dngos povi mtshan nyid da ltar gyur pa zhes pa ni/ dngos povi gshis kyi chos de vdis ces pa rgyud kyi gsum pa bstan gsum pas bzhi pa rtogs pavo// yang na zhes bya ba la/ la la gong mas rgyas pa gleng bslang ba yin la/ vog ma vdis bsdus par gleng bslang yin zer/ la las gong ma drang don nges don gnyis ka gleng bslang/ vog ma des nges don vbav zhig yin zer/ la las gong ma bskyed rim rdzogs rim gnyis ka yin/ vog ma bskyed rim vbav zhig yin zer te/ de gsum char ma yin gsung//①

9-19 [illegible]。[illegible]

前前者因续果道三种依语生起是。（助）下者益寻续增

9-20 [illegible]。[illegible]

长次有与合以说也。石王勇识谓于（助）至以实前悟与合

10-1 [illegible]。[illegible]，[illegible]。[illegible]

应。咒谓者实前悟依诵应，咒颂（助）供养咒是。主授令谓者

10-2 [illegible]。[illegible]，[illegible]

实前悟依主授（助）是悟易。益寻胜慧自性续谓中，益寻者

① 俄·秋谷多吉等：《先哲遗书·俄派师徒文集》第 226 册，第 111 页。

10-3 　　𗈬𗣼𗣼𗣼𗣼𗣼𗣼、𗣼𗣼𗣼𗣼𗣼𗣼，𗣼𗣼𗣼𗣼𗣼。𗣼𗣼

　　　　色黑狱帝主及怖示、密集三之自性，此三弥菩怛是。胜慧

10-4 　　𗣼𗣼𗣼𗣼𗣼、𗣼𗣼𗣼、𗣼𗣼、𗣼𗣼𗣼𗣼、𗣼𗣼𗣼𗣼𗣼𗣼𗣼，

　　　　者明满等合、上乐轮、四座、摩诃摩耶、喜石王等五之自性，

10-5 　　𗣼𗣼𗣼𗣼𗣼𗣼。𗣼𗣼𗣼𗣼𗣼𗣼𗣼𗣼𗣼𗣼𗣼𗣼𗣼𗣼𗣼𗣼。

　　　　亦此三弥菩怛是。先初真虚思虑时谓二句之义六种法成。

意译：

　　前面者是依因续、果、道三种缘起，后面者是说方便续与有生长次第相应。谓遍及金刚萨埵（一）与现前（二）证悟相应。谓咒者依现前证悟念诵，是咒颂或供养咒。谓令灌顶（三）者是容易理解现前证悟灌顶。谓方便、胜慧自性续中，方便者是《黑阎摩德迦》（四）、《怖畏》（五）和《密集》（六）三种之自性，是此《三弥菩怛》。胜慧者是《佛平等合》（七）、《上乐轮》（八）、《四座》（九）、《摩诃摩耶》（十）和《喜金刚》（十一）等五种之自性，亦是此《三弥菩怛》。①谓初始空性（十二）思虑时，为二偈句之义六种法。

注释：

　　（一）金刚萨埵：西夏文作𗣼𗣼𗣼𗣼，译为"金刚勇识"。其藏文为rdo rje sems dpav，梵文作 Vajrasattva，汉文文献中译为"金刚萨埵"。密教百部本尊之共主，右手当胸执金刚杵，左手持铃置左股上，两足结跏趺坐，身色洁白，皎如皓月。

　　（二）现前：西夏文作𗣼𗣼，译为"现前"。《吉祥三菩怛经典明灯》中对应为 mngon par，常译作"现前"，即特别、十分。

　　（三）灌顶：西夏文作𗣼𗣼，直译是"主授""权授"，《吉祥三菩怛经典明灯》中作 dbang bskur ba（主授、权授），佛书中常译为"灌顶"。

---

① "方便者是《黑阎摩德迦》、《怖畏》和《密集》三种之自性，是此《三弥菩怛》。胜慧者是《佛平等合》、《上乐轮》、《四座》、《摩诃摩耶》和《喜金刚》等五种之自性，亦是此《三弥菩怛》。"藏文本中无。

灌顶是修习密法时必须经历的一种宗教入门仪式。其取自古印度国王即位时用四大海之水浇灌其头顶，以示自此即有权治理国政之意。密教仿效此法，通过皈依金刚上师，按上师所传密咒以及严格的程序、仪轨，观修佛我一体，以求即身成佛的最高法门。只有经过入门灌顶，才能取得修习密法的资格。[1]

（四）《黑阎摩德迦》：西夏文作𗱰𘟀𗆧𗎪𗵐，译为"黑色狱帝主"，藏文作 gshin rje gshed nag po，佛书中译为黑阎摩德迦、黑阎魔敌。藏传佛教密续名，即《黑阎摩德迦续》（*gshin rje gshed nag povi rgyud*）。阎摩德迦在密教中又作本尊神，有红阎摩德迦、黑阎摩德迦、怖畏之分，都属于无上瑜伽部的父续类，主要显示方便和大乐之旨趣。

（五）《怖畏》：西夏文作𗋽𗰖，译为"示怖""作怖"，藏文为 vjigs byed（作怖），藏传佛教密续名和本尊名，佛书中译作怖畏金刚或大威德。

（六）《密集》：西夏文作𘟛𗦀，译为"密集"，藏文为 gsang vdus 或 gsang ba vdus pa，佛书中译为"密集"，意思是其汇集了密乘道果全部秘密要义之法。密集为藏传佛教中的密续名，亦是本尊神之一。作为密续，它属于无上瑜伽部的父续类，主要显示方便和大乐之旨趣。

（七）《佛平等合》：西夏文作𗤄𗫂𗆧𗵐，直译是"明满等合"，藏文作 sangs rgyas mnyam sbyor（明满等合），藏传佛教密续名，常译作"佛平等合续""佛平等加行续"。

（八）《上乐轮》：也作胜乐轮，这里主要是指《上乐根本续》（*bde mchog rtsa rgyud*），显示胜慧或性空之旨的密续。

（九）《四座》：西夏文作𗵘𗵆，译为"四座"，为藏文 gdan bzhi 之直译。"四座"指自座（rang gi gdan）、他座（gzhan gdan）、行座（sbyor bavi gdan）和密座（gsang bavi gdang），即《四座根本续》（*gdan bzhi rtsa rgyud*），在藏传佛教中属于护法续。

---

① 王尧、陈庆英主编《西藏历史文化辞典》，西藏人民出版社、浙江人民出版社，1998，第 108 页。

（十）《摩诃摩耶》：音译西夏文𗼟𗥺𗼟𗴧，是梵文 Mahāmayā 的西夏语音译，藏传密续名，又名《大幻化》（sgyu vphrul chen mo）。

（十一）《喜金刚》：西夏文作𗼪𗵴𗥑，译为"喜金刚"，又称"呼金刚"，藏文为 dgyes pa rdo rje、kye rdo rje，是无上密乘一本尊名。这里的"喜金刚"指《喜金刚根本续》（dgyes pa rdo rjevi rtsa rgyud），它以四喜为经纬，阐述大喜乐之义，与《上乐根本续》密典殊途同归。

（十二）空性：西夏文作𗼐𗿒，直译是"实空"。其在《吉祥三菩怛经典明灯》中对应为 stong nyid，佛书中常译作"空性"。

藏文转写：

gong ma rgyuvi rgyud lam vbras bu gsum char gyi gleng bslang yin/ vog ma thabs kyi rgyud bskyed rim vbav zhig dang sbyar te bshad pavo// rdo rje sems dpav yan chad kyis mngon par rtogs pa gcig dang sbyar/ sngags ni mngon rtogs kyi sngags kyi bzlas pa vam/ mchod pavi sngags so// dbang bskur ba ni mngon par rtogs pavi dbang bskur bavo//

thabs dang shes rab bdag nyid rgyud shes pa ni/ brjod bya don gyi rgyud kyi dbang du byas na/ rgyuvi rgyud dang thabs kyi rgyud dang vbras buvi rgyud do//（de yang rgyuvi rgyud dang sbyar na/ dbang gsum pa dpevi lhan cig skyes pavi ye shes thabs so// dbang bzhi pa tshig dbang rin po ches dngos po gshis kyi chos gtan la phab pa shes rab bo// thabs kyi rgyud dang sbyar na/ bskyed pavi rim pa bsgom pa thabs/ rdzogs pavi rim pa bsgom pa shes rab bo// vbras buvi rgyud dang sbyar na gzugs sku gnyis thabs/ chos kyi sku shes rab bo// brjod byed tshig gi dbang du byas na/ thabs kyi rgyud gsum gyi bdag nyid rgyud vdi yin shes rab kyi rgyud lngavi bdag nyid kyang rgyud vdi yin pas de ni nga yis bshad kyis nyon zhes so// da ni brjod par bya bavi gtso bo lhan cig skyes pavi ye shes gtan la dbab pa ston te/ brjod par bya bavi gtso bo lhan cig skyes pavi ye shes gtan la dbab pa dang/ zhar la devi vphros bstan pavo// brjod par bya bavi gtso bo lhan gcig skyes pavi ye shes gtan la dbab pa la）^① tshig rkang pa gnyis la don drug tu byas te dang po dpav vo//^②

10-6 　𗿩𘕰𗣋𗤑𗤗𗱕𗥃𗤘𗦲𗣷𗤔𗧓𘊉。　𗤏^③𗤻𗤝𗤗𗤺𗤘，𗣠

其依一第节（助）生起说应首成显令。何依广说是谓，名

10-7 　𗤗𗥤𗤦。𗿩𗤻𗣋𗤺𗤻𗤌𘏖𗤣𗤘𘊇𗤺𘔿𗲇𗤗𗩁𗤝𗤆𘍞𗤌

（助）唤作。彼中一先初二真虚三思虑四身有五垢六沐浴

10-8 　𗤘。𗿩𘌐𘊇𗲇𗤌𗤗𗤘𘔿𗤘𗱕𗤺𘊉𗤣𗣷𗤘𗲇𗤗𗤑，𗤰

是。彼中思虑之解中（助）下示应示（助）以性气谓之一颂，此

10-9 　𗤣𗤝。𗤘𗤝𘌐𗧓𗤑𗤘，𗤘𘊇𗤤𗤑𗤘。𘊉𗣷𘌐𗧓𗤗𗤝𘏖𘖨

取应。示应者四第是，示（助）三第是。性气者四第（助）悟胜慧

10-10 　𗤘。𗤣𘌞𘌐𗤣𗤑𗤺𘖰𗤘。　𘚗𗤣𘌐𗤣𗤝𘊉𗣀𗤺𗤘。𗿩𘌐𗤘𗩒

是。种识者示（助）三喜是。真智者示应萨诃咎是。其者何于

10-11 　𘕰𘓂𗤑𗤝𗤣𗤘。𘚟𗤣𘌞𘋽𗤺𗿩𗽟𘏖𗣀𗤣𗤘𗿩𘕰𘓂𗤑𘊇𗤣。

依靠以悟也谓。故（助）下母及彼如又妹及谓于依靠以起也。

意译：

依彼第一节生起令所说重点显现。依何广说，唤作何名。彼中，一初始、二空性、三思虑、四身有^{（一）}、五垢、六沐浴。于彼思虑解说中，下面以所表^{（二）}和能表^{（三）}性气之一颂，以此应摄取。所表者是第四节，能表者是第三节。性气者领悟第四节，是胜慧。诸识者能表是三喜^{（四）}。真智者所表是萨诃咎^{（五）}。彼者依靠何而证悟也。则下面所谓依靠母及彼如又妹而生起也。^④

---

① 括号内藏文内容在西夏本中无。
② 俄·秋谷多吉等：《先哲遗书·俄派师徒文集》第226册，第111—112页。
③ 该字原文作𗣌，译为"门""室""屋"，误，当为𗤏，译为"何"。
④ "彼者依靠何而证悟也。则下面所谓依靠母及彼如又妹而生起也。"藏文本中无。

注释：

（一）身有：西夏文作𗾰𗦴，译作"身有"。《吉祥三菩怛经典明灯》中对应为 vdus can（身有），指动物。

（二）所表：西夏文作𗦴𗦴，直译是"应示"。其在《吉祥三菩怛经典明灯》中作 mtshon bya，佛书中译作"所表"，即名相。

（三）能表：西夏文作𗦴𗪩，直译是"能示"。其在《吉祥三菩怛经典明灯》中作 mtshon byed，佛书中译作"能表"，即象征、代表者，如符号、譬喻等能表达某种含义者。

（四）三喜：指密乘四喜之前三喜，即喜、胜喜、离喜。

（五）萨诃咎：音译西夏文𗄑𗩾𗪩。《吉祥三菩怛经典明灯》中记音为 sa ha dza，梵文当为 Sahaja，译为"俱生""天生"，指四喜中的俱生喜（俱生智）。

藏文转写：

stong nyid dang gnyis/ rnam par bsam pa dang gsum/ vdus can dang bzhi/ dri ma dang lnga/ bkru ba dang drug go/ de la rnam par bsam zhing zhes bya bavi bshad pa la/ vog gi tshig mtshon bya mtshon byed kyi mtshan nyid ces pavi tshigs bcad gcig gis bstan te/ mtshon bya bzhi dang mtshon byed gsum pa mtshan nyid bzhi pa rtogs pa/ rnam shes ni mtshon byed kyi dgav ba gsum/ ye shes ni mtshon bya sa ha dzavo//[①]

10-12 𗾰𗦴𗦴𗪩𗄑𗦴𗩾𗦴𗦴𗾰𗪩𗦴𗄑𗩾𗦴𗪩𗩾𗪩𗦴𗦴𗩾𗦴𗦴。 𗄑

思谓者（助）下说四第幻轮以业手印依心禀持者是。真

10-13 𗦴𗦴𗦴𗩾𗦴， 𗾰𗦴𗦴𗪩𗄑𗩾𗦴𗦴𗾰𗪩𗦴。𗄑𗩾𗦴𗾰𗪩

智以者识应，观谓者示（助）等生以四第观也。其识应四第

10-14 𗦴𗄑𗾰𗦴𗦴𗦴𗾰𗦴𗄑𗾰𗦴𗦴𗦴𗩾𗄑𗾰𗦴𗦴𗦴𗾰𗦴。𗄑

以行往谓先说十八界二第刹那中不住大宝句主是。声

---

① 俄·秋谷多吉等：《先哲遗书·俄派师徒文集》第 226 册，第 112—113 页。

10-15 𗣼𗤵𗣜𗯨𗧠𗼃𗧠𗼃𗼃𗼀 𗴂𗼃𗼃。 𗲠𗼅𗣼𗤵𗣜𗬼𗇃𗴖𗣼𗤵𗧠𗼃

之大密说应名说（助）于请作。下卑大密业手印之示应名

10-16 𗤵𗼃𗧠𗼃𗼀。 𗼀𗲠𗼅𗣼𗤵𗣼𗬷𗤵𗼃𗑾𗬷𗤱𗣊𗧲𗤵𗼃𗲀𗤵𗣊𗤵

示（助）于唤作。其下卑大密三第主世中者与共同（助）何将

10-17 𗰖𗤽𗧲𗤵𗼃𗧲𗤵。 𗴂𗣼𗤵𗣜𗣔𗬷𗧲𗤱𗧠𗤵𗧲𗣼𗧠𗼃，𗰖𗧒𗹟𗤱𗼃𗧲𗼃。

烦恼与杂混也。声之大密者上师句主以说作，恼无不共是也。

意译：

思虑者下面宣说，以第四幻轮^{（一）}依业手印心持取。以真智者是所知^{（二）}，观者是能表以俱生第四观也。① 彼所知以第四行往，前说第二之十八界^{（三）}刹那间^{（四）}不住，是大宝句义灌顶^{（五）}，施设^{（六）}于声韵之大密能说所诠名，施设普通大密业手印之能表所表名。彼普通大密第三灌顶与世间人共同，抑或与烦恼混杂也。声韵之大密者是宣讲上师句义灌顶，烦恼无不同是也。②

注释：

（一）幻轮：西夏文作𗫴𗰜，译作"幻轮"，藏文作 vkhrul vkhor。"幻轮"能变出各种形相。

（二）所知：西夏文作𗤙𗮅，直译是"应识"，《吉祥三菩怛经典明灯》中作 shes bya，佛书中译为"所知"，即所了解的一切境界。

（三）十八界：西夏文作𗤵𗰓𗰭，译为"十八界"。佛教术语，佛教中的六根、六境、六识，合称十八界。

（四）刹那间：西夏文作𗧠𗰸𗤗，译为"刹那间"，藏文作 skad cig ma，梵文为 Kṣaṇa。西夏文𗧠𗰸（刹那）当为梵文 Kṣaṇa 之音译，表示时间极短，如一念间、一瞬间。《探玄记》云："刹那者，此云念顷，于一弹指顷有六十刹那。"《大唐西域记校注》载："时极短者，谓刹那也。

---

① "以真智者是所知，观者是能表以俱生第四观也。"藏文本中无。

② "与世间人共同，抑或与烦恼混杂也。声韵之大密者是宣讲上师句义灌顶，烦恼无不同是也。"藏文本中无。

百二十刹那为一呾刹那，六十呾刹那为一腊缚，三十腊缚为一牟呼栗多，五牟呼栗多为一时，六时合成一日一夜。”①

（五）句义灌顶：西夏文作[illegible]，直译是“句主”。其在《吉祥三菩怛经典明灯》中作 tshig dbang，字面义是“句主”，佛书中译作“句义灌顶”“语句灌顶”。它是无上密乘三灌顶之一。在胜义菩提心道场之中，为弟子身、语、意三门灌顶，以使三门诸垢及其习气完全清净，有权修习密乘圣道。

（六）施设：西夏文作[illegible]，直译是“请作”。其在《吉祥三菩怛经典明灯》中作 btags pa，佛书中译为“施设”，即召请。

藏文转写：

bsam pa ni vog nas vbyung bavi vkhrul vkhor bzhi las kyi phyag rgya la sems bzung ba/ shes bya bzhi pa vgro ba gong gis khams bco brgyad skad cig mar mi sdod par tshig dbang rin po che ste/ sgravi gsang chen brjod byavi mi brjod byed la btags pa/ phal pavi gsang chen las kyi phyag rgya la mtshon byavi ming mtshon byed la btags pa ste/ phal pavi gsang chen vjig rten du mu stegs la sogs pa gsang bavi don du ming btags//②

10–18 [illegible]，[illegible]

前前色之界者空是也谓中六境不有，先初极喜勇

10–19 [illegible]，[illegible]。[illegible]，

男是，六境之显现者意察（助）灭之谓。中间识者何云有谓，

10–20 [illegible]，[illegible]。[illegible]

六者前前取应，眼者空实及是。则谓等其六根不有依显

11–1 [illegible]，[illegible]，[illegible]，[illegible]

① 玄奘、辩机原著，季羡林等校注《大唐西域记校注》卷 2，中华书局，2000，第 168 页。

② 俄・秋谷多吉等:《先哲遗书・俄派师徒文集》第 226 册，第 113 页。

现，自实亦灭，持（助）察者（助）灭，持（助）显现略有者最上
喜欢

11-2 𗼇𗰜𗷟𗋽。𗗙𗀔𗍫𗄽𗈓𗀖𗑠𗌱𗼄𗒹𗰜𗵆𗵢𗜔𗼄𗘛𗀉𗱈𗵆𗵢

　　默有母是。中间谓等六句者六识不供故实真喜欢无遗

11-3 𗵉𗒹𗷖𗴢𗷟𗋽，𗵉𗣠𗤒𗜪𗀉𗪚𗸐𗴢。𗒹𗵦𗭬𗱈𗒴𗵦𗴢𗱈

　　者谓萨诃昝是，持（助）显现略亦灭也。其依色不有依见不

11-4 𗴢𗴢𗦇𗀔𗋽。𗵉𗵦𗦺𗵦𗵉𗣠𗦇𗀉𗱉𗲲𗷟𗴢。𗵙𗵤𗰛𗴆𗵰

　　有也谓等是。持应无依持（助）无谓缠缚是也。空之性气何

11-5 𗴒𗴢𗀔，𗸐𗵐𗵳𗀔𗈓𗱠𗵬𗤵𗵉𗒺𗀔。𗱈𗵴𗀔𗈓𗵉𗵗

　　（助）是谓，则典经可不识应非谓四句以说。典释可不者常

11-6 𗴒𗼐𗴢，𗱠𗵐𗤵𗀔𗵉𗴱𗒴𗴒𗼐𗵌𗭬𗰜𗵦𗝓𗤵𗴢。𗵡

　　与离是，识应莫谓者断见与离（助）妄测意之境界非也。二

11-7 𗴒𗲔𗼐𗀔𗵉𗣠𗷟𗋽。𗵡𗵢𗴢𗀔𗵉𗸑𗀉𗴶𗀔。𗵬𗵲𗵐𗵳𗵵

　　与（助）离谓者能应是。二不有谓者双入之谓。测有典经难

11-8 𗀔𗵉𗱈𗴷𗴶𗷜𗌱𗤵𗴢。𗱈𗵙𗵄𗵉𗵉𗲓𗰛𗵄𗰛𗴆𗵰𗴢。𗒹𗵤

　　谓者依筹之境非也。依（助）道谓者真性道之性气是。其空

11-9 𗴶𗴢𗷟𗰛𗵢𗴢𗀔，𗸐𗵥𗵓𗲟𗴶𗀔𗵤𗒴𗴶𗌱𗰜𗴢𗀔𗵤𗴒𗴩𗵢。

　　之大密何是谓，则诸明满之谓于起境界是谓于（助）至是。

意译：

　　所谓前面之色界（一）者是空也，六境（二）不有，初始是极喜勇士，六
境之显现者寻思灭除之谓。中间诸识如何有，六者前面所取，眼者是空
性。所谓诸等，依六根（三）不有显现，自实亦寂灭，能取寻思者寂灭，能
取之显现略有，彼者是无上欢喜瑜伽母。所谓中间等六句者不供六识（四），
故谓真实欢喜不缺者是萨诃昝，能取略显现亦灭也。由彼色无有，是无有
见等。谓依无所持无能持是缠缚。空之性气是谓何，则谓不可受用（五）无
所知之四偈句讲说。不可受用者与常见（六）分离。无所知者与断见（七）分
离或妄思非意之境界。谓与二见分离者是能取所取（八）。谓有不二者双运

196

之谓。思量苦行^(九)者非比量^(十)之境也。依照道者是真性道之性气。其空性大密是谓何，则起于所谓诸佛，乃至所谓境界。^①

注释：

（一）色界：西夏文作𘛢𗤋𗢣，译为"色之界"，即色界，藏文作 gzugs khams。色界为佛教中的三界之一，指须弥山顶上空中，自初禅天至四禅天天人所居之处。

（二）六境：西夏文作𗢣𗰜，译为"六境"，藏文作 yul drug。佛教术语，为色、声、香、味、触、法之六法，是眼、耳、鼻、舌、身、意六根所对之境界，故名六境。

（三）六根：西夏文作𗢣𗬩，译为"六根"，藏文作 dbang po drug。佛教术语，即眼、耳、鼻、舌、身、意之六种感官。根为能生之义，眼根对于色境而生眼识，意根对于法境而生意识，故名为根。

（四）六识：西夏文作𗢣𘉋，译为"六识"，藏文作 shes pa drug。佛教术语，佛教传统上把认识分为"六识"，即所谓眼、耳、鼻、舌、身、意。"六识"是一种纯认识论的领域，如感觉、知觉、表象、概念、推理等。

（五）不可受用：西夏文作𗯨𗤋𗦎𘟣，直译是"典经不可"。其在《吉祥三菩怛经典明灯》中作 spyad du med pa，译为"不可受用"。此处据藏文本译。

（六）常见：西夏文作𗤋，译为"恒""常"。其在《吉祥三菩怛经典明灯》中作 rtog pa，译为"常见"。所谓"常见"就是我们一般人、平常人对世界的看法，即认为宇宙万物一切实有。

（七）断见：西夏文作𗭪𘝞，译为"断见"。其在《吉祥三菩怛经典明灯》中作 chad pa，译为"断"，即断见。"断见"就是武断的、片面的看法。

---

① "则起于所谓诸佛，乃至所谓境界。"藏文本中无。

（八）能取所取：西夏文作𗂧𗊱，译为"能应"。其在《吉祥三菩怛经典明灯》中作 gzung vdzin，译为"能取所取"。佛教中的二取（能取、所取），能取指心，所取指境，也就是意识和外境，即精神与物质。

（九）苦行：西夏文作𗰔𗼇𗊱，译为"典经难"。其在《吉祥三菩怛经典明灯》中作 dpag dkav ba，译为"苦行""难行"。此据藏文本译。

（十）比量：西夏文作𗱬𗾖，直译是"依筹"。其在《吉祥三菩怛经典明灯》中作 rjes su dpag pa，译为"比量"，意为依因所起之量或所起之智。

藏文转写：

khams bco brgyad gong gi gzugs khams ces bya stong pa ste zhes pa la yul drug ma grub pa dgav ba dang po dpav bo ste/ sprul drug gi snang ba yod kyang rtog pa med pa gzung rtog vgags pa la byavo// dbus na rnam shes ji ltar mchis// dmig ces bya ba stong pa ste// zhes bya ba la sogs pa la dbang po drug ma grub pavi snang ba de rang yang vgags/ vdzin pavi rtog pa ni vgags/ vdzin pavi snang ba tsam yod pa ste mchog tu dgav ba rnal vbyor mavo// dbus na zhes bya ba drug ni rnam par shes pavi tshogs drug ma grub pa ste/ rab tu dgav ba ma lus nyid ces pa sa ha dza ste/ vdzin pavi snang ba yang vgags pavo// de lta bas na gzugs ma mchis pas lta ba ma mchis ces pa la sogs pa ste/ gzung ba med pas der vdzin pa med pa ste nye bar bsdu bavo//

bzhi gsum gyis gtan la phab pavi stong pa nyid kyi mtshan nyid gang yin zhe na/ spyad du med cing shes bya min zhes pavi tshig rkang pa bzhis bstan te/ spyad du med pa ni rtog pa dang bral bavo// shes bya min ni chad pa dang bral ba vam/ rnam par rtog pa blovi spyod yul ma yin no// gnyis spangs pa zhes pa gzung vdzin no// gnyis su med pa zhes pa zung du vjug pavo// rtog ges dpag dkav ba ni rjes su dpag pavi yul ma yin pavo// ji bzhin lam ni de nyid lam gyi mtshan nyid do// stong nyid devi gsang chen gang yin zhe na/ sangs rgyas kun zhes pa la sogs pa la//[①]

11-10 〔藏文〕。〔藏文〕

　　　虚空（助）如正等是谓者大密以皆皆（助助）遍喻是。谁处密

11-11 〔藏文〕，〔藏文〕

　　　谓则诸声闻数不悟也谓与合应，何故不悟也谓则不悟

11-12 〔藏文〕，〔藏文〕。〔藏文〕

　　　暗黑以（助）障谓，不悟之依（助）义者知应障未弃是。然声闻

11-13 〔藏文〕，〔藏文〕，〔藏文〕

　　　果何故获谓则不悟暗黑以（助）障谓，知应障未弃，略（助）化

11-14 〔藏文〕，〔藏文〕。〔藏文〕，〔藏文〕。〔藏文〕

　　　谓与合应，自之果略起也。又谁不悟谓，则独觉不悟谓。 何

11-15 〔藏文〕，〔藏文〕，〔藏文〕。〔藏文〕

　　　故不悟谓，则种子障覆真智谓，知应障未弃故也。然独觉

11-16 〔藏文〕，〔藏文〕，〔藏文〕

　　　果何云证谓，则种子障覆真智者谓知应障未弃，略依果

11-17 〔藏文〕。〔藏文〕，〔藏文〕

　　　起缘觉依化也。其数谓者先初是，皆者初（助）说梵王至入

11-18 〔藏文〕。〔藏文〕，〔藏文〕，〔藏文〕

　　　等之谓。亦谓者先说等与一样，彼岸至及作应行应，默有

11-19 〔藏文〕。〔藏文〕，〔藏文〕。

　　　等三类续是。 然谁之境界是谓，则大密明满境是谓也。

意译：

　　所谓犹如虚空是正等者，以大密喻为遍及一切处。谓谁处密，则与诸声闻未证悟相应，谓何故未证悟也，则未证悟是谓以黑暗障蔽，未证

---

① 俄·秋谷多吉等：《先哲遗书·俄派师徒文集》第226册，第113—114页。

悟之随愿义者是所知之障蔽未断除。然则声闻之果何故获得，故未证悟是以黑暗障蔽，所知之障蔽未断除，与略以所化相应，略生起自之果。又谓谁未证，则谓独觉未证悟。谓何故未证悟，则谓种子覆盖真智，是所知之障蔽未断除故。那么如何获证独觉之果，则覆盖真智种子者所知之障蔽未断除，略依生起果，依独觉变化也。谓彼数者是前面所说，一切者先面所说之大梵天、遍入天等之谓。亦谓者与先前宣说等一样，至彼岸乘及所作所行，是瑜伽等三类续。[①] 那么是谓谁之境界，故是谓大密明满[(一)]境也。

注释：

（一）明满：西夏文作𗼻𗴖，直译为"明满"。其在《吉祥三菩怛经典明灯》中作 sangs rgyas，译为"明满"。"明"即清净，"满"即圆满，佛的十种名号之一，佛经中译为佛、觉者、正觉。

藏文转写：

nam mkhav lta bur mnyam pa ni gsang chen gyi dpevo// su la gsang zhe na nyan thos kyis mi shes ces bya bar sbyar/ civi phyir mi shes na mi shes mun pas bsgribs zhes bya ste shes byavi sgrib pa ma spangs pavo// vo na nyan thos kyi vbras bu civi phyir byung zhe na/ bag chags sgrib pavi ye shes zhes bya ste// shes byavi sgrib pa ma spangs pa tsam gyis yul zhes sbyar ba bya ste// nyon mongs pa spangs pavi phyir rang gi vbras bu tsam vbyin pavo//

gzhan sus mi shes zhe na/ rang sangs rgyas kyis mi shes ces bya ste/ yang mi shes mun pas bsgribs pas na zhes bya ste/ shes byavi bsgrib pa ma spangs pavo// vo na sangs rgyas kyi vbras bu ji ltar vbyung zhe na byas pa la/ bag chags bsgribs pavi ye shes ni zhes bya ste/ shes byavi sgrib pa ma spangs pa tsam gyis vbras bu sprul bavo// de dag ni gong ma gnyis/ kun ni gong du gsungs pavi tshangs pa dang khyab vjug la sogs pas so// vo na suvi spyod yul

---

① "亦谓者与先前宣说等一样，至彼岸乘及所作所行，是瑜伽等三类续。"藏文本中无。

yin zhe na gsang chen sangs rgyas spyod yul lo//[1]

11-20 其空之垢着何（助）是谓，则流传大海实畏怖之中间沉没

12-1 是。彼中流传者复复回轮之谓。大海者渡难是。实畏怖者

12-2 烦恼（助）生老病死四河江之谓。中间垢土中沉没，妄思流

12-3 传自实是也。依者人何是谓，则身有数渡过令之实思虑

12-4 谓，一句句半以说。渡过令者流传中出欲，果证欲之思虑

12-5 是。垢沐浴何（助）是谓则先说，性气以者渡过说谓及（助）下

12-6 前（助）流世谓之三句与接作应。性谓者四第悟之谓。前（助）

12-7 流世行往百千万亿者前世中（助）回轮之多数是。默有者

12-8 谓者（助）下离修者人之谓。何喜求依谓者密乘依果生（助）

12-9 三种有。实身（助）佛成，求者业行以果起。中有（助）佛成，求者

12-10 灭时要语于靠以果起。生续续中佛成，求者识迁依果起也。

---

① 俄·秋谷多吉等:《先哲遗书·俄派师徒文集》第226册，第114页。

意译：

其空性之着垢是谓何，则是沉没于轮回⁽一⁾之大海极恐怖之中心。彼间轮回者重复⁽二⁾轮回之谓。大海者是难渡过，极恐怖者是烦恼或生老病死四江河⁽三⁾之谓。沉没于中间尘垢中，其实是妄思轮回也。所依者是谓何人，则谓令诸众生⁽四⁾将救度之思虑，以一句半宣说。令救度者欲度出轮回中，是欲证获果之思虑。沐浴垢是谓如何沐浴则先宣说。以性者所谓宣说救度，下面与所谓前世⁽五⁾之三偈句相结合。谓性气者证悟第四之谓。前世众生⁽六⁾之百千万亿者是前世间轮回之多数。所谓瑜伽士者下面修出离者人之谓。所谓希求何喜者是依密乘生果法有三种。现身成佛，希求者以修行生起果。于中有⁽七⁾成佛，希求者依靠寂灭时要语⁽八⁾生起果。生命不断中成佛，希求者依靠迁识⁽九⁾生起果也。

注释：

（一）轮回：西夏文作𗈦𗆧，直译是"流传"。其在《吉祥三菩怛经典明灯》中作 vkhor ba，其本意为"转""流传"，佛书中译为"轮回"。

（二）重复：西夏文作𗄴𗄴，直译是"复复"。其在《吉祥三菩怛经典明灯》中作 yang dang yang，译为"重复""再三"。

（三）四江河：指古印度境内的四条大河，即恒河、缚刍河、徙多河和信度河。

（四）众生：西夏文作𗱉𗅳，直译是"身有"。其在《吉祥三菩怛经典明灯》中作 lus can，字面直译是"身有"，即有身体者，指众生。

（五）前世：西夏文作𗧁𗆻𗈦𗆧，直译是"前所流世"，即"前世"。《吉祥三菩怛经典明灯》中作 skye ba snga ma，译作"前世"。

（六）众生：西夏文作𗵱𗵱，直译是"行往"。《吉祥三菩怛经典明灯》中作 vgro ba，直译是"行走"，指众生。

（七）中有：西夏文作𗱟𗱽，译为"中有"，藏文作 bar do，亦译作"中阴"。"中有法"是藏传佛教"那若六法"之一，意为前身已弃，后身未得，即死后未投生中间。

（八）要语：西夏文作𘂜𗗙，译为"要语"。《吉祥三菩怛经典明灯》中作 man ngag，译作"要语""要门"，即修密法的口诀、窍门。

（九）迁识：西夏文作𗼷𗷨，译为"迁识"，藏文为 vpho ba，译为"迁移"，即往生。其在《吉祥三菩怛经典明灯》中作 grong vjug，译为"入他尸"，佛教中译为"夺舍"。"迁识法"是藏传佛教"那若六法"之一，即使灵魂进入别人尸体的一种法术。

藏文转写：

stong pa nyid devi dri ma gang yin zhe na/ vkhor bavi rgya mtsho rab vjigs pavi dbus su bying bavo// vkhor ba ni yang dang yang du vkhor bavo// rgya mtsho ni rgal dkav ba/ rab vjigs ni nyon mongs pa vam/ skye rga la sogs pavo// dbus su bying pa ni rnam par rtog pa nyid vkhor ba vkhor ba nyid rtog pavo//

dri ma dang bcas pavi lus can rten gyi gang zag gang yin zhe ma/ lus can rnams sgrol bar vgyur bavi bsam bavi zhes pa la/ sgrol bar vgyur ba ni vbras bu thob par vdod pavi bsam pavo// dri ma bkru lugs ji ltar bkru zhe na/ mtshan nyid kyis ni sgrol bar brjod ces pa dang vog gi skye ba snga mar vgro zhes pavi tshig rkang pa gsum sbrel/ mtshan nyid ni bzhi pa rtogs pavo// skye ba snga mar vgro bavi stong phrag du ma ni/ skye ba snga mavi vkhor bavi grangs so// rnal vbyor pa ni rten gyi gang zag go/ ji ltar vdod pa bzhin ni tshe vdi la vdod pavi spyod pa mthar dbyung/ bar do la vdod pas mdav ka mavi man ngag lavo// skye ba rgyud nas vdod pa la rnam par shes pa grong vjug go//[①]

12-11 𗹙𗋐𗋐𗁬𗧓𗰖𗰖𗰏𘂜𗧓𗫂𘕣𗆧，�\?𘕞𗫅𗜓𗩔𗏁

然先初自实（助）实空需要应何有谓，故前依性气（助）说

12-12 𗫅𗏁。𗋐𗋐𗑱𗋐𗫡𗫡𗐯，�𘕞𗫅𗜓𗩔𗏁𗏁𘈩𗍺𗫂�\?𗫡

① 俄·秋谷多吉等：《先哲遗书·俄派师徒文集》第 226 册，第 114—115 页。

如谓。先初者首成令时，初依性气（助）说谓者十八界不成

12-13 𗏂𗏱。𗏱𗏱𗏂𗏱𗑷𗏱𗏂𗏱𗏱𗏱𗏂𗑷𗏱𗏱𗏱𗏂𗏱𗏱。�，�

之谓。平等实空实真念谓者分空如空者无之义是。实空

12-14 𗏂𗏱𗏱𗑷𗏱𗏱𗏱𗏱𗏂𗑷𗏱𗏱𗏂。�，𗑷𗏱𗏱𗏱𗏱𗏱𗏂�，�

身之地田中谓者喻法二种说。喻世间农事以未熟作，地

12-15 𗏂𗏱𗏱𗑷𗏱𗏱𗏱𗑷𗏱�，�，𗑷𗏱𗏱𗏱�，�，𗑷𗏱�

（助）籽同散亦果不（助）成熟如，主以本性未清净令（助）供修

12-16 𗏂𗏱𗑷�，�，𗑷𗑷�，�，�，𗑷�，𗑷�，�，𗑷�，�

亦果不成熟也。此于（助）至先初谓二句依六种义（助）解，虽

12-17 𗏂𗏱𗑷�，𗑷�，�，𗑷𗑷�，�，𗑷�，𗑷𗑷�，�。�

终亦四殊妙做旁近集绕依（助）来，故随依生起以说应。何

12-18 𗏂𗑷�，𗑷�，𗑷𗑷�，𗑷�，𗑷𗑷�，𗑷�，𗑷𗑷�，𗑷�

云说应谓，则世间农事以（助）熟作，地（助）籽散与一样，净瓶

12-19 𗏂𗑷𗑷�，𗑷�，𗑷𗑷�，𗑷�，𗑷𗑷�，𗑷�，𗑷𗑷�，𗑷

及四第及三第以本性净令时，相有籽散者脉内壕中（助）

12-20 𗏂𗑷�，𗑷�，𗑷𗑷�，𗑷�，𗑷𗑷�，𗑷�，𗑷𗑷�，𗑷�

生现谓于起，久常心之中间住谓于（助）至以菩提心之口

13-1 𗏂𗑷�，𗑷�，𗑷𗑷�，𗑷�，𗑷𗑷�，𗑷�，𗑷𗑷�，𗑷

合说也。 彼间脉中壕中（助）生现谓者菩提心阿哇都底中

13-2 𗏂𗑷�，𗑷�，𗑷𗑷�，𗑷�，𗑷𗑷�，𗑷�，𗑷𗑷�，𗑷

过入是。生大尘除者胜义菩提心烦障弃者是。垢无者知

13-3 𗏂𗑷�，𗑷�，𗑷𗑷�，𗑷�，𗑷𗑷�，𗑷�，𗑷𗑷�，𗑷

应障弃之谓。玉与一样者世俗菩提心是。光显明谓者胜

13-4 𗏂𗑷�，𗑷�，𗑷𗑷�，𗑷�，𗑷𗑷�，𗑷�，𗑷𗑷�，𗑷

义菩提心成。五种智之体，其实谓者世俗菩提心依说，则

13-5 𗏂𗑷�，𗑷�，𗑷𗑷�，𗑷�，𗑷𗑷�，𗑷�，𗑷𗑷�，𗑷

吽之身依说。身者柔吉祥是谓者平等性智是。手中石王

13-6 [西夏文] 。 [西夏文] 。

外重弯者法界智是。槌杖世间自主尊者妙观察智是。

意译：

然则，初始所需自性或空性谓何有，故如前面宣说性气。开始者令成重点时，谓依前面宣说性气者是十八界不成之谓。所谓正等⁽一⁾空性真实思虑者如片面空性⁽二⁾之空，彼者是无之义。谓空性身之佛土⁽三⁾中者喻说二种法。譬如以世间农事未成熟，如撒播种籽于田亦果不成熟，以灌顶本性未能清净乃修供，亦果不能成熟也。由此以上，理解前面二偈句之六种义虽圆满，然第四品近旁从集略中而来，故依靠生起所说。谓如何解说，则解说以世间农事成熟，与撒播种籽于田一样，以净瓶及第四节第三节令本性清净时，有相撒播种籽者，从脉之内空⁽四⁾中生起，住于恒常心之中间，直至菩提心之相应也。谓彼间脉之内空中生起者，菩提心行走⁽五⁾于中脉⁽六⁾。解脱⁽七⁾已生法⁽八⁾者是断除胜义菩提心烦恼之障蔽。无垢者断除所知之障蔽之谓。与水晶一样者是世俗菩提心。谓光显明者成胜义菩提心。五种智慧⁽九⁾之主体本身者依照世俗菩提心宣说，故依吽之身说讲。身是谓妙吉祥⁽十⁾者是平等性智⁽十一⁾。金刚手⁽十二⁾外层弯曲者是法界性智⁽十三⁾。槌杖世间自在⁽十四⁾主尊者是妙观察智⁽十五⁾。

注释：

（一）正等：西夏文作[西夏文]，直译是"平等"。其在《吉祥三菩怛经典明灯》中作 mnyam nyid，译为"平等性""共性"，佛书中译为"正等"。

（二）片面空性：西夏文作[西夏文]，直译是"分空"。其在《吉祥三菩怛经典明灯》中作 nyi tshe stong pa，译为"部分空性""片面空性"。

（三）佛土：西夏文作[西夏文]，直译是"田地"。其在《吉祥三菩怛经典明灯》中作 zhing，译为"田地"，佛书中译为"佛土"。

（四）内空：西夏文作[西夏文]，直译是"内壕"。其在《吉祥三菩怛经典明灯》中作 khong stong，译为"内中空虚""内空"，即孔、洞的异名。

（五）行走：西夏文作[西夏文]，直译是"过入"。其在《吉祥三菩怛经典明灯》中作 rgyu ba，译为"行走""流动"。

（六）中脉：西夏文作𗀱𘄒𘒏𗦲，音译为"阿哇都底"。其在《吉祥三菩怛经典明灯》中作 a ba dhū ti，梵文为 Āvadhūti，藏文又写为 dbu ma，译为"中脉"。密教认为人体中有众多脉（即脉络），其中主要有三条，即中脉、左脉和右脉。中脉是密教修法中"气"所运行的中心动脉，不分男女，均居中央，故称中脉。中脉是一切智慧之本、智风运转之路，无方便智慧之别。

（七）解脱：西夏文作𗑇𘗽，直译是"离尘"。其在《吉祥三菩怛经典明灯》中作 rdul bral，译为"离尘""无尘土"，是解脱的异名。

（八）已生法：西夏文作𗸦𗙵，直译是"生大"。其在《吉祥三菩怛经典明灯》中作 byung ba，译为"往事""旧事"，佛书中译为"已生法"。

（九）五种智慧：又称五智，即大圆镜智、平等性智、妙观察智、成所作智和法界性智。

（十）妙吉祥：西夏本作𗙴𗩾𗵒，直译是"柔吉祥"，即妙吉祥。《吉祥三菩怛经典明灯》中作 vjam pavi dbyangs，译为"妙音"，指文殊菩萨。

（十一）平等性智：西夏文作𘕂𗭪𗘞𗤋，译为"平等性智"，藏文作 mnyam pa nyid kyi ye shes 或 mnyam nyid ye shes。佛教五智之一，即通达一切生死涅槃之法，体无善恶性实平等之智。

（十二）金刚手：西夏本作𗎫𗟶𗽈𗪟，直译是"手中金刚"。其在《吉祥三菩怛经典明灯》中作 phyag na rdo rje，译为"金刚手"，又称金刚手大势至。密教菩萨名，随侍如来的八大菩萨之一。其总集一切佛意，大势为性，手持金刚杵。

（十三）法界性智：西夏文作𗈁𘐬𗤋，译为"法界智"，即法界性智、法界体性智，藏文作 chos kyi dbyings kyi ye shes 或 chos kyi dbyings rnam par dag pa。佛教五智之一，即能见色等五蕴自性皆空之法界清净智。

（十四）世间自在：西夏本作𗣼𘘤𗣋𘕂，直译是"世间自在"。《吉祥三菩怛经典明灯》中作 vjig rten dbang phyug，译为"世间自在"，指观世音菩萨。

（十五）妙观察智：西夏文作􀀀􀀀􀀀􀀀，译为"妙观察智"，藏文作
so sor rtog pavi ye shes。佛教五智之一，即第六意识远离贪等秽垢，转依
所得如来五智之一。

藏文转写：

devi dang po vam sngon du ci vgro zhe na/ sngon du mtshan nyid bstan
pa bzhin zhes bya ste/ dang po ni/ gtso bor zhes bya ste sngon du mtshan nyid
bstan pa ni/ gong gi khams bco brgyad ma grub pavo// mnyam nyid stong nyid
ni gong gi nyi tshe stong pavi stong pa ma yin pavo//

stong pa nyid kyi lus zhing la sa bon gdam pa ni/ dper na lo ka na zhing
rmo rko dang chu lud la sogs pas sngon du sbyangs te/ de nas sa bon btab nas
srung bran la sogs pa byas pas ston thog gcig vbyung ba bzhin du/ sngon du
dbang bzhis rgyud sbyangs pa la bskyed rdzogs kyi sa bon btab nas tshul bzhin
du srungs nas brtson vgrus byas na tshe vdi la sangs rgya/ le lo can bar ma dor
sangs rgya/ shin tu le lo can skye ba rgyud nas sangs rgya/ de yan chad kyi
tshig rkang pa gnyis la don drug tu byas pa rdzogs so//

da ni zhar la devi vphros bstan pa ni/ de las kyang grol bar byed pa lam
gyi gnas skabs kyis rnam par bsam pavi vphros bstan pa la gsum las rtsavi
khong stong las byung ba zhes pa nas rtag tu snying gi dbus su gnas ces pavi
bar gyis byang chub sems kyi kha sbyor vchad do// de la rtsavi khong stong
byang chub kyi sems a ba dhū ti nas rgyu bavo// byung ba rdul bral ni don
dam byang chub sems nyon mongs pavi sgrib pa spangs pavo// dri med na
shes byavi sgrib pa spangs la/ shel dang mtshungs pa ni kun rdzob byang chub
sems/ vod gsal ni don dam byang chub sems/ ye shes lngavi dngos de nyid ni
kun rdzob byang chub kyi sems kyi dbang du byas te bshad na/ hūṃ gi lus kyi
bshad pa ste/ lus ni vjam pavi dbyangs ces bya ba mnyam pa nyid kyi ye shes/
phyag na rdo rje phyi rim dgu/ chos kyi dbyings/ dbang phyug pa vjig rten

dbang phyug gtso/ so sor rtog pa//①

13-7　𗆧𗆤𘂝𘃸𗖵𘓱𗦫𘃸𗗙𘊝𘃸𗫂𘃺　𗆤𘓐𘌠𘏨𗴔𗥿𘓱𘊝𘃸𗏖

又头（助）者慈氏谓者大圆镜智是。上方燃烧灯炬母谓者作

13-8　𘀗𘎵𗷰𘃸𗫂。𘛣𘓋𗿀𘊝𘌈𗦫𘈷𘈷，𗳷𘓱𘜍𘎵②　𘜍𘃸𗫂𘃸

应成做智是。胜义菩提心与合以说，则显明门依大圆镜

13-9　𘃸𗫂。𗥃𘈷𗆧𘓇𗆧𘈇𗥿𘃸𗫂。𘜍𗟻𗟻𗥿𘛛𘈷𗳷𘄡𘈨𘝵

智是。自他察止平等性智。法皆皆说应说（助）与离故妙

13-10　𘑛𘆚𘃸𗫂。𘈷𘆥𘆥𗓽𘜍𘎵𘃸𘎵𘎵𗷰𘃸𗫂。𗇃𘜍𘜍𘜍𘏖𘃸𗫂。

观察智是。他利生起依作应成做智是。一味依法界智是。

13-11　𘅜𗔕𗰜𗷰𗈪𗏈𗫂𗳜𗶆𗗟𗶆𗈪𘜱𗴔𘈷𘌈𗫂。𘐎𗗟𘌆𘌆

菜果粒大限量略者吽之限量世俗菩提心是。彼之中间

13-12　𘊝𘃸𗶆𗆤𗟲�𗶆𘜱𗴔𘈷𘌆𗫂。𘛣𘓋𗶆𗗟𘌆𘌆𘝶𘜽�

谓者心间居住吽世俗菩提心是。胜义吽之中间光明居

13-13　𗧘。𗆧𘑛𘃸𘝊𘈷𗶆𗫂。𘑚𘜍𘃸𘓆𘈷𗫂𗷰𘜓。𘚃𘝿𘃸𘜽𗥃𘌈

也。不显者乐及心是。显明者风及点圆成。分半者讲说（助）

13-14　𗍅𗫂。𘃸𗴺�𘄡𘜽𘃸𘗩𗫂。𘜍𗶆𘃸𘜶𘊝𘈷𗳷𗫂。𗒹𘅜𘃸𗶆𘜍𗫂。

不是。最中细妙者最深是。点圆者戏论与离是。相有者世俗是。

意译：

又头上者谓慈氏^(一)是大圆镜智^(二)。上方燃烧谓灯炬母者是成所作智^(三)。与胜义菩提心相应宣说，则依明门^(四)是大圆镜智。自他^(五)观止是平等性智。一切法与所说能说分离则是妙观察智。因生起利他是成所作智。因一味是法界性智。芥子^(六)粒大小限量者吽之限量是世俗菩提心。彼之中间者心间吽居住，是世俗菩提心。胜义吽之中间光明在也。不显明者是乐及心。显明者为风及明点。半分者是不可解说。极其细微者是甚

---

① 俄·秋谷多吉等：《先哲遗书·俄派师徒文集》第 226 册，第 115—116 页。

② 原本作𘜍（何），误。此据藏文本改。

深。明点者是与戏论⁽七⁾分离。有相者是世俗。

注释：

（一）慈氏：西夏文作𗹶𗢭，译为"慈氏"。其在《吉祥三菩怛经典明灯》中作 byams pa，译为"仁慈"，指弥勒菩萨。

（二）大圆镜智：西夏文作𗾞𗧘𘝞𗾊，译为"大圆镜智"，藏文作 me long lta buvi ye shes。佛教五智之一。

（三）成所作智：西夏文作𗴿𘝜𗤃𘞽𗾊，直译是"所作做成智"，即"成所作智"，藏文作 bya ba nan tan du grub pavi ye shes。佛教五智之一。

（四）明门：西夏文为𗥃𘟂𗊱，直译是"显明门"。其在《吉祥三菩怛经典明灯》中作 gsal bavi sgo，译为"明门"，指智者、学者。

（五）自他：西夏文为𗄊𗤙，译为"自他"。其在《吉祥三菩怛经典明灯》中作 bdag gzhan，译为"自他"，即自己和他人，佛教中又指"能作和所作"。

（六）芥子：西夏文作𗧍𘜶，直译是"菜果"。其在《吉祥三菩怛经典明灯》中作 nyungs dkar，译为"白芥子""芥子"。此据藏文本译"芥子"。

（七）戏论：西夏文作𗟲𘃎，译为"戏论"，藏文作 spros pa。戏论就是使心放荡。

藏文转写：

mgo bor yang ni byams pa me long lta buvi/ steng du vbar ba la zhes bya ba bya ba nan tan/ don dam byang chub sems dang sbyar nas bshad na/ gsal bavi sgo nas me long lta bu/ bdag gzhan rtog pa vgags pas mnyam pa nyid/ chos thams cad brjod bya rjod byed kyis stong pas so sor rtog pa / gzhan don vbyung bas bya ba nan tan/ ro gcig pas chos kyi dbyings so// nyungs dkar sbom pavi tshad dag ni kun rdzob byang chub sems/ devi dbus su zhes pa ni snying gavi dbus na hūṃ gnas pa kun rdzob byang chub sems/ don dam hūṃ gi dbus na vod gsal gnas/ mi gsal ba bde ba dang shes pa/ gsal ba rlung dang thig le/ cha phyed ni brjod du ma btub pa/ vphra ba ni zab pa/ thig le ni spros pa dang bral ba/ gzugs can ni kun rdzob//[1]

13–15 𗧓𗼕𗣼𗆜𗵐𗵜𗰖。𗭴𘕿𗪟𗣼𗴲𗮤𗋣𗲴𗓋𗰖。 𗬩𗵜𗋿𗵒

意体性者悟是。大威仪者（助）悟则圆寂是。不悟则流

13–16 𗠇𗍻𗱕𗵒。𗱕𗣼𗍻𗳡𗐯，𗳡𗵘𗟲𗴊𗍻𗰡𗓋𗵘𗱥𗰖，𗄊𗍻𗣓

传之因成。其者岂住谓，则久常心之中间住也谓，悟之自

13–17 𘜶𗰖。𗋣𗠇𗦝𗦀𗵜𗵜𗲞𗧓𗦝𗋣𗵜𗋣𗴲𗤊𗵜𗰤𗰡𗟭𗴲𗴲

体是。十二边及谓于起增盛也谓于（助）至以脉之口合说。

13–18 𗋣𗠇𗦝𗵜𗣼𗠁𗟭𗴲𗴲𗗄，𘎑�$𘜶$𗞞𗵢𘕿𘟀𗫪𗴲𗴲𗋣𗠇

十二边谓者哩哩引利利引，四底末起次依算阿利十二

13–19 𗗙𗣼𗦝𗠇𗫨𗰡𗵒。𗱕𗰡𗦝𗵜𗱕𗜓𗦝𗠇𗭴𗰖。𗗙𗵘𘕿

中初边二阿之谓。九之边谓者九类边于二诃是。足起顶

13–20 𗴊𗵘𗟲𗵒𗣼𘟀𗰡𗵜𗴲𗰖。 𗮿$𗵘$𗤆𗥯𗋳𗦝𗣼𗵜𗰤𗮿

间于（助）至谓者脉之限量是。一根线依实真生谓者阿哇

14–1 𘟉𗱕𗲞𗞸𗞸𗵒𗰖。𗴊𗴊$𗱥$𗤆𗱕𗣼𗵜𘎑𗍻𗴲𗳇𗰤

都底于皆皆解也。脐之中间实居住谓者四轮之脐间阿

14–2 𗰤𘟉𗱕𗏬𗍻𗵒。𗬩𗳡𗴊$𗵘$$𗵘$𗴲𗵜𗣼𗵘$𗠇$𗱥𗮤𘃎𘕿𗕕

哇都底穿之谓。五第分之限量有谓者二乌集结（助）何未

14–3 □𗫨$𘈱$𘕿$𗋀$𗋣𗱥𗵘$𘜶$�7𗵜𗍻�0。 𗱕$𗮵$$�+$𗦀$𘕿$�7�*𘕿

□天尼乌者狮子头（助）如是之谓。龙主相以实庄严谓者

14–4 𗭴𗴲$𘕿$$�7$$𗈯$�7。�7$�$$𗰤$$�7$$𗮤$𗭴$𗍻$$�0$$𗴎$，𗮤$�7$$𗲴$$𘃎$

三点圆集结也。何未阿于五生大之风过入，喻大海中四

14–5 𗭴𗭴$�$$𗽼$$�+$$𗱕$$𗧞$$𘃎$$𘕿$$�7$。𗱕$�7$$�7$$�7$$�$$𗣡$$�7$$𗰤$$�7$$𗴊$

大河江来复其实中流如也。其分谓者解则先初阿者脐

14–6 𗭴$𗰤$$𗰖$。𗱕$𗰩$$𗤆$$𗮉$$�7$$�7$$�7$$�7$$�7$，$𗳡$$�7$$�7$$�7$$�7$$𗰖$。$𘘥$$𗮿$$�7$$�7$$�7$

间阿是。诃字于呜及点圆悬作，则心间吽是。啊引及点圆

---

[1] 俄·秋谷多吉等:《先哲遗书·俄派师徒文集》第 226 册，第 116—117 页。

14-7 𗹬𗏁𗹬𗗍𗆀，𗤛𗴺𗰱𗢸𗅤。𗯩𗸰𗠌𗮅𗱕𗤛𗝠𗧼𗰱𗪺𗅤。

及呕等集结，则喉间唵是。诃（助）点圆置作则大乐中含是。

意译：

意者是解悟体性。大威仪者已证悟则是圆寂。不证悟则成轮回之因。彼者谓依止何，则依止恒常心之中间，是自证之自性。从十二边际以上增广变化，解说脉之相应。十二边际者哩哩引利利引^(一)字，从四底部起，^①依次计有十二阿利字，中间和开始二边二阿字之谓。九边际者于九类边是二诃字。从足直至头顶间者是脉之限量。由一根线生起真实者于中脉一切分离也。脐之中间安住者四轮^(二)之脐间，贯穿中脉之谓。第五部之限量者二乌字联贯或未，□天尼乌^(三)者犹如狮子头之谓。以龙王相真实庄严者三明点汇集也。抑或于阿字五大^(四)之风出入，譬如大海中四大江河来，复如彼本身流也。彼部分者分解，则开始阿字者是脐间阿字。鸣字及明点垂悬于诃字，则心间是吽。啊引、明点和呕字等汇集，则喉间是唵字。安置明点于诃字上，则大乐中是含字。

注释：

（一）哩哩引利利引：音译西夏文𗱕𗱕𗰱𗤛𗤛𗰱，是梵文咒字译音。其中西夏文𗰱（引）表示其前面梵音为长元音。如"哩哩引利利引"可拟梵音为 Rirīlilī。

（二）四轮：密教所说的四处脉轮，即顶间、心间、脐间和密处大乐轮。四轮又指四大，即地轮、水轮、火轮和风轮。

（三）□天尼乌：西夏文作□𗙛𗱈𗷖，其义不解。

（四）五大：西夏文作𗊱𗷲𗅤，译为"五大生"，即五大种，藏文作vbyung ba lnga。五大指地、水、风、火、空五种元素。

藏文转写：

yid ni dngos po rig pa/ gzi brjid chen po ni rtogs na mya ngan las vdas pa/

---

ma rtogs na vkhor bavi rgyu byed/ de gang na gnas na rtag tu snying gi dbus

na rang rig pavi ngo bo gnas pavo//bcu gnyis mthav dang zhes pa nas/ vphel

bar vgyur yan chad kyis ni rtsavi kha sbyor vchad de/ bcu gnyis mthav ni ā li

bcu gnyis kyi ya mthav na ā<u>h</u> gnyis so// dgu mthav ni sde tshan dguvi mthav na

ha gnyis so// rkang pa nas ni spyi mthar thug ni rtsavi vchad do// (de yang jo

bo kha cig rtsa thags bran pa lta bur vdod pa dang/ skra bshad vdzings pa ltar

vdod pa dang/ gru gu dril ba ltar vdod pa dang/ thang shing skyes pa ltar vdod

pa dang/ gdugs kyi rnam pa lta bur vdod pavo// jo bo ni gang zag gcig gi lus

la de thams cad tshang ba yin gsungs so// de yang gong mavi tshig gnyis kyis

thags lta bur te rtsa bavi tshad bshad/ skud pa gcig ces pavi tshig gnyis kyis

thang shing rnam pa lta bur te/ zur lugs bshad pa yin/ skra vdzings pa lta bus

vbrel bshad/ gru gu lta bus lus kyi gzungs bshad pa yin/ gdugs lta bus rtsavi

dbyibs bshad pa yin no//) [①] skud pa gcig las yang dag byung ni a ba dhū ti las

thams cad gyes pavo// lte bavi dbus su rnam par gnas ni vkhor lo bzhivi lte ba

a ba dhū tis brgyus pavo// cha lnga pavi tshad ni u gnyis brgyus pas ma yang

na rgya gar gyi a seng gevi thod pa lta buvo// klu dbang rnam pas rab brgyan

ni thig le gsum btus pavo// yang na a las byung ba rnam pa lngavi rlung rgyu

ba phyivi rgya mtsho las chu bo chen po bzhi byung nas de nyid du bab pa lta

buvo// cha de yang ni zhu gyur ni a dang povi lte bavi avo// ha gcig la u gcig

dang thig le btags pas snying gavi hūṃ/ a ring po de u gcig stongs pas mgrin

pavi oṃ/ ha las thig le bskor bas bde chen gyi haṃ dang//[②]

14-8 𗀔𗰜𗖊𗗚𗙴𗵤𗌭𘂞𘃶𗐆𗈁𗤁𗬜𘄒𘊝。𗲠𗡝𗩾𗗷𗖊𗗚𗵀

石王中间生现也谓者阿哇都底脉是。种子生居中间住

---

① 括号内藏文内容在西夏本中无。
② 俄·秋谷多吉等：《先哲遗书·俄派师徒文集》第 226 册，第 117—118 页。

14-9 𘟀𘟀𘟀𘟀𘟀𘟀𘟀𘟀𘟀𘟀𘟀𘟀𘟀。𘟀𘟀𘟀𘟀𘟀𘟀𘟀

　　谓者男女二之化轮底下三角之谓。清净法界融体性

14-10 𘟀𘟀𘟀𘟀𘟀𘟀𘟀𘟀𘟀𘟀𘟀，𘟀𘟀𘟀𘟀𘟀𘟀𘟀𘟀。𘟀

　　者其脉中女人是则不芦我字黄，男人是则卡字黄是。 炽

14-11 𘟀𘟀𘟀𘟀𘟀𘟀𘟀𘟀𘟀𘟀𘟀𘟀𘟀。𘟀𘟀𘟀𘟀𘟀𘟀

　　盛也谓者其脉数中菩提心过入者是。皆皆中者谓于起

14-12 𘟀𘟀𘟀𘟀𘟀𘟀𘟀𘟀𘟀𘟀𘟀。 𘟀𘟀𘟀𘟀𘟀𘟀𘟀𘟀𘟀

　　八居列谓于（助）至风之口合说。九门住谓者种识死转门

14-13 𘟀。𘟀𘟀，𘟀𘟀𘟀𘟀𘟀𘟀𘟀𘟀𘟀𘟀𘟀𘟀𘟀𘟀，𘟀𘟀

　　是。拙火，火之字种谓者瞿我字红顶轮中列作之谓，地之

14-14 𘟀𘟀𘟀𘟀𘟀，𘟀𘟀𘟀𘟀𘟀𘟀𘟀𘟀，𘟀𘟀

　　字种吽字黄，二眼（助）列作。实空风之字种由我字青，鼻及

14-15 𘟀𘟀𘟀𘟀。 𘟀𘟀𘟀𘟀𘟀𘟀𘟀𘟀，𘟀𘟀𘟀𘟀𘟀𘟀。

　　耳（助）列作。医药水之字种须我字白，舌根喉小（助）列作。

意译：

　　金刚中间生现者是中脉。种子生处[一]在中间者是男女双方之化轮底下三角脉之谓。清净法界融化之自性者是女人则黄色不芦我[二]字，是男人则是黄色卡字。谓是炽盛者彼脉数中是菩提心出入。谓起于一切中者，乃至列置八处，解说风之相应。谓依止九窍[三]者诸识命终[四]，是九窍阻。拙火火之种子字者是红色瞿我字，顶轮中列置之谓。地之种子字是黄色吽字，二眼上列置。空性风之种子字青色由我字，鼻和耳上列置。甘露水之种子字白色须我字，舌根喉舌[五]上列置。

注释：

　　（一）生处：西夏文作𘟀𘟀，译为"生处"，藏文为 skye gnas。"生处"意为生长之处。

　　（二）不芦我：音译西夏文𘟀𘟀𘟀，梵文种子字，《吉祥三菩怛经典明灯》中记音为 bhruṃ。

（三）九窍：西夏文作􀀀􀀀，译为"九门"。《吉祥三菩怛经典明灯》中作 sgo dgu，直译是"九门"，指九窍，佛教认为它们是灵魂离开肉体的九处门道：卤门、眉间、眼、耳、鼻、口、脐、前阴道和后阴道。

（四）诸识命终：西夏文作􀀀􀀀􀀀􀀀，直译为"诸识死转"。其在《吉祥三菩怛经典明灯》中作 rnam par shes pavi vchi vpho ba，译为"诸识命终"。其中"诸识"指有诸种情识，泛指动物、众生。

（五）舌根喉舌：西夏文为􀀀􀀀􀀀􀀀，译为"舌根小喉"。其在《吉祥三菩怛经典明灯》中作 lcevi dbang po lce chung，译为"舌根喉舌""舌根小舌"。

藏文转写：

rdo rje dbus su byung ba ni/ rtsa a ba dhū tivo// sa bon skye gnas ni/ sprul pavi vkhor lovi vog gru gsum du yod pavo// chos kyi dbyings ni zhu bavi dngos ces pa bud med yin na sru ser po/ skyes pa yin na kṣa ser po/ vphel vgyur ram vpho vgyur ni rtsa de rnams byang chub sems rgyu bavo// thams cad du ni zhes pa nas gnas brgyad dgod ces pavi bar gyis rlung gi kha sbyor vchad de/ sgo dgur gnas ces pa rnam par shes pavi vchi vpho bavi bsgo dgu dgag go//① ……gtum mo mevi sa bon rlung dmar po spyi bor/ savi sa bon ser po mig gnyis su dgod/ stong pa rlung gi sa bon yum sngon po sna dang rna ba dag la dgod/ bdud rtsi chuvi sa bon gsum dkar po lcevi dbang po lce chung la dgod//②

14-16 􀀀􀀀􀀀􀀀􀀀􀀀􀀀􀀀，􀀀􀀀􀀀􀀀􀀀􀀀􀀀，􀀀􀀀􀀀􀀀􀀀􀀀􀀀，􀀀

　　　咽间字种诃 摩利由我，腕（助）萨 摩利由我，心间耶 摩利由我，脐

14-17 􀀀􀀀􀀀􀀀􀀀􀀀􀀀􀀀􀀀􀀀􀀀。􀀀􀀀􀀀􀀀􀀀􀀀􀀀􀀀􀀀􀀀

　　　之根于畜字种契 摩利由我是。　菩提勇识察（助）以身修治

14-18 􀀀􀀀􀀀􀀀􀀀􀀀，􀀀􀀀􀀀􀀀􀀀􀀀􀀀􀀀􀀀􀀀，􀀀􀀀􀀀􀀀

① 俄·秋谷多吉等：《先哲遗书·俄派师徒文集》第226册，第118页。
② 俄·秋谷多吉等：《先哲遗书·俄派师徒文集》第226册，第119页。

（助）怒示察（助）是，身修治等何（助）一样依修治时，彼中表依

14–19 ꧁西夏文꧂ ꧁西夏文꧂

处之塞（助）及中依处之塞（助）二种是。其中表依处之塞（助）

14–20 ꧁西夏文꧂

者六境于依靠以塞（助）及中依处于依靠以塞（助）二种是。

15–1 ꧁西夏文꧂ [①]

是。此之义者室窗中风来时种物一样有以塞如非，然风

15–2 ꧁西夏文꧂

以识之导领，种种安察起者塞也。其亦二目（助）吽字黄（助）

15–3 ꧁西夏文꧂

思，色境何有有，吽字黄思者表依处之塞（助）是。中依处之

15–4 ꧁西夏文꧂

塞（助）者二目（助）盲如成令。目果（助）吽字思者中依（助）之塞

15–5 ꧁西夏文꧂

（助）是。他根于思（助）亦此与一样知应。坚牢谓于起业及业

15–6 ꧁西夏文꧂

无，其依作谓以风之不同事说。坚牢谓者脉及点圆是。

意译：

咽间种子字诃摩利由我[一]，腕上萨摩利由我，心间耶摩利由我，于脐之根部牲畜种子字是契摩利由我。菩提萨埵以眼观法[二]修治身或忿怒明王[三]以眼观法修治身，因何一样修治时，彼间外所依[四]之阻碍法及内所依之阻碍法二种。其中外所依之阻碍法者依靠于六境阻碍法及依靠于内所依阻碍法二种。此之义者屋内风从窗中来时，并非如以众供物一起阻碍，然以风引导心识，起种种寻思者阻碍也。彼亦二目上黄色吽字，一一修习。色境何所有，修习黄色吽字者是外所依之阻碍法。内所依之阻碍法者如令二

---

① 此字重复。

目致盲，眼珠^(五)上修习吽字者是内所依之阻碍法。修习其他根本之规亦与此一样所知。起于所谓坚牢，业和非业，依彼所作，解说风之不共同事业。坚牢者是脉及明点。

注释：

（一）诃摩利由我：音译西夏文𗙩𗙜𗙜𗙜，为梵文种子字 hmyuṃ 的西夏语音译。下文中的"萨摩利由我""耶摩利由我""契摩利由我"分别为梵文种子字 smyuṃ、ymyuṃ、kmyuṃ 的西夏语音译。

（二）眼观法：西夏文作𗙩𗙜，译为"视""观察"，藏文作 lta stangs，佛书中译为"眼观法""看视法"。密教中用眼观来控制或降伏魔障的一种方法，即用眼睛一看，就可以杀死对方、育养、硬化、堕落、调集等。

（三）忿怒明王：西夏文作𗙩𗙜，直译是"怒示"。藏文对应作 khro bo，译为"忿怒本尊""忿怒明王"，即现示忿怒形相的神、佛总名。

（四）外所依：西夏文作𗙩𗙜𗙜，译为"外依处"。《吉祥三菩怛经典明灯》中作 phyivi rten，译为"外表所依""外表凭借"。佛教中，"外所依"和下文中的"内所依"，当指世间和宗教之两种规矩。

（五）眼珠：西夏文作𗙩𗙜，译为"眼果"，即眼珠。《吉祥三菩怛经典明灯》中作 mig gi vbras bu，译为"眼珠"。

藏文转写：

mgrin par gti mug sa bon hyuṃ dpung par pa ra ma snying gar kmyuṃ lte bar ymyuṃ rtsa bar phyugs sa bon ymyuṃ//^①

de la phyivi rten la vgegs pa dang nang gi rten la vgegs pavi lugs gnyis so// devi go ba ni khang pavi nang du skar khung nas rlung vong ba la dngos po gang na gang gcig rtsangs nas vgegs pa lta bu ma yin/ vo na rlung gis rnam shes khrid nas rtog pa sna tshogs su vgro ba de vgegs pavo// de yang khro bovi lta stangs sam byang chub sems dpavi lta stangs kyis lus bcos la mig gnyis su

---

① 俄·秋谷多吉等：《先哲遗书·俄派师徒文集》第 226 册，第 119 页。

hūṃ re re bsgom ste/ yul gzugs gang na gang gcig la gsum ser po bsgom pa
de phyivi rten la vgegs pavo// yang na mig gnyis har long du btang ste mig gi
vbras bu la hūṃ bsgom pa ni nang gi rten la vgegs pa ste/ nang gi dbang po la
bsgom pavo// des vgrevo//①

brtan dang zhes pa nas las dang las min byed pavo zhes pas rlung gi thun
mong ma yin pavi las bstan te/ brtan pa ni rtsa dang thig levo//②

15-7 𗤁𗧯𗏹𗦣𗆟𗬆𗥃𗣼𗇋，𗥜𗧩𗔐𗌭𗅔𗏹。𗾞𗦻𗧛𗧛𗫫𗥃𗇋𗏹𗦣

动摇谓者风及乐是，何未器情之谓。行往皆皆（助）至也谓者

15-8 𗼃𗦣𗆟𗫫𗅔。𗧥𗩱𗍓𗏹𗦣𗤋𗫸𗇋，𗥜𗧩𗧥𗩱𗦣𗎫𗧻。

其风以至也。净梵等谓者文（助）依是，何将净梵者顶间瞿

15-9 𗫡𗈶𗅔𗇋。𗿩𗏹𗫸𗥃𗍏𗈶��。𗿩𗗟𗏹𗫸𗧱𗪂𗩴𗱣𗤧

我字之谓。天者先说生大字数是。天非谓者萨摩利由我

15-10 𗧱𗪂𗩴𗱣𗤧𗍓𗈶𗅪𗈶𗅩�。𗼃𗼃𗫢𗫞𗏹𗫫𗆟𗈶𗾞𗫞�。

诃摩利由我 等畜之字种是。彼于依靠谓者风于依靠是。

15-11 𗥛𗗟𗼃𗥃𗾞𗾞𗒀𗏹𗧗𗥛𗗟𗫸𗈬𗪊𗏫𗦻𗱘𗅔�。𗼃𗥃𗾞𗾞

尊者何（助）游行（助）谓中尊者者昔成等生智是。何（助）游行

15-12 𗅔𗫸𗰗𗭞𗣼𗼃�，𗼃𗉪𗍓𗨃�，𗅔𗥜𗍰𗥃�L𗏹𗫸𗆟。

（助）者阿哇都底之谓，其实伐嘎是，何时身（助）住谓者风是。

意译：

谓动摇是风及乐，抑或器界和情界之谓。谓遍满一切行往处者风遍满
也。净梵天等者是依文法，抑或净梵天者顶间瞿我字之谓。天者是前面所
说之诸大种。非天^(一)者是萨摩利由我、诃摩利由我等牲畜之种字。于彼依靠
者是于风依靠。至尊^(二)于何处修行，主尊者是原始俱生智^(三)。于何处修
行者中脉之谓，其实是伐嘎，直至依止于身者是风。

---

① 俄·秋谷多吉等:《先哲遗书·俄派师徒文集》第226册，第118页。
② 俄·秋谷多吉等:《先哲遗书·俄派师徒文集》第226册，第119页。

注释：

（一）非天：西夏文作𗹢𗤴，藏文作 lha min，梵文为 Asura，译为"非天"，汉文文献中常音译成阿修罗、阿素罗、阿素洛等。佛教天龙八部众之一。《翻译名义集》云："阿修罗，旧翻无端正，男丑女端正，新翻非天。净名疏云，此神果报最胜，邻次诸天，而非天也。新婆娑论云，梵本正音，名素洛，素洛是天，彼非天故。"[1]

（二）至尊：西夏文作𗤴𘕿，直译是"尊者"。《吉祥三菩怛经典明灯》中作 gtso bo，译为"尊者""至尊"，意为首脑、灵魂。

（三）原始俱生智：西夏文作𘝼𘝼𗤴𘝼𘝼，直译是"昔成等生智"，即"原始俱生智"。其在《吉祥三菩怛经典明灯》中作 gnyug mavi ye shes，译为"原始智"，意即本来就俱生的智慧。其与前文"原始不二智"相近。

藏文转写：

g-yo ba ni rlung dang bde bavo// yang na snod bcud do// vgro ba thams cad ni rlung dang thig les khyab pavo// tshangs sogs ni sgra ji bzhin pa vam/ yang na tshangs sogs ni spyi gtsug gi kṣuṃ so// lha ni ging gi vbyung bavi yi ge chavo// lha min ni smyuṃ la sogs sa bon no// de la rten pa ni rlung la rten pavo// gtso bo gang du spyod ces pa gtso bo sa ha dza gnyug mavi ye shes so// gang du spyod pa ni a ba dhū tivo// dhū tir rlung tshud pa de nyid pa gavo// ji srid gnas ni rlung ngo//[2]

15-13 𘝼𘝼𘝼𘝼𘝼𘝼𘝼𘝼，𘝼𘝼𘝼𘝼𘝼。𘝼𘝼𘝼𘝼𘝼𘝼𘝼𘝼

　　业者上趣及脱解是，何未禀持成。业非者恶趣及远离之

15-14 𘝼。𘝼𘝼𘝼𘝼𘝼𘝼𘝼𘝼。𘝼𘝼𘝼𘝼𘝼𘝼�，������

　　谓。善及不善亦先与一样也。平等行加谓于起，圆寂于住

---

① 法云：《翻译名义集》卷 2，《大正新修大藏经》第 54 卷，第 1079 页。

② 俄·秋谷多吉等：《先哲遗书·俄派师徒文集》第 226 册，第 119 页。

15-15 [西夏文] ，[西夏文]。[西夏文]

　　勇猛是谓以三种口合有依不得，习（助）依果起（助）说。平等

15-16 [西夏文]。[西夏文]

　　行加实（助）说谓者初说三种口合之谓。行加以定修习则

15-17 [西夏文]。[西夏文]

　　谓者（助）下阿利迦利声生以脉中风入者是。何时业身毁

15-18 [西夏文]，[西夏文]，[西夏文]

　　灭谓者此世怖畏依业行，中有怖畏依灭时要语，生续续

15-19 [西夏文]。[西夏文]

　　怖畏依识迁要语修之谓。佛身实成（助）见时谓者咒身霓

15-20 [西夏文]，[西夏文]。[西夏文]

　　虹种相是，其时三种口合习直也。自之威力依谓者乐依

16-1 [西夏文]。[西夏文]。[西夏文]。[西夏文]

　　化变能也。坚牢谓者胜妙殿是。动摇谓者佛之谓。文字于

16-2 [西夏文]，[西夏文]，[西夏文]

　　超出谓者哇利那谓宣说及色颜于超出，种于超出，咒于

16-3 [西夏文]。[西夏文]。[西夏文]。[西夏文]

　　超出之谓。虚空（助）如谓者譬是。垢着集谓者二障是。圆寂

16-4 [西夏文]。[西夏文]。

　　谓者住无圆寂之谓。勇猛谓者情有皆皆流传中度出也。

意译：

　　业者是善趣和解脱，抑或成执持。非业（一）者恶趣和远离之谓。善与不善亦与先前一样也。生起于所谓正等加行（二），住于圆寂是谓勇士，以彼不得三种相应有，由修习生起果业。真实宣说正等加行者先前所说，三种相应之谓。以加行修习定，则所谓下面阿利迦利，以高声朗诵，脉中风入也。何时节业之身毁灭者，现世修行怖畏难（三），中有时依怖畏难修行寂灭时要语，生命不断时依怖畏难修行迁识要语之谓。觉知成为佛身时者

219

是咒身诸霓虹相，彼时三种相应修习也。[①] 随自之威力者欲乐能实现也。谓坚牢是无量宫。谓动摇是佛之谓。超越文字者宣说所谓哇利那，以及超越颜色、超越种姓、超越密咒之谓。谓犹如虚空者是譬喻。污垢（四）汇集者是二障碍。涅槃是无住涅槃（五）之谓。勇士者一切众生度出轮回也。

注释：

（一）非业：西夏文作𗹦𗟲，译为"非业"，藏文作 las min。"业"指事情、工作，佛书中译作"业"或"羯磨"。"非业"指恶业、不善之业。

（二）加行：西夏文作𗈁𗊱，译为"加行"，藏文为 sbyor ba。加行即修行者在修行正法前的准备工作，如加行道、加行位、四加行、四度加行等。

（三）怖畏难：西夏文作𗵐𗆟，译为"怖畏"。其在《吉祥三菩怛经典明灯》中作 vjigs pa，佛教中常指"灾难""怖畏难"。

（四）污垢：西夏文作𗣼𗣴，译为"垢着"，即污垢。其在《吉祥三菩怛经典明灯》中作 dri ma，译为"污垢"。佛教中的污垢常指各种"烦恼惑"。

（五）无住涅槃：西夏文作𗷓𗥰𘃡𗢺，译为"无住圆寂"，即无住涅槃。其在《吉祥三菩怛经典明灯》中作 mi gnas pavi mya ngan las vdas pa，译为"无住涅槃"。无住涅槃是指不住生死轮回及涅槃寂静二边，入大涅槃，成正等觉。

藏文转写：

las ni mtho ris dang thar pa vam yang na rjes su gzung ngo// las min ni ngan vgro vam tshar gcad/ dge dang mi dge yang gong ma dang vdravo//

mnyam par sbyor ba zhes bya ba la sogs pa ni kha sbyor gsum yod pas mi chog ste bsgoms pa las vbras bu vbyung ba bstan/ mnyam par sbyor ba rab gsungs ni gong gi kha sbyor gsum mo// sbyor ba goms par gyur na ni zhes pa

---

① "诸霓虹相，彼时三种相应修习也。"藏文本中无。

vog gi ā li kā li zhes sgrogs pa rtsavi nang du rlung zhugs pavo// las kyi lus zhig ni tshe vdi la vjigs pa la spyod pa/ bar dovi vjigs pa las vdav ka ma/ skye ba rgyud nas vjig pa la grong vjug/ lhavi lus su gyur mthong ni sngags kyi skuvo// de tshe rang gi stobs bzhin zhes pa vdod dgur bsgyur bavo//

brtan pa gzhal yas khang/ g-yo ba lhavo// yi ge las vdas ni wa zhes pa brjod pa dang kha dog dang rigs dang sngags las vdas pavo// nam mkhav lta bu ni dpevo// dri mavi tshogs ni sgrib pa gnyis/ mya ngan las vdas ni mi gnas pavi mya ngan las vdas pavo// dpav bo ni sems can vkhor ba las sgrol bavo//[①]

16-5 𗱰𗆌𗴛𗑇𗰗𗠃𗆌𗴈𗆌�450𗟲𗶟𗟟𗆌𗯺𗛕𗆌𗶟𗍌𗴈𗡥𗴈𗭯𗩟𗩉𗴐
母及彼如又姐妹及谓以者先说种情以者真智思谓（助）说

16-6 𗴐𗆾𗶟，𗶺𗟜𗆌𗭄𗉌𗲊𗴈。𗱰𗴈𗝊𗶟𗴈𗶊𗵊𗆼𗴛，𗢟𗲺𗴐
与缚有，下卑大密之解也。母谓等者解（助）四种有，世间与

16-7 𗆾𗶟，𗢟𗲸𗴐𗆾𗶟，𗟦𗴐𗝉，𗠃𗵘𗴐𗝉𗆌𗴈𗰹。𗢟𗲸𗴐𗆾𗶟
缚有，世出与缚有，种与合，觉受与合以说也。世出与缚有

16-8 𗧝𗊺𗌃𗵥𗵘𗖴𗱰𗈼，𗰹𗴓𗊺𗌃𗵥𗵘𗖴𗴈𗈼。𗊺𗌃𗵥𗑾𗶟𗪉𗈼，
依主（助）授则母是，一起主（助）授则姐妹是。主（助）令者女是，

16-9 𗊺𗛅𗧝𗴈𗑇𗍕𗶟𗡊𗵙𗈼。𗢟𗲺𗆸𗴈𗝊𗶌𗶟𗥥𗴈𗴐𗴖𗶶
主之依处（助）作者妻眷是。世间者与缚有者其数与名同

16-10 𗈼。𗟦𗴈𗝉𗶟𗞭𗒨𗲞𗱰𗴈，𗴿𗵇𗛅𗖏𗵧𗫤𗵈，𗸹𗊠𗆌𗺌𗉞
是。种与合者萨诃眘母谓，女人之形相禀持，烦恼及知应

16-11 𗠃𗔆𗔆𗵥𗵃，𗮱𗪽𗛅𗾊𗱰𗈼。𗆌𗛅𗏩𗛅𗵘𗺸𗖊𗧪𗨮，𗘅𗵘
障皆皆（助）弃，上乐之化母是。彼之形相咒生于依靠，此咒

16-12 𗾑𗵥𗧝𗴈𗴿𗟙𗈼。𗠃𗴈𗆌𗪽𗵘𗑺𗈩𗧝𗵀𗔒𗴈𗵙𗈼。
生者依（助）女身是。增长及集终次修依四静虑智获也。

---

① 俄·秋谷多吉等：《先哲遗书·俄派师徒文集》第 226 册，第 119—120 页。

意译：

母及彼如又姐妹等者，以前面所说诸识与宣说真智联系^{（一）}，解说普通^{（二）}之大密也。谓母等者解说法有四种：与世间联系，与出世间联系，与种姓相应解说和与觉受相应解说也。与出世联系灌顶则是母，一同灌顶则是姐妹。令灌顶者是女孩，所作灌顶之依处者是妻眷。与世间士联系是与彼数名相同。与种姓相应者谓萨诃眷母^{（三）}，禀持妇女之形相，断除烦恼及一切所知之障碍，是胜乐之幻化母。彼之形相依靠于咒生^{（四）}，此咒生者所依处是女人身，由修习生长次第和圆满次第获四静虑^{（五）}之智也。

注释：

（一）联系：西夏文作𘟛𗀝，直译是"缚有"。其在《吉祥三菩怛经典明灯》中作 vbrel pa，译为"联系""相互关联"。

（二）普通：西夏文作𗧀𗥃，直译是"下卑"。其在《吉祥三菩怛经典明灯》中作 phal pa，译为"普通""平常"。

（三）萨诃眷母：西夏文作𗱕𗤶𘝵𗤻，译为"萨诃眷母"，即"俱生母"，密教中的佛母名。

（四）咒生：西夏文作𗴼𗤁，译为"咒生"，即咒生母。《吉祥三菩怛经典明灯》中作 sngags skyes，译为"咒生"，即咒生空行母。密教中安住于生长次第的女瑜伽行者。

（五）四静虑：西夏文作𘝵𗙴𗊮，译为"四静虑"。其在《吉祥三菩怛经典明灯》中作 bsam gtan bzhi，译为"四静虑""四禅定"，即初静虑、第二静虑、第三静虑和第四静虑。

藏文转写：

ma dang sring mo la sogs pas ni gong gi rnam shes kyis ni ye shes sam zhes pavi bshad par vbrel te/ phal pavi gsang chen gyi bshad pa ste/ ma zhes bya ba la sogs pa la bshad pa bzhi/ lo ka bavi vbrel pa dang/ lo ka las vdas pavi vbrel pa gnyis dang/ rigs dang sbyar te bshad pa dang/ rnal vbyor pavi nyams su myong ba dang sbyar te bshad pavo// lo ka mavi vdas pa la dbang blangs pa vam dbang stabs gcig tu thob pa sring mo/ dbang bskur ba bu mo/ dbang

rten byas pa chung mavo// lo kavi vbrel pa de rnams dang mi mthun no// rigs

dang sbyar na ma sa ha dza ma ste mi movi cha lugs bzung ba la nyon mong

pa dang/ shes byavi sgrib pa mthav dag spangs pa/ bde mchog gi sprul pavo//

sngags skyes ni rten bud med kyi rten la bskyed rims rdzogs rims bsgoms pas

bsam gtan bzhivi shes pa thob pavo//[1]

16-13 （西夏文） 此之形相宫生于依靠依（助）女身是，增集修依至终未成，灭

16-14 （西夏文） 时愿起依赡部河园二十四宫中生，业依（助）生。世间时（助）

16-15 （西夏文） 此数于依靠者皆七种中摄。其语至行本续十三第品中，

16-16 （西夏文）[2] 净令主之天母及敕行天母勇猛生谓。净令者二障清净

16-17 （西夏文） 等生是。主之天母者主之能力指示咒生之谓。敕行者愿

16-18 （西夏文） 起力依宫生是。勇猛生谓者业生石王上师（助助）主（助）授

16-19 （西夏文） 令，则依（助）作许有者是。默有者之觉受与合以说（助），则行

16-20 （西夏文） 数生生母是依谓，轮集中同总说是，此不缚有也。彼中母

17-1 （西夏文） 者实空解悟之谓。女者双入依佛之力畏应无摄及妻眷

① 俄·秋谷多吉等:《先哲遗书·俄派师徒文集》第 226 册，第 120 页。

② 此处原本作（西夏文），误。

17-2　𗗉𗤢𗖵𗾔𗓂𗦻𗕻　𗦋𗼨𗭼𗕻𗣿𗗚𗗙𗥪𗕻𗣿𗗚𗟻𗮔𗗙𗓦

者双人乐显之谓。婆罗女谓于起屠类女谓于（助）至以世

17-3　𗗙𗈪𗤊𗕻　𗦋𗼨𗭼𗣿𗤊𗣿𗓣𗗷�𗦅　𗸯𗾟𗓂𗅁𗣄𗨈𗓦

间种依说。婆罗女一（助）主（助）受则母是，咒生之形相禀持

17-4　𗗙𗤞𗦅　𗦋𗼨𗭼𗣿𗓂𗓣𗗷�𗦅𗄊𗮃𗲏𗣄𗅁𗨈𗓦𗗙𗥂𗦅。

者姐妹是。婆罗女一之主（助）受令（助）宫生形相禀持者女是。

意译：

依靠于此之域生[一]形相，所依处是女人身。修习生圆二次最终未成就，寂灭时节发愿[二]生赡部洲二十四域[三]中，由业力而生。于世间时节，依靠此数者皆以七种姓摄持。其语遍及本续第十三品中，净治自在天母[四]及驱邪天母[五]勇猛生。净治者是二障[六]清净俱生。自在天母者显示自在能力咒生空行母之谓。驱邪者是发愿依威力域生。谓勇猛生者是业生金刚上师令灌顶，则所依处适宜。与瑜伽士之觉受相应解说，则诸空行母[七]谓生长母，是集轮[八]中总说，此无关联也。彼中母者证悟空性之谓，女人者由双运召摄佛之力和无畏惧，妻眷者双运乐出现之谓。从婆罗门女[九]起，乃至屠户女[十]，依世间种姓之解说。灌顶一婆罗门女则是母，摄持咒生空行母之形相者是姐妹，令一婆罗门女灌顶或摄持域生形相者是女孩。

注释：

（一）域生：西夏文作𗣄𗮃，直译是"宫生"。其在《吉祥三菩㤗经典明灯》中作 zhing skyes 或 zhing du skyes pa，译为"域生"，即生于刹土，也就是生于二十四域。

（二）发愿：西夏文作𗤁𗨈，直译是"起愿"。其在《吉祥三菩㤗经典明灯》中作 smon lam btab pa，译为"发愿"。

（三）赡部洲二十四域：西夏文作𗾔𗤊𗏹𗧘𗄈𗵼𗅩𗣄，直译是"赡部河园二十四宫"。《吉祥三菩㤗经典明灯》中作 vdzam bu gling gi yul nyi shu rtsa bzhi，译为"赡部洲二十四域"。"赡部洲"梵音译作阎浮提。佛

教宇宙学所说环绕须弥山外的四大洲中的南方大洲名，又称南赡部洲。"二十四域"，即藏传佛教胜乐教法中传说的二十四处圣地。相传大自在天以神通到达须弥山和赡部洲中化现的二十四个地方，是修行胜乐教法的主要场所。根据藏文文献，它们是：布利啰摩喇耶（Pulliramalaya）、阇兰达啰（Jālandhara）、欧讫耶那（Otiyana，又作 Udyāna，即乌丈那）、阿利部怛（Arputa）、瞿怛哇哩（Gotāvari）、罗蜜尸啰（Rameśvara）、提毗果吒（Devīkoṭa）、摩喇哇（Mālava）、迦摩缕波（Kāmarūpa）、兰毗迦（Lampāka）、迦尼阇（Kantsi）、喜马拉雅（Himalaya）、札达（Preta，即饿鬼城）、阇诃提婆（Grīhadeva）、苏罗奢陀罗（Soraśatra、Sauraṣṭa）、须跋罗那提婆（Suvarnadepa，即金洲）、那迦罗（Nagāra）、信度（Sindhu）、摩若（Maro、Maru）、咕鲁达（Kulūta）、欧止（Otri、Oṭer）、底哩舍古尼（Triśakuni）、果萨拉（Kosala）、羯陵迦（Kaliṅga）。这二十四个地方也就成为藏传密教的二十四处圣地，称二十四宫。①

（四）净治自在天母：西夏文作𗣼𗾟𗿳𗢳𗢭𗴀，译为"令净主之天母"。其在《吉祥三菩怛经典明灯》中作 dag byed dbang gi lha mo，译为"净治自在天母"。密教女性神灵名。

（五）驱邪天母：西夏文作𗦮𗰖𗢭𗴀，译为"敕行天母"。其在《吉祥三菩怛经典明灯》中作 bkav bsgo lha mo，译为"驱邪天母"。密教女性神灵名。

（六）二障：西夏文作𗨁𗉞，译为"二障"。其在《吉祥三菩怛经典明灯》中作 sgrib pa gnyis，译为"二障"，即烦恼障与所知障。

（七）诸空行母：西夏文为𗤌𗦎，译为"行数"，当为"空行数"的略称。其在《吉祥三菩怛经典明灯》中作 mkhav vgro rnams，译为"空行数"，即诸空行母。

---

① 蔡巴·贡噶多吉：《红史》（藏文本），东嘎·洛桑赤列校注，民族出版社，1981，第410—412页；蔡巴·贡噶多吉：《红史》（汉译本），第247—248页；索南才让：《西藏密教史》，第90页。

（八）集轮：西夏文作[illegible]，译为“集轮”，藏文作 tshogs vkhor。“集轮”又译作“聚轮”“会供轮”，即佛和菩萨的大聚会。这里的“集轮”指胜乐轮。

（九）婆罗门女：西夏文作[illegible]，译为“婆罗女”，其中“婆罗”为西夏文[illegible]之音译。其在《吉祥三菩怛经典明灯》中作 bram ze mo，译为“婆罗门女”。婆罗门是古代印度四大种姓中的第一种姓，梵语为 Brāhmaṇa，藏语译作 bram ze，译为“净行”，汉文文献中常音译为婆罗门。关于婆罗门的来历、行为、地位，汉文文献中多有记载。《大唐西域记校注》云：“婆罗门，净行也，守道居贞，洁白其操。”①《南海寄归内法传》载：“又五天之地，皆以婆罗门为贵胜，凡有座席，并不与余三姓同行。”②但是，佛书中的婆罗门女，是指地位卑贱的女人，有时指女尼。

（十）屠户女：西夏文作[illegible]，直译是“屠类女”，即屠户女。其在《吉祥三菩怛经典明灯》中作 shan pa mo，译为“屠夫女”，即“屠户女”。在古代印度下姓中有专门以屠杀为职业的一类人，称为旃陀罗。其男曰旃陀罗，梵文作 Caṇḍāla；其女曰旃陀利，梵文作 Caṇḍāli。关于旃陀罗的来历，《摩奴法论》称，系戍陀罗男子与婆罗门女子逆婚所生的混杂种姓。③旃陀罗又为人中最低贱者。慧琳《一切经音义》云：旃陀罗，“其人若行，则摇铃自标或扶破头之竹，若不然者则与罪”。④《高僧法显传》亦载：“旃荼罗名为恶人，与人别居。若入城市则击木以自异，人则识而避之不相唐突。”⑤屠户女是古代印度的下姓女子。

① 玄奘、辩机原著，季羡林等校注《大唐西域记校注》卷2，第197页。
② 义净原著，王邦维校注《南海寄归内法传校注》卷4，中华书局，1995，第206页。
③ 玄奘、辩机原著，季羡林等校注《大唐西域记校注》卷3，第311页。
④ 慧琳:《一切经音义》卷47,《大正新修大藏经》第54卷，第622页。
⑤《高僧法显传》,《大正新修大藏经》第51卷，第858页。

藏文转写:

zhing skyes ni rten bud med kyi rten bskyed rdzogs bsgoms pas mthar ma phyin nas vchi bavi dus su smon lam btab pas vdzam bu gling gi yul nyi shu rtsa bzhir skyes pa las skyes ma ni tha mal pavi bud med rigs bdun gyis bsdus te/ de yang kun du spyod pavi levu gsum pa nas/ dag byed dbang gi lha mo dang/ bkav bsgo lha mo dpav bo skyes ces bya ste/ dag byed ni/ sgrib pa gnyis dag pa lhan skyes so// dbang gi lha mo ni dbang gi nus pa brtan pa sngags skyes so// bkav bsgos ni smon lam gyi stobs kyis zhing du skyes pavo// dpav bo skyes shi las skyes rdo rje slob dpon du dbang bskur na dbang rten btub pavo// rnal vbyor pavi nyams su myong ba dang sbyar te bshad pa ni/ mkhav vgro rnams bskyed pavi ma yin zhes bya ba ste/ bde mchog spyir bshad pa yin/ vdir ma vbrel lo// de la ma ni stong par rtogs pa/ sring mo ni stong pavi don la bskal pa ster bas so// bu mo ni zung du vjug pas sangs rgyas kyi stobs dang mi vjigs pa rang dgug pa dang/ chung ma zung vjug bde bar shar bavo// bram ze zhes pa nas shan pa movi zhes pavi bar gyis ni lo ka bavi rigs kyi bshad pa ste/ bram ze mo gcig la dbang blangs pa vam/ lhan cig skyes kyi cha lugs bzung na mavo// bram ze mo gcig la dbang stabs gcig gam sngags kyi cha lugs bzung na sring movo// bram ze mo gcig la dbang bskur bavam zhing skyes kyi cha lugs bzung na bu movo//[①]

17–5 𗫂𗾴𘃡𗫸𗰖𗫤𗣼𘕿𗤍𗾟𘅍 𗪘 𗧨𗄻𗬇𘃭𘌶𗳣�𘉞𗣟𘌽。
　　婆罗女一主受之依（助助）作（助）凡俗形相禀持者妻眷是。

17–6 𗷖𗥤𘈬𗫍𗰩𗜮𗄻𗩾𗣔 𗙫 𗤢𘅔。 𘙝𗷖𗥤𘈬𘋀𗿉𗫓𗰚𗫨𗾴𗉞
　　其（助）如世间者与名同亦合应。复其（助）如屠类女等皆之

17–7 𘓏𘕿𗂧𘅥。𗷖𗰭𘓚𗫥𗵽 𗝔 𗤢𗀔𘕼𗫦𘄏𗥷𗤒𗾈𗲰𗥃𗤍
　　此依计应。其手印女数凡俗以依靠应（助）谓则胜慧益寻

───────────────

① 俄·秋谷多吉等:《先哲遗书·俄派师徒文集》第226册，第120—121页。

17-8 　□□□□。□□□□□□□□□□□□。□□□□□□□

　　　法事以谓。胜慧亦佛益寻亦佛增长令也。真性谓者四刹

17-9 　□□□□□。□□□□□□□□□□□□。□□□□□□□□□

　　　那及四喜是。四刹那者弃应止灭之谓。四喜者等治（助）智

17-10 　□□□□□。□□□□□□□□□□□□。□□□□□□□□。

　　　之差异是。悟者谓者师要论依觉受是。供养者悦喜令也。

意译：

一婆罗门女受灌顶之所依处或禀持凡俗形相者是妻眷。如是与世间人同名相应。又如是屠户女等，一切依此数计。彼诸手印女以凡俗所依止，或则谓以胜慧方便之仪轨(一)。胜慧亦佛方便亦佛令增长也。谓真实性者是四刹那及四喜(二)。四刹那者是离弃断除之谓。四喜者是能对治(三)智慧之差异。谓觉悟者是依上师之要语觉受。供养者是令喜悦也。

注释：

（一）仪轨：西夏文作□□，直译是"法事"。其在《吉祥三菩怛经典明灯》中作 cho ga。cho ga 原义为做事的方法或规定的仪式，佛书中常译为"仪轨"，即密教本续中所说佛、菩萨、诸天神等念诵供养仪式之轨则。

（二）四喜：修行者在智慧灌顶时获得的喜分为四种——喜、胜喜、离喜和俱生喜。

（三）对治：西夏文作□□，译为"等治"。《吉祥三菩怛经典明灯》中作 gnyen po，译为"对治""治"，即灭除对立面的方法。

藏文转写：

bram ze mo gcig dbang bskur gyi rten byas pavam tha mal pavi cha lugs

bzung na chung ma/ de bzhin du lo ka bavi ming mthun yang steb/ de bzhin du

shan pa mo la sogs pa thams cad brtsivo// phyag rgya ma de tha mal pas bsten

nam zhe na/ shes rab thabs kyi cho ga ste zhes pa ste/ shes rab dang thabs cho

gas lhar bskyed pavo// de nyid skad cig ma bzhi dang dgav ba bzhi ste/ skad

cig bzhi yang bya vgag pa la bya/ dgav ba bzhi gnyen po ye shes kyi bye brag

la bya/ rigs pa ni nyams su myong pa la byavo// mchod pa ni nyams su myong
pavo//①

17-11 𑀫𑀺𑀫𑀺𑀫𑀺𑀫𑀺𑀫𑀺𑀫𑀺𑀫𑀺，𑀫𑀺𑀫𑀺𑀫𑀺。𑀫𑀺𑀫𑀺

何云解悟依不变谓者文法依密是，他不觉令也。不密之

17-12 𑀫𑀺𑀫𑀺𑀫𑀺𑀫𑀺𑀫𑀺𑀫𑀺𑀫𑀺𑀫𑀺𑀫𑀺。𑀫𑀺𑀫𑀺，𑀫𑀺

罪者盗者蛇等地行者谓者国王罚判之谓。他解易，文法

17-13 𑀫𑀺𑀫𑀺。𑀫𑀺𑀫𑀺𑀫𑀺𑀫𑀺𑀫𑀺𑀫𑀺𑀫𑀺𑀫𑀺。𑀫𑀺𑀫𑀺

非依说。故何云解悟依不变谓者菩提心不弃是。实勤作

17-14 𑀫𑀺𑀫𑀺𑀫𑀺𑀫𑀺𑀫𑀺𑀫𑀺𑀫𑀺𑀫𑀺𑀫𑀺。𑀫𑀺𑀫𑀺𑀫𑀺𑀫𑀺𑀫𑀺

以依靠应谓者菩提心禀持之谓。其点圆菩提心不（助）持

17-15 𑀫𑀺𑀫𑀺，𑀫𑀺𑀫𑀺𑀫𑀺𑀫𑀺𑀫𑀺𑀫𑀺，𑀫𑀺𑀫𑀺𑀫𑀺𑀫𑀺𑀫𑀺𑀫𑀺。

持则罪，盗者谓者持应是，蛇谓者持（助）等以妄思起之谓。

17-16 𑀫𑀺𑀫𑀺𑀫𑀺𑀫𑀺𑀫𑀺。𑀫𑀺𑀫𑀺𑀫𑀺𑀫𑀺，𑀫𑀺𑀫𑀺𑀫𑀺𑀫𑀺

伤害者自之心是。八女（助）十二女是，则胜慧法事何云作

17-17 𑀫𑀺。𑀫𑀺𑀫𑀺𑀫𑀺𑀫𑀺𑀫𑀺𑀫𑀺𑀫𑀺𑀫𑀺𑀫𑀺𑀫𑀺𑀫𑀺

应谓。故女人何略虽有亦种区分依净（助）五有因实（助）解

17-18 𑀫𑀺𑀫𑀺𑀫𑀺，𑀫𑀺𑀫𑀺𑀫𑀺𑀫𑀺𑀫𑀺𑀫𑀺。𑀫𑀺𑀫𑀺𑀫𑀺𑀫𑀺𑀫𑀺

谓者净应，何略虽有而五种不超也。净（助）五有之语因何

17-19 𑀫𑀺𑀫𑀺𑀫𑀺。𑀫𑀺𑀫𑀺𑀫𑀺𑀫𑀺𑀫𑀺𑀫𑀺𑀫𑀺𑀫𑀺𑀫𑀺。𑀫𑀺𑀫𑀺𑀫𑀺

依（助）起谓。则情有之种性依净应五种有因也。此情有根

17-20 𑀫𑀺𑀫𑀺𑀫𑀺𑀫𑀺𑀫𑀺𑀫𑀺。𑀫𑀺②𑀫𑀺𑀫𑀺，𑀫𑀺𑀫𑀺𑀫𑀺𑀫𑀺𑀫𑀺𑀫𑀺𑀫𑀺𑀫𑀺

种性依净应五种有。何明谓，则母腹中入者等作因及近

18-1 𑀫𑀺𑀫𑀺𑀫𑀺𑀫𑀺𑀫𑀺𑀫𑀺𑀫𑀺。𑀫𑀺𑀫𑀺𑀫𑀺𑀫𑀺𑀫𑀺𑀫𑀺，𑀫𑀺𑀫𑀺𑀫𑀺𑀫𑀺𑀫𑀺

取因二种依五种以入。此五种何云是谓，则婆罗种及婆

---

① 俄·秋谷多吉等:《先哲遗书·俄派师徒文集》第 226 册，第 121—122 页。

② 原本作𑀫𑀺（十），误。此据藏文本改。

18-2 𘝨𗙛𗳨𗏨，𘘳𘝨𗷖𗏨𗓰。𗣼𘝪𘝨𗭪𘏞𗙛，𘝹𘝹𘛮𗥤𘝨𘏑。𘝨

罗女二种，佛眼母依思。王种及屠类女，嘛嘛叽增长令。臣

18-3 𘝨𘝪𘏞𘝪𗷖𘓐𘘍𗙛𗳨𗏨𘛮𗤋𘏞𗥤𘝨𘏑。𗓰𘛮𘝪𗷖𘛮

臣种牛护及染匠女二种者白着母增长令。杂类种及舞

18-4 𗹬𗙛𗳨，𘘤𘘤𗥤𘝨𘏑。𘝪𗫂𗙛𘛮𘛮𗮴𘝹𘝹𘛮𗥤𘝨�。

作女二，度救母增长令。种恶女者色黑嘛嘛叽增长令。

意译：

谓如何领悟常久者是依照文法之密，令他人不受⁽一⁾也。非密之灾罪者盗贼、蛇等谓地行⁽二⁾，彼者国王处罚之谓。其他容易理解，不依文法宣说。故谓如何领悟常久者是不舍弃菩提心。谓依靠极勤奋者禀持菩提习之谓。彼不禀持明点菩提心则谓罪恶，谓盗贼者是所取，谓蛇者是以能取等寻思生起之谓。伤害者是自之心。八女或十二女则谓应如何作胜慧仪轨。故女人虽有几何，亦依种姓差别，故有五种能净⁽三⁾而真实分辨者是所净因⁽四⁾，虽有几何而不出五种也。有五种能净之语，故谓依何生起。则依众生之根本种姓有五种所净因也。此众生依根本种姓有五种所净因，谓由何理解，则入母胎中，随等作因⁽五⁾及近取因⁽六⁾二种，以五种而入。此五种是谓何，则婆罗门种姓和婆罗门女二种，修习佛眼母⁽七⁾。王种⁽八⁾和屠户女，嘛嘛叽⁽九⁾令增长。大臣种护牛⁽十⁾及染匠女⁽十一⁾二种者，白衣母⁽十二⁾令增长。杂类种⁽十三⁾及舞女⁽十四⁾二种，救度母⁽十五⁾令增长。卜羯西女⁽十六⁾者，黑色嘛嘛叽⁽十七⁾令增长。

注释：

（一）受：西夏文作𘓐，直译是"觉"。其对应藏文为 tshor ba，佛书中译为"受"，指感受，即生起领略或苦、或乐、或不苦不乐的感受之心。

（二）地行，意为"地上行走"，泛指各种动物。

（三）五种能净：西夏文作𗤋𗳩𘓐，直译是"五能净"。其在《吉祥三菩怛经典明灯》中作 sbyong byed lnga，译为"五能净""五净治"。"能

净"意为使干净，密教生长和圆满二次第中所持的方法。五能净指下泻、涌吐、鼻药、缓泻和猛泻。

（四）所净因：西夏文作𗗔𗩾，直译是"应净"。其在《吉祥三菩怛经典明灯》中作 sbyang gzhi，译为"所净因"，即一切众生心相续中本来具有的成佛之因。

（五）等作因：西夏文作𗏁𗗔𗤁，译为"等作因"。其在《吉祥三菩怛经典明灯》中作 lhan cig byed pavi rkyen，直译是"等作因"，佛书中译为"俱有缘""助缘"，是六因之一种。

（六）近取因：西夏文作𗼲𗥃𗤁，译为"近取因"。其在《吉祥三菩怛经典明灯》中作 nyer len gyi rgyu，译为"近取因"，是六因之一种。

（七）佛眼母：西夏文作𗋈𗩾𗑗，译为"佛眼母"。其在《吉祥三菩怛经典明灯》中作 bud dha spyan 或 sangs rgyas kyi spyan，译为"佛眼"，即佛眼母，密教菩萨名。

（八）王种：西夏文作𗼃𗾞，译为"王种"。其在《吉祥三菩怛经典明灯》中作 rgyal rigs，译为"王种""王族"，指刹帝利，其是古代印度四种姓中的第二种姓。《大唐西域记校注》载："曰刹帝利，王种也，奕世君临，仁恕为志。"[1]《翻译名义集》云："刹帝利，肇曰王种也，秦言田主。"[2]

（九）嘛嘛叽：音译西夏文𗙏𗙏𗙈，《吉祥三菩怛经典明灯》中作 mā ma kī，当为梵文 Māmakī 之音译，汉文文献中音译为忙莽鸡、忙莽计、忙忙鸡等，意为"自己母""我母"，密教菩萨名。密教中 Māmakī 是金刚部之部母，故亦称金刚母。

（十）大臣种护牛："大臣种"的西夏文作𗼷𗼷𗾞，译为"臣臣种"，即"大臣种"。其在《吉祥三菩怛经典明灯》中作 rje rigs，意为"官宦

---

① 玄奘、辩机原著，季羡林等校注《大唐西域记校注》卷 2，第 197 页。
② 法云：《翻译名义集》卷 1，《大正新修大藏经》第 54 卷，第 1060 页。

人家""贵族"。"护牛",其义不解。

（十一）染匠女：古代印度下姓妇女中的一类人。

（十二）白衣母：西夏文作𗧘𘃦𘜶，译为"着白母"。其在《吉祥三菩怛经典明灯》中作 gos dkar mo，译为"白衣母"，汉文文献中常音译作半拿啰缚悉宁。密教菩萨名，为观世音菩萨的化身之一，即白衣观音。因其常着白衣，在白莲中，故就其被服名为白衣母。

（十三）杂类种：西夏文作𗗈𘃦𗏁，译为"杂类种"，藏文为 dmangs rigs。"杂类种"一般指戍陀罗，戍陀罗梵文作 Śūdra，汉文文献中多音译成戍陀罗、首陀罗等，意为"杂类种""农人"，指古代印度四种姓中的第四种族，即戍陀罗和其他杂姓。《大唐西域记校注》载："若夫族姓殊者，有四流焉：一曰婆罗门，净行也，守道居贞，洁白其操。二曰刹帝利，王种也，奕世君临，仁恕为志。三曰吠奢，商贾也，贸迁有无，逐利远近。四曰戍陀罗，农人也，肆力畴垄，勤身稼穑。凡兹四姓，清浊殊流，婚娶通亲，飞伏异路，内外宗枝，姻媾不杂。妇人一稼，终无再醮。自余杂姓，实繁种族，各随类聚，难以详载。"[1]《南海寄归内法传》载："又五天之地，皆以婆罗门为贵胜，凡有座席，并不与余三姓同行。自外杂类，故宜远矣。"[2]可见杂类、杂姓均指四种姓中的下姓，是印度的下等民族。

（十四）舞女：西夏文作𘄒𘃦，译为"舞女"，藏文作 gar ma。舞女为古代印度下姓中的一类人。《大唐西域记校注》中记载了几种地位低贱的下姓，"屠、钓、倡、优、魁脍、除粪，旌厥宅居，斥之邑外，行里往来，僻于路左"。[3]其中的"倡"在古代指表演歌舞的人，"优"则是一种演戏的人。上述经文中的"舞女"当指从事"倡优"的下姓女人。

---

[1] 玄奘、辩机原著，季羡林等校注《大唐西域记校注》卷2，第197页。

[2] 义净原著，王邦维校注《南海寄归内法传校注》卷4，第206页。

[3] 玄奘、辩机原著，季羡林等校注《大唐西域记校注》卷2，第173—174页。

（十五）救度母：西夏文作𗤣𘜶𘉨，译为"救度母"，藏文作 sgrol
ma，梵文为 Tārā，汉文文献中音译成多罗。救度母在藏传佛教中是非
常重要的一位女神。在藏地，救度母被认为是贤良女子的化身，松赞干
布的王后文成公主就被认为是白度母的化身。藏传佛教中将度母分为
二十一种，称为二十一度母。

（十六）卜羯西女：西夏文作𗾭𗤃𘉨，译为"恶种女"。其在《吉祥
三菩怛经典明灯》中作 g-yung mo，译为"低种姓女"，即卜羯西女。梵
文为 Pukkasa，阴性词是 Pukkasī。指古代印度低级种姓阶层，汉文文献
中常音译为卜羯西女、补羯娑女等。

（十七）黑色嘛嘛叽：西夏文作𗄷𘉞𗤁𗤁𘜶，译为"黑色嘛嘛叽"，藏
文作 ma ma ki nag mo。密教菩萨名。

藏文转写：

ji ltar rtogs par vgyur ba ni sgra ji bzhin pa ni bsam te ma tshor bavo// ma
bsam pavi nyes pa ni rkun mo la sogs pa ste/ sa rgyu ba ni rgyal povi chad pa
ste/ ji bzhin ma yin pa la/ ji ltar rtogs par mi vgyur ba ni/ byang chub sems mi
btang pavo// rab tu vbad de bsten pa ni/ byang sems gzung pavo// byang sems
thig le ma bzung na skyon ci yod zhe na rkun mo ces pa ni gzung ba sbrum
zhes pa ni vdzin pa la sogs kyis rnam par rtog pa du ma bsdu/ vtshe ba ni rang
gi shes pavo// bud med brgyad dam bcu gnyis byung na/ shes rab thabs kyi cho
ga gcig la med pas ji ltar byed zhe na/ bud med du yod kyang rigs kyi dbye bas
sbyong byed lnga yod pas phye ba yin zhes pa sbyang gzhi du yod kyang lngar
bsduvo// sbyong byed lnga yod pavi gnad ka gang nas byung zhe// sems can
gyi sbyang rgyud la sbyang gzhi lnga yod pas so//

sems can gyi rgyud la sbyang gzhi lnga yod par cis shes na/ mngal du
vjug pa lhan cig byed pavi rkyen dang nyer len gyi rgyu gnyis ka la rnam pa
lnga yis vjug/ rnam pa lnga ji ltar yin zhe na/ bram ze mo gnyis bud dha spyan
du bsgoms/ rgyal rigs shan pa mo ma mā kir bskyed/ rje rigs dang ma las skyo

ma dang tshos mkhan mo gos dkar mor bskyed/ rmang rigs dang gar mkhan
sgrol mar bskyed/ g-yung mo ma ma ki nag mor bskyed//[1]

18-5 𗏀𗰖𗟻𗪂𗤁𗦳𗫂𗥑𗭼𘟠 ，𗳌𗧁𗟻𗓁𗪙𗯴𗮳𗭼𘟠，𗱕𗤓𗤋𗟻𗓁
此者五种手印（助）定是谓，净（助）五种于（助）喻是，女人之五种

18-6 𘟞𗪙𗭽𗴧𘂊𘕘。𗀱𗱕𗤓𗤋𗙴𗧁𗓁𘟞𗪙𗭽𗴧𗪦𘂊𘕘𘟠，𗪂
依名取作肯也。其女人之如来种依名取作莫肯也谓，故

18-7 𗯿𘅹𘟞𗭽𗴧𘂊𗏀𘟞𘈩𗤋𗪙𘟞𗢏𗭼𗭽𗴧。𗙴𗝥𘟞𗏀𘕷
三第依取作肯者依者之名依（助）于取作也。实真依者（助）

18-8 𗬩� 中略

实真

意译：

此者是谓五种手印禅定，是净治喻于五种姓，依女人之五种姓可取名^{（一）}也。谓彼由女人之如来种姓不可取名，则可依据第三取名，皈依者之名于所依处取名。谓由真实而往者是明点往彼处之谓。谓真实具德^{（二）}又来者是乐来此处^{（三）}。依第四宣说则所悟之名是取于能悟也。真实者是空性法身。又来者是二种色身之谓。然谓由女人之种姓名而不可取名，则以所数计之义是种姓。种姓者五种及又三种。依自性者是一种。谓身、语、意者是三种。又尘土、黑暗、心力抑或血液是乐。谓五种蕴^{（四）}之自性成者是五种姓之谓。谓五大之种姓者是生起因。彼五种姓是谓何，则谓金刚等是。

注释：

（一）取名：西夏文作𰀀𰀀𰀀，直译是"取名作"。《吉祥三菩怛经典明灯》中作 btags pa，译为"取名""起名"。

（二）具德：西夏文作𰀀𰀀，直译是"有吉"。其在《吉祥三菩怛经典明灯》中作 dpal ldan，译为"具德""具足威德"。

（三）此处：西夏文为𰀀𰀀，直译是"自方"。《吉祥三菩怛经典明灯》中作 tshur，译为"此方""这里"。

（四）五种蕴：五蕴。蕴是积聚之义，佛教认为蕴有色蕴、受蕴、想蕴、行蕴和识蕴五种。五蕴又分有漏五蕴和无漏五蕴。

藏文转写：

de lngar nges pavo zhes pa/ sbyong byed rigs lnga kho navo/ bud med rigs lngar btub ste/ bud med la de bzhin gshegs pavi rigs su gdags su btub pa ni/ gsum pavi dbang du byas te btub pa ni/ rten pavi mivi rten la btags pa yin te/ de bzhin du song pa ni thig le phar song pavo// de bzhin dpal ldan slar vong pa ni bde ba tshur vong pa gshegs pavo// bzhi pavi dbang du byas te bshad ni rtogs byavi ming dang rtogs byed la btags pa ste/ de bzhin stong pa nyid chos skuvo// slar vong pa gzugs kyi sku gnyis so//

bud med la rigs kyi ming gis gdags su btub pa ni/ bgrang par bya bavi don gyi na rigs so// rigs ni lnga dang gsum dag dang// ngo bo nyid kyi rigs brgya yin// zhes gsungs so// sku gsung thugs ni rigs gsum yin la/ sbyang gzhi rdul mun pa snying stobs sam yang ni khrag khu bde bavo// phung po lngavi rang bzhin ni rigs lngavo// vbyung ba lngavi rigs zhes pa bskyed pavi rgyuvo// rigs lnga po gang yin zhe na/ rdo rje zhes pa la sogs pavo//[①]

18-15 𗼨𗼵𗧤𗴎𗟲𗾔𗼃, 𗟴𗊴𗱆𗾔𗼃𗻸𗆧𗧾𗛁𗤗𗥃𗖚𗾔𗢳。 𗼨𗼵

　　修者不有谓于起，种恶女谓于（助）至以自性依种说。修者

18-16 𗧤𗴎𗾔𗦻𗱆𗧤𗴎𗱸𗾔𗢳。𗼨𗾅𗅋𗱆𗥳𗧤𗴎𗷉。𗤁𗅋𗪍 𗥑𗧤

　　不有谓者道不有之谓。修应无者果不有也。咒无佛亦不

18-17 𗴎𗾔𗷉。𗱝𗧤𗴎𗱸𗟴𗱆𗪘𗷉𗾔, 𗤋𗪍𗱆𗤁𗱆𗕾𗼨𗴗𗾔𗷉。

　　有谓也。然不有及种等失也谓，故佛及咒等实居住谓也。

18-18 𗼨𗴗𗳑𗦻𗠇𗟲𗢳𗾔, 𗤋𗊎𗱆𗧤𗴎𗤗𗥃𗖚𗢳。𗤗𗥃𗖚𗾔𗱆𗫨

　　居住（助）何云是谓，则戏论不有自性依是。自性依种者世

18-19 𗥑𗜴𗴧, 𗱙𗤆𗷬𗤆𗜴𗴧𗷉𗢳。𗧤𗊖𗱆𗟲𗼩𗤆𗷭𗻢𗱙

　　出显明，故众明种相显明之谓。不动者妄思以动令莫能

18-20 𗢳。𗱧𗴎𗫂𗱆𗘮𗤋𗱙𗟀𗟀𗫂𗢳。𗥃𗤓𗱆𗥇𗥑𗶼𗱙𗱅𗱆𗴎𗷉

　　也。义有成者求应义皆皆成也。大宝者世出成就生起之

19-1 𗢳。𗙴𗙛𗢳𗱆𗂧𗟲𗠇𗱷𗛁𗙖𗱙𗖌𗢳。𗤋𗱙𗴊𗱆𗤗𗥀𗵻𗭀𗱅

　　谓。净离谓者二显门依光无量是。心力有者自他利益生

19-2 𗴎𗵹𗤊𗼨𗧾𗢳。𗂧𗤗𗥃𗖚𗱆𗫨𗕾𗤗𗦻𗱙𗱙𗥀, 𗱙𗙩𗪘𗴊

　　起石王勇识是。其自性依种者世间种依（助）现，故圆寂于

19-3 𗶵𗤛𗊎𗢳𗾔, 𗶒𗤗𗱙𗢳𗿪𗨳𗱙𗢳。𗶵𗱙𗛁𗶵𗢳𗾔𗱆𗆧𗶵

　　入净梵是谓，净梵因说法身依是。入依至入是谓者至入

――――――――――

①　俄·秋谷多吉等:《先哲遗书·俄派师徒文集》第 226 册，第 122—123 页。

19-4 𗗙𗰜, 𗧃𗫂𗫩𗋈𗵐𗝯。𗤎𗫟𗫐𗵐𗴿𗵒𗝯𗝮𗫞𗴿𗵒𗵐𗗙𗰜, 𗼜

二 因说, 二种色身依是。久常善依柔善是谓者柔善因说, 世

19-5 𗰭𗥫𗷰𗷾𗵓𗸀𗝮。𗴺𗵐𗷀𗷀𗝮𗵒𗴿𗋐𗵐𗸳𗷀𗷀𗵩𗵐𗰖。

出成就生起之谓。皆者皆皆谓者数论道又皆皆（助）至也。

意译：

从所谓无修行者起，至卜羯西女，随自性之种姓宣说。谓无修行者是道之无之谓。所修无者是果无也。咒无则谓佛亦无也。[①] 然则无有与种姓等相违，则佛与咒颂等实安住也。居住之规是谓何，则是依无戏论之自性。自性之种姓是出世间显明，故众明主[一]是诸相显明之谓。不动佛者以寻思不能令动也。不空佛[二]者一切希求之义皆成也。宝生佛[三]者生起出世间成就之谓。谓无诤[四]者依二明门是无量光佛[五]。心力有者生起自他利益[六]是金刚萨埵。彼自性之种姓者由世间种姓显现，故入于涅槃是谓净梵天，宣说净梵天因缘是法身之皈依。由入是谓遍入天者是宣说遍入天因缘，是二种色身之皈依。由常久妙善是谓大自在天[七]者是宣说大自在天因缘，是生起出世间成就之谓。谓遍满一切者数论外道[八]又遍满一切处也。

注释：

（一）众明主：西夏文作𗋈𗤎，直译为"众明""诸种明"。其在《吉祥三菩怛经典明灯》中作 rnam pa gsal ba 或 rnam par snang mdzad，译为"众明主"。"众明主"梵文为 Vairocana，汉文文献音译成毗卢遮那，是佛的十种名号之一，亦是密教五方如来之一。

（二）不空佛：西夏文作𗵒𗴺𗵐，直译是"义有成"，即义有成就。其在《吉祥三菩怛经典明灯》中作 don yod grub pa，译为"义有成就"。佛书中译作不空成就，即不空佛，密教五方如来之一。

（三）宝生佛：西夏文作𗋐𗵐，直译是"大宝"。其在《吉祥三菩怛

---

① "咒无则谓佛亦无也。"藏文本中无。

经典明灯》中作 rin vbyung，译为"宝生"，即宝生佛，密教五方如来
之一。

（四）无诤：西夏文作𗏵𗰛，直译是"净离"，即离净、无诤。其在
《吉祥三菩怛经典明灯》中作 rtsod vdas，译为"离净""无净"，即无可
辩驳。

（五）无量光佛：西夏文作𗷅𗆖𗵓，译为"无量光"。其在《吉祥三
菩怛经典明灯》中作 snang ba mthav yas，译为"无量光佛"，即阿弥陀
佛，密教五方如来之一。

（六）自他利益：西夏文作𗏵𗤵𗥤𗧓，直译是"自他利益"。其在《吉
祥三菩怛经典明灯》中作 bdag dang gzhan don，译为"自和他之利益"，
即自己的利益和他人的利益。

（七）大自在天：西夏文作𗙩𗆦，直译是"柔善"。其在《吉祥三菩
怛经典明灯》中作 zhi ba，原义为"柔和""寂静"，在佛书中又指大自
在天。

（八）数论外道：西夏文作𗺉𗫸𗵘𗰛，译为"数论外道"。其在《吉祥
三菩怛经典明灯》中作 grangs can pa，译为"数论师"，即古代印度的数
论派外道。

藏文转写：

bsgom pa med ces pa la sogs pas ngo bo nyid kyi rigs vchad de/ bsgom pa
po med pa ni lam med pavo// bsgom bya med pa ni vbras bu med pavo// vo na
med pa dang rigs lnga la sogs pa dang vgal lo zhe na/ lha dang sngags dag rab
tu gnas ces byavo// gnas lugs ji ltar gnas zhe na/ spros pa med pavi rang bzhin
duvo// ngo bo nyid kyi rigs vjig rten las vdas pavi snang ba la rigs lngar byung
ste/ rnam pa gsal bas na rnam snang ngo// mi bskyod pa ni rnam par rtog pavi
mi bskyod pavo// don yod grub pa ni vdod pavi don grub pavo// rin vbyung ni
lo ka las vdas pavi si ti vbyung bas so// rtsod vdas ni snang bavi sgo nas snang
ba mthav yas/ snying stobs ni bdag dang gzhan don vbyung bas rdo rje sems

dpavo// ngo bo nyid kyi rigs de lo ka bavi rigs su snang ba la mya ngan las
vdas pas tshangs pa zhes pa tshangs pa rgyur smra ba chos kyi skuvi dbang du
byas pavo//

vjug pas khyab vjug ces pa khyab vjug rgyur smra ba gzugs sku gnyis kyi
dbang du byas pavo// rtag tu dge bas zhi ba yin zhes pa zhi ba rgyur smra ba
lo ka dang vdas pavi si ti vbyung pavo// kun thams cad ces pa grangs can pa
thams cad la khyab pavo//[①]

19-6 𗢇𗣑𗯰𗅆𗷅𗼋𗙏𗣉𗟓𗖰𗄉𗫤𗫷𗠁　𗷉𗱈𗼟𗷉𗥩𗢳
　　　安乐谓者明作之见本（助）密说自悟是也。悟依觉悟实求

19-7 𗴾𗣉𗄉𗄻𗙟�ꤵ𗼦𗫤𗷉𗅆𗣉　𗣉𗼦𗄉𗨢𗅆𗅀𗫤𗣉𗄉𗴲
　　　也谓者分别无真性解悟之谓。自性依种之佛是谓者演

19-8 𗣉𗠁　𗫵𗴈𗠁𗷨𗴺𗂧𗫾𗴹𗘂，𗣑𗛋𗴰𗴸𗅀𗫤　𗩱𗣉𗼦𗫮
　　　说也。提诃萨弥伐哇身于等生，乐生现因佛是。其自性依

19-9 𗼦𗫤𗰀𗣉𗚩　𗣉𗥑𗴘𗫤𗖰𗄉𗣉　𗩱𗄈𗙏𗣉𗙉𗣉𗫤𗣑
　　　种者坏有出是。自主等者先（助）说。何未烦集坏毁谓者自

19-10 𗼦𗫤𗄉𗖰𗁂𗣉𗌺　𗴈𗖰𗴘𗰀𗣉𗠁　𗩱𗖰𗁂𗣉𗫤𗣑
　　　性依种之胜慧谓应，彼之坏有出谓也。其胜慧之谓者自

19-11 𗼦𗫤𗄉𗣉　𗙏𗛫𗣉𗫤𗣖𗴈𗼦𗢳𗴘𗫯𗫷𗫤𗴾　𗘳𗄆𗮠𗮠
　　　性依种之谓。生母谓者实空依行往生长令也。分各种种

19-12 𗠊𗣉𗜁𗣉𗫤𗴸𗴲𗘳𗕴𗱐𗼋𗣉　𗩱𗼦𗁂𗲫𗫷𗫤𗣉𗄉𗫤𗣑
　　　示说因谓者现空分最二之谓。其依胜慧姐妹是也谓者自

19-13 𗼦𗫤𗰀𗠁　𗷉𗣹𗟟𗫤𗜁𗜁　𗫱𗣉𗫤𗟓𗈜𗴰𗆄𗿆　𗣁𗶽𗿆
　　　性依种是。德功乳者挤因，则谓者都底乳上（助）起，都师底

19-14 𗜁𗅖𗷜𗆄　𗜁𗷉𗣹𗜁𗫤𗴸𗼦𗣦𗌺𗷉𗙟𗣹𗟓　𗣉𗜁𗁂𗼦𗁂

---

①　俄·秋谷多吉等：《先哲遗书·俄派师徒文集》第 226 册，第 123—124 页。

挤上（助）起。因德功挤者佛之势畏应无等是。自性种之胜

19-15 𗤻𗾟𗊩𗧎𗐩。𗧿𗎘𗲲𗡪𗺓𗧎𗰖𗊩。𗗙𗤗𗣼𗴢𗗙𗔅𗧎𗣼𗴛

慧女是谓也。色以染者大悲是。本性（助）依化令以成熟

19-16 𗴛𗧎。𗰜𗴢𗅋𗤻𗣼𗰖𗟲𗧎，𗡪𗨙𗴢𗊬𗊩。𗊩𗺓𗝋𗲁𗗙𗴢𗴜

令也。其依胜慧染匠女谓，自性依种是。大悲心者动令因

19-17 𗧎𗲲𗊩𗰖𗖵𗴜𗧿𗨁𗲁𗢸𗧎。𗊩𗨁𗣾𗴢𗧎𗲁，𗰜𗡪𗨙𗴢

谓者大悲以二种色身生现也。触（助）无依谓者，其自性依

19-18 𗦲𗷀𗜓，𗟲𗴜𗗙𗫸𗡞𗧎。𗇋𗼅𗿷𗼅𗼈𗲁𗧎𗧎𗲲𗞞𗹦𗴝𗧒𗍊𗊩。

种妄思，意之境界非也。阿利迦利声生以谓者忧思之解（助）是。

意译：

谓安乐者吠陀教派[一]或密教说，是自己理解也。谓由精通愿证悟者无差别证悟真实性之谓。谓自性种姓之佛者演说也。提诃萨弥伐哇[二]俱生于身，乐生现，故是佛。彼自性种姓者是出有坏，自在等者前面所说，抑或毁坏聚集烦恼者应谓自性种姓之胜慧，谓彼之坏有出也。彼胜慧之谓者是自性种姓之谓。谓生长母者是依空性令众生生长也。谓各部分种种宣扬之因者显现和不显现二部分之谓。谓依彼胜慧是姐妹者是自性种姓。功德乳者挤取因，故谓生起于都底乳，起于挤取都师底。故挤取功德者是佛之威势和无畏惧等。自性种姓之胜慧是谓女人也。谓以颜色染者是大悲。依本性习惯令变化则令成熟也。谓依彼胜慧染匠女①是自性种姓。大悲心者令动，故谓者以大悲生现二种色身也。谓由不可感觉[三]者彼自性种姓录思，非意之境界也。阿利迦利高声诵谓者是思虑之能解。

注释：

（一）吠陀教派：西夏文作𗸫𗙺𗈪𗊩𗔆，直译是"作明之见本"。其在《吉祥三菩怛经典明灯》中作 rigs byed kyi grub pavi mthav，直译是"作明

---

① "功德乳者挤取因，故谓生起于都底乳，起于挤取都师底"和"自性种姓之胜慧是谓女人也。谓以颜色染者是大悲。依本性习惯令变化则令成熟也。谓依彼胜慧染匠女"，藏文本中无。

之教派"。藏传佛教中,"作明"指印度古典宗教文化书籍;汉文文献中常音译梵音作"吠陀"。此处据藏文本译为"吠陀教派",其是古印度一教派名。

(二)提诃萨^弥伐哇:音译西夏文𗂰𗰖𗗙𗾟𗴡𗰜,《吉祥三菩怛经典明灯》中记音作 de ra sa bha ba,两者并不完全相合。其义不解。

(三)不可感觉:西夏文作𗙴𗊬𘜶,直译是"不可触"。其在《吉祥三菩怛经典明灯》中作 reg tu med pa,直译是"不可触",即不可感觉。

藏文转写:

bde ba dam pa de zhes pa rigs byed kyi grub pavi mthav gsang bar smra ba rang rig pa yin pavo// chub pas rtogs par bzhed ni bye brag pa de kho na nyid rtogs pavo// de ra sa bha ba ces mavi sgras lus la vbyung ba nyid kyis na ltavo// ngo bo nyid kyi rigs la bcom ldan vdas zhes bya ste/ dbang phyug la sogs pa ni gang du bshad do// ngo bo nyid kyi rigs civi phyir ma zhes bya zhe na/ shes rab de la zhes pa ngo bo nyid kyi rigs/ bskyed par brjod ces pa stong pa nyid las grol ba bskyed pavo// de bzhin du dri ba re re sbyar te/ ngo bo nyid ma civi phyir sring mo bya zhe na cha shas du yang ston pavi phyir zhes pa snang ba ston pa cha gnyis ston pavo// yon tan vo ma vjo ba zhes pa stobs dang mi vjigs pa la sogs pavo// mtshon gyis vtshed ces pa snying rje chen povo// brtse ba chen po g-yo ba na zhes pa/ snying rjes gzugs sku gnyis vbyung bavo// reg tu med pa zhes pa rnam par rtog pavi blovi spyod yul ma yin pavo// byang chub sems gzung bavi thabs ston te/ ā li kā li zhes sgrog ni rnam par bshad rnam par bsam pa ste//^①

19-19 𗂰𗟻𗗘𗼌𗰜𗢭𗤒𘎑𗰣𘜶𗦻𗪌𗍤�normalized𗏹𗗘𗼌𗰜

行手印依心禀持(助)四种有中气之幻轮以心禀持

---

① 俄·秋谷多吉等:《先哲遗书·俄派师徒文集》第 226 册,第 124 页。

19-20 𗧘𘝦𗗩𗄈𗧀𗗩𗕤𗤁𗥫𗠝𗗰𘅜𗆧，𗥦𗾝𘝻𘝦�/𗄈𗧀�/�//�&，�#𗾭𗰜

者阿利迦利诵以风上方提，吽字依阿利迦利俱，喜往入

20-1 𗜓𗼓𗗅。𗄈𗤁𗥦𗴴𗴴𗥫𗧘𗤁𗄈�𗄈𗐰𗥬𗼓𗥪�′① 𗥭𗤁𗴴𘚠𗦀

如声是。足以画写写画谓者足趾大地上竖作以下脉禁

20-2 𗧘𗄈𗟻𗽴𗱗𗗅。𗴴𗥫𗴂𗤁�𗤌，𗴂𗧘𗦖𗦀，𗤁𗧘𗄈𗥬𗗅。𗠝

者足之幻轮是。显明中围谓中，中者心真，围者取义是。手

20-3 𗙻𗭪𗗗�𗧘𗠝𗟻𗽴𗱗𗗅。𗥬𗼓𗥪�′�𗥭𗱥�𗠝𗵆𘚠𗦀。

动摇令谓者手之幻轮是。指大地上竖作势依上半脉禁。

意译：

由业手印禀持心法有四种，其中以气之幻轮禀持心者是以诵阿利迦利，风向上来，依吽字阿利迦利圆满，犹如喜往来之声。以足写画，谓写画者是大足趾在地上竖起^(一)，下部脉收紧^(二)者是足之幻轮。谓显明中围（坛城）中，中者是心咒，围者是接受之义^(三)。谓令手动摇者是手之幻轮。依大拇指地上竖起之力，上半部脉收紧。

注释：

（一）竖起：西夏文作𗥬𗥭，直译是"作竖"。其在《吉祥三菩怛经典明灯》中作 btsugs pa，译为"竖起""栽培"。

（二）收紧：西夏文作𘚠，直译是"禁""忍"。其在《吉祥三菩怛经典明灯》中作 bsgrim pa，译为"集中""搓紧"。

（三）接受之义：西夏文作𗄈𗥬，直译是"取义"。其在《吉祥三菩怛经典明灯》中作 len pavi don，直译是"取之义"，即接受之义、取受之义。

藏文转写：

las kyi phyag rgya la sems bzung thabs bzhi las rlung gi vkhrul vkhor gyis sems gzung ba ste/ ā li kā li brjod pas rlung gyen du vdren/ hūṃ las ā li kā li

---

① 𗗅字在现有西夏文字书中释义为"靠"。

tshang/ dgav ba sgyu ma lta buvi sgravo/ rkang pas ri mo vbri ba ni rkang pa
vtheb mo sa la btsugs nas smad rtsa bsgrims pa ni rkang pavi vkhrul vkhor ro//
gsang bas dkyil vkhor len pavi don gyis navo// lag pa bskyed ces pa lag pavi
vkhrul vkhor ste/ vtheb mo sa la btsugs pavi stobs kyis stod kyi rtsa bsgrim
pavo//[①]

20-4 𗧘𗜰𗴭𗀔𗈁𗆐𗆜𗭗。𗀤𗭗𗵸𗇋𗅆𗄍𗖍𗰜𗴭𗼨𗀔𗼷𗭗，𗊛
　　　利益者上半脉伸也。指数搓亦其（助）如谓者显明令也，喉

20-5 𗅋𗡔𗱕𗭊，𗼕𗃀𗀔𗫷𗰜𗅋𗄍𗆽𗀔𗼨𗭗。𗰖𗊛𗕾𗋽𗥃𗠣𗈻
　　　小幻轮是，舌尖上方喉小于竖作令也。皆昔成起因何（助）

20-6 𗗙𗧾𗧵𗢸𗴭𗀔𗂆𗌦𗧾𗀔𗴭𗧾𗜀𗾟𗧅。𗊲𗲰𗀔𗫂𗀔𗴭𗴭𗅲𗾟𗥤𗲰
　　　心以忧应者谓二句以说也。又阿利迦利谓者平等行加

20-7 𗈁𗀖𗧉𗁬𗭗。𗅲𗲰𗭗𗹙𗾟𗭗𗀔𗆜𗭗，𗊛𗄈𗤁𗣼𗭗𗗙𗭗𗥔𗈁
　　　于生起先说。行加以定修习依说，则脉风菩提心三种于

20-8 𗗙𗣼𗴭𗭗。𗏁𗄈𗞞𗧾𗴭𗥶𗤁𗅬𗄈𗟻𗀔𗭗。𗵸𗭗𗊛𗪒𗀔𗴭
　　　心禀持是。阿利迦利者鼻孔中风触之谓。足以画写谓者

20-9 𗍬𗧜𗧉𗐺𗭗。𗼷𗴭𗣼𗜷𗀔𗴭𗑗𗝌𗤁𗭗。𗥨𗄈𗼨𗴭𗁥𗸜
　　　拙火于察也。显明中围谓者心真取也。手动摇令者大乐

20-10 𗣼𗭗。𗀤𗭗𗵸𗴭𗍬𗧜𗰞𗀔𗭗。𗱕𗰖𗕾𗏁𗊛𗲰𗕾𗭗。𗫾𗤓𗭗
　　　含是。指数搓者拙火烧令是。尔时成就昔成起也。父（助）何

20-11 𗪒𗲰𗳼𗄈𗾟𗀔𗴭𗖆𗸜𗭗𗽏𗭗𗉪𗻳𗀱𗴭𗴭𗀔𗸜𗴭𗪒𗆐𗴭𗈁。
　　　云安乐获谓者声之大密大宝句主先（助）说之缠缚是。

意译：

　　利益[一]者上半部脉伸展也。谓诸指搓揉亦犹如彼者令显明也，是
咽舌之幻轮，竖起于舌尖上面小喉处也。一切原始生起因，以何心所思

① 俄·秋谷多吉等：《先哲遗书·俄派师徒文集》第 226 册，第 124—125 页。

虑者是谓宣说二偈句也。又谓阿利迦利者前面所说生起于正等加行。以加行宣说修习禅定，则心禀持于脉、风、菩提心三种。阿利迦利者鼻孔中触及之谓。谓以足写画者观想于拙火^(二)也。谓显明中围者受取心咒也。令手动摇者是大乐含。诸指搓揉者是令拙火燃烧。尔时成就固有成就生起也。谓于父处如何获得安乐者是声明之大密，前面所说大宝句义灌顶之摄持^(三)。①

注释：

（一）利益：西夏文作䍑䍐，译为"利益"。其在《吉祥三菩怛经典明灯》中作 dgos pa，译为"欲求""需要"。

（二）拙火：西夏文作䍑䍐，译为"拙火"，藏文为 gtum mo 或 gtum movi me。拙火又称猛厉火、脐轮火，也就是我们常说的丹田之火。拙火定修法是密教圆满次第根本法之一，就是集中坚守脉、风、明点，使脐中针影燃起乐暖。

（三）摄持：西夏文作䍑䍐，直译是"缠缚"，藏文对应作 bsdu ba，佛书中常译成摄持。

藏文转写：

dgos pa stod kyi rtsa brkyang pavo// sor mo nyed pa vang de bzhin zhes pa/ lce chung gi vkhrul vkhor bya ste/ lcevi rtse mo gyen la bteg nas lce chung la brlan pavo// thams cad gnyug mar skye bas gang zhig bsams pa zhes pavi tshig rkang gnyis so//②

20-12 䍑䍐䍑䍐䍑䍐䍑䍐䍑䍐䍑䍐䍑䍐，䍑䍐䍑䍐

死亡安乐何（助）是谓者下劣大密世间者与（助）混，先（助）说之

20-13 䍑䍐䍑䍐。䍑䍐䍑䍐。䍑䍐䍑䍐䍑䍐。䍑䍐

① "又谓阿利迦利者前面所说生起于正等加行……如何获得安乐者是声明之大密，前面所说大宝句义灌顶之摄持"在藏文本中无。
② 俄·秋谷多吉等：《先哲遗书·俄派师徒文集》第 226 册，第 125 页。

缠缚成。此者静虑乐是。说谓者三第主及四第是也。其乐

20-14 〔西夏文〕

自用持应也谓者三种口合之缠缚是说及谓者语生起

20-15 〔西夏文〕^①〔西夏文〕

是。说应谓者语序是。菩提心起等先初实空思念之三种

20-16 〔西夏文〕

口合定作仪是修习。真性谓者三种口合是。又其平等行

20-17 〔西夏文〕

加实（助）说。阿利迦利谓等以三种口合定作法说。脉中风

20-18 〔西夏文〕

入令者身之行业二种有。怒示察（助）以风入令及菩提勇

20-19 〔西夏文〕

识察（助）以风入令也。彼中怒示之察（助）者足石王交坐作，

20-20 〔西夏文〕

手石王掌合变，眼（助）盲如作，腰及椎颈端直，喉结颔颊以□。

21-1 〔西夏文〕，〔西夏文〕^②〔西夏文〕

菩提勇识之察（助）者勇识交坐，左右手密宫（助）结交令，眼鼻

21-2 〔西夏文〕

尖察，他先与同也。阿利迦利声生以谓者左鼻孔中风触

21-3 〔西夏文〕

也。足以画写写画谓者拙火察也。显明中围谓者心真取也。

意译：

死亡安乐是谓何者普通大密与世间人相混，前面所说之摄持成也。此者是禅定乐。所说者是第三灌顶及第四灌顶也。谓彼乐是自受用者是宣说三种相应之摄持。及所谓者是缘起。谓所说者是序言。生起菩提心等是修

---

① 此字原文作〔西夏文〕，或为别字，此改为〔西夏文〕。

② 西夏文原本中〔西夏文〕字缺，此据藏文本加。

习初始、空生、思虑之三种相应禅定之法。谓真性者是三种相应。^① 又彼
真实宣说正等加行。宣说以阿利迦利等作三种相应禅定之法。脉中令风入
者身之威仪^{（一）}有二种。以忿怒明王眼观法令风入，及以菩提萨埵眼观法
令风入也。彼中忿怒明之眼观法者，足作金刚跏趺坐^{（二）}，手成金刚掌上
仰，眼作藐视相^{（三）}，身腰及椎颈端直，喉结和额颌作□。菩提萨埵之眼
观法者，菩提萨埵作跏趺坐，左右手交叉^{（四）}于私密处^{（五）}，眼观鼻尖，其
他与前同也。谓以朗诵阿利迦利者左鼻孔中风触及也。以足写画，谓写画
者观想拙火也。谓显明中围者取受心咒也。

注释：

（一）威仪：西夏文作𗹬𘄒，直译是"行业"。其在《吉祥三菩怛经
典明灯》中作 spyod lam，意为"举止行动""行止"，佛书中译为威仪、
礼式威仪。

（二）金刚跏趺坐：西夏文作𘟡𗹬𘘣𘄒，直译是"金刚交坐"。其在
《吉祥三菩怛经典明灯》中作 rdo rje dkyil mo dkrung，意为"金刚双足交
叉而坐"，佛书中译为金刚跏趺坐，即盘足坐相。

（三）眼作藐视相：西夏文作𘝣𗊰𘘣𘟣𘘣，直译是"眼作如盲"。其
在《吉祥三菩怛经典明灯》中作 mig ce re long du btang，意为"眼视而不
见""眼睛藐视"。此据藏文译为"眼作藐视相"。

（四）交叉：西夏文作𘘣𘄒，直译是"结交"。其在《吉祥三菩怛经
典明灯》中作 bsnol，译为"相互交叉""交错"。

（五）私密处：西夏文作𘞱𗵈，直译是"密宫"。其在《吉祥三菩怛
经典明灯》中作 gsang bavi gnas，意为"秘密之处"，即私密处、私处。

藏文转写：

yang mnyam par sbyor ba rab gsungs pavi vphros kha sbyor rnam pa
gsum gyi bsgom thabs bstan te/ rtsavi nang du vjug pa la lus kyi spyod lam la

---

① "死亡安乐是谓何者普通大密与世间人相混……谓真性者是三种相应。"藏文本中无。

246

gnyis so// khro bovi lta stangs kyis rlung vjug pa dang/ byang chub sems dpavi
lta stangs kyis rlung vjug pavo// khro bovi lta stangs ni/ rkang pa rdo rje dkyil
mo dkrung bcav/ lag pa rdo rje thal mo bkan/ mig ce re long du btang rked pa
bsrang vjing pa bsrang la yol mdud pa o kos mnan no// byang chub sems dpavi
lta stangs ni sems dpavi dkyil mo dkrung lag pa g-yas g-yon gsang bavi gnas su
bsnol/ mig sna rtser gtad gzhan gong ma dang vdravo//① …… devi don bshad
pa ni/ ā li kā li sgrogs pa ni sna bug g-yas g-yon gyi rlung sdigs pavo// rkang
pa ri mo dri gtum mo la dmigs pavo// gsal bas dal zhes bya ste snying po len
pavo//②

21-4　ᠠ᠌ 手动摇令谓者含（助）吽是。指数搓谓者拙火烧令之谓。

21-5　ᠠ᠌ 父（助）何云安乐获谓者声之大密缠缚是。死亡安乐何（助）

21-6　ᠠ᠌ 是谓者下劣大密之缠缚是。其实自用受应也谓者三种

21-7　ᠠ᠌ 口合之缠缚是。此谓者他数之缠缚是。说及谓者语生起

21-8　ᠠ᠌③ᠠ᠌ 是。说应谓者语序是。菩提心谓者先初实空于起是。 殊妙

21-9　ᠠ᠌ 做一第以四座及喜石王本续之解（助助）说 终

21-10　ᠠ᠌ 吉祥皆至口合本续之解（助）喜解疏一第，终。

---

① 俄·秋谷多吉等：《先哲遗书·俄派师徒文集》第 226 册，第 125 页。
② 俄·秋谷多吉等：《先哲遗书·俄派师徒文集》第 226 册，第 126 页。
③ 此字原文作ᠠ᠌，或为别字，改为ᠠ᠌。

21-11 𗧀𗫂𗤋�ering𗐬𗱠𗦱�007𗏇𘃽 𗏇𗗿

本印毕事作者沙门释子高 法慧

意译：

谓令手动摇者是含或吽。谓搓揉诸指者令拙火燃烧之谓。谓父处如何获得安乐者是摄持声明之大密。死亡是谓何安乐者是普通大密之摄持。谓彼本身所自受用者是三种相应之摄持。谓此者是其他之摄持。解说是缘起，所解说是序言，菩提心生起于先初空性。第一品《四座》《喜金刚本续》之释续解说，终。

《吉祥遍至口合本续之解喜解疏》第一，终。

印本勾管者^{（一）}沙门^{（二）}释子高　法慧。^{（三）}

注释：

（一）印本勾管者：西夏文作𗧀𗫂𗤋�ering𗐬，直译是"印本毕事作者"。其中，𗤋�在《番汉合时掌中珠》中对译为"勾管"。^①所以，此译为"印本勾管者"，即负责印刷该经的人。

（二）沙门：音译西夏文𗱠𗦱，当为梵音 Śramaṇa 之音译，义为"苦行者""修行者"，汉文文献中常音译为沙门、沙弥、室罗摩拿等。

（三）高法慧：西夏文作𘃽𗏇𗗿，译为"高法慧"。"高"或为该僧人之俗姓，"法慧"当为其法名。高法慧在其他西夏文献中无载。

藏文转写：

lag pa bskyod pa thams cad haṃ la hūṃ ngo// sor mo nyed pa ni gtum mo sbar bavo// pha las ji ltar rnyed bde ba ni/ sgravi gsang chen gyi nye bar bsdu bavo// vchi bavi bde ba gang yin pa ni/ phal pavi gsang chen nye bar bsdus so// bde de bdag gis longs spyad na kha sbyor gsum gyi nye bar bsdu bavo// vdir de zhes pa gzhan ma rnams kyi mjug bsduvo// brjod pa dang zhes gleng bslang pavo// brjod par bya zhes pa gling gzhivo// byang chub kyi sems ni dang po

---

① 骨勒茂才：《番汉合时掌中珠》，第 32 页。

stong nyid man chad kyivo// rab tu byed pa dang po gdan bzhi pa dang/ dgyes pa rdo rjevi bshad rgyud kyivo//[①]

二 《吉祥遍至口合本续之解喜解疏》卷二

（前缺）

1-9 □□□𘉌𘟤𘉎𘟙。𘟊𘟥𘝗𘝗𘈈𘟸𘉎
　　□□□空性气是。妄思皆皆舍弃也

1-10 □□□□𘜶𘏥𘎚𘏥𘟙𘟸𘏥𘟵。𘟊𘜫𘀉𘈈𘟙□□□□□
　　□□□□心真问语谓与合应。石王身于谓□□□□□

1-11 □□□□𘟸𘟸𘈘𘏥𘈈𘟙𘉎。𘈜𘈈𘏥𘟙𘏤□□□□
　　□□□□脉者何略有谓也。坏有出语谓（助）□□□□□

1-12 □□□□□𘟽𘏲𘎨𘟸𘟼，𘈘𘚿𘙷𘟸□□□□□□
　　□□□□□万二千脉成，其亦集百□□□□□□

1-13 □□□□□𘉎𘟸𘜈𘚪𘉎。𘈘𘈬𘜫□□□□□
　　□□□□□法数何云是。其清净□□□□□□

1-14 □□□□□𘆍𘟼𘟼𘉙𘆍𘜟𘈈𘚿𘝗□□□□□
　　□□□□□及喇喇捺及阿哇都底□□□□□

1-15 □□□□□𘟼𘜑𘎝𘟼𘉙𘉜𘛡𘝗□□□□□
　　□□□□□者尘土暗黑心力□□□□□

1-16 □□□□□□□𘟼𘈘𘏥𘟸𘟼𘚿𘟸𘟙□□□□
　　□□□□□□□生起取应持（助）弃谓□□□□□

1-17 □□□□□□□□□□□𘉎，𘉙𘆍𘜟𘈈□□□□
　　□□□□□□□□□□□□起，阿哇都底□□□□□

---

① 俄·秋谷多吉等:《先哲遗书·俄派师徒文集》第226册，第126—127页。

意译：

……

□□□空性气是，一切寻思舍弃也。

□□□□与启请^{（一）}心咒相应。于金刚身谓□□□□□□□□□脉者略有何谓也。出有坏语□□□□□□□□□□□□万二千脉成，其亦集百□□□□□□□□□□□□□法数是如何。彼清净□□□□□□□□□□□□□及精脉^{（二）}及中脉□□□□□□□□□□者尘土、黑暗、心力□□□□□□□□□□□□□□生起，舍弃所取、能取谓□□□□□□□□□□□□□□起，中脉□□□□□……

注释：

（一）启请：西夏文作𗾴𗂼，直译是"问语"。其在《吉祥三菩怛经典明灯》中作 gsol pa，译为"启请""请求"。

（二）精脉：西夏文作𗷉𗷉𗊱，音译为"喇喇捺"，为梵文 Lālānā 之音译，藏文作 brkyang ma，译为"精脉"。精脉是人体白色精液等水界所依附的主要脉道之一，男在中脉之右，女在中脉之左。其本性为修行之方便分。

藏文转写：

byang chub nam mkhavi mtshan nyid de// rtog pa thams cad spangs pa yin// zhes so// de la rdo rje snying pos gsol pa zhes bya bar sbyar/ rdo rjevi lus la zhes pa bskyed pavi rim pa sngon du song pavi lus la rtsa du mchis ces so// bcom ldan vdas kyis bkav stsal pa zhes pa gzhug/ rtsa bye ba phrag bdun bcu rtsa gnyis su vdus/ de yang brgya nyi shur vdus/ de rnams kyang sum cu rtsa gnyis su vdus te mi phyed pa la sogs pavo// bcom ldan vdas rtsa de dag ji lta bu lags dwangs ma sum cu rtsa gnyis po de ji lta bu lags/ byang chub kyi phyogs chos de dag ji lta bu lags zhes dri ba gsum sbyor ro// srid gsum yongs su bsgyur ba ni ra sa na dang/ la la na dang/ a ba dhū ti gsum nas rtsa rnams bskyed/

dwangs ma sum cu rtsa gnyis rdul mun pa snying stobs gsum gyis bskyed/
byang chub kyi phyogs kyi chos ni snang ba stong pa zung vjug rnam pa gsum
gyis bskyed/ gzung ba dang vdzin pa spangs pa ni/ a ba dhū ti sdigs pa yin/ dhū
ti ni spangs pa/ a ba dhū ti mtshan nyid la zag pa med pavi ye shes te/ lam gyi
dbang du byas na bzhi pa rtogs pa/ vbras buvi dbang du byas sangs rgyas so//[①]

3-11 □□□□□𗀀𗀀𗀀𗀀𗀀，𗀀𗀀𗀀𗀀𗀀𗀀𗀀，𗀀𗀀𗀀𗀀𗀀。
　　　□□□□□实体性之法，诸体性（助）皆（助）至，其依（助）起是。

3-12 □□□□□𗀀𗀀𗀀𗀀𗀀𗀀𗀀𗀀𗀀𗀀𗀀𗀀，𗀀。
　　　□□□□□石王本续之解（助助）说殊妙做二第，终。

3-13 □□□□□□□□𗀀𗀀𗀀𗀀𗀀，𗀀𗀀𗀀𗀀𗀀𗀀𗀀
　　　□□□□□□□□之大密及性气说，明满等合及石王

3-14 □□□□□□□。𗀀𗀀𗀀𗀀𗀀𗀀𗀀𗀀𗀀𗀀𗀀。𗀀𗀀
　　　□□□□□□□。又次坏有出谓者六第石王持是。实来

3-15 □□□□□□□𗀀𗀀𗀀𗀀𗀀𗀀。□𗀀𗀀𗀀𗀀𗀀𗀀𗀀𗀀𗀀
　　　□□□□□□□最深及广大说。□供养谓者外内密真

3-16 □□□□□□□□□□□𗀀𗀀𗀀，𗀀𗀀□□□𗀀𗀀𗀀𗀀。𗀀
　　　□□□□□□□□□□□身敬，语旨□□□清信起也。心

3-17 □□□□□□□□□□□□□□□𗀀𗀀𗀀。𗀀𗀀𗀀𗀀
　　　□□□□□□□□□□□□□□□□旨寻是。本续皆皆

3-18 □□□□□□□□□□□□□□□□□𗀀𗀀𗀀𗀀□□
　　　□□□□□□□□□□□□□□□□□□□谓者察应□□

意译：

……□□□□□真实体性之法，遍满诸体性处，依彼生起。
□□□□□金刚本续释续之解说，第二品终。

---

① 俄·秋谷多吉等：《先哲遗书·俄派师徒文集》第 226 册，第 127—128 页。

　　□□□□□□□□之大密及性宣说,《佛平等合》及金刚□□□□□□□□□。复次谓出有坏者是第六金刚持。如来□□□□□□□甚深广大宣说。□供养谓者内外密真□□□□□□□□□□身敬,语旨□□□生起清信也。心□□□□□□□□□□□□□□加持。一切本续□□□□□□□□□□□□□□□谓者观想□□^①……

　　藏文转写:

dngos po kun la khyab pa zhes pa lhan cig skyes pavo// vo na lus la yod pas chog go zhe na/ lus mi skye zhes pa ni ma bsgom na lhan cig skyes pa de nyams su mi myong de dngos po gshis kyi chos dang dngos po kun la khyab kyang/ de las skyes pa min no// bde mchog dang dgyes pa rdo rjevi bshad rgyud kyi bshad pavo// rab tu byed pa gnyis pavi sgron mavo//^②

4-2　□□□□□□□□□□□□□□□□□□□𗤊𗫂□□
　　　□□□□□□□□□□□□□□□□□□不失□□

4-3　□□□□□□□□□□□□□□□□𗗙𗕦𗧹𗗙□□
　　　□□□□□□□□□□□□□□□□上乐依（助）□□

4-4　□□□□□□□□□□□□□𗤊𗫂𗤻𗤊,𗴿𗫂𗷓𗷓
　　　□□□□□□□□□□□□□三字喜欢,二字皆皆

4-5　□□□□□□□□□□𗫂𗳡𗴼𗥹𗤊𗤻𗤓。𗴿𗰖𗫟𗷓𗤻𗗰
　　　□□□□□□□□□字等一（助）十六是。二第殊妙做中

4-6　□□□□□□□□□𗤓𗤊𗪟𗗰𗪙𗤓。𗪡𗰖𗤻𗤻𗱌𗗰𗴵
　　　□□□□□□□种清净中摄也。此者六第节中知

4-7　□□□□□□□𗴴𗫍𗿀𗤓𗪙𗤓𗤓𗴘𗹬𗤓𗹉𗗛,𗤓𗤓𗫂𗗰
　　　□□□□□□体性谓等者三十七菩提分法,三种喜中

---

① 第二段在藏文本中没有相应内容。
② 俄·秋谷多吉等:《先哲遗书·俄派师徒文集》第 226 册,第 130 页。

4-8 □□□□□□□𗿂𗼃𗴟。�𗣺𗭔𗶤𗱠�𗰣𗨴𗺛𗰟𗰗𗣥。

□□□□□□□起作是。正觉皆体谓者上喜（助）用受也。

意译：

□□□□□□□□□□□□□□□□□□□不失□□□□□□□□□□□□□□□□□□□□□依上乐□□□□□□□□□□三字喜欢，二字一切□□□□□□□□□□字等一仪是十六。第二品中□□□□□□□□诸清净中摄持也。 此者第六节中知□□□□□□谓体性等者三十七菩提分法（一），三种喜中□□□□□□□起作是。遍正觉（二）事者上喜或受用也。①

注释：

（一）三十七菩提分法：西夏文作𗧒𗦻𗿂𗆧𗆉𗵱𗰗，译为"三十七菩提分法"。其藏文作 byang chub kyi phyogs kyi chos bdun po 或 byang chub kyi phyogs kyi chos sum cu rtsa bdun。三十七菩提分法是佛教中三十七种顺解脱品法：四念住、四正断、四神足、五根、五力、七觉支、八圣道，又称三十七道品。

（二）正觉：西夏文作�𗣺，译为"正觉"。其藏文作 sangs rgyas，直译是"明满"，梵文作 Sambodhi，汉文文献音译为"三菩提"或译为"正觉"。《妙法莲华经玄赞》曰："三云正，菩提云觉。"②为佛之异名。

4-9 □□□□□𗟯𗆉𗴖𗜓𗴟。𗗡�𗆉�𗮃𗆉𗷝𗴟。𗴝𗱩𗆉�

□□□□□入等生智是。此者谓者菩提心是。坏有谓者

4-10 □□□□□𗫛𗫶𗧒𗆉𗴖𗷖𗧒𗴄𗸑𗆉。𗧒��𗗜𗟯𗴟。�

□□□□依靠以等生益寻胜慧之谓。默有者双入是。上

4-11 𗴝�𗴝𗱮𗴗𗴟。𗸐𗼃�𗼃𗫕�𗼇𗱞𗰗。𗵱𗆉�𗱩𗼃𗽐�

醉者漏无乐是。坚固者他异依不变也。常谓者流传何时

---

① 该段在藏文本中没有对应内容。

② 窥基：《妙法莲华经玄赞》卷2，《大正新修大藏经》第34卷，第672页。

4-12 𘀗𗣼𗤋𘃨𗾔𗤫。𗧱𘃨𗧬𗥛𗤫𗥰𗹙𘃨𗥤𘙌𘃎。𗥰𗏆𗼕𗧬
　　　住于（助）至之谓。今时生现谓者自悟之自体是。自性依者

4-13 𗼕𗂧𘃈，𗪛𗥛𘃨𗤋𗹙。𘙜𗹙𗧬𘓺𗤋𗖵𘃨𗤋𗹙。𘚷𗤋𘊪𘚷���
　　　渡难是，实空之解也。其数者菩提心之解也。做事行加谓

4-14 𘆤𗧬𗥛𘃨𗼕𘚷�𘚐，𘚷𗤋𘊪𘚷�𘝵�𗶵𗹙。𗶵𗧬𘑉𗶵��。
　　　等者道之大密说，做事行加说谓与合应也。说者（助）说是。

意译：

　　□□□□□入是俱生智。谓此者是菩提心。谓出有坏者□□□□依靠以俱生方便胜慧之谓。瑜伽者是双运。最胜法^(一)者是无漏^(二)之乐。坚固者是其他区分不变也。谓恒常者轮回直至于何时安住之谓。谓此时生现者是自证悟^(三)之自性。依自性者是难渡过，空性之解说也。彼数者菩提心之解说也。谓羯磨^(四)加行等者宣说道之大密，与宣说羯磨加行相应也。宣讲是说法。

注释：

　　（一）最胜法：西夏文作𗹙𗤫，直译是"上醉"，其义不解。其在《吉祥三菩怛经典明灯》中对应作 chos mchog，译为"最胜法""世第一法"。此为佛教加行道四抉择分之一，为世间最胜之法，故又称为世第一法。此据藏文本译。

　　（二）无漏：西夏文作𗧬𗤫，直译是"流无"，即无漏，藏文作 zag pa med pa。漏即烦恼，无漏就是不增长烦恼。

　　（三）自证悟：西夏文作𗥰𘙌，直译是"自悟"。其在《吉祥三菩怛经典明灯》中作 rang rig pa，佛书中译为"自证悟""自证分"，即自己的认识。

　　（四）羯磨：西夏文作𘚷𗤋，直译是"做事"。其在《吉祥三菩怛经典明灯》中作 las，译为"事业"，梵文作 Karma，汉文文献中音译为羯磨、羯摩等。

藏文转写：

vdi ni byang chub kyi sems so// bcom ldan vdas ni shes rab bo// rnal
vbyor ni zung du vjug pavo// chos mchog ni zag pa med pavi bde bavo// brtan
pa ni rnam pa gzhan du mi vgyur bavo// brtag pa ni vkhor ba srid pavo// da ltar
byung ba ni rang rig pavo// rang bzhin gyis vdav ba ni stong pa nyid kyi bshad
pavo// de rnams ni byang chub sems kyi bshad pavo// las kyi sbyor ba zhes pa
na mar sprul pavi sku rgyas par vchad de/ mdzad par brjod ces bya bar vbrel/
mdzad pa ni bcos pavo// brjod pa ni bstan pavo//[①]

4-15 □□𗆸𗅲𗫡𗏇。𗤀𗪸𗖰𗦲𗬾𗰂𗬱𗖰𗅡𗆸𗫡𗏇。𗅺𗿒𗫡𗟲
　　　□□者修治是。坏有出无中种种色相修治也。习应（助）依

4-16 □□□𗿒𗤀𗥷𗙉𗥽。𗟝𗔪𗤴𗚬𗥽𗤀𘊥□□𗖵，𗜓𗖀𗵐𘝑
　　　□□□应之思虑是。其亦因何习（助）依□□谓，则做事行加

4-17 □□𗤀𗪸𗖰𘙐𗥽𗤴𘕿𗥽𗤎𗜓𗰚𗥽𗵐𗤰𗏇。𘙒𗵐𗥽𗫻𗫡
　　　□□坏有出道习时（助）大悲心于习（助）依是。法事种种欲

4-18 □□□□𗥽𗿒𗤀𗥷𗙉𗥽𗥽𗫡𘕿𗥽。𘁑𗽴𘜨𗕡𗵃𗴮𘝟𘊥
　　　□□□□习应之思虑种种依现也。明满石王持者等谓

4-19 □□□□□□□，𗟝𗤘𘃪𗙉𘕿𘝄𗨠□□□□□□□
　　　□□□□□□□，其六种何依（助）起□□□□□□□

意译：

□□者是修治。出有坏无种种色相修治也。依所化法是□□□应之
思虑。彼亦因何修习□□谓，则羯磨加行□□于修习出有坏道时节修习
大悲心。种种仪轨求□□□□依所习之种种思虑显现。谓佛金刚持者等
□□□□□□□，彼六种姓依何生起□□□□□□□□……

---

①　俄·秋谷多吉等：《先哲遗书·俄派师徒文集》第 226 册，第 133 页。

藏文转写：

bcom ldan vdas la med bzhin du gzugs du mar bcos/ vdul ba ni vdul bavi bsam pavo// de yang ci goms pa las vbyung zhe na/ las kyi sbyor ba ces pa lam slob pavi gnas skabs na thugs rje chen po la goms pas so// cho ga sna tshogs vdod pa ni vdul byavi bsam pa bu ta rdo rje vdzin pa la sogs pa rigs drug tu bstan/ vo na rigs drug pa gang las byung zhe na vdi gyur zhes par vbrel te/ vdi ni don dam byang chub kyi sems sam chos kyi sku las sprul pavi skur byung la bstan pavo// de yang sangs rgyas kun sogs brtan dang g-yo zhes pa snod bcud do//①

5-2 □□□□𗧜𗥽𗤋，𗤎𗴟𗌮𗭑𘌧𗵒□□□□□□□□□
　　　□□□□何云谓，则空行母之缦□□□□□□□□

5-3 □□□□□𗊬𗣼𗋕𗤋𗊬𗎢𗡶𗏹。�120𗧀□□□□𗤋𗺉□
　　　□□□□□种种上谓种相轮是。譬何□□□□故此□

5-4 □□□□□□𗤀𗥃𗎢𗭻𗓋𗣼𗤋𗤋，𗤎𗴟𗤀𗥃𗎢𗤋𗥃□
　　　□□□□□□情有利益不作也谓，故诸情有利谓利□

5-5 □□□□𗥃𗎤𗱅𗧜𗥽𗣼𗤋，𗤎𗐯𗤻□□□□□𘄒𗧜𗥽
　　　□□□□有利益何云作谓，则明满□□□□□（助）何云

5-6 □□𗤒𗤋，𗤎𗣖𗌮𗱚𗎢𘄄𗚜𗺉𗤋𗵒□□□□□□□□
　　　□□修谓，则自之色相实换时谓者□□□□□□□□

5-7 □□□𗥂𗓋𘄄。𗿉𘄒𗓋𗎤𗥩𗖀𗳉𗱅𗓋𗤋，□𗴟𗴴□□□
　　　□□□成等是。其者何于依靠以悟也谓，□诸女□□□

5-8 □□□□□□𗦂𗡶𗊬𗊬𗤋𗣼。𗥽𗊷𗓣𗤋𘄄𗴴𗞀𗡶□□
　　　□□□□□□彼之种种幻术。此手印谓者女人之□□

5-9 □□□□𘝓𗊬𗴟𗌮𗭑𗤋，𗆐𗵘𘚏𗣔𗲠𗵬𗜓𗝝𗡶嘉𗴴□𗴒

---

① 俄·秋谷多吉等：《先哲遗书·俄派师徒文集》第 226 册，第 133 页。

□□□□句悟空行母谓，声界依斜答诃耶萨我嘎□怛

5-10 □□□□□𗧓𗗉𗖰𗗚𘟵。𗧓𗧓𗄈𗄈𗙼𘓀𗄽𘔆𗑲𗗟𗗙𗤍。
□□□□□行母上（助）起。尽皆种种手印谓者唯空非也。

5-11 □□□□□𗐩𗄽𘔆𗑲① 𘟵𗤍𗗙。𗧓𗪌𘘥𗄈𗄽𗈈𗤋𗒛𘟢𗩱
□□□□□集谓者唯有非也。 诸明满等谓之解中石王

5-12 □□□□□𗩱𗑾𘓐。𘟢𗩱𗉳𘘥𘟢𗩱𗉳𗩈𗤍𗈈𗄽。𘘥𗭼𗉳□
□□□□王种是。石王持者石王持自实之谓。花净持□

5-13 □□□□□□𗄈𗄈𘘥𘘥𗤋𗍫𗑾𘓐。𗑾𗑳𗴾𘘥𗵧𘘥□□
□□□□□□宝珠持者实来种是。种数依者此为□□

5-14 □𗵧𘔆𗨙𘓐。𘟵𘔆𘓀𘘥𗵧𘔆𗨙𘔆𘘦，□□□𘔆𘘥𗩱□□
□菩提心是。次谓等者菩提心说悟，□□□谓者他□□

5-15 □□𘔆𘘥𘌰𗤊𘟵𘘥𗑲𘔆�。□𗵧𘔆𗨙□□□□□□□
□□谓者二障舍弃之谓。□菩提心□□□□□□□

5-16 □□□□□𗤍。𗩈𗤊𘔆𘘥𗧓𗖰𗒛𘟵□□□□□□□
□□□□非也。胜慧谓者诸法皆皆□□□□□□□

5-17 □□□□𘟱𗗙，𘟢𗄈𗑲𗈈𘟱�。𘘥□□□□□□□□
□□□□庄严，空以现之庄严也。先□□□□□□□

5-18 □□□情𘟢𗨙𘘥𗒘𗌧𘟱�ﾠ𘘥𘘛𘟨□□□□□□□
□□□情有利因实根释习应（助）依佛□□□□□□□

5-19 □□□□□□𗨙𗤊𗧓𘟢□□□□□□□□□□□□□
□□□□□□妄思不有□□□□□□□□□□□

意译：

……□□□□何谓，则空行母之缦□□□□□□□□□□□□□□□□□□谓种种殊胜是诸种相轮。譬如何□□□□则此□□□□□□□□□□不作利益众生，则谓利益诸众生利□□□□□□利益众生谓如何作，则正觉□□□□□

---

① 此字原本作𗧓（显现），误。此据西夏文本上下文和藏文本改。

如何□□修行谓，则自之色相互换时者□□□□□□□□□□□□成等是。彼者依靠何证悟也，□诸女□□□□□□□□□彼之种种幻术。谓此手印者女人之□□□□□谓语表^{（一）}空行母，依声界斜答诃耶萨我嘎□怛^{（二）}□□□□□行母上生起。遍及种种手印者非唯空性也。□□□□□集谓者非唯有也。谓诸佛等之解说中，金刚□□□□是王种。持有金刚者是金刚持^{（三）}自性之谓。持莲花□□□□□□。持宝珠者是如来之种姓。依诸种姓者此为□□□是菩提心。谓次第等者宣说证悟菩提心，□□□谓者他□□□□谓者是断除二障之谓。□菩提心□□□□□□□□□□□□非也。谓胜慧者一切诸法□□□□□□□□□□□庄严，以空性显现之庄严也。先□□□□□□□□□利益众生故，实依所化论藏之仪，佛□□□□□□□□□□□□寻思无有□□□□□□□□□□……

注释：

（一）语表：西夏文作􀀀􀀀，直译是"句悟""句解"。其在《吉祥三菩怛经典明灯》中作 brda，佛书中译为"语表"，即用名句文字来表示。

（二）斜答诃耶萨我嘎□怛：当为梵文咒字音译，其在《吉祥三菩怛经典明灯》中作 dhe ba ti ya sa ga ti。两者音不合。

（三）金刚持：西夏文作􀀀􀀀􀀀，译为"石王持"，藏文作 rdo rje vchang 或 rdo rje vdzin，梵文为 Vajradhāra，音译为伐折罗陀罗。金刚持为诸佛共主，佛书中说为释迦牟尼讲演密乘所现身相，其标志为执持各种金刚杵。《大毗卢遮那成佛经疏》云："梵云伐折罗陀罗，此伐折罗是金刚杵、陀罗是执持义。故旧译云执金刚，今译持金刚。"[①]

藏文转写：

vo na byang chub kyi sems gcig la rigs lnga vong ba de vthad dam zhe na/ sangs rgyas kun rigs lngar mnyam sbyor zhes pas byang chub kyi sems so// ming ji skad du gdags na mkhav vgro mavi dra ba sdom zhes pavo// dra ba

---

① 一行记《大毗卢遮那成佛经疏》卷1，《大正新修大藏经》第39卷，第580页。

gang zhe na thams cad du ni sna tshags mchog ces pa rnam pavo vkhor lovo//
dpa ci dang vdra zhe na sgyu mavi zhe pavo// sgyu ma sems can don mi byed
do zhe na/ sems can kun don zhes bya ste don vbyung bavo// sems can don ci
ltar byed ce na sangs rgyas la sogs ces pavo// bsgrub lugs ji ltar bsgrub na rang
gi lus ni yongs brjes te zhes pa tha mal pavi rtog pa gnas gyur nas ye shes lnga
dang rigs lnga vbyung ngo// gang la brten nas rtogs ce na bud med gyur zhes
bya ste phyag rgya ma la brten nas so//

phyag rgya ma de la ming ji skad gdags na/ sna tshogs sgyu mavi phyag
rgya zhes bya/ brdavi mkhav vgro ma zhes bya/ skad kyi dbyings las dhe ba
ti ya sa ga ti zhes bya bavi dbyings las mkhav vgro mar vgro/ phyag rgya de
stong nyid vbav zhig yin nam zhe na kun du sna tshogs phyag rgya ste/ stong
nyid vbav zhig min pavo// kun du sna tshogs sdom pa ste snang ba vbav zhig
min pavo// bu ta kun sogs ces pavi bshad pa la rdo rje mi bskyod pa rdo rjevi
rigs/ rdo rje vdzin pa rdo rje vchang/ pad ma snang ba mthav yas/ pad ma vdzin
pa don yod grub pa/ nor bu rin chen vbyung ldan/ nor bu vdzin pa ta thavi rigs
so//

de nas la sogs pas nyams su myong pavi dbang du byas na don dam byang
chub sems skye bar bshad/ vbras buvi dbang du byas na chos kyi sku rgyas
par bshad de go slavo// zil gyis gnon pas zhes pas rigs gzhan no// rdul bral ba
ni sgrib pa gnyis spangs pavo// byang chub kyi sems stong nyid vbav zhig ma
yin/ snang ba vbav zhig ma yin/ dbu ma zhes pa snang stong gnyis kar ma yin
pavo// shes rab ni stong pa nyid ma yin no// snying rje ni thabs so// snang bas
stong pa mdzes stong pas snang ba mdzes pavo// rnam par mi rtog chos rnams
la zhes bya ba byang chub kyi sems so// dngos med de ces pa vbras bu med
pavo// bsgom pa med ces pa lam med pavo// vo na las kyi sbyor ba sna tshogs
pas sems can gyi don ji ltar byed ce na/ sems can don du rab brtags te bcos
pavam sprul bavo// gang las brtags na rnam par mi rtog chos rnams la/ gong gi

shes rab pha rol phyin gsal dang stobs re don dam byang chub sems kyi ngos
nas brgags pavo//[①]

6-5　□□□□□□□□□[西夏文]□□□□□□□□□
　　　□□□□□□□□十二分经□□□□□□□□

6-6　□□□□□□□□[西夏文]。[西夏文]□□□□□□□
　　　□□□□□□□□显现也。法□□□□□□□□

6-7　□□□□□□[西夏文]□□□□□□□
　　　□□□□□□□□声谓者喻是□□□□□□

6-8　□□□□□□□□[西夏文]。□□□
　　　□□□□□□□□十二分经契生起也。□□□□

6-9　□□□□□□□□[西夏文]。[西夏文]□□□□
　　　□□□□□□□□法是。其者莫修亦（助）□□□□□

6-10　□□□□□□□□[西夏文]，[西夏文]□□□
　　　□□□□□□□□增也谓，习（助）肯因功德是□□□

6-11　□□□□□□[西夏文]。[西夏文]
　　　□□□□□□畏应无等是。次三世谓等高赞者菩提心

6-12　□□□□□□[西夏文]。[西夏文]
　　　□□□□□情有度出谓者喜及化身化轮是。情有主生一

6-13　□□□□□[西夏文]。[西夏文]
　　　□□□□□喜报身喉间用持语轮是。流传大海愚痴断

6-14　□□□□□□[西夏文]。[西夏文]□
　　　□□□□□心间法轮是。真性独尊皆现谓者大乐身□

6-15　□□[西夏文]。[西夏文]。[西夏文]
　　　□□乐轮是。四身四轮差别（助）谓则无异。四身一味依自

---

①　俄·秋谷多吉等：《先哲遗书·俄派师徒文集》第 226 册，第 133—135 页。

6-16 □□□𗾭𗙫𗾰𗱤𗤌，𗏂𗈈𗥔𗇋𗾭𗙴𗙃𗤋𗤋𗾊𗈈𗊱。𗨨

　　　□□□者法身独依，心真身谓者自性身无异不二是。此

6-17 □□□□𗙃𗤎𗈈𗙃𗱤𗊱𗇋。𗜁𗤋𗏣𗧯𗈈𗜁𗏣𗧯𗇋𗈈，𗈉

　　　□□□□性气何如一是谓。则根何（助）与境何（助）谓等，先

6-18 □□□□□□□□𗝰𗈈𗈿，𗆧𗊱𗆧𗕜□□□□□□□

　　　□□□□□□□□与缚有，定入定出□□□□□□

6-19 □□□□□□□□□𗤌𗙃□□□□□□□□□

　　　□□□□□□□□□自性□□□□□□□□□

意译：

　　……□□□□□□□□□十二分教□□□□□□□□□□□□□□□
□□□显现也。法□□□□□□□□□□□□□□□□□□□谓声者是
譬喻，□□□□□□□□□□□□□□□□十二分教^{（一）}生起也。
□□□□□□□□□□法是。彼者莫修亦□□□□□□□□□□□
增也谓，可以修习故是功德□□□□□□□□应无畏等。复次，谓高
赞三世^{（二）}等者菩提心□□□□□谓救度众生者喜及化身是化轮。众
生生长一□□□□□喜，报身是喉间受用语轮。轮回之大海，止断愚
痴□□□□□心间法轮。谓皆显示真性独尊者大乐身□□□是大乐
轮。谓四身四轮^{（三）}差异或谓则无异。四身依一味自□□□者独依法
身，谓心咒身者是相同不二自性身。此□□□□如何是谓性气一致，则
是谓何根及何行境等，先□□□□□□□□□与联系，入定、出定
□□□□□□□□□□□□□自性□□□□□□□□□……

注释：

　　（一）十二分教：西夏文作𗉚𗄊𗅆𗱢𗥔，译为“十二分经契”。其
在《吉祥三菩怛经典明灯》中对应作 gsung rabs yan lag bcu gnyis，译为
“十二分教”，即十二部经。佛教所说的全部经教，依文体及含义归纳为
十二部分：契经、应颂、记别、讽诵、自说、因缘、譬喻、本事、本生、
方广、希法、论义，共十二部。

（二）三世：西夏文为𗰜𗰜，译为"三世"，藏文作 dus gsum。三世指过去、现在和未来。

（三）四身四轮：四身是佛所具备的自性身、智慧法身、受用报身和化身，四轮是指佛教修法中的变化轮、语轮、法轮和大乐轮。

藏文转写：

vo na byang chub kyi sems don dam par yod dam zhe na/ mi rtog rnam par thar pa yang zhes pa de rang yang med pavo// rtog pa kun gyis yongs su brtags pa ni byang chub kyi sems las sems kyi don byung pavo// de bzhin gshegs pa kun bdag chos ni byang chub kyi sems lavo// brag chavi sgra ces pa dpevo// chos kyi tshig rnams rab tu byung zhes pa byang chub kyi sems la gsung rabs yan lag bcu gnyis byung bavo// de las theg pa chen povi tshul zhes bya ba byang chub kyi phyogs kyi chos sum cu rtsa bdun no// byung bas yon tan rab rgyas vgyur zhes pa goms su btub pas na yon no// rab rgyas vgyur zhes pa sangs rgyas kyi stobs dang mi vjigs pa la sogs pavo//

de nas la sogs pas don dam byang chub kyi sems la ched du brjod pa ste/ don dam par zag pa med pavi ye shes su gcig la/ kun rdzob tu dgav ba bzhi dang vkhor lo bzhi la sogs par byung bar ston/ de yang sems can sgrol byed ces pa dgav ba dang/ sprul pavi sku ste sprul pavi vkhor lo la/ sems can skyed cig dngos la zhes pa mchog dgav longs sku mgrin par longs spyod kyi vkhor lo// vkhor bavi rgya mtsho rmongs pa gcod pa zhes pa dgav bral chos kyi skuvi snying ka chos kyi vkhor lo/ de nyid gcig pu kun ston zhes pa sa ha dza bde ba chen povi sku/ spyi bo bde ba chen povi vkhor lovo// sku bzhi vkhor lo bzhi tha dad du byas pa la/ yang mchod cing zhes pa la sogs pas ngo bo nyid kyi skuvam don dam lhan skyes pavi ye shes su ro gcig vdug la dris pavo// de yang tha mi dad sku bzhir ro gcig par ngo bo nyid kyi sku vchad de chos kun gcig pa snying povi sku zhes pa tha mi dad pavo//

ngo bo nyid kyi skuvi mtshan nyid ji lta bu yin zhe na/ dbang po gang dang spyod yul zhes pa la sogs pa ste/ gong gi gzugs khams ces bya ba steng la sogs pavi don te/ mnyam par bzhag pa med par lhan cig skyes pavi ngo bo yin pas so//[①]

7-1　□□□□□□□□□□□□□𘙀𘘣𘘥□□□□□
　　　□□□□□□□□□□□□□回轮也□□□□□

7-2　□□□□□□□□□□□□𘒜𘊝𘘥。𘙟𘚬𘔾𗹛𘘥𘝼𘞤□
　　　□□□□□□□□□□□□□起令也。然其等生智者谁□

7-3　□□□□□□□□□□□𗣼𘔾𘚣𘚬𗹛𘘥𗾔𗸣𘘥。𗾉𗾔□
　　　□□□□□□□□□□□□师与（助）离者数不悟也。此不□

7-4　□□□□□□□□□□𘚣𘘥。𘙟𗾣𘊿𘘣𗹈𗹛𗣤𘘥。𘊿𘒜𘘣
　　　□□□□□□□□□□等是。何未心者行行者是。心起者

7-5　□□□□□□□□□□𗹤𘊢𗹛𗾗𘊗。𘙀𘔤𘘣𘕀𘔤𘘥。𘔤𘔈𗤊
　　　□□□□□□□□区分者之谓。种识者唯识是。识应自

7-6　□□□□□□□□□□𘘥。𘙟𗾔𘘣𘓐𘊰𘚿𗾊𘚣𗹛𘊗。𘓐𘚬𘚾
　　　□□□□□□□□是。然不悟则何云（助）取作谓。故因依

7-7　□□□□□□□□□□𗾊𘘥，𗼀𘜶𘚾𗾊𘘥𘚣𘙀𘙀𘝼𘘿𗼀。
　　　□□□□□□□□取作，法性依取作等种种名语是。

7-8　□□□□□□□□□𘜶𘚾𗼲𘏍𘊗，𘓐𗸣𘞤𘓐𘚾𘕀𘊗𘍲𘊗
　　　□□□□□□□□性依有（助）谓，则多自实依得（助）无谓

7-9　□□□□□□□□□𘚾𘕀𘙖𘊗，𘓐𘞤𘕀𗤊𘘥𘔅𘕆𘊗𘝠
　　　□□□□□□□□依不肯谓，则河江及大海如谓喻

7-10　□□□□□□□□𗤨𗤨𘓩𘏍𘘥𘞤𘕀𘗼𘏍𗹼𘏍。𘚬𘏍
　　　□□□□□□□皆皆遍四大河江中一味成。其四

7-11　□□□□□□□□□𘘥。𘙟𘞤𗾰𗼲𘏱𘘥𘚋𘜶𘝽𗤊𘘥𘚬□

① 俄·秋谷多吉等：《先哲遗书·俄派师徒文集》第226册，第135—136页。

□□□□□□□□□□也。义者相有集终次依八十亿□

7-12　□□□□□□□□□散。𗀚𗘔𗏇𗖍𗓰𗗨𗦜𗊱𗹦𗿒𗥰𗇜。

　　　□□□□□□□□是。其四轮者阿哇都底中一味是也。

7-13　□□□□□□□□𗦜𗷟𗓰𗗨，𗀚𗏇𗀚𗘔𗀚𗦜𗖍𗦜𗲠𗥰

　　　□□□□□□□缘起生现，种相轮四刹那（助）四喜依

7-14　□□□□□□□□𗊱𗹦𗿒𗥰。𗷟𗡞𗫨𗡞𗲠𗥰𗖍𗀚𗀚𗥰

　　　□□□□□□□一味是也。上师之语依谓者其数

7-15　□□□□□□□□𗰞𗰝𗥰𗰠𗉞𗫨𗗟𗥌。𗿒𗖍𗿒𗫫𗥰𗥌𗗨

　　　□□□□□□□乐等三部续之（助）解。一第释之三第

7-16　（缺）

7-17　□□□□□□□□𗘟𗥌𗀚𗫫𗥌𗓰𗥰𗥱𗡞𗲥。𗇜𗥰𗿒

　　　□□□□□□□作以果之大密及性气说。又次实

7-18　□□□□□□□□𗏇𗒅𗗨𗥰。𗆣𗈶𗫨𗡞𗥋𗥋𗗨𗖍𗒅

　　　□□□□□□□与一（助）是。诸本续之真真谓者（助）

7-19　□□□□□□□□□𗢠𗥌𗑱𗥲𗓳𗡞𗗟𗥰。𗥌𗊱𗗨□

　　　□□□□□□□□生智上（助）起语序是。三角谓□

7-20　□□□□□□□□□□𗥱𗥰𗀚𗗄□□□□□□□

　　　□□□□□□□□□道依说□□□□□□□□

意译：

……□□□□□□□□□□□□□轮回也□□□□□□□□□□□□□令起也。然彼俱生智者谁□□□□□□□□□□□□□师与诸离系^{（一）}者不证悟也。此不□□□□□□□□□□等是。抑或心者是修行者。起于心者□□□□□□□□□胜论师^{（二）}之谓。诸种识者是唯识师^{（三）}。所知之自□□□□□□□□是。然不证悟则谓如何起名，则是依因缘□□□□□□□□起名，依法性起名等种种名称^{（四）}。□□□□□□□性依有或无，则谓依许多彼本身无境相^{（五）}□□□□□□□□依不可，则谓犹如江河大海譬喻□□□□□□□□□

一切遍四大江河中成一味。其四□□□□□□□□□□也。义者依有相之圆满次第，八十亿□□□□□□□□□是。彼四轮者中脉中是一味也。□□□□□□□□缘起生现，诸相轮四刹那或依四喜□□□□□□□是一味也。谓依上师之语者彼数□□□□□□□乐等三部续之解说。第一节之第三品……□□□□□□□作以宣说果之大密及性气。复次，实□□□□□□□□是一样。谓诸本续之真谛者□□□□□□□□生智上生起是序言。谓三角□□□□□□□□□□□□依道宣说□□□□□

注释：

（一）离系：西夏文作䍐䎖，直译是"分离"。其在《吉祥三菩怛经典明灯》中对应作 bral ba，直译是"分离"，佛书中译为"离系"，即远离烦恼系缚。

（二）胜论师：西夏文作䏙䎖䏎，直译是"分别者"。其在《吉祥三菩怛经典明灯》中作 bye brag pa，直译是"分别者"，佛书中译为"胜论师"。胜论是古印度一哲学派系名。

（三）唯识师：西夏文作䏻䏃，直译是"唯识"。其在《吉祥三菩怛经典明灯》中作 sems tsam pa，译为"唯识师"。唯识是佛教宗派之一。

（四）名称：西夏文作䎡䏔，直译是"名语"。其在《吉祥三菩怛经典明灯》中对应作 tha snyad，译为"名称""名目"。

（五）境相：西夏文作䏛䏌，直译是"可得"。其在《吉祥三菩怛经典明灯》中对应作 dmigs pa，译为"境相""所缘"，意即思考的事物。

藏文转写：

gang phyir zhes pa rgol bavi tshig yin te/ vo na civi phyir khams gsum vkhor ba na vkhor zhe na/ rnam shes phung po rten pa yin zhes pa srog vdzin pavi rlung gis rnam rtog bskyed pavo// lhan cig skyes pavi ye shes de sus kyang mi rtogs sam zhe na/ blun sems ces pa bla ma dang bral ba rnams kyis mi rtogs pavo// ma rtogs pas ci ltar vbyung zhe na/ sems dang zhes bya ba la sogs pavo// yang na sems spyod pavo// sems las byung ba grangs can pa/ sems dpavi dngos bye brag pa/ rnam shes sems tsam pa/ shes byavi rang bzhin nyan thos dang rang rgyal bavo// rgyur btags pa vbras bur btags pa la sogs pavi tha snyad du mavo// vo na tha snyad du ma de dag dngos por yod pa ma yin nam zhe na/ du ma nyid du dmigs pa med cing zhes pavo//

gang phyir zhes pa ni rigs lnga la sogs par yod pas gcig tu mi btub bo zhe na/ chu bo dang rgya mtsho bzhin gyis dpe byung ba vdzam bu gling na chu bran ji snyed yod pa chu bo chen po bzhir ro gcig ma chu bo chen po bzhi rgya mtsho chen por ro gcig pavo// don mtshan bcas kyi rdzogs rim la rtsa bye ba phrag brgyad bcu yod kyang vkhor lor ro gcig/ de bzhin a ba dhū tir ro gcig pavo// mtshan med kyi rdzogs rim la snang ba rten cing vbrel par vbyung ba/ rnam pavi vkhor lo skad cig ma bzhi lam/ dgav ba bzhir ro gcig/ de byang chub kyi sems su ro gcig pavo// bla mavi zhal zhes bya ba de rnams so// rdo rje bdud rtsi vbyung ba dang/ mnyam sbyor dang bde mchog gsum gyi bshad pavi rgyud kyi sgron ma ste/ rab tu byed pa gsum pavo//　//

……

de nas yang dag ni lhag chad med pa gdam gnang bcas pavo// rgyud rnams kun gyi nges pa ni na da zhes pa gleng gzhi vam nges pa ster ba la vgro ste gleng gzhivo// gru gsum ni vbras buvi dbang du byas te rnam par thar pavi sgo gsum mo// lam gyi dbang du byas na lte bavi gru gsum maṃ las kyi phyag rgyavi chos vbyung gnas gru gsum mo//[①]

8-1　　□𗱈𗰺𗤋𗵽𗫉𗫅𗷀𗪊𗱽𗺒𗰊𗱈𗰺𗤋𗰤。𗫤𗹙□𗦳𗜓𗰤
　　　　□三角有（助）行手印之法生宫三角有是。善起□门黄及

① 俄·秋谷多吉等：《先哲遗书·俄派师徒文集》第 226 册，第 136—138 页。

8-2 □人依自光明女显现之三角有是。广博色谓者色于起

8-3 皆皆智于（助）至，体性皆皆生起之谓。情有谓等者悟易，世

8-4 □义趣谓者先次之解说是。其实胜慧谓者果之解说。三

8-5 脱解门成密次是。先（助）说数之广解依其实四第境于超

8-6 出谓者色等六境于出也。心于住谓者悟之自体是。此者

8-7 多多岂要欲谓者名数是。缩则悟谓者心悟，自性清净佛

8-8 是也。然佛何时略生现谓，则咒之乘于业行时此现世于

8-9 久正觉明满谓与合应。容易略以谓者道乐果乐□□彼

8-10 岸至之乘依无（助）谓则无量数□□□□□□□□□

意译：

　　□有三角或行手印之生法处有三角。依比丘^{（一）}□黄门^{（二）}及□人显现自性光明女之有三角。^①宽广形相^{（三）}者从形相起直至一切智，是生起一切体性之谓。谓众生等者容易理解，世□理趣者是先前次第之解说。^②彼真实胜慧者是果之解说。三解脱门成是密之次第。依先前所说之详解，彼实渡出第四境者是渡出色等六境^{（四）}也。安住心间者是证悟之自性。此者众多欲要何者是名数。简言之^{（五）}则谓证悟是心证悟，自性清

① "依比丘□黄门及□人显现自性光明女之有三角。"藏文本中无。
② "谓众生等者容易理解，世□理趣者是先前次第之解说。"藏文本中无。

净是佛也。然则佛何时略生现，则修行密乘时节，于现世与久正觉明满相应。所谓以略容易者乐道乐果^(六)□□依至彼岸乘，无或有则无量数□□□□□□□□□

注释：

（一）比丘：西夏文作𗪊𗾚，直译是"善起"，对应藏文为 dge slong，直译亦为"善起"，佛书中译作"比丘""乞士"。

（二）黄门：西夏文作𗯿𗄊，译为"黄门"，对应藏文为 ma ning，译为"黄门"。黄门指男性和女性之外的中性人。"黄门"梵文为 Paṇḍaka，汉文文献中译作般茶迦、半择迦等，俗称"阉人"。慧琳《一切经音义》云："扇撅半择迦，旧经论中或言般吒，或云般茶迦，皆方夏轻重也。半择迦，此云黄门惣名也，其类有五。今此第三扇撅半择迦者，谓本来男根不备，亦不能生子也。"①

（三）宽广形相：西夏文作𗦾𗗋𗦲，直译是"广阔色"。此处西夏文中的"色"是指色相、形色，所以，"广阔色"译为"宽广形相"。其在《吉祥三菩怛经典明灯》中作 yangs pavi gzugs，译为"宽广相"。

（四）色等六境：西夏文作𗦲𗫛𗦲𗾚，译为"色等六境"，藏文为 gzugs la sogs pavi yul drug。"色等六境"指色、声、香、味、触、法之六境。

（五）简言之：西夏文作𗆄，直译是"缩"。《吉祥三菩怛经典明灯》中作 mdor bsdus，译为"简括""集要"，即简言之、简单地说。

（六）乐道乐果：西夏文作𗦠𗴦𗵒𗴦，直译是"乐道乐果"。其在《吉祥三菩怛经典明灯》中作 lam bde ba vbras bu bde ba，译为"乐道乐果"，意为由安乐道获安乐果。

藏文转写：

lam gyi dbang du byas na lte bavi gru gsum maṃ las kyi phyag rgyavi

---

① 慧琳:《一切经音义》卷 70,《大正新修大藏经》第 54 卷，第 763 页。

chos vbyung gnas gru gsum mo// yangs pavi gzugs ni gzugs nas/ rnam pa
thams cad mkhyen pavi bar la khyab pavo// kun rdzob tshul gyi ni rim pa
gsum/ de nyid shes rab ni vbras buvi bshad pa gsang bavi rim pavo// gong ma
rnams kyi rgyas bshad la/ de nyid yul las vdas pa ni gzugs la sogs pavi yul drug
las vdas pavo// snying kar gnas ches pa rig pavi ngo bovo// vdir ni mang pos ci
zhig bya na ming gi rnam grangs so// mdor bsdus te sems rtogs pa ni rnam par
dag par sangs rgyas so// vo na sangs rgyas ji tsam na byung zhe na/ tshe vdi la
sangs rgyas ches par vbrel te/ bde blag tu ni zhes pa lam bde ba vbras bu bde
bavo// vo na pha rol du phyin pavi theg pa dus ji tsam na sangs rgyas rdzogs
rim gyi vbras bu de gang yin zhe na/①

8-11 满集终次之果何（助）是谓，则其又石王持者（助）谓□石王

8-12 者五智是，持者禀持是。此石王持不证此方增长次依果

8-13 何得谓，则何未轮转王成也谓等是。意依希望谓者世间

8-14 之善满是。其六第石王持自实五种依（助）现之语因岂（助）

8-15 起谓，则习应之本性于净应五种有因也。净应五种有者

8-16 何（助）是谓，则愚痴谓等五种是。其五种有之语因者母腹

8-17 中入时（助）近取因依亦净应五种有，等作因依亦净应五

① 俄·秋谷多吉等:《先哲遗书·俄派师徒文集》第226册，第138页。

8-18 蒳慨茐蔬胲。羪氺移嫩蒳骶緂緆，楲蕒赩劵荄鬶。

恼五蕴有也。其亦（助）下烦恼因成，胜慧及谓与合。

意译：

圆满究竟次第之果是谓何，则其又金刚持者或谓□，金刚者是五智，持者是禀持。此金刚持未证得，此方依生长次第获得何果，抑或成转轮王^(一)也谓等。依意希求者是世间之息灾^(二)增益^(三)。彼第六金刚持其实依五种姓所显现之语因由何生起谓，则于所化之本性，有五种所净因。有五种所净者是谓何，则是谓愚痴等五种。彼五种有之语因者入于母腹中时，依近取因亦有五种所净，依等作因亦有所净五烦恼^(四)五蕴也。彼亦成为下面之烦恼因，谓与胜慧相应。

注释：

（一）转轮王：西夏文作瓰骹庿，译为"转轮王"。其在《吉祥三菩怛经典明灯》中作 vkhor lo bsgyur ba，佛书中译为转轮王。《俱舍论》云："轮宝力能统治一切众生，故名转轮。"

（二）息灾：西夏文作蕃，直译是"善"。其在《吉祥三菩怛经典明灯》中作 zhi ba，直译是"寂静""善"，佛书中译为息灾。对应梵文作 śatika，汉文文献中常音译作扇底迦，或译为息灾。密教护摩四业之一。

（三）增益：西夏文作瓲，直译是"满"。其在《吉祥三菩怛经典明灯》中作 rgyas pa，直译是"满"，佛书中译为增益。梵文作 Puṣṭika，汉文佛经中常音译作补瑟征迦，或译作增益。如《大毗卢遮那成佛经疏》云："增益亦名圆满，谓能满一切所愿也。"^①密教护摩四业之一。

（四）五烦恼：又称五惑，即结、随眠、缚、随惑和缠。

藏文转写：

de nas rdo rje vdzin pa ste rdo rje ye shes lnga vchang ba vdzin pavo// rdo rje vdzin pa ma thob kyi bar du bskyed pavi rim pavi vbras bu yang na vkhor

---

① 一行记《大毗卢遮那成佛经疏》卷11，《大正新修大藏经》第39卷，第702页。

lo bsgyur nyid vgyur zhes pa la sogs pavo// yid la vdod pa zhes pa lo ga bavi
zhi rgyas so// drug pa rdo rje vchang de nyid rigs lngar vong pavi nad ka gang
nas byung zhe na/ sbyang gzhi lnga yod pas so// lnga yod pavi nad ka gang yin
zhe na/ mavi mngal du vjug pavi dus su nye bar len pavi rgyu la yang sbyang
gzhi lnga yod/ lhan cig byed pavi rkyen la yang sbyang gzhi lnga yod pavo// de
yang vog gi nyon mongs rkyen gyur shes rab dang zhes pa dang sbyar ro//[①]

8–19 ꡤꡍꡜꡗꡟꡚ ꡘꡥ ꡅꡏ ꡥꡡꡟ꡷ꡅꡧꡟꡧꡅ ꡗꡃꡧꡅꡤꡏꡣꡤꡜꡤꡩ ꡗꡭ ꡠꡧ ꡩꡣꡕꡍꡲ
近取因及净应五种有之语因者自性清净明满谓，光明于愚痴

8–20 ꡜꡯ ꡥꡅ ꡘꡥ ꡓꡧ ꡘꡟꡝꡠ ꡤꡅꡬ ꡐꡣꡤꡟ ꡠꡜ ꡥꡲ ꡘꡣꡄ ꡥꡲ ꡤꡅ ꡜ ꡩꡍ ꡠ
色蕴依（助）惑。自他妄思（助）灭一味，法一有，其于受蕴及骄慢

9–1 ꡥꡅ ꡜ ꡩꡍ ꡠ ꡥꡆꡠ ꡘꡣꡄ ꡗ ꡝ ꡣ ꡥꡲ ꡘꡣꡄ ꡥꡲ ꡤꡕꡅꡟꡗ ꡥꡅ ꡜ ꡩꡍ ꡠ
依（助）惑。说应说（助）与（助）离，法一有，彼于虑蕴及贪欲依（助）

9–2 ꡩꡍ ꡠ ꡉꡣꡕꡣꡤ ꡥꡲ ꡘꡟꡝꡠ ꡗꡃꡂꡅꡤꡟꡕ ꡓꡕꡅꡆꡠ ꡥꡲ ꡤꡕꡅꡆꡠ
惑。其他利生起，初刹那于依靠以后起因一有，其于惑以

9–3 ꡥ ꡤꡅ ꡕꡅꡟꡗ ꡥꡂꡣ[②] ꡥꡅ ꡜ ꡩꡍ ꡠ ꡣꡤꡅꡣꡤ ꡤꡧꡲ ꡥꡲ ꡘꡣꡄ ꡥꡲ ꡤꡕꡅꡟꡄꡍꡩ
业蕴及嫉妒依（助）惑。自性障舍弃一味一有，其于迷惑以识

9–4 ꡤꡅ ꡕꡅꡟꡗꡣꡤꡜ ꡥ ꡩꡍ ꡠ ꡑ ꡝ ꡅꡟꡗ ꡜꡣ ꡘꡣꡄꡤꡍꡩ ꡗꡟꡕꡲ ꡕꡕ ꡩꡍ
蕴及嗔怒依惑也。其依三种慧于心未习者，人一灭时，百

9–5 ꡘꡡ ꡘꡥꡲ ꡗꡟꡣꡓꡜꡕꡃꡅꡤꡍꡩꡥ ꡘꡥꡲꡅ ꡥꡒꡅꡤꡤ ꡘꡥꡜꡗꡂꡤꡥꡧ
种集绕。界于（助）入时（助）表依脸（助）尘土落及身色颜无成

9–6 ꡘꡂꡤꡜꡕꡣꡤꡍꡩ ꡥꡅ ꡘꡥꡲꡅ ꡥꡒꡅꡤꡤ ꡘꡥꡲꡅꡣꡤꡕꡟꡣꡤꡍꡩ ꡘꡝꡥꡲꡅ
及鼻立倾也。地水于（助）入时（助）唾及涕眼泪来也。水火于

9–7 ꡥꡒꡅꡤꡤ ꡘꡥꡲꡅꡠꡐꡕꡅꡤꡤꡝꡲꡩꡥꡕꡓꡅꡤꡍꡩ ꡃꡣꡕꡥꡒꡅꡤꡤ ꡘꡥꡲꡅꡣꡤ꡶ꡥ
（助）入时（助）口干及舌（助）黑画生也。火风于（助）入时（助）足手

---

① 俄·秋谷多吉等：《先哲遗书·俄派师徒文集》第226册，第138—139页。
② 此字原文作ꡄ，误，当为ꡂꡣ，与ꡕꡟꡣꡤ组成"嫉妒"。

9-8　綕䰬綕優䩇。靴䐭䎈㲤䚍䉅䰏䯜䰝㪻䩂㲠㲋䚍䲾，䑾䐭䲾

投弃命断也。风识于（助）入时（助）体性皆幻术如起，其依三

9-9　䐗䔕㲤㲠，䐤䰏䳓䳧㲠䚍䉅㲤㲁�𗙫䖟㲠。䐭㲁䎈㲤䚍

种觉受起，体性初明（助）起时（助）烟（助）如见起。识心于（助）入

9-10　䚍䉅䔕㲠䐤䰏䯩䚂㲖䑾㲠。㲁䰬㲠䖟䲐䰑䎈㲤䚍䉅

时（助）明盛体性皆虫萤萤如见。心依起明无于（助）入时（助）

9-11　䔕䯜䐤䰏䯩䯩㲦䑾㲠㲠。䖟䲐䚂䔕䰑䎈㲤䚍䉅㳈䲐䱾

明获体性皆皆炬如见也。明无光明于（助）入时（助）云无虚

9-12　䐨䑾，䞓䚍䃶䍁䍀㲤，䓫䰏㲠䩗䲀䱇䚂䔕䘟㲠。䳧䐗䐗

空如，灭时胜慧彼岸至，自性清净上乐光明谓也。先三种

9-13　䒥䰝㲁䚃㲤䳧䲐䚂䔕䰝䗫㲤㲁㲠䐗䐗㲊，䔕䰝㲤䙦䱇䞓䚃

慧于心未习力依光明于惑处三种有，明于清浊分离风

9-14　㲠，㲁䲐䰝䛴䓫㲤䚃㲠，㲱䚃䰝䯜㲤䚃㲠。䲾䐗䐗靴䯶䍀

起，思无于身禀持风起，一味于命持风起。此三种风之本

9-15　䑼䖟䲐䐗䱉䶻㲅䯲㲠䛮㲤䲇。㲖䑼䯩䔕㲁䰏䲐　䶍

根明无以系缚时中有身受令。主根皆俱碍障无　类

9-16　靴䘟䚍䯜䏇㲤　䛊䐀䔟䐄䑱䱇䗙　䎊䑼䤈䚍䞓㲠䐗

同天眼净者见　谓等俱舍中（助）说　虹霓相如身有也。

意译：

近取因及有五种所净之语因者是谓自性清净明满，依愚痴和色蕴而惑于光明。一味灭除自他寻思，有一法，于彼依受蕴及骄慢而惑。所说与能说离系，有一法，于彼依虑蕴及贪欲而惑。彼生起利他，初依止于刹那，后生起因，有一法，于彼迷惑依行蕴及嫉妒而惑。一味舍弃自性障蔽，有一法，于彼迷惑依识蕴及嗔怒而惑也。[①] 依彼心未修习三种慧之人，人一寂灭时，百种种姓汇集。入于地界时，尘土落于脸表及身成无色

---

① "近取因及有五种所净之语因者是谓自性清净明满……于彼迷惑依识蕴及嗔怒而惑也。"藏文本中无。

鼻倾斜也。地入于水时，唾液、鼻涕和眼泪来也。水入于火时，口干枯及舌上生黑画也。火入于风时，手足抽搐命绝也。风入于识时，体性皆如幻术生起，依彼生起三种觉受，于生起体性初明时，见如烟生起。识入于心时，明增盛及一切体性见如萤火虫^(一)也。生起心入于无明^(二)时，获得明，一切体性见如灯炬。无明入于光明时，如无云之虚空，寂灭时胜慧至彼岸，谓自性清净上乐光明也。前面三种慧，依心未习之力，于光明有三种幻惑处^(三)，于明生起分辨清浊之风，于无思生起身总持^(四)风，于一味生起持命风^(五)。此三种风之根本，以无明缠缚时，令中有身授也。主尊圆满无障碍 类同天眼见清净 谓等所说俱舍中 有如虹霓相身也。

注释：

（一）萤火虫：西夏文作𗄊𘄄𘄄，直译是"虫萤萤"。《吉祥三菩怛经典明灯》中作 srin bu me khyer，译为"萤火虫"。

（二）无明：西夏文作𗅢𘜶，译为"无明"。其对应藏文作 ma rig pa，译为"无明"。不能如实了知三界业果等诸道理，令烦恼生起，称为"无明"，也就是"痴"。佛教根本六烦恼之一。

（三）幻惑处：西夏文为𘚼𘎑，译为"惑处"。《吉祥三菩怛经典明灯》中作 vkhrul gzhi，译为"错处""幻惑处"，即错误的根源。

（四）总持：西夏文作𗟲𘄄，译为"执持"。《吉祥三菩怛经典明灯》中作 gzungs，译为"执持""总持"，也就是陀罗尼。

（五）持命风：西夏文作𘘜𘎑𘕕，译为"持命风"，藏文作 srog vdzin pavi rlung。藏医认为持命风是人体五根本风之一，居于顶门脑腔之中，功能在于灵活智慧，明利器官，持续思维。

藏文转写：

nye bar len pavi rgyu la sbyang gzhi lnga yod pa ni shes rab ni gang zag shes rab gsum la blo ma sbyangs pa gcig vchi bavi dus su/ rigs brgya pa bsdus pa de savi khams la zhugs pa devi dus su ngo gdong la god pa dang/ lus smad

sa dang bral ba dang/ sna zhom pa vong/ sa chu la thim pavi dus su kha chu
dang sna chu mig chu vong ngo// chu me la zhugs pavi dus su kha skam pa
dang lce la ri mo nag po vong/ me rlung la zhugs pavi dus su rkang lag g-yob
lus shi vbras byed pa vong/ rlung rnam par shes pa la thim pavi dus su dngos
po kun sgyu ma lta bur skye/ der nyams su myong pa gsum skye/ dngos po
snang ba skyes pavi dus su du ba lta bur mthong ba skye/ rnam par shes pa
sems las byung ba la thim pavi dus su snang ba mched pa dngos po thams cad
srin bu me khyer lta bur mthong/ sems las byung ba ma rig pa la thim pavi dus
snang ba thob pa dngos po thams cad me mar lta bur mthong pavo// ma rig pa
vod gsal la zhugs pavi dus su sprin med pavi nam mkhav lta bu vchi ba shes
rab kyi pha rol te phyin pa rang bzhin rnam par dag pavi bde mchog vod gsal
ba zhes byavo// rgyu las ni sngar shes rab rnam pa gsum la blo ma sbyangs
pavi shugs kyis vod gsal ba la vkhrul gzhi gsum yod pa las/ gsal ba las dwangs
snyigs vbyed pavi rlung byung/ mi rtog pa las lus gzungs kyi rlung byung/
ro gcig pa las srog vdzin pavi rlung byung/ rlung gsum gyi rtsa ba ma rig pas
bcings nas bar dovi sems can du vphangs ste/ dbang po kun tshang thogs med
ldan// rigs mthun lha mig dag pas mthong// la sogs pa mdzod nas bshad pa lta
bu vjav tshon gyi rnam pa lta buvi lus yod pavo//[①]

9–17　犭儺虓虓藏菼孤溂粨虮薮㣺虣虓。藏孤核㕙㣺藏愞，菼敠
　　　　其时节（助）父母之液血于染着生起。父之众明主道中，母腹

9–18　愞嬲嬲溂粨菼㹴蘱蹁㣺誮，㣺㹴蘝糦㪍㤃，㣺犭薮徉虮
　　　　中至时液血与（助）遇依闷乱，复一举死也谓，（助）其（助）亡于

9–19　㳀㪍核虤虓。嬲嬲誃益㣺㹴虤愖辭㥯虮虤蕱，虤㣺蘱嵞
　　　　亦三种风起。先初清浊分离风脐间化轮风成，风触热自

9-20 𗣼𗴾。𗦜𗦊𗧽𗰠𗫜𗥗𗴸𘜶𗴾。𗓱𗤧𗬟𗙳𗉹𘂷𗴸𗄼𗴾𗥦𗛣𗐫𘓉
　　体是。次大乐轮中身禀持风成。其又喉间及心间二处命

10-1 𗴸𘜶𗴾。𗓱𗴖𗤧𘂗𗥗𗥗𗥘𘓨𗵜𗙼𗯿𗥗𘂷𗫜𘜶𗄼𗬫𗪚𘏉
　　持风成。其亦近取因者先光明于五种垢金及金锈仪依

10-2 𗤽𗥗𗥘𗥷。𘕚𘕺𘉾𗸪𗥗𗓱𘓨𗥗𗥷。𗓱𗴖𗸪𗓱𘓇𗉹𗒀𗵿
　　有因缘作。父母之液血以等作因作。其亦液血等依刚强

10-3 𗪲𗷓𗤽，𗹠𗼄𗼃𗷓，𘏬𗵸𘗥𗷓，𘕪𗜈𗴸𗷓𗤽，𗬟𗐫𘕚𗷓𗤽𘏉
　　地法有，湿潮水法，暖热火法，轻摇风法有，乐虚空法有依

10-4 𗥗𗥷。𗝯𗬉𗥗𗥷𘏉𗷓𗺉𗬫𘓉𗵸𘉾𗥨𗃢𘜞𗴾，𘓨𘜞𘎴𗴾。
　　因作。五垢以缘作依先初肉及脉及皮之结上成，骨结下成。

意译：

彼时节上，于父母之精血，贪着生起。父之众明主佛之道，至母腹中时，与精血相遇则迷乱，复一举死也，然彼死亡亦生起三种风。起初分辨清浊风，形成脐间化轮风，风是暖触（一）之自性。次，大乐轮中形成身总持风。其后，喉间及心间二处形成持命风。其亦近取因者，于先前之光明，依五种垢、金和金垢之形态为有因缘。以父母之精血为等作因。其亦依精血等，有坚硬地之法，湿润水之法，暖热火之法，有轻摇风之法，有欢乐虚空之法，（二）依彼作因。以五垢作缘，则开始肉、脉、皮之结，上面形成。骨骼之结，下面形成。

注释：

（一）暖触：西夏文作𗃣𗴾，译为"暖触"。其在《吉祥三菩怛经典明灯》中作 reg bya drod，译为"暖触"。触即感觉，佛教中由身体所生的有诸多感觉，如硬触、湿触、暖触、动触、滑触、涩触、重触、冷触、饥触等。

（二）本句中"坚硬""湿润""暖热""轻摇""欢乐"是指地、水、火、风、空五大的五种特性，即硬性、湿性、热性、动性和乐性，也是身体的五种感觉（触）。

藏文转写：

bar do nyon mongs pa lnga phung po lnga vbyung ba lnga de nyid dang
gzhan du brjod du med pas khu khrag gis rkyen byas bar dos rgyu byas nas lus
chags la devi dus su pha dang mavi khu khrag las chags pa ste/ savi rnam par
snang mdzad kyi lam nas mavi mngal du phyin pavi dus su khu khrag dang
phrad pas brgyal te/ yang thebs gcig shi ba yin gsung/ shi ba de la yang rlung
rnam pa gsum vbyung ste/ dang po dwangs snyigs vbyed pavi rlung lte ba sprul
pavi vkhor lovi chags rlung reg bya drod kyi ngo bovo//

de nas bde ba chen povi vkhor lor lus gzungs kyi rlung chags/ de nas
mgrin pa dang snying ka gnyis su srog vdzin pavi rlung chags/ de yang nye bar
len pavi rgyu ni/ rgyu las ni zhes bya ste/ sngar gyi vod gsal la dri ma lnga gser
dang gser gyi g-yavi tshul du yod pas rgyu byas/ nyon mongs rkyen gyur ni
pha mavi khu khrag gis lhan cig byed pavi rkyen byas/ thabs su sprul zhes pa
ni khu khrag gnyis las sra ba savi chos yod/ gsher ba chuvi chos/ dro ba mevi
chos/ yang ba rlung gi chos yod/ bde ba nam mkhavi chos yod pas rkyen byas
nas/ dri ma lngas rgyu byas pas/ dang po sha dang rtsa dang pags pavi mdud pa
yas chags/ rus pavi mdud pa mas chags/[①]

10-5 𗼨𗼨𗀝𗤫𗾜𗦫𘕯𗾟，𘌉𗥐𘐖𗦮𗤭𘃊𗼨𗴿𗯰𗵍。𗓭𘕜𗂑
　　　父母身节和合一处，十月月及四日母腹中住。其时节

10-6 𗼨𗏹𗣛𘕜𗵚𗴂，𗼨𗭪𘃎𗤭𗴿𗣛𘙣𘎢𘕷𘌦𘏋𗮰𗼨𘖑𘕀𘗽
　　　（助）气脐间过入，母之肠与肚脐连接依食饮亦母（助助）食

10-7 𘕬𘐖𗴀。𗼨𘐖𘘓𗣇𘊝，𘃊𗣛𗤟𘐪𗴲𗴹，𘌇𘐭𘙣𗮰𗵚𗴂，𘌦𘏋
　　　依得也。母腹中（助）坠，肚脐绑（助）断作，又方风亦过入，食饮

10-8 𗮰𗊢𗴀。𘔼𘕬𘖑𗴹𗲲𘕬𘄩𗏹𘄓。𘃊𗵽𗂑𗭪𘔼𘕷𘌗𘋊𘕬
　　　

① 俄·秋谷多吉等：《先哲遗书·俄派师徒文集》第 226 册，第 140 页。

亦用也。此者流传入归（助）要论是。三世界之此示应谓者

10-9　𗾟𗖻𗏇𗢯。𗥃𗸟𗱰𗴩𗢯𗣼𗰖𗥃𗆨𗢯。𗫸𗒹𗫸𗒹𗆧𗀾𗝢𗣼

　　　等生智是。垢秽无现谓者果三身是。何及何以沐浴应谓

10-10　𗣼𗣼𗏇𗴴𗰵𗁬𗰖𗰖𗱰𗣁𗏇𗣼𗱰𗼈𗤁𗝢𗒹𗢯。𗫼𗝢𗸟𗒹𗆧

　　　者色蕴众明主大圆镜智以愚痴净令等是。燃应木及火

10-11　𗒀𗤋𗢯𗰵𗣁𗏇𗢯𗱰𗖻𗤁，𗸟𗸟𗪘𗸟𗆧𗰵𗤋，𗤱𗒹𗰵𗆨𗏇𗢯

　　　（助）如谓者增长次依说，则木有则火生如，二种色身以习

10-12　𗝢𗪘𗰵𗤋𗤱𗒹𗰵𗆨𗀒𗏍𗢯。𗪡𗢯𗰵�′𗤁𗸟𗰵𗣁，𗆤𗁬𗪘

　　　应有时（助）二种色身生之谓。集终次依说则弃应，烦恼有

10-13　𗰵𗤋𗫼𗾟𗖵𗢯𗋽𗰵𗢯。�′𗑱𗆧𗰵𗠇𗢯𗰵𗤱𗒹𗰵𗆨𗢯。

　　　时（助）等治（助）智起者是。喜欢天舞作谓者二种色身是。

意译：

　　父母身体和合为一，母腹中住十个月又四天。于彼时节，气息从脐间行走，母之肠与肚脐相连接，饮食亦依母之所食而获得也。从母腹中坠落，肚脐割断，后又风亦行走，饮食需吃也。此者是《轮回入归之要论》(一)。谓三世界之此名相(二)者是俱生智。谓显现无垢者是果位三身(三)。何及以何所沐浴者色蕴(四)，众明主以大圆镜智净治愚痴等。谓护摩木(五)及犹如火者依生长次第宣说，木有则如火生，以二种色身(六)，调伏(七)有之时节生二种色身之谓。依圆满次第宣说，则应灭除，烦恼有之时节能对治(八)是生起智慧。谓欢喜天舞蹈是二种色身。

注释：

　　（一）《轮回入归之要论》：西夏文作𗰵𗣁𗐱𗏭𗾟𗒛，译为"轮回入归之要论"，其在《吉祥三菩怛经典明灯》中作 vkhor bar vjug pa de ldog pavi man ngag。藏传佛教密续名。

　　（二）名相：西夏文作𗤁𗰵，直译是"应示"。其在《吉祥三菩怛经典明灯》中对应作 mtshon bya，直译为"所示"，佛书中译为"名相"，即能代表或表达某种含义者。

（三）果位三身：即果位之法身、报身和化身。

（四）色蕴：五蕴之一，众多因色、果色等转变破坏之法聚积为一，称为色蕴。

（五）护摩木：西夏文作翠氃蘸，直译是"应燃木"。《吉祥三菩怛经典明灯》中作 bud shing，译为"护摩木"，即佛教举行护摩时所烧的柳枝。

（六）二种色身：色即形态，佛教中面对一切净与不净所化众生所现利他有贪报身和无贪化身的两类身形。

（七）调伏：西夏文作骸氃，直译是"应习"。其在《吉祥三菩怛经典明灯》中作 vdul bya，直译是"应习"，即驯服，佛书中译为"调伏"。

（八）对治：西夏文作鼗夔，直译是"等治"。其在《吉祥三菩怛经典明灯》中作 gnyen po，译为"对治"，即制止、灭除对立面事物的一种方法。

藏文转写：

pha ma khams snyoms pa gcig la zla ba bcu dang zhag dgu mngal du sdod/ devi dus su dbugs lte ba nas rgyu/ mavi rgyu ma dang lte ba vbrel bas bzav btung yas mas zos pas phan no// mngal lhung nas lte ba bcad pas rlung yang rgyu/ bzav rgyu yang za dgos so//

de ltar khu khrag gnyis las bar do zhugs pas phung po dang nyon mongs pa thams cad bskyed/ ji ltar bskyed zhe na/ rang bzhin rnam par dag pavi sangs rgyas shes pa vod gsal ba la gti mug dang gzugs kyi phung por vkhrul/ brjod bya brjod byed kyi stong pa nyams su myong pavi chos gcig yod pa de la vdu shes kyi phung po dang vdod chags su vkhrul pavo// rang bzhin sgrib pa yang par ro gcig par yod pa de la rnam par shes pavi phung po dang zhe sdang du vkrul pavo// bdag gzhan gyi rnam rtog vgags pavi ro gcig pavi chos gcig yod pa de ma tshor bavi phung po dang nga rgyal du vkhrul/ gzhan don vbyung bavi skad cig ma snga ma de la brten nas phyi yang vbyung bavi rgyu gcig yod

pa de la vdu byed kyi phung po dang phrag dog du vkhrul/ vjig rten gyi mtshon
bya ni lhan cig skyes pavi ye shes suvo// dri ma med snang nu vbras bu sku
gsum mo// gang dang gang gis bkru bya ni gzugs kyi phung po rnam par snang
mdzad kyis sbyang pa la sogs pavo//

　　bud shing dang ni me bzhin zhes pa bskyed rim gyi dbang du byas na/
shing yod na me vbyung ba bzhin du gzugs sku gnyis kyi vdul bya yod pavi
dus na gzugs sku gnyis vbyung ngo// rdzogs rim dbang du byas na nyon mongs
pa yod pavi dus na gnyen po ye shes skye bavo// nyams dgav lha gar ni gzugs
sku gnyis/[①]

10-14　𗧸𗊩𗰜𗈁𗹬𗱢𗰭。𗧆𗊮𗧆𗊾𗰞𗈳𗹬𗧆𗉘𗙴𗹬𗦫𗸲𗰭𗰭𗰞，𗧆

蕴及谓等者悟易。敌数敌（助助）谓者敌寇之武器夺作时，敌

10-15　𗉘𗙴𗙤𗝠𗐆𗧫𗰭。𗟻𗤒𗸩𗹏𗰗𗝑𗸩𗹬𗤂𗆧𗴴𗜀𗜓

寇之打与一样也。石王持尊皆净令谓者实空见依解（助）

10-16　𗠝𗰒𗉞𗩱𗋐，𗩉𗜓𗈪𗹬𗙴𗪒𗤁𗡜𗝑𗜀𗹏。𗠗𗸲𗜀𗛇𗙤𗆧

（助）尔又念定，其义是谓之共同净令义是。五种烦恼平等

10-17　𗪩𗹬𗹬𗩱𗸝𗈪。𗩉𗜓𗄌𗹬𗹬𗤁𗱢𗈳𗤁𗛀𗈪。𗩉𗸲𗹬𗹬𗤰

成谓者五智是。其数种谓者净应之净（助）是。五智谓者集

10-18　𗘺𗚜𗴴𗈪。𗠗𗜫𗪒𗹬𗈪𗚜𗴴𗈪。𗟻𗤒𗡸𗤊𗸲𗹬𗚜𗸪𗴱𗪒

终次依是。五正觉者增长次依是。石王心真谓者呼唤义

10-19　𗈪，𗤙𗋽𗧸𗈪𗩱𗗙𗵗𗥗𗣷𗸲𗹬𗤒𗤦𗉘𗦻𗴱𗚜𗸀𗈳

是，勇识及三界怒示彼于生谓者本续之语序依（助）起之

10-20　𗹬。𗫶𗐟𗙬𗴴𗹬𗹬𗙴𗡜𗙤𗪩，𗡜𗣱𗧸𗹬𗜃𗣀𗤈𗸲𗸝。薇兼

谓。上师语依谓者烦恼因成，胜慧及谓（助）说中观应。赡部

11-1　𗊸𗸻𗫛𗤆𗣁𗹬𗚜𗛚𗝭𗉔𗧆𗧆𗤂𗸩𗹬𗆧𗜀𗰀𗰭。𗛚𗝭𗉔

---

① 俄·秋谷多吉等:《先哲遗书·俄派师徒文集》第 226 册，第 140—141 页。

居住咒手印谓者世间八种大成就谓与缚系也。世间八

11-2 𗦲𗧘𗣼𗧾𘂀𗥼𗷚𗚩^① 𗣼𗧾�769𗩾。𘄴𗗙𗷲𗧘𗣔𘃚𘃤𗁟。

种成就做依事咒颂昔成说也。 赡部谓者文（助）依是。

意译：

蕴及其他者易理解。敌人敌之谓者夺取敌寇之武器时，与敌寇之打击一致也。谓金刚持尊一切净治者依空性解，然后又修定，彼义是谓之共同净治义。五种烦恼成正等者是五智。谓彼诸种姓者是所净之能净。五智者是依圆满次第。五正觉者是依生长次第。谓金刚心咒者是请唤之义，谓菩萨^{（一）}及三界忿怒明王^{（二）}生于彼者依本续之序言生起之谓。谓依上师语者成烦恼因，胜慧及谓所说中应观想。谓居住赡部洲之咒手印者，谓与世间八种大成就^{（三）}联系也。宣说世间八种成就羯磨咒颂重点也。谓赡部者是依文法。

注释：

（一）菩萨：西夏文作𗥛𗢳，译为"勇识"。《吉祥三菩怛经典明灯》中对应作 sems dpav，直译是"勇识"，佛书中译为"菩萨"。

（二）三界忿怒明王：西夏文作𘀄𗰜𘃽𘂤，直译是"三界怒示"。其在《吉祥三菩怛经典明灯》中作 khams gsum khro bo，佛书中译为"三界忿怒明王"。三界即欲界、色界和无色界。"三界忿怒明王"当指三界现示忿怒形相的神、佛总名。

（三）八种大成就：即佛教中所谓的八种共通成就——宝剑、丸药、眼药、神行、金丹、飞游、隐身和土行。

藏文转写：

dgra rnams dgravi zhes pa dgravi lag cha phrogs nas brdeg pa dang vdravo// rdo rje vdzin gtsos thams cad sbyang zhes pa stong nyid lta ba gsal vgyur gyi// bsgom pa lhag ma de don// ni zhes pavi don to// nyon mongs lnga

---

① 此字原文作𗧳，误，当为𗧾，与𗣼组成"咒颂"。

po mnyam par vgro ni ye shes lngavo//

　　ye shes lnga ni rdzogs rims kyi dbang du byas na/ budha lnga bskyed rims kyi dbang du byas pavo// rdo rje snying po ces pavi sems dpav dang khams gsum khro bo de las skyes ni/ rgyud kyi gleng gzhi las skyes pavo// bla mavi zhal ni vkhor bar vjug pa de ldog pavi man ngag go// vdzam gling gnas pavi sngags phyag rgya zhes pa la sogs pa ste/ lo gavi dngos grub pavi sngags dang phyag rgyavo//[①]

11–3　　诸明满之依靠处谓者三世明满是。三隅谓者咒集合（助）居，三

11–4　　隅及内咒起（助）居，化轮及大乐轮（助）击依声生也。中间伐

11–5　　我谓者八叶花净是。心悦者花净是。石王者阿利。戏行者

11–6　　迦利是。德女伐嘎谓等者名数是。阿利迦利平等混谓者

11–7　　俱足是。八类字谓者阿迦呃谛怛巴耶舍是。其居住谓者

11–8　　迦利是。身有谓者依（助）人是。咒谓者本根咒颂首成说之

11–9　　做事集是。五十文字此实依明作数亦生起，本续及咒颂

11–10　数亦生起，道又教诫正理等亦生起也。石王心真谓者唤

11–11

　　① 俄·秋谷多吉等:《先哲遗书·俄派师徒文集》第 226 册，第 141—142 页。

呼义是。此实者谓者咒颂之谓。方及方隅，彼之中间脐间
11-12 𗾃𗃌𗡝𗀔𗖯𗥾𗢳𘜶𗈁𗄊𘊝𗣼。𗈁𗟲𗵣𗄈𗉅𗣛𘄒𗝢。

佛最上自主母谓者阿字短是。 脱解道拙火燃令也。

意译：

诸佛之所依处者是三世佛。谓三隅者是咒集合处，三隅及内是咒生起
处，化轮及大乐轮由互击出声也。中间伐我者是八叶莲花。欢喜者是莲花。
金刚者是阿利。戏行者是迦利。明妃谓伐嘎等者是名数。阿利迦利谓正等混
乱者是圆满俱足。谓八类字者是阿迦咂谛怛巴耶舍。谓彼居住者是迦利。谓
众生者是人之所依。谓咒者是宣说根本咒颂集要之羯磨集。实依此五十文字
诸吠陀亦生起，由本续诸咒颂亦生起，外道教法^{（一）}因明^{（二）}亦生起也。谓
金刚心咒者是请唤义。谓此本身者是咒颂之谓。四方及四隅^{（三）}，彼之中
心脐间佛谓无上自在母者是短阿字。解脱道是令拙火燃烧也。

注释：

（一）外道教法：西夏文为𗴾𘗽𗉅𗴺，直译是"外道教诫"。其在《吉
祥三菩怛经典明灯》中作 phyi rol bstan chos，译为"外道教法"。

（二）因明：西夏文为𗿩𗫡，直译是"正理"。其在《吉祥三菩怛经
典明灯》中作 tshad ma，佛书中译为"量""正理"，即因明学。

（三）四方及四隅：西夏文作𗦠𗥾𗦠𗤁，译为"方及方隅"，指东西
南北四方和东北、东南、西北、西南四隅。

藏文转写：

sangs rgyas kun gyi rten ni dus gsum gyi sangs rgyas so// gru gsum ni
sngags btu bavi gnas phyi rol gru gsum vbyung bavi gnas sprul pavi vkhor lo
dang/ bde ba chen povi vkhor lovi thabs pas sgra vbyung bavo// dbus su bam ni
padma vdab ma brgyad pa nyams dgav padmavo// rdo rje ni ā li kā livo// btsun
movi ba ga la sogs pa ming gi rnam grangs so// ā li kā li mnyam vdres pa ni
tshang bavo// sde tshan brgyad na a ka tsa ṭa ta pa ya shavo// lus can ni rten gyi
gang zag go// sngags ni vbyung sa dang bsdu sa bstan to// yi ge lnga bcu la rigs

byed rnams kyang vbyung/ rgyud nas sngags rnams kyang vbyung/ phyi rol
bstan chos tshad ma la sogs pa yang vbyung bavo// rdo rje snying po bos pavo//
vdi nyid de ni sngags so// devi dbus kyi lte ba las ces pavam thung ngo// grol
lam gtum mo sbar bavo//[①]

11-13　不变谓者智之自体是。最上自主者阿字短是。八字类谓者悟

11-14　易。阿者文字皆中上谓者皆之头于有（助）中心间有也。大义

11-15　谓者世及世出间尊是。诸身有谓者依（助）人是。咒颂谓者

11-16　其阿利迦利自实于本根咒等生也。武器及眼药谓等者先

11-17　说八种成就与缚有也。五欲乐与俱足依谓者欲有，道乐

11-18　依果乐是。皆至自性大者成谓者最上自主成，三身五智

11-19　有（助）七支有也。上声于谓者阿字是。众生数之何微略谓

11-20　者皆亦咒颂是也。咒之戏论，其依成谓者阿利迦利依成也。

意译：

　　谓不变者是智慧之自性。无上自在者是短阿字。谓八类字者易理解。[②]
阿字者一切文字中最上者，是在一切之首或中心也。谓大义者是世间及出
世间之至尊。谓诸众生者是人所依处。谓谓咒颂者于彼阿利迦利本身生起根

---

① 俄·秋谷多吉等:《先哲遗书·俄派师徒文集》第 226 册，第 142 页。
② "谓八类字者易理解。"藏文本中无。

本咒等也。谓武器及眼药等者与前所说八种成就有关也。与五种欲乐俱足圆满者欲有，依善道是善果。[①] 成为普遍大自性者是成为无上自在，有三身五智或有七支[(一)]也。无上音者是阿。诸众生之略谓何者一切亦是咒颂也。咒之戏论，谓依彼成者是依阿利迦利成也。[②]

注释：

（一）七支：西夏文作 𗿊𗿊，译为"七支"，藏文作 yan lag bdun pa。七支是藏传佛教中修学佛法的加行七法，有：顶礼、供养、忏悔、庆喜善事、请转法轮、请不涅槃、回向一切善事。

藏文转写：

mchog ni dbang phyug ni a thung ngo// mi vgyur ni ye shes kyi ngo bo las/ a ni yig vbru kun gyi mchog ni thams cad kyi glad na yod pavam khong na yod pavo// don chen ni lo ga dang lo ga las vdas pavi gtso bovo// lus can rnams kyi sngags ni ā li kā li de nyid las byung bavo// ral gri mig sman zhes pa la sogs pa dngos grub brgyad gong gi dang vbrel to// kun du bdag nyid chen por gyur ni mchog gi dbag phyug grub pavo// dbyangs mchog mas ni a vo// skye bo rnams kyi gang cung zad ni tha snyad kyi sngags yin pavo//[③]

12-1　𗿊𗿊𗿊𗿊𗿊　𗿊𗿊𗿊𗿊𗿊𗿊𗿊𗿊𗿊
　　　彼于生起也谓者阿字是。声者咒颂是谓者何说总咒

12-2　𗿊𗿊𗿊。𗿊𗿊𗿊𗿊𗿊𗿊𗿊𗿊𗿊𗿊。𗿊𗿊𗿊𗿊𗿊𗿊𗿊
　　　颂成也。种种结之大宫谓者化轮是。法之戏行实真生谓

12-3　𗿊𗿊𗿊𗿊𗿊𗿊𗿊𗿊，𗿊𗿊𗿊𗿊𗿊𗿊𗿊𗿊𗿊。𗿊𗿊𗿊𗿊𗿊
　　　者悟则圆寂之因成，未悟则流传之因成也。伐折啰咪绕

---

①　"与五种欲乐俱足圆满者欲有，依善道是善果。"藏文本中无。
②　"咒之戏论，谓依彼成者是依阿利迦利成也。"藏文本中无。
③　俄·秋谷多吉等：《先哲遗书·俄派师徒文集》第 226 册，第 142—143 页。

12-4 ［藏文］，
　　胹尼者三弥菩怛中本根咒颂是谓，最上本续中心真是

12-5 ［藏文］
　　谓。空行续中亲心真是谓。其（助）如咒颂独依做事皆成者

12-6 ［藏文］，
　　成就利因实住，则咒者（助）定何亦无谓者唯此者心真是，

12-7 ［藏文］。
　　唯此者本根咒颂是谓（助）定应无，成就何意成也。自主尊

12-8 ［藏文］。
　　谓者阿字是。生无自性谓者胜义咒颂是也。其又他亦解

12-9 ［藏文］，
　　说我谓等语序益寻（助）定二种义依，一第节之文缠缚（助）

12-10 ［藏文］。
　　者四字四大四手印四天母四无量四彼岸四轮是。其等

12-11 ［藏文］。
　　生智何如居于依靠以起也谓，则此数于依靠以起也谓。

意译：

　　于彼生起也者是阿字。声音是谓咒颂者宣说何而成为总持咒也。种种尊敬之圣地(一)者是化轮。法之戏行真实生起者，证悟则涅槃之因成，未证悟则轮回之因成也。伐折啰咪绕旃尼(二)咒者是谓《三弥菩怛》中根本咒颂，是谓《无上本续》中心咒，是谓《空行本续》中亲心咒。③如彼，唯以咒颂一切羯磨成就者因成就利益实住，则谓咒之了义何亦无。唯此者是心咒，唯此者是谓根本咒颂，则咒之了义应无，成就何意成也。谓自在中尊者是阿字。无生(三)自性者是胜义咒颂也。其又解说其他等序言，依

---

① 此字原文作［藏文］，误，当为［藏文］，音译为胹、赞、挼。
② 此字原文作［藏文］，误，当为［藏文］，与［藏文］组成"咒颂"。
③ "是谓《无上本续》中心咒，是谓《空行本续》中亲心咒。"藏文本中无。

了义和不了义二种义，摄持第一节正文之法者是四文字、四大、四手印、四天母、四无量、四到彼岸、四轮。谓彼俱生智依止于何处生起也，则谓依止于此数生起也。

注释：

（一）尊敬之圣地：西夏文作薾荪骏胤，直译为"结之大宫"。其在《吉祥三菩怛经典明灯》中作 vdud pavi gnas chen，译为"尊敬之圣地"。此处西夏文薾疑有误。

（二）伐折啰咪绕旃尼：音译西夏文拨慨形蒛绲灁芫，为梵文咒字，《吉祥三菩怛经典明灯》中记音为 badzra bē ro tsa na，两者音完全相切。

（三）无生：西夏文作辈緬，译为"无生"，藏文作 skye med。无生即不生，指解脱或涅槃。

藏文转写：

de las skyes pa ni avo// sgra ni sngags ces pa ci brjod pa sngags su vjug pavo// sna tshogs vdud pavi gnas chen ni sprul pavi vkhor lovo// chos kyi rol pa yang dag vbyung na rtogs na mya ngan las vdas pavi rgyu byed la/ ma rtogs na vkhor bavi rgyu byed pavo// badzra bē ro tsa navi sngags las saṃ bu tar rtsa sngags su byung/ rgyur bla mar snying por byung/ de bzhin du sngags gcig gis las tshogs thams cad grub pa ni/ dngos grub don du nam gnas pavi sngags kyi nges pa ci yang med pavo// dbang phyug gtso bo ni avo// skye med rang bzhin ni don dam pavi sngags so//

de nas gzhan yang zhes pa la sogs pa gleng gzhi drang don dang nges don gnyis kyi sgo nas brtag pa dang povi gzhung nye bar ba sdus pavo// ye ge bzhi vbyung ba bzhi phyag rgya bzhi// lha mo bzhi/ tshad med pa bzhi pha rol du du phyin pa bzhi vkhor lo bzhivo// lhan cig skyes pavi ye shes bzhi gang la brten nas skye na/ vdi rnams la rten nas skye ba yin//[①]

---

① 俄·秋谷多吉等：《先哲遗书·俄派师徒文集》第 226 册，第 143 页。

12-12 〔藏文〕

大密说中说也，翳者胜慧是谓说谓等者其数起令（助）益

12-13 〔藏文〕

寻是。翳谓者胜慧谓者近取因是。伐弥者益寻谓者等作

12-14 〔藏文〕

因是。上谓者近取因是。下方谓者等作因是。翳谓及又伐

12-15 〔藏文〕

弥实者谓者最中美顺因以缘顺缘以因顺也。胜慧益寻

12-16 〔藏文〕

俱二美顺依果三身五智有生也（助）起觉受说。此如谓者

12-17 〔藏文〕

刹字一入作应句系（助）是。谓者集绕者之语是。我谓者石

12-18 〔藏文〕

王心真是。闻者此大贪欲是。常居住谓者法宫之谓。此

12-19 〔藏文〕

如（助）闻（助）听者缺余不有也。世尊大乐者石王持是。耳识

12-20 〔藏文〕

以（助）闻谓者菩提勇识之明像禀持也。（助）悟者非也谓者

13-1 〔藏文〕

体一非之谓。说者自实是，习应（助）依集绕者成也谓与合应。

意译：

宣说解说大密中也，翳者谓胜慧，谓解说等者彼数能生方便。谓翳是胜慧者近取因。伐弥是方便者等作因。谓上方者近取因。谓下方者等作因。谓翳及又伐弥真实性者，以最上善美因而缘善，以缘善而因善也。宣说胜慧方便二者依善美而生三身五智果生起觉受。如是谓者，应加入一刹字是句之联系。谓者集录者之语。谓我者金刚藏。闻者此是大贪欲。谓常安住

287

者法处之谓。^①如是已闻能闻^{（一）}者无有盈亏^{（二）}也。世尊^{（三）}大乐者金刚持。以耳识已闻者执持菩提萨埵之标志^{（四）}也。领悟者非也谓者是性同^{（五）}非也之谓。讲说者自性，谓与集录者辑成调伏之仪相应。

注释：

（一）已闻能闻：西夏文作𗙴𗰲𗙴𗰲，直译是"已闻所闻"。《吉祥三菩怛经典明灯》中作 skad thos shing mnyan pa，译为"已闻能闻"。

（二）盈亏：西夏文作𗟲𗬉，直译是"缺余"。《吉祥三菩怛经典明灯》中作 lhag pa chad pa，意为"多余和短缺"，一般译作"盈亏"。

（三）世尊，佛的一种名号，即藏文中的"出有坏"，梵文作 Bhagavān，汉文佛经中音译作薄伽梵、婆伽梵等。慧琳《一切经音义》载："薄伽梵，五印度梵语也。《大智度》云如来尊号有无量名。略而言之，有其六种，薄伽梵是总称也。义曰众德之美，尊敬之极也。古译为世尊，世出世间，咸尊重故。"^②

（四）标志：西夏文作𗦻𗿒，直译是"明像"。《吉祥三菩怛经典明灯》中作 cha lugs，译为"外貌"，指佛、菩萨等神灵的标志。

（五）性同：西夏文作𗿒𗝪，直译是"一体""独体"。《吉祥三菩怛经典明灯》中作 ngo bo gcig pa，译为"性同"，即性质相同或本质一样。

藏文转写：

gsang chen bshad pavi dus su gsung/ e ni shes rab la sogs pa skye bar byed pavi thabs so// e ni shes rab ste nye bar len pavi rgyuvo// bang gis thabs ni lhan cig byed pavi rkyen no// steng nyer len gyi rgyuvo// vog lhan cig byed^③ pavi rkyen no// e zhes pa dang paṃ nyid dam zhes rgyu rkyen gyis mdzes rkyen rgyu mdzes pavo// skyes pavi nyams myong bshad pa vdi skad ces bya

---

① "谓我者金刚藏。闻此是大贪欲。谓常安住者法处之谓。"藏文本中无。

② 慧琳：《一切经音义》卷 1，《大正新修大藏经》第 54 卷，第 313 页。

③ 原本作 phyed，据西夏本改。

ba ni tshig gi phrad do// zhes pa ni sdud pa povi tshig go//

vdi skad thos shing mnyan pa ni lhag pa chad pa med pavo// mgon po bde ba chen po ni rdo rje vchang ngo// nyan pavi shes pas zhes bya ba byang chub sems dpavi cha lugs bzung bavo// rtogs pa ni ma yin no zhes bya ba ngo bo gcig pa ma yin pavo// vchad pa po nyid vdul byavi dbang gis sdud par byed par vgyur te zhes bya bar sbyar ro//[①]

13-2　然（助）悟于罪何有谓与缚系也，集绕者及说者等区分

13-3　（助）无失谓。求我谓则习应之者思处，益寻义依差异者现

13-4　前显明。独尊者舞之相以种种舞作也谓。何未闻者莫悟

13-5　是，（助）定义依体一（助）意也。我者上喜。闻者喜离。此大贪欲

13-6　谓者等生喜是。此亦（助）明谓故（助）下大法说者我是也。会

13-7　聚众中闻者我谓因也。益寻义依时者刹那间（助）听，刹那

13-8　间悟是。此者不依谓，则依（助）义三种有，思议可不威得

13-9　及脱解门得及等持威力得。及（助）定义依时者时善者上

13-10　喜，风内入思不起也。时恶谓者喜离，风外出思起也。

①　俄·秋谷多吉等：《先哲遗书·俄派师徒文集》第 226 册，第 143—144 页。

意译：

然则，与证悟中有何罪联系也。谓集录者及讲说者等无差别^{（一）}。谓希求则所化之者是观想处，依不了义差异而现前显明。^①独尊以舞之形相作种种舞也。抑或听闻不能领悟，依了义意愿相同也。我是上喜。听闻是离喜。此大贪欲是俱生喜。此亦由何理解谓，则下面大法解说者是我也。会供^{（二）}中听闻者我因谓也。于不了义时节是刹那间听闻，刹那间证悟。此者谓未随愿^{（三）}，则随愿之义有三种，获得不可思义之威力及获得解脱之法及获得禅定^{（四）}之威力。于了义时节者善时^{（五）}是上喜，风入内不起分别心^{（六）}。恶时是离喜，风外出起分别心也。

注释：

（一）无差别：西夏文作𗣼𗆧𗼉𗗍𗾈，直译是"不失差别处"。其在《吉祥三菩怛经典明灯》中作 dbyer med pa，译为"无差别""不分"。此据藏文译。

（二）会供：西夏文作𗡶𗖰𗜈，直译是"众会聚"。其在《吉祥三菩怛经典明灯》中作 tshogs，直译是"聚会""聚集"，佛书中译作"会供"，即上师、弟子等的大聚会。

（三）未随愿：西夏文作𗣼𗊴，直译是"不依"。其在《吉祥三菩怛经典明灯》中作 mi vthad pa，译为"不能随愿""未依照愿望"。此据藏文译为"未随愿"。

（四）禅定：西夏文作𗢳𗅳，直译是"等持"，藏文作 ting nge vdzin，梵文作 Samādhi，汉文诸经中音译作三昧、三摩地、三摩提等，义为"等持"，即禅定。

（五）善时：西夏文作𗤋𗊷，译为"善时"，藏文作 dus bzang，译为"善时"，即良辰。

（六）分别心：西夏文作𗟲，直译是"思""察"。其在《吉祥三菩怛

---

① "谓希求则所化之者是观想处，依不了义差异而现前显明。"藏文本中无。

经典明灯》中对应作 rtog pa，意思是"思维"，佛书中译作"寻思"，也译作"分别心"，即判断有分别和无分别之心。

藏文转写：

vo na rtogs pa la skyon ci mchis bya bar vbrel① te/ sdud pa po dang vchad pa po dbyer med par vgyur ro// vdod rtog zer na mngon sum gyis bsal lo// yang na gcig puvi nyams kyis du mavi gar mdzad ces byavo// drang don gyi dus ni skad cig ma la thos te skad cig ma la rtogs pavo// de mi vthad do zhe na/ vthad pa rnam pa gsum ste/ bsam gyis mi khyab pavi mthu thob pa dang/ rnam par thar pavi sgo thob pa dang/ ting nge vdzin gyi mthu rnyed pa dang gsum mo// yang na thos pa ma yin rtogs pa nyid yin te/ ngo bo cig pavo// bdag gis ni mchog dgav/ thos pa dgav bral/ vdir chags pa chen po ni lhan cig skyes pavo// de yang cis shes na/ chos chen vchad pa nyid de/ tshogs kyi nang du nyan pa nga// zhes pas so// nges don gyi dus la dus bzang mchog dgav/ rlung na vjug mi rtog pa skye/ dus na ni dgav bral/ rlung phyir vbyung rtog pa skye//②

13-11 思议可不谓者风阿哇都底中入，气出入止也。鼻尖孔中水续

13-12 谓者风过入处是。贪欲者上喜是。欲离者喜离是。中间谓

13-13 者喜是。彼于贪着染性气谓者上喜是。灭谛谓者喜离是。

13-14 其二舍弃谓者喜是。阿哇都底中风（助）入，等生依得可不

13-15 也。圆混者等生是刹那也。时谓者阿哇都底中入之谓。体

① 原文作 vbral，此据西夏本改。
② 俄·秋谷多吉等：《先哲遗书·俄派师徒文集》第 226 册，第 144 页。

13-16 𗹐𗱾𗅋𗡡𗏵𗏵𗤒。𗣼𘀀𗹐𗱾𗏵𗗙𗊬𗤒。𘂗𗫺𗹐𗱾𗤭𗴌𗤒。𘊴

　　　谓者上喜显是。体无谓者喜离空是。一味谓者等生是。其

13-17 𗸖𗱾𗹐𗱾𘓄𗥤𗊬𘓄𗱾𗤒𗏆。𘂋𗤭𗱯𘜶𘏩𗲖𗱾𗋽𗊬𗹐𗇃

　　　实时谓者思议可不时是也。益寻义依导师者自主谓等

13-18 𗤙𗅔𗹐𗱾𗤒。𗹐𗫍𗱯𘜶𘏩𗲖𗱾𘏞𗎖𗱾𘄒𗴦𗹐𗁩𘕿𘓨

　　　先（助）说者是。（助）定仪依导师者坏有出者（助）下说烦恼胜

13-19 𗲨𗍊𘒣𘜶。𘄸𗱾𘕿𗲨𘓛𗤒𗹐𗹐𗅃𗴝。𗸖𘕦𗹐𘕇𗵘𘊴𗸖𗹐

　　　慧以忍依。故因胜慧坏是说谓悟易。实来谓于起其实谓

13-20 𘜵𗤒𗱾𗫍𗱯𘜶𗏁𗤒。𗵘𘟙𗅤𗵘𗹐𗇃𘂋𗤭𗱯𘜶𗏁𗤒。

　　　于（助）至（助）定义依居是。石王德女谓等益寻仪依居是。

意译：

　　谓不可思议者风入中脉中，气息出入停止也。谓鼻尖孔中水常流是风经过处。贪欲是上喜。离欲^(一)是离喜。谓中间是喜。谓于彼贪欲杂染性气是上喜。灭谛^(二)是离喜。舍弃彼二种是喜。中脉中风进入，依俱生不可获得也。圆融者是俱生，是刹那也。谓时者入中脉中之谓。谓有物者是上喜显。谓无实有者是离喜空。谓一味者是俱生。谓时彼本身者是不可思议时节也。依不了义，导师是先前宣说自在等者。^①依了义，导师是下面所说出有坏烦恼以胜慧能断^(三)。因此解说胜慧是毁坏，则易理解。从所谓如来起直至所谓彼本身是了义处。谓金刚明妃等是不了义处。

注释：

　　（一）离欲：西夏文作𗊬𗗙，直译是"欲离"。其在《吉祥三菩怛经典明灯》中作 chags bral，译为"离欲"，即离去贪欲。

　　（二）灭谛："灭"即寂灭，"谛"即真谛，是印度哲学中通用的概念，有"真理"的意思。"灭谛"指的是佛教出世间的最高境界——涅槃。

---

　　① 从"谓中间是喜"到"依不了义，导师是先前宣说自在等者"，藏文本中无。

（三）能断：西夏文作𗦲𗾀，直译是"依忍"。其在《吉祥三菩怛经典明灯》中作 thub pa，译为"能者"，即能断烦恼。佛名号之一。

藏文转写：

bsam gyis mi khyab pa ni a ba dhū tir tshud pa/ dbugs vbyung vjug vgags pavo// sna rtse bu ga chu rgyun ni rlung gi rgyu bavo// vdod chags mchog dgav/ chags bral dgav bral lo// de bzhin du thams cad shes par byavo// nges don gyi ston pa ni bcom ldan vdas ni vog nas nyon mongs shes rab kyis thub pas// de phyir bcom ldan shes rab bshad ces pa sla/ de bzhin zhes pa nas de nyid ces pa yan chad nges don gyi gnas so// rdo rje btsun mo zhes pa sogs drang don gyi gnas so//[1]

14-1 𗼈𗟰𗫂𗣼���𗇃𗫔𗦮�𗰖𘕼。 �$�$𗥫𘕼�𗄮��𗘅𗫨
　　一味成时谓者（助）定义依住是。益寻义依住者毗毗㫱嘚啰

14-2 𗽰𗽰𗧃�𗫨，𘒓𘒓𗿈𗢲𗼆[2] �𗇃𗢭�𗫨。𗩱𗩱𗧓𗿢𗢲��𗇃
　　种种益寻是，昝昝嘎怛习应众生数是。诃诃啰那习应众

14-3 𗿢𗃀𗾊𗫐𗫬𗫨。𗅁�𗥤𘏗𗣼𗃀�𗥤𘒷𘔊𗇃𗫂
　　生数之意取也。如来谓于起谓也谓于（助）至以益寻（助）

14-4 𗇃𗫥𗥤𘕼��𗢲𗆐𗾊𘕃𘕼。�𗭡𗣼𘕈�𘒽𗫨。𘕃𘕼𗴛�
　　定二义依法生处之缠缚是。稀有谓者惊奇是。遍知真智

14-5 𗣼𘕼𘔈𗃀𗀱𗫨。𗇛$�$𗇛𗍫𗣼𘕼𘒽�𗥮𗀱𗫨。𗅁𗥤$�$
　　谓者漏无乐是。乐逝乐益谓者道乐依果乐是。如来自现

14-6 𗆖𘏺𗾊𗥤𗿈���
　　女人之法生依（助）化之依（助）义者，德女现依实（助）化谓也。

14-7 �𗌗𗇃𗫬𗫄�1
　　此者居之缠缚是。皆之头于语序来应之依（助）义者𗥮伐

<hr>

① 俄·秋谷多吉等：《先哲遗书·俄派师徒文集》第 226 册，第 144—145 页。
② 原本作𗣼（大），误。此据藏文本改。

14-8 𗗙𗼻𗰉𗧓𗫀。𗾈𗐇𗰜𗰜𗒀𗤁𗬩𗙲。𗒀𗤁𗒀𗬩𗆧𗖩𗜓𗤐𗓱𗤁

语序有有之缠缚是。法之谓者经契及本续

14-9 𗏹𗏹𗤁𗒀。𗫣𗫀𗬩𗫰𗰜𗫀。𗆧𗈜𗬩𗋂。𗄊𗼻𗬩𗼻𗄊𗭽𗤁。𗤁

皆皆之谓，先初者头于是，实真者终，明满之果生起也。清

14-10 𗼖𗬁𗫰𗒀𗬩𗄜𗈜𗼖𗬁𗫰𗤁。𗈜𗆫𗰦𗉐𗒀𗬩𗬯𗰜𗫰𗆧𗘂𗫀

净成就谓者大手印成就是。手中石王谓者时节依名（助）

14-11 𗰦𗉐𗄿𗼖𗤁𗫰𗒀𗰊𗈱𗧓𗤁。𗵒𗵒𗼺𗒀𗬩𗼖𗰦𗤁。𗈱𗬩𗫣

石王心真之助互依（助）允是。说可不谓者实空是。其者我

14-12 𗫄𗈜𗑠𗵒𗒀𗬩𗨁𗐇𗤁。𗹙𗈱𗤻𗤐𗐇𗓱𗒀𗬩𗄅𗧓𗗙𗫀。

今实（助）说谓者语序是。又其字依情有数谓者翳伐弥是。

意译：

成一味时者是了义处。不了义处者毗毗旃嘚啰是种种方便，昝昝嘎怛是调伏之诸众生。诃诃啰那是取所化诸众生之意也。从所谓如来起直至所谓也，是不了义和了义二种义生法处之摄持。谓稀有者是惊奇。谓遍智真智者是无漏乐。谓善逝善利^{（一）}者依乐道是乐果^{（二）}。如来自现依女人之生法所化之随愿者，是依明妃真实所化也。此者是处所之摄持。^①一切之首，因缘随意愿者是翳伐弥摩耶尼。序言是所有之摄持。法之谓者是契经及一切本续之谓。前面者是开始，真实者是终，佛之果位生起也。^②谓清净成就者是大手印^{（三）}成就。手中谓金刚者随时候而名或依金刚藏伴助意愿。所谓不可议者是空性。彼者我今真实宣说谓者是缘起。又依彼字谓诸众生者是翳伐弥。^③

---

① "如来自现依女人之生法所化之随愿者，是依明妃真实所化也。此者是处所之摄持"
　在藏文本中无。
② "序言是所有之摄持。法之谓者是契经及一切本续之谓。前面者是开始，真实者是
　终，佛之果位生起也。"藏文本中无。
③ "又依彼字谓诸众生者是翳伐弥。"藏文本中无。

注释：

（一）善逝善利：西夏文作𗼻𗢲𗼻𘄼，译为"乐逝乐利"。其在《吉祥三菩怛经典明灯》中作 bde gshegs bde don，译为"善逝善利"。"善逝"指证得无上佛位，"善利"指利益众生。

（二）依乐道是乐果：即"乐道乐果"，指依安乐大道菩萨乘，趋证安乐上果佛位。

（三）大手印：西夏文作𗹬𘃽𘈈，译为"大手印"，藏文作 phyag rgya chen，译为"大手印"。大手印是藏传佛教无上瑜伽续中的一种修法，实为一种禅定法，即修行者的身、语、意完全处于静寂状态，与本尊融为一体，最终证达空乐智慧。

藏文转写：

ro gcig te gyur nas ces pa nges don yi bzhugs so// drang don gyi bzhugs pa la bhi bhi tsi tra thabs sna tshogs so/ vdzav vdzav gad dang vdul bavi skye bo rnams so// ha ha ra yid vphrog par gyur pavo// de bzhin zhes pa nas byavo// zhes pa yan chad kyis drang don nges don gnyis gavi chos vbyung gi nye bar bsdu bavo//

e mavo ni ngo mtshar bavo// kun mkhyen ye shes ni zag bde bavo// bde gshegs bde don ni lam bde bas vbras bu bde bavo// thams cad kyi glad du gleng bzhivi pavi vthad pavo// e vaṃ ma yavi zhes pavo// dag pavi dngos grub ni phyag rgya chen povi si tivo// phyag na rdo rjevi gnas skabs kyi ming la rdo rje snying povi grogs la bsam pavo// rdo rje brjod med ni stong pa nyid do// de ni nga yis gleng bzhivo//[①]

14-13 𗼻𗢲𗼻𘄼𘄿𘜼𗰖𗙤𘄼𘎑𘄼𘈈𘉋。𘘥𘝯𘝰𗰖𘈈。𘐒𘐏𘏣𗼻𘐎𗥼

流传彼岸谓者声闻独觉是。远为者佛是。一遍无之心（助）

_____

① 俄·秋谷多吉等:《先哲遗书·俄派师徒文集》第226册，第145页。

14-14 𗹭𘝵𗟲𘊬𗟼𗤛𗤻。𗫂𘄒𘕣𘈙𘝤𘕜，𘕱𗹭𘝵𘉒𘊰𘖑𘄒𗹭。𗫙𘕣

　　谓者不回归是。示应现前成令，故谓者四第解之谓。此现

14-15 𗫂𗤛𘈫𗟲𘄒𗹭𘝵𘕜𗤕𗤛，𗠦𗤻𗺎𘖑𗤻𗫂𘌕𘈙𗤛。𘊪𘄉𘊯

　　世于正觉者谓者时节是，集终次之果十第地是。其语何

14-16 𗹭𘈠𘝵𗤻𗻂𗤕，𘊪𘝵𗟵𗤻𗧔𘊱𗤕𗤛𗹭𘊯𘕱。　𘒩𘝫𗧔𘊱

　　（助）正觉地居住，其者菩提勇识十地是谓（助）说。石王勇识

14-17 𗹭𘝵𘌕𘕜𗥉𘒩�‍𗤛，𘊯𗤕𗧔𗺆𘊪𗫂𘕜𘉒𘖑𘄒𗹭。　𗤻

　　谓者六第石王持是，何（助）情有其示应谓者四第之谓。何

14-18 𘃰𘊯𗹭𘐭𗫂𗧾𗹭𘝵𗤛𘉒𘈫𘕵𘊵𗶷𘉷𘊯𘐭。𘒩𗰖𗹭

　　云（助）说如示作谓者大宝句主（助）手印女依示也。依靠谓

14-19 𘝵𘕜𗹭𘕱𘖑，𘔈𘝫𘈠𘃵𘊬𘐭𘊱，𘕱𗟵𗹭𘝵𗤛𘉒𘈙𘖑𘕜𗻂

　　者（助）习之谓，思议可不宫不得，此方谓者大手印六第石

14-20 𘒩𘖑𗤛。𘔈𘉒𘕙𗫂𘄒𘝵𘕜𘈙𗹭𘝵𘉷𘕱，𘊵𗹭𘒩𘋇𗪁𘕙𗫞

　　王持是。上趣中意智有成也谓者先说，轮转王等世间成

15-1 𘔈𗤰𘝵𘈠𗫂𘍞𗥉𘕵，𗫂𗰖𗫠𗤛𗹭𗤕𗦮𗹭。　𘊪𗹭𘑘�‍𗹭

　　就八种（助）意依求意，他亦得成谓之义是。何（助）供修者谓

15-2 𘕱𘉏𗟵𗤞𗹭。𗫂𗤖𗹭𘝵𘊬𘉏𗫂𘊱𗩴𗶩𗤰𗫂𗤖𗤛𘕜𗹭。　𘉅

　　者依处人是。厌思谓者不依（助）以密乘于厌思起之谓。舍

15-3 𘕵𗹭𘝵𘑘𘉏𗹭。𗫂𘔡𗒅𗹭𘝵𘈠𘍠𘊯𘈀𘄒𗤕𗠦𘗽𗤛𗩴𘕵𗹭。

　　弃谓者知依是。清净心谓者器函畏者增集二之口合是。

意译：

谓轮回至彼岸者是声闻独觉乘。远行者是佛。无一次之心者是不回遮[一]。所表令现前成，谓者是证悟第四之谓。于此现世正觉，所谓者是时节，圆满次第之果是第十[二]。彼语以何安住正觉之地，彼者是解说菩萨十地。金刚萨埵者是第六金刚持，以何众生彼所表者是第四之谓。如何讲说，如能表者依大宝句义灌顶或手印女而表示也。谓依止者修习之谓，未获不可思议处，谓其中间者是大手印第六金刚持。谓善趣中具心智成者前面所

说，转轮王等世间八种成就或依意愿希求，其他亦成就之义。何谓修供者是所依处之人。谓厌思者以未随愿生起厌思密之谓。谓舍弃者是知意愿。[①]谓清净心是畏器函者[（三）]增长究竟二次第之相应。

注释：

（一）回遮：西夏文作𗄊𗠁，直译为"回归"。其在《吉祥三菩怛经典明灯》中作 ldog pa，译为"回归"。佛书中译为"回遮"，即破除。

（二）第十地：即菩萨十地中的第十地——法云地（chos kyi sprin）。住此地上一切菩萨所证三摩地和陀罗尼门，遍满一切从佛所得无量法门，犹如密云遍满虚空，故名法云地。

（三）畏器函者：西夏文作𗄊𗤺𗆐𗅢，直译为"畏器函者"。其义不解。

藏文转写：

vkhor bavi pha rol vgro ba ni nyan thos rang rgyal bavo// ring du vgro ba ni sangs rgyas so// thabs gang gis zhe na/ lan gcig min pavi sems kyis ni phyir mi ldog pavo// mtshon bya mngon sum du byas na ni bzhi pa rtog pavo// tshe vdi nyid la sangs rgyas ni rdzogs rims kyi vbras bu sa bcu pavo//

de yang gang gis sangs rgyas kyi sar gnas pa de ni byang chub sems dpavi sa bcu par yin par bshad pa yin zhes so// rdo rje sems dpav ni drug pa rdo rje vchang ngo/ sems gang gis mtshon bya de ni bzhi pavo// ji ltar bstan pa bzhin mtshon nam ni tshig dbang rin po che vam phyag rgya mas so// bsam gyis mi khyab pavi gnas ma thob kyi bar du ni drug pa rdo rje vchang ngo// mtho ris dag tu blo dang ldan par vgyur ro zhes pa ni lo ka pavi si ti brgyad povam yid la vdod pa gzhan yang vgrub ces pavi don to// bsgrub pa ni rten gyi gang zag go/ yangs na ni shes bzhin duvo// dag pavi sems ni bskyed rdzogs rims kyis kha sbyar ro//[②]

---

① "谓厌思者以未随愿生起厌思密之谓。谓舍弃者是知意愿。"藏文本中无。
② 俄·秋谷多吉等:《先哲遗书·俄派师徒文集》第226册，第145—146页。

15-4 𘟙𗥃𗋽𘕘𗟲𘘥𘜶𗗲，𗺉𗢏𘕘𘜶𗟲。𘟠𗣼𗤒𗕑𘕳𘕘𗢆𘝵
何未胜慧谓者因是，益寻者因成。何云获得依谓者四三

15-5 𗥫𘕘𗾮𘕘。𗥃𗣜𗥃𗡪𘕘𘕘𗢆𗴢𘜶。𗋽𗥃𗢏𗢏𗴎𗟲𘟙𘜶
主悟之谓。清净示应谓者四第是。胜慧益寻种相成时谓

15-6 𘕘𘗠𘟞𘟪𘙐𘜶𗼓𘟞𘟪𘜰𗱿𗤒。𗟲𘟀𘙜𗵐𗥃𗥃。𗥃𗣫𗴎𘜰
者道七支俱及果七支俱足也。譬虚空与等也。三地观见

15-7 𗗲𘕘𘀜𘕘𗟄𗨁𘕥𗥃𗤒。𗗵𘟀𗥫𗢏𘕘𗟲，𘕥𘟪𗧆𘟽𗣮𗺭𘝵
谓者佛之身语意三是。他利主集之喻，意依宝珠如利益

15-8 𗼼𗴎。𘈷𘕘𗗲𘕘𗴎𘛛𗤒𗴎𗟲𘜶。𘜝𗴎𗵐𘜰�0𗭼�6𗥃
作也。成就谓者大手印是上第成。其示应四第者亦三第

15-9 𗥫𘟪𗲈𘈷𘕥𘜶𗴎𘜝𗱽𗣮𗧤�8𗭁𘞵𗢏𘟽𗟲𘜶𗤒𗗘𘝵
主时（助）自心因及最妙上师之要论及行手印成依四第

15-10 𗥫𘟪𗲈𘈷𘕥𘜶�6𗣜𗟲。𗱽𗣮�6𗓰𗯱�6𗲈𘜝𘜶�6。𘈨𘕳𘟏
主时（助）自心因及因成。上师数不有示教莫能也。本续皆

15-11 𘟏𘕘𗳴𘕘𗴎𘌵𘟞𘜶𘜝𗱽𘘥。𗴎𗤙𘜶𗲈𗙊𘕥�7𘜝𘟅
皆之说（助）续殊妙做四第（助）说。此于（助）至一第节之义（助）

15-12 𗣮𘙏𗱽。�6𗤅𘜝𗭼𘜝𗏻�”𗣫𗅋𗣲𗱽。𘜝𗺭�6�”𗥫�7
说（助）终。此二第节于起皆之性气广说。彼中此之一第殊

15-13 𗣉𘝵𗱽，𘟏�6𘟏𘟏�7𗞶𘜶𘝵𗱽，𗞶𘜶�2�0𗣲。𘜝�0𗥃
妙做说，本续皆皆之语序广说者，语序等生智是。其者三

15-14 𗴎𘜝𘟪𘚱𗣉�2�2�2�2�2�0𗣮𘜰𗥃。𗥃𗟲𗗲𘘥𘘥𘙐𗟲�2𗵚。
第于依靠以悟因悟应悟（助）缚有也。三第之先初密主（助）起。

意译：

抑或胜慧者是因，方便者是成为因。谓如何获得是证悟第四第三灌顶
〔一〕之谓。清净所表者是第四。胜慧方便诸相成时者是道七支俱足及果七
支俱足圆满也。譬如与虚空等同也。谓观三地〔二〕是佛之身语意三轮。利

他富足⁽三⁾之喻，依意犹如宝珠行利益也。谓成就者是大手印成为最上。彼之所表第四者亦于第三灌顶时自心自因及最妙上师之要论及因成行手印，成为第四灌顶时之自心及自因。无有上师数莫能够示范也。讲说一切本续之释续第四品。至于此，讲说第一节之义终。此从第二节起，详解一切之性气。彼中讲说此节之第一品，详解一切本续之序言者序言俱生智。彼者依止第三灌顶而证悟，与所悟能悟联系也。第三灌顶从前面秘密灌顶开始。

注释：

（一）证悟第四第三灌顶：西夏文作𗣼𗤁𗤋𗗙，直译是"四三主悟"。其当指证悟第三、第四灌顶。密教灌顶方式有四种：第一宝瓶灌顶，第二秘密灌顶，第三智慧灌顶，第四句义灌顶。

（二）三地：西夏文作𗤁𗤋，译为"三地"，指菩萨十地中的第一地、第二地和第三地，即欢喜地（rab tu dgav ba）、离垢地（dri ma med pa）和发光地（vod byed pa）。

（三）富足：西夏文作𗤋𗌭，直译是"主集"。其在《吉祥三菩怛经典明灯》中作 phun sum tshogs pa，直译是"根本聚集"，译为"富足""兴盛"。

藏文转写：

shes rab ni rgyuvo// ji ltar snyed pa bzhin ni dbang las rtogs pavo// dag pavi mtshon bya ni bzhi pavo// shes rab thabs kyi rnam par gyur pas ni lam yan lag bdun dang ldan pa/ vbras bu yan lag bdun dang ldan pavo// dpe nam mkhav dang mtshungs pavo// sa bcu pa gsum po gzigs so ni sku gsung thugs kyis so// gzhan don phun sum tshogs pavi dpe yid bzhin nor bu ltar don byed pavo// mchog tu gyur pavi mtshon bya bzhi pa de yang dbang gsum pavi dus su rang rgyu rang gi shes pa/ rkyen bla ma dam pavi gdam ngag dang las kyi phyag rgyavi dbang bzhi pavi dus su rang rgyu rten gyi gang zag rkyen bla mavi tshig dbang ngo// slob dpon med par mtshon par mi nus so ces bya bavi don to//

rgyud thams cad kyi bshad pavi rgyud rab tu byed pa bzhi pavi sgron mavo//
brtag pa dang po rdzogs so//　　　//

brtag pa gnyis pa man chad thams cad kyi mtshan nyid kyi sgo nas rgyas
pavi rgyas par bshad pa ste/ de la rab tu byed pa dang po/ vdi chos mtshan nyid
drug las rgyud thams cad kyi gleng gzhi rgyas par bshad rgyud gsum las rgyu
rgyud ston/ rgyuvi rgyud bzhi pavi don go ba gcig dgos/ bzhi pavi don de yang
gsum pa la rten nas rtogs pas rtogs bya rtogs byed kyi vbrel pavo// gsum pavi
sngon du gsang pavi dbang vgro la rtogs bya rtogs byed kyi vbrel med do//[①]

15-15 𗹙𗤭𗤭𗷟𗤭𗤋𗏁𗫂𗤭𗫨𗇋 。 𗴿𗼈𗥃𗫨 。 𗄈𗤋𗹙𗤭𗽽𗱈𗣼𗷟

其者悟（助）悟应缚有不有。说次有也。彼之先初净瓶主

15-16 𗫂𗤭，𗹙𗵒𗴿𗼈𗥃𗫨 。 𗄈𗤋𗹙𗤭𗼕𗥃𗘂𗫨𗴿𗫂𗤭，𗤭𗏁𗼈𗵒

（助）起，其亦说次有也。彼之先初中围法事（助）起，故又次谓

15-17 𗹙𗤭𗤭𗱕𗤭𗤋𗵒 。 𗭼𗼈𗵒𗹙𗤭𗱩𗣼𗏁𗫂𗫨𗤋𗥃𗫨 。𗥃𗴿𗦻

者先初（助）流之谓。实真谓者缺余不有以宣说也。何说汝

15-18 𗵒，𗷟𗤭𗤭𗹙𗴿𗫂𗤭𗦻𗤭𗵒𗫨 。 𗤭𗤭𗣐𗪌𗣔𗉮𗤭𗵒，𗤋𗤭𗷟

谓，则主授（助）法事宣我谓也。主者阿韦舍迦怛谓，能力初

15-19 𗹆𗧦，𗤭𗤭𗤋 。 𗴿�104𗹆�104𗵒，𗷟��104𗵒� 。 𗆧�970𗣔𗵒�104𗴿

薰令，故主是。谁之薰令也谓，则弟子谓也。供修者谓者净

15-20 𗏁𗴿�104𗾲�104𗵒 。 𗴪�104𗵒��104𗣐� 。 ��104𗲜𗷟�104𗧦𗵒��

不净杂乱之谓。何（助）谓者上师是。先初佛现成令谓者近

16-1 �� 。𗹙𗏁𗮔𗣼��104𗵒��104𗫨� 。 𗆧�970𗴿𗵒 。

诵是。其又中围写画应谓与缚有略说是，供修之谓。

16-2 𗥃𗣼𗴿𗺓𗫨𗹙𗪖�104𗵒�� ，�104𗷟 。��104𗨁𗖟𗇋𗵒𗹙��104𗨁𗖟

中围之宫说者园林谓等是，悟易。菩提勇识家谓者菩提勇识

──────────

① 　俄·秋谷多吉等:《先哲遗书·俄派师徒文集》第 226 册，第 146—147 页。

16-3 （西夏文）。（西夏文），（西夏文）。（西夏文）

之像是。楼阁谓者下室等不有，柱脚于依靠作之谓。中围之

16-4 （西夏文）①（西夏文）。（西夏文）

限量说者三指宽以缺余之三肘中围作应也谓。各面三

16-5 （西夏文）。（西夏文），（西夏文）

肘三宽乃是也。其亦先初佛现成令时，地宫禀持法事现

16-6 （西夏文）。（西夏文）

前悟定作也。次四弟子（助助）四方如来皆皆遍柔善等以

16-7 （西夏文）。（西夏文），（西夏文）

旨寻（助）终。又方伐折啰室提室怛以中围虚空中驱，三界

16-8 （西夏文），（西夏文），（西夏文）。

胜势成令时，偈以魔害守护，及察（助）以魔害守护遍作。

意译：

彼者与能悟所悟无联系。说法次第有。彼之开始从宝瓶灌顶（一）起，彼亦讲说次第有也。彼之开始从坛城仪轨起，故又谓次第者前面已行之谓。谓真实者以无盈亏解说也。解说何，则我讲解灌顶法之仪轨。灌顶者谓阿韦舍迦怛（二），令能力开始注入（三），故是灌顶。谓注入谁也，则弟子也。谓于修供者是清净和不清净混乱之谓。谓以何是上师。谓令初佛（四）现前见是承事（五）。彼又与所写画坛城联系是简略解说，修供之谓。宣说坛城处所者是园林等，此易理解。谓菩提萨埵之家宅者是菩提萨埵之像。谓楼阁者下面无屋等，倚筑于柱脚上之谓。讲说坛城之大小者应做坛城三肘，多少不超三指宽。各面乃是三肘三宽也。彼亦令初佛现前见时，守地仪轨（六）现前领悟修行也。次，四弟子四方一切如来以息灾（七）等加持而终。后方以伐折啰室提室怛（八）驱坛城虚空中，令成三界明王（九）时，以偈颂守护魔害，并以观看法遍布守所魔害。

---

① 此字原本作（西夏文）（议），误，据前文与藏文本改。

注释：

（一）宝瓶灌顶：西夏文作􀀀􀀀􀀀，直译是"净瓶主"，即净瓶灌顶。其在《吉祥三菩怛经典明灯》中作 bum dbang，译为"宝瓶灌顶"，即在彩粉、绘画的坛场之中，加授水和冠冕等事物于弟子身上，使身门诸垢清净，有权修习生长次第之道，称为宝瓶灌顶。

（二）阿韦舍迦怛：音译西夏文􀀀􀀀􀀀􀀀􀀀。《吉祥三菩怛经典明灯》中记音为 a bhi śe ka ta，此有误。梵文当为 Abhiśiñja，即灌顶梵文音译，汉文文献中译作"阿毗讫加"等。

（三）注入：西夏文作􀀀􀀀，直译是"令薰"。其在《吉祥三菩怛经典明灯》中作 vjog pa，直译是"安止""放置"，此译为"注入"。

（四）初佛：西夏文作􀀀􀀀􀀀，直译是"先初佛"。其在《吉祥三菩怛经典明灯》中作 dang po lha，直译是"先初佛""第一佛"，佛书中译为"初佛""无始第一佛"。

（五）承事：西夏文作􀀀􀀀，直译是"近诵"。《吉祥三菩怛经典明灯》中对应作 bsnyen pa，译为"亲近""承事"，即使神佛满意。

（六）守地仪轨：西夏文作􀀀􀀀􀀀􀀀􀀀，直译是"禀持地宫法事"。《吉祥三菩怛经典明灯》中作 sa gzung bavi cho ga，佛书中译为"守地仪轨"。守地仪轨是密乘灌顶基地仪轨之一，即地上起坛修炼，奉告本尊，经由弟子启请，金刚阿阇梨擎举坛场，警告劝诫，作金刚舞，起金刚步，以驱伏邪魔。

（七）息灾：西夏文作􀀀􀀀，直译是"柔善"，其对应藏文为 zhi ba，佛书中常译作"息灾"，梵文为 śatika，汉文文献中常音译作扇底迦，或译为息灾、寂静，是密教护摩四业之一。

（八）伐折啰室提室怛：音译西夏文􀀀􀀀􀀀􀀀􀀀，《吉祥三菩怛经典明灯》中记音为 badzra atiṭṭhasa。两者音不合。

（九）三界明王：西夏文作􀀀􀀀􀀀，直译是"三界胜势"。其在《吉祥三菩怛经典明灯》中作 khams gsum rnam rgyal，直译是"三界胜"，佛书中常译为"三界明王"。

藏文转写：

gsum pavi sngon du gsang pavi dbang vgro la rtogs bya rtogs byed kyi
vbrel med do// bstan pavi go rim yod do// devi sngon du bum dbang vgro ba de
la yang bstan pavi go rim yod do// devi sngon du dal gyi cho ga vgro bas de nas
ni gong du song pavo// yang dag pa ni lhag pa chad pa med par bshad pavo// ci
bshad na dbang bskur bavi cho gavo// dbang ni a bhi śe ka ta nus pa vjog pas
dbang ngo// su la zhe na bsgrub pa po la ni dag pa dang ma dag pa vdres pavo//
gang gis slob dpon gyis so// dang po lhavi dngos bya ba ni lhavi bsnyen pavo//
phyi nas dal bya bar vbrel te bsgrub pavo// dal gyi gnas bstan pa ni/ bskyed
mos tshal la sogs pavo// byang chub sems dpavi khyim ni byang chub sems
dpavi rten mod pavo// der rnal vbyor can gyis sa de vdu bya ba dang byin gyis
brlabs kyis sbyangs nas dal gyi tshad sor mo gsum lhag pavi khru gsum par
byavo// de nas dang por lhavi dngos byas nas ni sa gzung bavi cho ga mngon
rtogs gcig bsgom pavo//

de nas gsol ba btab pavi dhi ngam badzra a tiṭṭhasa dal nam mkhar brteg
khams gsum rnam rgyal du bsgyur la tshigs su bcad pas bgegs bsrung ba dang/
lta bas srung ba kun bya//[①]

16-9 𗰖𗧘𗤻𗫂𗏣𗤁𗏹𗫂𗦉𗄀�， 𗋽𗭴𗩾𗫂𗏣𗬬𗤻𗦃𗧘， 𗤻𗫂𗫂
其又种色石王之舞步作欲，故吽于石王燃烧以谓，种色石

16-10 𗏣𗎉𗭴𗫸𗧢𗦵𗧊𗀟， 𗫂𗏣𗐙𗎉𗦃𗋽𗫂𗏣𗐙𗎉𗦃𗤘。 𗤪𗈢
王一吽字（助）增长令，石王独一作则石王独一作也。默有

16-11 𗼃𗫱𗤫𗤂𗀟𗧘𗫱𗦃𗫴𗤊𗤓𗤤𗀟𗤓𗫂𗣑𗤓𗤤𗀟𗦃。 𗰖𗧘
者者地净令谓者作应事以净令及摄持以净令也。其又

---

① 俄·秋谷多吉等：《先哲遗书·俄派师徒文集》第 226 册，第 147 页。

16-12 𗼋𘉍𗾔𗆾𗈁𗏵𗷗𘝕𗹦𗂅𗈁𗄈𘈧𗂷 𗏵𘉍𘌛𘘥𗂷𗾔𗾔𘉍

　　 中围写画应谓者地宫净令又方是也。彩末上品以画谓

16-13 𗼋，𗆾𗂷𘝕𗺒𗈜𗈜𗏵𗂷，𘌛𗆾𗼋𘘥𗂷𘝕𘌛𗈜𗏵，𘝕𗂷𘝗𗴱

　　 中，上谓者（助）下五宝是，何未中品谓者粳末是，（助）谓者先

16-14 𗼋𘈵𗀔𗂷。𘌛𗆾𗆾𘘥𗂷𘝕𗷗𗹣𗄈𘗲𗏵，𗼋𘘥𗂷𘝕𗺒𗏵�

　　 说等之谓。何未上品谓者地墓种集是，中品谓者宝是（助）

16-15 𗂷�𘘥𘘥𘈵𗂅𗏵𗂷。�𘟙𘈧𘈵𗷗𗷗𗷗𗹣𗹦𗏵𗂷，𗆾𘈵

　　 谓者末品依粳末是也。净瓶主依何（助）可许许赐是，则此

16-16 𗈁𗂷。𘌛𘈵𗹦𗹣𗏵𗂷，𗆾𗆾𗷗𗷀𗈜𗂅𗆾𗂅𗆾𗂷。�𘟙𘈧𗴱𗭀

　　 来也。依（助）许赐是，则四第又方来此不来也。净瓶主广非

16-17 𗏵𗂷，𗆾𘖺𘌛𘈵𘘥𘌛𗈁𗂷𘈵𗈜𗼋𗏵𗂅。　𘈵𗼋𗃀𗞃𘘤

　　 也谓，则道依（助）行应谓者他续中知应。　何（助）中处自实

16-18 𗀔　𗈧𘈵�𘈵𗂅𗂷𗂷　𗆾𘈵𘘥𘈵𗷗𗼋𗃀　𗆾𘈵�𘈵

　　 之　做事法事无有数　其者总本续中处　（助）说法事

16-19 𗹣𗾔𘙌　𗂷𗂷。𗆾𗃀𘈵𘈵�𘈵𘈧�𗷗𘈵𗂷𗂷𘈵𗺒𘈵𘗙𗏵。

　　 智者依　谓也。此于（助）至先初净瓶主是也谓（助）下说义是。

意译：

　　彼又欲作诸色金刚舞和金刚步，故金刚燃烧于吽，诸色金刚于吽字令增长。作独一金刚则金则作独一也。瑜伽士者谓净治地，所作以业净治及以摄持净治也。彼又谓写画坛城者净治地之后方。谓以上品彩砂画中，上品是下方之五宝，抑或谓中品是粳米，或谓先说等之谓。抑或谓上品是墓地^{（一）}诸集，谓中品是珍宝，或谓者依末品是粳米末也。宝瓶灌顶是适宜何之赏赐，则此灌顶降也。随愿之赏赐则第四灌顶随后降，此不灌顶也。谓宝瓶灌顶不广博也，则谓道随愿行遣者他续中所知。　何之中间自性之　羯磨仪轨诸无有　彼者共同续^{（二）}之中　宣说仪轨智者^{（三）}依　谓也。直至于此，是初始宝瓶灌顶也，以下是解说义。

注释：

（一）墓地：西夏文作𗈢𘃽，译为"墓地"，其藏文为 dur khrod，梵文作 Slta vana，汉文诸本中音译作尸陀林、尸多婆那、尸林等，或意译为"寒林"，即弃死尸之处。《翻译名义集》云："尸陀，正云尸多婆那，此翻寒林，其林幽邃而寒也。《僧祇》云：此林多死尸，人人寒畏也。《法显传》名尸摩赊那，汉言弃死人墓田。《四分》名恐畏林。《多论》名安陀林，亦名昼暗林。"[①]

（二）共同续：西夏文作𗤻𗤓𘃽，直译是"总本续"。《吉祥三菩怛经典明灯》中对应为 spyivi rgyud，译为"共同续"，即是其他各续内容的统一。如《三菩怛本续》就是《喜金刚本续》《胜乐本续》《四座本续》《大幻化本续》等的共同续。

（三）智者：西夏文作𗿒𗊏，直译是"智者"。其在《吉祥三菩怛经典明灯》中作 mkhas pa，译为"智者""学者"，又称善知识，即通晓五明学术学的人。

藏文转写：

de nas sa srung ba ni/ hūṃ las rdo rje vbar bar byas pa ste/ sa de hūṃ las sna tshogs rdo rjer bskyed/ dal bri bar bya zhes pas sa sbyang pavi phyi nas so// rdul mtshon mchog gis bri ba ni/ mchog ni vog gi rin chen sna lnga/ yang na bar ni vbras sovo// zhes pa ni gong gi mchog ces pa la byavo// yang na mchog dur khrod kyi rdzas bar ma rin po chevam/ zhes pa tha mas vbras kyi phye mavo//

de nas dal bsgrub pa dang slob dpon vjug pa dang slob ma gzhug pa byas pavi rjes la dbang bskur te/ bum pavi dbang la ci rigs pavi rjes su gnang ba yin na vdir dbang/ ji lta bavi gnang ba yin na bzhi pavi rting la vong ste vdir mi dbang ngo// bum pavi dbang ma rgyas zhe na/ lam gyi rjes vbras ni ma rgyud

---

① 法云：《翻译名义集》卷3，《大正新修大藏经》第54卷，第1102页。

gzhan las shes par bya ste gang dag tu ni rang nyid kyi/ las kyi cho ga rnam med pa/ de ni spyivi rgyud dag las/ gsungs pavi cho ga mkhas pas brten zhes so// de yan chad kyi dang po bum pavi dbang zhes vog nas bshad pavi don to//[①]

16-20 㗥𗠔𗼽𗰭𗰷𗵘𗬼，𗫴𗣙𗥑𗗚𗼺𗼺𗰥𗬼𗷡𗤒𗱚𗄹𦨞𗠋𗦻

二第密主说中，五种种于（助）生现谓者八种女人虽是

17-1 𗱜𗪈𗤧𗫴𗈁𗖵𗉘𗱜𗰩𗵘，𗤧𗤒𗱜𗵘。𗏁𗭼𗆐𗰭𗠝𗂾𗆐

亦净应五种有等先亦（助）说，（助）下亦说。四明女者入令应

17-2 𗵘𗰭𗿟𗤧𗵘𗈁𗉘𗵘𗰭𦨞。 𗥪𗤒𗵘𗥑𗡞，𗦱𗱴𗌭𗵘𗥑𗬝

谓者母及姊等先（助）说者是。现前谓于起，何应供谓于（助）

17-3 𗰥𗵘𗵘𗦤𗵘，𗑱𗆐𗪺𗬖𗼫𗉅𗈁𗴺。 𗒹𗪢𗩇𗦤𗵘𗥪𗤧𗵘𗉘

至以德功说，四主（助）终末依来也。母（助）何未姊现及谓等

17-4 𗈁𗵘𗑱𗭼𗵘𗷨𗤒𗵘𗴺。 𗲤𗟁𗈌𗤧𦧗𗴆𗆐𗵘𗰭𗴆𗵑𗤒𗤒

先说四明女之解说是。实勤作以供修应谓者作应事以

17-5 𦧗𗴆𦥃𗤧，𗰭𗨉𗤧𦧗𗴆，𗤒𗤒𗸳𗴒𗥑𗡞𗆐𗳌𗆐𗤒𗰭𗬼。 𦦻

供修寻求，摄持以供修，三宝依归于起主授于（助）至是。其

17-6 𗴆𗆐𗤒𗰭𗵛𗤒𗵘，𗥪𗆐𗸳�𗉘𗵘𗬖𗬼。 𗥪𗤒𗥩𗵘𗰭𗥪

作应事者（助）需谓，则正觉（助助）说依是。现前赞谓者现

17-7 𗬖𗬼𗴺。𗏃𗥪𗭼𗴆𗰭𗣊𦤺𗵘𗰭𗰷𗈁𗽜，𗔆𦥁𦥌𗪿𗞞𗬖𗭚

依是也。无则明女他一样谓者他上为，默有脱解道依自

17-8 𗞉𗭼𗴆𦤺𗟚𗩱�𦨞。 𗼺𦤺𗈤𗲤𗴆𗵘𗈁𗮃𦧗𗵘𗫴𗗚𗵘

光明女显现法手印是。何未婆罗女谓等（助）先说五种说

17-9 𗬼。𦦻�(?)𗞉㗥�𗭚𗤓𗈁�𗰭𗫿𗤓𗤒𗈁𗭚𗁅𗭚𦨞。 𗥩�3

也。其（助）如二手印身之德功者眼广谓等外德功是。记句

_____

① 俄·秋谷多吉等：《先哲遗书·俄派师徒文集》第 226 册，第 147—148 页。

17-10 𗼃𗴱𗫡𗼃𗵘𗊬𗰖𗊬。𗣼𗡞𗖵𗰭𗡞𗕊𗫦𗵘𗊬。𗼃𗊬𗫡𗊬

　　　行等者内德功是。真性于居住谓者集终次是。咒谓者心

17-11 𗣼𗋽𗥫𗊬𗣼𗵘𗊬。𗰖𗴱𗫡𗰭𗡞𗕊𗼃𗊬。𗼃𗰖𗊬𗵘𗫡𗊬𗊬

　　　真及亲心真等是。手印者佛身定作也。犬灭尽谓等者他

17-12 𗼃𗵘𗊬𗼃𗊬。𗼃𗊬𗵘𗫡𗵘𗼃𗊬𗼃𗊬𗣼𗊬𗵘𗋽𗊬𗊬。𗊬𗼃

　　　德功是悟易。种次谓者婆罗女依善坛做事施赐也。他此

17-13 𗼃𗼃𗊬。𗫡𗊬𗊬𗼃，𗣼𗊬𗼃𗵘𗊬𗫡𗼃𗊬𗊬𗼃𗊬𗼃。𗼃𗼃

　　　依知应。先说数无，则岁德功说者何未何云何获得。彼如

17-14 𗊬𗼃𗊬𗵘𗊬𗼃𗵘𗊬。𗫡𗼃𗼃𗊬�㗼�㗼�㗼𗊬�㗼，�㗼�㗼𗊬

　　　十六成谓等悟易。此如明女禀持时谓等先说，实勤作以

17-15 �㗼𗊬𗊬𗵘𗊬�㗼𗊬𗊬�㗼。�㗼𗊬�㗼𗊬�㗼𗊬𗵘𗊬𗊬�㗼�㗼𗊬𗊬�㗼

　　　供修应谓等与缚有。声与有以下道谓等迦罗那之教诫

17-16 �㗼𗊬𗊬�㗼�㗼𗊬。�㗼𗊬�㗼𗊬�㗼�㗼𗊬�㗼𗊬，�㗼�㗼�㗼𗊬�㗼�㗼𗊬。

　　　依脉醒令（助）是。上方察谓者上方动令，石王脉醒令之谓。

意译：

　　解说第二秘密灌顶^{（一）}中，于五种种姓^{（二）}生现者，虽是八种女人亦前面解说之五种所净基^{（三）}，下面亦解说。所进入之四明女者是前面解说之母及姊妹。从谓现前起直至谓供奉何，是解说功德，四灌顶圆满，随之灌顶也。谓母抑或姊妹等，是先前所说四明女之解说。谓精勤修供者以有为法^{（四）}希求修供。以加持修供，从皈依三宝起，至灌顶时止。彼有为法者谓需何，则是依佛所说。谓现前高赞是依现前也。无者其他明女一样，他明女成最上，瑜伽依解脱之道自显现光明女，是法手印。抑或谓婆罗女等，或前所说五种种姓也。如彼，二手印身之功德者是眼界开阔等外功德。行记句等者是内功德。于真性安住者是圆满次第。谓咒者是心咒及亲心咒^{（五）}等。手印者是佛身禅定也。谓犬灭尽^{（六）}等者是他功德，此易理解。种姓之次第者依婆罗门女息灾坛羯磨施赐也。其他依此可知。前诸讲说中无，则宣讲岁月之功德抑或如何获得何。如彼，谓成十六明女者易理

解。如此谓禀持明女时等前面解说，谓与精勤修供等联系。以声与有，谓下方道等以迦罗那之论藏^(七)令脉醒起。观想上方者令上方动摇，金刚令脉醒起之谓。

注释：

（一）秘密灌顶：西夏文作䕶㪾，直译是"密主"。《吉祥三菩怛经典明灯》中作 gsang bavi dbang，译为"秘密灌顶"，密乘四灌顶中第二灌顶，即上师双身世俗菩提心坛场中，为弟子语门灌顶，使语门诸垢清净，有权修习风脉瑜伽及念诵咒语。

（二）五种种姓：西夏文作㑋毵壴，译为"五种种姓"。古代印度佛教认为高贵的种姓有五种，即五种补特伽罗，分别为：声闻乘种姓、独觉乘种姓、如来种姓、不定种姓和无种姓。

（三）五种所净基：西夏文作䕶㪾㑋毵，直译为"五种应净"。其在《吉祥三菩怛经典明灯》中作 sbyang gzhi lnga，译为"五种所净基"，即未经修治的不净五蕴等。

（四）有为法：西夏文作㪾㪾㪾，直译为"应作事"。其在《吉祥三菩怛经典明灯》中作 vdus byas pa，佛书中译为"有为法"，即众多因缘和合造作所生事物。

（五）心咒及亲心咒：西夏文作㪾㪾㪾㪾㪾，直译为"心真及亲心真"。其对应藏文作 snying po dang nye bavi snying po，佛书中译为"心咒及亲心咒"。

（六）犬灭尽：西夏文作㪾㪾㪾，直译为"犬灭尽"。其义不解。

（七）论藏：西夏文作㪾㪾，直译为"教诫"。其在《吉祥三菩怛经典明灯》中作 bstan bcos，直译是"佛经注释"，佛经中译为"论""论藏"。

藏文转写：

gnyis pa la ni gsang bavi dbang gi bshad pa la/ rigs lnga las ni byung bavi zhes pavi sbyang gzhi lnga yod pa la sogs pa gong du yang bshad/ vog tu yang

vchad/ rig ma bzhi ni der gzhug bya ni ma dang sring mo la sogs pa gong du
bshad pavo// mavam yang na sring mo zhes bya ba la sogs pa gong gi rig ma
bzhivi ba shad pa ste/ rab tu vbad de bsgrub par bya ba ni vdus byas pas bsgrub
pa btsal ba/ byin gyis brlabs kyi bsgrub pa skyabs vgro nas bzung nas dbang
bskur gyi bar du byavo// med na rigs gzhan mchog tu gyur pavi rnal vbyor grol
bavi lam pas rig ma snang ba chos kyi phyag rgyavo// yang na bram ze mo
zhes bya ba la sogs pa gong gi rigs lngavi bshad pavo// mig yangs ces bya ba la
sogs pa phyivi yon tan no// dam tshig ces bya ba la sogs pa nang gi yon tan to//
de kho na nyid la gnas pa ni rdzogs pavi rim pavo// sngags kyi ni snying po la
sogs pavo// phyag rgya ni lhavi skur bsgom pavo//

　　rigs kyi rim pa ni bram ze mos zhe bavi las la sogs pa bsgrub pavam ster/
des vgrevo// gong ma tsho med na lovi yon tan bstan pa ni yang na ji ltar snyed
pavi lo grangs ces pa la sogs pa go slavo// rig ma de bzung ste zhes pa la sogs
pa gong gi rab tu vbad de bsgrub par bya bavi don bshad pavo// sgra dang
ldan pas vog gi lam zhes pa la sogs pa ga ra navi bstan bcos rtsa sad par byed
pavi thabs so// steng du lha ni steng du bskyed ces pa rdo rje rtsa sad par byed
pavo//[①]

17-17 迦罗那谓者教诫之名是。上成就谓者（助）行依大手印成

17-18 就施也。（助）习者先说与同。损害皆皆与离谓者二种有作

17-19 应事以损害弃者中围二间幔帐以覆。 自性依损害者

17-20

---

①　俄·秋谷多吉等:《先哲遗书·俄派师徒文集》第 226 册，第 148—149 页。

静清是。乳筵谓者酒是等者五医药是，其亦集轮供养是

18-1 〔Tangut〕

也。弟子（助）手印女及上师处旨寻者弟子信心于谓等

18-2 〔Tangut〕

是悟易。妄思谓等二句法界智是。遍知之二句者法界最

18-3 〔Tangut〕

中清净智是。行往不悟谓等大圆镜智是。正觉谓等四句

18-4 〔Tangut〕

以正等性智说。上三宝之四句以妙察智说。情有求意谓

18-5 〔Tangut〕

四句以作应成作智说。高赞之悟依旨寻者德功大海谓

18-6 〔Tangut〕

等悟易。其高赞及旨（助）寻依慈愍心以谓者弟子处慈愍

18-7 〔Tangut〕①〔Tangut〕

起之谓。会聚众中呼唤时谓者中围之边于是。默有母者

18-8 〔Tangut〕

默有有谓者自身佛身增长令，手印女亦佛身增长令也。

意译：

谓迦罗那者是论藏之名。无上成就者依行走施舍大手印成就也。修习是与前所说同。与一切伤害断离者是以二种有为法断除伤害，彼者坛城中间以幔帐覆盖。依自性伤害者是清静处。谓乳筵者是酒等五甘露（一），彼亦是会供供养也。弟子祈祷于手印女及上师处，谓弟子信奉心等易理解。谓妄思等二偈句是法界性智。遍知一切之二偈句者是法界最上清净智。谓众生不证悟等是大圆镜智。谓正觉等以四偈句宣说正等性智。以无上三宝

---

① 原本作𮖉（门、户），误，此据藏文本改。

之四偈句宣说妙观察智。谓有情求愿以四偈句宣说成所作智。[①] 由高赞证悟加持者功德谓大海等，此易理解。随彼高赞及加持，谓以慈悲心者弟子处生起慈悲之谓。众会供中呼唤时者是于坛城之边缘。瑜伽母者谓瑜伽是自身佛令增长，手印女亦佛身令增长也。

注释：

（一）五甘露：西夏文作㑑玀玀，直译是"五医药"。其在《吉祥三菩怛经典明灯》中作 bdud rtsi lnga，直译亦为"五医药"，佛书中译作"五甘露"。五甘露是一种密教内供用品，其组成有不同说法。五甘露有指大便、小便、人血、人肉和精液；也有指蜂蜜、石密、乳、酪和酥油。

藏文转写：

dngos grub mchog ni phyag chen povi dngos grub ster bavo// vtshe ba spang ba ni vdu bya bas dben pa dal gyi bar du yol bas bcad pavo// rang bzhin gyi dben pa khang mig logs pavo// vo mavi ston mo ni chang la sogs pavi tshogs kyi mchod pavo//

slob mas phyag rgya ma dang slob dpon la gsol gdab pa ni/ slob ma dad pas ces bya ba la sogs pa go slavo// bstod pavi zhar la gsol ba vdebs pa ni yon tan rgya mtsho zhes pa la sogs pa go slavo// bstod pa dang gsol ba gdab pa de nas ni rjes su brtse bavi slob ma lavo// tshogs kyi nang du bos ni dal gyi vgram duvo// rnal vbyor ma ni yi ger ldan ni rang lhar bskyed pa dang phyag rgya ma lhar bskyed pavo//[②]

18-9　㑇㑑勞㒵㒕蓏蓏勞㒵㒕蕤㒵嬶㒵矴彰勦㒵辮敧氜豞䨿蓏彰

　　　其又谓于起供谓于（助）至以上师（助助）中围轮处供养作

18-10　敧。㑇㑑矴彰㒵祴矴嬶㒵敤蕤嬶蓏彰㒵䨿㒵嬶辬蕤嵫㒵䨿彰

---

① 从"谓妄思等二偈句是法界性智"到"谓有情愿以四偈句宣说成所作智"，藏文本中无。

② 俄·秋谷多吉等：《先哲遗书·俄派师徒文集》第226册，第149页。

也。其又上师妙禄有手印与者（助）合时谓者　何时节时合

18-11 𘟙𘝙𘏞𘏵　𘌳𘜶𘋒𘋱𘙈𘒷𘟣　𘌳𘜶𘃜𘜶𘟐𘞁𘌱　𘜫

谓则（助）下　何时液与俱足依　其时于至依靠应　依

18-12 𘞁𘃜𘑲𘌳𘒸𘋒𘗒　𘒷𘋒𘕠𘐗𘝙𘘚𘙈　𘟙𘜶𘋩𘄒𘜑𘎄𘝰𘟣

靠于处何生起　弟子口内下令应　谓依喉间纥哩字

18-13 𘟸𘜦①𘞚𘜶𘜷𘒿𘎁　𘋆𘞚𘜶𘞊𘝙𘖹𘘏𘙙，𘐨𘞊𘝙𘖹𘘏𘗺𘍞

（助）班字依花净红　吽字依种色石王白，此种色石王之支

18-14 𘒼𘝦𘒿𘗺𘜋𘘏𘎁𘜷𘖳。𘌳𘘏𘎁𘗺𘜨𘋆𘞚𘒷𘏄𘝰𘖨，𘌳𘞷𘕲

及花净之叶白红混。其白红之孔吽字与一（助）念，其又阿

18-15 𘒝𘒷�̇𘏄，𘒷�̇𘘈𘐗𘍚𘜶𘗒𘋪𘞛𘏷𘏞�̇𘍚𘏄。　𘎑𘎄𘜶

火须迦诵，弟子口中吞时（助）𘋦摩乐也谓以吞也。胜势依

18-16 𘗒𘟙𘜦𘁀�⽙𘒷�̇𘒻𘗒𘋬𘏄。�»�̇𘖹�⽙𘜯𘜱𘟙𘜶�⽙𘞁𘏁

起谓者五蕴清净菩提心是。花净器中（助）置时谓者妄思

18-17 𘍏𘏞𘗺𘞷𘃜𘃜𘏄，𘒷𘏞𘒷�̇𘟸𘜶𘘏𘗒𘏄。　𘌳𘜫𘃜𘁀𘒷𘏞

重则鱼面颊是，微故花净（助）石王是也。其于妄思微故外

18-18 𘜫𘏒𘃜，�̇�»�·�̇�̇𘏄𘏄。𘉳𘘑�·𘁀𘞛𘑲�·�̇𘘚𘜶

依处瓶，中者花净里方取也。蝇畏及又盖等谓者主授时

18-19 𘎒�·𘗒𘗆𘁀𘏄，�⽙𘜦。�·𘍚�·𘚁�·�̇�»𘗒𘜷𘝰𘘚𘕢

（助）弟子之供养作也，悟易。大宝最上谓者主授依求应义

18-20 𘟒�»𘗒𘏄。𘌳𘞷𘊧𘞩�·�̇�·�»𘗒𘜷𘘚𘜫。�·□□□

成就之谓。其又自性清净谓等者主之记句是，他□□□

意译：

从谓彼又起真至谓供，是上师于坛城轮处作供养也。彼又上师有妙

禄，谓与手印相合时者，于何时节合，则下面：何时与液依俱足　直至

彼时所依止　于依止处生起何　弟子口中所降下　所谓喉间纥哩字　或依

———————————

① 原本作𘜦（同），误，此据藏文本改。

班字红莲花 依吽字诸种金刚白，此诸种金刚之支及莲花之叶红白混杂。彼红白之孔与吽字一起观修，彼又诵阿火须迦，于弟子口中吞咽时，谓翳摩乐也而吞咽。谓随胜势而起者是五蕴清净菩提心。谓莲花器皿中安置时者妄思厚重则是珠母^(一)，妄思轻微则是莲花或金刚也。于彼妄思轻微则外因^(二)是瓶，内因者从莲花之里面取也。拂尘^(三)及又伞盖等者于灌顶时，弟子之所作供养也，此易理解。大宝最上者依灌顶成就希求义之谓。彼又谓自性清净等者是灌顶之记句^(四)，他□□□。

注释：

（一）珠母：西夏文作𗙁𘑨𘂀，直译是"鱼面颊"。其在《吉祥三菩怛经典明灯》中作 nya phyis，直译是"鱼腮"，与西夏文𗙁𘑨𘂀（鱼面颊）义一致。藏文 nya phyis 在佛书中译作"珠母"，即生珠之蚌。

（二）外因：西夏文作𗥑𘃡𗢭，直译是"依外处"。《吉祥三菩怛经典明灯》中作 phyivi rten，译为"外因"，即外器世界、外部因缘。

（三）拂尘：西夏文𗱚𗰣，直译是"蝇畏"。《吉祥三菩怛经典明灯》中作 rnga yab，译为"拂尘""掸子"，即用动物尾制作的用以掸去灰尘的掸子。它也可驱赶蚊蝇，此处的西夏文应是取自此意。

（四）灌顶之记句：西夏文作𗦻𗫩𗫸𘈷，直译是"主之记句"，即灌顶之记句，藏文作 dbang gi dam tshig。其中，"记句"的藏文 dam tshig 常译作"誓言"，梵音译作三昧耶，指不可逾越的金刚誓词，即保证之语。"灌顶之记句"就是指密教弟子在接受灌顶，尤其是秘密灌顶时，向上师所做的金刚誓词。

藏文转写：

de nas rdo rje slob dpon gyis phyag rgya dang ni sbyor byas ces pa la/ devi tshe bdag nyid skyes ces pa phyogs bcuvi sangs rgyas dang phung po lngavi dwangs ma byang chub sems su dbab pavo// dus ci tsam du sbyar zhes na vog gi phyag rgyavi gdong dgab pa la sogs pa sngon du vgro bas ji srid khu ba dang ldan pa// de srid bar du bsten par bya// bsten pa las ni gang byung ba//

slob mavi kha ru dbab par bya/ zhes pa mgrin pavi ltong ltong bor/ kri ngam

paṃ las padma dmar po/ lce la hūṃ las sna tshogs rdo rje dkar po sna tshogs

rdo rjevi rwa dang padmavi vdab ma dkar dmar gyi rnam pa vdres pavo// dkar

dmar gyi rnam pa bu gu hūṃ dang bcas pa bsgom de nas a ho su kha brjod do//

slob mas kha ru mid pavi dus su e mavo bdevo// zhes brjod pavo// padmavi

snod du bzhag nas su ni rtog pa che na nya phyis/ rtog pa chung na phyivi rten

bum pa/ nang gi padmavi nang nas len pavo// rnga yab gdugs la sogs pa ni

dbang bskur bavi dus kyi slob ma la mchod pa ste go slavo// rin chen mchog ni

dbang bskur gyis vdod pavi don grub pavo// de nas rang bzhin rnam par dag pa

zhes pa la sogs pa gsang bavi dbang gi dam tshig ste go slavo//[①]

19-1　綜豺縫龕骸絲絅莕綵縚骸。 骸緻龕骸絲絋骸骸綳骸。 縅舷綴
　　　 应谓者慧智主之记句是。（助）下慧智主与缚有也。先（助）说

19-2　絅粀粀辮豺縫骸綷龕骸綷絋縅舷綴缝，縅舷緻絅莕縅
　　　 之明女（助）谓者三第慧智主说处先（助）说者，先密主之女

19-3　辮絁骸紊絅緂絲薐豺縫骸倀絅縸絅骸骸縫豺骸，絲絋廄絁
　　　 （助）何未自之默有母谓者众明主（助）花（助）着是，故婆罗女

19-4　羽骸骸。骸秇絁莕嗮絲。薐绤翭薇癵祅骸豺縫倀儷絲儷
　　　 一寻觅。他亦此依知应。西喇龙脑薰令时谓者五医药抹

19-5　骸。莸絅粀縫絅凳綜豺縫絳骸骸祅骸。倀絲絋縫倀倀骸
　　　 也。其明女者变幻应谓者佛增长令也。手印面者覆作时

19-6　豺縫氞絅莕綐瓾骸嗝羏絲絀，絆絅羏骸，倀絅絅絀骸絿
　　　 谓者阿字依色红三叶有花净，叭字白以，麻底字黄以洞

19-7　絋絀骸。絋骸絁莕耗絅儷豺縫絀絅莕骸席羏，絆絅莕絊[②]，
　　　 塞作也。益寻面亦彼如覆谓者吽字依石王白，叭字依红，

---

① 俄·秋谷多吉等:《先哲遗书·俄派师徒文集》第226册，第149—150页。
② 原本此处作粍（瓶），误。此据藏文本改。

19-8　𘀝𗜓𗣼𗀔𗟵𘏫。𗣫𗰝𘄡𗾔𗱛𗴽𗾓，𗠩𘍦𘕯𗕥𗁬𗕜𗤵。𗾪𗱴

　　　　叭字黄以洞塞。何时液与俱足谓，二句者此亦合应。其现

19-9　𗣫𗗟𘄡𗾔𗀔𘕲𘐷𘄡𗾔𗠩𗠩𘀗𗾔𗀕𗚩𘃂𘟂𗴦　𗣫𗴦

　　　　时（助）正等味谓者手印女与双二四刹那（助）四喜是。弟子

19-10　𗭪𗊱𘍦𗄧𗤵𘄡𗀔，𗾪𗁬𗖏𗤄𘕲𗣫𗴦𘄴𗈪𗤵𗣭𘖄，𘗁𘕔𘄴

　　　　境界成令应谓者，其亦胜殊依弟子（助助）觉受需，自及他

19-11　𘕞𗤵𗳮𘎓，𘕲𘓐𘕲𗤵𘀖𗣫𗣫𗶩𗮀𘕶𗤚𗏨𘗁𗅲𗤵𘕥𗴱。

　　　　持谓于起，此于生谓于（助）至者四第主之自体说悟易。

意译：

应谓者是智慧灌顶之记句。下面与智慧灌顶有联系也。前面讲说之所谓明女者，前面所说之解说第三智慧灌顶处者，前秘密灌顶之明女，抑或谓自己之瑜伽母者是披着花于众明主上，故寻求一婆罗门女。其他亦依此推知。谓用西喇(一)龙脑(二)薰时是抹五甘露也。彼明女所变幻是佛令增长也。手印女之面貌覆盖时，依阿字有红色三叶莲花，以白色叭字、黄色麻底字阻塞孔洞也。方便(三)之面貌亦如彼覆盖者，依吽字白色金刚，以红色叭字、黄色叭字阻塞孔洞。何时谓与液俱足，二偈句者此亦相应。彼于现时正等味(四)者与手印女双运，四刹那或是四喜。所谓弟子能成之境界者，彼亦依弟子所需觉受之差别。从所谓自持及他持起，直至所谓生于此，是解说第四灌顶之自性，此易理解。

注释：

（一）西喇：音译西夏文𘄡𗤵，《吉祥三菩怛经典明灯》中记音为 sihla，梵音作 Sihla 或 Silha，一种香名，又称安息香，即土耳其香。

（二）龙脑：西夏文作𗗟𗜓，译为"龙脑"。《吉祥三菩怛经典明灯》中作 ga bur，梵文为 Karpūraḥ，一种香名，又称樟脑。

（三）方便：此处的方便不是指方法，而是空乐双运中的男子，即藏传密教中所谓的"父"。

（四）正等味：西夏文作𘕲𘐷𘄡，译为"正等味"，藏文作 mnyam

pavi ro。"正等味"意为"相同味",也就是"相同""相等"。

藏文转写:

de nas shes rab ye shes kyi dbang bskur ba la sngon du gsungs pavi rig ma zhes bya ba ni sngar gyi gsang bavi yum mam/ yang na bdag gi yi ge la ni rnam snang la me tog phog pa yin na/ bram ze gcig btsal/ des gzhan la yang bsgrevo// si hla ga pur gyis bgos ni bdud rtsi lngas bgos pavo// rig ma sprul bya ni lhar bskyed pavo// phyag rgyavi gdong ni bkab nas su ni a las padma dkar po vdab ma gsum pa bhya dkar po zevu vbru dhī ser pos bug pa bkag pavo// thabs kyi gdong yang de bzhin bkab ni hūṃ las rdo rje dkar po bhya dmar pos bug pa bhya ser pos bug pa bkag/ ji srid khu ba ldan pa ni thig le dbang pavo// de nyid du ni mnyam pavi ro ni phyag rgya ma dang phra la skad cig ma bzhivam dgav ba bzhivo//

slob pavi spyod yul ni de yang khyad par du slob mas nyams su myong dgos/ de nas shes rab ye shes kyi dam tshig sbyin pa ni gzhan yang nyon cig la sogs pavo// bdag dang gzhan du zhes pa la sogs pa ni dbang bzhi pavi ngo bor bshad pa ste go slavo//[①]

19-12 𗧪𗧪𗧺𗤋𗅪𗱠𗙴𗊬𗧺𗤻𗅪
　　　先初皆喜谓者四三皆之说。先初皆喜勇猛谓者持应显现

19-13 𗱠𗅦𗃛𗥧𗊬　𗱞𗤋𗤋𗤻𗏵𗘟𗅪𗱠𗱰𗃛𗥧　𗤻𗧒𗃛
　　　者有思止也。最上喜欢默有母谓者持（助）思止。显现略有

19-14 𗱰𗱰，𗤻𗧒𗄼𗥧𗊬。𗥻𗤋𗤋𗏵𗉵𗅪𗱠𗱰𗱰𗃛𗱰𗱮𗊬𗥧
　　　持应，显现亦止也。实真喜欢无遗谓者持（助）持应二之思

19-15 𗥧，𗤻𗧒𗄼𗥧𗊬。𗥻𗅏𗅪𗅪𗤻𗤻𗱠𗧪𗃵，𘀩𗄈𗾖𗱸
　　　止，显现亦止也。乐益寻以皆皆悟谓者喜离，定出心佛轮

---

①　俄·秋谷多吉等:《先哲遗书·俄派师徒文集》第 226 册,第 150—151 页。

19-16 𗣼。𗢛𗢛𗏹𗆧𗤋𗇹𗢛𗤓𗏹𗤋𗣼。𗣼𗭩𗾔𗇹𗆧𗢛𗬛𗣼𗥃𗣼

是。先初谓四句者先（助）说义是。彼中主者四种是谓等者

19-17 𗢛𗤋𗥃𗫂𗤋。𗜓𗤈𗤋𗇹𗭏𗣑𗤓𗣼𗦬𗆧𗣔𗣑。𗭩𗦬𗤋𗇹𗣑𗭏

先说之谓。其依谓者三第乐是如四第乐。彼如谓者三第

19-18 𗤋𗌗𗤈𗹊𗦬，𗆧𗣑𗤋𗌗𗤈𗹊，𗄻𗆧𗣑𗤋𗇹𗤀𗏖𗄺𗳜𗩾𗆴。

聚集依起如，四第聚集依起，又四第谓者五种胜殊有也。

意译：

先初谓一切欢喜者第四灌顶和第三灌顶^{（一）}皆解说。先初谓一切欢喜勇士，所取之显现阻止有分别心。谓无上欢喜瑜伽母者能取阻止分别心。略显现有所取，显现亦阻止也。谓真实欢喜不缺者能取和所取^{（二）}二取阻止分别心，显现亦阻止也。谓乐以方便一切证者是离喜，出定之心是佛轮。谓先初四偈句是前所说之义。^①彼中灌顶者是四种等，前面解说之谓。依彼谓者第三灌顶乐如第四灌顶乐。如彼谓者依第三灌顶生起会供，如依第四灌顶生起会供，又谓第四灌顶者具有五种差别也。

注释：

（一）第四灌顶和第三灌顶：西夏文为𘈩𗤋，译为"四三"。其在《吉祥三菩怛经典明灯》中作 dbang bzhi gsum，译为"灌顶四三"，即第四灌顶和第三灌顶，也就是智慧灌顶和句义灌顶。

（二）能取和所取：西夏文作𘝣𗣥𘝣𗣲，译为"能持应持"。其在《吉祥三菩怛经典明灯》中作 gzung vdzin，译为"能取所取"。佛教中的二取，能取指心，所取指境，也就是意识和外境，即精神与物质。

藏文转写：

dang po kun dgav zhes pa la sogs pa dbang bzhi gsum gnyis kavi bshad pa ste/ dang po kun dgav dpav bo ni gzung bavi snang ba ni yod rtog pa bkag pavo// mchog tu dgav ba rnal vbyor ma ni vdzin pavi rtog pa bkag snang ba

---

① "谓先初四偈句是前所说之义。"藏文本中无。

tsam yod gzung bavi snang ba yang bkag pavo// rab tu dgav ba ma lus nyid
ni gzung vdzin gnyis kavi rtog pa bkag snang ba yang vgags pavo// bde de
thabs kyis ma lus rig ni dgav bral rjes kyi shes pa lhavi vkhor lovo// dang po
zhes pa la sogs pas de nyid bshad do// de yang dbang yang rnam pa bzhi ste
zhes pa la sogs pa gong du bshad par byas pas so// de ltar ni gsum pa bde ba
yin pa bzhin du bzhi pa bde ba/ de bzhin gsum pa tshogs pa las skye ba bzhin
du bzhi pa tshogs pa las skye/ yang bzhi pa vdi khyad par lnga dang ldan
pavo//[①]

19–19 𗈩𗤓𗙴𗧘𗰗𗰭𗲲𗣈𗦂𗴮𗏹。 𗸓𗣓𗐃𗡪𗾟𗾟𗏇𗧘𗰭𗣈𗅆𗙟𗏹。
　　　　菩提心谓者四第主处是。 现前正觉皆皆之谓者德功是。

19–20 𗐃𗐕𗙴𗍳𗧘𗐻𗖻𗑱𗙟𗨱𗧘𗐻𗧘𗰖𗤙𗾫𗈪𗧠𗧘□□□
　　　　正觉上宫谓于起（助）成我谓于（助）至以许赐（助）说□□□

20–1 𗼑𗾫𗟚𗏹，𗸓𗱚𗐻𗲲𗫌𗡪𗲲□□□□𗴮𗈪𗾫𗟚𗏹，𗸓𗰭
　　　　略许赐是，则净瓶主（助）密主□□□□依（助）许赐是，则四

20–2 𗰭𗠉𗀔𗟚𗴮。𗄻𗱚𗧘𗷲𗧘𗵀𗤓𗠉𗿷𗩾𗧠𗾫𗾟𗰭𗄻𗗙𗲏
　　　　第又方赐也。实真勇伏谓等及其又资具皆皆者实勇勤

20–3 𗅆𗗟𗔆𗲾𗧘，𗼀𗄻𗅆𗙵𗏹，𗼰𗼨。𗟚𗄻𗣋𗧘𗜐𗼑𗦘𗧘𗰭𗱚
　　　　以何应贡谓，先与缚有也，悟易。弟子喜乐知悟时谓者净

20–4 𗰖𗆟𗈩𗰭𗰭𗼊𗖻𗹫。𗼰𗷝𗵀𗄻𗐻𗔆𗥃𗧘𗰭𗷝𗆟𗈩𗰭𗰭
　　　　瓶慧智四第上（助）起。甚深广大于爱之谓者密慧智四第

20–5 𗄻𗷲𗥃𗧘。𗴸𗄻𗄻𗤓𗲲𗰭𗗓𗧘𗰭𗰖□□。𗈩𗣉𗅆𗉺𗧘𗰭
　　　　三皆之谓。句以大宝主授令谓者四□□。吉祥以获谓者

20–6 𗰖𗰭𗅆𗠚𗧠𗈩。𗴸𗙇𗵝𗧘𗰭𗰖𗰭𗨜□□𗅆𗇞𗚠𗅆𗾊𗙴
　　　　四第以印之谓。此中游谓者四第（助）□□畏惧无以业行

　　① 俄·秋谷多吉等：《先哲遗书·俄派师徒文集》第 226 册，第 151 页。

20-7 𗏁。𗰖𗋽𗰖𗰖𗦲𗤋𗰖𗰖𗦎𗅁𗧀𗤋 𗾫𗤋𗌗𗦲𗨻𗤋𗄈𗞀𗧧

也。本续皆皆之共同依说（助助）说。二第节之一第殊妙做

20-8 𗓽

终。

20-9 𗷅𗋽𗹭𗤍𗤭𗋽𗰖𗋽𗰖𗖵𗅁𗠁𗍣𗅁𗾫𗾫𗤋。

吉祥遍至口合本续之解（助）喜解疏二第。

20-10 𗟲𗴩𗷈𗤍𗓊𗲠𗥃𗪨𗦲𗾝𗤲 𗰖𗤗

本印毕事作者沙门释子高 法慧

意译：

谓菩提心者是第四灌顶处。现前一切正觉之谓者是功德。从谓正觉无上处起，直至谓我成为，解说开许之法[一]。□□□略是开许，则宝瓶灌顶或秘密灌顶□□□□依是开许，则第四灌顶之后给予也。谓真实调伏等及其又一切供奉[二]，以精进勇勤所贡何，与前面联系也，此易理解。谓弟子领悟喜乐时，于宝瓶灌顶、智慧灌顶、句义灌顶上放置，于甚深广大喜乐之谓者是秘密灌顶、智慧灌顶、句义灌顶三种之谓。用偈句令大宝灌顶者是四□□。以吉祥获取是以第四灌顶为印之谓。此间行游是第四□□以无畏惧行业也。解说一切本续之共同所依，第二节之第一品，终。

《吉祥遍至口合本续之解喜解疏》第二卷。

印本勾管者沙门释子高 法慧。

注释：

（一）开许之法：西夏文作𗋽𗤭𗤋，译为"许赐法"。其在《吉祥三菩怛经典明灯》中作 rjes su gnang ba，译为"开许""给予允准"。

（二）供奉：西夏文作𗰖𗤍，译为"资具"。《吉祥三菩怛经典明灯》中作 yon dbul ba，译为"供奉""布施"。

藏文转写：

byang chub sems ni bzhi pavi dbang la bya bavo// gsal vgro zhes pa nas bdag gyur to zhes pavi bar gyi rjes su gnang ba bstan ste/ ci rigs par rjes su gnang ba yin na bum pa vam gsang ba la gdags/ ji lta bavi rjes su gnang ba yin na bzhi pavi rting lavo// mngon sum sangs rgyas thams cad kyi zhes pa phan yon bstan to// rgyal ba nyid skyes la sogs pas bla ma la yon dbul ba mdor bstan/ rab tu mgu ba la sogs pas de bshad do//

slob mavi mos pa shes byas ni bum pa shes rab ye shes bzhi pavi steng du btang/ zab cing rgya che la mos na ni gsang ba shes rab ye shes bzhi pa gsum char lavo// tshig gis rin chen dbang bskur ni bzhi pavo// dpal gyis zin pa ni bzhi pas rgyas gdab pavo// vdi ni rgyu ni bzhi pa rtogs pavi gang zag gis bag tsha ba med pavi spyod pa byavo// thams cad kyi thun mong gi bshad pa rab tu byed pa dang povi sgron mavo//[①]

三 《吉祥遍至口合本续之解喜解疏》卷三

（前缺）

2-1　𗧤𗋽𗫂𗤋𗆱𗤦。𗤧𗋽𗫂𗤔□□□□□□□□□□□
　　　成谓者益寻是。增谓者显□□□□□□□□□□

2-2　𗦻𗋽𗋽𗫂𗋽𗆱。𗣼𗤍□□□□□□□□□□□□□
　　　菩提谓者果是。其双□□□□□□□□□□□□

2-3　□□𗋽□□□𗤏𗫨□□□□□□□□□□□□□□
　　　□□谓□□□界摄□□□□□□□□□□□□□

2-4　𗣛𗫂𗤦𗆱𗤦𗫂𗫅𗫂𗢩𗋽𗆱𗤦。𗧇𗆱𗥾𗫨𗫂□□□□□
　　　母者三种道者不弃应谓也。何未贪欲者□□□□□

2-5　𗼷𗫨，𗦰𗮅𗼷𗛷𗫨，𗤋𘀮𗆱𗆹𗫧𗤏𗆹□□□□□□
　　　狱道，愚痴畜生道，妙观察智及法界智□□□□□

2-6　𗤛𗼷𗫾，𗤔𗦱𗼷𗤍𗋽。𘉋𗫧𗤏𗢩𗤦𗤦𗄈𘓠𗋽，𗢩𗤦□□□，

---

① 　俄·秋谷多吉等:《先哲遗书·俄派师徒文集》第226册，第152页。

应起法，何云起也谓。故法界不等比等依谓，不等□□□，

2-7　[illegible]。[illegible]，[illegible]□□□

比等者胜慧空是。觉受之喻，摩卢（助）如禀持谓者□□□

2-8　[illegible]。[illegible]，[illegible]□□□

有也。空依念定不作应谓于起，此二舍弃谓于（助）□□□

2-9　[illegible]。[illegible]，[illegible]。[illegible]□□，

定道于不着说也。唯空于不着，唯显于不着。此二种□□，

2-10　[illegible]。[illegible][1][illegible]□□

则凡俗妄思生起谓也。依处人于不着依二种持谓□□

意译：

……谓成者是方便。谓增长者显明□□□□□□□□□□□□□菩提谓者是果。彼双□□□□□□□□□□□□□□□□□□谓□□□界摄□□□□□□□□□□□□□□□母者是三种道（一），谓应不弃也。抑或贪欲者□□□□□□狱道，愚痴是畜生道。妙观察智及法界性智□□□□□□□生起之法，如何生起也。故谓法界不等同和等同（二）之所依，不等同□□□，等同者是胜慧空性。觉受之譬喻，所谓执持犹如芭蕉（三）者□□□有也。从依空性不能持续修行禅定起，直至谓断除二种□□□定道于不染着解说也。不染着于唯一空性，不染着于唯一显明。此二种□□，则谓凡俗人分别心生起也。因依止人（四）不染着，谓执持此二种□□……

注释：

（一）三种道：西夏文作[illegible]，译为“三种道”，指佛教中的恶趣，即饿鬼道、地狱道和畜牲道。

（二）不等同和等同：西夏文作[illegible]，直译是“不比比等”，藏文作 mi mnyam pa mnyam pa，译为“不等同和等同”。

（三）芭蕉：西夏文作[illegible]，音译为“摩卢”。其在《吉祥三菩怛经

---

① 原本作[illegible]（说），误。此据藏文本改。

典明灯》中作 chu shing，直译是"水木""藤"，常译作"芭蕉"。西夏文𗴾𗠁（摩卢）当为梵音 Malu 之音译。Malu 原义为"藤蔓"，也译作"芭蕉"。

（四）依止人：西夏文作𗟲𗠁𘟣，直译是"依处人"，即依止人。其在《吉祥三菩怛经典明灯》中作 rten gyi gang zag，译为"所依之人"，也就是佛教中所说的补特伽罗。

藏文转写：

bu dha rmad du gyur ni thabs so// vphel ni snang ba las grol ba/ vbri ba ni stong pa las grol ba/ bla ma byang chub dam pa skyes ni vbras buvo// zung vjug de gzhi gang la rten nas skye na/ phung po la sogs chos dang zhes pa la sogs khongs su skye mched dang khams te/ bskyed pavi rim pa dang sbyar na bu dha lnga byang chub sems dpav drug lha mo lnga/ lam gsum po ni dor mi bya zhes pavo// yang na vdod chags yi dwags sam/ zhe sdang dmyal bavi lam/ gti mug byol song gi lam ste/ so sor rtog pavi ye shes dang chos kyi dbyings kyi ye shes dang me long lta buvi ye shes dang sbyar bavo// skye lugs ji ltar skye zhe na/ chos dbyings mi mnyam pa ni snang ba rten vbrel/ mnyam pa nyid ni stong pa nyid/ nyams su myong pavi dpe chu shing lta bur gzung bar bya ba ni snying po med pavo//

blang byavi mya ngan las vdas pa de nyid rgyas par bshad pa ni/ chags sogs dri mas bsgos pa ste/ nyon mongs pavi dri ma spangs pa la sogs pa go slavo// mya ngan vdas sgrib pa gnyis spangs pavo// mchog vgro bar vgyur ni nyan thos dang rang rgyal ba las so// nam zhig la sogs pas mjug bsdu ba bstan to// stong pa nyid du la sogs pas bsgom pavi las la mi zhen pa vchad de/ stong pavi vbav zhig tu mi zhen pa/ snang ba vbav zhig mi zhen pa/ de gnyis su zhen na tha mal pavi rnam rtog tu skye zhes pavo// rten gyi gang zag la mi zhen pa vdzin pa gnyis ni bsgom bya bsgom byed do//[1]

---

① 俄·秋谷多吉等：《先哲遗书·俄派师徒文集》第 226 册，第 153—154 页。

4-7 □□□□□᠌᠌᠌᠌᠌᠌ᠨᠢ᠋ᠠᠠ᠋ᠠ᠋᠌᠌᠌᠌᠌᠌。᠌᠌᠌᠌᠌᠌ᠠᠠ᠋᠋᠌᠌᠌᠌᠌᠌ᠠᠠ᠋ᠠ᠋□□□ᠠ᠋ᠠᠠ᠋᠌᠌᠌ᠠᠠ᠋
　　□□□□主集说也。此之是（助）说者然□□□苦罚谓于

4-8 □□□□ᠠᠠᠠᠠᠠ᠋ᠠᠠᠠᠠ᠋ᠠᠠ᠋ᠠᠠ᠋。ᠠᠠᠠᠠᠠ᠋ᠠᠠᠠᠠ᠋ᠠᠠ᠋□□
　　□□□也谓于（助）至以说也。间颂之缠缚颂者何时□□

4-9 □□□ᠠᠠᠠᠠ᠋ᠠᠠᠠᠠᠠᠠ᠋ᠠ᠋᠌᠌ᠠᠠᠠᠠᠠ᠋。ᠠᠠᠠᠠ᠋□□
　　□□□生起也谓于（助）至以流传之缠缚是。何久谓□□

4-10 □□□□□□ᠠᠠᠠᠠᠠᠠᠠᠠᠠᠠᠠᠠᠠᠠᠠᠠ□□
　　□□□□□□默有（助）定成令以谓者胜慧益寻修□□

4-11 □□□ᠠᠠᠠᠠᠠᠠᠠᠠᠠᠠᠠᠠᠠᠠᠠ。ᠠᠠᠠᠠᠠᠠᠠᠠᠠ□□□
　　□□□谓者供修者处二获者是。记句于住谓者□□□

4-12 □□ᠠᠠ。ᠠᠠᠠᠠᠠᠠᠠᠠᠠᠠᠠᠠᠠᠠᠠ。□□□□
　　□□是。共同成就生起谓者增长次之果是。□□□□

4-13 □□ᠠᠠᠠᠠᠠᠠᠠᠠᠠᠠᠠᠠᠠᠠᠠᠠᠠᠠᠠ。□□□
　　□□之行加谓者集终次萨诃咎胜慧益寻修是。□□□

4-14 □□□□□ᠠᠠᠠ□ᠠᠠ。ᠠᠠᠠᠠᠠᠠᠠᠠᠠᠠᠠᠠᠠᠠ□
　　□□□□谓也□应。四第性气现证时谓者集终次显□

意译：

……□□□□主集解说也。所说此之者然□□□苦罚谓于□□□也谓于直至解说也。其间咒颂之摄持，咒颂者何时□□□□□生起也谓于直至，是轮回之摄持。[①]何久谓□□□□□□□□瑜伽令决定谓者胜慧方便修□□□□□谓者是修供者处获取此二种。安住记句谓者□□□□□是。谓生起共同成就者是生长次第之果。□□□□□□之加行谓者圆满次第之俱生喜是修胜慧方便。□□□□□□□谓也□应。谓第四性气现证时是圆满次第显□……

---

① "□□□□主集解说也。所说此之者然□□□苦罚谓于□□□也谓于直至解说也。其间咒颂之摄持，咒颂者何时□□□□□生起也谓于直至，是轮回之摄持。"藏文本中无。

藏文转写：

dngos po dngos med la sogs pas goms pa las vbras bu skye bar bstan
to// vkhor dang mya ngan las vdas pa rang gavi rtsa ba sems yin par bstan pa
la/ de nas sdug bsngal zhes pa la sogs pas bstan to// rnal vbyor nges par byas
pa ni thabs shes rab bsgom pavo// rjes su gnang ba ni bsgrub pa povi rjes su
gnang bavo// thun mong dngos grub bskyed pa ni bskyed rim gyi vbras bu yin
pas mchog skye bavi rgyu ma yin par bstan pavo// rang vdod lhavi sbyor ba ni
rdzogs pavi rim pavi sa ha dza thabs shes rab bsgom pa ste/ lus las byang bavi
don gyis na lha zhes byavo// mtshon bya mtshan nyid mngon byas ni rdzogs
rim gtan la phab pavo//[①]

5-11 □□□□□□□□□□□□□□□□□�疏叕觉𗾈，𗦲
     □□□□□□□□□□□□□□□□□者底呀迦谓，方

5-12 □□□□□□□□□□□□□□□□𗤌𗦴𗄊𗄊□𗉔□
     □□□□□□□□□□□□□□□□及上方唯□十□

5-13 □□□□□□□□□𗙏𗄊。𗦲𗤌𗘺𗜈𗙏。𗦲𗤌𗘺𗙏，𗜈𗎻𗄊
     □□□□□□□□应也。他此依知应。觉受弃失，记句触

5-14 □□□□□□𗼪𗾈𗎻𗄊𗦲𗤁𗘺，𗘺𗕻𗦲𗕤𗤌𗤁𗘺𗄊。
     □□□□□□（助）者日数谓等是，四第种集及咒等是也。

5-15 □□□□□□𗾈𗤌𗾈𗜈𗦲𗘺。𗼪𗾈𗘺𗗺𗾈𗤌𗦲𗄊𗕤𗓱𗘺。
     □□□□□□母摄（助）益寻是。遍至口合谓者增集二是。

5-16 □□□□□□□𗑱𗙏𗤌𗜈𗂆𗙏𗾈𗄊。𗦲𗤁𗙲𗸦𗉊𗑻
     □□□□□□□有久永居住应谓也。三界独之自性

5-17 □□□□□□□□𗕈𗌭，𗤌𗄊𗺲𗾈𗦲𗄊𗜈𗾈，𗷻𗶟𗒀𗦲
     □□□□□□□可不，上果修谓者先说，胜慧益寻

---

① 俄·秋谷多吉等：《先哲遗书·俄派师徒文集》第 226 册，第 156—157 页。

5-18　□□□□□□□□□□□□□□□□𘟼𘝗𘜶𘝥𘜻𘟡𘜢𘜶

　　　□□□□□□□□□□□□□□□密集中菩提心说之（助）

意译：

……□□□□□□□□□□□□□□□□者谓底呀迦^{（一）}，方□□□□□□□□□□□□□□□及上方唯□十□□□□□□□□□应也。其他依此推知。舍弃觉受，败坏誓愿^{（二）}□□□□□□者是谓每天等，是第四诸集及咒颂等也。□□□□□□母摄持法是方便。谓遍满相应是增长和究竟二次第。□□□□□□□有应恒常安住也。三界唯一之自性□□□□□□□□不可，谓修无上果者前面解说，胜慧方便□□□□□□□□□□□□《密集》中菩提心解说之……

注释：

（一）底呀迦：音译西夏文𘜻𘝤𘜶𘝧，《吉祥三菩怛经典明灯》中记音作 tyīr ya ka，两者音不合。西夏文𘜻𘝤𘜶𘝧（底呀迦）或许是梵音 Tyāga 之音译，译为"舍弃""断离"。

（二）败坏誓愿：西夏文作𘜼𘝱𘝤，直译为"记句触"，记句即誓言。《吉祥三菩怛经典明灯》中作 dam tshig nyams pa，译为"败坏誓言""败坏誓愿"。

藏文转写：

yang na mngon sum ni bcu gnyis ma la sogs pa ma rnyed na tyīr ya ka te logs la vgro bas/ bcu gnyis pavi yar logs bcu gsum mar logs bcu gcig ma kho na la sogs par byavo// des gzhan bsgrevo// nyams myong gi rten thig le shor na dam tshig nyams pa yin pas dam nyams la sogs pas sdom pa blang ba bstan to// nyams myong gi rten phyag rgya ma dgug pa ni sogs te ting nge vdzin gyi pho nya mo dgug pavi thabs so// kun tu kha sbyor ba ni bskyed rdzogs gnyis so// nyams myong mi vchor ram zhe na/ blo ldan rtag tu gnas par bya zhes pavo// srid gsum gcig gi rang bzhin gyis ni sa ha dzavo// rgyud thabs cad kyi bshad rgyud yin na yang/ gsang ba vdus pavi byang chub sems kyi levuvi bshad pavi brtag pa gnyis pavo// rab tu byed pa gnyis pavi sgron mavo//[①]

7-1　惢藜祢聶靯敓繎虢燘荔羢。　靓叕荔繎薪荗嶯蒤祢荔。脄
　　心真之慈恩以者（助）讲谓也。何（助）谓者祈（助）是道之谓。修

7-2　脀荔繎蘱叕镟羢，薪脄繎叕羢。祇镟荔繎纸繇阰岼镟羢。
　　者谓者依处人是，供修者果是。形相谓者右伸左曲等是。

7-3　繈叕繎祥荒镟羢。叜報靯荔靯繎栚叜绷叜绤叜羢。頝羢
　　色颜者白红等是。手印等谓等者二手四手六手是。咒诵

7-4　瓻祢祗荗荔繎辤派靯纸廏祢頝湇羢。敨麮觇祢祗荗羢
　　（助）之法事谓者中尊及绕围之咒颂。增长次之法事数

7-5　荔繎纛蒤席羢。羢豼荔覝毊靰翵，鋘報覝豼收脀繎荔瓻
　　谓者喜石王是。（助）下说巧健于起，实信起以定作应谓于

7-6　叕繖繎縓绑嘉绤收脀瓻荔。绲殎绕，繝豼覝觝嘉呿绷荔
　　（助）至者默有自主定作法说。此取应，巧健法界自性中谓

7-7　繎繺靯綗蘱祗誹脄羢荔祝羢。绪繎娍绎犅收绕荔繎祗
　　者月及吽依法生宫增长也。先初尸者念定应谓者法

7-8　誹脄祢恄娍瓺驫蘱，娍庨敨羢祝羢。鋘祗绪縓脀盜兞
　　生宫之内方萨我字依，尸座增长令也。彼（助）默有者坐时，

7-9　祗荗呿繎盜蒤烱荔，绪縓嘉绤羽。瓻繎移荗羢。祗荗呿烱
　　形噜迦者实真念谓，默有自主成。此者略说是。形噜迦念

7-10　瓻麮绡羢荔，絑嘉祢絴觧叕飒刅磞，鋘祗綘飒叜绝繎祝，
　　（助）何云是谓，则自之心间览字日坛，彼上吽字水银色如，

7-11　禠盞衍敨嘉飒羢。絴飒荔糀荗席縓辤絴，毻絴敨荗席盜
　　胜慧益寻自性是。吽字幻化石王脐间吽，其吽及石王实

7-12　栚荔糀靰荗蕤嘉飒烱绕羢。荗席祢羿敨楈臹羢荔祝绕羢。

①　俄·秋谷多吉等：《先哲遗书·俄派师徒文集》第226册，第157—158页。

真幻化于怒嗔自性念应也。石王之身大勇猛增长令应也。

7-13 𗧾𗥦𗥲𗱤𗧾𗱤𗹡𗼋𗱤𗽔𗽂𗱆𗈧𗥦𗥩，�2𗈧𗥩𗈧𗥲

泥长色青（助）如谓者十六手有思则黑青，六手有思则

7-14 𗥲，𗻇𗈧𗥩𗈧𗥲𗥲𗋽𗈧，𗥲𗱬𗈧𗈧𗱤𗥦𗺣𗑱𗑴𗄠𗈧𗥦𗺣𗑴。

青，四手有思则灰青也，何未略微色红依（助）二第灰红是。

意译：

以心咒之善恩讲说也。所谓何是修行之规，道之谓。谓修行者是依止之人，修供是果。谓形相者是右腿伸展，左腿弯曲等。颜色是白红等色。谓手印等是二手、四手和六手。谓咒诵之仪轨者是中尊及眷属之咒颂。生长次第之诸仪轨者是喜金刚。下面所说，从智者起，直至以生起诚信禅定，是宣说瑜伽自在禅定法。此所取，智者法界自性中，由月及吽，法生处增长也。开始，尸者应修行念定，法生处之里面，由萨我字令尸座增长也。瑜伽士坐于彼上时，真实修行形噜迦，则瑜伽自在成也。此者是略说。形噜迦修行之规是谓如何，则自之心间览字日坛，彼上吽字如水银色，是胜慧方便自性。吽字幻化于金刚脐间吽，于彼吽及金刚一切幻化，修行忿怒自性也。金刚身之大勇士令增长也。犹如青色莲花^(一)者，修行十六手则青黑色，修行六手则青色，修行四手则灰青色也，抑或略微红色或第二灰红。

注释：

（一）青色莲花：西夏文作𗧾𗥦𗥲𗥲，直译是"青色泥生"。其在《吉祥三菩怛经典明灯》中作 vdam skyes sngon po，直译亦是"青色泥生"。"泥生"意为淤泥里生长，指莲花。

藏文转写：

da ni lan rgyas par bshad de/ mkhas pas zhes pa la sogs pas rnal vbyor gyi dbang phyug bstan te/ mkhas pas chos dbyings rang bzhin du zhes pa zla ba dang hūṃ las chos vbyung bskyed pavo//

dang por ro ni bsgom par bya zhes pa ni/ chos vbyung nang du paṃ las

rovi gdan bskyed pavo// de steng rnal vbyor vdug bya ste/ he ru ka ni nyid du
bsgom zhes pa rnal vbyor gyi dbang phyug go/ de mdor bstan pavo// he ru ka
bsgom lugs ji ltar bsgom na/ rang gi snying gar raṃ las nyi mavi steng du hūṃ
chung nguvi mchog can thabs dang shes rab kyi bdag nyid do// gyur pa las rdo
rje lte ba la hūṃ / hūṃ dang rdo rje yongs su gyur pa las zhe sdang bdag nyid
bsgom par bya/ rdo rje lus kyi dpav bo che bskyed par byavo// vdam skyes
sngon po lta bu ni phyag bcu drug pa la bsgom na sngo nag drug pa bsgom na
sngon po/ bzhi pa sngo skya/ yang na cung zad dmar ba yang rung ni bzhi pa
dang gnyis pa dmar skyavo//[①]

7-15 𗪚𗥤𗤻𗵒𗰿𘍞𘌷𗤁，𗱅𘊫𗼛𘄒𗤢𗤈𗤢𗇁𗊲𘗠𘄼𗑝𗊱𗋽𘉄。𗊱
　　　实信起以定作应，石王身长大慈悲谓者默有自主是。自

7-16 𘍦𘊫𘉑𘏨𘝣𗋽𗆀𗵒𗤻𗅲𗤈𘊮𗋠𗊱𘜶𗊱𗋽𘄼𗲦𗤈𘈈
　　　之心间 览字思谓于起益寻胜慧自性上谓于（助）至以福

7-17 𘅍𗗘𘑞𗋽𘄼𗤈𘅻𗋽𘗠𗋠𘑞𘉣𗊴。　𘊮𘅍𘍦𘐀𘇜𗼞𗋽𘉣𘗠�
　　　足积聚于（助）至以因于观（助）是。福足之依处境于观（助）者

7-18 □𗟲𘔆𗤁，𗱅𘊫𘉣𗋽𗌭𗊱。𘄿𗇁𗶷𗤈𘘉𗷢𗵒𘄼𗷢𗶷𗤈
　　　□中察应，德王者谓等是。八天母以供养作谓者供养及

7-19 𘞠𘉄𘌸𗤈𗳲𘏨𗤁。𘛒𘈩𘈮𗨁𗐯𗋽𘄼𘍹𗢭𗤁。𘒏𘍦𘍱𗋽𘄼
　　　绕围二种与合应。兽野花净持谓者麝香是。日之具谓者

7-20 𘎆𗤁。𘗐𘄼𘓯𘆖𗤁。𘄼𘄼𘓯𘒑𗤁。𘍢𗱅𘄼𘉑𗋠𘋠𗤁。𘏨𘄼
　　　血是。水者香小是。药者香大是。手石王者菩提心是。味者

意译：

生起诚信所作禅定，金刚身增大慈悲是瑜伽自在。[②]从观想自之心间
览字起，至无上方便胜慧自性，直至善业[（一）]聚积之因是所缘[（二）]。于善

---

① 俄·秋谷多吉等：《先哲遗书·俄派师徒文集》第 226 册，第 160 页。
② "生起诚信所作禅定，金刚身增大慈悲是瑜伽自在。"藏文本中无。

业依处之境域所缘者应□中观察，是谓尊者等。谓以八天母^(三)供养者应与供养及眷属二者相应。谓野兽持莲花^(四)者是麝香。谓日具^(五)者是血。水者是小香^(六)。药者是大香^(七)。金刚手者是菩提心。味者……

注释：

（一）善业：西夏文作𗾮𗾈，直译是"福足"。《吉祥三菩怛经典明灯》中作 bsod nams，直译是"福德"，佛书中译作"善业"。

（二）所缘：西夏文作𗕹𗕜，直译是"观法"。《吉祥三菩怛经典明灯》中作 dmigs pa，本意是"观看""注意"，佛书中译为"所缘""境相"，即思考的事物。

（三）八天母：密教中的八位供养天母，即救度母、白衣母、嘛嘛叽、佛眼母、金刚花母、金刚香母、金刚涂香母和金刚灯母。

（四）野兽持莲花：西夏文作𗣼𗤩𗕘𗤻𗿷，直译为"野兽持莲花"。其藏文作 ri dwags padma vchang，直译与西夏文同。其又是麝香的异名。

（五）日具：西夏文作𗩾𗕜𗹢，直译为"日之具"。其在《吉祥三菩怛经典明灯》中作 nyi mavi snod，直译为"日具"，是血的异名。

（六）小香：西夏文作𗾚𗾈，译为"小香"。其在《吉祥三菩怛经典明灯》中作 dri chu，直译是"小香"，指尿、小便。

（七）大香：西夏文作𗾚𗤻，译为"大香"。其在《吉祥三菩怛经典明灯》中作 dri chen，直译是"大香"，指大便、屎。

藏文转写：

rang gi snying gar raṃ zhes pa la sogs pas ta thā gcig gis bsod nams kyi tshogs bsag pavi rgyu la dmigs pavo// bsod nams kyi tshogs kyi zhing la dmigs pa ni/ nam mkhavi dkyil du rje btsun lha zhes pa la sogs pavo// bsod nams kyi tshogs kyi thabs la dmigs pa ni/ lha mo brgyad kyis mchod pa ni mchod pa dang bskor ba gnyis ka la sbyar/ ri dwags padma ni byang sems/ nyi mavi snod ni khrag go/ chu ni dri chuvo// phyag na rdo rje ni byang sems so// sman ni dri chen no// ro ni vdod yon gyi mchod pavo//[①]

8-4 𗫫𗾺𗏹𗖊。𗰖□□□□□□□□□□□□□□□□
次与合应。明□□□□□□□□□□□□□□□□

8-5 𗵒𗫤𗏁𗅆𗦜𗵚𗫥𗰖□□□□□□□□□□□□
中惑昏者刚强地□□□□□□□□□□□□□

8-6 𗅆𗤻𗰖𗤛𗟭𗜓𗫺𗏹□□□□□□□□□□□□□
贪欲爱着实依入谓□□□□□□□□□□□□

8-7 𗫦𗫯𗪸𗏬𗫭，𗫫𗦜𗙏𗏬𗏹□□□□□□□□□□
者五蕴之因，点圆成之谓□□□□□□□□□□

8-8 𗼃𗏺𗰖𗏹𗫬𗅆𗤛𗫬𗦾𗫧。□□□□□□□□□
恶众生谓者主未授者是。□□□□□□□□□

8-9 𗤛𗣼𗌭𗙚𗏹𗫬𗤛𗫼𗴫𗪻𗫧。□□□□□□□□□
自心略于谓者自悟显现是。□□□□□□□□□

8-10 □𗫧，𗔣𗫬𗫫𗏬，𗲲𗏺𗵆𗏹𗫬□□□□□□□□
□是，其者不得，故畜趣谓者□□□□□□□□

8-11 𗼑𗖨𗷅𗊱𗎆𗵒𗫰𗫬□□□□□□□□□□□
一第殊妙做中轮者□□□□□□□□□□□

8-12 𗜓𗫬，𗘝𗣼𗫝𗅭𗰟□□□□□□□□□□□□
（助）至，一句句半以□□□□□□□□□□□□

8-13 □𗦜𗏹𗴫𗡪𗫰𗪝𗦤□□□□□□□□□□□
□成谓依胜妙殿增□□□□□□□□□□□

8-14 𗴯𗹙𗏺𗟭𗳒𗫧。𗳉𗜓𗫬□□□□□□□□□
增长令略说是。广说者□□□□□□□□□

8-15 □□𗹙𗷅𗦜，𗦤𗵒𗳒𗫧。𗦤𗵓□□□□□□□

□□解（助）成，二菩提是。二第□□□□□□□□□□

8-16 □□□ཀྱིས་བསྒྲུབ་པར་བྱའོ། །གཉིས་པ་བྱང་ཆུབ□□□□□□
　　　□□□应谓者吽字是。三第色相身毕终□□□□□

8-17 □□གཉིས་བྱང་ཆུབ། །གསུམ་པ་གཟུགས་ཀྱི་སྐུ་མཐར□□□□□
　　　□□是谓以说。四第文字列作应谓者石王□□□□□

8-18 □□□□སྦྱར་ཞེས་བྱའོ། །བཞི་པ་ཡི་གེ་བཀོད་ན□□□□
　　　□□□□光明实染时谓者石王脐间吽依染集□□□

8-19 □□□□□□བྱང་ཆུབ་སེམས་འོད་ཟེར། །ཕྱོགས□□□□□
　　　□□□□□□谓者石王脐间集也。伐啰□□□□□□

意译：

……次与相合。明□□□□□□□□□□□□□□□□□□□□中昏
惑者坚硬地□□□□□□□□□□□□□□□□□□实依贪欲爱着进入谓
□□□□□□□□□□□□□□□者五蕴之因，成明点之谓□□□□□
□□□□□□□恶众生谓者是未灌顶者□□□□□□□□□□□□于自心
微谓者是自知解显明□□□□□□□□□□□□□是，彼者不得，故谓畜趣
者□□□□□□□□□□□□□一第品中轮者□□□□□□□□□□□□
至，以一句半[①]□□□□□□□□□□□□□□□□□□□成为，无
量宫增□□□□□□□□□□□□□□□□□□令增长之略说。广说者
□□□□□□□□□□□□□□□□□□能解成，是二菩提。第二，
□□□□□□□□□□□□□□□□□应谓者是吽字。第三，色相身圆满
□□□□□□□□□□是谓解说。第四，谓所安置文字者金刚□□□□

---

① “次与相合。明□□□□□□□□□□□□□□□□□□□□中昏惑者坚硬地
□□□□□□□□□□□□□□□□□实依贪欲爱着进入谓□□□□□□□□□□□
□□者五蕴之因，成明点之谓□□□□□□□□□恶众生谓者是未灌顶者
□□□□□□□□□□□□□于自心微谓者是自知解显明□□□□□□□□□□□□
是，彼者不得，故谓畜趣者□□□□□□□□□□□一第品中轮者□□□□
□□□□□□□□□□□□至，以一句半□□□□□□□□□□□□□。”藏文本中无。

□□□□□光明遍满时谓者金刚之脐间汇集吽字□□□□□□□□□谓者
金刚之脐间汇集也。伐啰□□□□□……

藏文转写：

devi nang du vbyung ba rim brtsegs bskyed/ devi steng du rnam par
snang mdzad yab yum bcas pa gyur pa las gzhal yas khang gdan dang bcas pa
bskyed/ dang po stong pavi byang chub sems la sogs pa tshig bzhis lha bskyed
pavi mdor bstan pavo// rgyas bshad la ā li zla ba kā li nyi ma zhes pa dang povi
stong pavi byang chub bshad pa ste/ mngon par byang chub pa gnyis so//

gnyis pa la ni sa bon bsduvi bshad pa dbus su sa bon bsam par bya ni
hūṃ ngo// gsum pa la ni gzugs brnyan rdzogs ni rdo rje de nyid sems dpav
zhes brjod de zhes pas bshad do// bzhi pa la ni yig vbru dgod ni rdo rjevi lte ba
la hūṃ yod pavo// slar yang snying gar bsdus nas su ni rdo rjdvi lte bar bsdus
pavo//[①]

10-1　〔西夏文〕。〔西夏文〕，
　　　　者皆处是谓者九网孔中列作也。礼敬谓者先初唵字是，

10-2　〔西夏文〕。〔西夏文〕。〔西夏文〕
　　　　燃烧谓者末于索诃有作之谓。中间谓者脐间是。空性正

10-3　〔西夏文〕，〔西夏文〕。〔西夏文〕
　　　　等真智中谓者分空非，空性于定入不入应无智足是。广

10-4　〔西夏文〕　〔西夏文〕　〔西夏文〕。
　　　　说者　　情有体性不有依　默有修者定作时　谓也。

10-5　〔西夏文〕，〔西夏文〕。〔西夏文〕，
　　　　正等皆悟宫中（助）谓者定作会，则轮心间思应。定作不会，

10-6　〔西夏文〕。〔西夏文〕

---

① 俄·秋谷多吉等：《先哲遗书·俄派师徒文集》第 226 册，第 161—162 页。

则右左于守护轮有应也。做事皆皆供修应谓于（助）至以

10-7 ꡀꡀꡀꡀꡀꡀꡀꡀꡀꡀꡀꡀꡀꡀꡀꡀ。ꡀꡀꡀꡀ

九六二种依度救天母之二种做事集毕终也。唵孤噜孤

10-8 ꡀꡀꡀꡀꡀꡀ，ꡀꡀꡀꡀꡀꡀꡀꡀꡀ，ꡀꡀꡀꡀ

丽绞哩索诃谓于起，上比无谓于（助）至者毒取，孤噜孤丽

10-9 ꡀ，ꡀꡀꡀꡀ。ꡀꡀꡀꡀꡀ，ꡀꡀꡀꡀꡀꡀꡀꡀꡀ

是，绞哩不需也。光明谓于起，一百遍以臣摄也谓于（助）至

10-10 ꡀꡀꡀꡀꡀꡀꡀꡀꡀꡀ，ꡀꡀꡀꡀꡀ。ꡀꡀꡀꡀꡀ，ꡀꡀ

者度救生现孤噜孤丽是，绞哩字用也。色白谓于起，先（助）

10-11 ꡀꡀꡀꡀꡀꡀꡀꡀꡀꡀꡀꡀꡀꡀꡀꡀꡀ，ꡀꡀꡀꡀꡀ

说如供修应谓于（助）至者乌牙孤噜孤丽说，吽及绞哩双

10-12 ꡀꡀ。ꡀꡀꡀꡀꡀꡀꡀꡀꡀꡀꡀꡀ。ꡀꡀꡀꡀꡀꡀꡀꡀꡀ

二用。喜石王之十一第品中说也。智慧劣之身于谓等者

10-13 ꡀꡀꡀꡀꡀꡀꡀꡀꡀꡀ。ꡀꡀꡀꡀꡀꡀꡀꡀꡀꡀꡀ，ꡀꡀ

智慧炽盛令（助）做事说也。此轮自实谓者先说与同，智慧

10-14 ꡀꡀꡀꡀꡀꡀꡀꡀꡀ。ꡀꡀꡀꡀꡀꡀꡀꡀꡀꡀꡀꡀ

炽盛行加谓于（助）至是。此亦毒取孤噜孤丽依智慧炽盛

10-15 ꡀꡀꡀꡀꡀꡀꡀꡀꡀ。ꡀꡀꡀꡀꡀꡀꡀꡀꡀ。ꡀꡀꡀꡀ

令（助）及异依等二种是。彼中异依者根续中说也。月中围

10-16 ꡀꡀꡀꡀꡀꡀꡀꡀꡀꡀꡀꡀꡀꡀꡀꡀꡀ。ꡀꡀꡀꡀꡀ

谓等二第殊妙做中石王勇识之绕围也。字种文字谓

10-17 ꡀꡀꡀꡀ。ꡀꡀꡀꡀꡀꡀꡀꡀ。ꡀꡀꡀꡀꡀꡀꡀꡀ

者五种是。颅具座（助）谓者花净是。四座之说（助助）说二第

10-18 ꡀꡀ，ꡀ。

节说，终。

意译：

……者是遍及谓者九宫格^{（一）}中安置也。谓敬礼之种字者开始是唵字，

谓燃烧者末尾布列索诃之谓。谓中间者是脐间。谓空性正等之智慧中者非部分空^{（二）}，于空性是不入定和未入定之智慧聚积。广说者： 众生体性因无有　瑜伽修者禅定时　谓也。谓皆证悟正等领域者会禅定，则轮心间观想。不会禅定，则左右应安置守护轮。修供一切羯磨乃至依九种、六种、二种，救度天母之二种羯磨集圆满也。^①从唵孤噜孤丽纥哩 索诃起，至最上无比者是解毒^{（三）}之孤噜孤丽，纥哩不需要也。从光明起，至谓以一百遍调伏大臣也者是生现救度之孤噜孤丽，纥哩字用也。从谓白色起，至如前所说应修供者是解说乌仗那^{（四）}之孤噜孤丽，吽及纥哩二者用也。《喜金刚》之第十一品中说也。智慧于卑下身等者解说令智慧炽盛法之羯磨也。此谓轮之自性者与前所说同，^②是至谓智慧炽盛加行。此亦解毒是依孤噜孤丽令智慧炽盛及依不同等二种。彼中依不同者根本续中说也。谓月坛城等，在第二品中宣说金刚萨埵之眷属也。谓种字文字者是五种。谓颅骨座上者是莲花。^③解说《四座》之释续第二节，终。

注释：

（一）九宫格：西夏文作𘈩𗤁𗈁，直译是"九网孔"。其在《吉祥三菩怛经典明灯》中作 mig dgu pa，直译是"九孔"，指"九宫格"。

（二）非部分空：西夏文作𗽔𗤁𗈁，直译是"分空非"。其在《吉祥三菩怛经典明灯》中作 nyi tshe bavi stong pa ma yin pa，译为"非部分空"，即不是部分之空性。

（三）解毒：西夏文作𗹙𗅢，直译是"取毒"，即解毒。其在《吉祥三菩怛经典明灯》中作 dug vphrog，直译是"取毒"，一般译成"马兜铃"，一种能解蛇毒的植物。

（四）乌仗那：西夏文作𗊴𗩾，音译为"乌牙"。其在《吉祥三菩怛

---

① "修供一切羯磨乃至依九种、六种、二种，救度天母之二种羯磨集圆满也。"藏文本中无。
② "《喜金刚》之第十一品中说也。智慧于卑下身等者解说令智慧炽盛法之羯磨也。此谓轮之自性者与前所说同。"藏文本中无。
③ "谓种字文字者是五种。谓颅骨座上者是莲花。"藏文本中无。

经典明灯》中作 u rgyan，梵文为 Udyāna，是古印度一国名，位于北印度，汉文文献中多音译为乌仗那。如《大唐西域记》载："乌仗那国周五千余里……旧有一千四百伽蓝，多已荒芜。昔僧徒一万八千，今渐减少，并学大乘寂定为业。"① 方塔出土西夏汉文藏传佛经《吉祥出有坏现观》中音译为"乌延"。② 乌仗那也是密教二十四处圣地之一。

藏文转写：

sa bon vdi kun la ste zhes pa re mig dgu pa lavo// phyag vtshal thig mar oṃ/ srog pa mthar swāhā spel bavo// dbus ni lte ba lavo// stong nyid mnyam pavi ye shes ni nyi tshe bavi stong pa ma yin pas/ stong nyid la mnyam par bzhag ma bzhag med pavi ye shes kyi tshogs sogs pavo//

rgyas pa bshad pa/ sems can dngos po med pa ru/ rnal vbyor bsgom pas bsgom bya ba// ces pavo// devi ngang las lhavi skur bskyed pa mnyam nyid ces pa la sogs pas bsgom shes na/ vkhor lo snying gar bsam/ bsgom mi shes na dpung pa g-yon par srung bavi vkhor lo gdags so// oṃ ku ru ku le hrīḥ swāhā/ zhes pa la sogs pa dug vphrog gi ku ru ku la yin te/ hrīḥ mi dgos/ vod zer zhes pa la sogs pas sgrol ma vbyung bavi ku ru ku le yin te dhrī dgos pavo// mdog dkar zhes pa la sogs pas u rgyan gyi ku ru ku la bstan te hūṃ dang hrīḥ gnyis ka dgos/ shes rab zhes pa la sogs pas shes rab blo vphel gyi las ston te/ dug vphrog gi ku ru ku lavi vphros yin par vdod de/ rtsa bavi rgyud na gud par yod pas vdir rang rkyang pavi yin no// zla bavi dal la zhes pa la sogs pas rab du byed pa bcu gnyis pavi rdo rje sems dpavi vkhor vchad do// gdan bzhi pavi bshad pavi rgyud de brtag pavi rgyal po gnyis pa sgron mavo// rdzogs so//③

---

① 玄奘、辩机原著，季羡林等校注《大唐西域记校注》卷 3，第 270 页。
② 《拜寺沟西夏方塔》，第 223 页。
③ 俄·秋谷多吉等：《先哲遗书·俄派师徒文集》第 226 册，第 163—164 页。

10-19 𗹣𗾧𗉅𗈼 ① 𗇋𗿒𗱢𗄻𗏹𗧓𗏵𗈷𗡪𗲠𗇋𗰖𗏵𗿒𗬓𗰗，𗄻𗄌𗡞𗇋𗂸𗆭𗳒

　　　 我无母吉有形噜迦谓者八面十六手是，增长次之供（助）说

10-20 𗏵𗄆。𗐭𗄌𗏵𗌮𗏹𗯨𗲠𗌮。𗼨𗮸𗏵𗏹𗬓𗫦𗩾。𗼨𗉅𗏵𗼟𗏵

　　　 谓也。何（助）谓等者利益是。空行谓者中尊是。空行母遍谓

11-1 𗏹𗱨𗤋𗇋。𗶔𗼨𗮸𗏵𗧓𗣼𗈷𗧕𗐰𗆭𗪙𗄆。𗱢𗱥𗭤𗡪𗯨

　　　 者绕围是。实戏行谓者习应之思念与顺也。七第殊妙做

11-2 𗪑，𗤁𗇒𗈷𗫕𗄌𗲜𗣼𗤜𗔲𗈷𗐭𗄆，𗹐𗺗𗤵𗣼。𗼨𗲘𗨆

　　　 中，内外之宫及福足四无量智足等取，此入作应。石王勇

11-3 𗡈𗼨𗲘𗰂𗇋𗏹𗰮𗈼𗲠𗲰𗺭𗈷𗄻𗩾𗈼。𗤏𗇋𗏹𗨆𗸏𗲑

　　　 识石王实谓者五菩提依佛增长令之谓。广说者（助）下月

11-4 𗤊𗤋𗈷𗤊𗤊𗣼，𗄬𗈼𗸏𗤜𗏹𗳒𗟼𗸏𗪙𗆭𗩾。𗪙𗹐𗄌𗈷𗱷

　　　 中围之中间谓，自之心间月坛上吽字思也。字种璎诵彼

11-5 𗉅𗴽𗣼𗏹𗒀𗄻𗼨𗬓𗈼𗸏𗰮𗏹𗳒𗃤𗤵𗈵𗣼，𗢳𗒋𗼨𗲘

　　　 处列谓者前前虚空中月坛上五字列作之谓，复亦石王

11-6 𗏹𗼱𗢳𗣼𗏹𗌰𗼨𗲘𗏹𗌰。𗄻𗤏𗼨𗲘𗇋𗏹𗣒𗪓𗣼𗐭𗣼𗄆。

　　　 持成时谓者果石王持是。（助）下石王有者大贪欲谓等说也。

意译：

　　谓无我母^{（一）}、吉祥形噜迦^{（二）}者是八面十六手，宣说生长次第之供养仪。何已谓等者是利益。谓空行者是中尊。谓空行母遍满者是眷属。谓实戏行者与所化之思虑和顺也。第七品中，^②内外之居处，取善业聚积、四无量、智慧聚积等，应置入此。谓金刚萨埵金刚实者是因五菩提佛令增长之谓。广说者谓下面月坛城之中间，观想自之心间月坛上吽字也。种字璎珞列置彼处谓者，面前之虚空中，月坛上方列五字之谓。复亦变成持金刚时谓者是果之金刚持。下面具金刚^{（三）}者是宣说大贪欲等。^③

---

① 原本中无此字。
② "谓实戏行者与所化之思虑和顺也。第七品中。"藏文本中无。
③ "下面具金刚者是宣说大贪欲等。"藏文本中无。

注释：

（一）无我母：西夏文作[illegible]，译为“无我母”，藏文作 bdag med ma。无我母是藏传佛教女性神灵，是喜金刚本尊的阴性佛母。

（二）吉祥形噜迦：原文作[illegible]（有形噜迦），当缺一个[illegible]字，应为[illegible]（吉有形噜迦）。[illegible]直译为“吉有”，其在西夏文《吉祥遍至口合本续》《吉祥遍至口合本续之广义文》中多次出现，对应藏文为 shrī，即梵文 Śrī，有吉祥和尊敬之意。[illegible]音译为“形噜迦”，即喜金刚本尊。

（三）具金刚：西夏文作[illegible]，译为“金刚有”“具金刚”，藏文作 rdo rje can，是金刚持佛的异名。

藏文转写：

da ni mngon par rtags pa bsgom pavi rim pa la/ gong du bstan pavo// phyi nang gi gnas der vdug la/ bsod nams kyi tshogs dang tshad med pa dang ye shes kyi tshogs dang srung vkhor dang/ gzhal yas khang gi bar du bskyed nas zla bavi zhes bya ba la sogs pas mngon par byang chub pa lngas rgyuvi rdo rje vchang skyed la/ rdo rje can la sogs pas mkhav gsang byin gyis brlabs la/ gaṃ tsaṃ la sogs pavi sa bon brgyad las/ ma movi grong khyer zhes pa lha mo bcu gnyis bskyed do// zla bavi da lavi dbus ni rang gi snying ga nas zla bavi steng na hūṃ yod pavo// sa bon phreng ba de nas dgod ni mdun gyi nam mkhav la zla bavi steng na yig vbru lnga pavo// de nas la sogs pas glus bskul bas slar yang rdo rje vdzin vgyur te/ zhes pa vbras buvi rdo rje vchang ngo//①

11-7　[illegible]，[illegible]。

男女融之液于字种点圆四分时，角中四天母告起也。

11-8　[illegible]。[illegible]，[illegible]

① 俄·秋谷多吉等：《先哲遗书·俄派师徒文集》第 226 册，第 164—165 页。

眼幻谓者幻术之六第喻是。液依起者颅具中月，彼上镰

11-9 𗼨，𗗟𗤋𗕟𗡞𗵒𗸦𗽻。𗗟𗤋𗾫𗋈𗝓𗽻𗱕𗫡𗸦，𗗟𗵒𗤋𗵒
刀，彼之柄于阿字思也。男之颅具中月上石王，彼上吽字

11-10 𗿳𗴓𗵖𗢳𗴟𗴗𗽻。𗽻𗇋𗴗𗢳𗰣𗫻𗫻𗝓𗝓，𗫂𗫂𗱤𗸦𗽻𗿧
与一（助）融时起也。燃烧璎珞实乱乱甚甚，诸诸遍至遇谓

11-11 𗑱𗢳𗵳𗩽。𗽻𗵳𗑱𗸖𗽻𗝓𗫡𗕟𗥃𗸦𗹙，𗢳𗤋𗢳𗖟𗝓𗗂𗫡��
者略说是。广说者根数地上踢以触，天及天非怖畏令谓

11-12 𗗂𗿳𗴟𗩽。𗗟𗤋𗶠𗆀𗌭𗿳𗝓𗵒𗸨𗗂𗴟𗴟𗫡�𗫡�
等与缚有。彼之中间海长依严我𗼩我等增长令（助）咒颂

11-13 �𗢳，𗵒𗡞𗵳�𗫡�𗢳。𗰷𗴑𗫡𗱕𗵬𗡞𗵒𗸦𗑱𗢳𗸦𗫡�
是求，唵阿吽染咒是求。肢无石王师阿利八者增长令（助）

11-14 𗫡��𗢳，𗸨𗗂𗴟𗗂�𗫡��𗢳𗢳。𗿳𗫂𗦳𗤯𗵒𗡞𗵒𗵳
咒颂是求，严我𗼩我等染咒是求也。阴母墙宫心悦谓者

11-15 𗪒𗰷𗫂𗴑𗢳�。𗵖𗫡𗫂𗵖𗵳𗵬𗢺�𗗂𗗟𗵳𗩗�。𗷦𗵳𗫂
八天母围之谓。马头母面者右黄左白中面青也。猪头母

11-16 𗷦𗵳𗩗𗵬𗢺�𗗂𗸦。�𗵖𗫂𗷦𗵳𗳣𗵬𗗂𗩗�。𗪴𗫦𗫂
中面青右黄左白。狗头母中面红右青左白。狮子头母

11-17 𗷦𗵳�𗵬𗩗��。𗸦�𗵖�³𗥃𗗂𗸦𗩗𗷦𗾫，𗒹。
中面青右青左白也。三第节之一第殊妙做说，终。

意译：

于男女融合之液，种字明点分割成四时，四角中四天母感应[一]也。谓眼变幻者喻为第六幻术。由液升起者是颅具中之月，上有弯刀，彼之柄上有阿字，观想也。男之颅具内月亮上是金刚，与彼上吽字一起相融时升起也。燃烧璎珞极其凌乱，遍满各处者略说。广说者脚下诸数地上踢打。与天及非天令怖畏等联系。彼之中间依海生[二]严我𗼩我等是乞求能令增长咒颂，唵阿吽是求染咒。无肢金刚师[三]八阿利咒是能令增长咒颂，严我𗼩我等是求染咒也。谓阴母如意围墙是八天母[四]围绕之谓。马头母[五]面

是右黄左白中间青面也。猪头母面是中间面青右黄左白也。狗头母面是中间面红右青左白。狮子头母面是中间面青右青左白也。[①] 解说第三节之第一品，终。

注释：

（一）感应：西夏文作𗋽𗼻，直译是"告起"。其在《吉祥三菩怛经典明灯》中作 skul ba，本意为"鼓动""劝告"，佛书中译为"感应"。

（二）海生：西夏文作𘃧𗟻，直译为"海长"，即海里生长。其藏文作 rgya mtsho skyes，译为"海生"。藏文 rgya mtsho las skyes pa 有多义，可指孔雀、月亮、天上之树、帝释天的坐骑等。此处应该指月亮。

（三）无肢金刚师：西夏文作𗙫𗖰𗡷𗼕𗴛，译为"无肢金刚师"。其藏文为 yan lag med pavi rdo rje，梵文为 Anangavajra，又译作无支金刚、无体金刚等，是古印度佛学大师，道果法的重要传承人。据《如意宝树史》，其系下等种姓出身，曾在乔丹波山修行大手印十二年，获得成就。因和一个非常丑陋的女子结婚，又被称为亥窝师（phag tshang pa）。[②]

（四）八天母：此处的八天母是指十六手喜金刚坛城中环绕主尊喜金刚的八位女神，分别为：妙音天女（Gaurī）、强盗女（Caurī）、起尸女（ro langs ma）、卜羯西女（Pukkasī）、旃陀罗女（Caṇḍālī）、贪食女（Ghasmarī）、蛮部女（śabarī）和梨园女（Ḍombinī）

（五）马头母：马头母和下文中的狗头母、猪头母、狮子头母是十六手喜金刚坛城中守护四门的女性神灵。

藏文转写：

yab yum gnyis khu ba thig le las bskul bas so/ khu ba las bzhengs pa ni thod pavi steng na zla ba devi steng na gri gug/ de yu ba la aṃ ngo/ yab kyi thod pavi nang du zla bavi steng na rdo rje devi steng na hūṃ yod pa dang

---

① "与天及非天令怖畏等联系……狮子头母面是中间面青右青左白也。"藏文本中无。

② 松巴堪布·益西班觉：《如意宝树史》，蒲文成、才让译，甘肃民族出版社，1994，第 182—183 页。

chas par zhu ba las bzhengs pavo//vbar bavi la sogs pas mdor bstan/ rgyas par bshad pa ni zhabs rnams sa la bsnun pa zhes pa la sogs par vbrel te/ vbras buvi rdo rje vchang gi mtshan nyid bshad do// cho ga la sogs pas vkhor gyi lha movi mtshan nyid bstan to// de la ye shes sems dpav spyan drangs pa dang/ mchod bstod bya ba dang dbang bskur ba dang bzlas pa bya ba dang rdzogs pavi rim pa bsgom pa dang thun mtshams la sogs pa byavo// de dag dgyes pa rdo rje bshad pavi rgyud de// brtag pa gsum pavi rab byed dang povi sgron mavo//①

11-18 [illegible]

此二第殊妙做以四座依增长次之口合说悟应。石王光

11-19 [illegible]

明王谓者石王心真之唤也。二之体性谓者（助）应之谓。不

11-20 [illegible]

二法之真智谓者双入智成，供（助）自体是。诸默有之先初

12-1 [illegible]

者谓等者三种集绕依种种遍至作应依福足四无量智

12-2 [illegible]

足于染着，弃之索伐哇诵应也。种种遍至集绕依守护轮

12-3 [illegible]

法生宫胜妙殿三于染着者之伐折啰殊哆咒诵应。种种

12-4 [illegible]

遍至手印依三种法事依（助）一刹那（助）五菩提于染着，弃

12-5 [illegible]

之俞罨殊哆尼诵应。心与依（助）宫谓等以其数之宫说也。

① 俄·秋谷多吉等：《先哲遗书·俄派师徒文集》第226册，第165页。

12-6 𗥊𗤁𗎩𗏴𘃞𘊖𗬀𗉒𘃞𗦺𘊖，𗱡𗏫𘊖𗙫𘊟𘊖。𗴴𗢳𗧓𗥃

上盖数谓等者福足之因支是，香善者旃檀是。一刹那以

12-7 𗎩𘃞𗥃𗬀𗎩𘃤𘊖𗥃𗮉𘊖𗦰𘊗，𗧉𗳿𘊖𗥃𗮉𗥃𗰖𘉰。

谓等三句以中尊增长令（助）略说，化生依增长令也作应。

意译：

此第二品中，解说《四座》生长次第之相应。谓金刚光明王者金刚藏之请唤也。谓二者之体性者能取所取之谓。不二法之智慧者成双运之智慧，是修供方法之自性。所谓诸瑜伽之开始者等，因三种集略，应成为诸种遍满，于善业聚积、四无量、智慧聚积等染着，应诵离弃之索伐哇也。诸种遍满，依集略于守护轮、生法处、无量宫三处染着者，应诵伐折啰殊哆咒颂。诸种遍满，依手印于三种仪轨或一刹那或五菩提染着，应诵离弃之俞罨殊哆尼咒。[①]谓以顺心意之处宣说彼数之处也。谓无上诸华盖等者是善业聚积之因支[（一）]，善香者是旃檀[（二）]。谓以一刹那等，三偈句略说中尊令增长之法，应作随化生[（三）]令增长也。[②]

注释：

（一）因支：西夏文作𘃞𗬀，译为"因支"。其藏文为 rgyu yan lag，直译是"因支"，即因之部分，或部分因。

（二）旃檀：音译西夏文𗬀𗸍，藏文作 tsan dan，梵文为 Candan，汉文文献中多音译成旃檀、栴檀、健达等。旃檀为树名，可制香，乃香中精品。《大唐西域记》"印度总述"载：印度人"身涂诸香，所谓旃檀、郁金也"。[③]旃檀又分为白旃檀、红旃檀和牛头旃檀，均可入药。红旃檀可去风肿，白旃檀可治热病。[④]

---

① "所谓诸瑜伽之开始者等，因三种集略，应成为诸种遍满，于善业聚积、四无量、智慧聚积等染着，应诵离弃之索伐哇也。诸种遍满，依集略于守护轮、生法处、无量宫三处染着者，应诵伐折啰殊哆咒颂。诸种遍满，依手印于三种仪轨或一刹那或五菩提染着，应诵离弃之俞罨殊哆等咒。"藏文本中无。

② "应作随化生令增长也。"藏文本中无。

③ 玄奘、辩机原著，季羡林等校注《大唐西域记校注》卷2，第181页。

④ 法云：《翻译名义集》卷3，《大正新修大藏经》第54卷，第1104页。

（三）化生：西夏文作𗱋𗵽，译为"化生"，藏文为 rdzus skyes。化生为佛教中的四生之一，即胎生、卵生、湿生和化生。如天上诸神、妖魅、饿鬼、地狱等诸有情均是幻化而生的，称为化生。

藏文转写：

gnyis pa vdis gdan bzhi pavi bshad rims kyi kha sbyor vchad de/ nyon gcig rdo rje vdi rgyal po la rdo rje snying po la bos pavo// gnyis kyi dngos po ni gzung vdzin ni// gnyis med chos kyi ye shes ni zung du vjug pavi ye shes te/ bsgrub thabs kyi ngo bovo// yid du vong bavi gnas ces pa la sogs pa ni gnas brtan pa yin te phyi dang nang gi gnas der bla re dag ni bris ces pa bsod nams kyi tshogs kyi yan lag go/ dri zhim ni tsan dan no// blo ldan la sogs pas rnal vbyor gyi dbang phyug bsgom pa dang bsod nams kyi tshogs bsag pa dang/ ye shes kyi tshogs stong pa nyid du bsgom pa sngon du vgro bas rnal vbyor zhes pa la sogs pas tshogs kyi zhen pa spang bavi phyir swa bha wavi sngags brjod do//[①]

12-8　𗵽𗵽𗵽𗄐𗟻𘕣𘂜𗗊𗙐𗥤𗰜𘏨𗵽　𗰗𗙐𗅲𘂜𘆿𘃡𗰒𘊭
　　法事谓二句以绕围增长令（助）说也。方数四种色俱足谓

12-9　𘕂𗗉𗭪𗗊𗋽𗵽　𗦜𗙐𗯨𗰲𘄽𘕂𗵽𗰞𘃽𘂜𘄗𗵽　𘒂𗾈𗥤
　　者须弥山说也。金以作造壁宫者谓等胜妙殿说。五狮子

12-10　𗉖𘀝𗤶𘖃𗵽　𗦖𗷻𗧓𗵽𘕂𘗽𘉒𗵽𘍵𘓐𘐆𘋩𗵽，𗱕𗵽𘍶𗱋
　　座与一（助）也。自之气谓者疏主说则字种是谓，师说则化

12-11　𗴩𘋩𘔯𘋩𘋩𗵽𘖃　𗧓𗼱𗵽𗵽𗒐𘍵𘅹𗟻𘂜𗄐𘕣𘍅𗵽𘊺
　　生是依风是谓也。作应法事其实及智大海者思虑谓于

12-12　𘂜𗟻𘃞𗾞　�𗰗𗧓𗼱𘊺𗙟𘕂𗵬𘐆𘃌𘔯𘋩　𘅇𘅇𘔯𗵽𗷻
　　绕围生起。东方自之气于生者字种（助）风是。皆皆依谓等

---

① 俄·秋谷多吉等:《先哲遗书·俄派师徒文集》第 226 册，第 165—166 页。

12-13 〔西夏文〕

者智勇识入令摄持主授等遍作应也。风之七第谓者耶

12-14 〔西夏文〕

字于起算七第萨字之谓。火之七第谓者啰字于起算七

12-15 〔西夏文〕

第诃是也。石王母之字种谓者乌字是。点圆声以实真忍

12-16 〔西夏文〕

谓者吽须我是，中方四河江之止令（助）要论是。喉小（助）须

12-17 〔西夏文〕

我字白，舌尖（助）吽字黑，思喉小（助）靠作令以习应也。若未

12-18 〔西夏文〕

习，然则舌根于吽字思时，吽须我诵以靠作令则风止也。

12-19 〔西夏文〕

三第节之二第殊妙做说，终。

意译：

解说仪轨以二偈句令眷属增长也。①诸方向（一）俱足四种颜色者是解说须弥山也。谓以金修造宫壁者是说无量宫，与五狮子座一起也。自之气息者说注解者（二），故是谓种字，以上师是化生，由彼是谓于风也。所作之仪轨，其实及所谓观修智慧大海，眷属增长也。东方自之气息生者是种字或风。谓一切意愿等者令智尊（三）进入并加持、灌顶等遍所作也。谓风之第七者是于耶字数起第七萨字之谓。谓火之第七者是于啰字数起第七诃字也。金刚母（四）之种字者是乌字。明点以声音真实禁止者是吽须我，是其内令四江河停止法要论。②舌喉上白色须我字，舌尖上黑色吽字，观修则舌喉上接合（五）而练习也。若未练习，然则观修吽字于舌根时，接合诵吽须我，风停止也。解说第三节之第二品，终。

---

① "解说仪轨以二偈句令眷属增长也。"藏文本中无。
② "是其内令四江河停止法要论。"藏文本中无。

注释：

（一）诸方向：西夏文作𗵤𗦠，直译是"方数"。其在《吉祥三菩怛经典明灯》中作 phyogs rnams，译为"方向数""诸方向"。

（二）注解者：西夏文作𗫦𗡘，直译是"疏主"。其在《吉祥三菩怛经典明灯》中作 vgrel pa mkhan，译为"注解者""作疏者"。

（三）智尊：西夏文作𗋽𘄒𗪊，直译是"智勇识"。其在《吉祥三菩怛经典明灯》中作 ye shes sems dpav，佛书中译为"智尊""阇那萨埵"。密教生长次第中三重勇识之一。

（四）金刚母：西夏文作𗾟𗢳𗢸，译为"金刚母"，藏文为 rdo rje ma。金刚母就是金刚部之部母，也就是佛母、明妃。

（五）接合：西夏文作𗤋𗆧，直译是"作靠"。其在《吉祥三菩怛经典明灯》中作 sbyar ba，译为"接合""组合"。

藏文转写：

de nas stong pavi dang las srung bavi vkhor lovi nang du chos vbyung/ devi nang du vbyung ba rim brtsegs kyi steng du phyogs rnams kha dog zhes pa la sogs pa ri rab bsgom pavi bshad pavo// devi steng du gser la sogs pavi gzhal yas khang bsgom pavi bshad pavo// seng gevi gdan lnga dang bcas pavo// de dag gi zhen pa spong bavi don du badzra shuddhe brjod la rgyas gdab po// de nas gzhal yas khang der gtso bor bskyed pavi skad cig tsam gyis la sogs pas mdor bstan/ rang gi dbugs ni vgrel pa mkhan gyis sa bon la byas/ bla mas brdzus skyes yin pas rlung la bya gsung/ bya bavi cho ga de nyid kyis/ ye shes rgya mtsho bsgom bya ste ces pa vkhor bskyed pa mdor bstan/ rgyas par bshad pa ni shar du rang gi dbugs byung zhes pavo// de nas yo ga shuddhevi sngags kyis rgyas gdab/ thams cad rig pas ces pa la sogs pas/ ye shes sems dpav gzhug pa dang byin gyis brlab pa dang/ dbang bskur ba la sogs pa kun byavo// rlung gi bdun pa ni yang nas bgrangs pavi mdun pa na sa yod pavo// mevi bdun pa ni ra nas bgrangs pavi bdun pa na ha yod pavo// rdo rje mavi sa bon uvo// thig

le sgra yis yang dag mnan ni hūṃ gsum mo// lcevu chung la gsum/ lcevi rtse
mo la hūṃ nag po/ bsgom pa lcevu chung la yang sbyar ba ste/ goms navo//
ma goms na ni lcevi rtsa bar hūṃ bsgoms la hūṃ gsum brjod pas der sbyar bas
rang vgags pavo// de nas bzlas pa bya ba dang thun mtshams kyi bar du byavo//
gdan bzhi pavi bshad pa ste/ brtag pa gsum pavi rab tu byed gnyis pavi bshad
pas so//[①]

12-20 𗼈𗰜𗀋𗰜𗾟𘝠𗰛𗡮 𗔡𗽟𗽃𘄽𗍳𗾟𗍳𘜶𗼛𗟻𗰜𗨝𗱢𗤽𗆊

　　喜石王之祈（助）说。彼中何云（助）说谓者根续之八第品中

13-1 𗍳𗾟𗟻𗰛 𗥫𗽃𗾟𘄴𗤽𗾟𗍳𘝀𗶷𗍾𗾟𗍳𗾟𗰛 𘃘𗽦𗤩𘍞𗮟

　　（助）说如也。然（助）复罪有也谓故缩以说谓也。此间内外宫

13-2 𘟣𗵽𗱲𘝺𗸰𘃘𗖖𗢘𗝞𗾟𘜶𗤽𘄱𗦺𗸬𘝿𗮟𗤽 𘋼𗸬𗙏𘜶

　　入应虚空界之中间处谓者智足及法生宫是。日中围者

13-3 𘉂𘕿𗵽𗍳𘜶𘝠𗙏𗤩𗤽 𗷓𘃘𘏲𗍳𘜶𘏲𗤽𘉐𘜶𗤽𘜶𗊬 𗴳𗮟

　　思虑应谓者守护轮是。轮之地谓者轮大圆镜智成，遍宫

13-4 𗮟[②]𗜓𗤽 𘃘𗴳𗮟𘜶𗴳𘃘𗮟𘃼𗵷𗍳𗤽𗾟 𘝨𘝺𗸬𗸬𗍳𘜶𗱢

　　宫变是。此遍宫者遍之宫（助）依处是也。仪依先初谓者作

13-5 𗵽𘃘𘝿𗸬𗵝𘒸𗵝𗤽 𘟣𘃘𗤽𗽟𘝨𘝺𗽃𘍁𗍳𗾟𘜶𘞞𗽃𗽘

　　应之先初水（助）起也。火之何云仪依烧（助）及谓者火以燃

13-6 𘃾𗾟𗵽𗽘𗍳𗤽 𗕬𘃘�ì𗽘𗍳𘜶𘝾𘕢𗕬𘝺𗤽𗆊𗯿𗾟 𗜓𘝺

　　烧作应作谓也。风之诸天谓者化生风依增长令也。次依

13-7 𘕡𗬿𗞬𘕿𗵽𗍳𘜶𘝀𗤽𗜓𘍁𗸾𘍞𗳾𘁴𗾁𗬁𗸬𘝺𘔷𘝄𘜶𗥑

　　实真观想应谓者生大次积（助）众明主男女与一（助）胜妙

13-8 𘓄�𗵽𘔷𗮟𗵽𗵝𘜦𘉐𗵝�⽥𗵝𗳾𗤽 𗔡𗵝𗍳𘄱𘜶�⽥�

　　殿增长令也。二重谓者花净二重是也。彼（助）谓等者略说是。

---

① 俄·秋谷多吉等:《先哲遗书·俄派师徒文集》第226册，第166—167页。
② 此处𗮟字当重复。

意译：

解说喜金刚修供仪。彼中如何解说者根本续之第八品中如是解说也。然重复罪过也，故简略说也。此间，所入内外居处谓虚空界之中间处者是智慧聚积及法生处。日轮^(一)者所观想处是守护轮。谓轮之地者轮成为大圆镜智，化为含藏^(二)。此含藏者是一切之处所或一切之所依也。依仪事先准备者所作之事前准备水来也。火之如何依仪能护摩^(三)及谓者以火燃烧作事业也。风之诸天者化生由风令生起也。依次应真实观想者，于大种次第积累上，众明主与男女一样令无量宫令生起也。谓二重者莲花是二重也。所谓于彼等是略说。

注释：

（一）日轮：西夏文作劾醐敽，直译是"日中围"，藏文作 nyi mavi dkyil vkhor，译为日坛城。日坛城，也译作日轮，即太阳。

（二）含藏：西夏文作秏胹，直译是"遍处"。其在《吉祥三菩怛经典明灯》中作 kun gzhi gnas，直译是"遍处"，佛书中译作"含藏"，意为一切之所依处。

（三）护摩：西夏文作菣或菣释，直译是"烧"或"烧施"。其在《吉祥三菩怛经典明灯》中作 sbyin bsreg，直译是"烧施"，梵文作 Homa，汉文诸本中常音译为护摩、呼么等。护摩，其原为事火婆罗门烧火祀天，婆罗门以火为天之口，认为烧飨物于火，则天食之，而予人以福。密教取其法，设火炉，烧乳木，以智慧之火烧烦恼之薪，以真理之性火而除尽魔害。慧琳《一切经音义》载："护摩梵语，唐云火祭祀法，为飨祭贤圣之物火中焚燎，如祭四郊五岳等。"^①

藏文转写：

dgyes pa rdo rdevi lha mo bco lngavi bsgrub thabs bshad pa la/ ji ltar vbyung bzhin ni rtsa bavi levu brgyad pa bzhin no// vo na zlos so zhe na bsdus

---

① 慧琳：《一切经音义》卷 41，《大正新修大藏经》第 54 卷，第 579 页。

te bshad pavo// bsgrub pa pos phyi nang gi gnas su bzhugs la rnal vbyor gyi dbang phyug la sogs pa bsgrub thabs kun gyi spyi sdom lhar bskyed nas/ nam mkhavi dbyings kyi dbus su ni chos vbyung ngo// nyi mavi dal ni bsam par bya ni srung vkhor ro//

der vbyung ba rim brtsegs bsgom pa la vkhor lo la sar brjod pa ni/ vkhor lo me long lta buvi ye shes te/ kun gzhi gnas gyur pa yin kun gzhi gnas de thams cad kyi gzhivam rten yin pavo// chu la sngon du vgro ba zhes pa ni bya bavi sngon du chu vgro bavo// me la ji lta buvi tshul bzhin sbyin sreg byed ni mes sregs pavi bya ba byed pavo// rlung la lha rnams ces pa ni lha brdzus skyes rlung las bskyed pavo// go rim bzhin du bsgom par bya ni vbyung ba rim brtsegs steng du rnam par snang mdzad yab yum chas pa zhu bar gyur pavi gzhal yas khang skyed pavo// rim pa gnyis ni padma vphang ma gnyis yod pavo// gzhal yas khang du brten pavi lha bskyed pa ni de steng la sogs pas mdor bstan//[①]

13-9 阿利等谓者广说是。月谓等者广说之广说是。石王勇

13-10 识座谓者因石王持不求，彼换处吽字是也。文字于生谓

13-11 者五菩提是，吽及派嘚者不求应谓者口合无依空密摄

13-12 持无有也。何未（助）融，点圆于歌以告起无有因，吽及派嘚

13-13 者不求应谓以译时（助）融依字种成无有也。勇识相于（助）

① 俄·秋谷多吉等：《先哲遗书·俄派师徒文集》第226册，第167页。

13-14 𗣼𗗨𗥫𗱤𗴺𗠇𗷫。𗤁𗌭𗌭𗬧𗔣𗴺𗥫𗱤𗤁𗲖𗯆𗼻𗤁𗴺

　　　生现谓者吽字是。月光宝珠亦彼如谓者天母色黑光白

13-15 𗬇𗨙𗥫𗬧𗷫𗱤。𗭴𗵽𗌭𗥫𗱤𗴺𗌭𗸦𗪚𗤁𗹣𗪚𗮺𗥫𗤆𗪚

　　　水银色如是也。其实三谓者增长次依空行地行我无母

13-16 𗵺𗌭𗷫，𗵒𗴺𗸦𗪚𗌭𗵒𗎫𗌭。𗤁𗡞𗵒𗪚𗔆𗥫𗸦𗎫𗌭𗥫𗠷𗷫

　　　等三是，集终次依三脉之谓。光明种种正觉云谓者帐续

13-17 𗪚𗵽𗵒𗯆𗵒𗹒𗼖𗥫。𗭴𗥫𗮺𗮺𗷫𗬧𗼖𗌭。𗵒𗪚𗵽𗸦𗥫𗸒𗵰

　　　依六支行加算应。其者先初佛黑思也。道依说则色颜于

13-18 𗵟𗼖𗥫𗌭。𗵒𗼖𗵺𗅲𗵲𗪚𗹵𗌭。𗸦𗪚𗵽𗸦𗵦𗌭𗅡𗨙𗥫𗌭。

　　　染着弃也。红思等亦此依知应。果依说则五智一味是也。

13-19 𗌭𗣼𗵵𗎫𗌭𗣼𗵴𗔆𗌭𗥫𗵒，𗵺。

　　　三第节之三第殊妙做说，终。

意译：

谓阿利等者是广说。谓月等者是广说之广说。解说金刚萨埵之座者是不希求因位金刚持（一），彼处是换吽字也。于文字所生出者是五菩提（二），吽及派嘚者不希求，依无相应摄持虚空密无有也。抑或融化，用歌于明点无感应，故吽及派嘚者因谓不希求翻译，因融化而没有成为种字也。谓于菩萨相生现者是吽字。亦彼如月光宝珠者天母黑色，白光如水银色也。其实三色谓者依生长次第是空行、地行（三）、无我母等三种，依圆满次第是三脉之谓。光明诸种佛云者当数依帐续（四）六支加行。彼者开始观修黑色佛也。依道解说，则于颜色断除贪欲也。观修红色等亦依此推知。依果解说，则五智是一味也。解说第三节之第三品，终。

注释：

（一）因位金刚持：西夏文作𗈪𗱤𗤁𗔣，译为"因金刚持"。其在《吉祥三菩怛经典明灯》中作 rgyuvi rdo rje vchang，佛书中译为"因位金刚持"，即众生自身原本有具备无有变异、各别自证和无增大乐等三种特性的真如。

（二）五菩提：西夏文作𗾈𗧘𘃪，译为"五菩提"。其在《吉祥三菩怛经典明灯》中作 mngon byang lnga，译为"五现证"，即五菩提。它是佛教密乘生长次第修证本尊五法：月轮现证、日轮现证、种字现证、手帜现证和全身现证。

（三）空行、地行：西夏文作𗟻𗠁𗺸𗠁，译为"空行地行"。其在《吉祥三菩怛经典明灯》中作 mkhav spyod sa spyod，译为"空行地行"。"空行"指空中飞行，指鸟类。"地行"指地上行走，指人类和地上行走的各种动物。

（四）帐续：应是指《圣空行母金刚帐大本续王品》，简称《空行母金刚帐本续》，喜金刚三续之一。[①]《空行母金刚帐本续》由克什米尔论师迦耶达啰和西藏译师卓弥·释迦益西译成藏文，也是《喜金刚根本续》的一部注释续。

藏文转写：

ā li la sogs pas rgyas par bshad/ zla ba la sogs pas rgyas pavi rgyas par bshad pavo// rdo rje sems dpavi gdan zhes bshad pa ni/ rgyuvi rdo rje vchang mi vdod de devi dod hūṃ yin no// yi ge las byung ni mngon byang lnga la bya/ hūṃ dang phaṭa ni vdod mi bya ni kha sbyar med pas mkhav gsang byin gyis brlab pa med pavo// yang na khu ba la glus bskul ba med pas ni hūṃ dang yang ni vdod mi bya ces par bsgyur/ zhu ba las sa bon du song la med pavo// sems dpavi gzugs brnyan las byung ba ni hūṃ las so// zla vod nor buvi vod lta bu lha mo gnag ste vod dkar/ rngul chuvi mdog tu dgug pavo// de ltar lha mo bco lnga la ye shes sems dpav spyan drang pa dang dbang bskur ba dang mchod bstod bya ba dang bdud rtsi myang pa byas la de nas kha dog drug gi rgyas gdab bya ba ni vod zer sna tshogs yin zhes so// de yang dang por lha nag por bsgoms de

---

①　喜金刚三续是指《喜金刚本续》、《空行母金刚帐本续》和《三菩怛本续》。《佛教史大宝藏论》记作《呼金刚根本续第二品》（又名《喜金刚本续》）、《空行母不共通金刚帐注释续》和《众密续共通注释续吉祥桑布扎后续》。

nas dmar po la sogs pa bsgom mo// lam gyi dbang du byas na kha dog la zhen

pa spong bavo// vbras buvi dbang du byas na ye shes rnam pa lngar ro gcig

pavo// de nyid gsum bdag ni bskyed pavi rim pa mkhav spyod sa spyod sa vog

gsum/ rdzogs rim la rtsa gsum mo// de nas rdzogs rim bsgom pa dang bzlas pa

bya bavi bar du byavo// dgyes rdor gyi bshad rgyud de brtag pa gsum pavi rab

tu byed pa gsum pavi bshad pavo//[①]

13-20 𗤶𗤊𗋈𗰖𘃡𗰛𘋩𗤁𗋈。 𗤏𗤁𗰖𘃡𗧓𗰗𗋕𗰛𘓊。 𘃡𗤊𗏹
　　　复次谓者先（助）说之谓。大中围谓者重众多是也。上比无

14-1 𗋈𗰖𗵒𗐔𗃛𗡶𘏨𘓊。 𗤏𘋩𗴜𗳍𘏨𘓊𗋈，𗴷𘃁𗣹𗡶𘓊。𘃁𗣹
　　　谓者供修（助）自体是。此之名号何是谓，则石王体是。石王

14-2 𗦇𗫳𗵮𘈷𗋈𗰖𗵒𗼻𗥃𘃢𘗽𘓊𗤁。 𗰛𘘂𘉍�!𗨳𘉍𘈷
　　　体与同类谓者增长令（助）法事略是也。大手印依化令时

14-3 𗋈𗰖𘍦𗵿𗴜𗳍𗤁。 𗳍𗴐𗰖𗟨𘉍𗪙𗋈𗰖𘍦𗰗𗵒𗴜𗳍
　　　谓者念定大中围是。中围宫者净令应谓者写画大中围

14-4 𗤁𗳢𘍽𘈷𘉍𗤁。 𘊬𗿒𗵒𘉍𗋈𗰖𗳢𘍽𘉍𗤁。𗤶𘍽𗋈
　　　之地宫净令（助）是。彼上供修时谓者地宫法事是。新净谓

14-5 𗰖𘃡𘍜𗰛𘉍𘃡𗤁。 𘏨𗮟𗵮𗰖𗵮𘅍𘏽𘗽𘘂𗏹𘃡𗡶𘏨
　　　者先用持未曾之谓。妙卷作谓者字种手印依佛之自体

14-6 𘏨𘉍�1�1。 𗳆𗤊𗋈𗰖𗴉𗴕𗪙𘈷𗥩𘓊，𘂤𗥱𘘂𗵿𘅍𗥃𘙗𘈓
　　　成令之谓。量有谓者长短二倍是，粗大依门之二十分中

14-7 𗿬𘙗𘓊。 𘕿𘝞𗵒𗰖�!𗤁𗀔� 𗴜𘘂𘓊。𗳍𗴐𘉍𘓙𗣊𘉚𘘂
　　　一分是。美妙谓者种集以及等持依是。中围何云能力依

14-8 𗵒𗰖𘃢𘔼𘘂𘏽𘕣𗰡[②]𘈷𗴋𗵑𘈷�1。𘈷𘝞𗴋𘒤𗴋𗵑𘈷
　　　谓者上乐轮依一肘比小则根触是，十六肘比大则根触

_____

① 俄·秋谷多吉等：《先哲遗书·俄派师徒文集》第 226 册，第 168 页。
② "𗰡"字在现有工具书中译作"如""于"，此据藏文译为"比""比较"。

14-9

成（助）说。此共同依说千肘等是也。智慧有者谓者方及地

14-10

宫于巧健之谓。石王柱承谓者东方轮是，南方宝珠，西方

14-11

花净，北方剑是。何未外八柱承是。五中围谓者五珞孔（助）

14-12

五重是。正觉色相列置应谓者（助）下广说也。中围法事谓

14-13

者画中围是。供修（助）说者念定中围是。彼中先初佛堂谓

14-14

等者福足之因于察（助）是。如来谓等者依处境于察（助）是。

14-15

法事仪依谓者益寻于察（助）是。大菩提心住于至谓者遍

14-16

与合应。彼如最上菩提心谓于起，如来种依七种记句，石

14-17

王上种谓等者石王种依三种记句是。宝珠上种谓者宝

14-18

珠种依四种是。花净上种谓等者花净种依四种是。外者

14-19

声闻独觉菩提勇识是。内者密是。做业上种谓等者业种

14-20

依二种是。最妙我今谓者德功是也。诸情有之利益因谓

意译：

复次谓者前面所说之谓。大坛城者是多层重叠也。无上^{（一）}者是修供方法之自性。此之名号是谓何，则是金刚界佛^{（二）}。谓与金刚界佛同类者

略是令增长之仪轨也。谓由大手印令变化时者是修定之大坛城。谓净治坛城处所者是净治写画大坛城之地。彼上修供时者是地之仪轨。谓新且净者先前未曾利用之谓。谓作妙卷^(三)者依种字手印，令佛之自性成之谓。标准^(四)者长是宽两倍，门是一周^(五)之二十分之一。谓善美者是以诸集及禅定。坛城依何功能者上乐轮略小于一肘则是根本堕罪^(六)，大于十六肘则解说成为根本堕罪。由此共同解说是千肘等也。谓智者^(七)是于地域及处所善知识之谓。谓金刚支柱者东方是轮，南方宝珠，西方莲花，北方是剑，抑或是外围之八支柱。五坛城者是五宫格或五层。所列置佛形相者下面广说也。坛城仪轨者是写画之坛城。解说修供方法者是修定之坛城。彼中，开始谓佛堂等者是善业聚积之因观察仪。谓如来等者是所依处境域之观察仪。依仪轨之法者是方便之观察仪。遍依止于大菩提中心者与遍满相应。如此起于谓最上菩提心，依如来处姓是七种记句，金刚最上种姓等者是依金刚种姓三种记句，宝珠最上种姓者是依宝珠种姓四种记句，莲花最上种姓等者是依莲花种姓四种记句。外者是声闻、独觉、菩萨乘，内者是密乘。羯磨最上种姓等者是依羯磨种姓二种记句。谓我今最妙者是功德也。谓诸利益众生之因^①……

注释：

（一）无上：西夏文作𗖻𗗉𗗙，直译是"无比上"。其在《吉祥三菩怛经典明灯》中作 bla na med pa，译为"无上""佛"。

（二）金刚界佛：西夏文作𗵽𗼃𗵺，直译是"金刚体"。其在《吉祥三菩怛经典明灯》中作 rdo rje dbyings，佛书中译为"金刚界佛"。瑜伽续中的一个本尊名。

（三）作妙卷：西夏文作𗼃𗊉𗊮，直译是"作妙卷"。其义不解。

（四）标准：西夏文作𗬚𗖻，直译是"量有"。其在《吉祥三菩怛经典明灯》中作 tshad dang ldan pa，直译是"量和有"，译为"标

---

① 从"彼中，开始谓佛堂等者是善业聚积之因观察仪"到"谓诸利益众生之因"，藏文本中未发现相应内容。

准""合格"。

（五）一周：西夏文作𗂁𘔼，直译是"粗大"。其在《吉祥三菩怛经典明灯》中作 sboms，译为"周长"，即一周之长度。

（六）根本堕罪：西夏文作𗾰𗵘，直译是"根触"。其在《吉祥三菩怛经典明灯》中作 rtsa ltung pa，直译是"根本堕"，佛书中译为"根本堕罪""根本罪"。佛教认为律仪如大树根，若善守护，则成一切道果功德之本；若不守护，则生恶趣因及苦之根本，未来生生世世由此堕下，故名根本堕。

（七）智者：西夏文作𗉛𘜶𗟲𗬩，直译是"有智慧者"。其在《吉祥三菩怛经典明灯》中作 shes rab can，译为"有智慧的人"，即"智者"。

藏文转写：

de nas gong du song bavo// dal chen po ni brtsegs ma du ma yod pavo// bla na med pa ni bsgrub thabs kyi ngo bovo// ming ci yin na rdo rje dbyings so// de rang yin nam zhe na/ rdo rje dbyings dang vdra ba ni bskyed pavi cho ga tsam mo// phyag rgya chen por bsgyur nas su bsgom pavi dal chen po mdor bstan pavo// dal gnas na sbyang bar bya ni bri bavi dal chen povi sa sbyang pavo// de ltar bsgrubs nas savi cho gavo// gsar pa ni gzhan du longs ma spyad pavo// legs par bsgril ba ni lhavi ngo bor ro// tshad dang ldan pa ni ring thung gnyis vgyur ro// sboms su sgovi nyi shu chavo// mdzes pa ni rdzas kyis dang ting nge vdzin gyis so// dal ji ltar nus pa bzhin ni bde mchog vkhor lo las khru gang las chung ba dang/ khru bcu drug las ches na rtsa ltung par bshad kyang vdi thun mong gi bshad pa yin te khru steng la sogs pavo// shes rab can ni sa phyogs dang sa la mkhas pavo//

rdo rje dkav ba ni shar vkhor lo/ lho rin po che/ nub padma/ byang rin po che/ yang na phyivi ka ba brgyad do// dal lnga ni lnga brtseg go/ sangs rgyas gzugs brnyan bzhag par bya ni vog nas rgyas pa vchad do// dkyil vkhor bri cho ga ni bri bavi dal lo// bsgrub pavi thabs ni bsgom pavi dal lo//[①]

17-1 [illegible]，[illegible]□□□□□□□□

中德功与合应，不然唯其时者非也。□□□□□□□□

17-2 [illegible]。[illegible]□□□□□□

（助）定说者上本续中说。主授令之时（助）□□□□□□

17-3 [illegible]□□□□□□

处等（助）谓不清净默有者主及集轮时□□□□□□

17-4 [illegible]□[illegible]。□□□□□

混及清净默有者业行生起时（助）□悟作也。□□□□□

17-5 [illegible]□[illegible]，[illegible]□□□□□

利益者不清净默有者上乐□悟知欲，默有□□□□□

17-6 [illegible]□□□□□

慢心除作因及自现主及记句与有成令因□□□□□

17-7 [illegible][②][illegible]，[illegible]□□□□□

净默有者数句悟及句悟之答，知悟时道又□□□□□

17-8 [illegible]□□□□□□

断作莫能因及正法空行母数成就赐能□□□□□□

17-9 [illegible]，[illegible]。[illegible]□□□□□□□□□

实中说，空行母胜势威力谓也。此□□□□□□□□□

17-10 [illegible]□□□□□□□□□□□□

利益者默有者清净及不□□□□□□□□□□□□

17-11 □□□□[illegible]□□□□□□□□□□□□

□□□□先遇遇未曾与□□□□□□□□□□□□

17-12 [illegible] [illegible]□□□□□□□□□□□□

① 俄·秋谷多吉等:《先哲遗书·俄派师徒文集》第226册，第168—169页。

② 原本作[illegible]（三），误。此据藏文本改。

（助）远住勇猛之　友及姐妹□□□□□□□□□□□

17-13 ꡒ　之区分者二种有，真性及□□□□□□□□□

17-14 ꡒ　真性解悟觉受慧是。名言者□□□□□□□□□

17-15 ꡒ　身句悟亦二种有，支自各及□□□□□□□□□

17-16 ꡒ　字独一及字集绕是。其中此□□□□□□□□□

17-17 ꡒ　有谓于起。我闻欲谓于（助）至是。彼中默有谓者□□□□

17-18 ꡒ　清净杂乱是。默有母数谓者咒生宫生等生数□□□□

17-19 ꡒ　手印谓者字独一及集绕数是。空行母胜势□□□□□

17-20 ꡒ　又空行母数（助）上乐空行母数胜之谓□□□□□□

意译：

……中与功德相应，不然唯彼时者非也。□□□□□□□禅定解说者无上本续中宣说。令灌顶之时□□□□□□处所等谓，不清净瑜伽士灌顶及聚轮时□□□□□□混合及清净瑜伽士于生起事业时□证悟也。□□□□□利益者不清净瑜伽士欲证悟上乐□，瑜伽□□□□□断除骄慢之因，及自我灌顶及记句及所作一切成就之因□□□□□诸（清）净瑜伽士语表及领悟语表之答时，外道□□□□□莫能截断之因及诸正法空行母^{（一）}能赐成就□□□□□□实中宣说，谓空行母胜势威力也。此□□□□□□□□□利益者瑜伽士清净及不□□□□□□□□□□□□□□先未曾遭遇及

355

□□□□□□□□□□□□远住勇士之　友及姐妹□□□□□□□□□□□□□之区分有二种，真性及□□□□□□□□□□□□□解悟真性是觉受智慧。名句^{（二）}者□□□□□□□□□□□身表^{（三）}亦有二种，支分各别^{（四）}及□□□□□□□□□□□是每个文字及汇集文字。彼中此□□□□□□□□□□有谓于起，直至谓我欲闻。彼中谓瑜伽者□□□□清净混合。诸瑜伽母者诸咒生空行母^{（五）}、刹土空行母^{（六）}、俱生母^{（七）}□□□□手印者是每个文字及汇集文字。空行母胜势□□□□□又于诸空行母中，上乐之诸空行母胜过之谓□□□□□□□……

注释：

（一）正法空行母：西夏文作𗅉𗗙𗒉𗋈𗘝，译为"正法空行母"。其在《吉祥三菩怛经典明灯》中作 sangs rgyas pavi mkhav vgro ma，译为"正觉之空行母""已成佛之空行"，即正法空行母。

（二）名句：西夏文作𗏹𗏇，译为"名语""名言"。其在《吉祥三菩怛经典明灯》中作 tha snyad pa，佛书中译为"名言""词句"，是两种语表之一。

（三）身表：西夏文作𗱀𗰗𗰛，直译是"身句悟"。其在《吉祥三菩怛经典明灯》中作 lus brda，佛书中译为"身表"，即用身体来表示，也就是我们常说的隐喻。

（四）支分各别：西夏文作𗏁𗈁𗀔，直译是"支各自"。其在《吉祥三菩怛经典明灯》中作 yan lag so so ba，佛书中译为"支分各别"，即每一部分都不一样。

（五）咒生空行母：西夏文作𗁮𗰙，直译是"咒生"，藏文作 sngags skyes，指咒生空行母，是安住生长次第的女瑜伽行者。

（六）刹土空行母：西夏文作𗵘𗰙，直译是"宫生"，藏文作 zhing skyes，指刹土空行母，是生于二十四域的空行母或凡人圆满次第女瑜伽行者。

（七）俱生母：西夏文作𗦲𗰙，直译是"等生"，藏文作 lhan skyes

ma，译为"俱生母"，是无上密教圆满次第中证得通达三种远离及光明的女伴。

藏文转写：

mi rnams nang gi yon tan la sbyar te/ devi dus kho na ni ma yin no// brdavi dus ni nges brjod bla ma las dbang bskur bavi dus dag gam/ yang na gnas lugs su ces pas ma dag pavi rnal vbyor gyis dbang dang dam tshig gi dus so// vdres pa dang dag pavi rnal vbyor pas spyod pa rtsom pavi dus so//

brdavi dgos pa ni/ ma dag pavi rnal vbyor bde mchog shes nas slob ma rnams nga rgyal bcag par bya bavi phyir/ rang nyid dbang dang dam tshig dang ldan par bsgrub par bya bavi phyir ro// vdres pa dang dag pavi rnal vbyor pa rnams kyis brda dang brdavi lan shes nas mu stegs kyi mkhav vgro ma rnams kyis bar bcad par mi nus pavi phyir dang/ sangs rgyas pavi mkhav vgro mas dngos grub ster nus pavi phyir ro// des na vdi nyid nas mkhav vgro ma rnam par rgyal bas stobs ces gsungs so// vdi ni thun mong ma yin pavi dgos pavo// thun mong gi dgos pa ni rnal vbyor pa ma dag pa vdres pa gsum nas dam tshig gcig pavi spun dang mi sring sngar ma phrad pa dang/ rigs pa na gnas pa yang shes par gyur pa ste/ de yang gang zhig ring gnas dpav bovam// spun dang sring mor the tshom med// ces gsungs so//

brdavi dbye ba ni gnyis te/ de kho na nyid dang tha snyad do// de kho na nyid kyi brda ni lhan cig skyes pavi de kho na nyid rtogs pa shes rab bo// tha snyad pa gnyis te/ lus kyi brda dang/ ngag gi brdavo// lus brda la gnyis te/ yan lag so so ba dang yan lag bsdus pavo// ngag gi brda la gnyis te/ yi ge re re ba dang/ yi ge bsdus pavo// de la vdi nas ngag brda ston te/ dang po zhus pa ni rnal vbyor zhes pa nas/ nyan par vtshal zhes pas zhus pavo// de la rnal vbyor ni dag pa dang ma dag pa vdres pavo//

rnal vbyor ma rnams ni/ sngags skyes zhing skyes lhan skyes las skyes rnams so// ngag gi phyag rgya zhes pa ni yi ge re re dang/ vdus pa rnams so//

da las da nas ngag brda bstan te/ mkhav vgro ma rnam par rgyal bavi stobs ni/ mu stegs kyi mkhav vgro ma rnams la bde mchog gi mkhav vgro ma rnams brgyal bavo//[1]

20-5 [illegible]□□□□□□□□□□□□□□□□□□□
句悟二品□□□□□□□□□□□□□□□□□□□
20-6 [illegible]□□[illegible]□□□□□□□□□□□□□□□□□□□
及□□等□□□□□□□□□□□□□□□□□□□
20-7 [illegible]□□□□□□□□□□□□□□□□□
谓者主及记句□□□□□□□□□□□□□□□□□
20-8 [illegible]。[illegible]□□□□□□□□□□□□□□□□
器及饮应器。食残□□□□□□□□□□□□□□□□
20-9 [illegible]。[illegible]□□□□□□□
医药摄持也。中处宫略有谓者上乐轮□□□□□□□
20-10 [illegible]。[illegible]□□□□□□
石王依三十二宫是。喜石王依此二十四□□□□□□
20-11 □[illegible]□□□□□□
□及迦利摩巴谓二句者迦摩噜二有东□□□□□□
20-12 □[illegible]，[illegible]。[illegible]□□□□□□
□中有，中国迦摩噜是也。诃哩拘喇者二□□□□□□
20-13 [illegible]，[illegible]。[illegible]□□□□□□
哩拘喇者非，中国诃里拘喇之谓。此如三□□□□□□

意译：

……语表二品□□□□□□□□□□□□□□□□□□及□□等□□□□□□□□□□□□□□□□□谓者灌顶及记

[1] 俄·秋谷多吉等：《先哲遗书·俄派师徒文集》第226册，第176—177页。

句□□□□□□□□□□□□□□□□器及所饮器。饮食残余□□□□□□□□□□□□□甘露摄持也。中间居处⁽一⁾略有者上乐轮□□□□□□依喜金刚是三十二域⁽二⁾。依喜金刚，此二十四□□□□□□及迦利摩巴⁽三⁾二句者迦摩噜⁽四⁾有二，东□□□□□□中有，中部⁽五⁾迦摩噜是也。诃哩拘喇⁽六⁾者二□□□□□□（诃）哩拘喇者不是，中部诃里拘喇之谓。如此三□□□□□□……

注释:

（一）中间居处：西夏文作𗫩𗆉𗡪，直译是"中处宫"。其在《吉祥三菩怛经典明灯》中作 vdu bavi gnas，译为"中间居处"。

（二）三十二域：藏传佛教胜乐教法中传说佛教圣地有二十四处，而《喜金刚本续》中说佛教圣地有三十二处，即"三十二域"。

（三）迦利摩巴：音译西夏文𗥰𗊱𗤏𘄄，当为梵音 Kārmapa 之音译。古印度地名，具体位置不详。

（四）迦摩噜：音译西夏文𗥰𗤏𘄄，《吉祥三菩怛经典明灯》中记作 ka ma ru pa，即古印度地名 Kāmarūpa，汉文文献中译为迦摩缕波。《旧唐书》和《新唐书》中又译为伽没路，也作迦没路。① 其在方塔出土汉文藏传佛经《吉祥出有坏现观》中音译为"葛麻录巴"。② 一般认为迦摩缕波是古印度东部的一个大国，在今印度阿萨姆邦的西部，为密教二十四处圣地之一。但《吉祥三菩怛经典明灯》载，在印度中部还有一个 Kāmarūpa，它是喜金刚三十二域之一。

（五）中部：西夏文作𗀔𗸭，直译是"中国""中土"。其在《吉祥三菩怛经典明灯》中作 dbus，译为"中部""中央"，即印度中部。

（六）诃哩拘喇：音译西夏文𗣊𗟦𗤔𘂤，《吉祥三菩怛经典明灯》中记作 ha re ke ma，两者音不完全相合。"诃哩拘喇"为古印度地名，《吉祥

---

① 《新唐书》卷 221《西域传上》，中华书局，1975，第 6236 页；《旧唐书》卷 198《西戎传》，中华书局，1975，第 5308 页。

② 《拜寺沟西夏方塔》，第 224 页。

三菩怛经典明灯》记载，古印度“诃哩拘喇”有两处，一处位于东边大海中，另一处在印度中部。印度中部的“诃哩拘喇”亦是喜金刚三十二域之一。

藏文转写：

brdavi levu gnyis dang/ rigs ldan mavi levu gnyis kyis rigs ldan pa brtags nas/ da ni rigs ldan ma mchod pavi gnas dang dus dang/ rgyu mtshan gsum vchad pa ni/ de nas la sogs pa ste/ badzra ba dam pa ni dbang dang dam tshig dang ldan pavo// snod gnyis ni dpav bovi snod dang dpav movi snod do// bzav btung lhag phud do// mdzes pavi bshos la nan tan bya ba ni bdud rtsir byin gyis brlab pavo// vdu bavi gnas su mchis ni bde mchog vkhor lovi dbang du byas na nyi shu rtsa bzhi/ dgyes pa rdo rje la sum cu rtsa gnyis so// dgyes pa rdo rje la bde mchog gi gnas nyi shu rtsa bzhivi steng du ka ma ru pa dang dkar ma pad ces bya ba la sogs pa mnan te ka ma ru pa gnyis yod pa la shar phyogs ka ma ru pa bde mchog tu rtogs/ dbus kyi ka ma ru pa bgrang/ ta ri ke lavam gnyis shar phyogs rgya mtsho nang gi ha re ke ma mi bgrang dbus kyi ha re ke ma bgrangs pas de ltar sum cu rtsa gnyis so//[①]

四 《吉祥遍至口合本续之解喜解疏》卷五

1–1 [illegible]

吉祥皆至口合本续之解（助）喜解疏五第

1–2 [illegible]

蕃中国大善知识俄忿怒金刚师 集

1–3 [illegible]

四续善巧国师弥啰不动金刚师 传

① 俄·秋谷多吉等:《先哲遗书·俄派师徒文集》第226册，第181—182页。

1-4 〔西夏文〕 報恩民利僧宮副使毗菩提福番 译

意译：

吉祥遍至口合本续之解喜解疏第五

蕃中国大善知识俄·忿怒金刚师集，

四续善巧国师弥啰·不动金刚师传，

报恩利民寺副使毗菩提福番译。

1-5 〔西夏文〕 此四第殊妙做中说应者此之前前本续皆皆之增长次

1-6 〔西夏文〕 及集终次遍（助）说中，喜石王之集终次依口合未说汝谓

1-7 〔西夏文〕 以，石王心真及我无母等（助助助）问是。轮思定之道谓者

1-8 〔西夏文〕 先（助）说增长次数之谓。佛数何云生现及谓者十一第殊

1-9 〔西夏文〕 妙做中胜妙殿增长令（助助）佛数增长令（助）是也。宫数列

1-10 〔西夏文〕 （助）胜妙谓者十七第殊妙做中二十四宫是。空行母之轮

1-11 〔西夏文〕 数谓者我无母之佛轮十一第殊妙做中（助）说之谓。集绕

1-12 〔西夏文〕 何云谓者喜石王依集终次（助）讲汝谓也。佛语谓者答是。

意译：

此第四品中所解说者，此之前面一切本续之生长次第及圆满次第遍解说中，依未解说喜金刚之圆满次第相应，是金刚藏及无我母等问。谓

修行轮之道者前面解说诸生长次第之谓。诸佛如何生现及谓者是第十一品中令无量宫增长法或诸佛增长法也。列置各处所之差别者是第十七品中二十四圣地。诸空行母之轮者是无我母之佛轮，第十一品中所说之谓。律仪^{（一）}如何者是依喜金刚圆满次第讲说于汝谓也。谓佛语者是答。

注释：

（一）律仪：西夏文作𘜶𘝞，直译是"集绕"。其在《吉祥三菩怛经典明灯》中作 sdom pa，意思是"结合""加在一起"，佛书中译为"律仪"，即能根本断除损他行事，能遮能灭恶戒相续的善戒。

藏文转写：

bzhi pa vdis bshad par bya ba na de yan chad kyis su rgyud thams cad kyi bskyed rim rdzogs rim bshad pa la/ he badzravi rdzogs rim gyi kha sbyor ma bshad pas/ rdo rje snying po la sogs pa dang bdag med ma la sogs pas dris pavo// vkhor lo bsgom pavi lam ni gong du gsungs pavi bskyed rim tshevo// lha rnams ji ltar vbyung ba ni rab byed bcu gnyis pavi gzhal yas khang bskyed pavam lha rnams bskyed pavo// yul rnams dgod pavi khyad par ni rab byed bcu bdun pavi gnas nyi shu rtsa bzhivo// mkhav vgro mavi vkhor lo ni bdag med mavi vkhor lo rab byed bcu gcig pavo// sdom pa ci vdra ni dgyes rdor gyi rdzogs rim bshad du gsol zhes bya bavo//^①

1–13　𘄿𗾰𗊬𗤁𗤧𗟲𗣼𗟲𗫐𗰖𗱤𗹦𘃢𗤧𗹦。𗉭𘕜𗫩𗤧𘃢𘕜𘝞
　　　　空行母之身中间谓者增长次先往之谓。居住阿谓者集

1–14　𘜶𗰖，𘝞𗧻𗠣𘝞𗤋𗤙𗤐𗫂𘝠𗟲，𘝞𗤋𗫩𗫩𗞞𘞩𘄩𗯦𗫐𗧻𗤋
　　　　绕是，相有及相无双二与合应，相无者阿努怛巴者生无

1–15　𘛚𗾰𗧺𘔞𘔞𗫩𘜶𗰖。𘝞𗰖𗫩𗾚𗒀𗤔𗤭，𗢐𘔞𘔞𗫩𘜶𗰖。𘕌

---

① 俄·秋谷多吉等：《先哲遗书·俄派师徒文集》第 226 册，第 220—221 页。

依诸法皆皆集绕是。相有阿哇都底中，脉皆皆集者是。外

1-16 （西夏文）

依何云内彼如谓者显现缘起法皆皆遍生无依集绕是。

1-17 （西夏文）

内方脉数阿哇都底中集绕是。其集绕者显明令谓者阿

1-18 （西夏文）

是。石王谓者空是。处谓者显益寻是。石王谓者空是。安乐

1-19 （西夏文）

谓者显是。大手印谓者双入是也。此密应依等入谓者相

1-20 （西夏文）

有相无集终次是。外依二合不说也谓者业手印是。此于

1-21 （西夏文）

（助）至我无母是谓（助）相无集终次之口合是。三身轮谓于

2-1 （西夏文）

起，胜义乐者色无也谓于（助）至，相有集终次依情有因依

2-2 （西夏文）

佛是（助）说也。他悟易。何（助）情有无遗谓，二句以化之身名

2-3 （西夏文）

得（助）语因说。他二身之名得（助）者悟易。法身说者心以说，

2-4 （西夏文）

先（助）说终。类同谓者化轮中风（助）禀持时（助）具应妄思起

2-5 （西夏文）

如化轮之喜于具应现生。其（助）如遍与合应，二显之思止

2-6 （西夏文）

时（助）有因异熟是。外六味遣用因作造果是。具应与（助）离

2-7 （西夏文）

因系离果是。何因坚依（助）化因谓者马雌洞之火与义同也。

意译：

空行母之身中间者是先前经历生长次第之谓。谓居住阿者是律仪，有相及无相二者相应。无相是阿努怛巴^{（一）}，无生^{（二）}一切诸法是律仪。有相是中脉中一切脉汇集也。外表者如何，内如彼者一切明相缘起法皆无生为律仪。里面诸脉中脉内是律仪。彼律仪谓令显明者是阿字。金刚是空性。处^{（三）}者是明相^{（四）}方便。金刚是空性。安乐是明相。大手印是双运也。所依此密禅定者是有相和无相之圆满次第。由外边不讲说二者相应者是业手印。至于此，是谓无我母无相圆满次第之相应。从三身轮起，直至胜义乐是无色也，是宣说有相圆满次第由众生因是佛也。其他易领悟。谓何众生不缺，宣说以二偈句幻化身取名之语因。其他二种身之取名法者易领悟。宣说法身者以心宣说，先前解说终。谓等流^{（五）}者化轮中禀持风时，如生起能取所取之分别心，于化轮之欢喜，生起能取所取之明相。犹如彼，与一切相应，二种明相之分别心阻止时，能有因是异熟果^{（六）}。外缘之六味^{（七）}受用因是能作果^{（八）}。与能取所取分离因是离系果^{（九）}。谓何因依固所化因者与雌马穴之火义相同也。

注释：

（一）阿努怛巴：音译西夏文􀀀􀀀􀀀􀀀，其在《吉祥三菩怛经典明灯》中没有，其义不解。按文献内容，"阿努怛巴"似乎是"无相"之梵文音译，可是"无相"之梵文作 Ānimitta，与"阿努怛巴"音不合。

（二）无生：西夏文作􀀀􀀀，译为"无生"。其在《吉祥三菩怛经典明灯》中作 skye ba med pa，译为"无生"，即不生、不生长。

（三）处：西夏文作􀀀，直译是"处"。其在《吉祥三菩怛经典明灯》中作 skye mched，佛书中译为"处"，梵音译作阿耶怛那。因其内能取根，外能取境，均为心及心之诸识未生者新生，已生者增长之处或其生长之门，故名处。

（四）明相：西夏文作􀀀，直译是"显现"。其在《吉祥三菩怛经典明灯》中作 snang ba，意为"照耀""现出"，佛书中译作"明相"，就是一种能被感觉到或看见的意识景象。

（五）等流：西夏文作龗虤，直译是"同类"。其在《吉祥三菩怛经典明灯》中作 rgyu mthun pa，直译是"同类因"，佛书中译作"等流"。如种子、芽、茎、叶、花，乃至果实，前者顺次是后者之因，同属一类，故名同类因。其果是由同类因流出之果，又称等流果。

（六）异熟果：西夏文作虤虤，译为"异熟"。其在《吉祥三菩怛经典明灯》中作 rnam par smin pa，译为"异熟"，即果报、因果报应。佛教五果之一，又称作异熟果。

（七）六味：酸、甜、苦、辣、咸、涩六种味道。

（八）能作果：西夏文作虤虤虤，译为"造作果"。其在《吉祥三菩怛经典明灯》中作 byed pavi vbras bu，直译是"能作果"，是由受用因流出之果，又称受用果，佛教五果之一。

（九）离系果：西夏文作虤虤虤，译为"离系果"。其在《吉祥三菩怛经典明灯》中作 bral bavi vbras bu，佛书中译为"离系果"，是由分离因流出之果，佛教五果之一。

藏文转写：

mkhav vgro mavi lus ni bskyed pavi rim pa sngon du song bavo// gnas pavi a ni sdom pa ste/ mtshan bcas dang mtshan med gnyis ka la sbyar te/ mtshan ma med pa la skye ba med par chos thams cad sdom pavo// phyi rol ni snang ba rten cing vbrel par vbyung ba skye ba med par sdom pavo// sdom pa de ni rab gsal bya ni avo// rdo rje ni stong pa nyid do// skye mched ni snang ba thabs so// phyag rgya che ni zung du vbrel pavo// gsang ba vdi snyoms vjug ni mtshan bcas mtshan med kyi rdzogs rims so// phyi rol gnyis sprod ma gsungs ni las kyi phyag rgyavo// de yan chad ni mtshan med kyi rdzogs rim gyi kha sbyor ro// mtshan bcas ni go slavo//

sku gsum la sogs pas rnam par dag pa ston te/ gang las sems can ma lus ces pa la sogs pas vkhor lo bzhi dag pavi nges tshig bstan to// e waṃ la sogs pas vbras bu bzhir dag pa bstan te/ rgyu mthun pavi sprul pavi vkhor lor rlung

yod pavi dus su gzung vdzin gyi rtog pa vbyung ba bzhin du sprul pavi vkhor

lovi dgav ba la gzung vdzin gyi snang ba vbyung ngo// gnyis snang gi rtog pa

vbyung bas rnam par smin pavo// phyivi ro drug ni ming spyod par byed pas

byed pavi vbras buvo// rtog pa thams cad vgags pa ni bral bavi vbras buvo//[①]

2-8　綱貮祈綱蘢纐萠匆乼祈萠斌缪纗散蒤貮纏散纐散

　　　四轮之四部众依名染之依（助）义者大乐轮者大众是

2-9　匆纗剿綵矹剿彩纖秙，矛纖纵散蒤祈散纐散匆矜

　　　谓者芝麻处芝麻油至如，身至因大乐之大众是谓也。四部

2-10　纐纗矛耗彤匆靰矜。淋綱爺纐祈屺靸叐敧匆，諺敧[②]纐匆耗

　　　众者身于设置也。此四部众之宫何（助）是谓，则腹者谓等

2-11　散。敧矜纐綒，纵骸匆。綯靬疵絀順纏敧絗彡纊匆，諺貓矜

　　　是。他数悟易，故未说。然语序主集者何云合应谓，则德女

2-12　技骳蕤貓愩匆纗屺散。淋祈覤蘱叒屺絊匆纗匲彭散。跊

　　　伐嘎乐有中谓者宫是。液之相依实居住谓者导师是。其

2-13　愩蔬匆纗滋愩蔬，諺蕤絗祈匆。跊蕤絗諺羅絗矜匆纗薇

　　　无有谓者液无有，则乐无之谓。安乐无则察无也谓者显

2-14　敧愩蔬愩蔬祈匆。　纸纖愩蔬匆纗散矜纵蘱纬絽纸纖愩

　　　（助）又空无有之谓。能力无有谓者增长次依佛成能力无

2-15　蔬矜。纴禐纵匆纗散矜纵耗蘱苪敧纬絽祈缪匆。纬祈絲

　　　有也。喻法因谓者增长次于依靠以佛成之义是。佛之默

2-16　貓匆纗散矜纵散。跊蕤匆纗順撬纵散。跊纵匆纗纬矛敊

　　　有谓者增长次是。安乐谓者集终次是。其因谓者佛身需

2-17　纵匆。傷絻礵蔬順匆纗纵愩蔬順散。纵蔬順纏礵絗嘉諺

　　① 俄·秋谷多吉等：《先哲遗书·俄派师徒文集》第 226 册，第 221—222 页。
　　② 原文作敧，译为"愚蠢"，误。此据藏文本改。

因谓。明满体有无谓者唯不空无也。唯空无者体无自现

2-18　𗼩𗫡𗯟𗫂𗤻　𘟞𗫨𗫂𗩳𗖻𗵐𗫂𗬩𗤛𗫂𗯟，𗥑𗡪① 𗥴𗥱𗫂𗦻

　　　亦无谓者是。然增长次（助）有者何云是谓，则足手等谓虽

2-19　𗫂𗼩𗢳𗠣𗴦𗶿𗫂𗯟𗤛。𘝰𗬩𗫂𗫢𗠶𗫂𗶧𗤻𗴩𗾞𗫂𗯝𘘣𘝰𗵖

　　　有亦胜义依色有非也。此于（助）至情有因依佛是（助助）说。

意译：

　　四轮^{（一）}依四部众^{（二）}取名之所依义者，大乐轮者是大众部^{（三）}谓者，如从芝麻榨芝麻油，谓遍身因是大乐之大众也。四部众者于身安置也。此四部众之处所何是谓，则是谓腹等。其他易理解，故不解说。然则，序言齐全者如何相应，则明妃之伐嘎，其中有欢乐谓者是居所，依液之形相真实安住者是导师。谓彼无者液没有，则不喜乐之谓。无欢乐则无所缘也，此者明相显又无空性之谓。谓能力无者是依生长次第成佛之能力没有也。譬喻谓法之因者是依靠生长次第成佛义。谓佛之瑜伽者是生长次第，安乐者圆满次第。谓彼因者是谓佛之身需要之因。谓正觉实有^{（四）}非者唯独无空性非也。唯独空性非者无实有^{（五）}自现亦不是谓者也。然则，生长次第已有者是谓何，则谓虽有手足等，亦由胜义形色非有也。直至于此，是解说众生正觉。

注释：

　　（一）四轮：指大乐轮（顶轮）、报轮（受用轮）、法轮（心轮）和化轮（脐轮）。

　　（二）四部众：西夏文作𗩳𗫂𘉋，译为"四部众"。其在《吉祥三菩怛经典明灯》中作 sde pa bzhi，译为"四部"，指古印度小乘佛教中的四根本部，其为上座部、说一切有部、正量部和大众部。

　　（三）大众部：西夏文作𗴮𘉋，译为"大众"，藏文作 phal chen，指大众部，古印度小乘佛教四部众之一，由佛教第一次分裂而出。大众意

指多数。

（四）实有：西夏文作𗾟𗏁，直译是"体有"。其在《吉祥三菩怛经典明灯》中作 dngos po，译为"事""实有"，意思是具有功用。

（五）无实有：西夏文作𗾟𗏁𗧓，直译是"体无"。其在《吉祥三菩怛经典明灯》中作 dngos po med pa，译为"无实有"，意思是没有功用，即不能发生作用者，如虚空等一切无为法。

藏文转写：

gang phyir bstan pa sprul pavi phyir zhes pa la sogs pa sde pa bzhivi dag pa bstan no// sde pa bzhivi gnas gang yin na lto ba zhes pa la sogs pavo// vo na gleng gzhi phun sum tshogs pa ji ltar sbyor zhe na/ btsun movi bha ga bde ba can du ni gnas so/ khu bavi gzugs kyis yang dag bzhugs ni ston pavo// de ma gtogs ni khu ba ma gtogs pavi bde ba med pavo// bde ba med na de mi dmigs ni thig le ma gtogs pavi stong pa med pavo// nus med ni spyod pavi rim pa la sangs rgya bavi nus pa med pavo// ltos dang bcas pavi phyir ni bskyed rim brten nas sangs rgya bavo// lhavi sbyor ba ni bskyed rim mo// bde ba ni rdzogs rim mo// de phyir ni lhavi sku dgos pavi phyir ro// sangs rgyas dngos min ni stong pa vbav zhig min pavo// stong pa vbav zhig min pa ni dngos po med pa nyid kyis min zhes pavo// phyag dang zhabs la sogs par snang yang don dam par gzugs yod par snang ba min pavo//[①]

2-20　𗹟𗑗𗤶𗄊𗐴𗍳𗊢𗗙𗾟𗫐𗖰𗅁𗽓𗈖𗫡𗋽𗏁𗰜，𗐴𗍳𗏁𗗙。
　　　其依诸行等生喜谓等者心之自性光明说也，等生是谓。

3-1　𗖐𗫻𗽓𗗙𗫐𗗆𗹟𗰜𗰜。　𗅁𗈖𗫡𗋽𗫐𗋽𗽓𗰜𗈖。　𗗙𗅁𗈖
　　　实演说谓者名得（助）是。心之自性谓者光明是也。然心之

3-2　𗫡𗐴𗋽𗽓𗰜，𗅁𗰜𗈖𗫻𗈖𗩾𗍳，𗅁𗹟𗐱𗫷𗫷𗍳𗰜。𗖰𗫻𗫷

① 俄·秋谷多吉等：《先哲遗书·俄派师徒文集》第 226 册，第 222 页。

自性光明是，则增长次所需谓，则形相色颜谓也。凡俗染

3-3 着也谓者增长次佛相于染着是。佛之色相行加以谓者

3-4 凡俗染着拒是。此于（助）至以情有因依佛是谓中。彼于空

3-5 行母数（助）闷绝者次我无母谓等以说也。翳摩谓者稀有

3-6 心起也。乐谓者天母一之名（助）情有因依佛是也。次不动

3-7 谓等以其数醒令，坏有出处旨寻是也。遍悟胜势谓者天

3-8 母数醒令是，（助）醒时此如语谓也。自性清净依说则是也，

3-9 谓之义者情有明满实是（助）谓等以说也。毒以毒去愚痴

3-10 以愚痴净令之喻者，毒咒会者食则药成也。风病有者下

3-11 门堵作依垢结也。豆饮食者喂应谓者豆开微是也。

意译：

由彼，谓众生俱生喜等者解说心之自性光明也，是谓俱生。谓实演说者是取名之法。谓心之自性者是光明也。然则，心之自性是光明，则谓生长次第所需要，则是谓形相颜色也。①凡俗染着者是生长次第染着于佛相。以佛之形相加行者是凡俗断除染着。②直至于此，谓众生正觉(一)。于彼诸

---

① "谓实演说者是取名之法。谓心之自性者是光明也。然则，心之自性是光明，则谓生长次第所需要，则是谓形相颜色也。"藏文本中无。

② "以佛之形相加行者是凡俗断除染着。"藏文本中无。

空行母闷绝者，次第以无我母等解说也。谓翳摩者是稀有心生起也。谓欢乐者是一天母之名或众生正觉也。次，谓以不动佛等令彼数醒起，是出有坏加持也。谓普明胜势佛^{（二）}者是令诸天母醒起，醒起时如此语谓也。依自性清净解说则是也，谓之义者实是众生正觉而谓以等解说也。以毒去毒，譬喻以愚痴净治愚痴，会毒咒者食之则成为药也。有风疾^{（三）}者因下门^{（四）}阻塞，垢粪聚集也。谓所喂饮食豆者豆是略通也。

注释：

（一）众生正觉：西夏文作𗧬𗤶𘜃𘂚𘄴，直译是"依有情因成佛"。其在《吉祥三菩怛经典明灯》中作 sems can sangs rgyas yin pa，译为"有情明满""众生正觉"。

（二）普明胜势佛：西夏文作𗤶𗕥𘊕𗤦，直译是"遍悟胜势"。其在《吉祥三菩怛经典明灯》中作 kun rig rnam par rgyal ba，直译是"普明胜势"，指大日如来佛。

（三）风疾：西夏文作𘟣𗥃，直译是"风病"。《吉祥三菩怛经典明灯》中作 rlung nad，译为"风疾"，指休内气息错乱引起的血管和神经系统所属的疾病。

（四）下门：西夏文作𘄴𗳊，直译是"下门"。《吉祥三菩怛经典明灯》中作 mar gyi sgo，译为"下门"，即下方之门穴，指肛门。

藏文转写：

des na vgro kun lhan skyes dgav la sogs pas sems kyi rang bzhin vod gsal bavi bshad pavo// tha mal zhen par vgyur ni bskyed pavi rim pas lhavi rnam par zhen pavo// de ltar sems can sangs rgyas yin par gsungs pa/ de la mkhav vgro ma rnams brgyal ba ni/ de nas la sogs pa gsungs te/ e ma ni ngo mtshar bavo// bde ba ni lha mo gcig gi ming ngam sems can gyi sangs rgyas yin pavo// de nas mi bskyod pa la sogs pas de bslang par gsol ba btab pavo// kun rig rnam par rgyal ba ni bslang nas vdi skad ces bkav bstsal to//

rang bzhin gyis rnam par dag pavi dbang du byas na sems can sangs rgyas

yin la/ rnam par byang bavi rnam par dag pavi dbang du byas na min te/ zhes
pavi don to// dug gis dug ni sel ba ni gti mug gis gti mug dag pavi dpe dug
sngags shes pas zos na sman du vgyur ro// rlung nad ldan pa ni mar gyi sgo
vgags pa dri ma vgags pavo// sran ma sha sbyin pa ni sran ma chung rgyun
no//[①]

3-12　蘕救愨厩祘蘕视後豹纐虦纐纐殻袾蒫耕形蘲救彲慨救雏
　　　火以（助）烧之火上烤谓者涂应药何略有中野香及酥新以满

3-13　㴽，耗视羕苊翘形，耗视蘕救後形。糐救豹纐犒綏祘礶祇
　　　时，彼上铁解列作，彼上火以烤也。换以谓者贪欲之净令

3-14　虓纐綏䄃。嘉貔薇慨豹纐脆蕤救甋綫皼。嘉飌蘳後祷甋
　　　（助）者欲是。自类道又谓者声闻及独觉是。自性依清净独

3-15　礽皼耕綾核覀蕤蒫纐救綑皼豹，綠皼綫脆飌殻核核祷
　　　一是中种种（助）有者何云是谓，故习应本性处种种净

3-16　纐蒫綹皼皼，皼綠祘脆飌殻祷綠。核核蒫綾救嬰彲綾刭
　　　应有因是也，习应之本性处净。种种有者大喜乐者一

3-17　核耗豹耗蕤救愃綫蘠视後綄綾救眭形綾櫊柨祷綠，脆
　　　种于谓等母腹中入时（助）等作因及近取因双二净应，五

3-18　核骸彲麗救。耗耗绤纐救绤綏兺綾綌嘉綪蘲峚绤祘绤，
　　　种（助）垢俱也。彼于（助）解数无生起者地自实依亦地之地，

3-19　绤祘㴽，绤祘蘕，绤祘骲耗皼。絋嬰覀耗绤綏綏薇纐殻菲皼皼。
　　　地之水，地之火，地之风等是。上喜种于（助）生现故等生智是。

意译：

以燃烧之火上烧伤者所涂药略有麝香及新酥，装满时彼上列置铁锈，

再用火烤也。以转变谓者贪欲能净治者是欲望。谓具外道[（一）]者是声闻及

---

① 俄·秋谷多吉等：《先哲遗书·俄派师徒文集》第 226 册，第 222—223 页。

独觉。依自性清净唯一中，诸种已有种姓者谓何因，则所化之本性是诸种净治有因也，净治所化之本性。① 种种有者谓大喜乐 (二) 于一种等母腹中入时，等作因及近取因二者净治，五种垢俱足也。于彼生起无数解者依地之自性，即是地之地、地之水、地之水、地之风等。生起于上喜种姓者是俱生智。

注释：

（一）具外道：西夏文作𗊱𗈁𗗆𘝿，直译是"自类外道"。其在《吉祥三菩怛经典明灯》中作 mu stegs can，直译是"具外道"，指外道徒，佛教徒称其他宗教徒之名。

（二）大喜乐：西夏文作𗊱𘝵𘊗，译为"大喜乐"，《吉祥三菩怛经典明灯》中作 dgav chen。"大喜乐"即喜金刚，是《喜金刚本续》之根本要义。《元史·释老传》云："歇白咱剌，华言大喜乐。"② "歇白咱剌"就是 Hevajra（喜金刚）的元代汉语音译。

藏文转写：

mes tshig pa la mes bsre ba ni rma ji tsam yod pa la gla rtsi dang mar gsar gyis bkang la de la lcags rlan pa de la steng na mes bsro bavo// slar ldog pa ni vdod chags kyis vdod chags vdag par vdod pavo// mu stegs can ni nyan thos dang rang rgyal lo// rang bzhin gyis rnam pa dag pa gcig yin pa la rigs du mar snang ba civi phyir zhe na/ dgav chen gcig gis bdag nyid la zhes pa la sogs pa mavi mngal du vjug pavi dus su lhan cig byed pavi rkyen dang/ nye bar len pavi rgyu gnyis ka la dri ma lnga tshang bavo// grangs med byung ba ni sa lta bu gcig la yang savi sa/ savi chu/ savi me/ savi rlung la sogs pavo// mchog tu dgav bavi rigs las byung ba ni sa ha dzavo//③

---

① "则所化之本性是诸种净治有因也，净治所化之本性。"藏文本中无。

② 《元史》卷 202《释老传》，中华书局，1976，第 4523 页。

③ 俄·秋谷多吉等：《先哲遗书·俄派师徒文集》第 226 册，第 223 页。

3-20 [西夏文]，[西夏文]。[西夏文]

此问语谓者多少成不肯，少多成不肯谓之义是。坏有

4-1 [西夏文]，[西夏文]

出语谓者答是，此三千大千世界者一尘土中集于障碍

4-2 [西夏文]。[西夏文]。[西夏文]

无有。一尘土以三千大千世界中满于障碍无也。此之喻

4-3 [西夏文]，[西夏文]，[西夏文]

者佛须利那哇怛谓，神变（助）现宫内住中，门尊一（助助）佛

4-4 [西夏文]，[西夏文]①[西夏文]

及绕围千二百五十大比丘之请语（助）施，后晨师主②弟子

4-5 [西夏文]，[西夏文]

五来（助）门尊心下饮食及应用皆皆遍妄妄往也谓，座上

4-6 [西夏文]，[西夏文]，[西夏文]

（助）坐及饮食皆皆遍（助）食，故其依多少成令也，少多成令

4-7 [西夏文]，[西夏文]

者师主弟子五处旨（助）寻于虚空中（助）满来时，心下我之

4-8 [西夏文]。[西夏文]。

此饮食不足也谓。次其五处（助）贡，饮食以遍处（助）足也。

意译：

谓此问语者不可成为多和少，谓不可成为多和少是问之义。出有坏语是答，此三千大千世界者于聚集一微尘^{（一）}中无有障碍。以一微尘，于三千大千世界中满而无障碍也。此之譬喻者佛谓须利那哇怛^{（二）}，神变显现处中安住。一户主^{（三）}所作乞请于佛、眷属一千二百五十大比丘。然后早晨主仆^{（四）}五人来，户主内心想一切饮食及用具皆虚妄也。主仆五人坐于座上并尽食一切饮食，故依彼，多由少成也^{（五）}。少由多成者主仆五人加

---

① 原本作[西夏文]，译为"接着""来"，误。此据藏文本改。

② 《夏汉字典》译作师生之"生"，误，当为"主"。

持，虚空中人满降时，户主心想我之此饮食不足也。次，彼五处而贡献，饮食到处俱足也。①

注释：

（一）一微尘：西夏文作𘎪𘝵𗗙，译为"一微尘"。佛教认为世间物质的最初、最小单位仅为慧力所能分析想象的，名为微聚。微聚结合而成极微尘，由此连续递增七倍，依次成为微尘、金尘、水尘、兔尘、羊尘、牛尘，最后为日光尘，始为肉眼所能见。

（二）须利那哇怛：音译西夏文𗰖𗣼𗙟𗄼𘄜，《吉祥三菩怛经典明灯》中记音为 su na war ta，二者音不合。其义不解。

（三）户主：西夏文作𗤗𘑲，直译是"门尊"。其在《吉祥三菩怛经典明灯》中作 khyim bdag，译为"家长""户主"。

（四）主仆：西夏文作𗼧𘜶𗥃𗤟，直译是"师主弟子"。其在《吉祥三菩怛经典明灯》中作 dpon g-yog，译为"主仆"，指上师和弟子。

（五）多由少成也：西夏文作𗰖𗏁𗰦𗣼，直译是"多少成令"。其在《吉祥三菩怛经典明灯》中作 mang po nyung ngur vgro ba，译为"多由少成"。

藏文转写：

vdir gsol ba zhes pa ni/ mang po nyung ngu du vgror mi btub/ nyung ngu mang por vgro mi btub ces dris pavi don no// bkav bstsal pa/ stong gsum gyi stong chen povi vjig rten gyi khams rdul phra rab gcig gi nang du vdus pa la vgal ba med/ de la dpe ni bcom ldan vdas su na war ta na zhes bya ba cho vphrul bstan pavi gans na bzhugs pa la/ khyim bdag gis bha ga can dge slong gi dge vdun chen povi brgya phrag phyed dang bcu gsum la bsnyan mnan byas pas nang par dpon g-yog lnga byung nas rdzas dang yo byad la sogs pa kun chud gsan snyam tsa na gdan la bzhugs nas gsol ba des na mang po nyung ngur

---

① "次，彼五处而贡献，饮食到处俱足也。"藏文本中无。

vdod pa dang/ nyung ngu mang por vgro ba la mi ltos pavo// nyung ngu mang

por vgro ba ni dpon g-yog lnga la zhu ba byas pa nam mkhav gang ba byung

nas ngavi yo byad kyis mi ldang snyam pa la lnga pos yo khyed pavo//[①]

4-9 𘓓𘓉𘊱𘊲𘈩𘋩𘓺𘋩𘚁𘋩𘆄𘈪𘓈𘆅𘆄。𘊶𘆅𘊷𘋽。𘀺𘁵𘋨𘊳𘊬
    口合于生谓者密次依净应净（助）是。显明也悟易。佛之默有时

4-10 𘓁𘊲𘁴𘉬𘁟𘇽𘈪𘆯𘊴𘊬𘆄𘉟𘊿𘓺𘓈𘌾𘕗𘓍，𘆅𘆅𘊱𘋨𘇌𘉏
    节谓等以一坐处（助）续次及咒次定作时，增长次于坚固

4-11 𘈏𘊼，𘊶𘆄𘇽𘁬𘊽𘆅𘊵𘆆𘆬𘈩𘋥𘆮𘆬𘈩𘀗。𘋩𘋩𘓈𘇽𘄦𘁦
    （助）成，故大乐中菩提心点圆自不然以流。其时节（助）室窗

4-12 𘁬，𘇌𘇾𘊽𘇽𘄹𘊶�6，𘀗𘇾𘒅�6𘅎�6。𘅎𘊲𘊳�6𘊱�6。𘅎�7
    中，日光尘如毛孔遍，乐光十方遇也。天谓者持应是。天非

4-13 𘊲𘓈𘋥�(㍵。𘁕𘊴𘁟𘊿𘇽�4�6𘋩𘒅𘁦𘋽𘊱𘋍�6𘄧。
    谓者持（助）是。续次及咒次于坚固获依心间居住法轮之

4-14 𘊳𘇦𘊲�(㍵𘇽𘊷�6，𘀕𘁵𘕗𘁫�6。𘀎𘁨𘑅𘁬𘉔𘊲�(㍵𘊲𘁵
    烧时谓者五如来烧，蕴之察止也。报轮宫中往谓者处之

4-15 𘇨𘕗�6。𘊵𘊴�2𘁵𘇦𘁬𘅎𘊲�(㍵𘋕𘁴�6�(㍵。𘊶𘇦𘇟�2𘇦
    察止是。右方鼻之孔中处谓者现分觉受是。出时左鼻孔

4-16 𘁬�4𘊲�(㍵𘊵𘁵�5�(㍵。�6𘊳�4[②]𘀕𘊶𘊲�(㍵𘇊�4�(㍵。𘑅𘊴𘊵
    中入谓者空之觉受是。眉间毫白出谓者双入是。 十方正

4-17 𘊵𘇴𘀕𘕑𘁵𘊲�(㍵𘊶�(㍵𘋩�1�4𘁴𘕑𘁵�4𘊴�6。𘇋𘊴�2𘇾𘁬�4
    觉勇识之谓者表依妄思（助）止之句悟是。左方鼻门中入

4-18 𘊲�(㍵�5𘁵�4𘊴�6𘊬。𘀎𘓼𘑅𘊲�(㍵𘊳𘇦𘊲�(㍵�1𘇨𘕗�6。𘇌
    谓者空之句悟是也。顶旋轮者（助）烧时谓者妄思止是。复

4-19 𘊶𘇌𘊳，�1𘁬𘅎𘊲�(㍵�1𘊽𘁬�6�5，𘇌𘁮𘊶𘁵𘁶𘁵�4𘊲

---

① 俄·秋谷多吉等：《先哲遗书·俄派师徒文集》第226册，第223—224页。

② 原文作�4，译为"喜""爱"。此处�4当为�4（毫）之误。

出先说，门中处谓者净梵穴中是也，复亦头之中间住谓

4-20 𗰜𗄊𗑗𗓱𗆐𗆐。𗋽𗧀𗹦𗉛𗔀𗦻𗱕𗖍𗰜𗑗𗤋𗤋𗆐𗇋𗤋。 𗙇𗮅𗃪
者阿哇都底是。（助）烧正觉喜生起谓者定出心是。脐中间

5-1 𗵖𗗙𗰜𗑗𗴎𗙢𗱕𗆐。𗱕𗹦𗆐𗙢𗱕𗫂𗴍𗗙𗰜𗑗𗴎𗙢𗇋𗊱𗆐
处谓者拙火之处是。先（助）如依居住也谓者拙火于察是

5-2 𗠁。𗵘𗇋𗰜𗑗𗺪𗼇𗤀𗻰𗂤𗻰𗝣𗳸𗵘𗥻𗰼𗇋𗀖𗧰𗰜𗱐𗺜𗇋
也。此于（助）至四座中密座及喜石王续之解（助）六第节之

5-3 𗵘𗁅𗹦𗇋𗆐𗑗𗱣，𗠁。
四第殊妙做（助）说，终。

意译：

生于相应者依秘密次第是所净能净。解说显明则易理解。佛之瑜伽时节等，日一斋[一]依本续次第和密咒次第作定修行时，于生长次第获得坚固，则大乐中菩提心之明点不由自主盈流。于彼时节，从窗户中，如日光尘[二]遍布毛孔，喜乐之光照耀十方也。谓天者是所取，非天者是能取。依于本续次第及密咒次第获取坚固而安住心间之法轮燃烧时，五如来[三]燃烧，蕴之分别心止也。往报轮处所者是生处之分别心止。右方鼻孔中处者是明相部分之觉受。出时谓入左鼻孔中者是空性之觉受。眉间生出白毫[四]者是双运。十方正觉萨埵之谓者是依外表分别心停止之语表。入左方鼻孔中者是空性之语表也。顶旋轮燃烧时者是分别心止。复又出者前面解说，门中处谓者是净梵穴中也，复亦头之中间住者是中脉。生起燃烧之正觉喜谓者是出定心。谓脐之中间处者是拙火之处。谓由如前安住也者是所缘于火也。至于此，解说《四座》中之密座及《喜金刚本续》之解第六节之第四品，终。

注释：

（一）日一斋：西夏文作𗝣𗕑𗵘，直译是"一坐处"。其在《吉祥三菩怛经典明灯》中作 stan thog gcig，译为"一座食""日一斋"，指每天只吃一斋的戒约。

（二）日光尘：西夏文作□□□，译作"日光尘"，藏文作 nyi mavi vod zer gyi rdul。日光尘是古印度的一种长度单位。佛教认为世间物质的最小单位为慧力所能分析想象的，名为微聚。微聚结合而成极微尘，由此连续递增七倍，依次成为微尘、金尘、水尘、兔尘、羊尘、牛尘，最后为日光尘。日光尘始为肉眼所能见。

（三）五如来，又称五方佛，指密教五方如来佛：中央毗卢遮那佛（大日如来）、东方阿閦佛（不动如来）、北方不空成就佛（不空成就如来）、南方宝生佛（宝生如来）和西方阿弥陀佛（无量寿如来）。

（四）白毫：西夏文作□□，译作"白毫"。其在《吉祥三菩怛经典明灯》中作 mdzod spu，译为"眉间白毫"。眉间白毫是佛三十二相、八十种好之一。

藏文转写：

kha sbyor las byung mos pas gsang bavi rim pa sbyang gzhi sbyong byed du snang ba bshad pa ste go slavo// lha movi rnal vbyor dus su ni zhes pa la sogs pa stan thog gcig la rgyud kyi rim pa dang sngags kyi rim pa dang bsgom na/ bskyed pavi rim pa la brtan pa thob pa bsgom rkyen gyis bde chen byang sems kyi thig le rang dbang med par vdzags pas devi dus su skar khung nas nyi ma shar bavi dus nyi rdul bzhin du ba spuvi bu ga nas bde ba bshig la/ vod zer phyogs bcur spros te vod zer bshig pavo// lha ni gzung bavo// brgya byin ni vdzin pavo// rgyud kyi rim pa dang sngags kyi rim pa ma brtan pa thob pas/ snying ga chos kyi vkhor lo ni/ sregs nas ces pa ta thā lnga sregs pas phung povi rtog pa nub pavo// longs spyod gnas so ni bskyed mched kyi rtog pa nub bavo// sna bug g-yas kyi bu ga ni snang bavi cha ni nyams su myong bavo// byung ste g-yon du zhugs pa ni stong pavi rtsa nyams su myong bavo// smin mtshams mdzod spu nas byung pa ni zung du vjug pavo// phyogs bcuvi sangs rgyas ni phyi rim gyi rtog pa vgags pavi brdavo// shangs sgo g-yon du zhugs pa ni stong pavi brdavo// spyi gtsug vkhor lo bsregs[①] nas kyi rtog pa bgags pavo// slar yang sngon du gsungs nas ni tshangs pavi bu ga nas/ slar yang sgovi dbus zhugs nas ni dhū tivo// sreg pavi sangs rgyas dgav bskyed ni rjes kyi shes pavo// lte bavi dbus su vongs gyur nas ni gtum movi gnas so// sngon bzhin du ni gnas pa ni gtum movi me la dmigs pavo// de rnams ni bde mchog gi dbang du byas nas bshad nas bshad pavo//[②]……gdan bzhi pavi gsang bavi gdan dang/ dgyes pa rdo rjevi bshad rgyud drug pavi rab te byed pa bzhi pavi sgron me ste/ brtag pa drug pavi sgron mavo//[③]

5-4 [illegible]，[illegible]

种有母句悟门依知悟欲，故复亦解说者四第节中一第

5-5 [illegible]。[illegible]

殊妙做及四第于生起以说。其者语之手印性气谓等以

5-6 [illegible]。[illegible]。[illegible]

说。异意句谓者入（助）因支是。句悟之利益者初习者之记

5-7 [illegible]。[illegible]

句无触毁及威力（助）起数处间断不生也。诸声闻等不解

5-8 [illegible]，[illegible]。[illegible]

悟谓者此句悟，声闻等亦不悟也。嘻及谓等者四部本续

5-9 [illegible]。[illegible]。[illegible]

是。其者异意以说也。迦光喇谓者花净是谓于（助）至以喜

5-10 [illegible]。[illegible]

石王依句悟是。默有母之相是谓于（助）至四座之字集集

5-11 [illegible]。[illegible]。

① 原文作 bsrengs。

② 俄·秋谷多吉等:《先哲遗书·俄派师徒文集》第 226 册，第 224—225 页。

③ 俄·秋谷多吉等:《先哲遗书·俄派师徒文集》第 226 册，第 226 页。

依是。娑谓于（助）至以上乐之十五第品中字独一之句悟是。

意译：

法种王母^{（一）}依语表之门欲理解证悟，故复亦解说者以生起于第四节中第一品及第四品中解说。彼者谓以语手印性气等解说。谓密意之句^{（二）}者是流转^{（三）}之因支。语表之利益是初学者之不败坏誓愿及诸生起威力处留难^{（四）}不生也。谓诸声闻等不理解证悟者，领悟此句，声闻等亦不领悟也。谓掉^{（五）}及等者是四部本续。彼者以密意解说也。直至谓迦光喇是莲花是喜金刚之语表。直至谓是瑜伽母之相是汇集四座之文字。直至谓娑是上乐根本续第十五品中逐一文字之语表。

注释：

（一）法种王母：西夏文作𗤒𘀒𗏵，直译是"具种姓母"。其在《吉祥三菩怛经典明灯》中对应作 rigs ldan ma，直译是"有种姓母"，佛书中译作"法种王母"。

（二）密意之句：西夏文作𘝞𘕿𗏵，直译是"异意句"。其在《吉祥三菩怛经典明灯》中对应作 dgongs pavi gsung，译为"密意之语""意趣之句"。

（三）流转：西夏文作𗧸𘍦，直译是"能入"。其在《吉祥三菩怛经典明灯》中对应作 vjug pa，直译是"进入"，佛书中又译作"流转"，即因和果前后不断流转。佛教中的不相应行之一。

（四）留难：西夏文作𗭜𗙴，直译是"间断""中断"。其在《吉祥三菩怛经典明灯》中对应作 bar chad，直译是"间断"，佛书中译作"留难"，如事业中断、魔难等。

（五）掉：西夏文作𗣼，直译是"嘻笑"。其在《吉祥三菩怛经典明灯》中对应作 rgod pa，直译是"嘻笑"，即放逸之心，佛书中译为"掉举""掉"，指想念贪嗔对象，不能宁静安住之心，是佛教二十随烦恼之一。

藏文转写：

brtag pa bdun pavi rab byed dang po vdi brtag pa bzhi pavi rigs ldan ma de brdavi sgo nas shes par bya dgos pas brda bshad par bya ste rab tu byed

pa bzhi pavi vphros yi no// dgongs pavi gsung ni vjug pavi yan lag go/ brdavi

dgos pa las dang po la dam tshig mi nyams pa dang/ nus pa snyed pa rnams la

bar chad mi vbyung bavo// rgod dang la sogs pa rgyud ste bzhi po der dgos pa

bshad pavo// dgongs pas ces pa la sogs pas dgyes pa rdo rjevi brda bstan pavo//

mu khu zhes pa la sogs pas gdan bzhi pavi brdavi yi ge vdus pavo// da la sogs

pas bde mchog levu nyi shu rtsa lnga pavi yi ge re re bavi brdavo//[①]

5-12　菩怛我骄于起语之句悟知悟也谓于（助）至以上乐之

5-13　二十四第品中语句悟，字集集依句悟是。比及毒及又额

5-14　[②]及坠令等者（助）说也谓者喜石王依四种做事、四种察（助）、

5-15　四种风、瑞相量（助）四宫说也。主者左方依靠以谓于起，二

5-16　二鼻尖上察谓于（助）至者四种察（助）是。外又出以坠令谓[③]

5-17　于起，缠缚应谓于（助）至，四种风说也。柔软木依谓于起，动

5-18　摇草谓于（助）至以瑞相量（助）四宫是初说。其瑞相量（助）之

5-19　宫数于虽成就亦情无是，人者无德以庄严是依六月行加。

---

① 俄·秋谷多吉等:《先哲遗书·俄派师徒文集》第 226 册，第 226 页。

② 原文作薇，译为"影"，误。此据藏文本改。

③ 原文作薇，译为"影"，误。此据藏文本改。

意译：

从菩怛_{我骄}^{（一）}起，直至理解证悟语之语表，是上乐根本续第二十四品中语之语表，是汇集文字之语表。等比及毒及又额及坠落^{（二）}等者解说也，彼者依喜金刚解说四种羯磨业、四种眼观法、四种风、可量瑞相四圣地^{（三）}也。从谓灌顶者依靠左边，直至谓观察双方鼻尖上，是四种眼观法。从外面又以出坠落起，直至谓所加持，是解说四种风也。^①从谓由湿木^{（四）}起，直至谓活草^{（五）}是解说可量瑞相四圣地。于彼可量瑞相之圣地数虽成就亦非众生，人者是以无善业庄严而加行六个月。

注释：

（一）菩怛_{我骄}：音译西夏文𗂼𗃸𗫨，《吉祥三菩怛经典明灯》中记音为 po tang gi，其义不解。

（二）等比及毒及又额及坠落：西夏文作𗨚𗣼𗭼𗣼𗫨𗬺𗣼𗤼𗫠，直译是"等比及毒及又额及坠落"。此应为藏传密教中的四种眼观法。"等比"即是将远距离的东西用眼睛一看，可调集于跟前；"毒"即是用眼睛一看可驯服野兽毒蛇；"额"即是用眼睛一看倒长的杂树，其就可倒下；"坠落"就是用眼睛一看未成熟的水果，水果就落在地上。

（三）可量瑞相四圣地：西夏文作𗼓𗫦𗴟𗣼𗫠𗫨，直译是"可量瑞相四圣地"。其在《吉祥三菩怛经典明灯》中作 ra sa pavi gnas bzhi，译为"拉萨四圣地"。二者不能完全对应。西夏文中的𗼓𗫦𗴟𗣼（可量瑞相），其义不解。

（四）湿木：西夏文作𗲲𗤋𗵉，直译是"柔软木"。其在《吉祥三菩怛经典明灯》中对应为 vjam pavi shing，译为"湿润木""柔软木"，指"生木""新鲜木"。

（五）活草：西夏文作𗵚𗫼𗉖，直译是"动摇草"，其藏文作 g-yo

---

① "等比及毒及又额及坠落等者解说也，彼者依喜金刚解说四种羯磨业、四种眼观法、四种风、可量瑞相四圣地也。从谓灌顶者依靠左边，直至谓观察双方鼻尖上，是四种眼观法。从外面又以出坠落起，直至谓所加持，是解说四种风也。"藏文本中无。

bcas rtsa，译为"动摇草"，指活草、新鲜草。

藏文转写：

po tang gi zhes pa la sogs pa bde mchog levu nyi shu rtsa bzhi pavi ngag vdus pavi brdavo// mnyam dang zhes pa la sogs pas dgyes pa rdo rjevi lta stangs bzhis las bzhi bsgrub pa bstan te/ ltung ba phyir vbyung ba la sogs pas de bzhivi rlung bzhi bshad pavo// ltung ba vjam pavi shing la sogs pas ra sa pavi gnas bzhivo// de rnams grub pa yin yang mi bsod nams kyis rgyan pa yin pas mi la las sbyor byas kyang mi vgrub pas slar zla ba drug sbyor ba rlabs pa ni sogs pavo//[①]

5-20　灊骸豿嬞縜移祧猭駁斄辬　蕬席膌報魏愬竀豿斄綑徏

　　　　学习谓者复作法事是也。石王勇等行加依谓者四第

6-1　嵙祇綑珳矵豿赧惚豿徏緂，絬帳喬綳讹珳韍斄袲緁

　　　　节之四第殊妙做及五第节中，男人自共遇时何（助）年少

6-2　魏移瓯旡菝祧珳，裺緂魏移庇嵝菝祧豿。帗蕤軞竜，絑駸

　　　　（助助）右眉动令时，年长（助助）左方动令也。瞿哩于起，毕终

6-3　緆豿軞斄灊赧疐帳喬綳讹珳，裺緂魏移庇豩菝祧灊祧

　　　　成谓于（助）至以女人自共遇时，年少（助助）左眼动令时于

6-4　裺緂魏移瓯嵝菝祧豿。蕬席膌脿豿軞竜，蕱竀祧豿軞緂

　　　　年长（助助）右方动令也。石王勇识谓于起，成就也谓于（助）

6-5　灊赧絬疐喬綳讹珳，絬帳裺緂緒瓯嵝菝祧，疐帳裺緂緒

　　　　至以男女自共遇时，男人年少则右方动令，女人年少则

6-6　庇旡菝祧緂。緆綋祧藜旡豿縜緻赧緻裗祧藜旡緂。蕱竀

　　　　左眉动令也。名句于（助）起谓者礼及礼返于（助）起也。成就

6-7　緂豿縜緆縜祇鄻緷骉。緆梊綋魏徏矵赧祇緂帋緃緆縜

①　俄·秋谷多吉等：《先哲遗书·俄派师徒文集》第 226 册，第 226—227 页。

数谓者句悟之利益是。十二第殊妙做等之种集首成做

6-8 𘝲𘊆𗆧𗄭𘝲𗹦𗼓𗗙𗖰𗉺𘃡𗗙𗄭𗑱𘊆𘄴𗯦。𗾞𗵒𘗟𗺲𗼕𘄴

事集说者吉祥石王勇识之默有谓等是。何云仪依作时

6-9 𗘂𗵒𘊆𗼖𘃡𘝲𘝲𗹺𘄱𗄭𗱕𘄴𗯦。𗪅𘝲𗺈𗕟𗈈𗗙𘃡

之广说者其亦先初人头骨里谓等是。一第殊妙做种集

6-10 𘝲𘊆𘗄。𗹏𘝲𗺈𗼖𘊆𗺲𘟱𘝲𘊆𘗄。𘘦𘝲𗱕𗵒𘚓𗉺𘃰

首成说。二第殊妙做中烧施首成说。三第中咒及惑轮首

6-11 𘗄𘊆。𗴾𘝲𗱕𗵒𘚓𗒯𗵒𘊆𘝲𘊆𗱕。𘄴𘄴𘊆𘊉𘟵𗂧𘄴𗯦。

成说。四第中烧施及静虑首成说也。咕昝谓者梅花果是。

意译：

谓修习者是重复作法事也。依金刚萨埵等加行者第四节之第四品及第五节中，男人相遇时，如何年少者右眉动，年长者左眉动也。从瞿哩^{（一）}起，直至谓成圆满，女人相遇时，年少者左眼动时，年长者右眼动也。从金刚萨埵起，直至谓成就也，男女相遇时，男人年长者则右眉动，女人年少者则左眉动也。谓名句生起者生起敬礼和回礼也。谓诸成就者是语表之利益。第十二品等之诸集，首先解说羯磨集者是谓吉祥金刚萨埵之瑜伽等。如何依仪作时之广说是其亦开始是人之头骨中等。第一品重点解说诸集，第二品中重点说护摩，第三品中重点说咒颂及幻轮，第四品中重点说护摩及禅定^{（二）}也。谓咕昝是梅花果。^①

注释：

（一）瞿哩：音译西夏文𗆧𘊒，其在《吉祥三菩怛经典明灯》中作 gōrī，当为梵文 Gōrī 之音译，译为白女、妙音天女等，藏传佛教中的天女名。

---

① "第十二品等之诸集，首先解说羯磨集者是谓吉祥金刚萨埵之瑜伽等。如何依仪作时之广说是其亦开始是人之头骨中等。第一品重点解说诸集，第二品中重点说护摩，第三品中重点说咒颂及幻轮，第四品中重点说护摩及禅定也。谓咕昝是梅花果。"藏文本中无。

（二）禅定：西夏文作𗷲𗙴，直译是"静虑"，藏文为 bsam gtan，梵文作 Dhyāna，译为"静虑"，汉文文献中音译为"驮耶演那"，即"禅定"。慧琳《一切经音义》云："静虑，文静审也，安息也，虑念也，思也，旧言定，梵云驮衍那也。"[①]

藏文转写：

rdo rje sems sogs sbyor ba yis ni brtag pa lnga pavi spyod pa dang vbrel pavi brda ston te/ skyes pavi nang phrad nas gang gzhon pavi smin ma[②] g-yas bskul nas/ rgan pos g-yon bskul bavo// g ō rī la sogs pas bud med nang phrad na gzhon pas g-yon pa bskul bavi dus su rgan pas g-yas bskul bavo// rdo rje sems dpav la sogs pas skyes pa dang bud med nang phrad na skyes pa gzhon na g-yas pa bskul/ bud med gzhon na g-yon pa bskul bavo// tha snyad la vjug ni phyag dang phyag gis lan du song bavo// dngos grub rnams ni brdavi dgos pavo//[③]

6-12　𗷲𗸘𗍫𗫂𗷲𗅁𗫸𗋐𗏵　𘗽𗤋𗍫𗫂𘘄𗦎𘝲𗏵　𗿦𘛃𘄡𗎭𗍫

种识谓者种集首成是。真智谓者佛慢起是。男女名有谓

6-13　𗫂𗣼𗭪𗋽𗟳　𘃪𗗙𘜶𘕿𗍫𗷲𘊝𘞐𗄊𘜘𘟀，𗃥𘗠𘝏𘜶𘕿

者梵本于无。古哇答噜谓者情之松树液流，那我啰答噜

6-14　𗍫𘝤𘞐𗄊𗿦𗙐𘝏𗔅𗅆𘞽𗏵𗍫。𗴾𗣼𘜶𘗠𗷲𗫂𗤋�

谓人之松树女（助助）搓液是也。利布弥𗧹入谓者悉绕

6-15　𘕿𘘝𘘣𘜶𘚾𗸹𗳦𘊴𗏵，𗊴𘜶𘘙𗭪𘜶𘗽𗏵𘝊，𘜘𗟭𘈷𘏲𗟏

怛阿呇那眼药混（助）是，眼闭耳于涂亦见能，足底下有则

6-16　𘄡𘏞𘗟𗏵，𘜘𗱕𘘄𘝃𗏵。𗏵𘟀𗍫𗫂𘝊�𗏵，𘚸�𘘣𗽴𗏵𗏵。

日白星见，鸽肚中出也。石及谓者示略是，水银四钱是也。

---

① 慧琳：《一切经音义》卷 47，《大正新修大藏经》第 54 卷，第 619 页。
② 藏文本作 smon ma，误。此据西夏文本改。
③ 俄·秋谷多吉等：《先哲遗书·俄派师徒文集》第 226 册，第 227 页。

6-17 ⬚⬚⬚⬚⬚⬚⬚⬚⬚。⬚⬚⬚⬚⬚⬚⬚⬚⬚⬚⬚⬚

海长谓者硫黄四钱之谓。酒糟醋液谓者悉怛利部与一

6-18 ⬚。⬚⬚⬚⬚⬚⬚⬚⬚⬚⬚⬚⬚⬚⬚，⬚⬚⬚⬚⬚⬚⬚⬚⬚

并。石具热中谓者先初碾作也，下火以烤（助）晒着处碾作

6-19 ⬚⬚。⬚⬚⬚⬚⬚⬚⬚⬚⬚⬚⬚⬚。⬚⬚⬚⬚⬚⬚⬚⬚⬚⬚。

应也。悉奴诃谓者师利卡那达是。迦利尼迦谓者花须是。

意译：

谓诸识者诸集是重点。谓智慧者是生起佛之我慢。谓男女之具名称者梵本中无。谓古哇答噜（一）者是情识之松树液滴漏，谓那我啰答噜（二）是男人之松树女人搓挤之液也。谓加入利布弥乞（三）者悉绕怛阿昝那（四）是眼药混合，闭眼涂于耳亦能见，足底下藏则白天能见星星，鸽从肚中出也。①石具及谓者略示，是水银四钱也。谓海生者是硫黄四钱之谓。谓酒糟醋汁者是与悉怛利部（五）一样。谓热石具里者开始碾磨也，下面用火烤，于暴晒处应碾磨也。谓悉奴诃（六）者是师利卡那达（七）。谓迦利尼迦（八）是花须。

注释：

（一）古哇答噜：音译西夏文⬚⬚⬚⬚，《吉祥三菩怛经典明灯》中记音为 dhe ba dha ra，二者音不完全相合，其义不解。

（二）那我啰答噜：音译西夏文⬚⬚⬚⬚，其义不解。

（三）利布弥乞：音译西夏文⬚⬚⬚，其义不解。

（四）悉绕怛阿昝那：音译西夏文⬚⬚⬚⬚⬚⬚。"悉绕怛"，其义不解。"阿昝那"当是梵文 Anjana 之音译，译为"眼药"。

（五）悉怛利部：音译西夏文⬚⬚⬚⬚，《吉祥三菩怛经典明灯》中记音为 tar bu，误，当为 starbu，或译为"醋汁"。

（六）悉奴诃：音译西夏文⬚⬚⬚，或为梵文 Snuha 之音译，义为"吐""呕吐"。一种植物名，其乳汁被当作催吐剂使用。其在《吉祥三菩

---

① "谓加入利布弥乞者悉绕怛阿昝那是眼药混合，闭眼涂于耳亦能见，足底下藏则白天能见星星，鸽从肚中出也。"藏文本中无。

恒经典明灯》中作 bu ga，译为孔洞。

（七）师利卡那达：音译西夏文𗕾𘕂𗟻𗯿，《吉祥三菩恒经典明灯》中记音为 shi ri khan da，二者音完全相合，其义不解。

（八）迦利尼迦：音译西夏文𗒛𘕂𗱲𗒛，《吉祥三菩恒经典明灯》中作 gi ri dkar，即"白 gi ri"，其义不解。

藏文转写：

rnam par shes pavi ye shes so zhes pa la/ rnam par shes pa rdzas gtsovo// ye shes ni las de dag thams cad la lhavi nga rgyal byed ces pavo//[①]……bud med dang skyes pavi ming can ni rgya dpe la de ltar med de dhe ba dha ra zhes pa thang shing gi khu ba vdzag par zhes pa thang shing de bud kyis btsir bavi khu bavo// gzhan go slavo//[②]……rdo rje ni rngul chu man cha bzhivo// sbang ma skyur po ni tar bu ste man cha phyed do// rngul chu ni rdzas gong ma thams cad do// rdo rjevi gdan pa tshan de ni vog nas me btang pavo// yang na yang du mnye ba ni de rnams btags la bsrovo// bu ga ni shi ri khan davo// gi ri dkar ni ka ri sha ta a pa ra tsi tavo//[③]

6–20　𗢾𗼃𗟲𘄄𗯸𗕾𘕂𘅣𘕔𗟲，𗊟𗰝𗊟𗬒𘓐𗚝𘀄𘇂𘔼𘓐𗖵
　　　醋液谓者悉恒利部之谓，木香与一起铜具中煮愿谓亦

7–1　𘉓𗾫𗤁𘀄𘇂𗟲。𘉓𗬾𗟲𘄄𗣼𗿢𗇋𗒗𗟲。𘊝𘓟𘄄𗟲𘄄𘂏
　　　铁取石具中煮也。铁末谓者梵本于无也。跛咕喇谓者乌

7–2　𗰾𘄂𗄡。𗣼𘔻𘑳𗇋𘅣，𘕔𗊟𗟲𘄄𗴿𘕥𗟥𘕦𘉔𗟲。　𗭘𗅲𗱈
　　　钵罗是。何时浊不成，此方谓者作应（助）软成令也。复石王

7–3　𘖯𘄄𘄂𗟫𘕂𘃎𗟻𘕩𗟲。𗃐𘅮𘓞𗣗𗟻𘓞𘕧𘙲𘍨𘄟𘄠𘘥
　　　乳谓者师利卡那达是。砒砂及卜那沙及铜四钱及银四

---

①　俄·秋谷多吉等：《先哲遗书·俄派师徒文集》第 226 册，第 227 页。
②　俄·秋谷多吉等：《先哲遗书·俄派师徒文集》第 226 册，第 228 页。
③　俄·秋谷多吉等：《先哲遗书·俄派师徒文集》第 226 册，第 228 页。

7-4 𗹙，𗘅𗙛𗥨𗰖𗂧𗄈𘀇𗤩𗦫𗅆𗹦，𗕏𗹙𗡥𗜟𗤺𗠁𗰱𗴫𗪟𗤔𗵗

钱，及严达喇舍末谓者硫黄，半钱与一起口合具中煮于

7-5 𘀇𗰱𗰱𗤏𗤺𗪼𗤺𘀉。𗁨𗹙𗤛𗤝𗤀𗥱，𗞟𗹙𗭍𗠼𗨀𗥱。𗴤𗄈

（助）至者伏（助）法事是。尔又剩数铜成，四钱银金成也。其又

7-6 𗃹𗰱𘀋𗨀𗤔𗤽𗰱𗠿𗄟𗤔𗤺𗅆𗩽𘀇𘀉。𗞟𗰍�4𗰱𗪻𗤺

寿长祈（助）说谓中时绳记谓者不老令也。四等谓者香大

7-7 𗄈，𗡥𗢍𗰱𘀇𘀌�4。𗒀𗥜�4𗰱𗠼�4𗨀𘀇𘀌�4𗥱𗴫𗍆𗪼

是，麝香者香小是。旃那达谓者肉之谓（助）香大于（助）起二

7-8 𗃹𘀉。𗴱𗙛�4𗰱𗤝��4𘀇。𗒀𗽜𗥱�4𗰱𘀉𗂻𗳜。𗒀𗙛�4𗰱

种是。龙脑谓者菩提心是。萨利拶谓者大肉是。西诃谓者

7-9 𗖀�4𗳜𘀉。𗒆𗥨𗂧𗓁�4𗰱�4𗫀𗀺𗳜𗥨�4𘀇𘀉。𗀖�4𗳜�4

自生花是。孤那都噜谓者先初（助）生菩提心是。迦光喇谓

7-10 𗰱𗙛𘀉。𗳜𗂻𗥨�4𗰱𗡥𗳜�。𗒆�8𗥨𗂧𗫝�4𗰱𗕏�8𗳜，

者脑是。孔洞脂谓者胫髓是。六时说中春为者跋西麻谓，

7-11 𗡥𗣈𘀍𘀇�4。𗧐𗠾�4𗰱𗓨𗩪�。𗒀�4𘀇𗥨𘀇𗖀𗮿𘀉。

暖气起时是。春末谓者影量时是。夏谓者雨时二月是。

意译：

醋汁者是悉怛利部之谓，与木香一起愿在铜器中煮，亦在磁铁[一]器中煮也。铁末者梵本中无也。跋咕喇[二]者是乌钵罗[三]。何时不为浊，此方所作或令彼柔软也。复谓金刚乳者是师利卡那达。硇砂[四]、卜那沙[五]、铜四钱、银四钱，及严达喇舍[六]之末者是硫黄，与半钱一起于有盖器具中煮者是调伏仪轨。尔后，器内残渣成铜，精华成四钱金银也。其又解说祈求长寿法中，彼时节谓绳结者是能不老也。谓四等[七]是大香，麝香者是小香。谓旃那达[八]者是肉之谓或生起于大香二种。谓龙脑者是菩提心。谓萨利拶[九]者是大肉[十]。谓西诃[十一]者是自生花[十二]。谓孤那都噜[十三]者是开始所生之菩提心。谓迦光喇[十四]者是脑。谓孔洞之脂者是骨髓。解说六时[十五]中，春者谓跋西麻[十六]，是暖气生起时节。暮春者是量影[十七]。谓

夏者是二个月雨期。

注释：

（一）磁铁：西夏文作𗾟𗾊𗾟，直译是"取铁石"。其在《吉祥三菩怛经典明灯》中作 khab len gyi lcags，译为"磁石之铁"，即磁铁。

（二）跋咕喇：音译西夏文𗱕𗗋𗆞，《吉祥三菩怛经典明灯》中记音为 ba ku la，梵文当作 Bakula，译为"醉花"，一种植物名，汉文文献中又音译为"缚句蓝"，据云由美少女含酒喷洒而开花。

（三）乌钵罗：音译西夏文𗆞𗥤𗆞，《吉祥三菩怛经典明灯》中作 utpala，即梵文 Utpala，汉文文献中音译为优钵罗、乌钵罗、优钵剌、嗢钵罗、沤钵罗等，是一种植物名，译为"青莲花"。《翻译名义集》云："优钵罗，或沤钵罗，或嗢钵罗，此云青莲华。"[1]《续一切经音义》又云："优钵罗，或云沤钵罗，正云嗢钵罗，此云青莲花。其花青色，叶细狭长，香气远闻，人间无此华。唯无热恼大龙池中有也。"[2]

（四）硇砂：西夏文作𗥤𗃛，其在《吉祥三菩怛经典明灯》中对应作 rgya tsha，译为"硇砂""白砂"，一种药用盐类。按现有西夏文字书，𗥤读若"神"，按藏文意𗥤字应读若"硇"。

（五）卜那沙：音译西夏文𗊱𗗋𗃛，其在《吉祥三菩怛经典明灯》中对应作 tsha，可译为"硼砂"，亦为一种药用盐类。西夏文𗊱𗗋𗃛当为"硼砂"之音译。

（六）严达喇舍：音译西夏文𗣼𗣀𗆞𗒈，其在《吉祥三菩怛经典明灯》中对应作 ghan dha la shi，二者音相合。按文中解释，"严达喇舍"指硫黄。

（七）四等：西夏文作𗥤𗥰，直译是"四平等""四等"。其在《吉祥三菩怛经典明灯》中对应作 bzhi mnyam，其义与西夏文相同。"四等"在藏文佛经中又指人粪、大便。大便是密教护摩法中烧供忿怒相神的吉祥

---

① 法云：《翻译名义集》卷3，《大正新修大藏经》第54卷，第1103页。
② 希麟：《续一切经音义》卷2，《大正新修大藏经》第54卷，第940页。

五甘露之一。

（八）旃那达：音译西夏文𗄊𗤁𗆼，藏文作 tsan dan，是梵文 Candan 之音译，即前文中的旃檀，只是此处西夏文中有"n"（𗤁）的鼻音韵尾。

（九）萨利拶：音译西夏文𗗟𗗌𗰜，《吉祥三菩怛经典明灯》中记音作 sa la dza，二者音相合。按文中解释，"萨利拶"指人肉。

（十）大肉：西夏文作𗐫𗏁，直译是"大肉"，藏文作 sha chen，梵文为 Mahāmāmsa，译为"大肉"，佛书中指"人肉"。人肉是密教护摩法中烧供忿怒相神的吉祥五甘露之一。

（十一）西诃：音译西夏文𗫴𘄽，《吉祥三菩怛经典明灯》中记音作 si hla，二者音相合。按文中解释，"西诃"指经血。

（十二）自生花：西夏文作𗀔𗤺𗵽，直译是"自生花"。其在《吉祥三菩怛经典明灯》中对应作 rang vbyung gi khrag，译为"自生之血"，指妇女之月经。

（十三）孤那都噜：音译西夏文𗖰𗤁𗽽𘄬，《吉祥三菩怛经典明灯》中记音作 kun tu ru，二者音相合。藏文 kun tu ru 当为梵文 Kunduru 之音译，译为"香""薰香"。

（十四）迦光喇：音译西夏文𗙩𘕿𗵘，《吉祥三菩怛经典明灯》中记音作 ka ko la，二者音相合。按文中解释，"迦光喇"指脑子。

（十五）六时：古印度的六时有两种意义。一是指一天的六个时段，昼三时和夜三时；二是指一年中的六季，古印度把一年分为六季——春、春夏之交、夏、秋、早冬和晚冬。

（十六）跋西麻：音译西夏文𗧀𗰜𘃜，《吉祥三菩怛经典明灯》中记音作 bhas pa，二者音不合。按文中解释，"跋西麻"指春，而梵文"春"作 Vasanta，与西夏文不符。

（十七）量影：西夏文作𗏇𗧘，直译是"量影"。其在《吉祥三菩怛经典明灯》中对应作 ghri sma chad pa，当意指量日影之长短。

藏文转写：

badzra ti/ rtsabs skyur po ni bu dang/ ru dha ni de rnams cha mnyam pa la gong mavi gsum po dang bsres te/ zangs kyi snod du bskol bavo// lcags phyi ni rgya dpe la med de lcags snod du byavo// de yang khab len gyi lcags so// devi nang du ba ku la chen po dang utpa la dang/ gong ma rnams sbyar ba ni mnyes pas/ ka ba ni ba ku la dang utpa la gnyis ka bar vgyur ba ni byang pavi tshad do// de rnams sbyang pavo// rdo rjevi vo ma ni shi ri khan davo// bsnos pa ni gong ma tsho dang bsre bavo// rgya tsha dang tsha la gnyis snyams nas byug pa ni gong ma dang bsre bavo// zangs① dang rngul mnyam par byas pa ni zho bzhi bzhivo// ghan dha la shi ni mu zivo// phyed dang bcas pa ni zho gnyis so// de ni gdul bavo//

snod kha sbyar ni khab len gyi lcags kyi nang du bkol bas dri ma kun zangs su vgyur la/ dwangs ma dngul du vong/ de yang bcos pas gser du vgyur bavo// de ni sad pavo// de nas bcud len gsungs pa ni/ dus bcing bavi rgas su mi ster bavo// bzhi② mnyam ni dri chen no// gla rtsi ni dri chuvo// tsan dan ni sha la zer bavam dri chen la sdong po gnyis so// ga pur ni byang chub sems so// sa la dza ni sha chen no// si hla ni rang vbyung gi khrag go/ kun tu ru ni dang po byung bavi byang sems so// ka ko la ni klad pavo// sbuvi zhag ni rkang mar ro// dus drug gsungs pa/ dpyid③ ni bhas pa blangs pavi dus su// so ga ni ghri sma chad pavi dus su// dbyar ni bha ri ta char pavi dus so//④

7-12 𘚛𗏁𘄄𘓄𗌛𗏁𗥤𗣼𗗙𗣷𘗂。𗰜𘄴𗏁𘄄𗣂𘋠𗏁𗅵𗣷𘗂。𗰜𗾺𗏁

秋谓者萨啰谓心真时是。冬初谓者醯摩谓雪时是。冬末谓

---

① 原文作 zas，此据西夏本改。
② 原文作 gzhi，此据西夏本改。
③ 原文作 spyid，此据西夏本改。
④ 俄·秋谷多吉等:《先哲遗书·俄派师徒文集》第 226 册，第 228—229 页。

7-13 　　▢▢▢▢▢▢▢▢。▢▢▢▢▢▢▢▢▢▢。 ▢▢▢

　　　者乌西啰谓露时是。一日一夜依六时（助）说悟易。十四种

7-14 　　▢▢▢▢▢▢▢▢▢▢▢▢▢▢▢▢▢▢▢▢▢▢，

　　　药禀持时谓者先说九种及孤那都噜菩提心与十种食，

7-15 　　▢▢▢▢▢▢▢▢▢▢▢▢▢▢▢▢▢▢▢▢▢

　　　（助）何未先说九种（助）水银及硫黄及花净血及油等四种

7-16 　　▢▢▢，▢▢▢▢▢▢▢▢▢。▢▢▢▢▢▢▢▢▢。▢▢▢▢

　　　先说，孤那都噜与十种食也。洞之脂谓者骨髓是。巴利迦

7-17 　　▢▢▢▢▢▢▢▢▢▢▢▢▢。▢▢▢▢▢▢▢▢▢▢▢▢，

　　　谓等其种集以岸等六十四两。孤噜迹谓者悉丽嘚力是，

7-18 　　▢▢▢▢▢▢。▢▢▢▢▢▢▢▢▢▢▢▢▢▢▢▢。 ▢▢▢

　　　三十二两末也。水者二倍作应也谓者先（助）说者是。四碗

7-19 　　▢▢▢▢▢▢▢▢。▢▢▢▢▢▢▢▢▢▢▢▢▢▢▢。

　　　成谓者四升略之谓。巴利迦者三倍是谓者十二升是也。

意译：

秋者谓萨啰[一]，是心咒时节。初冬者谓醯摩[二]，是雪之时节。冬末者谓乌西啰[三]，是露之时节。解说一日一夜之六时，容易理解。谓摄持十四种药时者先前所说之九种及孤那都噜菩提心十种食，抑或先前所说九种及前所说之水银、硫黄、月经[四]及酥油等四种，与孤那都噜十种食也。洞里之油脂者是骨髓。谓巴利迦[五]等，彼以诸集等齐六十四。谓孤噜迹[六]者是悉丽嘚力[七]，三十二两末也。水者应作二倍也，彼者是先前所说。谓成为四碗者略微四升之谓。巴利迦者是三倍，彼者是十二升也。

注释：

（一）萨啰：音译西夏文▢▢，《吉祥三菩怛经典明灯》中记音作 sara，二者音完全相合，当为梵文 śarat 之音转，译为"秋"。

（二）醯摩：音译西夏文▢▢，其在《吉祥三菩怛经典明灯》中没有。西夏文▢▢（醯摩）当为梵文 Hemanta 之音转或略译，译为"冬"。

（三）乌西啰：音译西夏文䍀䍤𗣼，其在《吉祥三菩怛经典明灯》中记音作 u ri ra。按文中解释，西夏文"乌西啰"指冬末，而冬末之梵文作 śira，三者音均不合。

（四）月经：西夏文作𗈁𗣼𗣼，直译是"莲花之血"。其在《吉祥三菩怛经典明灯》中作 padmavi khrag，直译是"莲花之血"。padma 在藏文中又指女性生殖器，所以"莲花之血"指月经。

（五）巴利迦：音译西夏文䍀𗣼𗣼，《吉祥三菩怛经典明灯》中记音作 ba li ka，二者音相合。ba li ka 似为梵音 Bālika 或 Vālika 之音译。Bālika 和 Vālika 译为"砂、沙"。

（六）孤噜迹：音译西夏文𗣼𗣼𗣼，《吉祥三菩怛经典明灯》中记音作 kyu ru rtsi。其义不解。

（七）悉丽嘚力：音译西夏文𗣼𗣼𗣼𗣼，《吉祥三菩怛经典明灯》中记音作 gle tre。其义不解。

藏文转写：

ston sa ra dag snying povi dus so// dgun smad u ri ra sman ba movi dus so// nya ma gcig la drug gsungs te go slavo// bcu bzhivi gzung pa ni gong gi dgu[①] kun tu byang sems dang bcu bzav bavam/ yang na gong gi dgu dngul chu dang mu zi dang padmavi khrag dang mar/ zho bzhi gong du bshad pa dang kun tu rgyu dang bcu bzhi bzav bzav bavo// mar khuvi cho ga la/ sbuvi zhag ni rkang dmar dang/ mar khu ni mar khuvo// bzhi[②] mnyam dri chen te/ de gsum la srang ro bzhi ste/ re re la nyi shu rtsa gcig po re dang sum cha re revo// de yang rdzas de dag dang mnyam pavi zhes so// yung ba nag po la srang sum cu rtsa gnyis so// bcas ni gong gi ba li ka ste de la srang sum cu rtsa gnyis te/ de gnyis log pa la srang drug cu rtsa bzhivo// kyu ru rtsivi snying po ni gle tres te/ de la srang sum cu rtsa gnyis so//

---

① 原文作 rgyu，此据西夏本改。
② 原文作 gzhi，此据西夏本改。

de yang de nas de dag tshad bshad de/ phye ma srang ni sum cu rtsa gnyis

zhes pas bstan to// ba li kavi chus de rnams thams cad skye mar bya zhes so//

chu nyis vgyur ni gong gi srang drug cu rtsa bzhi po nyis vgyur gyi srang drug

cu rtsa bzhi po gcig gis chu dang bsre bya bavo// bskol bavi tshad ni ji srid

chang phor bzhi lus te drug bcu rtsa bzhi tsam du bskol bavo//[①]

7-20 𗼲𗽳𗹬𘕯𘕨𘒨𗈈𗲩。𘒨𗖰𗴮𗈈𘕯𗹬𗰕𗸐𗈈𗲩。𗗙𗵐𗫭𘕯𗹆𗸏

　　　油酥谓者四升是。四倍乳谓者十六升是。其之半者孤噜

8-1 𗵀𗈈𘕯𗗙𗵐𗫭𗔇𗈈𗲩�。𗼐𘕯𗈈𗼲𗈈𘕯𗹬𗈈𗲩。𗬘𗵐𗈈�

　　　迹谓者彼之半八升是也。先（助）说谓者四升是。大师说故

8-2 𗸯𗹪𗬀𗹪𗸖𗉮，𗭼𗼲𗬀𗹆𗸖𗗙𘕯𗈈。𗬾𗵐𗈈�𗬘𗼲𗬀𗹪

　　　末品以千年来，鼻药以十年来之谓。上师说则鼻药以千

8-3 𗸖𗉮𗗙𘕯�。𗬘𗼲𗈈𗸯𗹪𗈈，𗸯𗭼𗈈𗰕𗹪𗈈，𘏍𗭼𗈈𗹈𗹪

　　　年来之谓也。鼻药者末品是，饮应者中品是，抹应者上品

8-4 𗈈�。𗼲𗴋𗓁�𗈈𘕯𘏍𗭼𗬘𗗙𘕯𗈈。𗓁𗴮𗈈𗈈𘕯𘕨𗛆𗈈，𗴮

　　　是也。酥黑二种谓者芝麻白黑之谓。二倍谓者四等是，乳

8-5 𗼻𗘂�𗓁𗴋𘕯�。𗽳𗻧𗈈𗈈𘕯𗈈𘕨𗈈。𗴮𗸾𘕯𗴋𗈈𘕯𗹪𗉮

　　　与混则二倍成也。人主谓者木香是。治能色黑谓者曹乌

8-6 𘎀𘕯𗈈。𗖰�𗼲𗈈𘕯𗈈�𘎀𗈈。𘊝𗴋𗈈𘕯𘊝𗹭𗈈。𘏍𘏍𗴆

　　　豆之谓。巴咕迹谓者波咕支是。铁粪谓者铁屎是。香恶石

8-7 𗈈𘕯𘋊𗸶𗈈。𗱷𗼐𗬀𗵐𗈈𘕯𘁤𗈣𗈈。𘍞𗵐𗈈𘕯𗄼𗀔𗈈。𗨛

　　　谓者硫黄是。萨利旃啰谓者香白是。血取谓者郁金是。种

8-8 𘕯𗈈𘕯𘎀𗸖𗬀𗈈𘕯。𗾝𘏍𗈈𘕯𗄼𗀔𗈈。𘌴𘎀𗈈𘕯𘏱𘕨𗈈。

　　　持谓者舍曖花之谓。夜行谓者郁金是。魔怨谓者舍薰是。

8-9 𗽳𗼲𘏍𗈈𘕯𗄼𘏱𘎀𗴋𗬘𗾝𗓁𗈈。𗱷𗼐𗵀𗈈𘕯𘁤𗈣𗈈𗈈。

---

① 俄·秋谷多吉等:《先哲遗书·俄派师徒文集》第226册，第229—230页。

萨利迦谓者洛我牟微杜利是。巴咕迹谓者波咕支之谓。

8-10 [illegible]。[illegible]

虚空拳[①]以打谓者因无之喻是。阳气水持饮与同谓者果

8-11 [illegible]。[illegible]，[illegible]。

无有之喻是。七第节之一第殊妙做说，终。

意译：

熟酥者是四升，谓四倍乳者是十六升。彼之半者是孤噜迹，彼之半是八升也。先前解说者是四升。大师[(一)]解说用末等品存在千年[(二)]，用鼻药者存在十年之谓。上师解说用鼻药存在千年之谓也。鼻药是末品，饮品者是中品，涂身者是上品也。二种黑酥者是黑白芝麻之谓。二倍者是四等，与乳混合则成二倍也。人主[(三)]者是木香。医治毒者是曹乌豆[(四)]之谓。巴咕迹[(五)]者是波咕支。铁粪者是铁锈。恶香石[(六)]者是硫黄。萨利旃啰者是白香[(七)]。止血者是郁金[(八)]。持种姓者是舍噂花[(九)]之谓。夜间行[(十)]者是郁金。魔敌者是薰舍[(十一)]花。萨利迦[(十二)]者是洛我牟微杜利[(十三)]。巴咕迹者是波咕支之谓。以拳击虚空者是无因之喻。持阳焰[(十四)]之水并饮者是无果之喻。解说第七节之第一品，终。

注释：

（一）大师：西夏文作[illegible]，译为“大师”。其在《吉祥三菩怛经典明灯》中作 jo bo，译为“至尊”“尊者”，意指祖师。

（二）用末等品存在千年：西夏文作[illegible]，直译是“以末品千年来”。西夏文[illegible]（末品）对应藏文 chung ba（末等），西夏文[illegible]（来）对应藏文 vtsho ba（活、生存），参考藏文译为“用末等品存在千年”。

（三）人主：西夏文作[illegible]，直译为“人主”。其在《吉祥三菩怛经典明灯》中作 mi dbang，译为“人主”，指国王、人王。

（四）医治毒者是曹乌豆：西夏文作[illegible]，直译是“能

① 此字在现有西夏文字书中均释义为“椎”，此据藏文释其为“拳”“拳头”。

治黑色谓者曹乌豆"。其在《吉祥三菩怛经典明灯》中作 vtsho byed nag po phung povo，译作"医治毒是死尸"。藏文 nag po 直译是"黑色"，在佛经中也是罪恶、毒的异名。西夏文𗆷𗖵𗉛（音译为"曹乌豆"），其义不解。其在藏文本中对应作 phung po（尸体；蕴）。

（五）巴咕迹：音译西夏文𗼇𗈶𗥫。《吉祥三菩怛经典明灯》中记音为 ba ku tsi，两者音相合。其义不解。其后的"波咕支"或为"巴咕迹"之音转。

（六）恶香石：西夏文作𗄊𗋽𗦀，直译是"恶香石"。其在《吉祥三菩怛经典明灯》中作 dris rdo rje，直译是"香味之石王"。按文献之解释，𗄊𗋽𗦀（恶香石）指硫黄。

（七）萨利旆啰者是白香：西夏文作𗗙𗎫𗴴𗰖𗏵𗧘𗄊𗫂𗦀，译为"萨利旆啰者是白香"。其在《吉祥三菩怛经典明灯》中作 sa ha ni gu gul dkar povo。西夏文"萨利旆啰"对应藏文 sa ha。显然，藏文 sa ha 有误。西夏文"萨利旆啰"应是梵文 Sarja rasa 之音译，译作"白胶香"，《吉祥三菩怛经典明灯》中指白安息香，即藏文 gu gul dkar po。

（八）止血者是郁金：西夏文作𗧢𗏵𗧘𗫂𗪿𗄊𗦀，直译是"取血者是郁金"。西夏文𗧢𗏵直译是"取血"，即治血，藏文当为 khrag sel bar byed pa，译为"医治血"。西夏文𗪿𗄊，音译为"郁金"。其藏文作 yung ba，译为"郁金"，一种植物名，可为香，这里指藏红花。

（九）持种姓者是舍嚂花：西夏文作𗦲𗏵𗧘𗫂𗥦𗏵𗼨，直译为"持种者是舍嚂花"。其在《吉祥三菩怛经典明灯》中作 rigs vdzin me tog ni tsam pa kavo，译为"持种花者是瞻卜迦"。西夏文"舍嚂花"与藏文 tsam pa ka（梵文 Campaka）音不相合。

（十）夜间行：西夏文作𗬆𗸐，直译是"夜行"。其在《吉祥三菩怛经典明灯》中作 mtshan mo spyod，译为"夜间行"，佛书中指罗刹。

（十一）薰舍：西夏文作𗕔𗷭，直译为"薰舍"。《吉祥三菩怛经典明灯》中作 khyim gyi dud pa，译为"薰舍"，即以火烟薰舍屋。

（十二）萨利迦：音译西夏文𗹧𗄊𗧓，《吉祥三菩怛经典明灯》中记音作 sa li ka，二者音相合。"萨利迦"或是梵文 Śalika 之音译，其为一种谷物，多指稻。

（十三）洛我牟微杜利：音译西夏文𗂰𗄼𗧓𗊱𗄊𗫴𗦀，其义不解。其在《吉祥三菩怛经典明灯》中对应作 gzugs mo byi thur，译为刺猬刺。

（十四）阳焰：西夏文作𗣼𗄊，直译为"阳气"。其在《吉祥三菩怛经典明灯》中作 smig skyu，佛书中译为"阳焰"，即夏季日照大地现出似河流的景象，也就是一种水气。

藏文转写：

de dag gi sum vgyur zhe na mar khuvivo// bzhi vgyur vo ma ni ba li kavi bzhi vgyur de drug cu rtsa bzhi pa bzhivi tshad du vo ma dag dang bcas ces pa vdir blang ngo// devi phyed ni ku ru rtsi ni ba li kavi phyed gu ru rtsi la srang so gnyis btang bavo// sngar gyi bstan pavi rdzas ni chu phul bzhir bskol bavi rdzas rnams dang vdi rnams bsre bavo// de rnams ji tsam du bskol na/ chung ba sna nas stong pa srang bcu/ vbring btung pa srang brgya/ chen po sku byug la srang brgya rtsa brgyad du bskol bavo// jo bo na re chung rgyun lo sman gyis bcu vtsho ba la byed/ bla mas sna sman gyis lo stong vtsho ba la byed do// btung pa ni vbring povo// sku byug ni chen povo// mar nag gnyis dang ni til dkar nag go/ gnyis vgyur ni bzhi①　mnyam mo// vo ma dang mnyes pa nyis vgyur ro// mi dbang ni ru dhavo// vtsho byed nag po phung povo// ba ku tsi ni sro ma ra tsavo// lcags sgyags ni so tog go// dris rdo rje ni mu zivo// sa ha ni gu gul dkar povo/ khrag po ni yung pavo// rigs vdzin me tog ni tsam pa kavo// mtshan mo spyod ni yung pavo// bgegs dgra ni khyim gyi dud pavo// sa li ka ni gzugs mo byi thur ro// ba ku tsi ni sro ma ra dzavo// mkhav la khu tshur gyis rdeg pavo ni rgyu med pavi dpevo// smig skyuvi chu vthungs pa ni vbras bu

---

①　藏文本作 gzhi，此据西夏文本改。

med pavi dpevo// brtag pa bdun pavi rab byed dang povi sgron mavo//[①]

8-12 𗤎𗤋𗤏𗤌𗤍𗤎𗤏𗤌𗤍 𗤎𗤋𗤏𗤌
此二第殊妙做以烧施首成做事说悟易。问中咒诵谓者

8-13 𗤎𗤋𗤏𗤌𗤍𗤏𗤌。𗤎𗤋𗤏𗤌𗤍𗤏𗤌𗤍。𗤎
三十二第殊妙做中来也。食施谓者三十四第中答也。供

8-14 𗤎𗤋𗤏𗤌𗤍𗤏𗤌。𗤎𗤋𗤏𗤌𗤍𗤏𗤌𗤍
养等谓者胜住惑轮是。烧施说中先初咒颂一亿诵谓者

8-15 𗤎𗤍𗤌。𗤎𗤏𗤌𗤍𗤏𗤌。𗤎𗤋𗤏𗤌𗤍𗤏𗤌
近诵是。事生起谓者供修是。地宫禀持中右伸及又左伸

8-16 𗤎𗤏𗤌𗤍𗤏𗤌，𗤎𗤏𗤌𗤍。𗤎𗤏𗤌
等谓者足手助于靠作也，宽广谓者圈圆是。其又明悟入

8-17 𗤎𗤏𗤌𗤍𗤏𗤌。𗤎𗤏𗤌。𗤎𗤏𗤌𗤍𗤏𗤌𗤍
令谓者业手祐助是。他皆悟易。方分谓者中围与缚有（助）

8-18 𗤏𗤌。𗤎𗤋𗤏𗤌𗤍𗤏𗤌𗤍𗤏𗤌𗤍
仪是。五种乳鲜谓者阿跋㘄及柳树及那乞绕怛及阿舍

8-19 𗤎𗤏𗤌𗤍𗤏𗤌。𗤎𗤏𗤌𗤍𗤏𗤌𗤍。
怛及柏等五种是。次主坛做欲故谓等者供修烧施说也。

8-20 𗤎𗤏𗤌𗤍𗤏𗤌。𗤎𗤏𗤌𗤍𗤏𗤌。𗤎𗤏𗤌
巴怛噜谓者柳树是。毕巴喇谓者榆树之谓。伐喇怛迦谓

9-1 𗤎𗤏𗤌𗤍。𗤎𗤏𗤌𗤍𗤏𗤌𗤍。𗤎𗤏𗤌
者竹竹根是。萨利迦谓者洛我牟微杜利是。彼如又成则

9-2 𗤎𗤏𗤌𗤍𗤏𗤌𗤍𗤏𗤌𗤍。𗤎𗤏𗤌𗤍
自独静清宫中谓等者复作规法事是。舍处怛麻喇之叶

9-3 𗤎𗤏𗤌𗤍𗤏𗤌𗤍。𗤎𗤏𗤌𗤍𗤏𗤌𗤍，□𗤎𗤏𗤌

① 俄·秋谷多吉等：《先哲遗书·俄派师徒文集》第226册，第230—231页。

397

谓者舍中（助）生草青是也。禽黑谓者梵本于无，□鹤之谓

9-4　𗇃。𗟻𗙴𗵃𗥦𗐾𗙴𗄭𗹡𗧘𗄻　𗷖

也。七第节之二第殊妙做说　终

意译：

此以第二品护摩重点解说羯磨易领悟。问中诵咒者第三十二品中有也，施食[一]者第三十四品中答也。供养等者是胜住[二]幻轮。解说护摩中，开始诵咒颂一亿者是承事本尊。事业生起谓者是修习。守地仪轨中，俱伸右足及又伸左足，手足相互倚靠也，宽广成圆圈形。彼又能入明谓者是业手印助祐。其他易领悟。方位者是与坛城相关之法仪。五种鲜乳者是阿跋啰树[三]、柳树、那乞绕怛[四]、阿舍怛[五]和柏树等五种。次，欲做灌顶坛，则谓等者是讲说修供护摩也。巴怛噜[六]者是柳树。毕巴喇[七]者是榆树之谓。伐喇怛迦[八]者是修竹根。萨利迦者是刺猬刺。如此又成，则独自清静处中谓等者又是所作之仪轨。屋舍处怛麻喇[九]之叶者生于屋中之青草也。雕鹰[十]者梵本中无，□鹤之谓也。解说第七节第二品，终。

注释：

（一）施食：西夏文作𘙴𗭰，译为"施食"，藏文作 gtor ma，即朵玛、食子，是由糌粑捏成以供神鬼食用的丸子。

（二）胜住：西夏文作𗴺𗸲，直译是"胜住"，藏文作 rab tu gnas pa，译为"胜住""善住"，即开光。就是当佛塔、佛像、佛经等做成后，上师聚集弟子、广设供养、做坛城为其灌顶，迎本尊神安住的仪轨，目的是赋予佛塔、经和像等以灵性。

（三）阿跋啰树：音译西夏文𘙴𗤒𗀔。《吉祥三菩怛经典明灯》中作 shing a mra，译为庵摩罗树，即芒果树、无垢果树。西夏文本和藏文本不完全一致。

（四）那乞绕怛：音译西夏文𗧾𗄈𗺔𗕜。《吉祥三菩怛经典明灯》中记音为 na tra de，误。西夏文"那乞绕怛"当为藏文 nya gro dha 或 ne gro ta 之音译，梵文作 Nyagrodha，汉文文献中译为"尼拘卢陀"，意译为"无

节树"。

（五）阿舍怛：音译西夏文𘃨𗏵𗆖，《吉祥三菩怛经典明灯》中记音为
a sha ta，二者音相合。其或是指 Ashadtha，即阿输陀树，又作阿输迦。

（六）巴怛噜：音译西夏文𗗙𗆖𗋽。其在《吉祥三菩怛经典明灯》中
记音为 bha ta，误。按文中解释，"巴怛噜"指松树。其或是梵文 pa dāru
之西夏语音译。

（七）毕巴喇：音译西夏文𗼋𗗙𗏵。《吉祥三菩怛经典明灯》中记音
作 pi pi la，误。西夏文"毕巴喇"当为梵文 Pippala 之音译，汉文文献中
常音译为毕钵罗、必钵罗、庳钵罗、卑钵罗等，一种树名，又称菩提树。
《酉阳杂俎》载："菩提树，出摩伽陀国，在摩诃菩提寺，盖释迦如来成道
时树，一名思惟树。……此树梵名有二：一曰宾拔梨婆力叉，二曰阿湿
曷他婆力叉。《西域记》谓之卑钵罗，以佛于其下成道，即以道为称，故
号菩提婆力叉，汉翻为道树。"[1]《酉阳杂俎》中的此树梵名宾拔梨婆力叉
指 Pippala 树，阿湿曷他婆力叉指 Aśoka 树。此树在国内称榕树。《华严
经探玄记》云："毕钵罗树，此云榕树。在岭南亦有此类。"[2]《吉祥三菩怛
经典明灯》中"毕巴喇"指榆树。

（八）伐喇怛迦：音译西夏文𗣫𗏵𗋽𗠣。《吉祥三菩怛经典明灯》中记
音作 bha la ta ka，二者音相合。其当为梵文 Bhallātaka 之音译，按文中解
释，其指修竹根。

（九）怛麻喇：音译西夏文𗋽𗐰𗏵。其在《吉祥三菩怛经典明灯》中
记音为 ta ma la，为梵文 Tamāla 之音译。Tamāla 是一种暗黑色的树，开
白色花，汉文文献中音译为多摩罗、多摩罗树。而"怛麻喇之叶"，不仅
指多摩罗树叶，也指一种香草，汉文文献中音译为多摩罗跋香，即藿香。
《翻梵语》云："多摩罗跋香，译曰藿叶。"[3]慧琳《一切经音义》又载："多

---

[1]　段成式：《酉阳杂俎》，《唐五代笔记小说大观》上册，上海古籍出版社，2000，第695页。
[2]　法藏：《华严经探玄记》卷20，《大正新修大藏经》第35卷，第482页。
[3]　《翻梵语》卷10，《大正新修大藏经》第54卷，第1049页。

摩罗，香名也，唐云藿香。"①

（十）雕鹰：西夏文作繿祗，直译是"黑禽"。其在《吉祥三菩怛经典明灯》中作 byan glag，译为"雕鹰"。

藏文转写：

rab byed gnyis pa vdis sbyin sreg gtso bor gyur pavi las ston te/ de yang dang por gsol ba gdab pavi sgo nas mdor bstan pa ni/ nyan par vtshal zhes so//……las bsgrub pavi dus su sngags bzlas pa ni brgyad pavi rab byed bzhi pavo// gtor ma dang mchod pa ni dgu pavi rab byed gnyis pa nas ston no// bzlas pa vbum ni bsnyen pavo// de nas sngags pavi tshigs su bcad pa gcig gis sa gzung bavi cho gavo// de vog gi tshig gnyis kyis las bsgrub pavi grogs phyag rgya ma bstan te/ …… phyogs kyi zhes pa la sogs pas dal dang vbrel pavi sbyin sreg gi phyogs bstan/ vo ma can lnga ni shing a mra dang lcang ma dang/ na tra de dang/ a sha ta dang/ shug pa dang lngavo//

de nas dbang du bya bar vdod na la sogs pas bsgrub pavi sbyin sreg bstan/ bha ta ni lcang mavo// pi pi la ni yu vbog go/ bha la ta ka ni spavi rtsa bavi tsher mavo// si li ka ni gzugs② mo byi thur③ ro// ma yin na cog pu dben par ro// gnas te ces pa la sogs pas spogs pavi cho gavo// khyim gyi ta ma la ni vdab ma khyim du skyes pavi sngo vbur ro// byan glag④ ni rgya dpe la khrar byung gsung/ las de dag ni zhes pa la sogs pas gdams pavi sgo nas mjug bsdu ba bstan/ brtag pa bdun pavi rab byed gnyis pavi sgron mavo//⑤

9-5 [西夏文] 。[西夏文]

此三第殊妙做耆咒颂首成及惑轮首成之做事说。问者

---

① 慧琳：《一切经音义》卷 3，《大正新修大藏经》第 54 卷，第 324 页。
② 藏文本作 gzungs，此据西夏本改。
③ 藏文本作 dur，此据西夏本改。
④ 藏文本作 lag，此据西夏本改。
⑤ 俄·秋谷多吉等：《先哲遗书·俄派师徒文集》第 226 册，第 231—232 页。

9-6 꿹ꑊ꓃ꇮ꒦ꚕꚋꔘꚏꆈꔈ，ꆈꗷꚋꚏꇵꑊꚜꔘ꒓ꗍꚊ。ꘛꚏ

四第殊妙做中赡部居住，咒手印谓之广说成问是。答者

9-7 ꚏꑋꚏꚋꚏ。ꇮꔈꚏꔘꗋꚋꚏꚕ，ꑊꇮꆈꇮꚜ�꒓ꚕꗍꚕ。ꕜ

听应谓等是。三隅谓者结合处居，外三隅及生现处居。化

9-8 ꑊꇮꗥꚏ。ꆈꗬꚋꚏꔘꑊꚏ꒓ꗥꚏꗥꚏ。ꆑꗍꚜꗥꔘꇮ

以大乐是。心悦谓者内方八叶花净画是。密之花净谓等

9-9 ꚋꗊꗷꚕꗍꚏ。ꑊꑊꗍꗷꑊꚋꚜꆑꗊꚜꗍꚏ。ꖶꚜꗤ

者法生宫说也。噜噜悉布噜谓等者密集依说也。咪绕旈

9-10 ꑋꚋꚜꚜꗥꚜꗍꚏ。ꇮꗊꚜꗊꚜꗍꚜꚜꆈꗥꚜꗍꚏ。ꇮ

那谓者上乐依说也。唵撮喇撮喇谓者喜石王依说是。唵

9-11 ꑋ꒖ꗀꚕꗊꗷꗀꑊꚋꚜꆈꗊꚜꚜ。ꇮꗮꇮꗣꚜꗍꚜꚜ

伐折啰答利摩纥哩谓者密集依说也。先初众明主施赐

9-12 ꚜꑊ꒓，ꆈꆈꚋꚜꑊ꒓ꆈꚜꚜꆈꗥꚜꗍꚏ。ꆑꗮꗊꚋꚜ

谓于起，杀害也谓于（助）至者喜石王依说也。二八之谓者

9-13 ꑶꗍꚜꗍꗥꆑꗀꗀꑊ，ꑊꑊꗮꗍꗍꚜꆈꗭꗤꆑꗀꗤ，ꗬꗍꑊꚜꆈꗍ，

其十六之中间，哩哩引利利引嘤呕呕，八（助）留者取也，

9-14 ꗬꇮꑋꚜꚜꚕꆐꚏ。ꆈꗭ꒓꒓ꚜꚜꚜꗋꑋꑊꆈꑋꗍꚏ。

八第侧谓者诃字是。分类无谓者毗利萨嘎及点圆是。

意译：

此第三品者解说咒颂重点及幻轮重点之羯磨。问是第四品中居住赡部洲，谓咒手印是为详解。答是谓所听等。[①]谓三隅者是结合之处，外三隅是生现之处。以化是大乐。心喜悦者是里面画八叶莲花。密之莲花等者是说生法处也。噜噜悉布噜[（一）]等者是依《密集》讲说也。咪绕旈那者是依《上乐》讲说也。唵撮喇撮喇者是依《喜金刚》讲说。唵伐折啰答利摩纥哩者是依《密集》讲说也。从先初众明主施赐起，直至谓杀害是

---

① "问是第四品中居住赡部洲，谓咒手印是为详解。答是谓所听等。"藏文本中无。

依《喜金刚》讲说也。二八之谓者彼十六之中间留有哩哩引利利引曩嘤呕呕（二）八字者摄取也。第八字侧者是诃字。部分无类别者是毗利萨嘎（三）及明点。①

注释：

（一）噜噜悉布噜：音译西夏文经咒种字。下文中的"咪绕斾那""唵撮喇撮喇""唵伐折啰答利摩纥哩""哩哩引利利引曩嘤呕呕"均为音译经咒种字。

（二）哩哩引利利引曩嘤呕呕：音译西夏文𗊦𗊦𘊭𘈮𘈮𘊭𗼺𘊭𗲛𗍳，梵文种字音译。其中"𗊦𘊭"（哩引）和"𘈮𘊭"（利引）表示小字前面的大字元音为长元音，即哩引为 rī，利引为 lī。梵语元音有长短之别，汉语和西夏语里则没有长短元音之分。古代人们在翻译梵语中的长元音时多在该音节译字后加一个小字"引"，如"利引"表示梵音 li 的长元音 lī。西夏人在翻译梵语长元音时借鉴了汉语译经办法，亦采用小字𘊭（引）来表示梵语中的长元音。②

（三）毗利萨嘎：音译西夏文𗊩𗊫𗊦𘉳，疑为梵文 Prasaga 之音译，译为"相应"。

藏文转写：

rab byed gsum pa vdi nas sngags gtso bor ston pa dang/ vkhrul vkhor gtso bo bstan pavi las vchad de/ sngags btu bavi zhes pa la sogs pas sngags dang vbrel pavi las tshogs la dris pavo// gru gsum ni btu bavi gnas phyivi gru gsum vbyung bavi gnas so// nyams dgav ba ni nang du padma vdab ma brgyad pa bris pavo// gsang bavi padmavi zhes pa la sogs pas chos vbyung gi bshad pavo// ru ru yu ru la sogs pa ni gsang vdus kyi sngags btu bavo// badzra be ro tsa na ni bde mchog gi dbang du byas nas byung bavo// oṃ dzwa la dzwa ni

---

① "二八之谓者彼十六之中间留有哩哩引利利引曩嘤呕呕八字者摄取也。第八字侧者是诃字。部分无类别者是毗利萨嘎及明点。"藏文本中无。

② 聂鸿音：《西夏文〈吉祥遍至口和本续〉密咒释例》，《拜寺沟西夏方塔》，第434页。

dgyes pa rdo rjevi sngags gyi bkod pavo// oṃ dharmā hrīḥ ni gsang vdus kyi
snang ba mthav yas kyi sngags so//①

9-15 　猕猵努缬缫缥缬猭猵骰。猭骹桅磢猢骱猴鞯猭茷菠猭猭猭。㷂

　　　　众明谓者先初唵字是。三十二第殊妙做中说遍与合应。做

9-16 　猭猵聶努缬骰骻挍驫猭骰。鞁庅努缬猴猴茷菠猭茷猴

　　　　事字种谓者旃吽伐我皇是。门黄谓者哩哩引利利引之

9-17 　努。猣猵努缬霠猣挧搉猭骰。骨鞯骹缬桅骤缏努缬骹桅磢

　　　　谓。声字谓者醫嚶呕呕是。集中围者根释应谓者十二第

9-18 　猭骱骳猵颏猭骺骰。㷂猭努鞁缬猭骹桅猭㷂骫猭猭。猭猭

　　　　殊妙做之咒颂是。诸事谓等者三十二种惑轮说是。一一

9-19 　猴颏猭努缬缏骲骹猭猭。骴猵骳猵骳㷂桐缏努缬㷂猭

　　　　之咒颂谓者共同近诵说也。吉有形噜迦思应谓者做事

9-20 　骨㷂菠猭猭猭。骲骫猵缬缐努缬㷂蘁骰，骴㷂蘁骳猵骫

　　　　静虑与缚有也。毒变医药成谓者葫芦是，其葫芦甜时（助）

10-1 　骰猭骲骰，猭骳骴骫骰猭猵骴缬骰猭。猭骴㷂骫努缬骫猭肖

　　　　取则毒是，苦时（助）取则医药是也。颏具边（助）谓者沙砾小

10-2 　骰。猭猭骳骫努缐缐缬骺骺骹猭骨骳猵骫猭猭。猭㷂庅蘁㷂

　　　　是。怛啰阿哇名为救度母大海本续中说也。喜石王依做

10-3 　猭骫猭。黄磢骳猴骰磢骱骳骳猭，猭。

　　　　事（助）说。七第节之三第殊妙做说，终。

意译：

谓众明者开始是唵字。与第三十二品中讲说遍相应。羯磨种字者是
旃吽伐我皇^(一)。黄门者是哩哩引利利引之谓。谓声音字者是醫嚶呕呕。诸

① 俄·秋谷多吉等：《先哲遗书·俄派师徒文集》第 226 册，第 232—233 页。

集坛城者根本所释是第十二品之咒颂。[①]诸事业等者是解说三十二种幻轮。每一咒颂者是解说共同之承事也。观修吉祥形噜迦者羯磨与禅定联系也。谓变毒成甘露者是葫芦。彼葫芦，甜时节摘取则是毒，苦时节摘取则是甘露也。颅具边上者是细小砂砾。所谓名为怛啰阿哇是救度母大海之本续中解说也。解说《喜金刚》羯磨业。解说第七节之第三品，终。

注释：

（一）㫱吽伐我皇：音译西夏文□□□□□，梵文种字音译。下文中的"哩哩引利利引""嫛嘤呕呕""怛啰阿哇"均为梵文种字音译。

藏文转写：

brgyad pa gnyis ces pa la sogs pas rdo rje sems dpavi dal chen povi sngags btu bavo// las rnams ces pa la sogs pas vkhrul vkhor sum cu rtsa gnyis vchad/ so sovi sngags ni thun mong gi bsnyen pavo// dpal he ru ka dran bya ni las tshogs dang bsam gtan dang vbrel bavo// sku pa de ma ra bavi dus su blangs na dug kha bavi dus su blangs na bdud rtsivo// thod pa ni gseg mavo// ha ra a rna ba zhes bya ba sgrol ma rgya mtshovi rgyud nas vbyung ba yin te/ he badzra las tshogs bshad pavi brtag pa bdun pavi rab byed gsum pavi sgron mavo//[②]

10–4 □□□□□□□□□□□□□□□□。□□□□□□□□
　　　此四第殊妙做以静虑及烧施首成说。胜住性气善谓者

10–5 □□□□□□。□□□□□□□□□□□。□□□
　　　二种成就供修是。天母听谓者萨冒谓呼唤是。彼中先

10–6 □□□□□□□□□□□□□□□□□。□□□。□□□

① "谓众明者开始是唵字。与第三十二品中讲说遍相应。羯磨种字者是㫱吽伐我皇。黄门者是哩哩引利利引之谓。谓声音字者是嫛嘤呕呕。诸集坛城者根本所释是第十二品之咒颂。"藏文本中无。

② 俄·秋谷多吉等：《先哲遗书·俄派师徒文集》第 226 册，第 233 页。

初地净令（助）说者五第殊妙做与缚有也。皆悟易。先初何

10-7 　　云（助）说如谓者二十六第殊妙做中（助）说如也。手印行加

10-8 　　（助）作时谓者先说手印婆罗女等手印侍者是。此居处谓

10-9 　　等偈诵以魔患守护应。石王舞步谓等舞步作以魔患守

10-10 　　护应。自身于怒示聚染谓者察法以魔患守护（助）是。 先初

10-11 　　上师及咒持者处礼敬时谓者世出佛余住令（助）是。世间

10-12 　　佛余住令（助）者其又谓等是。中围处供养作者其又人肉

10-13 　　谓等是。问明悟入令谓者女之灌像及画像等（助）是谓也。

意译：

以此第四品解说禅定及护摩之重点。胜住性气者是修供二种成就。天母听者谓萨冒是呼唤。[①] 彼中开始净治地之仪者与第五品有关系也。其他皆易理解。开始如何解说者如第二十六品中解说也。所作手印加行者前面所说手印婆罗女等是手印侍从。谓此居处等之偈颂守护魔患。作金刚舞步等步伐守护魔患。于自身发出聚集忿怒相者以看视法守护魔患难与共。开始，上师及持咒者处敬礼时胜过依止^(一)出世间佛。胜过依止世间佛者是谓彼后等。问令入明妃者是女之铸像^(二)及画像等谓也。

注释：

（一）胜过依止：西夏文作𗄊𗱠𗆜，直译是"令余住"。其在《吉祥

---

① "胜住性气者是修供二种成就。天母听者谓萨冒是呼唤。"藏文本中无。

三菩怛经典明灯》中作 lhag par gnas pa，译作"胜过依止"。

（二）铸像：西夏文作𗾷𗰛，直译是"灌像"。其在《吉祥三菩怛经典明灯》中作 lugs ma，译作"铸像"，即浇铸的神像。

藏文转写：

rab byed bzhi pas bsam gtan dang sbyin sreg gtso bor bstan pavi phyir bstan du gsol zhes sbyar ro//……de la dang po sa sbyang pa ni/ rab byed lnga pa dang vbrel te/ gzhan go slavo// sngar bshad pa ni bdun pavi rab byed gnyis pavo// phyag rgya sbyor ba byas pa ni sngar gyi bram ze mo la sogs pa phyag rgyavi g-yog go/ sa phyogs vdir ni zhes pa la sogs pavi tshigs su bcad pas bgegs srung bavo// rdo rje vgros kyis ces pa la sogs pas lta stangs kyis bgegs srungs ngo// rang gi lus las khro bovi tshogs phyung pa ni lta bas bgegs srung pavo// dang po bla ma dang sngags kyi mkhan po la phyag byas la zhes pa ni lo ka las vdas pavi lha lhag par gnas pavo// lo kavi lhag gnas ni phyi nas ces pa la sogs pavo// dal la mchod pa ni de nas sha chen po zhes pa la sogs pavo// dris pa lugs ma gzhug ces pa bud med kyi lugs ma dang bris pa la sogs pa yin nam zhes pavo//[①]

10-14 𗾣𗰭𗰛𗄟𗱲𗤋𗒾。𗱧𗾷𗒉𗢳𗧾𗰛𗒾𗗙𗸕𗤓𗪊𗜓𗱧𗾷𗒉𗰹，

佛语谓者答是。屠类女等（助）谓者杀害做事依屠类女无，

10-15 𗧻𗫂𗡑𗒉𗢳𗣜𗤶𗄀，𗱥𗰛𗢳𗤋𗌭𗫴𗖊𗜍𗒾。𗐼𗪊𗭑𗪸𗤼

则婆罗女等入令应，字谓等者居数摄持是。种以区分依

10-16 𗰛𗤋𗰟𗤓𗪊𗟻𗤻𗥿，𗤓𗩾𗷰𗩾𗰪𗷰𗢳𗢳𗙶𗧯𗤼𗰱𗰜

谓者中围与不缚有，烧施食施幻轮等一一之手印女需

10-17 𗒾。𗵒𗱢𗤓𗮳𗣜𗥺𗰛𗤋𗰟𗤓𗢳𗰞𗣜，𗧯𗤼𗰱𗣜𗮳𗥺𗤺𗰜𗰛。

是。其仪他亦一样谓者中围与缚有，手印女一样许之谓。

---

① 俄·秋谷多吉等：《先哲遗书·俄派师徒文集》第 226 册，第 233—235 页。

10-18 [西夏文] 。[西夏文]

空密摄持女之身净令自实者地宫净令是。外何云仪依

10-19 [西夏文] 。[西夏文] ，[西夏文]

行手印女处亦算应。火者燃烧知悟时谓者（助）下说，盖与

10-20 [西夏文] 。[西夏文] ，[西夏文]

缚有也。燃烧相以入令应愿谓亦火神之心间，世出佛增

11-1 [西夏文] 。[西夏文] ，[西夏文] ，[西夏文] ，

长令之谓。粪尿谓等者医药丸，口中入及烧应，种集亦作，

11-2 [西夏文] 。[西夏文]

四十第殊妙做与缚有也。静虑首成做事说中大众明主

11-3 [西夏文] 。[西夏文] 。[西夏文] 。

谓者石王持是。外谓者种集及幻轮是。内谓者等持是。

意译：

佛语是答。屠户女等或谓者因杀害之羯磨而无屠户女，应令婆罗门女等进入，咒字等者加持诸居处。以种姓之差别者与坛城无联系，护摩施食幻轮等需要每一之手印女。彼法其他中亦一样者与坛城有联系，手印女一样允许之谓。摄持虚空密，净治女人之身，其实是净治地界。外面据何仪应算于业手印女处。火者领悟燃烧时是下面解说之与华盖有相关也。愿所令融入燃烧相亦火神^{（一）}之心间，出世间佛令增长之谓。粪尿等者甘露丸，入口中并燃烧，亦作诸集，与第四十品有联系也。解说禅定重点羯磨中，大众明主^{（二）}者是金刚持。谓外面者是诸集及幻轮。谓里面者是等持。

注释：

（一）火神：西夏文作[西夏文]，译为"火神"，又称火天、火仙等。佛教神灵名，是司火之神。藏文为 me lha，梵文作 Āgni，汉文佛经中音译作阿祇尼等。在不同的经典中，所记载的火神造形也不完全相同。《大毗卢遮那成佛神变加持经》载："行者于东南隅而作火仙像，住于火焰中，

三点灰为标，身色皆深赤，心置三角印，而在圆焰中，持珠及澡瓶。"[①] 又《金刚顶瑜伽护摩仪轨》曰："火天四臂，右手无畏，第二手持珠。左手仙杖，第二手执军持。"[②]

（二）大众明主：西夏文作𗗺𘝵𗄊𘕰，直译是"大众明主"。其在《吉祥三菩怛经典明灯》中作 rnam par snang mdzad chen po，译为"大众明主"。梵文作 Mahāvairocana，汉文文献中译作"摩诃毗卢遮那"。其中，梵文 Mahā 译为"大"，Vairocana 译为"众明主""遍照明"，即日、太阳的别称。"大众明主"即"大日如来"，为佛之名号，是密教至高无上的本尊佛。

藏文转写：

bkav brtsal pa shan pa mo la sogs pavam ni gsad pavi las la shan pa mo med na bram ze mo la sogs pas gzhug/ yi ge zhes pa la sogs pas gnas rnams byin gyis brlab pavo// rigs kyi dbye bas phye bavam ni dal dang ma vbrel bavi sbyin sreg gtor ma vkhrul vkhor la so sovi mu tra dgos pavo// thun mong pa gzhan yang rung ste zhes bya ba ni dal dang vbrel pa la mu tra gang gis kyang btub pavo//

mkhav gsang rlab pa bud med kyi lus sbyang pa nyid sa sbyang pavo// phyi ji lta ba bzhin las kyi phyag rgya ma la yang brtsivo// me ni vbar bar shes nas su ni vog nas bshad pavi mevi spra brtag pavo// vbar bavi gzugs la gnas par thim me lhavi snying gar lo ka las vdas pavi lha bskyed do// bshang lci la sogs pa bdud rtsivi chu ri lu khar bcug pa dang sreg rdzas kyang byavo// bsam gtan gtso bor bstan pavi las tshogs bshad pa la/ rnam par snang mdzad chen po ni rdo rje vchang ngo// phyi ni rdzas dang vkhrul vkhor ro// nang gi bsam gtan

---

① 善无畏、一行译《大毗卢遮那成佛神变加持经》卷1，《大正新修大藏经》第18卷，第7页。

② 不空：《金刚顶瑜伽护摩仪轨》，《大正新修大藏经》第18卷，第918页。

dang ting nge vdzin no//[①]

11-4　𗙹𗙹𗙹𗙹𗙹𗙹𗙹𗙹𗙹𗙹。𗙹𗙹𗙹𗙹𗙹𗙹𗙹𗙹𗙹𗙹𗙹。𗙹
　　　中间何成之中围是谓也。主者自实敕论依谓者中尊是。月

11-5　𗙹𗙹𗙹𗙹𗙹𗙹𗙹𗙹𗙹𗙹𗙹𗙹。𗙹𗙹𗙹𗙹𗙹
　　　之中围毕终谓等者救度母之增长次说。次彼之亦上方

11-6　𗙹𗙹𗙹𗙹𗙹𗙹𗙹𗙹𗙹𗙹𗙹𗙹。𗙹𗙹𗙹𗙹𗙹
　　　面驴头谓等者上乐救度母驴头有说也。蛇拉扯谓者上

11-7　𗙹𗙹𗙹𗙹𗙹，𗙹𗙹𗙹𗙹𗙹𗙹𗙹𗙹𗙹𗙹𗙹𗙹
　　　师语人肠是谓，然伐嘎中间念定应谓等者怖示增长次

11-8　𗙹𗙹𗙹𗙹。𗙹𗙹𗙹𗙹𗙹𗙹𗙹𗙹𗙹𗙹𗙹𗙹𗙹
　　　口合说悟易。其又麻弥字依光有谓等者四座依光有天

11-9　𗙹𗙹𗙹𗙹𗙹𗙹。𗙹𗙹𗙹𗙹𗙹𗙹𗙹𗙹𗙹𗙹
　　　母之增长次口合说也。虚空界之中居住谓者者四座依

11-10　𗙹𗙹𗙹𗙹𗙹𗙹𗙹，𗙹𗙹𗙹𗙹𗙹𗙹𗙹𗙹
　　　山墓叶有之增长次口合说，左右面者先（助）如谓者光有

11-11　𗙹𗙹𗙹。𗙹𗙹𗙹𗙹𗙹𗙹𗙹𗙹𗙹𗙹𗙹𗙹𗙹
　　　天母如也。石王怒示念定谓等者摩诃摩耶依增长次之

11-12　𗙹𗙹𗙹𗙹[②]𗙹𗙹𗙹𗙹𗙹𗙹。𗙹𗙹𗙹𗙹𗙹𗙹𗙹𗙹𗙹
　　　口合及果做事聚俱二说也。文字与者文字合谓者啰弥

11-13　𗙹𗙹，𗙹𗙹𗙹，𗙹𗙹𗙹，𗙹𗙹𗙹𗙹。𗙹𗙹𗙹𗙹𗙹𗙹
　　　字红，呀字蓝，兀我字黄，伐我字白是。上师四种之清净是

11-14　𗙹𗙹，𗙹𗙹𗙹。𗙹𗙹𗙹𗙹𗙹𗙹𗙹𗙹𗙹𗙹𗙹。
　　　乞也，他悟易。酒吐令于（助）至者摩诃摩耶之做事说也。

---

①　俄·秋谷多吉等:《先哲遗书·俄派师徒文集》第 226 册，第 235 页。
②　原本作𗙹（人），误。此据藏文本改。

意译：

中间是谓成何之坛城也。主人自身依敕语者是本尊。月之坛城了毕等者讲说救度母之生长次第。复次，彼之方驴头面等者是说上乐救度母有驴头也。蛇缠绕^(一)者上师语是谓人肠，然则于伐嘎中间所修定等者是讲说怖畏金刚生长次第之相应易领悟。其又谓依麻祢字具光明等者是讲说四座具光天母^(二)之生长次第相也。虚空界之中间居住者是讲说四座之山居具叶母^(三)之生长次第相应，左右面者如前所说如具光天母也。修行忿怒金刚等者是讲说依摩诃摩耶生长次第之相应及果之羯磨集二者也。与文字者文字相应，啰祢字红色，呀字蓝色，兀我字黄色，伐我字是白色。乞求上师四大种之清净也，其他易领悟。以上至令吐酒者是讲说摩诃摩耶之羯磨也。

注释：

（一）缠绕：西夏文作𗆍𘃽，直译是"拉扯"。其在《吉祥三菩怛经典明灯》中作 dkris pa，译为"缠绕"。

（二）具光天母：西夏文作𘀒𗙬𘀒𘚱，直译是"具光天母"。其在《吉祥三菩怛经典明灯》中作 vod zer can，译为"具光者""具光母"。密教菩萨名，汉文佛经中译作"日前菩萨"。

（三）山居具叶母：西夏文作𗧘𗄈𘞽𗙬，直译是"山墓叶有"。其藏文作 ri khrod ma shing lo can，译为"有山墓叶母"，佛书中译为"山居具叶母"。密教菩萨名，能救治一切病苦。

藏文转写：

dbus su gang song bavi dal yin zhes so// bdag po nyid kyi bkav yis ni gtso bovo// zla bavi dal rdzogs ni zhes pa la sogs pas sgrol mavi bskyed rim vchad/ de nas yang steng gi zhal bong bu gdong pa zhes pa la sogs pas bde mchog gi sgrol ma bong buvi gdong can bstan/ sbrul gyis dkris pa ni jo bo sgyu ma yin gsung/ bha gavi dbus su bsgom par bya zhes pa la sogs pas vjigs byed kyi bskyed rim gyi kha sbyor gsungs pa ste go slavo// de nas maṃ las vod zer can

zhes pa la sogs pas gdan bzhivi vod zer can gyi bskyed rim kha sbyor gsungs
pavo// nam mkhav dbyings kyi dbus gnas par zhes pa la sogs pas vjigs byed kyi
bskyed rim gyi kha sbyor gsungs pa ste go slavo//

de nas maṃ las vod zer can zhes pa la sogs pas gdan bzhivi vod zer can
gyi bskyed rim gyi kha sbyor gsungs pavo// nam mkhav dbyings kyi dbus
gnas par zhes pa la sogs pas ri khrod lo ma can gyi bskyed rim gyi kha sbyor
vchad/ g-yas g-yon zhal ni snga ma bzhin vod zer can bzhin no// rdo rje khro
bo bsgom pa ni zhes pa la sogs pas ma hā ma yavi bskyed rim gyi kha sbyor
dang vbras bu las tshogs gnyis so// yi ge dang kha dog sbyar ni raṃ sngon po
yaṃ sngon po laṃ ser po saṃ dkar po/ jo bo vbyung ba bzhivi rnam dag yin
par vdod/ gzhan go slavo// chang skyugs pa yan chad ma hā ma yavi las tshogs
bstan pavo//[①]

11-15 𗰃𗰉𗄻𗰻𗡸𗄻𗄻𗴥𗰃𗢵, 𗤍𗡸𗴘𗿢𗰃𗭉𗴥𗰃𗶁𗴧𗷉𗧗

　　风隅中处香善以谓于起，坏劫时之风亦忍谓于（助）至者密

11-16 𗡸𗴘𗣧𗷉𗷉𗪅. 𗉢𗐤𗭉𗽰𗷉𗰃𗢵, 𗷉𗴘𗆖𗰒𗬾𗽺𗄻𗷉𗰃

　　集依做事聚说。八叶花净谓于起，秋时虚空如成也谓于

11-17 𗷉𗴘𗄻𗴧𗤓𗪁𗴘𗫲𗄻𗶁𗷉𗨛. 𗄻𗠠�·𗿢𗫲𗄻𗡸𗰃𗒘𗴮

　　（助）至以喜石王依雨祈（助）说也。众明主之前前处说等者

11-18 𗡸𗷉𗬛𗬛𗿢𗆖𗫲𗴘𗷉𗨛. 𗄻𗼽𗿢𗰃𗬾𗰃𗷉𗒘𗴮𗳅𗾞

　　做事皆皆之共同依说也。足迹尘及人血以谓等者四座

11-19 𗴘𗨳𗾞𗷉𗡸𗴘𗷉𗨛. 𗆽𗱲𗐤𗴮𗷉𗒘𗴮𗬾𗼽𗴮𗳄𗡡

　　依光有母之做事聚说也。百千龙王谓等者雨祈雨止二

11-20 𗄻𗴘, 𗴮𗣧𗴮𗴘𗷉𗨛. 𗅲𗆻𗣛𗿢𗉢�·𗴧𗷉𗴧𗀕𗿁𗴮𗨛. 𗄻

　　种是，喜石王依说也。阿输迦之八日日谓者氏宿持也。他

---

①　俄·秋谷多吉等：《先哲遗书·俄派师徒文集》第 226 册，第 235—236 页。

12-1　𘝵𘟣。𗯨𗶷𘘣𘚾𘒂𗤁𘝤𗣯𘓲𘒢𘖃𗤾𗩈𘘣𗗓𗙏𘝺𗷦�ç𗣬𘚾𗤾。𘞄

悟易。其又杀害（助）说谓等者色黑狱帝主本续依说也。女

12-2　𗤥𘘣𘒢𗤁𘘄𗫐𘚾𘉋。𗅲𘗭𗦺𗣯𘒢𗩊𗰓𘊏𘉋。𘝵𘗫𘟙𗣯𗤁𘒢

摄（助）者喜王依是。摩答那谓者醉（助）果是。次毒着谓等者

12-3　𗰷𗴖𘘣𗫃𘝵𘔿𗫘𗣯𗣯。𘏨𘗗𘏨𗪴𗧟𘚾𗣯𘓲��。�𗧟

怖示依增长次之口合说。一日一夜中时合十二是。彼中

12-4　𘁜𘖄𘇳𘚾𗊁𘁜𘚾𘖄�𘚾𘉋。𘏨𗤁𗰷𘉏𘚾𘅁𗰦�〡𘉋𘚴

治肯八时及治不肯四时是，啰尼底獐雌时及跋哩底蝮

12-5　𘆝𗤁𘘄𗪠�;𘀗𗣯𘂎𗰑𗰷𘚾𘉉。𘝵𗣯𘚼𘘣�‖𗥩𘚾

蝎及弥祇啰虱壁及力舍哇人马时是，绕醯怛尼角有依

12-6　𗤁𘅁𘉉。𘁜𘇳𘉏。𘝵𘏨𘘄𗲛𗣯𘒢𗤁�㙆�ç𗣯𘚾𘉉。𗯗𗋀

炽盛是，故医肯也。次日月缠缚谓者喜石王依说是。粳米

12-7　�‖𗣯�ç𘘣𘘈𗈵𗤥�䍏𘔿�㓊�𘒢�㙆𗈵�ç𗣯𘘣�㓊，�

白及红谓者一袋中未破（助）出者月缠缚则白以作应，日

12-8　�㓊�㙆�ç�䍏�㓊�𗗓。𗣯𗤁𗰑𗣯𘒢𗤁�㙆�ç𗣯��。�‖�㓊

缠缚则红以作应也。他兵破谓者喜石王依说也，咕达啰

12-9　�{�〡𗣯𘒢�𘝺𗥩𗧟𗣯𗣬𘅁。�𗶷�㙆𘕝𘒢�(𗣯�㓊。

秦答谓者草斧头以砍之谓。神裂令者亦喜石王依说也。

12-10　𘔞𘝜𘕝�𗤁�㙆�ç𗣯𘚾�。𗦺𘔿𘔿𗥩𗣯𗣯��‖�㓊，𗞃��

雨祈亦喜石王依是。那嘎嘎怛摩谓者龙调伏是，琴篌之

12-11　𗣯�。𗷦��𗣯，�。

谓也。七第节说，终。

意译：

从风隅⁽一⁾中用善香起，直至谓断禁坏劫⁽二⁾时之风者是解说《密集》羯磨集。从谓八叶莲花起，直至成如秋季虚空也是解说《喜金刚》祈雨法。谓众明主之尊前等者是一切羯磨之共同所依。以足之尘土和人血等者是解说《四座》具光母之羯磨集。百千龙王等者是祈雨和止雨二种，依

《喜金刚》解说也。阿输迦（三）之八昼夜者氐宿（四）驱持也。其他易领悟。其又解说杀害法等者是依《黑色阎魔德迦本续》（五）解说。制伏女人法者是《喜金刚》。谓摩答那（六）者是能醉果。复次谓着毒等者依怖畏金刚解说生长次第之相应。一日一夜中是十二合时（七）。彼中是可医治八时及不可医治四时，是啰尼底和雌猹时、跋哩底和蝎蝎时、弥祇啰和壁虱时和力舍哇和人马时，因有绕醯怛尼角是炽盛（八），故可医治也。复次，秉持日月者是由《喜金刚》解说。白粳米及红粳米，一袋中未破而漏出者，秉持月则应以白粳米作，秉持日则应以红粳米作也。破敌兵者是由《喜金刚》解说也，咕达啰秦答（九）者断斧头草之谓。使神像劈裂（十）者亦由《喜金刚》解说也。祈雨亦是由《喜金刚》。那嘎嘎怛摩（十一）者是调伏龙，琴篌之谓也。解说第七节，终。

注释：

（一）风隅：西夏文作𗰢𗦲，直译是"风隅"。《吉祥三菩怛经典明灯》中作 rlung gi phyogs，译为"风隅"，梵文作 Vāyavi，即风神所主的地方。密教曼荼罗有四方四隅，四方即东、南、西、北四方，四隅为具主隅（Aishāni）、火隅（Agneyi）、离谛隅（Nāirṛiti）和风隅。具主隅指东北方，火隅指东南方，离谛隅指西南方，风隅指西北方。

（二）坏劫：西夏文作𗴼𗰛，译为"坏劫"，藏文作 vjig pavi bskal pa，梵文为 Samvarta kalpa，"坏劫"指大千世界破坏之时。"劫"梵文为 Kalpa，汉文文献中音译作劫波、劫簸、劫腊波等，译为"长时"。其通常指不能以年月日时来计算的漫长的时间概念，又译作"大时"。一般来讲，佛教中的劫有四种，即成劫、住劫、坏劫、空劫，四种劫包含了大千世界从形成到毁灭的全部时期。

（三）阿输迦：音译西夏文𗦲𗙤𗄭。《吉祥三菩怛经典明灯》中记梵音为 Aśoka，藏文又作 mya ngan med pa，译为"忘忧""无忧"，汉文佛经中常音译作阿育、阿输伽、阿叔迦、阿尚迦等。阿输迦，又名无忧树，相传佛诞生于此树下，也称菩提树。《翻译名义集》载："阿输迦，或名阿输柯。《大论》翻无忧华树。"①

（四）氐宿：西夏文作𗥔𗏁，直译为"氐宿"，藏文作 sa ga，二十八宿之一。

（五）《黑色阎魔德迦本续》：西夏文作𗥔𗋽𗤁𗣼𗤁𗫂𗹬，直译是"黑色狱帝主本续"。𗤁𗣼𗤁（狱帝主）藏文转写为 gshin rjevi rgyal po，译为"地狱王之主"，佛书中译为地狱主，即阎王，又称阎魔德迦、大威德金刚。"阎魔德迦本续"是藏传佛教父续（方便续）类续典，其分为红续和黑续两类。《黑色阎魔德迦本续》为阎魔德迦黑续类中的根本续，其全称是《一切如来身语意黑阎魔德迦续》，约在 11 世纪初由吉祥燃灯智等人译成藏文。②

（六）摩答那：音译西夏文𗪌𗠁𗾺，《吉祥三菩怛经典明灯》中记音作 ma da na，当为梵文 Madana 之音译，译为"酒""醉"。一种植物名，其果称为"醉果""能醉果"，汉文文献中常译作末捺那果、摩捺那果等。

（七）合时：西夏文作𗼃𗏁，译为"合时"，藏文作 dus sbyor。在藏族时轮历中 dus sbyor 译作"合时"，其是观测日影长短变化和星宿位置以定季节，反过来又可以在任何季节，根据已测定的数据推算太阳入宫时刻和昼夜长短等的方法。藏族历算中，为了与天空十二宫配合，把一天划分为十二个"合时"。

（八）啰尼底和雌獐时、跋哩底和蝮蝎时、弥祇啰和壁虱时和力舍哇和人马时，因有绕醮怛尼角是炽盛：该句讲的是文中的八个可医治的"合时"。每个"合时"具体指一天中的哪一时段，笔者不解。

（九）咕达啰秦答：音译西夏文𗊱𗏁𗱚𗏁𗒹，当为梵文 Kuṭhāra cchinda 之音译。梵文 Kuṭhāra cchinda 译为"断斧钺"，指"断铁草"，其意与文中的"咕达啰秦答者断斧头草之谓"一致。

（十）神像劈裂：西夏文作𗤁𗫂𗾺，直译是"令神裂"，译为"神像

---

① 法云：《翻译名义集》卷 3，《大正新修大藏经》第 54 卷，第 1100 页。
② 索南才让：《西藏密教史》，第 73 页。

劈裂"。此是指古印度大成就者毗卢巴在南印度恭建那国用意念劈裂大自在天神像的传说故事。也是毗卢巴获得的殊胜成就之一，即用意念就可以杀死对方、堕落、劈裂等。

（十一）那嘎嘎怛摩：音译西夏文𗙟𗙟𗙟𗙟𗙟。此处西夏文可能多了一个𗙟字，应为𗙟𗙟𗙟𗙟（那嘎怛摩）。"那嘎嘎怛摩"当为梵文 Nāga dama 之西夏语音译，译为"调伏龙"。与文中的"那嘎嘎怛摩者是调伏龙"一致。

藏文转写：

rlung gi phyogs su dri ser la sogs pas gsang ba vdus pavi las tshogs bstan no// vdab brgyad ces pa la sogs pas dgyes pa rdo rjevi char dbab pa vchad/ rnam par snang mdzad zhabs drung du zhes pa la sogs pas bgegs bzlog pa bstan/ rkang pavi rdul dang mig vdrag la sogs pas ces pas gdan bzhi pavi vod zer can gyi las tshogs bstan/ gru ni zhes pa la sogs pas char dbab cing gnyis he badzravi vchad/ a sho ga tshes ni skar ma sa ga rgyug pavo//

de nas gsad pa gsum pa la sogs pas nag povi rgyud vchad/ bud med dbang du bya ba yang dgyes pa rdo rjevo// ma da na ni myos byed kyi vbras buvo// de nas dug gis zin pa la sogs pas vjigs byed kyi bskyes rim gyi kha sbyor las byung ba vchad/ nyin zhag phrugs gcig la dus sbyor bcu gnyis yod pa la brgyad la ru/ bzhi la gsor mi rung ste/ ro hi ta dang ma ga ra dang ratna dang mi gi ri la mi gso bavo// de nas zla ba dang nyi ma bci ya dgyes pa rdo rjevi bshad pavo//[①]

12-12 𗙟𗙟𗙟𗙟，𗙟𗙟𗙟𗙟𗙟𗙟𗙟𗙟𗙟，𗙟𗙟𗙟𗙟𗙟𗙟𗙟𗙟𗙟

次等生智，他以指示肯（助）不肯谓，则四种真性以示肯（助）

12-13 𗙟。𗙟𗙟𗙟𗙟𗙟𗙟𗙟，𗙟𗙟𗙟𗙟𗙟𗙟𗙟。𗙟𗙟𗙟𗙟𗙟𗙟𗙟

---

① 俄·秋谷多吉等：《先哲遗书·俄派师徒文集》第 226 册，第 236—237 页。

说。示应谓者四第是，性气谓者解悟是。他数谓者四种真

12-14 𗼲𗗟𘕿𗟲，𗭼𗡜𗾔𗥃。𗼲𗾫𘕿𗼲𘝵𘊄𘝆𗼲𗷅𘉪𗥃𗿒𗧠，𗷾𘐍。

性之谓，流传中解。性气谓者四第真性等生智悟是，悟易。

12-15 𗰗𘄒𗆠𗧾𗡜𗠿𗥃𗟲𘕰𘊄𘌭𘊄𗧠𘉪𘌭𗥃。𗀚𘗗𗈜𗣬

其佛实处旨祈求谓者佛增长令及胜住令是。支水魔于

12-16 𘋔𘎑𘗐𗟲𘕰𗃛𘗰𗟼𗷒𘌭𘊀𗡞𗷒𗥃。𗃛𗷒𘕰𗄈𘄒

（助）生现谓者记句石王鸣钟及庄严石王是。记句者二种

12-17 𗠿，𘌭𗟼𗟳𘕰𗃸𘕛𗡜𗇋𗢞𗇫𘕛𗢞𗥃。𘊀𗡞𘌭𗟼𘕰𘄜

有，石王持之九支有及如来之五支有是。庄严石王者限

12-18 𘕘𗠿𘏘𘄒𗽼𗥃𗶷𗥃。𗿒𘝴𘕿𗟲𘕭𗥃𘌭𗟼𘅇𗧩

量无有依佛无增长令也。虚空界谓等者（助）下石王慢驱

12-19 𗤺𗁪𗥃𘊀𘌭𗥃𗚀𗥃。𘌭𗀚𗥃𘎑𗌶𘘌𘊄𗀚𘗗𗤺𗟲𘌭

美好是谓与缚有也。外依何云中彼如谓依外依佛增长

12-20 𘌭𗥃。𗌶𗀚𘊄𗀚𗜟𘅹𗨁𗵆𘌭𗟼𗇅^①𗥃。𗆧𗀔𘗐𘗹𗄈𗤜

令也。内依说则阿哇都底者石王之心是。下方化及心间

13-1 𘅂𗎁𘕰𗆧𗀔𘅂𘍼𗥃。𗷾𗀔𘅂𘍼𗥃𗢓𗡜𘙲𘏘𗆧𘅂𗎁

八叶脉者下方八支是。上方八支大乐及报轮之八叶脉

13-2 𗥃。𗷾𘌭𘏊𘕰𘈨𗤜𗣬𗥃𘕭𘌓𗌶𘕘𗥃。𘊄𗆧𗀔𗧠𘕿𗾚𗾚𗣬

是。鸣钟亦中间脉者阿哇都底是。舌下方（助）视者卡卡目

13-3 𗾚�024𗥃。𗆧𗀔𘅂�1𘙲𘕰𘙲𘅂�1��。�6𘖟�6�2�1�

卡脉是。下方八叶花净者化轮八叶脉是。枝根于八叶花

13-4 �����1�。𗁐�84���04�����。

净者大乐轮之八叶是。胜慧彼岸至天母谓者拙火是也。

13-5 𘅂���05�2���05，�。

八第节之一第殊妙做说，终。

_____

^①　原本作𗇅（杆），此据藏文本改。

意译：

复次，俱生智以其他可或不可显示，则以四种真性解说可显示法。所显示者是第四，性气者是领悟。其他数者四种真性之谓，轮回中理解。性气者是领悟第四真性俱生智，容易领悟。彼佛现处加持者是佛令增长及令胜住。于摩羯^{（一）}支生现谓者是记句之金刚铃及庄严之金刚。记句之金刚者有二种，是金刚持之有九股及如来之有五股。庄严之金刚者由无限量而佛不令增长也。虚空界等者下面与金刚驱慢是谓善美有联系也。依外面，如何里面如此谓，依外面佛令增长也。依里面讲说，则中脉者是金刚藏。下方幻化及心间八叶脉者是下方八支脉。上方八脉是大乐轮及报轮之八叶脉。铃亦中间脉者是阿哇都底（中脉）。观视舌下面者是卡卡目卡脉^{（二）}。八叶莲花根枝者是大乐轮之八叶脉。胜慧到彼岸天母者是拙火也。解说第八节之第一品，终。

注释：

（一）摩羯：西夏文作𗣼𗿢，字面义为"水魔""水鬼"，藏文作 chu srin，译为"水魔"，佛书中常译为"摩羯"，梵音为 Makrara，似鲸鱼的一种捉水兽。

（二）卡卡目卡脉：西夏文作𗒦𗒦𘋮𗒦𘋤，译为"卡卡目卡脉"，前四字是音译。《吉祥三菩怛经典明灯》中作 kha kha mu khavi rtsa，其与西夏文本一致，译为"无语脉""哑脉"。

藏文转写：

lhan cig skyes pavi ye shes de rdo rje la sogs pas mtshon du btub pavam zhe na/ de nyid bzhis kyang mtshon du btub par bshad de/ mtshon bya ni bzhi pa/ mtshan nyid ni rtogs pavo// gzhan dag ni de nyid bzhivo// tsakra zhes bya ba gso ba la dam tshig gi rdo rje dril bu dang/ rgyan gyi rdo rje dril buvo// dam tshig gi rdo rje la gnyis te/ sems dpavi rdo rje dang/ khro bovi rdo rje dang/ ta thāvi rdo rjevo// rgyan gyi rdo rje las tshad med pa las lhar mi bskyed do//

nam mkhavi dbyings ces bya ba la sogs pa ni rdo rjevi rtog pa brjod

pavo// phyi rol ji bzhin na de bzhin zhes gsungs pas phyi rol lhar bskyed pavo//
nang gi bshad pa la a ba dhū ti rdo rje snying po yin/ mar gyi sprul pavi dwangs
snyigs vbyed pavi rtsa brgyad yar gyi snying gavi rtsa brgyad yin/ dril bu zhes
pa la long pas phyivi dril bu bstan/ nang gi dril bu yang dbus kyi lte ba a ba
dhū ti yin/ lce mar lta ba kha kha mu khavi rtsa yin/ mar gyi padma vdab ma ra
sprul pavi rtsa vdab ra/ pradznya pa ra mi tavi zhal ni gtum mo yin no// brtag
pa brgyad pavi rab byed dang povi sgron mavo//[①]

13-6　藏綗陁耙豿豿緂慵影蘼豸豰。蕊席蕊祇閑緂豰，蕊席豯

　　　玉鱼颊颊谓等者念诵体说也。石王母之左方是，石王有

13-7　豰緳緂豰豿緂薪慵移蘼豸豿蠡菟绐蘼豸豰。豰祇豢瓜

　　　数右方是谓者供修者依说及爱求佛依说是。智之真性

13-8　豿緂豰豰綖豰豰。緅豯豿緂禠豿豿豿緂豞祶蘺鯡恍楤

　　　谓者增长次是也。次及等时法事以谓者一息依往来双

13-9　楤移豿豿豞祶豰蘺鯡恍豰移緂豰。閑緂慵影緂帰蘼豸，�緕

　　　二作及一息各依往来乃作者是。又此念诵者内依说，则

13-10　緂豰豿緂豞豿豰，閑豿緂豞豿豸豰，緂豸緂緜緂尣蘱蘺豰。鞍

　　　右方谓者迦利是，左谓者阿利是，间珠者下方拙火是。塔

13-11　豯緂豯緂豿豰。豿豿緂豞尣韚祇豰。豞緂祇刭緂尣豿豰祶

　　　头者上方含是。线谓者阿哇都底是。八第之一第殊妙做

13-12　豿楤緂尣豿祶緋席豞祇豿祶豿豿豿，豯。

　　　及二第殊妙做四座续之解（助）说，终。

　　意译：

　　谓水晶鱼腮等者解说裸体派[（一）]念珠[（二）]也。金刚母在左方，诸具金

刚在右方，彼者是依修供者说及依欲界天[（三）]说。智慧真性者是生长次第

────────────

　　①　俄·秋谷多吉等：《先哲遗书·俄派师徒文集》第 226 册，第 239—240 页。

也。次第及同时以仪轨谓者，来往二者作一息，及来往各息一一作也。又此念诵由内解说，则右方是迦利，左方是阿利，之间珠者下方是拙火。塔顶者上方是含字。谓线者是中脉。第八节之第一品和第二品解说《四座续》，终。

注释：

（一）裸体派：西夏文作鼺，译为"体"。其在《吉祥三菩怛经典明灯》中对应作 vos pa，佛书中译为"裸体派""离系子"，古印度时的一种修行者。

（二）念珠：西夏文作鼺鼺，直译是"念诵"，《番汉合时掌中珠》中将其对译成"数珠"，[①] 即念珠。其对应藏文作 bgrang phreng，译为"数念"，即念珠。

（三）欲界天：西夏文作鼺鼺鼺，直译是"爱求佛"。其在《吉祥三菩怛经典明灯》中作 vdod pa lha，佛书中译为"欲天""欲界天"，也就是常说的爱神。

藏文转写：

shel dang nya phyis vos pas bgrang phreng gi dgu bshad pavo// rdo rje ma ni g-yon pa ste rdo rje can gyi g-yas ces pa ni bsgrub pavi dbang du byas pa dang/ vdod pa lhavi dbang du byas pavo// ye shes de nyid ces pa la sogs pas bskyed rim thams cad la ye shes chen pos rgyas par bstan/ rigs dang gcig char cho ga yis dbugs gcig la vgro vong gnyis ka byed pa dang/ dbugs re re la vgro vong re re byed pavo// phreng ba nang du bshad na g-yas pa kā li/ g-yon pa ā li/ mdo vdzin vog ma gtum movo// gong ma haṃ ngo// thag pa a ba dhū tivo// brtag pa brgyad pavi rab byed gnyis pa bde mchog dang gdan bzhi pavi bshad rgyud sgron mavo//[②]

---

① 骨勒茂才：《番汉合时掌中珠》，第43页。
② 俄·秋谷多吉等：《先哲遗书·俄派师徒文集》第226册，第240页。

419

13-13 𗵃𗡝𗢘𗫸𗡞𗼈𗫺�𗫸𗀯𗡞𗼈𗊬𗊩𗢫𘚷𗗙𘄴𗢷𗴺𘃵

此三第殊妙做者一第殊妙做中何爱求依（助）起也谓于

13-14 𗦗𘘚𗴺𘝞𗫶𗊬𗱆𗫺�𗼈，𗊬𘄗𗤋𘝞𗴈𘃵𗀋

生起也。密乘依果生（助）三种仪有中，现身（助）果生依行遣

13-15 𗟲，𗫾𗀭𘝞𗈁𘚷𗼈𘃵𗡝𗫸，𗄊𗱕𗱕𗊬𘝞𗴈�𗡝�

是，中有果起依灭时要论是，生续续中果起依识他居处

13-16 𗖌𗚱𗵬𗭪𗫸。𘄴𗰖𗤋𘃵𗫺𘃵𗼈�𗫸。𗄊𗸲𘃵𗫺�$𗸲𗫸。

入之法事是。九种门谓者等作因是。真智谓者近取因是。

13-17 𗖁$𘂚𘔼𘞃𗤋𗅲𘃵𗫺𘘚𗫸。𘃵𗣼𘞃𗤋𗫺�侼𗫢𘄴𗩠𘃵，𗼈①

罪及德功何为谓者果是。智自主谓者理事知悟者谓，请

13-18 𗳾𘘞𗤋𗐰𗫸𗱆。�𘞃𗫺𗴈𗆀𗫸$𘔼𘘞𘟀𗫸。𗄊𘓱𘓱𘔼𘞃

时听欲我谓也。答说者石王心真之呼唤是。真性性气谓

13-19 𗫶$𗫸$𘔼𗥒$𘘞𗫸。$𗚱𘔼𘃵𗫺$𗥒$𘘞$𘔼$𗫸。𘙑𘚷$

者凡俗之识迁是。默有者谓者默有者之识迁是。流（助）美

13-20 $𗫺𘃵$𘔼𗩠$𗢫𗊬𗸲𘘈𘅽𗫸，$𘅍$𗫶$𗊬$𘇝$𘘚$𗫸$𗀋$𗚱。

好谓者德功上趣及脱解是，罪过流传及恶趣是说也。

意译：

此第三品者生起于第一品中何欲求也。依密乘生起果法有三种律仪，于现世生起果而行遣，于中有生起果是灭时要论，生命不断中生起果是夺舍仪轨。谓九种窍门是等作因。真智是近取因。罪恶及功德成为何者是果。智慧自在是谓领悟理事^{（一）}者，请唤时欲听闻也。所说答是金刚藏之呼唤。真性性气者是凡俗之往生。瑜伽士者是瑜伽士之往生。往生美好者是善趣功德及解脱，罪过是轮回及恶趣也。

注释：

（一）领悟理事：西夏文作𗫺�侼𗫢，直译为"领悟理事"。"理"，

---

① 原文作𘟲（允许），误，此据藏文本改。

藏文作 ji lta ba，译为"如所有"，即真实规律、真理；"事"，藏文作 ji snyed pa，译为"尽所有"，即所有了知的事物。

　　藏文转写：

gsum pa vdis rab byed dang po nas ji ltar vdod bzhin vgro bar vgyur bya
ba las vphros te/ sngags kyi theg pa la vbras bu vbyung lugs gsum las/ tshe vdi
las vbyung ba la spyod pa/ bar do las byung ba la vdav ka mavi man ngag/ skye
ba brgyud nas sangs rgya ba la rnam par shes pa grong vjug gi cho gavo// de
las bar dor sangs rgya ba la vpho bavi man ngag bstan te/ sgo dgu po gang las
ni lhan cig byed pavi rkyen no// ye shes sgo bye brag nye bar len pavi rgyuvo//
yon tan skyon cir vgyur ba ni vbras buvo// ye shes ni ji lta ba mkhyen pa dang
ji snyed pa mkhyen pa la bos nas nyan par vtshal zhes bos pavo// lan gsungs
pa rdo rje snying po la bos pavo// de mtshan nyid ni tha mal pavi vpho bavo//
rnal vbyor ni rnal vbyor pavi vpho bavo// vgro ba mdzes pa ni yon tan mtho ris
dang thar pa skyon vkhor ba dang ngan song gi bshad pavo//[①]

14-1　𗬊𗖫𗾔𗵟𗴴𗣓𗰛。𗧘𗴆𗾔𗵟𗥫𗰛。𗰿𗤋𗱠𗯆𗤻𗵟𗀔𗥃𗰛。𗤉
　　　　点圆谓者眉间是。鼻等谓者口是。性气于（助）至者略说是。上

14-2　𗰲𗾔𗵟𗰜𗔉𗰛。𗤉𗅵𗦴𗤀𗾔𗵟𗪜𗲵𗰲𗰛。𗤉𗅵𗴴𗾔𗵟𗰜
　　　　宫谓者色界是。上方流以谓者净梵穴是。上方处谓者色

14-3　𗖫𗔉𗰛。𘄡𗤉𗤀𗾔𗵟𗦢𗵘𗰛。𗔩𗱽𗤦𗾔𗵟𗥫𗰛。𗥃𗗟𗢸𘕜
　　　　无界是。成就天谓者明持是。有门中谓者口是。门差别中

14-4　𗴴𗗟𗢸𘕜𘕜𗵘𗾔𗰛𗵟𗤻𗵟𗷉𗥃𗥃𗴲𗢸𘝶𗹬𗶷𗪜𗰛。𗫸𗤻𗵟𗶰
　　　　流传差别依成谓于（助）至者凡俗之识迁（助）是。灭时至时

14-5　𗾔𗅒𗵟𗷅𗤉𗩱𗴲𗢸𘝶𗹬𗶷𗪜𗀔。𘃕𗅒𗾔𗵟𗤵𗴵𗗟𗥰𗞜，𗫨𗅒[②]
　　　　谓等者默有者之识迁（助）说。医疗等谓者病重（助）着非，腹人

　　─────────────────

　　①　俄·秋谷多吉等:《先哲遗书·俄派师徒文集》第 226 册，第 240—241 页。
　　②　原文作𗴵（心），误，此据藏文本改。

14-6 𗼑𗼆𗠋，𗉌𗰒𘊴𗠋𗸤𗭼。𗾈𗭼𗫡𗿊𗧚𗫡𗧗𗫣𗸤。𗤒𗭼𗮗𘛛

不显非，疾病重非是也。胜殊门谓者净梵穴是。定入以识

14-7 𗦎𗰣𗾺𗼀𗰒，𗫣𗉌𗫦𗆈𗫢𗭼𗜓𗜣𗫣𗿧𗰣，𗤗𗤘𗤊𗻰

迁行加作应，先初上乐依（助）增长次一 先往时，自之底下

14-8 𗼲𗰣𗫣𗡊𗧊𗥁𗆈𗚆。𗣛𗼲𗰣𗜓𗆈𗚆𗤗𗤘𗤒𗘰𗋽𗪘。𗾺

呀字依风中围一念。次呀字青一（助）自之众明主门施。其

14-9 𗼑𗰍𗋽𗭼𗡊𗤙𗤙𗚆。𗤒𗤊𗤒𗘰𗼲𗰣𗫣𗡊𗧊𗥁𗚆。𗤒𗤊𗤒𗘰

又心间智勇识念。彼之底下呀字依风中围念。彼之底下

14-10 𗬠𗤗𗼲𗰣𗆈𗧊𗙷𗤗𗘰𗋽𘊴。𗾺𗼑𗭼𗡊𗤙𗤗𗿊𗋽𗮗𗍳𘊴

由我字青一念以众明主门闭。其又智勇识之心间亦风

14-11 𗋽𗧊𗆈。𗤒𗫢𗘄𗰍𗆈。𗤒𗫢𗥦𗙷𗰍𗚆𗫣𗰍𗆈。𗤒𗫢𗬠𗤗𗰍

中围念。彼（助）迦字念。彼（助）光明字种吽字念。彼（助）由我字

14-12 𗬠𗘰𗆈，𗰐𘜶𗧗𗰣𗗟𗆈𗭼𗿊𗦋，𗫣𗚆𗾺𗜓𗙷𗫣𗿊𗮗𗚆𘈛

青一念，拙火默有以身门习净令，先往及风之默有以主

14-13 𗆈𗿊𗦋。𗫣𗚆𗥯，𗄝𗰒𗥛𗧗𗼲𗸤𗹲𗰒，𗫣𗫣𗄏𗰒𗪘𗄝𗰍𗄝𗮡

门净令。先往者，人六月月于（助）至，先初醮迦醮迦谓诵以

14-14 𗿊𗧚𗫣𗰍𗮡，𗰍𗠋𗿧𗮡𗧚𗰣。𘊴𗼑𗋷𗤮𗫣𗚆𗿊𗙨𗧚�̃𗰣。

净梵穴于至，字亦气以度。其又复纥哩先宫中下方度。

意译：

谓明点者是眉间。谓鼻等者是口。乃至于性气者是略说。无上处者是色界。上方流漏者是净梵穴。谓上方处者是无色界 (一)。成就天者是持明 (二)。谓有门内者是口。乃至谓门之差别成为轮回之差别者是凡俗之往生法。[1] 谓直至灭时等者讲说瑜伽士之往生法。医疗等者治愈重病，无人沾染，无重疾病也。殊胜门者是净梵穴。以入定之往生所作加行，开始依上乐等之

---

① "谓明点者是眉间。谓鼻等者是口。乃至于性气者是略说。无上处者是色界。上方流漏者是净梵穴。谓上方处者是无色界。成就天者是持明。谓有门内者是口。乃至谓门之差别成为轮回之差别者是凡俗之往生法。"藏文本中无。

生长次第先前行往，随自之底下呀字，观想一风坛城。复次，一青色呀字上，自众明主之镇守门（三）。彼又心间观想智慧萨埵，依彼之底下呀字观想风坛城。彼之底下以观想一青色由我字，众明主关门。其又智慧萨埵之心间亦观想风坛城。彼上观想迦字。彼上观想光明种字吽字。彼上观想一青色由我字，以拙火瑜伽修习身门令净治，先前往及以风之瑜伽令灌顶门净治。先前往者，人达到六个月，开始诵醯迦醯迦直至净梵穴，文字亦以气息度出。彼复又纪哩字，于先前之处下方度出。

注释：

（一）无色界：西夏文作𗈁𗗉𘆡，译为"无色界"，藏文作 gzugs med pavi khams。为佛教中的三界之一，从空无边处，乃至四定诸天，此界除清色意识而外，无欲界、色界之贪欲，故为无色界。

（二）持明：西夏文作𗵽𗈉，译为"持明"，藏文作 rig vdzin 或 rig pa vdzin pa，梵文作 Vidyādhara。"持明"就是修持密乘而证得成就者。"明"指密乘本尊之大乐智慧，深入修持此智慧者，称为持明。

（三）镇守门：西夏文作𘓺𘟙，直译是"施门"。其在《吉祥三菩怛经典明灯》中作 lam gtad，译为"厌胜"，即镇守门。

藏文转写：

thig le gso ba ni sgo dguvi bye brag go/ rigs kyi bu zhes pa la sogs pas rnal vbyor pavi vpho ba gsungs te/ rims gso ba ni nad drag po ma yin/ mi la gos pa ma yin gzer drag po ma yin pavo// sgo khyad par can ni tshangs pavi buvo// mnyam par gzhag pavi vpho ba bya ste/ dang po bde mchog la sogs pavi bskyed pavi rim pa sngon du vgro ste/ rang gi vog tu yaṃ las rlung gi dal gcig bsgom/ de nas yaṃ sngon po gcig la rang gi rnam par snang mdzad kyi lam gtad/ de nas snying gar ye shes sems dpav bsgom/ devi vog tu yaṃ las rlung gi da la bsgom/ devi vog tu yuṃ sngon po gcig la rnam snang gi sgo bcad/ de nas ye shes sems dpavi thugs kar yaṃ la rlung gi dal/ devi steng na ka srog ston pa/ devi steng na vod gsal bavi sa bon hūṃ / devi steng na yum sngon po gcig

gtum movi rnal vbyor gyis lus[①] kyi sgo sbyang pa sngon du song ba dang/ rlung gi rnal vbyor gyis dbang povo sgo sbyang pa sngon du song bavi/ gang zag gis zla ba drug gi bar du dang po hi ka zhes brjod kyi/ tshangs pavi bu ga la thug par yi ge yar dbugs kyis drang/ de nas yang sngar gyi gnas su mar thur la drang//[②]

14-15 　　　　　　　　　　　　　　　　　　　。　　　　
　　　　此如定作时下方风下方动依风以蒹我字红驱。蒹我字以

14-16 　　　　　　　　　　　　　　　　　　　
　　　　智勇识光明与一（助）上方驱。上方有由我字青净梵穴中

14-17 　　　　　　　　　　　　　　，　　　　　　　　　
　　　　肉丸菜果白量略有之驱以，其肉丸除时幻身智勇识与

14-18 　　　　　　　　　　　　　。　　　　　　　　　
　　　　一（助）者中有光明成也。识迁时净梵穴中流者色无界中

14-19 　　　　　。　　　　　　　　　　　　　　　　
　　　　生谓（助）说。集颂般若中菩提勇识色无界中生者供非不

14-20 　　　　　　。　　　　　　　　　　　　　
　　　　祈求谓（助）说。默有者净梵穴中识流令欲与其二种不违

15-1 　　，　　　　。　　　　　　　　　　　　　
　　　（助）谓，则其者不违。凡俗数之净梵穴中识迁者近取因以

15-2 　　　　　　　　　　。　　　　　　　　
　　　　等作因二种和合依色无界中生也。默有者等作因净梵

15-3 　　　　　　　　，　　　　　　　。　
　　　　穴中流虽有亦近取因他成，幻身及光明近取因成也。无

15-4 　　　　　　　　，　　　　　　　　

---

① 藏文原本作 dus，误。此据西夏文本改。
② 俄·秋谷多吉等：《先哲遗书·俄派师徒文集》第 226 册，第 241 页。

断业亦狱狱中生（助）因求，众明主道中（助）流以亦生谓（助）

15-5 [illegible]

说。曰此二种因者因无成也谓，则其者因无不成。众明主

15-6 [illegible]

门中流者等作因依（助）说也者五不断业（助）作近取因依

15-7 [illegible]

（助）说。喻人一无间业愿作，亦秘密依要论知解者，眼（助）眉

15-8 [illegible]

间如一中流令，则人等中生。彼间（助）生依先烦业净令，喻

15-9 [illegible]

铁具垢有中油融，则垢清净成（助）密乘之要论依净令也。

意译：

如此修定时，下方之风，由下方摇动，以风驱红色藂我字。以藂我字智慧萨埵与光明一并上方驱。上方有之青色由我字，净梵穴中略微有白芥子肉丸以驱，彼肉丸清除时幻想之身与智慧萨埵一并者成中有光明也。解说往生时净梵穴中流动者是无色界中所生。解说集颂般若（一）中，菩提萨埵无色界中所生者是祈求非供。瑜伽士净梵穴中令识想流动，与欲彼二种抵触或不抵触谓，则彼者是不抵触。诸凡俗之净梵穴中往生者以近取因和等作因二种相应，无色界中生也。瑜伽士等作因在净梵穴中虽有流动，亦近取因成其他，幻身及光明（二）成为近取因也。解说无间业（三）亦地狱（四）中祈求能生因，众明主之道中流动亦生。曰此二种因者成无因（五）也谓，则彼者不成无因。众明主之门中流动者依等作因解说也，彼者所作五无间业（六）依近取因解说。譬喻一人发愿作无间业，亦为领悟密咒之要语者，一如（七）眼或眉之间流动，则人等之中生。由彼间所生，令净治先前之烦恼业，譬喻在有垢铁器中融酥油，则令垢成清净，如依密乘之要语而净治也。

注释：

（一）般若：音译西夏文[illegible]，是梵文 Prajñā 之西夏语音译，译为

"智慧"。

（二）幻身及光明：藏文作 sgyu mavi lus dang vod gsal，当指藏传佛教"那若六法"中的幻身成就法和光明成就法。

（三）无间业：西夏文作慨捗黻，直译是"无断业"。其在《吉祥三菩怛经典明灯》中作 mtshams med pavi las，译为"无间业"，就是没有间隙中断之事业。

（四）地狱：西夏文作嶐瓶，直译是"狱狱"。其在《吉祥三菩怛经典明灯》中作 dmyal ba，译为"地狱""那落迦"。

（五）无因：西夏文作繼绵，直译是"无因"。其在《吉祥三菩怛经典明灯》中作 rgyu med，译为"无因"，即无有因缘。

（六）五无间业：西夏文作嬔慨捗黻，直译是"五无断业"。其在《吉祥三菩怛经典明灯》中作 mtshams med lnga，译为"五无间""五无间业"，即所谓的"五无间罪"：杀父、杀母、杀阿罗汉、破和合僧、恶心出佛身血。

（七）一如：西夏文作祕蓊，直译是"一如"。其在《吉祥三菩怛经典明灯》中作 lta bu gcig，译为"一如"，即全部如。

藏文转写：

de ltar bsgoms pa dang vog gi rlung bskyod pas rlung gis kṣuṃ dmar po/ kṣuṃ gis ye shes sems dpav vod gsal dang bcas pa ru yar ded pas/ ya tha na gnas pavi yuṃ sngon pos tshangs pavi bu ga nas shavi rdog po nyungs dkar tsam yod pa de ded nas/ shavi rdog po de bsal bas sgyu mavi lus ye shes sems dpav dang chas pa de/ bar do vod gsal du vgro bavo// rnam par shes pa vchi vpho bavi dus su tshangs pavi bu ga nas vgro ba de gzugs med khams su vgro bar bshad/ sdud pa nas byang chub sems dpav gzugs med skye ba don du gnyer mi bya zhes gsungs pavo//

rnal vbyor pa tshangs pa bu ga nas vdu shes pa gtong bar vdod pa dang/ de gnyis ka dang vgal lo zhe na de mi vgal/ tha mal rnams kyi tshangs pavi

bu ga nas vphos nas vgro ba de nye bar len pavi rgyu dang lhan cig byed pavi
rkyen gnyis vtshogs pa las gzugs med khams su skye ba yin no// rnal vbyor pa
lhan cig byed pavi rkyen tshangs pavi bu ga nas vgro ba yod kyang nye bar len
pavi rgyu gzhan du song ste/ sgyu mavi lus dang vod gsal nyer len gyi rgyu
yin pavo// mtshams med pavi las kyang dmyal bar skye bar vdod/ rnam snang
gi lam nas song bas dmyal bar skye bar bshad na/ rgyu gnyis po rgyu med du
vgrovam byas pa la/ de mi vgro ste/ rnam snang gi sgo nas vgro ba lhan cig
byed pa rkyen gyi sgo nas bshad/ gcig mtshams med pa/ byed pa nye bar len pa
rgyuvi sgo nas bshad/ dper na mi gcig la mtshams med lnga byas pavi las gcig
yod na sngags kyi gdam ngag yod pas shes pa dmig lta bu gcig nas btang nas
mi vos par skye/ der skyes pas sngar gyi bag chags sbyong ba ste dper na lcags
kyi gong bu dri ma can la mar bzhu bas dri ma vdag pa bzhin du sngags kyi
thag pavi gdam ngag gis sbyang pavo//[①]

15-10 𗣼 𗨝 𗧀𗧀𗻋𗑑 𗣼𗤁𗑤 𗣼𗤁 𗀉𗑤𗤻，𗤒𗥩𗧀𗧀𗑤 𗣼𗀉𗤻𗤻𗤁
　　　其亦先初定入默有以门习净，风之默有以身习净微流

15-11 𗤁。𗤾𗀉𗤁𗧀𗤴𗏭𗤦𗧑𗣼𗧀𗥱𗀉𗤦𗨝𗑤。𗧀𗧀𗪍𗨝𗧟𗨫𗤳
　　　也。诸门数者（助）塞时谓者字以塞之谓。先初瓶有稟持应

15-12 𗣼𗧀𗤒𗧪𗑤𗤁。𗤾𗀉𗨫𗨝𗣼𗧀𗤾𗥻𗧑𗣼。𗨱𗧨𗤵𗧨𗀉𗤾𗤾
　　　谓者风绕也。五种广大谓者五惑梏谓，诃麻利由我等五

15-13 𗤁𗨱𗤪𗤨𗨝。𗧀𗤁𗀉𗣼𗧀𗤖𗏱𗨝。𗑤𗥱𗨱𗨓𗣼𗧀𗤳𗤻𗨱
　　　一字连接是。下方门谓者喉小是。水之字种谓者须我字

15-14 𗨝。𗑤𗀉𗑤𗤛𗀉𗣼𗧀𗤾𗧀𗤒𗀉𗨝。𗨱𗥱𗨱𗨓𗣼𗧀𗤁𗤻𗨱
　　　是。水及水无门谓者香小大门是。火之字种谓者藁我字

15-15 𗧢𗨝。𗤪𗧀𗧀𗏫𗣼𗧀𗪍𗤴𗧪𗨝。𗀉𗧀𗨱𗥱𗤿𗧟𗣼𗧀𗧑𗧻

红是。气者先如谓者瓶有风是。身者风之色颜谓者霓虹

15-16 𗣼𗣼𗤋。𗤋𗣼𗧓𗤋𗣦𗤋𗰖𗤋𗤋𗤋𗤋。𗤋𗣼𗤋𗤋𗤋𗤋𗤋𗣦

相如也。风之中围谓者自之底下是。彼之根于风是也谓

15-17 𗰖𗣼𗤋𗤋𗤋𗤋𗤋𗤋𗰖𗤋𗤋𗤋𗤋𗤤𗤋𗰖𗤋。𗤋𗣼𗤋𗤋

者自之心中智勇识之底下风（助）由我字青是。风之根于

15-18 𗤋𗤋𗤋𗤤𗤋𗤤𗤤𗤋𗤋𗤋。𗤋𗤤𗤤𗤤𗤤𗣦𗤤𗤤。𗤤𗤤𗤤�

字种谓者由我字是三积也。点圆谓者含字是。声谓者那

15-19 𗤤𗤤。𗤋𗤤𗤤𗤋𗤤𗤤𗤤。𗤤𗤤𗤤𗤤𗤤𗤤。𗤤𗤤𗤤𗤤𗤤𗤤。

达是。心之字种谓者吽是。石王谓者诃是。紧者谓者迦字是。

意译：

彼亦先前，以禅定瑜伽净治门，以风之瑜伽净治身而略微流动也。诸门数，谓阻塞时者以字阻塞之谓。先前谓所禀持瓶风[一]者风围绕也。五种广大者是五种枷锁，诃麻利由我等五字，各字相连接。谓下方门者是小喉。水之种字者是须我字。水和无水之门[二]者是小香和大香之门。火之种字者是红色薬我字。气息者如前谓是瓶风之风。身者谓风之颜色是如霓虹相也。谓风之坛城是自之下方。于彼之根本是风，彼者自之心间智慧萨埵之下方风上是青色由我字。于风之基础谓种字者是三重[三]由我字也。明点者是含字。声者是那达字。心之种字者是吽字。金刚者是诃字。勇士者是迦字。

注释：

（一）瓶风：西夏文作𗤋𗤤，直译是"具瓶"。其在《吉祥三菩愊经典明灯》中作 bum pa can，直译是"有瓶"，佛书中译为"瓶风"，是一种类似气功的修炼法。

（二）水和无水之门：西夏文作𗤋𗤤𗤤𗤤𗤤，译为"水和无水门"。藏语中的"水"（chu）又指小便、尿。所以，水门和无水之门当指尿道和肛门。

（三）三重：西夏文作𗤤𗤤，直译是"三积"。《吉祥三菩愊经典明灯》

中作 sum rtseg，译为"三重""三层"。

　　藏文转写：

de yang sngon du gtum movi rnal vbyor sangs rgyas sgo sbyangs pa rlung
gi rnal vbyor lus sbyangs pa tsam vgro/ sgo thams cad bkag pa ni yi ges so//
sngon du bum pa can brtsam pa ni rlung bskyil bavo// rgyas pa lnga ni sgrogs
lnga ste/ hūṃ smyuṃ la sogs pavi yi ge lnga sgrogs pavo// vog sgo lce chung
ngo// chuvi sa bon ni suṃ ngo// chu dang chu min ni dri chen gyi sgovo//
mevi sa bon ni kṣuṃ dmar povo// dbugs ni sngon bzhin ni gong gi bum pa can
no// lus ni lung gi mdog① can vjav tshon gyi rnam pa lta buvo// rlung gi da la
bsgom par bya ni rang gi vog tuvo// lcevi rtsa bar rlung yin te rang gi snying
gar ye shes sems dpavi vog tu rlung gi theg tu yuṃ sngon povo// rlung gi rtsa
bar sa bon yuṃ ste sum rtseg go/ thig le ni haṃ ngo// sgra ni na davo/ sems
kyis sa bon ni hūṃ ngo// rdo rje ni havo// drag po ni kavo//②

15-20 𗗿𗣼𗣔𗵒𗨁𗤁𘓍𗆍𗣔𗣀。𗆳𗤆𗿒𗆍𗄛𗝠�𗣌𗄛𗆃𗣔𗣀
　　　铁钩谓者噎之醮迦谓也。二十四之宫及又十宫谓者

16-1 𗆳𗤆𗿒𗣔𗣀𗣫𗣢𘈄。𘎆𗼃𗫶𗣔𗣀𗣔𘓍𘈄。𗫶𗄛𘈙𗣔𗣀𘙲𘙲
　　　二十四十三第是。紧者度谓者嘻迦是。何宫中谓者先初

16-2 𗣔𘓍𗄒𗝠𗸐𗤀𗫶𗣀。𗎹𗝠𘓍𗣔𗝠𗸐𗄒𘅣𗣢�。𗨁𘈄𗁆𗣔
　　　嘻迦诵以上方度也。其又迦嘻诵以下方度也。九第节谓

16-3 𗣀𗝠𘅑𗉆𗵜。𗨁𗁆𗉆𗮅𗸐𗤀�𗣀。𘎂𗝠𗴂𗤺𗸐�𗣔𗣀
　　　者种识死转，九穴中风上方度也。成熟字种上方触谓者

16-4 𗨁𘆡𗴂𗲒𘈄。𘓗𗴂𗴂𗄛𗣔𗣀𗄛𗣀𘓍𘈄，𗨁𗣀𘋉𘈄。𗁬𘈀𘀗
　　　葉我字红是。一字字半谓者半者迦是，全者诃是。嗥哀重

16-5 𘎆𗣔𗣀𗣔𘓍𘈄。𗘴𗄸𗆽𗣔𗣀𘋉𗴂𘈄。𘀗𘎆𗣔𗣀𘀤𗡥𘃋𘎆

① 藏文本作 mdor，误。此据西夏本改。
② 俄·秋谷多吉等：《先哲遗书·俄派师徒文集》第 226 册，第 243 页。

猛谓者嘻迦是。八第边谓者诃字是。重猛谓者双点圆猛

16-6 　□□，□□□□□□□□□□□□，□□□□□。□□□□□

之谓，一第之一第半合谓者迦是，嘻迦是也。下方风之字

16-7 　□□□□□□□□。□□□□□□□□□□□□□□□□□

种谓者由我字是。声以声者实推也谓者嘻字于迦字垂

16-8 　□，□□□□□□□□□。□□□□□□□□□□□□□□

作，迦字于嘻字于垂作之谓。嘻字侧于迦字垂者侧近半

16-9 　□□□□□□□。□□□□□□□□□□□□□□□□，□□

者合时施谓也。日数婆罗门杀及谓者近取因愿全，亦等

16-10 □□□□，□□□□□□□。□□□□□□□□□□□□□

作因不全，故恶趣中不生也。时节至则识迁应谓者时节

16-11 □□□□□□□，□□□□□□□□。□□□□□□□□□□

依死者死相不退，则识迁作应谓也。先如谓者识迁如定

16-12 □□□。□□□□□□□□□□。□□□□□□□□□□□

作之谓。性气谓者遍四第悟也。阿利迦利实合以谓者吽

16-13 □□□□□□□□。□□□□□□□□□□。□□□□□□□

等字集合（助）说也。八第边谓者诃字是。字种最妙列作应

16-14 □□□□□□□□□。□□□□□□□□□□□□□。□□

谓者九门塞之字是。心间谓者中间嘻乞迦定作也。其中

16-15 □□□□□□□□。□□□□□□□□□□□□□。□□□

真智谓者光明吽是。种识谓者命持风吽驱（助）是。不动谓

16-16 □□□□□□□□□□。□□□□□□□□□□□□□□。

者居住脉风菩提心是。伤害无有谓者照见四第悟是。

意译：

铁钩者是谓噎或醯迦也。谓二十四之域及又十域者是二十四第十三。
度勇士是嘻迦。谓何处中者前面以诵嘻迦，上方度出也。彼又以诵迦嘻，
下方度出也。谓第九关节[一]者诸识死而转趋，九穴中风上方度出也。异

熟之种字上方支起者是红色藁我字。谓文字一个半者，半者是迦，全者是诃。谓猛烈呼嗥者是嘻迦。第八之边上者是诃字。谓勇猛者双明点猛烈之谓，第一之第一半相合者是迦或嘻迦也。下方风之种字者是由我字。以语音之词语[二]拥挤也，彼者于嘻字上悬垂迦字，于迦字上悬垂嘻字之谓。于嘻字侧悬垂迦字者在半近侧，彼者相应时施供也。诸白昼所谓婆罗门杀害等者愿近取因齐全，又等作因不全，故不生于恶趣中也。时节至，所作往生依时节死是死相[三]不回遮，则谓所作往生也。谓如先前者如往生而修定之谓。性气者皆领悟第四也。阿利迦利实相应者是解说吽等字集合法也。第八边者是诃字。所列置无上种字者是阻塞九窍之字。心间者中间修行嘻乞迦字也。彼间真智者是光明吽字。诸心识者是持命风能驱吽字。不动者是修止[四]脉、风、菩提心。无有伤害者是领悟第四胜观[五]。

注释：

（一）第九关节：西夏文作[illegible]，直译是“第九节”。其在《吉祥三菩怛经典明灯》中作 tshigs dgu，译为“九关节”，即人体的九处关节。西夏本中作“第九节”，也就是“第九关节”，不知其所指。

（二）以语音之词语：西夏文作[illegible]，直译是“声以声者”。其在《吉祥三菩怛经典明灯》中作 sgra nas sgra ni，直译是“由声声者”。sgra 在藏语中不仅有“声音”之义，同时也可作“词语”来解。这里的“声以声者”当指声音的词语。

（三）死相：西夏文作[illegible]，直译是“死相”。其在《吉祥三菩怛经典明灯》中作 vchi ltas，译为“死相”，即临死前相。按佛教说法，此系天神临死时所现的衰相。

（四）修止：西夏文作[illegible]，直译是“居住”。其在《吉祥三菩怛经典明灯》中作 zhi gnas，直译是“寂止”，是一切禅定的总括或因，即心专一安住所修静虑之中，佛书中译作“修止”“止”，梵音译作三摩地。

（五）胜观：西夏文作[illegible]，直译是“见明”。其在《吉祥三菩怛经典明灯》中作 lhag mthong，译作“胜观”“观”，梵音译作毗婆舍那，是一切禅定的总括或因，即以智慧之眼，观察事物本性的真实差别。

藏文转写：

lcags kyu ni ivo// hi ka zhes byavo// gnyis med ni nyer bzhivo// gnas bcur ni nyer bzhi bcu gsum pavo// drag por drang ni hi kavo// gnas gang nas ni dang por hi ka brjod cing yar drang ngo//de nas ka hi brjod cing thur la drang pavo// tshigs dgu ni bu gavi sgo dgu nas so// smin pavi sa bon steng du vdegs ni kṣuṃ dmar povo// yi ge phyed dang gnyis ni phyed ka ra sa so hivo// nga ro drag po ni hi kavo// brgyad kyi mthav ni havo// drag povi sde tshan ni drag povi tshig drag go/ dang po phyed du sbyar ka ste hi ga bya ba yin no// vog tu rlung gi sa bon yuṃ mo// sgra nas sgra ni hi ka/ ka hi ni vphul bavo// hevi rtsa bar ka phul ba ni rtsa bar phyed ni sbyar te phul zhes pavo// nyin re bram ze gsod pa dang zhes pa ni nye bar len pavi rgyu tshang yang lhan cig byed pavi rkyen ma tshang na ngan vgror mi skye bavo//

dus la phab na vpho bya ba ni dus kyis vchi bas vchi ltas kyi mi bzlog nas pho ba bya zhes pavo// sngon bzhin[①] vpho ni vpho ba ltar bsgom pavo// mtshan nyid thams cad ni bzhi pa go bavo// rnal vbyor la sogs pas devi rten bskyed rim bsten te/ ā li kā li sbyor ba yis ces pa la sogs pa yi ge hūṃ btu ba gsungs so// brgyad kyi mthav ni havo// sa bon dam pa dgod pa ni sgo dgu vgegs pavi yi gevo// snying gavi dbus su ha ka bsgom pavo// de dbus ye shes ni vod gsal ba hūṃ mo// ye shes sems ni srog vdzin pa vphrul bar byed pavo// mi g-yo ni zhi gnas rtsa rlung byang chub sems so// vtshe ba med pa ni lhag mthong bzhi pa go bavo//[②]

16–17 𗦤𗥰𗿒𗈬𘃎𗕾𗧻𗤋𘓄𗢳，𗧻𘋩𗕾，𗧻𗫨，𗧻𗫸𗕾𘏨𗤋𗧻𗱕

其又外谓等者识他宫处入，识二变，识取，识迁等四种识迁

---

① 藏文本作 bzhi，误。此据西夏本改。
② 俄·秋谷多吉等：《先哲遗书·俄派师徒文集》第 226 册，第 243—244 页。

16-18 ꣱ꣳꣴꣵꣶꣷ꣸，꣹꣺ꣻ꣼ꣽ。ꣾꣿꣿꣿꣿꣿꣿꣿꣿꣿꣿꣿꣿꣿꣿ

依遍风习净令，先往说也。心者二种念定依谓内身者心

16-19 ꣿ，ꣿꣿꣿꣿꣿꣿꣿꣿ。ꣿꣿꣿꣿꣿ，ꣿꣿꣿꣿꣿꣿꣿ

是，拙火心之心心间吽是。外身者心是，他身心之心自心

16-20 ꣿ。ꣿꣿꣿꣿꣿꣿꣿꣿꣿ。ꣿꣿꣿꣿꣿꣿꣿꣿꣿ，

是。自他双处风及火有（助）说也。阿利迦利谓者左右气是，

17-1 ꣿꣿꣿꣿꣿꣿꣿꣿꣿ，ꣿꣿꣿꣿꣿꣿꣿꣿꣿ。ꣿꣿꣿ

字种色红谓者拙火是，彼之中间谓者心间吽是。心间真

17-2 ꣿꣿꣿꣿꣿ。ꣿꣿꣿꣿꣿꣿ①ꣿꣿꣿꣿꣿꣿ。ꣿꣿ

智谓者吽是。花（助）如谓者蜜蜂花香取如他心取也。自实

17-3 ꣿꣿꣿꣿꣿꣿꣿꣿꣿꣿꣿꣿꣿ，ꣿꣿꣿꣿꣿꣿ。ꣿ

外依作应于谓者二变（助）他宫处入是，自处出因入是。外

17-4 ꣿꣿꣿꣿꣿꣿꣿꣿꣿꣿꣿꣿꣿꣿ。ꣿꣿꣿꣿꣿ，ꣿ

依身于彼又方谓者少壮处入（助）二变是。他之身于入，故

17-5 ꣿꣿꣿꣿꣿ，ꣿꣿꣿꣿꣿꣿꣿ。ꣿꣿꣿꣿ，ꣿꣿꣿꣿꣿ

他宫处入是，道又心谓识取作是。智之相成，炬（助）如谓者

17-6 ꣿꣿꣿꣿꣿꣿꣿꣿꣿ。ꣿꣿꣿꣿꣿꣿꣿꣿꣿꣿꣿꣿ

此相显故他宫处入是。声闻乃等真性谓者声闻之思虑

17-7 ꣿꣿ，ꣿꣿꣿꣿꣿꣿ。ꣿꣿꣿꣿꣿꣿꣿꣿꣿꣿꣿ，ꣿꣿ

知解，他心取作是也。识迁及他宫处入以何成令谓，则戏

17-8 ꣿꣿꣿꣿꣿꣿꣿꣿ。ꣿꣿꣿꣿꣿꣿꣿꣿꣿꣿꣿ。ꣿꣿ

论是谓甚深于入也。情有心自性何云是也谓问是。五第

17-9 ꣿꣿꣿꣿꣿꣿꣿꣿꣿꣿꣿꣿꣿꣿꣿꣿꣿꣿꣿꣿꣿ

问之答者诸天真智显明也谓等者自性依住法（助）薰习

17-10 ꣿꣿ。ꣿꣿꣿꣿꣿꣿꣿꣿꣿꣿꣿꣿꣿꣿꣿꣿꣿꣿꣿ

---

① 该字原文作ꣿ，误，当为ꣿꣿ之ꣿ。ꣿꣿ译为蜜蜂。

心是。坚固数者心无有谓者石间血有及木间血有及水

17-11 �THUMB𗧯𗐇𗤌𗖄𗅋𗟻𗠁𗿢𗗙𗒘𗰅𗰖𗑱　𗐐𗲚𗷾𗲚𗖄𗤌𗢳𗜓𗜓𗷱

间血有处先（助）如薰习心无有也。舞谓者舞作者相相之

17-12 𗢳𗵆𗰅，𗄈𗴿𗺄𗷾𗳸𗥃𗗙𗢳𗵆𗰅。　𗺉𗤌𗷾𗲛𗹏𗢗𗵆

灭毁也，上彼岸至以（助）下之灭毁也。默有教诫于靠则谓

17-13 𗹙𗿢𗵆𗸐𗤫𗇋𗗙𗅲𗗙𗒘。　�𗠁𗐇𗷳𗡪𗤌𗥃𗷾𗠁𗒘。　𗷄𗵆𗺄

者教诫与性气同密乘是。道又之亦思虑知解也。八第节

17-14 𗠁𗤌𗼮𗸐𗳸𗰖𗵈，𗸐。

之三第殊妙做说，终。

意译：

彼又谓外边等者依识入他尸处、识互易、识强取、往生等四种迁识往生[一]而净治一切风，先前行往解说也。心者依二种修定谓，内身者是心，拙火心之心是心间吽；外身者是心，他身心之心是自之心。自己和他人二者处，解说风有及火有之仪也。谓阿利迦利者是左右气，红色种字者是拙火，彼之中间者是心间吽。心间真智者是吽。犹如花者如蜜蜂采花香取他人心识也。依自己外面所作谓者是互易或夺舍，自己处出故是入。外面于身由彼谓者是入少壮身或互易，入他人之身，故是夺舍，是夺取外道之心识。成为智慧之形相，犹如灯炬谓者此明相则是夺舍。声闻乃等真实性者是领悟声闻之思虑，是夺取他人之心识也。以往生及夺舍作何则是谓戏论，而入于甚深也。众生之心自性是如何也，问。第五问之回答是诸天真智能显明也，彼等者依自性是本性[二]或依止心[三]。诸坚固者无有心识，石之间众生[四]及林木之间众生及水之间众生处，如前之依止心无也。谓舞者是舞蹈者相互毁灭也，上方至彼岸下方毁灭也。按照瑜伽经论，则与经论性气相同是密乘。外道之观想领悟也。解说第八节之第三品，终。

注释：

（一）识入他尸处、识互易、识强取、往生等四种迁识往生：指的是藏传佛教密法迁识往生经过的一些步骤，即往生者灵魂入他尸，然后灵

魂互易，占据他尸，最后就可转趋往生。

（二）本性：西夏文作𗤶𗰗，直译是"住法"。其在《吉祥三菩怛经典明灯》中作 gnas lugs，直译是"住法"，佛书中译作"本性"或"真理"。

（三）依止心：西夏文作𗤺𗅡𗣀，直译是"薰习心"。其在《吉祥三菩怛经典明灯》中作 mtshams sbyor gyi shes pa，译为"占据心识"，这里译为"依止心"。

（四）众生：西夏文作𗋽𗜐，直译是"有血"。其在《吉祥三菩怛经典明灯》中作 srog chags，直译是"有生命"，指一切动物，佛书中译作"众生""有情"。

藏文转写：

de nas phyi rol zhes pa la sogs pas grong du vjug pa dang/ rnam shes brje ba dang/ vphrog pa dang/ gong vpho bavo// grong vjug bzhi char la rlung sbyang pa sngon du vgro bavo// sems ni gnyis su bsgom min nang sems dpav gtum mo sems su sems dpav snying gavi hūṃ mo// phyivi lus su sems dpav gzhan gyi lus su sems dpav rang gi sems so// rang dang gzhan gnyis la rlung dang sems yod par bstan to// ā li kā li ni dbugs g-yas g-yon ni/ sa bon dmar po ni gtum movo// devi dbus ni snying gavi hūṃ ngo// snying gavi ye shes sems ni hūṃ ngo// me tog lta bu ni bung bas me tog gi dri len pa ltar gzhan gyis shes pa len pavo// bdag nyid phyi rol byas pa la ni brje bavam vphrog pavi grong du vjug pavo// phyi rol lus la de nas ni zhes pa gzhan la vjug pavam brje ba/ gzhan gyi lus po la vjug pa grong du vjug pa/ mu stegs can gyi sems shes pa dbrog pavo// ye shes gzugs gyur nas/ mar me lta bu ni rtags vdi byung pas grong du vjug pavo// nyan thos la sogs de nyid ni nyan thos kyi bsam pa shes pa gzhan gyi srog dbrog pa yin no// vpho ba dang grong vjug gis ci byed ce na spros pa yin te zab mo la vjug pavo// sems can kyi shes pa rang bzhin ji ltar vdug ces dris pavo// dri ba lngavi lan la/ lha rnams ye shes gsal ba yin la sogs pa ni rang

bzhin gyi gnas lugs sam mtshams sbyor gyi shes pavo// brtan pa rnams ni sems
med pa ni rdo rjevi bar gyi srog chags dang/ shing gi bar gyi srogs chags la de
lta buvi mtshams sbyor gyis shes pa med do// gar dang zlos gar gyis gcig gis
cig gis sun vdon pa ltar pa ra vos pa gong mas gong ma sun vdon pavo// yo gi
bstan bcos rjes vbrangs ni mtshan nyid mthun pa sngags kyi theg pavo// brtag
pa brgyad pavi rab tu byed pa gsum pavi sgron mavo//[①]

17-15 𗱸𗾔�𘄴𗙚𘆠𗩉𗈧𗫵𗻛𗜀𘋩�𗍬𘆄𗾣。�𗦳𗏹�𘟂
　　　此四第殊妙做者咒颂与缚有做事集说。先（助）说增长皆

17-16 𗫸𗒀𗩉𘄤𘆄。𘜶𗤁𘜶�𘄴𗜀𗫾𗝠，𘝵𗉵𗟬𘏨𗝠𗫾𗕀𗪺𗲧
　　　皆之咒颂是。唵阿弥哩怛谓于起，石王勇识谓于（助）至者

17-17 𘝵𗉵𗟬𘏨𘃸𘈖𗤋𗩉𘄤𘆄。𘝵𘅨𗪺𘃽𘆫𗩉𘄴𘆄𗜀𗫾𗝠𘝵
　　　石王勇识中围之咒颂是。形噜迦生现咒颂是谓于（助）至

17-18 𗄊𗧓�𘄴𗙚𗩉𗫾𘆄。𘝵𗤁𗜀𘆄谓于起十第殊妙做之是。𘝵𗋭
　　　以一第殊妙做之是。唵阿谓于起十第殊妙做之是。唵古

17-19 𘍙𗜀𘏨𘒗𘄪�𘄴𗙚𗫾𘆄。𘝵�𘆤𗜀𘏨𗽼𗴂�𘄴
　　　哇谓等者七第殊妙做之咒是。唵那弥谓者十二第殊妙

17-20 𗙚𗫾𘆄。𘝵�𗲣𗪺𘟃�𘃣𘜶𗜀𘏨𘝵𘆒𘃞𗈉𘉒𘆄。𘝵�
　　　做之咒是。唵伐折啰答鸠尼噎喇谓等者共同依是。唵伐

18-1 𘟃𗲣𗪺𘟃𗴂𘋆𗦳𗴂𗒀𗈚𗈚𘃫𘃫𗬰𘃞𗜀𗞣𘒗𘄪�𘄴𗙚
　　　折啰答鸠尼吽吽派嗒派嗒索诃谓等者十七第殊妙做

18-2 �𗰭𘃇�]�。𘝵��c𗪺���]𗜀𘝨𘌶𗈉𘟂𗈉�𘄴𗙚𗫾
　　　中鼋截（助）是。唵伐折啰旃弥部谓等者四座之十第殊妙

18-3 𗫾𘄴𗩉�。𗙂�𗲅𗢳，𘃌。
　　　做中咒颂是。八第节说，终。

①　俄·秋谷多吉等：《先哲遗书·俄派师徒文集》第 226 册，第 244—245 页。

意译：

此第四品者解说与咒颂相关之羯磨集。前面所说是一切增长之咒颂。从唵阿弥哩怛起，直至谓金刚萨埵是金刚萨埵坛城之咒颂，直至所谓形噜迦生现咒颂是第一品之咒颂。从唵阿起是第十品之咒颂。唵古哇等是第七品之咒颂。唵那弥是第十二品之咒颂。唵伐折啰答鸠尼噎喇等是共同所依。[1]唵伐折啰答鸠尼吽吽派嘚派嘚索诃等是第十七品中截雹咒颂。唵伐折啰旆弥部等是四座之第十品中咒颂。解说第八节，终。

藏文转写：

bzhi pa vdis sngags dang vbrel pavi las tshogs gsungs te/ oṃ a mṛi ta zhes pa la sogs pas rdo rje sems dpav da lavi sngags so// oṃ hrīḥ la vos pa rab byed gcig gnyis pavi he ru kavi da lavi sngags so// oṃ a ces pa vos pa rab byed bcu gcig pavi bdag med mavi sngags so// oṃ de ba zhes pa la vos pa dgyes pa rdo rjevi he ru kavi so// oṃ na mo vos pa bde mchog he ru kavi so/ laṃ vos pa ni gtor ma gtang pavi sngags so// oṃ badzra dākini hūṃ phṭa swāhā zhes pa vos pa rab byed bco lnga pavi thig le bzlog pavo// oṃ badzra dza bu zhes pa na mar vos pa gdan bzhivi dznya na dākinivi sngags so// brtag pa brgyad pavi sgron ma rdzogs so//[2]

18-4 ꡀꡀꡀꡀꡀꡀꡀꡀꡀꡀꡀꡀꡀꡀꡀꡀꡀꡀꡀꡀ

此九第节之一第殊妙做者三第殊妙做中情有之本性

18-5 ꡀꡀꡀꡀꡀꡀꡀꡀꡀꡀꡀꡀꡀꡀꡀ。ꡀꡀꡀꡀꡀꡀ

与（助）合及后续中佛与（助）合等不违规说。石王心真及观

18-6 ꡀꡀꡀꡀꡀꡀꡀꡀꡀꡀꡀꡀꡀ，ꡀꡀꡀꡀꡀꡀꡀꡀ

自主等如来谓者不动等（助助）旨（助）寻，何（助）依处人正觉

18-7 ꡀꡀꡀ，ꡀꡀꡀꡀꡀꡀ。ꡀꡀꡀꡀꡀ。ꡀꡀꡀꡀꡀꡀꡀ

---

① "唵伐折啰答鸠尼噎喇等是共同所依。"藏文本中无。

② 俄·秋谷多吉等:《先哲遗书·俄派师徒文集》第226册，第245—246页。

（助）成时，（助）行（助）住谓也。佛语谓者答是。皆皆自性常居住

18-8 𗗙𗟲𗧘𗥃𗏵𘜶𗰒𗤻𗯴。𗱕𗤶𗄭𗗙𗟲𗤶𗤻𗷣𗄭𗆺𗼇𘛛𗄩𗤻𘝙。 𗱕

  谓者法身依说答是。先（助）说谓者三第殊妙做中是也。此

18-9 𗄜𘋞𗱕𗗙𗗙𗤻𗥃𗯴𗗙，𗤻𗐹𗤿𗥋𗏵𘜶𗷣𗛥𗯴𗗙𗟲𗬣𗏾𘗠𗵯

  如闻我谓与违也谓，则妄思心依（助）持是谓者清净世间

18-10 𗼀𗦱𗤩𘟣𗯴。𘓨𗦱𗧲𗵱𗗙𗟲𗡪𗗙𗤻𘈷𘜶𗛥𘜶𘟣𗯴。𗵯𗵱

  者之显现是。彼之理趣说听应谓者自性清净依是。六第

18-11 𗯼𗛨𗤻𗴢。𗤶𗎆𗤐𗯴𗗙𗤻𗸈𗯴𗯴。𗏹𘝙𗤻𗾟𗗙𗤻𗒽𗯴𗤶

  节中说终。遍知真智谓者名数是。尘垢与离谓者二障弃

18-12 𗦱𗗙。𗥃𗤿𗯴𘛓𗟯 𗷅𗢍𗗙𗤻𘛛𗦉𗳷𘜶𗷣𗘆𗤻𗯴。𗤶𗎆𗤿𗥋

  之谓。身有数处实戏行谓者自性清净依说是。妄思心依

18-13 𗤻𘟣，𗏾𗛥𘈷𗛨𗼀𗦱𗤩𘟣𗤻𗤶𗫸𗃍𗤩𗤻𗮉𗤻𗥃𗫕𗤻，

  （助）持，清净世间者之显现说者诸正觉之大神变谓等说，

18-14 𗯴𗾟𘋞𗯴。𘞂𘞂𗤻𗹙𘝉𗪱𗤻𗥃𗫕𗷆𘉒𗤻𗴢。𗵯𗯼𗤻𗤶

  十二宫是。或或三界胜势之谓等者密乘说也。诸节谓者

18-15 𘈈𗵱𗯴。𗤿𗤻𗗙𗤻𗪱𗇰𗤩𗤻𘝉𗰺𗯴𗯴𗥃𘈷𘙰𘈷𗗙𗰒

  本续是。阿利谓者拙火之默有以习净令及先说风之默

18-16 𗤶𗗙𗥃𗥋𗛥𗅉𘜶𗤻𗷣，𗤿𗤻𗤻𗫸𗯴。𗤻𗰺^①𗤶𗵚𗡪。𗤻𗰺^②

  有以身习净令（助）说中，阿利谓者义是，蜜蜂者喻成。 蜜蜂

18-17 𘛓𗢓𗤩𗷐𗤻𗤻𗇰𗇰𘈷𗅉𗯴𗯴。𗅉^③𗤻𗤻𗤶𗫸𗲤𗯴。𗖵𗈥𘄿

  石王怖示谓者拙火之名数是。迦利谓者心间是。 虚空界

18-18 𗤻𘜶𗥃𗴢。𗵱𗤿𗤻𘜶𗰺𗤩𘈷𗯴𗧲𗯴。𗤶𗵱𗤻𘜶𗸎𗤤𗴢

  谓者身体是。行及谓者风及菩提心是。不行谓者脉及点

18-19 𗷣𗯴。𗤶𗤬𗤻𗤻𘜶�).𗤻�).𗅉𗴢。𗮊𗯴�)𗇰𗤻𘅰

---

 ① 该字原文作𗰺，误，当为𗤻𗰺之𗰺。�)𗰺译为蜜蜂。

 ② 该字原文作𗰺，误，当为�)𗰺之𗰺。�)𗰺译为蜜蜂。

 ③ 原文作𗡙（阿），误。此据藏文本改。

圆是。彼于生谓者阿利迦利液及血等是。其数于处摄度
18-20 𗱸𗿈𘗰𗢳𗰖𗥤𗢳𘉞𗣼𗧾。𘝶𗤳𘉡𗤱𗢳𘗰𗬝𗤳𗫽𗧾。

时谓者大乐中菩提心生是。脉之中间谓者拙火之宫是。

意译：

此第九节之第一品是解说与第三品中众生之本性相应，及后续中与佛
相应等不相悖之规。谓金刚藏及观世音自在等如来是不动佛等加持，依止
何处修行者成正觉时，谓凡诸行住也。佛语是答。一切自性常居住者解说
法身之依据是答。前面所说者是在第三品中也。谓与如是我闻相违也，则
是依分别心禀持，彼者是清净世间人之见解。听闻解说彼之理趣^(一)是自
性清净之依据。解说第六节中，终。佛^(二)真智是名数。与尘垢分离是舍
弃二障蔽之谓。诸有身处真实戏行是解说自性清净之依据。依分别心禀
持，解说清净世间人之明相是宣说诸佛之大神通等十二域。或者三界胜
势明王之谓等是讲说密乘也。谓诸经释是本续。阿利是以拙火之瑜伽净
治，及先前所说以风之瑜伽令身净治中，阿利是义，成蜜蜂之譬喻。由
蜜蜂，怖畏金刚是拙火之名数。迦利是心间。虚空界是身体。动物界^(三)
是风及菩提心。植物界^(四)是脉搏及明点。产生于彼者阿利迦利是液及
血等。摄持度出于彼数处时是大乐中产生菩提心。脉之中间者是拙火
居处。

注释：

（一）理趣：西夏文作𗫶𘃡，直译是"理趣"。其在《吉祥三菩怛经
典明灯》中作 tshul bzhin，译为"正理""道理"。

（二）佛：西夏文作𘉞𗥤，直译是"遍知"。《吉祥三菩怛经典明灯》
中对应作 kun mkhyen，直译是"遍知"，佛书中译作"一切智"，指佛。

（三）动物界：西夏文作𗰚，直译是"行"。《吉祥三菩怛经典明灯》
中对应作 rgyu ba，直译是"行""游动"，佛书中指可以游走的动物。

（四）植物界：西夏文作𘄒𗰚，直译是"不行"。《吉祥三菩怛经典明
灯》中对应作 mi rgyu ba，直译是"不行""不游动"，佛书中指不能游走

的植物。

藏文转写：

brtag pa dgu pavi rab byed dang po vdi chos mtshan nyid drug las kha sbyor las byung ba/ rgyud gsum las vbras buvi rgyud do// de las kyang rdzogs rim gyi vbras bu/ dkyus kyi vphros so ni brtag pa dang povi de nas rdo rje vdzin pavam zhes pa nas vphros te/ rdo rje snying povo// spyan ras gzigs pa dang/ de bzhin gshegs pa mi bskyod pa la sogs pas gsol ba btab pavo// rten gyi gang zag gcig sangs rgyas nas/ gang du vgro gar gnas ces dris pavo// thams cad rtag[1] bzhugs ni chos kyi skuvi dbang du byas pavo// sngar bstan pa ni rab byed gsum par ro// rtog pavi sems ni gzung ba ni dag pa lo ka bavi lta bavo// ji lta bavi tshul bzhin bshad kyis nyon no// rang bzhin gyis rnam par dag pavi dbang du byas te/ brtag pa drug par bshad zin to//

kun mkhyen ye shes ni ming gi rnams grangs so// rdul dang bral ba ni sgrib pa gnyis spangs pavo// lus can kun la rnam rol ni rang bzhin dag pavi dbang du byas pavo// rtog pavi sems gzung ba dag lo ka bavi snang ba bshad pa ni sangs rgyas kun gyi rdzu vphrul zhes pa vos pa mdzad pa bcu gnyis so// la lar khams gsum rnam par rgyal bavi zhes pa la vos pas sngags kyi theg pa gsungs pavo// skal pa ni rtog pa ste rgyud do// i li zhes pa la sogs pas vpho ba dang grong vjug gi dus su lus dang rlung gis dbang povi sgo gtum movi rnal vbyor gyis sbyang ba gdan bzhivi mtshan tsam gyi rdzogs rim ston pa lags ā li na don bung[2] bavi dpevo// bung bas rdo rje vjig byed ni gtum movi ming gi rnam grangs so// kā li ni snying gavo// nam mkhavi mthav ni lus pavo// rgyu ba ni rlung dang byang sems so// mi rgyu ba ni rtsa dang thig levo// de las byung ba ni ā li kā li khu ba dang khrag las so// de dag kun la drang pa ni bde chen

---

① 原文作 brtag，误。此据西夏本改。
② 原文作 bum，误。此据西夏本改。

byang sems phab pavo// rtsavi dbus ni gtum movi gnas so//[①]

19-1 𗰛𗫶𗗚𗼃𗱵𗦲𗄼𗋽𗗙𗿒𗵘𗧾𗥾𘒣 𗧢𗋽𗣼𗰜𗦲𗰣𗦲𗧾𗄼𗥾𗩧 𘒣
怖示石王声谓者拙火之名是。行加种集谓者点圆是。火

19-2 𘐱𗤁𗵘𗪺𗥩𗦲𗥩𗰜𗠇𗷅𗼃𗸍𗼃𗧾𗧢，𗭼𗰣𗴺𗷖𗣐𗦻
及风之七义谓等者十第殊妙做中（助）说，蜜蜂花香取如

19-3 𗄼。𗴺𗷖𗫶𗄼𗦲𗪺𗛠𗵘𗓽𗦲𗗙𗪕𗤁𗬊�𗥩𗰜𗰣𗦲𗧾𗠇
也。流传起令谓者阿含二是。海中水魔及鱼等泥黑心中

19-4 𗰣𗴟𗴺𗦲，�𗄼𗧢𗙷𗰣𗴟𗰜𗥾𘒥𗷖𗥾 𗵘𗳜𗰣𗦻𗰑𗭼𗓽
花净生者，其数（助助）花净之不染如也。烦恼心中胜慧及

19-5 𗄼𗰜𗯱𗫶𗥾。�𗥩𗴺𗰄𗵘𗦲𗰱𘂧𗴺𗷖𗼃�，�𗾊𗵘𗰜�𗦲。
智不二起也。伐尼杜迦谓者紫梗[②]花与一样，心之形相是。

19-6 𗴺𗵘𗦲𗯱𗦲。�𗵘𗦲𗰜𗠇𗦲。𗯱𗪹𗴺𗫶𗵘𗦲𗯱𗦲。𗧛𗧛𗫶
花谓者血是。水谓者点圆是。二于生起谓者血是。先初石

19-7 𗗚𘓒𗫶�𗵘𗦲𗸪𗴺𘆗�𗰜𗠇𗦲。𗤙𗰄𘑰𗦲𘎞𗰄𗫶𗵘𗦲
王医药水谓者菩提心之点圆是。五种依者实生起谓者

19-8 �𘓒𘟙�𗷶𗷜𗴺𗬼�𗥩𗦲。𘋑𗥾𗫷𘉗𗵘𗥩𗰜𘕣𗗚𗴺𗬫
其依刚强地及湿潮水等是。吽之歌唱谓等者四座及明

19-9 𘍷𗴺𘓒𗥾𗓽𗪺𗷅𗼃𗸍𗼃𗧾𗠇𗋽𘒾�𗸪𗫶𗗚𘋑𗪺𗺔𗫮𗧢
满等合之十七第殊妙做中集轮时（助）石王歌唱作（助）说

19-10 𗄼。𗰜𘎭𗴺𗵘𘕱𘎭𗷅𗼃𗼃𗧾𗧢，�。
也。九第节之一第殊妙做说，终。

意译：

怖畏金刚声（一）是拙火之名。加行诸集是明点。火及风之七种义等者第十品中所说，犹如蜜蜂采花香也。生起轮回是阿含二字。大海中摩羯及

① 俄·秋谷多吉等：《先哲遗书·俄派师徒文集》第226册，第246—247页。
② 此字在现有西夏文字书中译作"笨顽"或"违抗"，此据藏文本译作"梗"。

鱼等黑泥中央生莲花者，彼之罪业如莲花而不染也。烦恼中间生起胜慧及不二真智也。伐尼杜迦^(二)者与紫梗花^(三)一样，是心之形相。花者是血。水是明点。于此二种生起是血。前面金刚甘露水是菩提心之明点。由五种甘露实生起者，依彼是坚硬地及潮湿水等。吽之歌唱等是讲说《四座》及《佛平等合》之第十七品中会供轮时之受取金刚歌^(四)也。解说第九节之第一品，终。

注释：

（一）金刚声：西夏文作𗵒𗆫𗵘，译为"金刚声"，藏文作 rdo rjevi sgra。金刚声在佛教中一般指具有霹雳之雷声。

（二）伐尼杜迦：音译西夏文𗙤𗴛𗵣𗼫，其在《吉祥三菩怛经典明灯》中记音为 ban du sha，二者略有区别。其义不解。

（三）紫梗花：西夏文作𗾖𘋨𘝿，译为"紫梗花"。其在《吉祥三菩怛经典明灯》中作 rgya skyegs kyi me tog，译为"紫梗花""紫矿树花"。"紫梗"是一种木本药用植物。

（四）金刚歌：西夏文作𗵒𗆫𗾖𗸕，译为"金刚歌"，藏文作 rdo rjevi glu。佛教中的金刚歌是指宣说空乐情景的歌词。

藏文转写：

vjigs byed ces bya rdo rjevi sgra zhes bya ba gtum movi ming ngo// sbyor ba ni rdzas kyi thig levo// me dang rlung gi bdun pa vos pa rab byed bcu pa bzhin no// bung ba me tog ni dri len pa bzhin no// vkhor ba bskyed pa ma ni a haṃ ngo//

dper na rgya mtshovi nang na chu srin dang nya dang vdam bso bavi gseb nas padma skyes pa devi skyon gyis ma gos pa bzhin du/ nyon mongs pavi gseb nas shes rab dang ye shes gnyis su med pa skye bavo// ban du sha ni rgya skyegs kyi me tog dang vdra bar snying gi dbyibs so// me tog ni khrag go/ chu ni thig levo// gnyis las skyes pa ni khu ba dang khrag go/ dang po bdud rtsi chu ni byang sems kyi thig levo// rnam pa lnga vbyung ba na/ de bas na sra ba

sa dang gsher ba chu la sogs pavo// hūṃ gi glu ni tshul gyis ni zhes pa la sogs
pas gdan bzhi pa dang mnyam sbyor gyi glu bstan te/ vdi rab byed bcu gcig
pavi las tshogs vkhor gyi dus su rdo rjevi glu len pavo// gdan bzhi dang mnyam
sbyor gyi bshad rgyud brtag pa dgu pavi rab byed dang povi sgron mavo//[①]

19-11 此二第殊妙做中七第殊妙做之食施说。肉等谓者食施

19-12 物说。石王勇识等持谓者十二第殊妙做中佛之默有是。

19-13 做事法事见（助助）谓者他续是。咒谓者比我是。手印谓者

19-14 指弯作也。花唵谓者食施摄持是。智之铁钩谓者成就

19-15 摄，故五肉是。九生主者谓者智慧大，故大象是。渡超谓者

19-16 马是。众多依生起长谓者道又之名句是，人肉之谓。童童

19-17 谓者狗肉是。诸做事与遍合应谓者满坛依大象肉是，杀

19-18 害依狗肉，分离依马肉，善坛依牛肉是。欲于不（助）乐喜谓

19-19 者乐欲思念凡俗思念世间思念弃之谓。外中围之满令

19-20 应谓者方护是。左方天之器上谓者三支是器上触之谓。

① 俄·秋谷多吉等：《先哲遗书·俄派师徒文集》第226册，第247页。

意译：

此第二品中讲说第七品之施食。肉等者是施食物。金刚萨埵之禅定是第十二品中佛之瑜伽。羯磨仪轨所见是他本续。咒是比我。手印者指弯曲也。谓花唵者是摄持施食。智慧之铁钩者摄持成就，故是五肉（一）。①大梵天神（二）者大智慧，故是大象。超渡是马。生长于梵天（三）是外道之名句，是人肉之谓。谓小儿是狗肉。与诸羯磨皆相应者，增益是大象肉，杀害是狗肉，分离是马肉，息灾是牛肉。不喜乐于贪欲是断除贪欲之思虑、凡俗之思虑和世间之思虑之谓。谓外坛城之满足是护方神（四）。左方天之器具上者有三支尖顶触于器上之谓。

注释：

（一）五肉：密教烧供忿怒相神时所用吉祥甘露品中的五种肉类：大象肉、马肉、人肉、狗肉和黄牛肉或孔雀肉。

（二）大梵天神：西夏文作𗀰𘃡𗗙𘄄，直译是"九生主者"。其在《吉祥三菩怛经典明灯》中作 skye dguvi bdag po，直译是"九生之主"，即众生主，指大梵天神。

（三）梵天：西夏文作𗗉𗣼，直译是"众多"。《吉祥三菩怛经典明灯》中对应作 tshangs pa，佛书中译为"梵天""涅槃"。

（四）护方神：西夏文作𗊱𘗠，直译是"护方"。其在《吉祥三菩怛经典明灯》中作 zhing skyong ba，直译为"护方国"，在佛书中译为"护方神""刹土神"，即帝释天等守护十方的天神。

藏文转写：

rab tu byed pa gnyis pa vdi brtag pa lnga pavi rab byed dang por tshogs kyi dus su gtor ma gtad pa gsungs pa ni/ sha dang la sogs pas gtor mavi rgyu bshad/ rdo rje sems dpavi ting vdzin ni rab byed bcu gnyis pavi lhavi rnal vbyor ro// padma la sogs pas gtor ma byin gyis brlab pa bshad/ skye dguvi bdag

---

① "羯磨仪轨所见是他本续。咒是比我。手印者指弯曲也。谓花唵者是摄持施食。智慧之铁钩者摄持成就，故是五肉。"藏文本中无。

po ni shes pa che bas glang po chevo// sgron na rtavo// tshangs pa las skyes pa ni mu stegs pavi skad de mi shavo// byis pa ni khyi shavo// las rnams kun la sbyar bya ni/ rgyas pa la glang po chevi sha/ gsad pa la mi sha/ dbye ba la rta sha/ zhi ba la ba lang gi shavo// vdod la dgav bas mi bya ni vdod pavi bsam pa tha mal pavi bsam pa log pavi bsam pa spang pavo// phyi rol da la tshim par bya ni phyogs skyong ngo//

ha zhes pa la sogs pas gtor ma sbyang pa bshad/ las kyi cho ga mthong ba ni rgyud gzhan no// sngags ni phong ngo// phyag rgya ni mdzub[①] mo mdud pavo// g-yon gyi chavi snod la g-yon rtse gsum pa snod la reg pavo//[②]

20-1 右方怒变施应也谓者怖指是。足以踏时谓等者先说咒

20-2 及手印以请时谓之广说是。胜殊依者八日及谓者二十

20-3 三是。田护之宫说者唵谓等是。色黑勇者谓等者空行十

20-4 八第品中看应也。色颜实取作谓者色颜劣贱及香劣及

20-5 自体劣取作也。十七第殊妙做中集轮传者（助助）诵应者

20-6 察应谓等是。取者（助助）者婆罗谓等生应。二遇遍执谓者

20-7 业手印是。其又自之气以谓者智唤导，记句自于集也。九

20-8

---

① 藏文本作 vdzub。
② 俄·秋谷多吉等:《先哲遗书·俄派师徒文集》第 226 册，第 248 页。

　　第节之二第殊妙做说，终。

意译：

　　右方忿怒明王所施是期克印^(一)。以足踏时等是前面所说咒及以手印召请时详细解说。依殊胜谓八日是二十三品。宣说刹土神之处是谓唵等。黑色威猛女神^(二)等者空行之第十八品中说教也。颜色实夺取者颜色卑劣及香劣及自身劣夺取也。第十七品中会供轮传承者所诵是所察等。取者^(三)是谓婆罗门等所生。^①二者相互拥抱者是业手印。彼又以自之气息者请唤智慧，记句聚集于自身也。解说第九节之第二品，终。

注释：

　　（一）期克印：西夏文作𗙫𘊙，直译是"怖指"。《吉祥三菩怛经典明灯》中对应作 sdigs mdzub，直译是"怖指"，佛书中译为"期克印"，亦作"恐吓印"。期克印是佛、菩萨所持的印契之一，右手作拳并舒食指尖指人表示威胁，恐吓诸佛、菩萨、空行者、护法神等能迅速赐予修行者以成就。

　　（二）黑色威猛女神：西夏文作𘄽𗈁𗅆𗟲，直译是"黑色勇者"。《吉祥三菩怛经典明灯》中对应作 nag mo drag mo，直译是"黑色勇母"，即黑色威猛女神，是吉祥天母的异名。

　　（三）取者：西夏文作𘊙𗟲，直译是"取者""掠夺者"，藏文作vphrog pa。在佛书中常指帝释天，乃众神之主。

藏文转写：

g-yas su khro bo bstan pa ni sdigs mdzub^② bo// rkang pa mnan cing vos pas gong gi sngags dang phyag rgya rgyas par bshad pavo// khyad par tshes gsum ni nyi shu rtsa sum mo// zhing skyong gi gnas gsungs pa oṃ zhes bya ba vos pavo// nag mo drag mo vos pa dāki levu bco brgyad par bstan par ro// ltos shig pa la sogs pa gcig mtshams kyi yan lag bstan/ gnyis spyod kun vkhyud pa

---

① "颜色实夺取者颜色卑劣及香劣及自身劣夺取也。第十七品中会供轮传承者所诵是所察等。取者是谓婆罗门等所生。"藏文本中无。

② 藏文本作 vdzub。

ni las kyi phyag rgyavo// bde mchog dang gdan bzhivi bshad rgyud dgu pavi rab byed gnyis pavi sgron mavo//[①]

20-9 𘀀𘀀𘀀𘀀𘀀𘀀𘀀𘀀𘀀𘀀𘀀𘀀𘀀𘀀𘀀𘀀𘀀𘀀𘀀�

此三第殊妙做以增长次依做事远离禀持及集终次等

20-10 𘀀𘀀𘀀�，𘀀𘀀���������������，𘀀����

无余（助）说，然经卷及画像及胜住令法未说依，彼之说中

20-11 𘀀𘀀����������。𘀀����������。���

密之花净谓者法生宫是。安乐有谓者胜妙殿是。皆皆自

20-12 𘀀������。���������。�����������

性谓者五智是。常居住谓者导师是。（助）住谓则大密处者

20-13 𘀀�����。�������。������������

实居住谓也。佛语谓者答是。少壮信有意智有谓者画工

20-14 𘀀����。��������������������

之性气说。何未记句有者谓者先说德功（助）主及记句有

20-15 ��。����，�������。��������。�

之谓。尸（助）男获，女人谓者彩画是。念定依谓者佛念也。意

20-16 ���������������。����������

智有者作应是谓者净业不作也。何云不净不成也谓者

20-17 ���������，����。�������，������

五医药不净是谓，心于记也。佛语谓者答是，仆使净业一

20-18 ���������。����������������。

第成谓者血清净是。二第柔善饮应谓者菩提心清净是。

意译：

以此第三品随生长次第禀持远离羯磨及圆满次第等所说无遗，然经卷

---

① 俄·秋谷多吉等：《先哲遗书·俄派师徒文集》第226册，第248页。

及画像及胜住仪如何说，彼之说教中秘密之莲花是生法处。具安乐是无量宫。一切自性是五种智慧。恒常依止是导师。住于何则大密处是谓实依止也。佛语是答。青年之有信心和含识^(一)是说画工之性气。抑或记句有之人，是具有先前所说功德、灌顶及记句之谓。尸或获男，女人者是彩画。依禅定是修佛也。所作有智慧是不作清净业也。如何不成不净是五甘露不净，记于心也。佛语是答。仆使之清净业成为第一是血之清净。第二息灾之所饮是菩提心之清净。

注释：

（一）含识：西夏文作𗆧𗠰𗖵，直译是"有智慧"。其在《吉祥三菩怛经典明灯》中作 blo dang ldan pa，直译是"有智慧"，佛书中译作"含识"。

藏文转写：

gsum pa vdis bskyed rim rdzogs rim thams cad las/ tshar gcad rjes gzung bshad de/ phyi rol gyi bya ba la dgav bavi don du/ po ti dang bris sku dang rab gnas ji ltar bya ba bstan te/ gsang bavi padma ni chos vbyung ngo// bde ba can ni gzhal yas khang ngo// thams cad bdag nyid ni ye shes rnam pa lngavo// rtag bzhugs ni ston pavo// gang na bzhugs na gsang chen na bzhugs pavo// bkav bstsal pa/ gzhon zhing dad pa vos pas vbri mkhan gyi mtshan nyid vchad/ yang na ni dam tshig can zhes pa gong gi yon tan dang dbang dang dam tshig dang ldan pavo// rovam bud na ni bri gzhivo// mnyam par bzhag ste ni vdi ltar bsgom pavo// blo dang ldan pas bya ba min ni gtsang sbra mi byavo// ji ltar gtsang sbrar vgyur zhes pa ni bdud rtsi lnga mi gtsang pas ces pavi don to// bkav bstsal pa ni/ pho nyavi gtsang sbra dang po ste khrag go gtsang pavo// gnyis pa zhi bavi btu ba ni byang sems gtsang pavo//^①

---

① 俄·秋谷多吉等:《先哲遗书·俄派师徒文集》第 226 册，第 248—249 页。

20–19 ꗥ① ꕘꕘꕘꕘꕘꕘꕘꕘꕘꕘ。ꕘꕘꕘꕘꕘꕘꕘꕘꕘ

桌独剩饭饮食谓者文法依是。喻如或或酥祈谓等者威

20–20 ꕘꕘꕘꕘꕘ，ꕘꕘꕘꕘꕘꕘꕘ ꕘꕘꕘꕘꕘꕘꕘꕘ

力未获行遣，故果不生之喻（助）说。集轮具颏具清净是（助）

21–1 ꕘꕘꕘꕘꕘ。ꕘꕘꕘꕘꕘꕘꕘꕘꕘ。

说者螺及谓等是。三皆因依起谓者因不善依（助）起是也。

21–2 ꕘꕘꕘꕘꕘꕘꕘꕘꕘ。ꕘꕘꕘꕘꕘꕘꕘ

法之真智身有谓者十善依（助）起是。璎珞何依作谓则净

21–3 ꕘꕘꕘ。ꕘꕘꕘꕘꕘꕘꕘꕘ。ꕘꕘꕘꕘꕘ

（助）线谓等是。画仪法事者相妙谓等是。笔等摄持谓者啰

21–4 ꕘꕘꕘꕘꕘ，ꕘꕘꕘꕘ。ꕘꕘꕘꕘꕘꕘꕘ

弥字依日坛思，彼上叶字思。其依思增长令时画工之赐

21–5 ꕘ。ꕘꕘꕘꕘꕘꕘꕘꕘꕘ，ꕘꕘꕘꕘ

也。发间及襟中多多藏应谓者阿字依月坛，叶字依法生

21–6 ꕘ，ꕘꕘꕘꕘꕘꕘꕘ，ꕘꕘꕘꕘ。ꕘꕘꕘꕘꕘ

宫，笔彼之内方经卷置如，藏时思应也。二十八第殊妙做

21–7 ꕘꕘꕘꕘꕘꕘꕘꕘꕘꕘ。ꕘꕘꕘꕘꕘꕘꕘ，ꕘ。

中（助）说仪依胜住令应也。九第节之三殊妙做说，终。

意译：

谓食一桌剩饭是依照语音之法。譬如或者祈求酥油等是未获得威力之功业，故是果不生起之喻。所说会供轮之具、颏具为清净是螺及等。第三，由一切因生起谓者由不善因生起是也。有法之真智身是依十善^(一)生起。璎珞依何作，则是谓能净线^(二)等。画仪护摩是谓妙相等。加持笔等是依啰弥字观想日轮，彼上观想叶字。依彼观想令增长时，赐于画工也。发间及怀中隐藏众多者随阿字月轮，依叶字生法处，笔彼之里面如置

---

① 该字原文作ꕘ，不识。或为ꗥ之误，译为"桌"。

经卷，藏时应观想也。由解说第二十八品中令胜住也。解说第九节之第三品，终。

注释：

（一）十善：西夏文作𗵐𗸐，直译是"十善"。其在《吉祥三菩怛经典明灯》中作 dge ba bcu，译为"十善"，指不杀生、不偷盗、不邪淫、不妄语、不离间语、不粗恶语、不绮语、不贪心、不嗔心、不邪见。

（二）能净线：西夏文作𗼇𗤁𗤁，直译是"能净线"。其在《吉祥三菩怛经典明灯》中作 dag byed skud，译为"清净线绳""干净线绳"。

藏文转写：

ster gcig lhag ma za byed ni sgra ji bzhin pavo// dper na la la mar vdod pas ces pa vos pas nus pa ma thob pavi byed pa byed na vbras bu mi vbyung pa bstan/ tshogs kyi snod thod pa gtsang mar bstan pa ni/ dung dang zhes pa la sogs pavo// drag rgyu las byung ba ni rgyu mi dge bas bskyed pavo// chos kyi ye shes can lus ni dge ba bcu las byung bavo// rgyan ci la byed na dag byed skud la vos pavo// bri bavi cho ga ni gzugs bzang zhes pa la vos pavo// bir sogs byin rlabs ni raṃ las nyi ma de las hūṃ las bir bskyed la vbri mkhan la sbyin pavo// skra gseb dang rna phrag tu sba ba ni a las zla ba hūṃ las chos vbyung devi nang du po ti tshud par bsams la sba bar byavo// nyer brgyad pavi rab gnas byavo// brtag pa dgu pavi rab byed gsum pavi sgron mavo//[①]

21-8　𗵺𗾟𗈜𗧘𗀼𗣼𗈪𗰖𗤁𗿒𗵹𗭁𗫂𗰖𗖘𗽋𗂽𗯿𗤹𗤆�262𗥑

　　　遍合乐伎性气谓等者十二第殊妙做中集轮与缚有也。

21-9　𗧙𗫂𗥋𗗙𗴮𗴮𗰱𗼗𗾫𗪘𗥑𗗙𗤁𗰖𗄭𗩾。𗰿𗥑𗵹𗫝𗧙𗄻𗣼

　　　本佛不同仪依达麻噜声不同敲（助）说。石王持者谓于（助）

21-10　𗫂𗤁𗈪𗰖𗤁𗿒𗵹𗰖𗈪𗥑。𗲠𗤆𗵴。𗰱𗵹𗭁𗵴𗾫𗥑𗮺𗈪𗀼𗣼𗤁

---

① 俄·秋谷多吉等：《先哲遗书·俄派师徒文集》第 226 册，第 249—250 页。

至者十二第殊妙做是。他悟易。摩喇耶生旇檀红谓等者

21-11 𗰔𗤁𗴼𗾔。𗣼𗎡𗵒𘕰𗅲𗧓𘕰𗴼。𗏴𗤵𘗐𗷓𘕰𗗙𗑞𗀔𗏹

做（助）体是。巴喇舍谓者紫梗树是。石王根谓者什利卡答

21-12 𗴼。𗾟𗄈𗵒𘕰𘕰𗾟𗄈𗰔，𗣼𗣍𗆍𗬩𗾟𗰔𗵒，𗄈𘕗𘘬𗰔。𘕰

是。十指谓者纵十指作，故口阔五指作应，他此依知应。月

21-13 𗷓𘘦𗴉𗔆𗷥𗵒𘕰𗧓𗘂𘝵𗴼𘘬𗌽𗔆𗰔𗵒。𘝯𘕰𘕰𘝵𘕴

水有之血以写谓者本佛大数依点圆作应。名者先初禀

21-14 𘝵𗟍𗵒𘕰𗫣𗏹𗣊𘕗𗤵𘙂𗫣𗴅𘘦𗴼𗗙𗔆，𘘦𘘦𘝯𘏱𗖔

持时谓者唵迦弥菩积丘吽阿迦力舍耶捈，怒变色青实

21-15 𘖑𘖑𗵒𘒗𗄈𗣍𘘬𘝯𗆍𘕴𗐘𘘦𗵒。𘕰𗰔𗵒𘒗𗄈𗵒𘘦𗄊

美顺谓等者门执杖青持住令之谓。听应谓等者十七第

21-16 𗷉𘗐𘙂𗏵𘕰𘕰𗄈𗔆𘞇𗰔。𗄈𘒢𗵒𘒗𗄈𗞞𘘦𘕰𗔆。𘕰

殊妙做中做事集与缚有也。大海谓等者集轮宫说也。四

21-17 𗄈𘕴𘎑𗫣𗵒𘕰𗏴𘏱𗄈𗤆𘕰𗔆。𗸒𘘬𘝯𘏱𗵒，𘘒。

事之真性谓者石王歌与缚有也。九第节（助）说，终。

意译：

遍相应伎乐之性气等者第十二品中与会供轮相关也。宣说随不同本尊佛[一]，敲击不同的达麻噜[二]声。直至谓持金刚是第十二品。其他易领悟。谓摩喇耶[三]生长红旇檀等者是能做事[四]。谓巴喇舍[五]是紫梗树。谓金刚之根本者是什利卡答[六]。谓十指者纵作十指，故口阔应作五指，其他依此推知。用月经[七]血写画是依本尊佛数目[八]所作明点。名称者谓前面禀持时诵唵迦弥菩积丘吽阿迦力舍耶捈，青色忿怒明王极其善美，守门持青杖安住之谓。所听闻是与第十七品中羯磨集相关也。谓大海等者宣说会供处也。四事之空性者与金刚歌有关也。解说第九节，终。

注释：

（一）本尊佛：西夏文作𘟛𘝵，直译是"本佛"。《吉祥三菩怛经典明灯》中对应作 yi dam gyi lha，译为"本尊佛"，即主尊、中尊。

451

（二）达麻噜：音译西夏文𘏣𗒅𘏣，《吉祥三菩怛经典明灯》中记梵音为 Ḍamaru。密教法器之一，系用人头盖骨制成的一种小鼓。

（三）摩喇耶：音译西夏文𗒅𘏣𗒅，《吉祥三菩怛经典明灯》中记音为 ma la yaḥ。当为梵文 Malayaḥ 之音译。Malayaḥ 为古代印度一山名，位于南印度的秣罗矩吒国，汉文文献中常译为秣剌耶、摩罗耶、摩罗延等，即今印度卡达蒙山脉。《大唐西域记校注》载："国（秣罗矩吒国）南滨海有秣剌耶山，崇崖峻岭洞谷深涧，其中则有白檀香树、栴檀儞婆树。"[1]《一切经音义》又载："摩罗耶山，亦云摩罗延。摩罗此云垢也，耶云除也。山在南天竺境，因国为名。其山多白旃檀香，入者香洁，故云除垢也。"[2] 此山以盛产旃檀香而著称。摩罗耶又名"布利啰摩喇耶"，如方塔出土的汉文藏传密教文献记摩罗耶山为"布离啰麻辣耶"。[3] 密教二十四处圣地之一。

（四）能做事：西夏文作𗒅𘏣𗒅，直译是"能做体"，藏文当为 byed pa rgyu，直译是"能做事"，即需要做的事。

（五）巴喇舍：音译西夏文𗒅𘏣𗒅，其在《吉祥三菩怛经典明灯》中记音为 pa la sha，梵文当为 Palaśa。西域树名，汉文文献中音译作波罗奢、波罗叉、钵罗舍等，指松香、松脂。

（六）什利卡答：音译西夏文𗒅𘏣𗒅𘏣，《吉祥三菩怛经典明灯》中记音为 shi ri khan dha，当为梵文 Śrīkhaṇḍa 之音译，译为"白檀""白檀树"。

（七）月经：西夏文作𗒅𘏣𗒅，直译是"有月水"。其在《吉祥三菩怛经典明灯》中作 zla mtshan，译为"月信""月花"，指女人之月经。

（八）数目：西夏文作𗒅𘏣，直译是"大数"。其在《吉祥三菩怛经典明灯》中作 grangs，译为"大数"，即数目。

---

① 玄奘、辩机原著，季羡林等校注《大唐西域记校注》卷 10，第 859 页。
② 慧琳：《一切经音义》卷 26，《大正新修大藏经》第 54 卷，第 479 页。
③ 《拜寺沟西夏方塔》，第 223 页。

藏文转写:

kun tu kha sbyor rol movi mtshan nyid ni vos pa rab byed bcu bdun pavi
gha na ka gnyis dang vbrel te yi dam gyi lha mi vdra bas ḍamaru mi vdra ba
brdung ba gsungs rdo rje vdzin pa la sogs pavi zhes pa yan chad rab byed
bcu gnyis pavo// gzhan go slavo// ma la ya skyes tsan dan dkar po la sogs pa
rgyuvo// pa la shaṃ ni rgya skyegs so// rdo rjevi rtsa ba ni shi ri khan dhavo//
sor bcu spangs su byed na kha zheng sor lnga bya gzhan des vgrevo// zla
mtshan khrag gis phrin las ni yi dam gyi lhavi grangs kyi thig le bya bavo//
ming ni mngon du gzung nas su oṃ kaṃ po di kho hūṃ a karsha ya dza/ khro
bo sngon po mdzes pa ste zhes pa sgo ba dbyug sngon gzhag pavo// nyon cig
ces pa la sogs pas rab byed bcu bdun pavi tshogs dang vbrel/ rgya mtsho chen
po la sogs pas tshogs kyi gnas gsungs pa las bzhivi de kho na nyid ni rdo rjevi
glu dang vbrel lo// brtag pa dgu pavi sgron ma rdzogs so//[①]

21-18 ᨿᨿᨿᨿᨿᨿᨿᨿᨿᨿᨿᨿᨿᨿᨿᨿ ᨿᨿᨿᨿ

石王上师谓者五第殊妙做中师主弟子性气是。记句谓

21-19 ᨿᨿᨿᨿᨿᨿᨿ ᨿᨿᨿᨿᨿᨿᨿᨿᨿᨿᨿᨿᨿᨿᨿᨿ

者不失渡因（助）集是。吉上先初谓等者十二第殊妙做中

21-20 ᨿᨿᨿᨿᨿᨿᨿᨿ ᨿᨿᨿᨿᨿᨿᨿᨿᨿᨿᨿᨿᨿᨿ

主授令者师一需谓说也。先初自实入及又主授法事广

22-1 ᨿᨿᨿᨿᨿᨿᨿᨿᨿᨿ ᨿᨿᨿᨿᨿᨿᨿᨿᨿ

作应谓者弟子之主何云授令，如自实亦授应也谓义是。

22-2 ᨿᨿᨿᨿᨿᨿᨿ ᨿᨿᨿᨿᨿᨿ ᨿᨿᨿᨿᨿᨿᨿᨿᨿ

主（助）授令满（助）谓，则闻思作应也。石王勇识心真谓等者

22-3 ᨿᨿᨿᨿᨿᨿᨿᨿᨿᨿᨿ ᨿᨿᨿᨿᨿᨿ

三十二第殊妙做中咒诵也近诵是。此中围中谓者石王

---

① 俄·秋谷多吉等:《先哲遗书·俄派师徒文集》第 226 册，第 250 页。

22-4　𗼇𗱀𗴾𗫲𗄈𗑗𗣼𗗚𗁅𘄆。𗼇𗢥𗗚𘄆𘜒𘝂𘈷𗀔𘎩𗮀𘂤𗟦。

勇识大中围中主获之谓。修者是谓者成就皆皆生起也。

22-5　𘃡𘜶𘏨𗣼𘜒𗴾𗱀𗑗𘐼𘕣𗕌𘄆。𘎧𗍫𗣼𘜒𘈷𘄆。𘜒𘏟𗀓𗱀

坚甲着谓者情有之利益因是。不二谓者果是。遍知种之

22-6　𘔼𘔼𘛽𗣼𗪜𘜒𘂃𘗱𘟲𘏨𗔣𘖏𘆈𘕣𘝂𘂤𗠁𗣼𘀾𘗘

区分依谓等者五第殊妙做中四明悟者入令应谓与缚

22-7　𘈷𗀔。𗳾𗔣𗼇𗣼𘜒𗖰𘕣𘀾𘄆，𘂤𘕣𘞂。𘝃𘟺𗰜𗣼𘜒𘃣𘛽𘄆。

有也。法事修谓者主授令是，他悟易。怒变佛谓者远离是。

22-8　𗰜𗵒𗣼𘜒𘛊𘕣𘞏。𘎧𗤶𗣼𘜒𘜶𘟓𘏨𗮀𘟓𘄆。𗤶𘈷𗣼𗪜𘜒

佛子谓者禀持成。不难谓者道乐依果乐是。难行谓等者

22-9　𗫺𗣤𗫼𘀗𘓮𘕌𘂃𘕣𗣼𘄆。𘜒𗫺𗣤𗣼𘜒𘂃𘕣𘄆。𗏇𗏇𗀖𘞂

作应及行应本续等之谓。医药获谓者五欲是。尔时复亦

22-10　𗄈𗪜𗁅𗣼𘜒𗄈𘟺𘜒𗍳𗣼𘄆。𘜶𗣤𘜶𘞠𗼇𗣼𘜒𘜶𘟓𗣤𘟺

岂（助）起谓者岂生惑误之谓。乐以乐供修谓者道乐以果

22-11　𘜶𘞠𗼇𗀔。𘀗𘀗𗣼𘜒𘈷𘄆𘝃𗴾𘄆𘞂。𘜒𘒀𗤶𗣼𘜒𘀾𗍳𗝀

乐供修也。易易谓者现世于获也。最妙众生谓者主及记

22-12　𘀾𘜒𗣼𘜒。𘂃𘀗𘝃𗄈𗫼𘀗𘄆，𘀢𗣼𗣬𘘜𗣼𗀔。𗣼𘘫𘜒𗨮

句有之谓。五欲于何云行应谓，则幻术如谓也。德功者流

22-13　𘂤𗣼𗪜𘄆。𗄈𘟲𗣤𗁅𘟣𘗱𘖏𘆈𗴾𘟣𘈷，𘏨。

传谓等是。十第节之一第殊妙做（助）说，终。

意译：

金刚上师是第五品中上师弟子之性气。记句是不超越已集因。先初谓吉祥上乐是第十二品中获得灌顶之上师需要也。先初彼本身入及又灌顶仪轨详细所作是弟子如何获得灌顶，如彼本身亦应获得之义。令获灌顶俱足或谓，则应听闻观想也。[①]金刚萨埵之心咒等者诵第三十二品中之咒是承

[①] "先初彼本身入及又灌顶仪轨详细所作是弟子如何获得灌顶，如彼本身亦应获得之义。令获灌顶俱足或谓，则应听闻观想也。"藏文本中无。

事。谓此坛城中者金刚萨埵大坛城中获得灌顶之谓。① 谓修行是生起一切成就也。谓着甲胄是众生之利益。谓不二者是果。谓依佛种姓之差别等者第五品中四明妃与所令入相关也。谓修行仪轨是获得灌顶。其他易领悟。谓忿怒佛者是远离。谓佛子^(一)者成禀持。谓不难者依善道是善果。谓难行^(二)者所作与所行本续^(三)等之谓。谓获得甘露是五种贪欲。尔时复又生起何是生何欲惑之谓。以善修供善是以善道修供善果也。谓容易者于现世获取也。谓最妙众生者有灌顶及记句之谓。② 谓于五种贪欲如何受用，则如幻术谓也。功德是谓轮回等。解说第十节之第一品，终。

注释：

（一）佛子：西夏文作犭祾，直译是"佛子"。其在《吉祥三菩怛经典明灯》中作 rgyal sras，译为"佛子"，即菩萨。

（二）难行：西夏文作絾魏，直译是"难行"。其在《吉祥三菩怛经典明灯》中作 dkav spyod，译为"苦行""难行"，即忍受艰难困苦。

（三）所作与所行本续：西夏文作豩絾核蚫絾裇祕，直译是"所作与所行本续"。其在《吉祥三菩怛经典明灯》中作 nyan thos brtul zhugs，译为"声闻戒律"。二者不完全相同。

藏文转写：

rab byed dang po vdi brtag pa gnyis pavi rab byed dang po las vphros te/ rdo rje slob dpon ni slob dpon gyi mtshan nyid do// dam tshig mu tra ni mi vdav bas bsdebs pavo// dpal mchog dang povi zhes pa la sogs pas rab byed bcu gnyis par dbang bskur thob pavi slob dpon gcig gis/ rdo rje sems dpavi snying po la sogs ni rab byed bcu gnyis pavi sngags bzlas pa ste bsnyen pavo// thog ma vos pas slob dpon bdag vjug bya ba bstan/ bsgrub pa po yin ni thams cad kyi si ti vbyung bavo// cho ga bgos pa ni sems can gyi don lavo// gnyis

---

① "谓此坛城中者金刚萨埵大坛城中获得灌顶之谓。"藏文本中无。
② "尔时复又生起何是生何欲惑之谓。以善修供善是以善道修供善果也。谓容易者于现世获取也。谓最妙众生者有灌顶及记句之谓。"藏文本中无。

su med ni vbras buvo// kun mkhyen rigs kyi bye brag vos pa ni rab byed lnga

pavi padma bzhi ni der gzhug bya ba dang vbrel to// cho gas bsgrub ni dbang

bskur bavo// gzhan go slavo/ khro bovi lta stangs ni tshar bcad pavo// rgyal sras

ni rjes su gzung bavo// dkav ba med ni lam bde bas vbras bu bde bavo// dkav

spyod ces pa la sogs pa nyan thos brtul zhugs vos pas so// bdud rtsi ro ni vdod

yon lngavo// tshegs med pa ni tshe gcig pavo// vdod yon lnga la ci ltar spyad na

sgyu ma bzhin duvo// brtag pa bcu pavi rab byed dang povo//[①]

22-14 𗼃𘟣𗱈𗙫𗰛𘕰，𘒝𘄒𗩳𗾞𘂠𘍞𘄲𘕰𘇰，𗰛𗤋𘕳𗏁，𘒝

　　　道时（助）八相起，故依处一人一果正觉证时，相何起谓，故

22-15 𘕳𗱈𗾞𗼋𗏁𗾞𗰛，𗳦𗏁𘄲𘃡𘃤。𗍇𘓨𘛠𘐀𗵨𗦺𗹙𗥃

　　　此如等生现谓等说，大谓者佛是。十第节之二第殊妙做

22-16 𗏁，𗭡。

　　　说，终。

22-17 𘄲𘕳𘕳𗰛𘕳𘗱𗦺𘃤𘒝𘍱𘏖𘃥𘕰𗳦𘃥𘈩𘒝𗳦𘈩𗏁𘗣𘒀

　　　正觉证时相其数起故其者住时（助）住行故（助）行谓中法

22-18 𗇇𘟣𘊐𘓨𘃎𘍡𘅣𘃡𗤋，𗳦𘈩𘃥𗏁𘄲𘃥𗦺。𘍱𘃥𗤋𘔽𗏁，𘒝

　　　身依答作者何处不往，（助）不住谓常住也。其者何因谓，故

22-19 𘄲𗏁𘃥𘃎𗦺。𘒀𗏁𘃥𘍡𗦺。𗟳𗏁𘃥𘈽𘃎𘔽�5。𘍡𗵨𗏁�5𗏆

　　　始谓者生是。中谓者住是。末谓者灭尽因是。不二谓者法

22-20 𗇇𗦺。𗳦𗥃𗼋𗏁�5𗵨𗭡𘓨𗤋�5。𘒝𗼋�5�1𘎁𘀄𗗟

　　　身是。三有显现谓者二种色身之谓。心皆住谓者明悟自

23-1 𘒛𗦺。𘄲𗜐𗼋𗼋�1�5𗰛𗳢𗾞𗩳𗦺。𗼃𘟣�1�5𗵨𗦺𗳢𘓨𗤋𗦺。

　　　体是。德功皆皆谓者相及种善是。皆恤谓者二种色身是。

23-2 𗏆𘎁�5�1𗱈𗇇𗦺。𘝠𗦺𗒮�5�1𗏆𘝠𗦺。𘀄𗼋�5�1𘀅𗵨𘝠

① 俄·秋谷多吉等：《先哲遗书·俄派师徒文集》第 226 册，第 250—251 页。

寂灭谓者法身是。比相无谓者报身是。常现谓者自性身

23-3　〔西夏文〕

是。大王谓者绕围以庄严也。胜势境界谓者佛是。坏毁难

23-4　〔西夏文〕

因谓等者佛之名数是。行往之利益作（助）仪者何云作也

23-5　〔西夏文〕

谓。故九第节与缚有十二宫（助）说，心悦谓等是。十第节之

23-6　〔西夏文〕

三第殊妙做说，终。

意译：

道位[一]上生起八吉祥相[二]，故所依处一人一果证获正觉时，谓何相生起则宣说如此等生现，谓大是佛。解说第十节之第二品，终。

获证正觉之相，彼数生起则彼者安住时行往何处，则谓何行中，依法身作答者何处不往，谓何处不住是恒常安住也。彼者谓何因，则谓开始是生长。中间者是安住。末尾者是尽灭因。谓不二者是法身。谓三有[三]显现是二种色身之谓。谓心遍依止是领悟之自性。谓一切功德是形相及随好[四]。谓遍恩惠是二种色身。谓寂灭是法身。谓无伦比[五]是报身。谓常现是自性之身。谓国王以眷属庄严也。谓胜势境界者是佛。谓难毁坏因等者是佛之名数。所作众生利益之法仪者谓如何作也。故与第九节相关，所说十二相成道[六]是谓欢喜等。解说第十节之第三品，终。

注释：

（一）道位：西夏文作〔西夏文〕，直译是"道时"。其在《吉祥三菩怛经典明灯》中作 lam gyi gnas skabs，直译是"道之阶段"，佛书中译作"道位""道之分位"。

（二）八吉祥相：西夏文作〔西夏文〕，直译是"八相"。其在《吉祥三菩怛经典明灯》中作 brtags brgyad，译为"八吉祥相"，即宝伞、金鱼、宝藏瓶、妙莲、右旋白螺、吉祥结、胜幢、金轮。

（三）三有：西夏文作𗱕𘃎，译为"三有"。藏文作 srid gsum，译为"三有"，指密教中所说的生有、死有和中有。

（四）随好：西夏文作𗾑𗾑，直译是"诸善"。其在《吉祥三菩怛经典明灯》中作 dpe byad，译为"好""随好"，即所表现的完美细相或完美特征。

（五）无伦比：西夏文作𘝞𘃎𘏨，直译是"比相无"。其在《吉祥三菩怛经典明灯》中作 mtshungs med，译为"无伦比"。

（六）十二相成道：西夏文作𗱕𗤁𘄒，直译是"十二居处"。其在《吉祥三菩怛经典明灯》中作 mdzad pa bcu gnyis，译为"十二相成道""十二宏化"，指化身佛示现一生经历的十二件大事：兜率降世、入住母胎、圆满诞生、少年嬉戏、受用妃眷、从家出家、行苦难行、趋金刚座、调伏魔军、成正等觉、转妙法轮和入大涅槃。

藏文转写：

lam gyi gnas skabs na brtags brgyad vong na vbras bu sangs rgyas pa la rtags ci vong zhe na/ de nas gang gi tshe rig pavi skyes bu zhes pa la sogs pa kha sbyor las byung pavi vbras bu gsungs so// brtag pa bcu pavi rab byed gnyis pavi sgron mavo//

sangs rgyas pa la rtags dang de rnams byung na/ de gang na gnas gang du vgro zhe na/ rigs kyi bu zhes pa vos pas vbras bu sku gsum gyi ngo bor spyir bstan to// chos skuvi dbang du byas na gang du mi vgro la sogs pas bstan no// de civi phyir zhe na/ thog ma ni skye bavo// dbus ni gnas pavo// mthav ni vgag pa spangs pavi phyir ro// gnyis med ni chos skuvo// srid gsum snang ba ni gzugs sku gnyis so// sems can kun gnas ni rig pavi ngo bovo// yon tan kun ni mtshan dang dpe byad do// sems can kun phan ni gzugs sku gnyis so// zhi ba ni chos skuvo// mtshungs med ni longs skuvo// dbyibs vos pas chos sku bshad de/ rgyal po ni vkhor gyis mdzes pavo// rgyal bavi spyod ni sangs rgyas so//

zhig dkav[①] zhes pa yod pas sangs rgyas kyi ming gi rnam grangs so// vgro don mdzad lugs ji ltar mdzad ce na/ mdzad pa bcu gnyis gsungs pa/ nyams dgav ba vos pavo// brtag pa bcu pavi rab byed gsum pavi sgron mavo//[②]

23-7　𘀀𘀁𘀂𘀃𘀄𘀅𘀆𘀇𘀈𘀉𘀊𘀋𘀌𘀍𘀎𘀏𘀐𘀑𘀒𘀓𘀔𘀕𘀖𘀗𘀘𘀙𘀚
　　　粪尿谓等者十八第殊妙做中粪尿谓等之全令时烧施

23-8　𘀛，𘀜𘀝𘀞𘀟𘀠，𘀡𘀢𘀣𘀤𘀥𘀦𘀧𘀨𘀩𘀪𘀫𘀬𘀭𘀮𘀯𘀰
　　　作，故不净也谓，意于记以问及唯行手印者缠缚（助）之因

23-9　𘀱𘀲𘀳。𘀴𘀵𘀶𘀷𘀸𘀹𘀺，𘀻𘀼𘀽𘀾𘀿𘁀𘁁𘁂𘁃𘁄𘁅𘁆𘁇𘁈𘁉，
　　　是问也。佛语谓者答是，妄思网以缠缚时谓者净及不净，

23-10　𘁊𘁋𘁌𘁍𘁎𘁏。𘁐𘁑𘁒𘁓𘁔𘁕𘁖，𘁗𘁘𘁙𘁚𘁛𘁜𘁝𘁞𘁟
　　　善及不善有也。此法自性清净是，生无及又住无有谓者

23-11　𘁠𘁡𘁢𘁣𘁤𘁥𘁦。𘁧𘁨𘁩𘁪𘁫𘁬𘁭𘁮𘁯𘁰𘁱。𘁲𘁳𘁴𘁵
　　　胜义自性清净依说。故罪及善自实亦不祈也。其依无善

23-12　𘁶𘁷，𘁸𘁹𘁺𘁻𘁼𘁽𘁾𘁿𘂀𘂁。𘂂𘂃𘂄𘂅𘂆𘂇，𘂈𘂉𘂊𘂋
　　　亦弃，曰罪过数者谁授也谓也。喻大海渡欲者，船于依靠

23-13　𘂌𘂍𘂎𘂏𘂐𘂑𘂒，𘂓𘂔𘂕𘂖𘂗𘂘𘂙𘂚𘂛𘂜，𘂝𘂞𘂟𘂠𘂡𘂢
　　　（助）渡又方弃如，法非于靠时流传中往也，此法于依靠以

23-14　𘂣𘂤𘂥𘂦𘂧。𘂨𘂩𘂪𘂫𘂬𘂭𘂮𘂯。𘂰𘂱𘂲𘂳𘂴𘂵𘂶𘂷𘂸𘂹
　　　圆寂中往也。道解悟谓者胜义是。二根等者等入依谓等

23-15　𘂺𘂻𘂼𘂽𘂾𘂿𘃀𘃁𘃂。𘃃𘃄𘃅𘃆𘃇𘃈𘃉𘃊𘃋𘃌𘃍𘃎𘃏𘃐
　　　者体中问起之答为。行手印缠缚之因无有谓之答（助）说

23-16　𘃑。𘃒𘃓𘃔𘃕𘃖𘃗。𘃘𘃙𘃚𘃛𘃜。𘃝𘃞𘃟𘃠𘃡。𘃢𘃣𘃤𘃥𘃦
　　　是。身谓者点圆是。意谓者血是。身谓者乐是。不演说以

23-17　𘃧𘃨𘃩𘃪𘃫𘃬𘃭𘃮𘃯𘃰𘃱𘃲𘃳𘃴。𘃵𘃶𘃷𘃸𘃹𘃺𘃻𘃼𘃽

---

① 藏文本作 rkang，此据西夏本改。
② 俄·秋谷多吉等:《先哲遗书·俄派师徒文集》第 226 册，第 251—252 页。

谓者自（助）他（助助）或说于不喜无是。四大谓者四生大（助）

23-18 𗹦𗏁𗏋。𗏁𗫂𗗙𗵘𗐙𗵘𗏁𗫂𗏋𗼨𗏁𗏋𗏁𗏁𗎆𗏁𗏋，𗏁𗏋𗏁

四智是。喻如女人谓等者五第节之业于生起是，解见无

23-19 𗏁𗏋𗏁𗗙𗵘𗏁𗏁𗏁𗏋，𗏁𗏁𗏁𗼨𗏁𗏁𗏁，𗏁𗏁𗏁𗏁𗏁𗏁𗏁

则童童女人与缚有，语以缠缚之因为，及解见有故童童

23-20 𗗙𗵘𗏁𗏁𗏁𗏁𗏁𗏁𗏋。𗏁𗏁𗏁𗏁𗏁𗗙𗵘𗏁𗏁𗏁𗏁𗏁𗏁

女人与语以缘不成也。尔时默有母谓等者最末随喜说

24-1 𗏋。𗏁𗏁𗏁𗏁，𗏁𗏁𗏁𗏁，𗐙。

也。此于（助）至，十第节说，终。

24-2 𗏁𗏁𗏁𗏁𗏁𗏁𗏁𗏁𗏁𗏁𗏁𗏁𗏁𗏁𗏁𗏁。

吉祥遍至口合本续之解（助）喜解疏五第。

24-3 𗏁𗏁𗏁𗏁𗏁𗏁𗏁𗏁𗏁𗏁𗏁𗏁 𗏁𗏁。

本印毕事作者沙门释子高 法慧。

意译：

谓粪尿等者第十八品中，令粪尿等全俱时作护摩，则谓不清净也。记此于心而问及唯业手印是能缠缚之因而问也。谓佛语是答，分别心以网缠缚时则有清净与不清净，有善与不善也。此法自性是清净，无生及又无住[一]者解说以胜义自性清净之依据。然则罪恶及善，彼本身亦不祈也。依彼非善亦不舍弃，曰诸罪过者谁之授也。譬喻如欲渡大海者，依靠船渡过后舍弃，依靠异法时轮回中行往也，依靠此法圆寂中行往也。领悟道是胜义。二根本等是谓依三摩地等为体中生起问[二]之答，宣说业手印无有缠缚之因之答。谓身是明点。谓意是血。谓身是乐。以莫演说者于自己或他人宣说是莫不喜也。四大是四大种或四智。譬如谓女人等是生起于第五节之业，见解无则小儿与女相关，成为以语缠缚之因，见解有则小儿与女人以语故不成也。尔时谓瑜伽母等者最后说随喜[三]也。至于此，解说第十节，终。

《吉祥遍至口合本续之解喜解疏》第五卷。

印本勾管者沙门释子高 法慧。

注释：

（一）无生及又无住：西夏文作𗹬𗾔𘓉𗫂𗾔𘓉𗰗，直译是"无生及又无住"。其在《吉祥三菩怛经典明灯》中作 skye ba med cing gnas pa med，直译亦是"无生且无住"，指风。

（二）体中生起问：西夏文作𗤒𗤳𗵐𗰗，直译是"体中生起问"。其义不解。

（三）随喜：西夏文作𗉖𗮟，译为"随喜"。其在《吉祥三菩怛经典明灯》中作 rjes su yid rang，译为"随喜"，指见人做善事而心生欢喜。

藏文转写：

bshang lci zhes pa yod pa brtag pa bdun pavi rab byed bzhi par bshang[①] lci pas kha bskang nas sbyin sreg byas la mi gtsang par blo la bzhag nas dris te/ don gyis las kyi phyag rgya vching pavi rgyur mi vgyur ram zhe na dris pavo// bkav bstsal pa/ rtog pavi drwa bas bsgribs pavi tshe ni gtsang ba dang mi gtsang ba dge ba dang mi dge ba yod pavo// don dam du chos vdi rang bzhin rnam dag ste/ skye ba med cing gnas pa med so// vo na dge sdig ston pa de civi phyir zhe na/ mi shes ces pa phung po drang don du bstan no// drang don yin na dge sdig de yang spyad pavi spangs par byavam zhe na/ don dam par rang bzhin gyis rnam dag gis dbang du byas na sdig pa dang dge ba dpal mi vdor bavo// de bas na bsod nams kyang yod na/ srid pa dag na su zhig lan zhes so// dper na rgya mtsho brgal bavi ded dpon gru la brten nas brgal nas vdor ba bzhin du chos ma yin pa la brten nas vkhor bar vgro ste/ vdir chos la brten nas vdas par vgro bavo// lam rig pa na don dam pavo// dbang por gnyis ni snyoms vjug zhes pa vos pas khang rgol gyi pan las kyi phyag rgya vching pavi rgyu min ces gsungs pa yin no// sku ni thig levo// thugs ni khrag go/ vdu shes ye shes ni

---

① 藏文本作 gshang，此据西夏本改。

bde bavo// tshig smra bar mi byed cing ni rang gis sems gzhan la sems gzhan la mi dgos med pavo// chen po bzhi ni vbyung ba bzhivam ye shes bzhivo// ji ltar bud med kyi gtam zhes pa vos pas brtag pa lnga pavi spyod pa las vphros te rtogs pa med na vching bavi rgyur vgyur ba dang/ rtogs pa yod na vching bavi rgyur mi vgyur bavi dpevo// de ltar rnal vbyor ma zhes pa la sogs pas mjug rjes su yid rang nas bstod pa gsungs so// brtag pa bcu pavi sgron ma rdzogs so//[①]

① 俄·秋谷多吉等:《先哲遗书·俄派师徒文集》第226册,第252—253页。

贰 《吉祥遍至口合本续之广义文》

一 《吉祥遍至口合本续之广义文》上半 [①]

（前缺）

16-1 ꛦ。ꛦ，ꛦ，ꛦ
亦作。命持风底下罗睺于捆缚，男之契字黄，女之茉 茹弥

16-2 ꛦꛦꛦ，ꛦ，ꛦ。ꛦ
字黄以捆缚时，脐底下火燃，心八叶花净口开。其又清浊

16-3 ꛦꛦ，ꛦ
分离风上方罗睺于捆缚，命持风妄思法者光明之种字

16-4 ꛦ，ꛦ。ꛦ，ꛦ
吘字于集，心花净之中间集时定作。此于依随以定作，故

16-5 ꛦ，ꛦ。ꛦ
觉受起者心字以指示，喻摩卢穗头如也。此之点圆依菩

16-6 ꛦ
提谓此如念定依法皆皆心之性气是中彼时节（助）自心（助）

16-7 ꛦ。ꛦ，
知依自摄持默有菩提是。次身授持风者外罗睺于捆缚，

---

① 该叶内容与《吉祥遍至口合本续之广义文》下半特点一致，但并非下半之内容。又因其相应内容在藏文本靠前，推测它为《吉祥遍至口合本续之广义文》上半之第16叶。

16-8 𗙫𗭪𗗙𗆀𗦧𗢍𗸒𗤭，𗸒𗯮𗬼𗙫𗲖𗕿𗲎𗵿𗉵𗏹𗼲。𗧃𗈁𗏁

顶间含字于菩提心流，心间吽字之沐浴（助）如念。此如定

16-9 𗕾𗼌𗙳𗬼𗴜𗼏𗋒𗜓𗗟。𗧃𗗙𗈎𗆀𘓨𗦧𗸐，𗏹𗢳𗸒𗸏𗧃

作故乐最中胜殊起也。此之慧智依菩提谓，定出心者喉

16-10 𗭪𗆫𗙫𗆀𗸒𗝢𘚛，𗞘𗗙𘘥𗵽𗸒，𗴧𗨙𗁒𘄒𗷝𘄽𗉮𗬺𘄽，𗸒

间唵字于心集时，眼之境察应，显虽有亦今时思无是，察

16-11 𗵿𘉑𘔭。𗔀𗸚𗙍𗝢𗼌𗿒①𗰖𗈁□𘓨𗙫𗞘𗸒𗁒𘔭，𗸏𗸒𘐆

应思止。其于习（助）故眼根不□依其显自实亦止，故察能

16-12 𘉑𘔭，𗸒𘐆𗞘𗬺𗵾。𗔀𗸚𗙍𗝢𗸐𘉑𗔡𗼌𗼙𗼙𗼲𘐆𗿒

思止，察能显略有。其于习（助）故能应妄思皆皆悉止者我

16-13 𗲖𘓐𗈁𘖫𗭪𗦧𗸐𗕾。𗧃𗈁𘓨𗈎𘃡𗤙𘃡𗑆𗆀𘚛𗳅，𗣊𗈎

无母之默有菩提谓也。此如脉之口合四轮于依靠，风之

16-14 𘉞𗤁𗰖𗕾。𗆀𗸐𗸒𗬼𗙫𗭪𘚛𗸒𘔸𗔛𗒓𗕾。𗧃𗈁𗏁𗕾𗼌𘝵𘙫

九门塞也。菩提心者顶间点圆降令也。此如定作故八相

16-15 𗋒𗸐。𗤭𗙵𗸐𗦧𘐤𘚛𗧃𗈁�3𗙵𗧻𗴝𗴱。𘃝𘚛𗦓𗼌𘝯𗼯𗱽𘕿

起谓。大师悉宁那弥巴此如（助）说（助）写。五第节第二殊

16-16 𘚛𗙳𗈎𗦧𗜶𗤭，𗙽。

妙做之要语是，终。

意译：

……亦作。持命风下面缠缚罗睺⁽一⁾，男以黄色契字，女以黄色茉茹
弥字缠缚时，脐下面火燃烧，心间八叶莲花口打开。彼又清浊分辨之风上
方缠缚罗睺，持命风寻思之法者光明之种字汇集于吽字，汇集于心间莲花
之中间时修定。于彼所依修定，则觉受生起是心间以文字表示，譬喻犹如
芭蕉穗头也。依此之明点谓菩提，如此观想修定，一切法是心之性气，其
间时节上由自心领悟而自加持瑜伽是菩提。次，身授持之风者彼外缠缚罗

---

① 原本作𗿑，误。此据藏文本改。

睺，于顶间含字菩提心流动，如观想身沐浴于心间吽字。如此修定则大乐生起无上殊胜也。依此之智慧谓菩提，出定心于喉间唵字心聚集时，眼界[二]所察，是虽有明相而今时无分别心，所察分别心止也。由彼修习则眼根[三]随不□彼明相本身亦停止，故能察之分别心止，略有能察之明相。由彼修习则一切能取所取之分别心皆止者是无我母之瑜伽菩提也。如此脉之相应是依靠四轮，风之九门塞也。菩提心者由顶间明点降也。如此修定则生起八吉祥相谓。大师悉宁那弥巴[四]如是所说而写。第五节之第二品之要语，终。

注释：

（一）罗睺：西夏文作[illegible]，译为“罗睺”。其在《吉祥三菩怛经典明灯》中作 sgra gcan vdzin，译为“拿罗睺”，即罗睺罗尊者，释迦牟尼佛弟子中敬重戒律第一，为释迦牟尼出家之前的儿子。

（二）眼界：西夏文作[illegible]，直译为“眼之境”。其在《吉祥三菩怛经典明灯》中作 mig gi yul，直译是“眼境”，即眼所行境，指眼界、视野。

（三）眼根：西夏文作[illegible]，直译为“眼根”。其在《吉祥三菩怛经典明灯》中作 mig gi dbang po，直译是“眼之根本”，即眼根。佛教中的五根之一，指视觉器官。

（四）悉宁那弥巴：音译西夏文[illegible]。藏传佛教高僧名，生平与事迹不详。

藏文转写：

chu bo bzhi dgag pavi thabs kyang bya ste/ srog vdzin pavi rlung vog gi sgra gcan vdzin la bcings te/ skyes pa ksha ser po/ bud med bhruṃ ser pos bcings nas/ lte ba lkog nas me vbar bas snying vdab ma brgyad du kha phye/ de nas dwangs snyigs vbyed pavi rlung steng gi sgra gcan vdzin la bcings te/ srog vdzin pavi rlung rnam rtog gi chos de/ vod gsal gyi sa bon hūṃ la bsdus te snying padmavi dbus su bsdus la bsgom/ de la brten nas bsgoms pas nyams su myong ba skyes pa na sems yi ges mtshon par bstan pa ste/ dpe ni chu shing

snye ma bzhin no// de ltar bsgoms pas chos thams cad sems kyi mtshan nyid
yin pa la/ devi dus su rang gi sems rtogs pa las bdag byin gyis brlab pavi rnal
vbyor pas mngon par byang chub pavo//

de nas lus gzungs kyi rlung de phyivi sgra gcan vdzin la bcings te/ spyi
bo haṃ las byang sems bab pas snying gavi hūṃ la sku khrus gsol bar byavo//
de ltar bsgoms pas bde ba lhag par yang shas che bar skye bar vgyur ro// rjes
kyi shes pa ni mgrin pavi oṃ la shes pa bsdus nas mig gi yul gzung pavi rnam
pavi yid kyang/ de ru rtog pa med de gzung rtog vgags/ de bas goms nas mig
gi dbang po ma grub pas snang ba de rang yang vgag pas vdzin pavi rtog pa ni
vgags/ vdzin pavi snang ba tsam yod/ de bas goms nas gzung vdzin gyi rtog pa
thams cad vgags pa ni bdag med pavi rnal vbyor pas mngon par byang chub pa
zhes byavo// de ltar rtsavi kha sbyor ni vkhor lo bzhi la bsten pa yin la/ rlung
ni sgo dgu vgags pa devo// byang chub sems ni spyi bo nas thig le vbebs pa yin
no// de ltar bsgoms pas rtags brgyad vbyung gsung//[①]

16-17 𗫦𗏵𗍫𗤟𗡡𗣼𗗙𗏵
　　　最妙上师数之礼敬
16-18 𗓽𘓠𗣼𗤻𗣼𗷎𗗙𗣼𗏁𗣼𗤟𗍬𘄗𗣼。𗼇𗏵𗣼𘜶𗣼𗤆𗣼。
　　　戏游独于谓者身清净依说故液是。二种谓者液血之谓。
16-19 𗭼𗼇𗏵𘜶𗤻𗽳𗣼𗏵𗣼𗤆𗤆𘜶𗰏𗏵，𗭼𘜶𗗙𘋩𗏵𗗙𗣼𗤻
　　　此二种依多成也谓者液血依四大，此依十六种清净起
16-20 𗏵。𘜶𗕲𗤻𗣼𗏵𗣼𗷎𘈜𗥃𘜶𘁲𗣼𘕿，𗿒𗏵𗿒𗦴𗿒𗦺[②] 𘋩𗗙
　　　也。独与多之谓者身点圆独（助）净应，五大五蕴五烦而起
　　　（后缺）

① 俄·秋谷多吉等:《先哲遗书·俄派师徒文集》第226册，第188—189页。
② 西夏本原作𘓠（游戏），此据藏文本改。

意译：

敬礼诸最妙上师。

谓于游戏唯一者依据身清净宣说，故是液。谓二种者是液与血之谓。谓依此二种成为多也是依液与血生四大，依此生起十六种清净也。独一与许多之谓是身成一圆形而净治，生起五大种五蕴五烦恼（一）……

注释：

（一）五烦恼：西夏文作[illegible]，译作“五烦恼”，藏文作 nyon mongs pa lnga，又作“五惑”，即结、随眠、缚、随惑和缠。

藏文转写：

rol pa gcig ni lus kyi dwangs mavi dbang du na khu bavo// rnam pa gnyis ni khu khrag gnyis/ gnyis vbyung las ni khu khrag la vbyung ba bzhi des dwangs ma bcu drug tu bskyed pavo// gcig dang du ma ni lus dang gong bu cig gi sbyang gzhi vbyung chen lnga phung po lnga/ nyon mongs pa lngar byung ba ni du mavi tshul lo//①

二 《吉祥遍至口合本续之广义文》下半

1–1 [illegible]

吉祥遍至口合本续之广义文下半

1–2 [illegible]　　[illegible]

蕃中国大善知识俄忿怒金刚师　　集

1–3 [illegible]　　[illegible]

四续善巧国师弥啰不动金刚师　　传

1–4 [illegible]　　[illegible]

恩报民利僧宫副使毗菩提福番　　译

① 俄·秋谷多吉等:《先哲遗书·俄派师徒文集》第 226 册，第 202 页。

意译:

《吉祥遍至口合本续之广义文》下半

蕃中国大善知识俄·忿怒金刚师　　　集

四续善巧国师弥啰·不动金刚师　　　传

报恩利民寺副使毗菩提福　　　　番译

1–5　　𗧬𗰖𗰜𗰓𗤁𗤓𗰜𗥔𗏵𗢳𗓏𗤓𗤴𗤴𗰖𗵽𗰓𗰜𗱥𗤁𗥧𗳛

其六第节之三第殊妙做以依处一人处六种法之性气

1–6　　𗓰，𗟲𗏵𗥑𗤁𗋭𗓰，𗏶𗏵𗥑𗤁𗤓𗱶𗓰𗏵𗥑𗤁𗤴𗤁，𗵐𗤵𗦓

俱，故定作（助）不俱，亦定作（助）谓中俱依定作（助）说，内方身

1–7　　𗤁𗗙𗰓𗴦𗓰𗥧。𗴊𗤁𗥔𗝯𗏵𗵎𗤴𗤓𗪛𗤓𗴢𗿦𗥷。𗵾𗳠𗤁𗥔

处自性依俱也。等谓者念定咒诵读诵契行是。烧施谓者

1–8　　𗵐𗵾𗳠�1𗥔。𗴢𗲉�1𗥔𗵎𗜓�1𗵌𗤁𗥲�0。𗵎�1𗿍𗴾�1𗥔

内烧施之谓。缨缦谓者毗嘛谓惊愕义是。脉之相于谓者

1–9　　𗤁𗤁𗥔�1𗼥𗵃𗷮𗥧𗺌𗡪𗓰𗥧，𗵐𗤵𗵎�0。𗳏𗤣𗾭𗴊�1

外依处依者皆皆实真（助）生俱也，内方脉是。形噜迦等谓

1–10　　𗵎�1𗵐𗟵�1𗴦�1𗥔。𗏵𗟤𗤵𗢳𗴷𗴢𗵌�1𗵐𗏵�0𗿍�1

者脉内菩提心之谓。身中围成实心悦谓者身清净于依

1–11　　𗵑𗰓𗴷�0𗴩𗱥𗵎𗥧。𗱞□□�1𗵎𗴷𗟤𗱞𗾔𗵎�1𗥔，𗴩�1

靠以心清净起者是。八□□谓者心中八叶脉之谓，皆之

1–12　　𗵑𗥔𗥧𗨳。𗧬𗏶𗫅�1𗰎𗥔𗵎𗥧，𗫕𗥠�1𗵑�1𗵃，𗰎𗵑𗵐�0

依处是也。其亦四方四大脉是，察起之依处作，四隅内身

1–13　　𗴗𗵜�1𗫅𗵎𗥧，𗴋𗥠�1𗵑�1𗵃。𗵎𗤣�1�1𗵎�0�1𗱥�1𗰎

执持之四脉是，乐生之依处作。先（助）说谓者前前风出入

1–14　　𗵃，𗭀�1𗥑�1𗋭�1𗵎�1𗴾�1𗵎𗥧。𗰎�1𗵑�1𗰎�1𗵎𗥧。

法，上与下与又正侧谓（助）说者是。四门谓者四大脉是。

意译：

以彼第六节第三品所依之一人处六种法之性气俱足，故修定，或不俱亦修定，或谓其中依俱足而修定，于自之身处依自性俱足也。谓等者是修定诵咒、诵经和行游^(一)。谓护摩是内之护摩之谓。谓缨缦者谓毗嘛，是惊愕义。谓于脉之形相者外表一切所依处和依附者真实所生完备也，是内脉。谓形噜迦等是脉之内菩提心之谓。谓成身坛城实如意者，是以依靠身之清净而生起心之清净。谓八□□者心间八叶脉之谓，是一切之所依也。彼亦四方是四大之脉，起分别心之能依^(二)。四隅内是执持身之四脉，生起欢乐之能依。先前所说是所说面前风出入之法，上及下及又正前侧之谓。谓四门是四大之脉。

注释：

（一）修定诵咒、诵经和行游：西夏文作𗖰𘜶𗦻𗆀𘝵𗆀𗏹𗏹，直译是"念定诵咒、诵读、契行"。其在《吉祥三菩怛经典明灯》中作 bsgom bzlas dang klog vdon dang bskor ba，译为"修定诵咒、诵经、行游"。

（二）能依：西夏文作𗆀𘂤𗤓，直译是"依处作"。《吉祥三菩怛经典明灯》中对应作 rten byed，直译是"能依"，即根基。

藏文转写：

rab byed vdis rten gyi gang zag gcig la chos mtshan nyid drug tshang na bsgom mi tshang yang bsgom zhe na tshang na bsgom par bstan/ rang gi lus la rang gis tshang pas so// sogs ni slob dpon bsgom bzlas dang klog vdon dang bskor bavo// sbyin sreg ni nang givo/ gzigs mo ni bhi ma zhes pa ngo mtshar bavo// rtsavi gzugs las phyivi rten dang brten pa thams cad yang dag vbyung zhing tshang ste nang du rtsavo// he ru ka sogs ni rtsavi nang gi byang chub kyi sems so//

dal nyams dgav ba ni lus kyi dwangs ma la brten nas sems kyi dwangs ma skye ba la bya/ dngos povi mtshan nyid gnyis lus gyen dang zheng du vdom gang du mnyam pavo// ka ba brgyad ni vdab brgyad de thams cad kyi rten sa

yin/ de yang phyogs kyi bzhi vbyung ba bzhivi rtsa ste rtog pa skye bavi rten
byed la/ mtshams kyi lha mo bzhis lus gzungs bzhivi rtsa ste bde ba skye bavi
rten byed/ ji skad gsungs pa ni gong du bstan pa rlung gi rgyu lugs steng dang
logs dang thad kavi vog ces gsungs pavo// sgo bzhi vbyung ba bzhivi rlung
ngo//[①]

1-15 𗏁𗗙𗱀𗤁𗼲𗥃𗯴𗮔𘝿。𗴂𗅁𗂾𗍫𗫂𗾺�463𗭽𗪂𘄞𗵘𗥃𗧀𘏨
  上师四轮是谓安令也。自之支谓者此数皆阿哇都底于（助）

1-16 𘄴𗥃。𗴂𘉋𗅁𗱀𘄡𗫂𗅋𗥃𗾺𗗙𘌢𗉞𘎑𗥃，𘍞𘕘𗿒𗥃𗯴。𗇁
  生是。诸体之四句者身纵及广依一丈是，故平等是也。身

1-17 𗭼𗰔𗿒𗫂𘊝𗔅𗥃𗭼𗰔𗱀𗌭𗴂𗇁𗔅𘏨𘈖。𗇁𘕣𗴌𘄡
  语意谓者实来处身语意轮有如自身处亦有。身宣说与

1-18 𗱀𘏨。𗌉𗇁𗅁𗱀𗟩𗫂𗰔𘏨，𘍞𗭼𘏨，𗟩𗷉𗫂𗇁𘏨。𘔼𘌢𗿒𗫂
  有也。又身之上半者意是，间语是，半下者身是。独依谓者

1-19 𘄴𘊴𗴂𘊝𘉋𗅁𘄡，𗱀𘊝𗇁𗭼𗰔𘉋𗥃𘋈𗮔𘈖𗥃。𗏁𗗙𗅲𗅲
  等生自实之谓，此如身语意之三种轮宣说也。上师续续

1-20 𘃉𘎨𗴂𘏨𗱀𗩱𘏨𗿤𗥃。𗮔𗫂𗗙𘝿𘉋𘍞𗷉𘏨𘄞𗏁𘜒𗮔
  传次谓者四大次积是。其者身于俱故集终中围实显现

2-1 𗴂𗥃。𘄈𗗙𗩱𗴂𗫂𘊴𗴝𗵘𗰖𘖑𗮔𗟊𘜓𘒉𘈕𗥃𘏨𘖑𗴂。𘊴
  谓也。白啰弥谓者诸相宣说（助助）起坏劫时（助）风之谓。次

2-2 𘕘𘟣𗴂𘏨𗱀𗩱𗯴𗥃。𘔼𘍞𗯝𗅁𗗉𗤀𘏨𗴂𘏁𘄡𗗉𘋩𗏣𗗙
  依住谓者四大皆是。首花净之山大是谓者须弥山亦身

2-3 𗅁𗱀𗟩𘊝𘔼𗥃。𗱀𘏨𗴌𘊝𘆄𘉞𗥃。𗮔𘘻𗯴𘏨𗤒𘏨𗅁𗮔𘟣
  之上半处俱也。此者略说说是。其实广者足下弓之形相

2-4 𗤀𘄈𗗙𗩱𘏣𗏣𗴝𗅁𘏨𘌢𘏨𗱀𗥃。𗤒𗰖𗅁𘔇𗵘𗫂𗤒𘏨

① 俄·秋谷多吉等：《先哲遗书·俄派师徒文集》第 226 册，第 212—213 页。

以白啰弥谓者坏劫时之风俱法是。三角之二句者火俱

2-5 ꡀꡪꡙ。ꡃꡊꡙꡨꡜꡤꡀꡪꡙ。ꡆꡱꡊꡙꡨꡟꡤꡀꡪꡙ。ꡒ꡴ꡑꡮꡱꡃ

法是。腹谓者水俱法是。心中谓者地俱法是。身之节关妙

2-6 ꡅꡚꡙꡨꡅ，ꡜꡖꡊꡙꡨꡜꡨꡊꡃꡃꡀ꡴ꡜꡪꡜꡖꡌꡃ

高山王是（助）如，干杖谓者达达谓颈椎与须弥山二处（助）

2-7 ꡜꡒꡅꡟꡱꡃꡀ꡴ꡒꡊꡙ。ꡒꡜꡌꡱꡃ，ꡗꡙꡌꡊꡙꡨꡀꡃꡱꡮꡃ

（助）起中此颈椎之谓。身此如居住，彼（助）首谓者大乐轮处

2-8 ꡀꡅꡙꡃꡆꡙ。ꡜꡌꡊꡙꡨꡀꡱꡜꡆꡙꡃꡕꡌꡃ。ꡕꡠꡤ

脉结三角有是。分居谓者三滴点圆三角内居住也。此依

2-9 ꡆꡆꡚꡙ，ꡙꡕꡌꡙꡌꡠꡙꡜꡃꡚꡊꡙ。ꡀꡩꡒꡙꡜꡕ

渐渐（助）增，大乐中三十二叶花生于谓也。次喉中十六叶

2-10 ꡙꡙꡒꡅꡜꡒꡙꡤ，ꡩꡒꡙꡜꡕꡒꡳꡱꡌꡜꡒꡩꡜꡒꡙ。ꡩꡕ

络线相如（助）起时，喉中十六叶伞相如自各（助）起也。喉起

2-11 ꡕꡒꡙꡙꡀꡌꡜꡆꡱꡜꡒꡅ。ꡕꡕꡒꡀꡪꡙꡆꡱꡀꡮꡌꡙꡃ。

八叶络线垂如心中（助）起。此八叶脉者松树之支枝如成也。

意译：

上师是四轮谓者能安乐也。自之支分者此数皆是生起于中脉。诸体之四句者是全身长及广一丈，故是平也。身语意者于如来处有身语意轮，如自身处亦有。身与讲说有也。又身之上半部是意，中间是语，下半部是身。谓独一者俱生本身之谓，如此身语意之三种轮讲说也。上师连续次第相传是四大次第积累。彼者于身俱足，故谓圆满坛城实显现也。谓白啰弥[(一)]者讲说诸相，彼上起坏劫时风之谓。谓依次居住者皆是四大。顶部莲花之大山者是须弥山，亦俱足身之上半处也。此者是略说。彼实广说足下以弓形，谓白啰弥是坏劫时俱足风之仪。三角之二偈句是俱足火之仪。谓腹者是俱足水之仪。谓心间者是俱足地之仪。身之关节犹如须弥山，躯干者谓达达，颈椎与须弥山二结合处生起，此颈椎之谓。身如是居住，彼上谓顶部是大乐轮处，有三角脉结。谓此部分居住是三滴明点，三角内居住

也。依此渐渐^(二)增长，大乐中生三十二叶花也。复次，喉间十六叶脉如络线形生起时，喉间十六叶脉如伞形各自起也。喉起八叶脉如垂络线是心间所起。此八叶脉者如成松树之枝条也。^①

注释：

（一）白啰弥：音译西夏文𗾰𘊵𗙩，其在《吉祥三菩怛经典明灯》中作 be raṃ，其义不解。

（二）渐渐：西夏文作𘜚𘜚，𘜚字义为"末尾"，两字重叠译为"渐渐"。其在《吉祥三菩怛经典明灯》中对应为 je mang je mang，译为"渐渐"。

藏文转写：

bla mavi zhal nas vkhor lo bzhi la bde gsung/ rang gi yan lag ni de thams cad a ba dhū ti la byung bavo// sku gsung thugs kyi ta thā la sku gsung thugs kyi vkhor lo yod pa bzhin du rang gi lus la yang yod do// lus dang smra dang dran pavo// yang lus kyi stod thugs dang bar gsung smad skuvo// gcig nyid ni lhan cig skyes pa nyid la de ltar sku gsung thugs kyi vkhor lo gsum du brjod pavo// bla ma brgyud pa ni vbyung ba rim rtsegs so// de lus la tshang zhing rdzogs pa na dal nyid du gsal zhes so// be^② raṃ ni rnam par brjod pa zhes bya ste vjig dus kyi rlung ngo// rim bzhin gnas ni vbyung ba bzhi vchar ro//

mgo bo padmavi ri bo ni ri rab kyang lus kyi stod la tshang ste mdor bstan/ de nyid bshad pa ni rkang mthil gzhuvi dbyibs kyis ni/ bo ri vjig dus kyi rlung tsha/ gru gsum tshig gnyis me tsha/ lto ba chu tsha/ snying ga sa tsha/ lus kyi rgal tshigs ri rab lhun por gnas de bzhin du ni/ dbyig pa ni dan da zhes pa vjing rus la vgro ri rab la vgro ba las vdir vjing pa la byavo// lus de ltar gnas pa der ni/ mgo bo bde ba chen povi vkhor lo na rtsa mdud gru gsum mo// char

---

① "复次，喉间十六叶脉如络线形生起时，喉间十六叶脉如伞形各自起也。喉起八叶脉如垂络线是心间所起。此八叶脉者如成松树之枝条也。"藏文本中无。

② 藏文原本作 e，据西夏文本当为 be。

gnas pa ni thig le gsum zer gsum na gnas pavo// de la je mang je mang du
vphel bas bde chen sum cu rtsa gnyis pad skyes la zhes so//[①]

2-12　𗷀𗼈𗥑𗤩𗟲𗤥𗟰𗾔𗼻𗬧𗗙𗛱𗃌　𗥑𗤩𗼈𗥑𗈪𗥗𗫸𗧯
　　　　次复四大脉络线垂如脐中（助）生。四大脉四方支枝仪

2-13　𗼗𗥑𗗗𗓊𗛱𗃌　𗷓𗤙𗣼𗞰𗟲𗤥𗄈，𗫳𗞰𗤥𗫴，𗋽𗞰𗦖，𗫽𗞰
　　　　依四隅内（助）生。其亦顶间三十二，喉中十六，心中八，脐间

2-14　𗦖𗞵𗫉𗥙𗱽𗀔，𗤅𗥫𗤥𗼈𗥗。𗙏𗟰𗫋𗫈𗈪𗥑𗓊𗥚𗤥𗋽𗥗
　　　　八与自共结合，故六十四是。声谓者左方脉中菩提心清

2-15　𗫛𗞺𗞰𗧯𗱽𗤩。𗸲𗥘𗟰𗫋𗣼𗈪𗧯𗫛𗞺𗞰𗧯𗱽𗤩。　𗄈𗓊
　　　　净顶间出入是。显（助）谓者右方血清净顶间出入是。此二

2-16　𗄈𗞺𗞰𗣌𗳷𗼗𗷓𗥙𗤥𗋽𗗙𗞷𗯰𗟲𗣥𗄈𗟰𗉍，𗤥𗥙
　　　　种顶间汇集依其菩提心白中红有以身纵茂盛令，故菩

2-17　𗤥𗋽𗫈𗥗𗓊𗒑𗥙𗀔。𗃌𗞰𗤙𗒑𗑾𗫈𗭅𗱐𗃡𗒑𗍾𗫌𗼗
　　　　提心者三十二谓也。头中间之二句者世间者之名句依

2-18　𗼗𗥙𗋽𗟳𗟲𗣊。𗿵𗞺𗞰𗓇𗒑𗫈𗱐𗫈𗥑𗣣𗞰𗥗𗥙𗀔
　　　　菩提心名得作。花净中间成之者谓者大乐轮内三十二

2-19　𗥑𗒑𗞰𗟳𗼗𗥙𗋽𗬧𗋽𗒑𗤥𗫨𗥚𗥗𗞰𗤥𗯰𗥗。𗷓𗬮𗋽𗒑𗄈
　　　　脉之中间菩提心点圆之月中围是谓说也。其点圆之种

2-20　𗥻𗫈𗣀𗿵𗼗𗳣𗐢𗗙。𗐜𗈭𗤥𗫈𗥙𗤅𗞵𗥗𗬮𗥙。𗐜𗸲𗤥
　　　　相者含字依居住也。不坏谓者戏论与（助）离之谓。不明谓

3-1　𗫈𗋽𗣊𗛤𗤩。𗸲𗬒𗤥𗫈𗥘𗤥𗐜𗼗𗤩。𗣀𗵅𗤥𗫈𗐜𗼗𗫤𗒣
　　　　者心及乐是。显明谓者风及点圆是。字种谓者点圆悟故

3-2　𗲍𗴮𗲸𗿗，𗐜𗥫𗒣𗥙𗋽𗤥𗤌�7𗀔。𗷓𗒣𗤥𗫈𗥻𗟲𗼗𗫤�7。
　　　　圆寂证获，不悟故流传因成也。其实谓者先说点圆之谓。

---

①　俄·秋谷多吉等：《先哲遗书·俄派师徒文集》第 226 册，第 213—214 页。

意译：

复次，四大脉如络线垂，脐间生起。四大脉四方^①支脉依仪四隅中生起。彼亦顶间三十二脉，喉间十六，心间八脉，与脐间八脉相互结合，故是六十四脉。谓元音^{（一）}者左方脉中清净菩提心顶间出入。谓辅音^{（二）}者右方脉清净血顶间出入。此二种顶间汇集，彼菩提心白中有红，全身炽盛，故菩提心者谓三十二脉也。头顶中间之二偈句者依世间士之词句起名菩提心。成为莲花之中间者解说大乐轮内三十二脉之中间是菩提心明点之月轮。彼明点之诸种形相者依含字安住也。谓不散者与戏论分离之谓。谓不显明是心识及欢乐。谓显明是风及明点。谓种字者领悟明点则获证涅槃，不悟则成轮回之因也。谓其实者前面所说明点之谓。

注释：

（一）元音：西夏文作𗙏，直译是"声"。其在《吉祥三菩怛经典明灯》中作 dbyangs，直译是"声音""声韵"，藏语中又指元音。

（二）辅音：西夏文作𗙏𗇋，直译是"能显"。其在《吉祥三菩怛经典明灯》中作 gsal byed，直译是"显明""查明"，藏语中又指辅音，即辅音字母。

藏文转写：

yal gavi tshul du mtshams bzhir song ngo// de la spyi bo ni sum cu rtsa gnyis/ mgrin pa na bcu drug snying ga na brgyad/ lte bavi brgyad po rnams dang phan tshun du sbrel bas bcu drug yod do// dbyangs ni g-yon gyi rtsa nas byang chub sems dwangs ma spyi bor rgyu bavo// gsal byed ni g-yas nas khrag gi dwangs ma spyi bor rgyu bavo// de gnyis spyi bor vdus pas byang sems dkar la dmar logs pa des lus thams cad rgyas par byed pas na byang chub sems ni sum cu rtsa gnyis po zhes so// mgovi tshig gnyis ni lo la bavi tha snyad kyis byang chub sems la ming btags pavo// padmavi dbus gyur gang yin pa ni bde

---

① "复次，四大脉如络线垂，脐间生起。四大脉四方。"藏文本中无。

chen na rtsa sum cu rtsa gnyis kyi dbus na byang chub sems kyi thig le la zla bavi dal zhes brjod do// thig le de rnam pa haṃ du yod pavo// mi shigs ni spros pa dang bral bas so// mi gsal shes pa dang bde ba/ gsal ba rlung dang thig le/ sa bon ni thig le de rtogs na mya ngan las vdas pa thob/ ma rtogs na vkhor bavi rgyu byed pas so// de nyid ni gong mavi thig le de nyid do//①

3–3　嫩骸豕缫瓶敓帺絑骰。菼兹羢瓹豕缫毟敓霧祚豕。庞靠
　　　坚牢谓者脉及点圆是。动与一（助）谓者风及乐之谓。行往

3–4　茙祢敔缪敉缫蓩敉茙缫茲祗祢。刿豕缫飖瓵衹嫩死獙
　　　皆之三句以者含以皆生长令也。日谓者月初右方（助）菩

3–5　兹絳敔敉祢。豸豕缫飖瑡艞嫩敔敉祢。玀瓶祢兹絳藤缫
　　　提心增减也。夜谓者月末左方增减也。医药菩提心流盈

3–6　豕缫敔霧瓲愹豸舭藤祢。蘬缫湆愳豕缫祢兹絳踪鮮臧脆
　　　谓者大乐轮中含于流也。火者悦喜谓者菩提心脐间洗

3–7　蘒菼飖玀祗柔缫絴肔虠祗。藏蘒霧茙祗祢。玼絳敔缫茈
　　　依凡俗时（助）身最间圆满令，道依乐起令也。其实（助）者声

3–8　兆兹豕缫茈蘬敉愵缫絚祗祢。瓵缫醉敔登絴肴滐絚肔
　　　亦解谓者拙火以显明成令也。此者中围实毕终实成于

3–9　缫悗楄缏豕缫缍獙缪豕祋蓩骸缪骸，玼兆豦敔褋舭蘒
　　　者不虑应谓者曼荼罗谓心真取义是，其亦身清净于依

3–10　悤敉絴祢褋茙祢。玼豦敔褋嘉絑醉敓骸豕，蘒飖缪缫艀
　　　靠以心清净起也。其身清净自实中围是谓，依（助）理者中

3–11　敁骸豕豸豕祢。玼兆醙飖祢緋祋蓩缱豕缫瓵豦祚祋蓩缱
　　　围是谓说也。其亦体性数中心真上谓者此身之心真上

3–12　豦祋褋舭蘒悤敉絴祋褋玼缫骸雔藓缏缲豦醉敁骸絴

①　俄·秋谷多吉等：《先哲遗书·俄派师徒文集》第226册，第214页。

身清净于依靠以心清净其者取执执持故身中围是实

3-13 𗫶𗥃𗥙。𗫔𗥃𗥃𗣩𗍂𗫷𗆜𗥙𗫷𗅲𗫔𗥃𗥃𗆜𗏁𗭪𗫹𗰖𗫱𗥴

求也谓。脉大三十二者亦谓者此脉数及亦乐起令故中

3-14 𗥃𗥙。𗫔𗥙𗋕𗥙𗫷𗄉𗥃𗣓𗏨𗥙。𗥃𗥙𗦺𗥙𗫷𗋕𗥙𗣓𗥃。

围是。菩提心谓者身清净之谓。大宝珠谓者心清净是。

意译：

谓坚牢者是脉及明点。谓与动摇一起者是风及安乐之谓。一切众生之以三偈句是以"含"令一切增长也。谓日者月初右方处菩提心增减也。谓甘露菩提心滴漏者大乐轮中于"含"滴漏也。火者谓喜悦，依菩提心临浴脐间，平凡时令身最上圆满，由道令欢乐生起也。彼真实之元音亦解者以拙火令成显明也。此者坛城实成为真实圆满面者应不怀疑，谓曼荼罗是取精华义，彼亦依靠身之清净生起心之清净也。其身清净彼本身是谓坛城，随意愿者是解说坛城也。彼亦诸财物中，谓无上精华者此身之无上精华，由依靠身之清净，心之清净彼者取受且禀持，故谓希求身是坛城也。大脉三十二亦谓者，此脉数及亦令安乐生起，故是坛城。谓菩提心者身清净之谓。谓大宝珠是心清净。

藏文转写：

brtan pa ni rtsa dang thig le/ g-yo bcas rlung dang bde bavo// vgro ba kun gyi tshig gsum gyis// haṃ gis thams cad bskyed ces pavo// nyin ni zla ba yar ngo ma g-yas ngos nas byang sems vphel vgrib byed/ mtshan mo ni mar ngo la g-yon ngos nas vphel vgrib byed pavo// bdud rtsi byang chub sems vdzag pa ni bde chen haṃ las so// me mnyes pa ni byang sems lte bar bab pas thal dus su lus shin tu rgyas par byed la/ lam du bde ba bskyed par byed pas so// de nyid kyi sgra yang phye ni gtum mos gsal bar byas pavo// des ni dal yongs su rdzogs par vgyur ba nyid the tshos med ni ma da la zhes pa snying po len ste de yang lus kyi dwangs ma la bsten nas sems kyi dwangs ma bskyed pas so//

lus kyi dwangs ma de nyid du dam du bya ba vi vthad pa ni dal zhes

bshad de/ de yang dngos po rnams kyi snying po mchog ni lus kyi dwangs ma
la bsten nas sems kyi dwangs ma de ni len cing vdzin pas na/ lus ni dal nyid
du vdod ces so// rtsa chen sum cu rtsa gnyis ni/ rtsa rnams kyis kyang bde
pa bskyed pas dal lo// byang sems ni lus kyi dwangs ma/ rin po che sems kyi
dwangs ma//[1]

3-15 ꡤꡱꡤꡙꡠꡙꡒꡨꡠꡘꡩꡧ꡷ꡤꡘꡰꡱꡒꡠꡙꡤꡓꡱꡏꡨꡠꡒꡠ。ꡨꡠꡒꡨ꡷ꡙꡠ꡶ꡰꡤ꡷ꡙ꡷ꡘꡰꡤ꡷
心真取谓者脉之中围是谓名获法是。其者胜义菩提心（助）

3-16 ꡨ꡷ꡏ꡷ꡧ꡷[2] ꡧꡠꡧꡱꡘꡱꡘꡒꡤꡧ꡷ꡏ꡷ꡧꡧꡤ꡷ꡒꡠꡙꡤ꡷ꡧꡒꡨꡒꡰꡙꡒꡠꡧ꡷
内外外诸法皆皆处皆至依二句以说之二句者外处至

3-17 ꡧ꡷ꡙ꡷，ꡨ꡷ꡒꡨꡯꡒꡰꡘꡱꡘꡒꡤꡧ꡷ꡒ꡷，ꡤꡱꡤꡙꡠꡙꡒ꡷ꡙꡘꡰꡓ꡷ꡢꡠꡙ꡷，ꡨꡠꡤꡠ
（助）说，内者液等皆皆处至时，何作也谓则成就宫谓，彼于

3-18 ꡧ꡷ꡩꡠꡙꡠꡨ꡷ꡙ꡷ꡘꡰꡠ，ꡩꡠ꡶[3] ꡘꡰꡩꡠꡙ꡷ꡨ꡷ꡧ꡷ꡧꡰꡙ꡷ꡙ꡷。ꡏ꡷ꡨ꡷ꡤ꡷ꡧ꡷ꡒ꡷ꡙꡠ꡷
依靠以心清净起，不精又寿长药亦成也。外内之二句以

3-19 ꡧ꡷ꡰꡏꡧꡠꡒꡒ꡷ꡠꡙ꡷ꡩꡠꡩꡠꡙ꡷ꡧ꡷ꡙꡠ꡷。ꡤ꡷ꡤꡠꡙꡒ꡷ꡙ꡷ꡙꡀꡱꡙ꡷ꡩꡠꡙ꡷ꡘꡰꡤ꡷。ꡧ꡷ꡙ꡷
皆萨诃昝（助）又不超（助）说。大粗谓者六境及点圆是。细谓

3-20 ꡧ꡷ꡨ꡷ꡙꡒ꡷ꡤ꡷ꡙ꡷。ꡧꡧꡱꡙ꡷ꡧ꡷ꡙ꡶ꡒꡱꡠꡘꡱꡘꡒ꡷。ꡓ꡷ꡧꡀꡤꡠꡧꡰꡙ꡷ꡧ꡷ꡡ
者心及乐之谓。行往谓者情有皆皆是。明满自性是因果

4-1 ꡙꡒ꡷ꡙ꡷。ꡓ꡷ꡧꡀꡤ꡷ꡙ꡷ꡙ꡶ꡒꡱ꡶ꡘꡱꡘ꡷ꡱꡨ꡷ꡙ꡷ꡒ꡷ꡒ꡷ꡧ꡷ꡙꡠꡓ꡷ꡙ꡷，ꡙ꡷ꡘ꡶ꡒ꡷ꡩꡠꡰ
是也。明满菩提勇识皆皆之记句义者大师说，故现世于

4-2 ꡧꡀꡱꡧꡱꡨ꡷ꡤ꡷ꡡꡠꡙ꡷ꡧ꡷ꡒ꡷ꡩꡠ꡶ꡩꡠꡙꡰꡙ꡷ꡧ꡷ꡙ꡷。ꡧꡠꡙ꡷ꡙ꡷ꡙ꡷ꡱꡨꡱꡒ꡷ꡩꡤꡧꡰ
正觉证获利因（助）说于不失度义是。上师说故身清净依

4-3 ꡙ꡷ꡒ꡷ꡩꡠꡘꡰꡩꡠꡩꡠꡙ꡷ꡙ꡷ꡧ꡷ꡙ꡷ꡙ꡷ꡒ꡷。ꡧ꡷ꡙ꡶ꡒ꡷ꡩꡠꡙ꡷ꡒ꡷ꡤ꡷ꡧ꡷ꡧ꡷ꡱꡤ꡷ꡧ꡷ꡙ꡶ꡒ꡷
心清净起于不失度义是谓。此现世于谓二句者记句说

---

① 俄·秋谷多吉等：《先哲遗书·俄派师徒文集》第 226 册，第 214—215 页。
② 此处疑多一个 ꡧ（外）字。
③ 此字疑有误。

4-4 　𗤒。𗏁𗋽𗏴𗤓𘜶𗤩𗅢𘉞𗤒𗒔𘕿𗅲𗵘𗤒。𗈪𗵘𗒄𗤒𘎑

　　　也。声闻谓二句者皆等生智依生起（助）说也。内之液谓者

4-5 　𗤛𗵜𗤔𗖵𗤒。𗴟𗵜𗤛𗵜𗤔𗖵𗆫𗤒𗵘𘜲𗵜𗈺𗤒。𗅠𗤒𘜲𗖻 ① 𗤒。

　　　烧应种集是。头额烧应种集具谓等者显也。脐谓者炉是。

4-6 　𘓞𗧘𘓞𗖻𗈪𘉞𘟣𘟣𗔣𗵘𗤛𗤒𗤛𗋽𘊱𘌠𗤛𗵜𗤒𘉞。𘔊𘟣

　　　其亦其炉内拙火火（助）液烧者烧施作以烧应也谓。外依

4-7 　𗵜𘜮𗤒𘕿𗤛𗵜𗤔𗖵𗤒。𘇽𗚜𘟣𗤛𗤒𘈷𘅍𘜷𘟣𗤒。𘈷𗚜

　　　色等谓者烧应种集是。胜慧火大谓者异观察慧是。胜慧

4-8 　𘈟𗰖𗵜𘜮𘆄𗤛𗜣𗤛𘇽𘅍𗚜𘊱𗤛𗵜𗤒。𘓞𗤛𘇽𘅍𗝠𘛝𗥼

　　　空中色等空烧故烧施作以烧应谓也。其烧施以何悦喜

4-9 　𗊟𗤒，𗟻𗜓𗤒𘉦𗴟𘊱𗤒𗤒。𗏁𗵜𗥁𗤗𗤒𘉦𗤒𗤒𘜲𗖻𗤒𗵜

　　　令谓，则蕴谓五句以说也。声者咒颂是（助）说谓者何说何

4-10 　𗤒𗤏𗤏𗵜𗥁𗵘𗔟𗤒。𘏞𗵜𘔊𗖻𗈪𗤗𗥐𘟪𗟻𗵜𗥁𗅩𗤒。

　　　谓皆皆者咒颂是。风外出及内入轮回自实者咒诵是。

意译：

谓取受精华者是脉坛城取名之规。彼者以胜义菩提心遍及一切内外诸
法处，以二偈句说之二句者遍及外法处说，内法者液等遍及一切处时，谓
如何作则谓成就之处，依靠于彼心起清净。其他摄生术（一）亦成也。以内外
法之二偈句，所说皆不超越"萨诃咎"。谓粗大者是六境（二）及明点。谓细
者是心及安乐之谓。谓行往是一切众生。佛之自性是因果也。佛、菩萨一切
之记句义者大师所说，故所说于现世获证正觉之利益是不失度义。上师说则
依身清净生起心清净是谓不失度义。于此现世谓二偈句者讲说记句也。谓声
闻二偈句者依一切俱生智生起所说也。谓内之液者是护摩物（三）。谓额头护
摩物之器具等者显明也。谓脐者是炉。彼亦其炉内拙火之火上烧液者以所作
护摩应烧也。谓外之形色等者是护摩物。谓胜慧大火者是各别观察慧。胜

---

　　① 　原本作𗖻，误，此据藏文本改。

慧空性中，由烧形色等空性则所作护摩应烧也。以彼护摩，谓令何喜悦，则谓以五蕴之五偈句讲说也。声韵者是咒颂，谓所说者如何说，谓何一切者是咒颂。风之出外与入内及轮回，彼本身是诵咒。

注释：

（一）摄生术：西夏文作𗗙𗟲𗡞𘉋𗤻，直译是"精又长寿药"。其在《吉祥三菩怛经典明灯》中作 bcud len，译为"摄生术"，即为了长寿而炼取精华的方法。

（二）六境：西夏文作𗵘𗦻，译为"六境"，藏文作 yul drug。六境又作六尘，指色、声、香、味、触和法。

（三）护摩物：西夏文作𗧓𗟲𘄒𗏁，直译是"所烧诸集"。《吉祥三菩怛经典明灯》中作 sreg rdzas，译为"烧施物"，即护摩物，是密教做护摩时焚烧有浆树枝、杂粮花果祭神，以息灾求福所用的物品。

藏文转写：

snying po len po len pa ni rtsa la dal du byas pavi nges tshig go// de ni don dam byang sems kyis phyi nang gi chos thams cad la khyab par tshig gsum bstan/ phyivi tshig gsum phyi la khyab pa bstan/ nang gi khu ba la sogs pa nang la khyab/ khyab nas ci byed ni grub pavi gnas ni de la brten nas sems kyi dwangs ma skye/ gzhan bcud len tu yang vgro phyi nang gi tshig gnyis kyis thams cad sa ha dza las ma vdas par bstan/ sbom po yul drug dang thig le/ phra[①] ba shes pa dang bde ba vgro ba sems can thams cad/ sangs rgyas pavi rang bzhin du vdug pas vbras buvo// sangs rgyas byang chub sems dpav rnams kyi dam tshig don ni jo bo tshe vdi la sangs rgyas thob pavi don du gsung pa las mi vdav bas so// bla ma lus kyi dwangs ma las sems kyi dwangs ma skye ba las mi vdav gsung/ tshe vdivi tshig gnyis dam tshig bshad do// nyan thos kyi tshig gsum sa ha dza las thams cad skye bar bstan/ nang gi khu ba ni sreg rdzas/ mgo

---

① 藏文原本作 vphra。

thod sreg rdzas kyi snod la sogs pa gsal lo// lte ba ni thab bo// de yang thab der gtum movi me la khu ba sregs pa la sbyin sreg byas pas sreg par bya zhes so//

　　phyi gzugs sogs ni sreg rdzas/ shes rab me can ni so sor rtog pavi shes rab bo// shes rab stong pa la gzugs la sogs pa stong par sregs pas sbyin sreg byas pas sreg par bya zhes so// sbyin sreg des gang mnyes par byed na phung po lngavi tshig lngavo// sngags su gsungs pa ni ci dang ci brjod pa sngags so// rlung phyir vbyung ba dang nang du vjug cing vkhor ba de nyid bzlas pa yin pavo//[①]

4-11　𗰖𘝰𗱲𗊬𗫽𘝰𗱲𗆫𗫒，𗫡𗫡𗤀𗣼𗑪𗟻𗙤𗫽𗾈𗣁　此如显现谓者显现何有，皆皆自实念定是谓义是。不二谓

4-12　𘝀𗍫𘊲𗣁　𘃽𘋥𗫽𘝰𘔯𘟣𘃽𘋥𗣱𗣁　𗣼𗤀𗣁𘝰𘔦𘉎　者等生智是。行加谓者皆其依行加作也。中围谓者其以

4-13　𗤀𗶇𗈛𗣱𗣁　𗤀𗰛𘛗𗏹𗹢𗣱𗣁　𗣼𗱲𗤀𘙰𗣁𘃡𗤀𗰛𗣁　𗸦　心真义取也。自心石王上师是。中尊自性谓亦自心是。咦

4-14　𗰖𗤀𗫡𗫡𘊴𗤀𘊼𗏹𗣁　𗩈𗑬𗣼𗤀𗰛𗣁𗫽𗾈𗥃𗹢𗰛𗫡　伐我皆皆亦自处俱也。胜势中围等谓者念定咒诵等皆

4-15　𗫡𗾈𗊬𗣱𗣁𘜶𗷟𘘭𗣁　𘄒𘄢𗣁𘝰𘕤𗊬𗫡𗫡𘜶𘂲𘘭𘓨𘝐　皆悉等生智依居住也。唤问谓者情有皆皆四轮依（助）成

4-16　𘋊𘋊𘉎𘘭𗣁　𘔯𘝰𗽱𗪘𘘭𘎑𗣱𘉎𘘭𗣁　𘊲[②]𘄢𘚄𘉎𘅤𘃽　故因续俱也。其者修行依益寻续俱也。果续何云俱法于

4-17　𘄒𘝰𘓨𗣱𗣁𘝰𘎝𗢼𗣁　𘍽𗱲𘛦𗅢𗥃𘚄𘏞𗶘𗣱𘉎[③]𗣞𗆫，𘔯　问者法及谓者四身是。世尊导师何云游戏以果何起，其

4-18　𗣱𗧁𘚄𘘭𘎑𘉎𗣱𗤀𗫠𗣱𘟣𗶇𗫽𘉎𘝰𘎝𗣱𘟣𘃽𘉎𗶇𘎝

　　① 俄·秋谷多吉等:《先哲遗书·俄派师徒文集》第 226 册，第 215—216 页。
　　② 西夏文原本作𘊲，此据藏文本改。
　　③ 西夏文原本作𘉎，此据藏文本改。

数之区分四轮之自体及脉叶之数数及四轮之果及四

4-19 𗁬𗅩𗼩𗴈𗆟𗌰𗷓�135𗊱𘜶𗵤𗃛𘔁𘄅𗆠𗥖。𗆤𗖵𗥙𘎑𗴮𗤻。

轮之字等四种者大乐尊者（助）说汝谓也。佛语谓者答是。

意译：

谓如此显现者显现有何，谓一切真实修定是义。谓不二者是俱生智。谓加行者皆依彼作加行也。谓坛城者以彼受取精华之义也。自心是金刚上师。谓中尊之自性亦是自心。"咦伐我"一切亦自处俱足也。谓佛之坛城等者修行诵咒等，一切皆依俱生智安住也。谓祈请者一切众生依四轮而成就，故因续俱足也。彼者依修行方便续俱足也。问：果续如何俱足。彼者法及谓是四身。世尊导师如何以游戏产生何果，彼数之区别是四轮之自性及脉叶之数目及四轮之果及四轮之文字等四种是大乐尊者^{（一）}所讲说也。谓佛语者是答。

注释：

（一）大乐尊者：西夏文作𗴈𗆟𗌰𗷓，译为"大乐尊者"。其在《吉祥三菩怛经典明灯》中作 bde ba chen po，译为"大乐尊者"，指上乐金刚，也就是金刚萨埵。

藏文转写：

vdi ltar snang ba ni ci dang ci snang ba de nyid bsgom mo// gnyis med ni sa ha dzavo// sbyor ni thams cad la steng sbyor bavo// dal yin na des snying povi don len pas/ rang sems kyang rdo rje slob dpon yin/ gtso bovi rang bzhin yang rang gi sems so// e waṃ thams cad kyang rang la tshang bavo// rgyal bavi dal la sogs pa bsgom pa bzlas pa la sogs pa thams cad sa ha dzar gnas pavo// gsol ba ni sems can thams cad la vkhor lo bzhi grub pa rgyuvi rgyud tshang/ de nyams su blangs pas thabs kyi rgyud tshang na/ vbras buvi rgyud ji ltar tshang ba la dris pa ni chos la sogs pa sku bzhi/ mgon po ston pa ji ltar rol pa ni vbras bu gang las skye/ de dag gi bye brag ni vkhor lo bzhivi ngo bo dang/ rtsa vdab kyi grangs dang/ lo bzhivi vbras bu dang/ vkhor bzhivi yi ge dang bzhi po bde ba chen po gsungs ces so// bkav bstsal pa ni lan//[1]

4-20 𗈪𗋆𗰗𗤋𗦇𗤍𗊱𗰦𗈇𗰦𗤒𗵆 𗴈𗋆𗰗𗡑𗦇𗤍𗵘𗰦
　　咦谓者胜慧之义等依处三角是。伐弥谓者益寻之义（助）

5-1 𗰦𗤍𗤓𗧁𗧧𗵘𗦇 𗵘𗰗𗇊𗤋𗤍𗔇𗵘𗦇 𗬩𗤋𗋆𗰗𗰮𗶷𗤋𗰗𗱉
　　依可自圆圈是。此者四身之清净是。脐之谓者脉叶之数

5-2 𗰦𗰦𗰗𗇊𗤋𗯀𗤍𗀔𗵆𗰦 𗧧𗟡 𗵆𗰦𗰗𗶷𗰮𗰦𗤺𗇁𗚩𗰦
　　数以四身之住处宫说也，悟易。六十四叶脉以化身俱也。

5-3 𗰦𗈪𗵘𗰗𗊱𗙈𗵄 𗰗𗋈𗤋𗬷𗬩𗶁𗩱𗬲𗦇𗰦 𗣋𗤋𗼨𗱉𗹙𗤓
　　他亦此依知应。四轮之中间阿吽唵含是。咒之默有拙火

5-4 𗤷𗵘𗈬𗰦𗺳𗑊𗤬𗤍𗰗𗰻𗤍𗵆𗷉𗥃𗰦𗨺𗿷𗈱𗈱𗊱𗵆𗦇 𗘅
　　于依靠念定作法说者右谓者啰萨捺内风出入是，左

5-5 𗤍𗰗𗵟𗵟𗈱𗈬𗊱𗵆𗦇 𗬱𗤍𗰗𗀔𗰻𗶷𗈱𗬘𗤒𗺼𗊱𗵆𗤋
　　谓者喇喇捺中出入也。月谓者左方脉中菩提心出入之

5-6 𗤍 𗣌𗰗𗰻𗶷𗈱𗲽𗊱𗵆𗦇 𗷉𗵄𗰦𗵘𗹙𗱲 𗥃𗬪𗥃𗱲𗬷𗤬𗬪
　　谓，日者右脉中血出入是。男处大乐于起，喉间喉起脐间

5-7 𗱲𗵆 𗀔𗰻𗶷𗤒𗺼𗬔𗤋𗰗𗀔𗰻𗥃𗱲𗊱𗱲𗈱𗬪𗤬𗬪
　　于至。左方中菩提心下漏之者左方喉于生起以脐之中

5-8 𗬷𗬔𗵄𗦇𗵘𗦇 𗤍𗈬𗩐𗰦𗬔𗵄𗰗𗴥𗴈𗬔𗵄𗰥𗱕𗵑𗵘
　　间流漏也谓也。何如相以流盈谓则医药流盈用受母谓

5-9 𗦇 𗿷𗈪𗵟𗴥𗀔𗬔𗰻𗵟𗀔𗬔𗦇 𗬩𗶁𗵋𗼨𗴕𗵆𗯄𗹣𗹈
　　也。其亦液下方流血上方流也。脐中（助）食饮清浊分离时

5-10 𗵘𗦇𗵟𗀔𗬾𗤋𗰗𗵟𗀔𗵄𗹣𗵘𗦇 𗬱𗬉𗬷𗱲𗰻𗬪𗤅𗿷𗤷
　　清数上方往之者上方（助）见谓也。何未脐起血喉报轮于

5-11 𗵄𗵘 𗵟𗀔𗬷𗤋𗰗𗵟𗀔𗵄𗵄𗡷𗵘𗦇 𗬷𗴈𗤍𗵄𗡷𗱲𗰻𗤍

（助）至，上方流之者上方（助）见谓也。何女人大乐轮中血者

5-12 𗏁𗏁𗏁，𗏁𗏁𗏁𗏁𗏁𗏁𗏁𗏁𗏁𗏁。𗏁𗏁𗏁𗏁𗏁𗏁𗏁𗏁，

流漏脉，喉之中间常流漏者血是。何处流盈谓故曰是谓，

5-13 𗏁𗏁𗏁𗏁𗏁，𗏁𗏁𗏁𗏁𗏁𗏁𗏁𗏁𗏁𗏁𗏁。𗏁𗏁𗏁𗏁𗏁

右脉中流也，女之右脉端长故血下方流也。左方脉中菩

5-14 𗏁𗏁𗏁𗏁𗏁𗏁𗏁𗏁𗏁𗏁𗏁𗏁𗏁𗏁𗏁。𗏁𗏁𗏁𗏁𗏁𗏁𗏁

提心上方流之者医药月是谓说也谓也。上谓者迦利（助）

5-15 𗏁𗏁𗏁𗏁𗏁𗏁𗏁。𗏁𗏁𗏁𗏁𗏁𗏁𗏁𗏁𗏁𗏁𗏁𗏁𗏁𗏁。

（助）上方出入之谓。下方谓者阿利下（助）下方出入者是。

意译：

谓咦者胜慧之义等所依处是三角形。谓伐弥者方便之义所依处是圆形。此者是四身之清净。脐之谓者以脉叶之数目，说四身之居信之处也，此易领悟。以六十四叶脉化身俱足也。其他亦依此推知。四轮之中间是"阿吽唵含"。宣说咒之瑜伽依靠拙火修行之法者，右是啰萨捺[一]中风出入，左是喇喇捺中风出入。谓月者左脉中菩提心出入之谓，日者是右脉中血出入。男子，起于大乐轮，经喉间喉，直至脐间。左方脉中菩提心滴漏之者，于左方喉生起，脐之中间滴漏也。谓以何之形相滴漏则甘露盈流，谓受用母也。其亦液之下方流，血上方流也。脐间饮食清浊分离时，清净上方流动之者谓上方见也。抑或从脐间起，血直至于喉间报轮，上方盈流之者谓上方见也。何女人从大乐轮中血盈流之脉，喉之中间常常滴漏者是血。谓何处盈流故谓是日，右脉中盈流也，妇女之右脉端长故血下方盈流也。宣说左方脉中菩提心上方盈流之者是谓甘露月也。[①]谓上方者迦利之上方向上流动之谓。谓下方者是阿利之下方向下流动。

注释：

（一）啰萨捺：音译西夏文𗏁𗏁，《吉祥三菩怛经典明灯》记音为 ra

---

① "宣说左方脉中菩提心上方盈流之者是谓甘露月也。"藏文本中无。

sa na，当为梵文 Rasanā 之音译，义是"血脉"，其是一切血所依附的主要脉道之一。男在中脉之左，女在中脉之右，是运转血液之脉道。其本性为修行之智慧分。

藏文转写：

e ni shes rab kyi don nam rten gru gsum mo// waṃ ni thabs so// rten rang bzlum povo/ des ni skuvi rnam dag go// lte bavi la sogs pa rtsa vdab kyi grangs kyis sku bzhivi gnas pa bstan te go slavo// rtsa vdab drug cu rtsa bzhis sprul pavi sku tshang/ gzhan des vgre/ vkhor lo bzhivi dbus na a hūṃ oṃ haṃ rnams so// sngags kyi rnal vbyor gtum mo la brten nas bsgom thabs bstan pa ni/ g-yas ni ra sa na nas rlung rgyu ba/ g-yon ni la la na nas rlung rgyu bavo// zla ba ni g-yon na mar byang sems rgyu ba/ nyi ma ni g-yas kyi rtsa nas khrag rgyu bavo// skyes ba la bde chen nas mgrin pa lte ba la thugs par g-yon ngos nas byang sems mar rgyu ba g-yon gyi mgrin pa nas brtsams nas/ lte bavi dbus vbab pa ste zhes so// civi gzugs kyis vbab zhe na bdud rtsi vdzag pa la longs spyod ma zhes pavo// g-yon pavi rtsa nas byang sems kyi gyen la rgyu bas bdud rtsi zla ba zhes bya ste zhes so// de la khu ba thur la rgyu khrug gyen la rgyu bavo// lte ba nas ni zas kyi dwangs snyigs phye nas dwangs ma gyen la vphen pa ni steng bltas te zhes so// yang na lte ba nas khrag mgrin pa longs spyod la thug gi bar du gyen du rgyu ba la steng bltas te zhes so// bud med gang zhig la bde chen nas khrag vbab pavi rtsa/ mgrin pavi dbus su rtag tu vdzag ci vdzag na khrag nivo// gang nas vdzag na nyi mar brjod pa yin te/ g-yas pavi rtsavi nang nas vdzag te/ bud med kyi rtsa sna ring pas khrag mar rgyuvo// steng ni kā livi steng duvam gyen la rgyu bavo// vog ni ā livi vog gi thur la rgyu bavo//[①]

---

①　俄·秋谷多吉等：《先哲遗书·俄派师徒文集》第 226 册，第 216—217 页。

5-16 依靠谓者右脉迎利，左脉中阿利是。二门谓者左右二脉中

5-17 上下出入之谓。日谓者右脉中血上方出入之谓，月谓者

5-18 左脉中菩提心下方流者是。其亦依处身门依此如出入

5-19 者不定也。勇男依处男人数（助）往谓者血上方往也，来谓

5-20 者菩提心下方流之谓。空行母数谓者依处女人数（助）往

6-1 谓者左方脉中菩提心上方往也，来谓者右脉中血下方

6-2 来也。明及又醒谓者男之上方出入之谓，女之菩提心上

6-3 方出入者是。何未风外往因主门醒令及妄念起令之谓。

6-4 没与眠谓者男之菩提心下流者是，女之血下方流之谓。

意译：

谓凭依脉^(一)者是右脉迎利，左脉阿利。谓二门者左右二脉中上下出入之谓。谓日者右脉中血液向上流动之谓，谓月者左脉中菩提心向下流动。彼亦依止处，从身门如此出入是不定也。勇士依止诸男人处，谓往者血液向上流也，谓来者菩提心向下流之谓。谓诸空行母者依止诸女人处，谓往者左方脉中菩提心向上流也，谓来者右脉中血液向下降也。谓明白及又清醒者男之血液向上流动之谓，女之菩提心向上流动。① 抑或因风往外，

---

① "谓明白及又清醒者男之血液向上流动之谓，女之菩提心向上流动。"藏文本中无。

令根门^(二)清醒及令妄念生起之谓。谓灭与睡眠者男之菩提心向下流，女之血液向下流之谓。

注释：

（一）凭依脉：西夏文作𗧘𘝞，直译是"依靠"。其在《吉祥三菩怛经典明灯》中作 bsten pa，直译是"依靠""凭借"，这里指凭依脉，人体脐间精血发育所依赖之脉。

（二）根门：西夏文作𗣼𗇋，直译是"主门"。《吉祥三菩怛经典明灯》中作 dbang povi sgo，译为"根门"，即人体器官的凭依之处。

藏文转写：

bsten pa ni g-yas rtsa kā li/ g-yon gyi rtsa ā nyi ma ni g-yas kyi rtsa nas khrag gyen tu rgyu ba la bya/ zla ba ni g-yon gyi rtsa nas byang sems thur la vbab pavo// de la brten lus kyi sgo nas de ltar rgyu bavi nges pa med de/ dpal bo rten gyi gang zag skyes pa rnams la vgro ba ni khrag gyen la vgro bavo// vong pa ni byang sems thur la vbab pavo// mkhav vgro ma rnams ni rten gyi gang zag bud med rnams la vgro ba ni g-yon pavi rtsa nas byang sems gyen la vgro bavo// vong ba ni g-yas pavi rtsa nas khrag thur la vong ba la bya/ vchar ba ni/ rlung phyir byung bas dbang povi sgo sad par byed pa dang rnam rtog sad par byed pavo//^①

6-5 𗧘𘝞�𗬚𗫨𗫡𗏇𗧘𘝞𗓰𗥼𗬚𗤒𗅋𗏇 𗧘𗵘𗥼𗮔𘃸𗤒𗏇𗆻
何未风内方执持依妄念没之谓。右脉之面于上见谓者

6-6 𗋽�𗅲𗤒𗡮。𗥰𗓦𗧜𘃸𗤒𗏇𗆻𗬳𗴟𗅲。𗬼𗼃𗘲𗨁𗴱𘄄
迦等居住也。其亦摩诃须迦谓者大乐是。此义故显（助）字

6-7 𗥰𗴘𗒟𗣼，𗭪𘄄𗧉𗩱𗤒𗥘𗥘。𗈪𗬚𗧜𘃸𗤒𗓰𗈁𘄄𗤒𗘭𘃸
头顶中有，契字肚脐下有也。左方脉之面于声字十二居

---

① 俄·秋谷多吉等：《先哲遗书·俄派师徒文集》第 226 册，第 217—218 页。

6-8 　〔西夏文〕

住谓者下方居住，一第声字阿短脐间有也。二面于处入

6-9 　〔西夏文〕

入令谓者右脉中迦利上方出入，左脉中阿利下方出入。

6-10 　〔西夏文〕

□上师谓故双二□入入□出入也谓，圆顶起，月末左脉

6-11 　〔西夏文〕

中菩提心出入，月首右脉中菩提心出入也。右脉与左脉

6-12 　〔西夏文〕

中间阿哇都底，其者合应也。下方分谓者脐种除是。契文

6-13 　〔西夏文〕

字以守护应谓者男之左脉长故契字以护也。女之右脉

6-14 　〔西夏文〕

尖长故茉茹_弥字黄以守护。此者风（助）执持时（助）肉皮间

6-15 　〔西夏文〕

风不往令法益寻是也。其数脉及其之内方液血出入法

6-16 　〔西夏文〕

及风字以退法及风执持法等说终。次定作法说。身修

6-17 　〔西夏文〕

造时拙火燃令以风净梵穴往，明满之含烧，大乐含滋长

6-18 　〔西夏文〕

令，顶间菩提心入依喉间定出觉受也。其亦何（助）喉住大

6-19 　〔西夏文〕

贪者谓也。化身实是谓者其菩提心脐间落依脐间觉受也。

意译：

抑或风由里面执持妄念灭之谓。谓右脉之表面上方见者"迦"等安
住也。其亦谓摩诃须迦^{（一）}是大乐。此义则辅音字头顶间有，"契"字肚

脐下有也。左方脉之表面，谓十二元音字安住者下方安住，第一元音字短"阿"脐间有也。谓于二侧面处令融入^(二)者右脉中迦利向上流动，左脉中阿利向下流动。□上师故谓二者□融入□流动也。盖从顶轮起，月末左脉中菩提心流动，月初右脉中菩提心流动也。右脉、左脉与中间中脉，彼者相应也。谓下方部分者是脐间种姓除。以"契"文字谓应守护者男之左脉长，故以"契"字守护也。女之右脉细长，故以黄色"茉茹弥"字守护。此者持取风之时节上，风于皮肉之间令不进入之法是方便也。宣说彼数脉及其里面精血流动之法及风以文字回遮之法及风之执持法等终。次，说修定之仪。身修治时，令拙火燃烧，风往净梵穴，烧佛之"含"字，令大乐"含"字增长，顶间菩提心进入，喉间出定而觉受也。彼亦住何之喉间，谓大贪是也。所谓化身者，彼菩提心因降落脐间而脐间觉受也。

注释：

（一）摩诃须迦：音译西夏文𗀕𗴢𗿒𗢳，《吉祥三菩怛经典明灯》中记音作 ma hā su ka，当为梵文 Mahā-sukha 之音译，义为"大欢乐"。

（二）融入：西夏文作𗀕𗀕，𗀕在现有西夏文字工具书中未做解释。在方塔出土西夏文《吉祥遍至口合本续》中，西夏文𗀕𗀕对应藏文为nang du chud pa，字面义为"入内"，佛书中译作"融入""容纳"。^① 此处译𗀕𗀕为"融入"。

藏文转写：

gnyid log pa ni rlung nang du gzung bas rnam nub pa la bya gsung/ rtsa g-yas kyi ngos su/ lte ba bltas ni ka la sogs gnas te de yang ma hā su ka zhes bde ba chen po ste/ devi phyir gsal byed kyi vgo spyi bo na yod pa kṣa lte bavi lkog na yod pavo// rtsa g-yon gyi ngos su dbyangs yig bcu gnyis gnas te dang povi dbyangs yig la a thung lte ba na yod pavo// ngos gnyis dag tu spel ba ni g-yas rtsar kā li gyen du rgyu la/ g-yon rtsar ā li thur la rgyu bavo// bla

---

① 孙昌盛：《西夏文〈吉祥遍至口合本续〉整理研究》，第287页。

ma ni gnyis nas vphel nas rgyu ba gsung spyir spyi bo nas mar ngo la g-yon nas byang sems rgyu ba la yar ngo la g-yas nas byang sems rgyu bavo// g-yas rtsa g-yon rtsavi dbus su a ba dhū ti de ni sbyar bar byavo// yi ge kṣas srung ba ni skyes pa la g-yon pavi rtsa ring pas kṣas srung ngo// bud med la g-yas pavi rtsa sna ring pas bhrūṃ ser pos srung/ des ni rlung gzung bavi dus su rlung sha thang bar du mi vjug pavi thabs yin no// de rnams kyis rtsa dang devi nang gi khu khrag gi rgyu lugs dang rlung yi ges bzlog lugs dang/ rlung gi bzung lugs rnams bshad nas/ da ni bsgom pavi thabs te/ lus bcos nas gtum mo spar nas rlung tshangs pavi bu ga nas song ste sangs rgyas kyi haṃ sregs pa dang bde chen haṃ g-yos te spyi bo nas byang sems zhugs pas mgrin par rjes thob nyams su myong pavo// de yang gang zhig mgrin gnas chags chen de zhes so// sprul pavi sku zhes bya ba ni byang sems de lte bar phab pas lte bar nyams su myong bavo//[①]

6-20 𗴟𗥪𗩳𗦻𗴟𘝶𗏹𗯨𗾔，𗼻𘓨𗾔𗮔𗥪𗣓𗰛𗼻𘝶
其亦脐间日如菩提心觉受，喜离定出心日光如得故

7-1 𗥪𗷻𗯱𗫂𘝶𗶷𗦳𗰕𘝶，𗴲𗏹𗾔�'𗥪𘝶𗏨𗷻𗫂𗰕𘝶。𗴟
日之相以实真住谓也。何时谓者喜离心何时是谓也。行

7-2 𗤀𗶷𗔌𗞩𗭪，�𗥪𗾔𘝰𗏹𗶷𗽊𘓨，𘎑𗷟𘈇𗾦𗫂𘎑𗭪𗾔
持报身没时，喉间觉受（助）起之定出，内方（助）起者（助）没谓

7-3 𘀃。𘘤𗷻𗯱𗫂𗶷𗦳𗰕𘝶�𗴟𗏨�2𗥪𗩳�2𗴟𗦻𗴟�6𗥪
也。月之相以实真住谓者其喉间与心间月如菩提心觉

7-4 �2�𗬣𘌒𗞌𗪸。𘏂�6𗯨𘎽𗯱𗴟�𗴟𗤀𗼻𗾶�2𗾔𗯨𗶸
受者清凉思无是。此如（助）悟之其者行持名成也谓之义

7-5 𗞀。𗴟𗸰𗸕𗾦𗥪𗩳�2𘎽𘌒𘈇𗾮�6𗾔𘀃。𘏂�6𗮔𗩳�2�6

① 俄·秋谷多吉等:《先哲遗书·俄派师徒文集》第 226 册，第 218—219 页。

是。其又生处心间觉受故鼻尖住谓也。此如心间觉受何

7-6 　𗙾，𗤋𗤟𗍳𗰖�youtube𗢨𗰛𗙴𗖰𗰚𗥤𗙐𗰚。𗤒𗱕𗰱𗤟𗤛𗰚𗥤𗰛𗤼𗤶
　　　　时，石王尖居住谓者脐间觉受是。伐嘎中间谓者脐底下

7-7 　𗤻𗤙𗦌𗴩𗣼𗰚𗧘𗤙𗰚𗙥�𗰚。𗰛𗤙𗮔𗰗𗯟𗰚𗤙𗅆𗴒𗢨
　　　　三角脉结内菩提心执持之谓。此之名正觉数之身中上

7-8 　𗰚𗧠𗅆𗤶。𗰛𗯟𗤻𗰚𗝠𗌭𗤶𗰜𗤶𗮊𗤙𗙥𗴭𗤶𗰚𗰚𗴥𗤟
　　　　谓法身是。正觉菩提勇识数生长令及又得也谓者其之

7-9 　𗰚𗤟𗰗𗤶。𗨁𗰛𗤟𗨁𗰛𗤟𗤛𗰚𗮊𗮔𗰚𗮔。𗤥𗥦𗒒𗤬𗤟𗤙𗰚
　　　　德功是。又此之名菜果白是谓说也谓也。花净舞自主谓

7-10 　𗤛𗤶𗤬𗤿𗤶𗰚。𗤥𗥦𗤿𗣧𗰚𗤛𗚐𗤓𗲪𗰚𗍳𗧘𗰛。𗰛𗤛𗣒𗚛𗜓
　　　　者大乐含是。花净分离谓者拙火显明令也。日者实没时

7-11 　𗰚𗤛𗴁𗴥𗞓𗰛𗙴𗡜𗥤𗰚。𗲪�𗙩𗰚𗤛𗰛𗤼𗤶𗵡𗢨𗴭𗰚
　　　　谓者喜离定出心灭之谓。化身自性谓者脐间日如菩提

7-12 　𗙴𗰚𗤛𗰚。𗤜𗴁𗴥𗞓𗰛𗙴𗰜𗰚𗤛𗤛𗥤𗞓𗲧𗤶𗤰𗤼𗤝
　　　　心觉受是。其喜离定出心何觉受者灭时定入何云仪依

7-13 　𗤬𗤙𗰚𗰛𗤛𗤟𗤶𗰛�𗴩𗰚𗰯𗤶。𗰯𗤛𗤛𗴩𗤙𗰗𗤬𗰚
　　　　后（助）起之者最终菩提勇识谓之义是。集绕则其胜义菩

7-14 　𗤶𗤼𗤛𗙚𗰮𗰗𗤶。𗰗𗰗𗤛𗰚𗤛𗤿𗯟𗤩𗤤𗤶，𗤿𗯟𗰚𗤝
　　　　提心者垢无实是。道割断谓者妄念法皆皆是，妄念之戏

7-15 　𗰗𗥤𗥤𗠅𗵧𗰮𗤶。
　　　　论皆皆实止绝也。

意译：

彼亦脐间如日之菩提心觉受，离喜出定之心发出如日之光，故以日之形相真实安住也。谓何时节者离喜之心是谓何时也。圆满报身^{（一）}灭时，喉间生起觉受之定出，里面生起者谓沉没也。谓以月之形相真实依止者喉间及心间，如月之菩提心觉受是清凉无分别心。如此证悟之者成为受用之名义也。彼又生处心间觉受故谓鼻尖安住也。如此心间觉受之何时

490

节，谓安住金刚股者是脉间觉受。谓伐嘎中间者脐下面结三角形脉，菩提心滴漏彼中之谓。此之名诸佛之身中谓无上是法身。诸佛、菩萨令增长及又获得也谓者是彼之功德。又此之名是谓白芥子也。谓莲花舞自在者是大乐"含"。谓莲花分辨者是令拙火显明也。日者谓没落时是离喜出定心^(二)灭之谓。谓化身之自性者是脐间如日菩提心觉受。彼离喜出定心是何觉受，寂灭时入定，如何依仪再生起是圆满菩提萨埵之义。略论则彼胜义菩提心是无垢之实。谓道劈断是一切妄念之法，一切妄念之戏论实绝止也。

注释：

（一）圆满报身：西夏文作𗱴𗾴𗾟𗾟，直译是"持行报身"。其在《吉祥三菩怛经典明灯》中作 longs spyod rdzogs sku，译为"圆满报身""受用报身"。

（二）出定心：西夏文作𗑗𗤋𗥫，直译为"出定心"。其在《吉祥三菩怛经典明灯》中作 rjes thob kyi shes pa，译为"出定之心"，即停止禅定以后的心识。

藏文转写：

de yang lte bar nyi lta buvi byang sems myong ba ste dgav bral gyi shes pa nyi mavi vod ltar vphro bas nyi gzugs su yang dag bshad ces so// gang gi tshe ni dgav bral gyi shes pa gang tshevo// longs spyod rdzogs sku nub par gyur cing ni mgrin par nyams myong skyes pavi rjes thob nang du skyes pa de nub ces so// zla bavi gzugs kyis yang dag gnas ni mgrin pa dang snying gar zla ba lta buvi byang chub kyi sems de myong ba de bsil rtog pa med pavo// de ltar rtog pa myong ba de ni longs spyod ces bya ste zhes pavi don no// de nas skye bavi gnas snying gar nyams su myong bas sna rtser gnas ces so//

de ltar nyams su myong bavi gang tshe ni/ rdo rje rtser gnas ni lte bar nyams su myong bavo// bha gavi dbus ni lte bavi lkog gi rtsa mdud gru gsum du byang sems vdzag pa la bya/ de la ming sangs rgyas rnams kyi skuvi mchog ste chos skuvo// sangs rgyas byang chub sems dpav rnams/ bskyed cing spro

bar byed pa yin ni devi phan yon no// devi ming nyungs dkar zhes byavo//

padma gar dbang ni bde chen haṃ ngo// padma vbyed pa ni gtum mo gsal bar

byed pavo// nyi ma nub pa ni dgav bral rjes kyi shes pa nub pavo// sprul pavi

skuvi rang bzhin ni lte ba nyi ma lta buvi byang sems myong ba ste/ dgav bral

rjed kyi shes pa myong ba gang yin pa de nub nas/ mnyam bzhag ji lta ba phyir

skyes pa de la ni rdzogs pavi byang chub sems ces bya bavi don to// mdor

bsdus nas don dam byang sems de la dri ma med pavi dngos/ lam gcog pa ni

rnam rtog gi chos thams cad do// rnam rtog gi spros pa thams cad nye bar zhi

bavo//[①]

7-16 𗥃𗟻𗆐𗣼𗤒𗟻𗦀𗧀𗋕𗧠, 𘊵𗮅𗤈𗐫𗟨𗤫𗆐𘜶𗤙𗟲𗤒𘉋
　　七第节之三第殊妙做中，唵索悉底二八之者中间取谓

7-17 𗆐𗴀𗆐𗤶𗀗𗣼𗤒𘜶𗀇𗋕𗾔𗥃𗆐𘉋𗟻𗋕𗤒𗤈𘘨𗤒𗆐
　　者勇女空行母等之自各字种之八第边以实真严谓者

7-18 𘕘𗘆𗯨𗒘𗥃𗤝𗥰𗤒。𗦪𗦦𘜶𗆐𘊵𗘆𗤒, 𗦻𗰗𗤲𗤒𗆐𘃉
　　诃字结合皆之共同是。愚痴种者唵字是，分类不谓者含

7-19 𗤒, 𗣭𗤲𗮅𘕘𗤝𗥰𗤒。𗥨𗤝𗘆𗒘𗤶𗰵𗟨𗆐𗣼𗧠𘂵𗟻𗦀𗧀
　　是，点圆索诃共同是。此如结合咒颂八第节中四第殊妙

7-20 𗧀𗥃𗌓𗒘𘂵𘂵𗭪𗧤𘈖𗌝。𘈭𗣭𗣭𗤈𗰵𘜶𗤙𗤈𘈖𗌝𗌓𗣔𗰓
　　做之先于此四句（助）说。其又做事字种取谓四句（助）门守

8-1 𗥃𗰵𘜶𗤒。𗌝�🞂𗰵𘜶𘂵𗌓𗥃𗣊𘜶𗌝𗣼𘌟𗤙𘜶𗤒
　　之字种是。门黄字种四种及之一句及花母及又香母及

8-2 𘉋𗐫𘜶𗌝𗣼𘌟𗥃𘂵𗥯𗥃𗰵𘜶𗤒。𗭪𗤝𘈖𗥯𘂵𗣭𗣼𘉋𗣼𗌝
　　谓二句以花母四之字种是。其如声字（助）遗者谓四句及

① 俄·秋谷多吉等：《先哲遗书·俄派师徒文集》第 226 册，第 219—220 页。

8-3　𗴩𗼲𗈪𗰕𗆐𘆨𗴩𗼲𘄒𗿒𗢠𗼲𗈪𗷫𘚫𗳊，𗧽𘆑𗋽𗔉𗭪𗷅。

笛母之二句以笛母等四天母之字种是，文严结合应也。

意译：

第七节之第三品中，"唵索悉底"第二和第八种字者取中间谓，彼者勇猛女空行母等各自之第八种字，边上真实庄严者结合"诃"字是一切之共同。愚痴种姓者是"唵"字，谓部分不同类者是"含"字，明点"索诃"是共同。如此结合咒颂于第八节第四品之前，所说此四偈句。彼又谓取羯磨种字，是以四偈句守门之种字。四种黄门种字及彼之一句，及谓花母^{（一）}、香母^{（二）}以二句是花母等四天母之种字。如彼声韵字遗留者四句及以笛母之二句是笛母^{（三）}等四天母之种字。文字应完全结合也。①

注释：

（一）花母：西夏文作𗴩𗼲，译为"花母"，藏文作 me tog ma。藏传佛教四供养天母之一，造型作天女形，奉鲜花。其相当于汉文佛经中的"金刚花菩萨"，梵文作 Vajrapuṣpa。

（二）香母：西夏文作𘙴𗼲，译为"香母"，藏文作 bdug pa ma，又译作"薰香母"。藏传佛教四供养天母之一，造型作天女形，持香炉。其相当于汉文佛经中的"金刚香菩萨"，梵文作 Vajradhāpa。

（三）笛母：西夏文作𗴩𗼲，译为"笛母"，藏文作 gling bu ma，梵文作 Vaṃsā。密教金刚界曼荼罗中四位女性守护神灵之一，手持笛。

8-4　𗆐𘄒𗈬𗈪𗰕𗆐𘍞𘉋𘆋𗼞，𘂝𘉋𗈪𘄢𗼲𘃰𗡞𗷫𘆋𗴲𘋧

六第节之二第殊妙做中，脐间短是谓者说（助）依说（助）故

8-5　𗼗𗿒𗷫𘍞𘄢𗙩𘉲𗵨𗈬。𗷫𗼲𘃰𗡞𗷫𘆋𗴲𘋧𘃰𘈬𗭪𗺫𘄒𗆐𘃰𗧁

其阿字短者宣说独是。说应依说（助）故声及点圆以不坏

---

① 该段藏文本中无。

8-6 𗹦。𗈶𗏷𗤋𗾔𗣋𗫽𗤲𗲩𗣋𘃠𗫦𗤊𗣋𗤋𗈷𗹦，𗨔𗢠𗥃𘉍𗤋

也。心中二分谓者说（助）依说（助）故宣说二是，乌字及庵二

8-7 𗤀𗣋。𗣋𗫽𗲩𗣋𘃠𗫦𗈶𗏷𗤫𗤋𘏚𗧀𘌽𗃀𗤋𗤊𗦚𘃝𘉉𗹦。

之谓。说应依说（助）故心中二点圆火以枯令时二居住也。

8-8 𗨔𗈶𗑥𗹦𗤋𗾔𗣋𗫽𗤲𗣋𘃠𗫦𗣋𗥃𗹦𗤀，𗫽𗤪𘉍𗥃𗤀

喉间唵三分谓者说（助）依说（助）故宣说三是，阿呕庵三之

8-9 𗣋。𗣋𗫽𗲩𗣋𘃠𗫦𘏚𗧀𗤫𗤋𗤊𗦚𘃝𗤊𗾔𗲩𘃝𘉉𗹦。𗹩

谓。说应依说（助）故点圆独火以枯令时三种依居住也。额

8-10 𗈶𗥃𗣋𗾔𗣋𗫽𗤲𗣋𗲩𘂆𗸖𗭨𘏚𗧀𘉉𘇂𗹦。𗣋𗫽𗲩

间含谓者说（助）依说（助）故诃月半点圆那达四是。说应依

8-11 𗣋𘃠𗫦𗤋𘉂𘃝𘏚𗧀𗤫𘌽𗹦。𘃉𗣋𗤺𘃝𘊝𗤀�𗈶𗤋𘉉𗣋

谓（助）故大乐中四点圆流也。声谓者四轮之字阿吽唵含

8-12 �𗤀𗣋。𘏚𗧀𗣋𗤺𗸖𘍝𗤑𗥃𗤋𗹦。𘍼𗣷𗤺𗃳𘍝𗤑𗥃�

四之谓。点圆谓者世俗菩提心是。不坏者胜义菩提心之

8-13 𗣋。𗈷𗑥𗨔𗤊�𗤋𘄄𗤊𗤺���𗟬，𘄄𗤊𘄷�𗤊𘍺𘏏𗹦。

谓。地水等及四大轮谓者共同依，轮各处四大各俱也。

意译：

第六节之第二品中，谓脐间是短者依照能诠（一）而解说，故彼短"阿"字者是唯一讲说。依照所诠（二）而解说，则以声韵及明点不毁坏也。谓心间二分者依照能诠而解说，故讲说是二种，"乌"字及"庵"字二种之谓。依照所诠而解说，则心间二明点以火令干枯时，二种安住也。谓喉间"唵"三分者依照能诠而解说，则讲宣是三种，"阿呕庵"三种之谓。依照所诠而解说，则一明点以火令干枯时，三种安住也。谓额间"含"者依照能诠而解说，则是"诃"、半月形明点、"那"、"达"四种。依照所诠解说者则大乐中四明点滴漏也。谓声韵者四轮之"阿吽唵含"四字之谓。谓明点者是世俗菩提心。不坏者是胜义菩提心之谓。谓地、水等及四大轮者共同所依，各轮处四大各俱足也。

注释：

（一）能诠：西夏文作𗥃𗟲，直译是"能说"。其在《吉祥三菩怛经典明灯》中作 rjod byed，译为"能诠"，即以名言、语文论述对境事物。

（二）所诠：西夏文作𗥃𗟍，直译是"应说"。其在《吉祥三菩怛经典明灯》中作 brjod bya，译为"所诠"，即叙述的内容，从名言、符号所了知之含义。

藏文转写：

lte bar thung dhu zhes pa ni rjod byed dbang du byas na a thung dhu de brjod pa gcig go/ brjod byavi dbang du na sgra dang thig les mi shigs pavo// gnyis kar cha gnyis ni rjod byed kyi dbang du na brjod pa gnyis te u dang a gnyis so// brjod byavi dbang du na snying gavi thig le gnyis mes skams nas gnyis gnas pavo// mgrin par oṃ cha gsum ni rjod byed kyi dbang du na brjod pa gsum ste a o a gsum mo// brjod byavi dbang du gcig thig le gcig mes skams nas gsum du gnas pavo// dpral bar haṃ ni rjod byed kyi dbang du na zla tshes thig le na da bzhivo// brjod byavi dbang du na bde chen na thig le bzhi vdzag pavo// sgra ni vkhor lo bzhivi yi ge a hūṃ a haṃ bzhivo// thig le ni kun rdzob byang chub sems so// mi shigs pa ni don dam byang sems so// sa sogs dang tsakra bzhi ni thun mong du tsakra re re la vbyung ba bzhi bzhi tshang//①

8-14 𗟲𗜓𗰖𗥃𗟲𗜓𗠝，𗗚𗟍𗥃，𗤒𗫡𗈴𗱠，𗥃𗽺𗆌𗟲
　　　不同依化轮处地，心间水，大乐中风，报轮处火是。四花净脉

8-15 𗣼𗟲𗥃𗫐𗆌𗟲𗤒𗖰𗗙𗤒𗖰𗇋𗱠。𗟲𗤒𗄻𗆌𗇋𗆌𗉺𗉺𗟲
　　　之四轮于其四大者实真生谓也。四种行加谓者察应四

① 俄·秋谷多吉等：《先哲遗书·俄派师徒文集》第226册，第210—211页。

8-16 　𗊱𗂹𗗙，𗊱𘄒𗦳𗴿𗸰，𗉛𗴛𗷸𗤒𗴿𗸰，𗼇𗊱𗼺𗴷𗴿𗸰，𗤒𗼨

　　　轮之谓，其亦化默有，心中随依默有，报轮最中默有，大乐

8-17 　𗤒𗴿𗸰，𗅁𗡪𗉷𗤒𗰜𗰴𗻛𗼓𗗙𘄼。𗉷𗤒𗼨𗙼𗻓𗦳𗺌𗾈，𗉛

　　　大默有，此如四种行加者成谓也。四种喜谓者化初喜，心

8-18 　𗉵𘃎𗾈，𗶊𗉵𗾈𘄒，𗤒𗼨𗾈𗴷𗾈𗰩。𗉷𗰜𗙫𗙼𗻓𗦠𗻛𘃎

　　　间上喜，喉间喜离，大乐等生喜是。四隅中谓者十六数转

8-19 　𗴛𗻓𗦠𗰴𗰜𘃎𗰩，𗊱𘄒𗘂𗴵𗙫𗱽𗱽𗴵𗰜𗴿𗼺𗴷𗰟𗾈

　　　大十六数转小是，其亦地风等相互处数转时上风阿哇

8-20 　𗼇𗤊𘃎𗙫𗙫𗖰𘃎。𗴷𘃎𗾈𗙼𗻓𗥃𗪊𗼇𗂹𗻓𘃎。𗼓𗻓

　　　都底中不入无仪也。最上喜谓者萨诃昝之名数是。作应

9-1 　𗙼𗻓𗴹𘃎，𗉷𗴵𗡪𗻛𗉷𗾈𗭥𗷸𗷸�7𗴹�0。𗼓𗷙�4�7�9，

　　　谓者果是，四刹那（助）四喜中后后者果是。作（助）谓者因是，

9-2 　𗉷𗴵𗡪𗻛𗉷𗾈𗤒𗖰�0�7�9。𗼿𗴿�0𘄼�7�9𗰟𗾈𗟣

　　　四刹那（助）四喜中前前者因是。吉有谓二句者风阿哇都

9-3 　�0𗤊�0𗼇�0。𗉷𗾣���0�7𗡪𗉷𗼇�ₗ𗼺𗤞�0。𗺌�

　　　底中入之谓。四方叶上谓者心间四大之四脉叶是。住脉

9-4 　�7�0�7𗉛𗼇𗮀𗺌�ₗ𗥃𗴷𗰟𗾈𗤊𗡪𗸰�0�0𗺌𗿤𗺌

　　　者谓者心之中间上方阿哇都底（助）乐虚空脉居住也。

意译：

不同所依，化轮处是地，心间是水，大乐轮中是风，报轮处是火。四莲花于脉之四轮，彼四大者谓真实生也。谓四种加行者心住所缘^(一)四轮之谓，彼亦幻化轮为瑜伽，心间是依随瑜伽，报轮为最上瑜伽，大乐轮是大瑜伽，如此四种加行者谓成也。谓四种喜者幻化轮为初喜，心间为上喜，喉间是离喜，大乐轮是俱生喜。谓四隅中者是十六大转气^(二)、十六小转气^(三)，彼亦地之风等相互转移^(四)时节上，不可能不入中脉中也。谓最上喜者是萨诃昝之名数。谓所作是果，四刹那或四喜之最后^(五)者是果。谓能作是因，四刹那或四喜中最前^(六)者是因。谓具吉祥之二句者入中脉

中之谓。谓四方叶上是心间四大之四脉叶。谓住脉是心之中间上方中脉或乐安住虚空之脉也。

注释:

(一)心住所缘:西夏文作𗰖𗰜,直译是"应察"。其在《吉祥三菩怛经典明灯》中作 dmigs pa gtad pa,译为"心住所缘",即为了引生禅定所观想的对象。

(二)大转气:西夏文作𗙏𗙑𗙢,直译是"大转数"。其在《吉祥三菩怛经典明灯》中对应作 vpho chen,译为"大转气"。藏医所说一昼夜间,无病之人呼吸气息的二十四分之一。

(三)小转气:西夏文作𗙏𗙑𗾔,直译是"小转数"。其在《吉祥三菩怛经典明灯》中对应作 vpho chung,译为"小转气"。藏医所说一昼夜间,无病之人呼吸气息的九十六分之一。

(四)转移:西夏文作𗙏𗙑,直译是"转数"。其在《吉祥三菩怛经典明灯》中对应作 vpho ba,译为"转移""变迁"。

(五)最后:西夏文作𗤋𗤋,直译是"后后"。其在《吉祥三菩怛经典明灯》中对应作 phyi ma phyi ma,直译是"以后以后",译为"最后"。

(六)最前:西夏文作𗆫𗆫,直译是"前前"。其在《吉祥三菩怛经典明灯》中对应作 snga ma snga ma,直译是"前前",译为"最前"。

藏文转写:

thun mong ma yin pa la sprul pavi vkhor lo nas/ snying ga na chu/ bde chen rlung/ longs spyod na mevo// padma bzhi ni rtsavi vkhor lo bzhi las vbyung ba bzhi po de yang dag byung zhes so// sbyor ba bzhi dmigs pa gtad pa vkhor lo bzhi ste/ de yang sprul pa rnal vbyor/ snying ga rjes su rnal vbyor/ longs spyod shin tu rnal vbyor/ bde chen rnal vbyor chen po ste/ de ltar rnal vbyor bzhi ru vgro ba ste zhes so// dgav ba bzhi ni sprul pa dgav ba dang/ snying ga mchog dgav/ mgrin pa dgav bral/ bde chen lhan skyes dgav bavo// mtshams bzhi ni vpho chen drug vpho chung drug cu rtsa bzhi ste/ de yang

savi rlung la sogs pa gcig nas cig tu vpho bavi dus su rlung dhū tir mi tshud mi
srid pas so// mchog tu dgav ba ni lhan cig skyes pavi ye shes kyi ming gi rnam
grangs so// bya ba vbras bu ste skad cig ma bzhi vam dgav ba bzhivi phyi ma
phyi ma vbras buvo// byed pavi rgyu ste skad cig ma bzhi vam dgav ba bzhi
vam snga ma snga ma rgyuvo// dpal ldan gyi tshig gnyis rlung dhū tir tshud
pavo// phyogs bzhi vdab ma ni snying gavi vbyung ba bzhivi rtsa vdab bzhivo//
rtsa gnas pa ni snying gavi dbus na yar dhū ti vam bde ba nam mkhavi rtsa
gnas pavo//[①]

9–5　綱緩救敻勠纏羆豮救矵悍黂豥葌纏散。　鹩嘉鎽勠纏矛散
　　　四生大数谓者其脉数之内方清净者是。灯自实谓者身清

9–6　黂糀蘱虺繲散葌嘉豮勠。矵杰虓散豮矵悍疧散葌豮轂
　　　净于依靠心清净起之谓。其亦隅数之脉中五清净之风

9–7　虵茈蘱虺纀纖蕗敠虓缏散。矵纏虺敪蘕綱勠纏轂纖悍
　　　出入依五医药流以居住也。其者依处供四谓者隅脉中

9–8　纖纖蕗豮勠，潵纚盄糀蘱毊救轂仄茈蕥疧悍散豮勠。纈
　　　医药流之谓，（助）脉叶于依靠以风阿哇都底中入之谓。此

9–9　纏勠纏纀虓敪散豭纃。矛豮綷辭祥勠纏緉飑虓悍勠。虺
　　　者谓者先（助）说数上系。身之心中间谓者吽字有之谓。五

9–10　敠矵勠纏綱敪辭祥轂虺散。矵矵散屄蘷鎽矛矜梠緅敠
　　　种脉谓者四方中间等五是。其脉数区分则身语二句以

9–11　敻散。虓轂悍梠緅纏梠散綱矵蘕虓敠辭虓轂梠散綱矜
　　　说也。宫等之二句者二十四脉结宫及近宫等二十四身

9–12　嘉鎽敪飑虓敻。纈糀勠梠緅纏救葇勠糀矵散綷散。矵盄
　　　自实处有（助）说。头于谓二句者大乐含于脉数分也。脉伞

---

① 俄·秋谷多吉等:《先哲遗书·俄派师徒文集》第 226 册，第 211 页。

9-13 𗹬𗣼𗐴𗰛。𗹬𘓐𗣣𗸿𗹳𗢏𗾪𗣣𗍾𗰖𘉋𗹐𗣏𗴵𗴴𗰆

相如求也。其脉数集绕故心力谓者啰萨捺脉中液流之

9-14 𗣣。𗣍𗤁𗣣𗾪𗣣𗣣𘉋𗹐𗐴𗴵𗣣𗟭。𗤫𗹬𗣣𗾪𘓐𗐧𗴵𘉽

谓。尘土谓者喇喇捺脉中血流者是。暗相谓者阿哇都底

9-15 𗴵𗄟𗢏𗤁𗴵𗣣。𗹬𗐴𗣣𗾪𗢏𘓐𗴵𗴴𗋚𗐧�§𗴵𗴲𗤫𗤫��

中一味成之谓。其数谓者多脉之中间阿哇都底尊女居

9-16 𗣣𗐴。𘓝𘓲𗤫𗴵𗪊𘓲𗍾𗣳𗪊𗟭，𗴵。

谓也。六第节之二第殊妙做是，终。

意译：

谓诸四大种者是彼诸脉之里面清净。谓灯彼本身者依靠身之清净而生起心清净之谓。彼亦诸隅之脉中，依五清净之风出入，五甘露盈流而安住也。彼者谓四供所依^{（一）}者隅脉中甘露盈流之谓，或依靠脉叶风入中脉中之谓。谓此者接近前面所讲说。谓身之心中间者有"吽"字之谓。谓五种脉者是四个方向和中间等五。区分彼诸脉则以身语二句说也。讲说处所等之二句者二十四脉结处及近处等二十四身体本身处有。谓于头之二句者于大乐"含"诸脉搏分散也。希求脉如伞盖相。彼诸脉汇集，故谓精力脉^{（二）}者是啰萨捺脉中液盈流之谓。谓尘埃脉^{（三）}者是喇喇捺脉中血盈流。谓暗脉^{（四）}者阿哇都底中成一味之谓。彼数者多数脉之中间阿哇都底脉主尊女居住也。第六节之第二品，终。

注释：

（一）四供所依：西夏文作𗰖𘓐�-𗸿𗹳，直译是"依处四供"。《吉祥三菩怛经典明灯》中作 rten mchod pa bzhi，译作"四供所依"。"四供"指密教中的内供、外供、秘供和真实供；"所依"就是依靠的事物。

（二）精力脉：西夏文作𗸿𗹳，直译是"心力"，即精力。其在《吉祥三菩怛经典明灯》中作 snying stobs rtsa，直译是"心力脉"，佛书中译成"精力脉"。精力脉指人体内的左脉。

（三）尘埃脉：西夏文作𗣍𗤁，直译是"尘土"，即尘埃。其在《吉

499

祥三菩怛经典明灯》中作 rdul rtsa，译为"尘埃脉"。尘埃脉指人体内的右脉。

（四）暗脉：西夏文作𘟖𗰪，直译是"暗相"，即暗形。其在《吉祥三菩怛经典明灯》中作 mun gzugs，译为"暗相"，指暗脉。暗脉指人体内的中脉，即阿哇都底脉。

藏文转写：

vbyung ba che rnams ni rtsa de rnams kyi nang gi dwangs mavo// mar me dngos ni lus kyi dwangs ma la brten nas sems kyi dwangs ma skyes pavo// de yang mtshams rnams kyi rtsar dwangs ma lngavi bdud rtsi lnga vbab cing gnas pa yin no// de rten mchod pa bzhi ni rtsar bdud rtsi vbab pa la bya bavam rtsa vdab la brten nas rlung dhū tir gzhug pa la byavo// vdi ni gong ma de rnams thams cad do// lus kyi snying dbus su hūṃ yod pavo// rtsa lnga por ni phyogs bzhi dbus dang lngavo// rtsa de rnams dbye na sku gsung gi tshig[①] gnyis so//

gnas sogs kyi tshig gnyis ni rtsa mdud nyi shu rtsa bzhi po gnas dang nye bavi gnas la sogs nyer bzhi lus rang la yod par bstan/ mgo bovi tshig gnyis na bde chen haṃ las rtsa rnams gyes pa ste/ rtsa gdugs kyi rnam pa lta bur vdod pavo// rtsa de rnams bsdu na snying stobs rtsa ra sa na khu ba vbab pavo// rdul rtsa la la na khrug vbab pavo// mun gzugs ni a ba dhū tir ro gcig pavo// de dag ni rtsa mang povi dbus na a ba dhū tir gtso mor gnas ces so//[②]

9-17 𗗙𗧀𘟖𘓁𗤁𘁂𘓆𘟣𘟷𘕰𘄡𘄡𗧀𘜜𘕦。𗦼𗭽𗤻𘁂𘓃𗧀𗫩𗣼
善谓者世及世出成就皆皆生起是。不二之三句者胜义

9-18 𘄎𗤁𗎘𗤻𗰞𘁂𘕰。𗰑𗫐𗧀𗭋𘁂𘕰，𗧘𘜲𘅳𘗠𗭽𗣼𗦲𗴮𘁂𗫩
菩提心之名数是。然皆等生智是，故四部本续等（助）说者

9-19 𘜊𗤆𘕰𗧀，𗧘𘟣𘁂𗦼𘕰𗰑𗣼𘜲𗭋𘅳𗧀𘗠𗭽𗣼。

<hr/>

① 原本作 tshogs，此据西夏文本改。
② 俄·秋谷多吉等：《先哲遗书·俄派师徒文集》第 226 册，第 211—212 页。

何云是谓，故嘻与又察谓等以四种欲依四部本续（助）说。

9-20 〔Tangut script〕

虫蛆仪依谓者喻如虫蛆（助）食草者草之作应，亦不作，此

10-1 〔Tangut script〕

亦无成，（助）如别本续依心真亦无果亦不有，故上首成大

10-2 〔Tangut script〕

默有本续是谓也。四喜中等生喜胜义依首成说者何云

10-3 〔Tangut script〕

是谓，故贪欲实谓者上喜及喜是。欲离谓者喜离喜是。食

10-4 〔Tangut script〕

时虫蛆实依住谓者喻虫蛆（助助助）食草如。察有三喜以

10-5 〔Tangut script〕

等生智（助）悟时妄念亦不起，等生智之因亦不作也。其四

10-6 〔Tangut script〕

喜亦何于依靠以起谓，故脉数皆皆谓二句以说也。六第

10-7 〔Tangut script〕

节之三第殊妙做，终。

意译：

谓善者是生起一切世间及出世间之成就。不二之三偈句是胜义菩提心之名数。然皆是俱生智，故所说四部本续等者是谓如何，故谓以掉及相^(一)等，依四种贪欲，讲说四部本续。谓依蛆虫之法者譬如虫蛆所食之草，彼者草所作，又不能作，此亦无所成，犹如随其他本续心咒无，果亦不有，故而成最上主尊是谓大瑜伽本续也。四喜中俱生喜依胜义说主尊者是谓如何，故谓贪欲实性者是上喜及喜。谓离欲^(二)者是离喜之喜。食时谓蛆虫真实安住者譬如蛆虫所食之草。有寻思^(三)以三喜领悟俱生智时妄念亦不起，俱生智之因亦不能作也。谓彼四喜亦依靠何生起，则谓一切脉数以二偈句讲说也。第六节之第三品，终。

注释：

（一）掉及相：西夏文作𗅁𗧁𗥤，直译是"嘻笑与观察"。其在《吉祥三菩怛经典明灯》中对应作 rgod dang ltas，直译是"笑与见"，佛书中译作"掉与相"。"掉"也作掉举，即放逸之心；"相"即象征、预兆。

（二）离欲：西夏文作𗥤𗥦，译作"离欲"，藏文作 chags bral，义为"离去贪欲"。

（三）有寻思：西夏文作𗧁𗥦，直译是"有察"。其在《吉祥三菩怛经典明灯》中对应作 rtog bcas，直译是"有察"，佛书中译作"有寻思""有分别心"，即详明识别对境之心。

藏文转写：

dge ba ni lo ka dang vdas pavi dngos grub vbyung ngo// gnyis med kyi tshig gsum don dam byang sems kyi ming gi rnam grangs so// vo na thams cad lhan cig skyes pavi ye shes yin na rgyud sde bzhi la sogs par ston pa ci yin zhe na/ rgod dang ltas dang sogs pas vdod chags bzhivi sgo nas rgyud sde bzhi bstan pas so// srin buvi tshul te dper na srin bus zos pavi rtswa de rtswavi bya ba yang mi byed pa bzhin du rgyud gzhan la snying po yang med la vbras bu yang med pas gtso bor bla ba med pavi rgyud yin zhes so//

dgav ba bzhi las lhan cig skyes pavi dgav ba don gyis gtso bor ston pa ci yin zhe na/ vdod chags nyid ni mchog dgav dang dgav ba/ chags bral ni dgav bral gyi dga pa zos nas srin bu nyid du gnas pa ni dper na srin bus zos pavi rtswa bzhin no// dgav ba rtog bcas gsum gyis lhan cig skyes pavi ye shes rtogs tsam na rnal vbyor kyang mi byed la/ lhan cig skyes pavi rgyu yang mi byed pavo// dgav ba bzhi po de yang gang la brten nas skye na/ rtsa rnams thams cad kyi tshig gnyis so// gdan bzhi pavi bshad pavi rgyud brtag pa drug pavi rab du byed pa gsum pavi sgron mavo//[①]

---

① 俄·秋谷多吉等：《先哲遗书·俄派师徒文集》第 226 册，第 220 页。

10-8 𗨁𗰜𗧅𗏵𗰜𗺌𗄟𗹦𗟭𗆫𗢸𗈼𗣗𗧘𗯨𗏵𗵘𗟳𗀔𗆫

七第节之三第殊妙做中唵伐折啰白饶旆那谓密集中

10-9 𗶼𗫬𗆫𗅲𗴢𗣠𗷟𗯨，𗐦𗭽𗆫𗶼𗫬𗵄𗫬𗵄𗻱，𗵖𗅲𗴢

佛眼母之亲心真虽是，亦轮集中佛眼母亥母为，故亲心

10-10 𗣆𗆫𗨁𗰜𗖵𗏵𗣠。𗊡𗨆𗊡𗨆𗟳𗀔𗆫𗍦𗣠𗴢𗯨，𗐦𗸝𗭴𗉜𗆫

真白饶旆那是。阇喇阇喇密集中此实虽是，亦喜石王中

10-11 𗥃𗥃𗸤𗆫𗅲𗴢𗊡𗨆𗊡𗨉𗯨。𗭴𗽵𗹊𗵘𗫬𗤙𗒀𗝠𗆫𗯨

嘛嘛叽之亲心真阇喇阇喇是。石王空行最上本续中白

10-12 𗌖𗴢𗆫𗅲𗴢𗣆𗝠𗫧𗣠𗴢𗧅。

衣母之亲心真此实是说也。

意译：

第七节之第三品中，谓"唵伐折啰白饶旆那"虽是《密集》中佛眼母之亲心咒，亦《集轮》中佛眼母为亥母，故亲心咒是"白饶旆那"。"阇喇阇喇"^(一)彼本身是《密集》咒，亦《喜金刚》中嘛嘛叽之亲心咒是"阇喇阇喇"。《金刚空行无上本续》中白衣母之亲心咒，如是宣说也。^①

注释：

（一）阇喇阇喇：音译西夏文𗊡𗨆𗊡𗨆，佛教咒语，《吉祥三菩怛经典明灯》中记梵音为 jvala jvala。^②

10-13 𗵄𗻱𗻑𗍹𗆫𗏇𗵖

最妙上师数之礼敬

10-14 𗤧𗰜𗧅𗏵𗰜𗺌𗄟𗺌𗆫，𗽶𗨙𗏵𗵘𗻱𗣗𗐦𗶕𗤉𗎖𗚪

二第节之三第殊妙做中，中尊三皆之咒唵阿吽纥哩索

10-15 𗨁𗑱𗆫，𗶙𗄔𗚝𗴢𗭴𗽹𗌥𗴢𗦇𗵖𗤧𗣗𗵘𗦳𗤉𗎖𗨁。

---

① 该段在藏文本中无。

② 俄·秋谷多吉等：《先哲遗书·俄派师徒文集》第 226 册，第 233 页。

诃依诵，围绕天母石王猛阴母等次依唵阿吽纥哩索诃。

10-16 𗰗𗱰𗤋𗑱𗱚𘊠𗐯𗸓𗑠𗊾𗤋𘄡𘃽𘉑。𗱱𘕘𘎑𗤌𘊏𗰖𗩾𘕀

其（助）如俞噎噎呕呕庵贺谓与合应。养供天母吹及弹之

10-17 𘅍𗾔𗘂𗟟𗫈𗫼𗅠𗒸，𗰗𗱰𗤋𘉑𗨁𗨁�u𗊾𘄡𘃽𘉑。𗏵

次依唵阿哩纥哩索诃，其（助）如哩哩引利利引谓与合应。四

10-18 𗦻𗄠𘉑𗘂𗟟𗅠𗒸，𗰗𗱰𗤋𘉑① 𗍊𘈷𗐆𗏵𗊾𘄡𘃽𘉑。𗪚

门守之唵阿索诃，其（助）如阿啊翳咦四与合应。

意译：

敬礼诸最妙上师。

第二节之第三品中，中尊三部分咒颂依"唵阿吽纥哩索诃"⁽一⁾诵，眷属天母金刚威猛女神等依次"唵阿吽纥哩索诃"。如此应与"俞噎噎呕呕庵贺"⁽二⁾相应。供养天母依次吹及弹，"唵阿哩纥哩索诃"⁽三⁾，如此应与"哩哩引利利引"相应。守四门之"唵阿索诃"⁽四⁾，如此应与"阿啊翳咦"⁽五⁾四字相应。

注释：

（一）唵阿吽纥哩索诃：音译西夏文𗷭𗄠𗤽𘕀𗋿𗘂𗟟𗅠𗒸，佛教密咒，《吉祥三菩怛经典明灯》中记梵音为 oṃ āḥ hūṃ hrīḥ swāhā。

（二）俞噎噎呕呕庵贺：音译西夏文𘊠𗱚𘊏𘊠𗐯𗸓𗤋𘄡，佛教密咒，《吉祥三菩怛经典明灯》中记梵音为 u ū e ē ō ō aṃ a。两者不完全相切。

（三）唵阿哩纥哩索诃：音译西夏文𗷭𗄠𗒸𘕀𗋿𗘂𗟟𗅠𗒸，佛教密咒，《吉祥三菩怛经典明灯》中记梵音为 oṃ āḥ ri hrīḥ swāhā。

（四）唵阿索诃：音译西夏文𗷭𗄠𗘂𗟟𗅠𗒸，佛教密咒，《吉祥三菩怛经典明灯》中记梵音为 oṃ āḥ hūṃ swāhā。西夏本中少一个"吽"的音。

（五）阿啊翳咦：音译西夏文𗄠𗍊𘈷𗐆𗏵，佛教密咒，《吉祥三菩怛经典明灯》中记梵音为 a ā i ī。

---

① 西夏文原本中无𗄠（阿）字，此据藏文本加。

藏文转写：

de ltar bskyed rim la skyo na sngags kyi bzlas pa bya ste gtso bo gsum
char gyi sngags oṃ āḥ hūṃ hrīḥ swāhā// lha mo rnams la hrīḥ nyid dgod ni/
vkhor lha mo rdo rje drag mo la sogs pa go rim bzhin du oṃ āḥ hūṃ hrīḥ
swāhā// de bzhin du u ū/ e ē/ ō ō/ aṃ a zhes pa dang sbyar ro// mchod pavi lha
mo bud pa dang brdung pa la rim pa bzhin du/ oṃ āḥ ri hrīḥ swāhā/ de bzhin
du ri rī/ li lī/ zhes pa dang sbyar ro// sgo ba bzhi la oṃ āḥ hūṃ swāhā/ de bzhin
du a ā i ī bzhi dang sbyar ro//①

10–19 𝕊𝕊𝕊𝕊𝕊𝕊𝕊𝕊𝕊，𝕊𝕊𝕊𝕊𝕊𝕊𝕊𝕊𝕊𝕊𝕊𝕊
　　　三第节之一第殊妙做中，胜妙宫（助）思之中间月中围之

10–20 𝕊𝕊𝕊𝕊𝕊𝕊𝕊，𝕊𝕊𝕊𝕊𝕊𝕊𝕊𝕊𝕊𝕊。𝕊𝕊𝕊𝕊
　　　二句及石王勇识，石王实以因石王持定作也。石王有之

11–1 𝕊𝕊𝕊𝕊𝕊𝕊𝕊𝕊𝕊𝕊，𝕊𝕊𝕊𝕊𝕊𝕊𝕊𝕊𝕊𝕊
　　　二句以石王花净摄持时，等入以阴之花净中液得及（助）

11–2 𝕊𝕊𝕊𝕊𝕊𝕊𝕊𝕊。𝕊𝕊𝕊𝕊𝕊𝕊𝕊𝕊𝕊𝕊𝕊
　　　下严我旃我与缚有也。其又绕围增长令之亦月中围（助）

11–3 𝕊𝕊𝕊𝕊𝕊𝕊。𝕊𝕊𝕊𝕊𝕊𝕊𝕊𝕊𝕊，𝕊𝕊𝕊𝕊𝕊𝕊𝕊
　　　日月思增长令。咒之中间者字种咦诵，彼处列谓及（助）下

11–4 𝕊𝕊𝕊𝕊𝕊𝕊𝕊𝕊𝕊𝕊𝕊𝕊𝕊，𝕊𝕊𝕊𝕊𝕊𝕊𝕊𝕊𝕊
　　　严我旃我得谓以得咒八天母思，一刹那以琵琶等养供

11–5 𝕊𝕊𝕊𝕊𝕊𝕊𝕊𝕊𝕊𝕊𝕊。𝕊𝕊𝕊𝕊𝕊𝕊𝕊𝕊𝕊𝕊
　　　天母四及四门守天母思应。其亦阴母墙屋谓一句与缚

11–6 𝕊𝕊。𝕊𝕊𝕊𝕊𝕊𝕊𝕊𝕊𝕊𝕊𝕊𝕊𝕊𝕊，𝕊𝕊𝕊
　　　有也。月中围之二句以中有仪依月坛（助）五字思，石王有

---

① 俄·秋谷多吉等：《先哲遗书·俄派师徒文集》第226册，第162页。

11-7 𗼊𗰦𗼖𗰦𗻫𗟻𗵒𗟻𗾟𗢸𗦮𗡪𗰞𗡞𗈜𗷖，𗷖𗰦𗰻𗟻𗢸𗼻𗽳

之二句以阳阴等入作依喜悦幻术如，声以明女与一（助）

11-8 𗰞𗟻𗢸𗼊。𗦇𗽍𗲖𗰦𗼎𗷭，𗡞𗷖𗰞𗰦𗼊𗢸𗰕𗡞𗰻𗼖，𗦇

阳阴融也。其又歌以告起，阿吽依三种法事石王持出，其

11-9 𗽍𗴪𗴪𗟭𗧊𗼊𗰦𗻫𗢸𗧊𗟻𗼖𗼊。𗐣𗰻𗮀𗼎𗡪𗧊𗦜𗼊𗰦𗻫

又先初复亦之三句与缚有也。足者地（助）踢以触二句及

11-10 □□□□𗰦𗻫𗟻𗼖𗼊𗰞𗟻𗼎𗸺𗍤𗷖，𗢸𗿷𗚪𗧊𗼖𗰦𗼊

□□□□二句以阳阴之心中字种思，烧焚等以先说石

11-11 𗰕□□□□𗼊𗢸𗼊□𗰦𗢸。𗦇𗧊𗦜𗢸𗢸𗰻𗿷𗰦𗢸。𗑊𗟻

王□□□□也谓之□说是。其亦心悦谓者口合是。勇健

11-12 𗢸𗰻𗖫𗰻𗢸。𗼖𗵒𗢸𗰻𗼊𗢸𗰕𗢸。𗸺𗢸𗰻①𗰦𗴪𗼊𗢸𗕈𗼊

谓者左展是。畏怖谓者大灰涂是。嘻谓者二牙略许露之

11-13 𗢸。𗷫𗰻𗸺𗕈𗷖𗢸。𗼖𗾟𗢜𗢸𗰻𗼖𗕈𗷖𗼊。𗊢𗗰𗢸𗰻𗖫𗸦

谓。猛者面相变是。畏应堪谓者种相变也。大悲谓者左面

11-14 𗼼𗢸。𗼇𗰻𗼊𗸺𗼎𗢸。𗠊𗵒𗰻𗮀𗸦𗗰𗢸。𗢸𗫨𗢸𗵒。𗻫𗼖𗼖

红也。怒者根面黑是。柔善者右面白是。萨乞师说。故先初

11-15 𗑆𗼊𗢸𗰻，𗰦𗒹𗽳𗼊𗢸𗰻，𗢸𗒹𗼻𗼊𗢸𗻫𗢸𗢸𗼊。𗼎𗢸𗽳

身之三舞，二第语之三舞，三第意之三舞是谓也。法事作

11-16 𗻫，𗦇𗗰𗢸𗰦𗤁𗢸𗼖𗢸𗵒𗢸𗈜𗼊𗑊𗡪𗒹𗗰𗢸𗼊𗢸𗵒𗢸。

应，其实以谓等以先说阴母墙屋心悦中谓之广说是。

意译：

第三节之第一品中，观想无量宫之中间月轮二偈句及金刚萨埵，金刚彼本身故持金刚禅定也。以具金刚之二偈句，金刚摄授莲花时，以三摩地阴体之莲花中获取液，并下面与"严我旃我"有关也。彼又令眷属增长亦观想月轮上日月令增长。咒之中间者诵种字"咦"，彼处列置及

_____

① 此字在原本中作𗮀（哄），误，据藏文本改。

下方以"严我旗我"炽染咒，观想八天母，一刹那间观想琵琶等四供养天母及四守门天母^(一)。彼亦谓阴之母墙屋与一偈句相关也。以月轮之二偈句，依中有法观想月坛上五字。以具金刚之二偈句男女作禅定如喜悦幻术，以声韵与明妃一起阴阳相融也。其又用歌感应，依"阿吽"三种仪轨出金刚持，彼又前面复亦与之三偈句有关也。足者地上踢而蹩，以二偈句及□□□□二句，男女之心中观想种字，以梵烧等前面所说金刚□□□□也宣说。彼亦谓如意者应相合。谓勇士是展左。谓怖畏是大涂灰^(二)。谓嘻笑者二牙微露之谓。猛厉是面相变化。谓堪畏^(三)是诸种相变化也。谓大悲者左面红色也。忿怒者主面是黑色。慈善者右面是白色。萨乞师^(四)说。故谓开始是身之三舞^(五)，第二是语之三舞^(六)，第三是意之三舞^(七)也。所作仪轨，谓以彼本身等是前面所说阴之母如意墙屋中之广说。^①

注释：

（一）琵琶等四供养天母及四守门天母："琵琶"指琵琶母（pi wang ma），是密教金刚界曼荼罗中的守门天母之一，手持琵琶。"四供养天母"指花母、熏香母、香气母和灯母。"四守门天母"指笛母、琵琶母、面鼓母（mu kun dā）和罐鼓母（rdza rnga ma）。

（二）涂灰：身上涂抹灰是古代印度湿婆教的一种习俗，湿婆教又称涂灰外道（Pāmśupata）、大自在天外道。古代印度众多居民信奉湿婆教，如玄奘记载的迦毕试国中有"天祠数十所，异道千余人，或露形，或涂灰，连络髑髅，以为冠鬘"。^②后来藏传佛教密宗也吸收了这种习俗，在一些怒相护法神身上涂抹灰，目的是震摄邪魔外道和罗刹恶鬼。

（三）堪畏：西夏文作𗰱𗼱𗾔，直译是"应堪畏"。其藏文为 vjigs su rung pa，译为"堪畏""可畏"，是藏传佛教嘎尔舞九姿（gar gyi cha byad dgu）中的语三姿之一。

---

① 该段在藏文本中无。
② 玄奘、辩机原著，季羡林等校注《大唐西域记校注》卷2，第136页。

（四）萨乞师：藏传佛教高僧名，生平与事迹不详。

（五）身之三舞：藏传佛教嘎尔舞九姿中的身三姿，即媚态、英姿、丑态。

（六）语之三舞：藏传佛教嘎尔舞九姿中的语三姿，即文中所说的嘻笑、猛厉、堪畏。

（七）意之三舞：藏传佛教嘎尔舞九姿中的意三姿，即文中所说的大悲、忿怒、慈善。

11-17 𗗚𗥺𗵃𗼋𗾔𗵃𗫉𗥃

　　最妙上师数之礼敬

11-18 𗼃𗵃𗥃𗵃𗐴𗵃𗥦𗼋𗲖𗷸，𗴮𗔣𗉛𗧡𗧂𗵃𗤮𗥃𘝣𗫘𗉛𗰱

　　三第节之四第殊妙做中，其石王勇识之中围者石王空

11-19 𗉛𗧡𗧲𗴺𗵃𗟻𗴮𗪤𗥃𗲖𗥃𗼋𗥺𗥃，𗴮𗼮𗪤𗥃𗫾𗯨𗴜，𗴮

　　行本续一第品中大中围之行加以，其又中围皆写画，彼

11-20 𗥃𗪤𗬆𗵃𗵃𗥺𗉛𗧡𗧂𗲖�5𗵃𘝣𗴒𗼋𗵃𗼋𗵭𗼋

　　之中间依法以石王勇识列置应谓者跋哇师（助助）上乐

12-1 𗴮𗵃𗤮�5𗼊�5�87，𗫘𗵭�85𗴮�5�����，𗤮�5𗫉�4

　　轮之增长次依（助）合，此者上乐轮之中围是谓，悉宁那𗣜

12-2 𗫾𗼋�87。𗴮𗴮𗐷𗧡�04�5�3𗨉���8𗤮�87�5。𗴌

　　巴师说。（助）其亦修法依合（助）故咒持者谓者依处人是。佛

12-3 �87𗧂�9𗬆𗫘�。𗴴𗨉�9�6�6�87�6�6�87，𗴮𗼮𗟮�9

　　堂内谓者宫是。心中谓者先初默有自主作，其又福足依

12-4 �5�6�9，�6�87�9�6�9，�87�2�87�9�9。𗤌���21𗸭

　　因之观，及依处护之观，及益寻于观也。养供谓者外内密

12-5 �87�9𗤌��87�6�。�9�87�9��5�9�87�9。�9�9�1�9�9 ①

──────────────

① 此处应多了一个𗼋（谓）。

真性以养供作之谓。礼敬谓者三业以敬也。此如语谓谓

12-6 𗹛𗘂𗗊𗰖𗙜𗰖𗤣𗣼𗒹𗰗。𗗙𗸐𗬩𗗾𗜓𗉞𗥿，𗉩𗤌𗰭𗫨
　　　者菩提心起禁戒数执持应。其又四无量定作，内外诸法

12-7 𗕾𗕾𗰖𗥃𗬩𗦳𗌭𗒹𗦳𗫨𗥃𗈜𗜈𗏹𗉞𗪛，𗉩𗜓𗥃𗣔𗰀𗎆𗬩𗆧。
　　　皆皆虚空中阿卡饶咒意以诵时空思，先如守护轮加俱令。

意译：

敬礼诸最妙上师。

第三节之第四品中，彼金刚萨埵之坛城者《金刚空行本续》第一品中大坛城之加行，由彼又画一切坛城，依彼中间之仪所理置金刚萨埵者，跋哇师^{（一）}依上乐轮之生长次第所合，此是谓上乐轮之坛城，悉宁那弥巴师^{（二）}所说。盖彼亦依修法相合，则谓持咒者是所依之人。谓佛堂内是居处。谓心间是开始成瑜伽自在。彼又依福德之因之观^{（三）}、境域之观及方便之观也。谓供养是内外密以空性作供养之谓。谓敬礼是以三业^{（四）}敬也。谓如此语是菩提心生起，应禀持诸禁戒。彼又修四无量定，一切内外诸法，虚空中"阿卡饶"^{（五）}咒以意诵时观修空性，如前令守护轮增添俱足。

注释：

（一）跋哇师：西夏文作𗉩𗆧𗤩，译作"跋哇师"。其在《吉祥三菩怛经典明灯》中作 slob dpon bha ba，译作"轨范师跋哇"。生平与事迹不详。

（二）悉宁那弥巴师：西夏文作𗤣𗦳𗫨𗤩𗤩，译作"悉宁那弥巴师"。其在《吉祥三菩怛经典明灯》中作 bla ma snye nam pa，译作"上师悉宁那弥巴"。生平与事迹不详。

（三）观：西夏文作𗤣，译作"观"。其在《吉祥三菩怛经典明灯》中对应作 dmigs pa，直译是"看见"，佛书中译为"观""观所缘"，即思考的事物。

（四）三业：指身、语、意之事业。

（五）阿卡饶：音译西夏文𗥃𗦳𗒹，密教咒语，《吉祥三菩怛经典明灯》中记音为 a ka ro。

藏文转写：

rdo rje sems dpavi da la rdo rje mkhav vgrovi rgyud levu dang po nas dkyil vkhor chen povi sbyor ba yis/ de nas dkyil vkhor thams cad bri/ devi dbus su tshul bzhin du/ rdo rje sems dpav gzhag par bya zhes pa la slob dpon bha bas bde mchog gi bskyed rims su sbyar bla ma snye[①] nam pa gsung/ de yang nyams len du dgrigs na vdi yin te/ sngags pa ni rten gyi gang zag go// lhavi kha ni gnas so// dang por rnal vbyor gyi dbang phyug bya ste/ de nas snying gar la sogs pas bsod nams kyi rgyu la dmigs pavo// de bzhin gshegs pa la sogs pa ni bsod nams kyi tshogs kyi zhing la dmigs pavo// cho ga bzhin zhes bya ba la sogs nas ni bsod nams kyi tshogs kyi thabs la dmigs pavo// mchod pa ni phyi nang gsang ba de kho na nyid kyis mchod do// phyag bya ba ni lus ngag yid gsum gyis so//

ji skad brjod pa ni sems bskyed pa dang sdom pa gzung ba rnams bya/ de nas tshad med pa bzhi bsgom/ de nas bcom ldan zhes bya ba la sogs pa ye shes kyi tshogs stong pa nyid du bsgom pa bstan te/ phyi nang gi chos la sogs pas a ka ro yid kyis brjod la stong par bsgom/ gong bzhin du srung ba kha bskang//[②]

12-8 𗼟𗆧𗱢𗼟𗾔𗾔�996𘓧𗥤𘄴𘈩𗥤𘃢，𘃺𗾔𘌙𗰖𗾔𗾟𘂤𗾔𗰪
    三角广博谓以依处法生宫思，上及下方谓一句及火

12-9 𗾔𘗟𗥤𗧘𗥙𗾔𘖑𗥤𗤒𗰖𘌙𗾔𗸲𗸅𘈩，𘒏𘗽𗥙𗥞𘌙�
    及风之二句以彼之内方生大次积思，妙高一句以彼（助）

12-10 □□𘟣□𗠈𗣼𘈟𘈩。��𗥤𗧘𗥙�𘄒𗥤𘙱��
    □□字□须弥山思。种种之二句及高赞之五句句半以

12-11 𘂔𘈟𘒏𘜶𗧗𘓽�c𗦾�𘌙，𘒏�9��69𘈩𘅳𘟣。�𘆡𘘂𗲧
    胜妙殿茉茹弥字增长令，一句以彼之尖思。班我字于生

---

① 藏文原本作 nye，此据西夏本改。
② 俄·秋谷多吉等：《先哲遗书·俄派师徒文集》第 226 册，第 169—170 页。

12-12 ꡀꡙꡙꡀꡙ ꡛꡀꡙꡀ。ꡙꡀꡙꡛ ꡙꡀꡙ ꡛꡀꡙꡙꡀꡙꡛ，ꡙꡀꡙ

之一句以彼中座思也。中间月座（助）意实住令时，其又自

12-13 ꡙꡀꡙꡛ，ꡙꡀꡙꡙꡛ ꡀꡙꡀꡙꡛ ꡙꡀꡙꡛ

性依成，此咒愿依诵谓等以五菩提依中尊阳阴增长令

12-14 ꡙꡀꡙꡛ。ꡀꡙꡀꡙꡛ，ꡙꡀꡙꡛ ꡙꡀꡙꡛꡀ

（助）说也。自之心中，此咒颂谓之四句句半以身及悟二之

12-15 ꡙꡀꡙꡛ。ꡙꡀꡙꡛ ꡙꡀꡙꡛ。ꡙꡀꡙꡛ ꡀꡙꡀ

广说是。月光之六句以色相手印说。坏有出密石王花净

12-16 ꡙꡀꡙꡛ ꡀꡙꡀꡙꡛꡀ。ꡙꡛ ꡙꡀꡙꡛ，ꡙ

种谓之义者绕围佛增长令也。其亦阳阴等入依显现，幻

12-17 ꡙꡀꡙꡛꡀꡙꡛ ꡙꡀꡙꡛ，ꡙꡀꡙꡛꡙꡀꡙꡛ

术如声以阳之密鼻尖处字种思，阴之密鼻尖处天母数

12-18 ꡙꡀꡙꡛꡀꡙꡛ。ꡙꡛ ꡙꡀꡙꡛꡀꡙꡛ ꡙꡀꡙꡛ

增长令（助）之字种思。其亦初始阳之石王中茉茹弥庵纥

12-19 ꡙꡀꡙꡛꡀꡙꡛ，ꡙꡀꡙꡛ ꡙꡀꡙꡛꡀꡙꡛ。

哩卡四方四分成时，众明宝生寿无量义有成就四增长令。

意译：

谓以广博三角所依处观修法生宫。谓上方及下方之一偈句，及以火与风之二偈句观修彼之里面生起大聚积。以妙高山之一偈句，彼上□□字□观修须弥山。以诸种之二偈句及高赞之五句半，无量宫"茉茹弥"字令增长，以一偈句观修彼之尖。以生于"班我"字之一偈句，观修彼中座也。中间月座上令意安住时，彼又依自性成就，此咒颂依意愿诵，谓以等依五菩提宣说中尊令阴阳增长也。自之心间，谓以此咒颂之四句半是广说身及领悟二种。以月光之六偈句讲说中尊色相和手印。出有坏秘密金刚和莲花种姓之义者眷属之佛令增长也。彼亦依阴阳入定显现，以如幻术之声韵，男之观想秘密鼻尖处种字，女之观想秘密鼻尖处诸天母能令增长之种字。彼亦开始，男之金刚（一）中，"茉茹弥庵纥哩卡"（二）字向四方成四等分时，

大日如来、宝生、无量寿、不空成就四佛令增长。

注释：

（一）男之金刚：指男性之生殖器。

（二）茉茹弥庵纨哩卡：音译西夏文𗟲𗇋𗟲𗊱𗊱𗐆𗇋，《吉祥三菩怛经典明灯》中记音为 bhruṃ oṃ hrīḥ khaṃ。

藏文转写：

de nas gru gsum dang kun gyi rten gyi ces pavi tshig gsum gyis hūṃ las chos vbyung bsgom/ steng vog gi tshig gcig dang me rlung gi tshig gnyis kyis devi nang du vbyung ba rim brtsegs bsgom/ lhun povi tshig gis/ devi steng du bhruṃ las ri rab bsgom pavo// sna tshogs kyi tshig gnyis dang bstod pavi tshig phyed dang drug gis yi ge hūṃ las gzhal yas khang bsgom mo// paṃ la sogs pas der gdan bsgom mo//de nas dbus kyi zla bavi steng du blo gnas par byas nas de nas rang bzhin gyis grub pavi sngags ci dgar zlos/ zhes pa la sogs pas byang chub pa lnga gtso bo yab yum bskyed pa ston to//[①]······ rang gi snying gar sngags vdi ni zhes pavi tshig phyed dang lngas sku dang rtog pa gnyis kyi rgyas bshad do// zla vod kyi tshig drug gis gtso bo sku mdog dang phyag mtshan bstan to// bcom ldan gsang bavi rdo rje dang padmavi rigs ces pavi don ni vkhor gyi de ba bskyed pa ste/ de nas yang yab yum snyom par zhugs pa byas pas dgav ba sgyu ma lta buvi sgras yab kyi gsang bavi sna rtser sa bon bsam/ yum gyi gsang bavi sna rtser lha mo rnams bskyed pavi sa bon bsam ste/ de yang dang por yab kyi rdo rje nas bhruṃ/ oṃ hrīḥ khaṃ/ phyogs kyi le tshe bzhir song bas rnam snang dang rin vbyung dang snang ba mthav yas dang don grub bzhi bskyed do//[②]

12-20 𗟲𗐇𗟲𗐆𗐆𗊱𗇋 𗟲𗇋𗟲𗊱𗊱𗐆𗇋𗐆𗊱𗐆 𗐆𗐆𗊱𗟲𗐇𗐆𗐆𗟲𗐆𗟲

---

① 俄·秋谷多吉等：《先哲遗书·俄派师徒文集》第 226 册，第 170 页。
② 俄·秋谷多吉等：《先哲遗书·俄派师徒文集》第 226 册，第 171 页。

其又阴之花净中茱茹弥吽纥哩怛我四字东北等四隅

13-1 [illegible]

中染，佛眼母嘛嘛叽白衣母度救母等四天母思，一第周

13-2 [illegible]

是。阴花净中阿啊翳咦呜俞庵诃，此字种数四方四隅中

13-3 [illegible]

染，石王猛女母等八天母增长令，二第周是。其又阳之石

13-4 [illegible]

王于光染，三第周中八菩提勇识思应。其又阴之花净中

13-5 [illegible]

喇嘛牛尼，四第周之四方染，心乐母等四天母思，四隅中

13-6 [illegible]

呕呕医嘤四字依笛母等增长令。五第周之四隅处阴之

13-7 [illegible]

花净中哩哩引利利引染以花净等四天母思。阳之石王

13-8 [illegible]

中拶吽伐我火四方四门中往时四门持增长令也。其又

13-9 [illegible]

智唤不二成令，主授医药食，外内密养供作，一一咒颂以

13-10 [illegible]

高赞。佛之思定于住以咒诵应。此者中尊之心真及亲心

13-11 [illegible]

真者四第殊妙做中（助）说如诵，众明主等四者唵及索诃

13-12 [illegible]

间先说字种置作时诵。佛眼母等四之咒颂，七第节之三

13-13 𗇂𗂧𗏹𗏁𗴟𗏷𗗙𗰖① 𗷅𗷅𗾅𗴩𗥃𗄊𗿒。𗬩𗇂𘜶𗤽𗲲𗈜

第殊妙做中咒颂结合法（助）说仪依诵应。二第周之石王

13-14 𗒾𗒅𗷝𗊱𗷺𗏁𗴟𗴩，𗟲𗇂𗷟𗷟𗲧𗇂𗂧𗏹𗏁𗾅𗵐𗱕。𗲧

猛女母等之咒颂，八第节之四第殊妙做中（助）说如诵。四

13-15 𗇂𗾅𗷺𗩱𗫵�=𗄊𘜶𗯩𗥃�=𘜶𗷅�'𗵧�0𗷅�'�

第周之唵喇斜哩索河嘛丽哩引牛栗底利尼栗底利引

13-16 𗄊𘜶𗷟𗰖𗪱𗵐，𗷺𗨞𘜶𗒅𗷝𗊱𗷺𗏁𗟲𗇂𗷟𗊱𗬩𗇂𗏹𗊱

索河四方中列，隅中笛母等之咒颂八第节之二第殊妙

13-17 𗏁𗴟𗏷𗗙𗴩𗵐。𗼓𗇂𗾅𗷺�0𘟛𗟲𗇂𗷟𗊱𗲧𗇂𗂧𗏹𗏁

做中（助）说如诵。五第周之咒颂亦八第节之四第殊妙做

13-18 𗴟𗏷𗗙𗵐𗒅𗵐。

中（助）说如诵应也。

意译：

彼又女之莲花（一）中，"茉茹弥洣吽纪哩怛我"（二）四字炽染东北等四隅中，观想佛眼母、嘛嘛叽、白衣母和救度母等四天母，此是第一周。女之莲花中"阿啊翳咦呜俞庵诃"（三），此诸种字四方四隅中炽染，金刚威猛母（四）等八天母令增长，此是第二周。彼又于男之金刚放光，应观想第三周中八菩提萨埵。彼又女之莲花中"喇嘛牛尼"（五），第四周之四方炽染，观想嘻女（六）等四天母，四隅中依"呕呕医嘤"（七）四字笛母等令增长。第五周之四隅处之莲花中，以"哩哩引利利引"炽染，观想莲花母等四天母。男之金刚中"捞吽伐我火"（八）去往四方四门之中时，守四门令增长也。彼又召请智慧令成不二，食灌顶甘露，作内外秘密供养，以每一咒颂高赞。依止于佛之禅定应诵咒。此者中尊之心咒及亲心咒，如第四品中所诵说，大日如来等四佛者前面所说"唵"及"索诃"之间，列置种字时诵。佛眼母等四天母之咒颂，依第七节之第三品中咒颂结合之仪应诵。第二周之金刚

---

① 原本作𗰖，误，此据藏文本改。

猛厉女神等咒颂，如第八节之第四品中所说而诵。第四周之"唵喇斜哩索诃嘛丽哩引牛粟底利尼粟底利引索诃"^{（九）}四方中列置，隔内笛母等之咒颂犹如第八节之第二品所说而诵。第五周之咒颂亦如第八节之第四品中所说应诵也。

注释：

（一）女之莲花：指女性之生殖器。

（二）茉茹弥吽纥哩怛我：音译西夏文𗈶𗥦𗾔𗆀𗦻𗵽𗥹，密教咒语，《吉祥三菩怛经典明灯》中记音为 bhruṃ hūṃ hrīh khaṃ。

（三）阿啊翳咦呜俞庵诃：音译西夏文𗉺𗆫𗥺𗆌𗨁𗲠𗵽𗵽，密教咒语，《吉祥三菩怛经典明灯》中记音为 a ā i ī u ū aṃ āṃ。

（四）金刚威猛母：西夏文作𗰖𗼮𗫂𗫡𗾔，直译是"金刚猛女母"。其在《真实相应大本续》中作 rdo rje drag mo，译为"金刚威猛母"，即吉祥天母等的异名，藏传佛教中的神灵名。

（五）喇嘛牛尼：音译西夏文𗥹𗆀𗫡𗾔，密教咒语，《吉祥三菩怛经典明灯》中记音为 la ma gi ni。

（六）嘻女：西夏文作𗥦𗥹𗾔，直译是"作乐母"。其在《吉祥三菩怛经典明灯》中作 sgeg mo，直译是"媚丽女""美女"，佛书中译为"嘻女"，密教中的供养天女之一。

（七）呕呕医嘤：音译西夏文𗨁𗲠𗀉𗆌，密教咒语，《吉祥三菩怛经典明灯》中记音为 o ō e ē。

（八）拶吽伐我火：音译西夏文𗖰𗥦𗾔𗆀𗵽，密教咒语，《吉祥三菩怛经典明灯》中记音为 dzah hūṃ baṃ ko。

（九）唵喇斜哩索诃嘛丽哩引牛粟底利尼粟底利引索诃：音译西夏文𗾔𗥹𗫂𗆀𗵽𗵽𗥦𗥹𗆀𗆀𗫡𗵽𗫡𗆀𗵽𗵽𗵽，密教咒语，《吉祥三菩怛经典明灯》中记音为 oṃ la se ri swāhā ma lē ri gher ti li nir ti li swāhā。两者音不完全相合。

藏文转写：

de nas yum gyi padma nas bhruṃ / hūṃ hrīh khaṃ bzhi byang shar la sogs pavi mtshams bzhir vphros pas/ spyan ma dang/ ma mā ki dang/ gos dkar dang sgrol ma bzhi bsgoms pa ste vphar ma dang povo// yum gyi padma nas a ā/ i ī/ u ū/ aṃ āṃ/ sa bon de rnams phyogs bzhi mtshams bzhir vphros pas rdo rje drag mo la sogs pa brgyad/ de rim pa gnyis pavo// de nas yab kyi rdo rje las vod spros te rim pa gsum pa la me thavi oṃ oṃ oṃ saṃ zhes pavi sa bon byang chub sems dpav brgyad bsgom mo// de nas yum gyi padma nas/ la dang/ ma/ gi ni vkhor lo rim pa bzhi pavi phyogs bzhi vphros pas sgeg mo la sogs pa bzhi/ mtshams bzhir o ō e ē bzhi la gleng bu la sogs pa bzhi bskyed/ rim pa lnga pavi mtshams bzhir yum gyi padma nas ri rī li lī vphros pas me togs la sogs pa bzhi bsgom/ yab kyi rdo rje nas dzah hūṃ baṃ ko bzhi phyogs kyi sgo bzhir song bas sgo ba bzhi bskyed pavo//

de nas ye shes drangs nas bsre/ dbang bskur bdud rtsi myang/ phyi nang gsang bas mchod/ so sovi sngags kyi tshig gis bstod do// lhavi ting nge vdzin la gnas pas bzlas te/ de yang gtso bovi snying po dang nye snying brgyad pavi rab byed bzhi pa bzhin bzlas/ rnam snang la sogs pa bzhi po oṃ dang swāhāvi bar du gong gi sa bon bcug la bzlas/ spyan ma la sogs pa bzhi sngags bdun pavi rab byed gsum pa nas sngags btu ba yod pa bzhin bzlas so//

rim pa gnyis pavi rdo rje drag movi sngags las brgyad pavi rab byed bzhi pa nas vbyung ba bzhin bzlas/ rim pa bzhi pavi oṃ la se ri swāhā/ ma lē ri/ gher ti li/ nir ti li swāhā phyogs bzhi bzlas/ mtshams kyi gling bu la sogs pa brgyad pa na yod/ rim pa lnga pavi bzlas pa yang brgyad pavi bzhi pa bzhin bzlas so//[①]

---

① 俄·秋谷多吉等：《先哲遗书·俄派师徒文集》第 226 册，第 171—173 页。

13–19 𗼳𗹬𗫂𗾔𗣼𗏵𘝰

最妙上师数之礼敬

13–20 𗾔𗾔𗏵𘝰𗫂𘊒𘏸𗫔𗫂𗣼𘏸𗆫𗣼𘏸𗫂𘌩𗣼𘏸𗏵𗣼𘝰𗾀

话语之句悟依说（助）故依处人及宫及受持种集及行业

14–1 𗣼𗾔𗾔𗣼𗏵𗋭𗣼。𗣼𘏸𗾔𘏸𘊒𗆫𗾀𗏵𘝰𘝰𗾔𘊒𘝰。𗾔𘊒𘏸

及话语等五种。何（助）应依字独（助）之句悟与合应。真性依

14–2 𘊒𘊒𗫂𘝌𘝰𗛤𗣼𘏸𗫂。𘌩𘝰𘝌𘘥𗏵𘏸。𗣼𘏸𘝰𗆰𗋲𗷸𘏸𘝰

说（助）故捺者益寻是。嘀者胜慧之谓。足谓者不二菩提心

14–3 𘌩𘝰𗣼。𘊒𘏸𘝰𗷸𘏸𘝰𘏸𘌩𘝰𗷸𗏵𘝰𗣼。𘝌𘝰𘝌𘊒𘝰𗫂

执持是。须谓者菩提心（助）执持故妄念是。嘛者嘛字依唤

14–4 𗛤𗷸𗫂𘝐𘝰𗫔𗏵𗣼𘏸。𘊒𘝰𘝰𗾀�/𗏵𗼳𗫔𗏵𘏸。𘝰𘝰𘍨

（助）故法界生起令之谓。牟者默有者之喜起令是。杷者乐

14–5 𘝌𗛤𗋭𘊒𘏸。𗫂𘝰𗛤𗟀𘝌𗏵𗣼𘏸。𘊒𘝰𗷸𘏸𗛤𘘥𗟀𘝌�°

胜（助）分赐是。毗者显空不二之谓。琉者妄念（助）烦恼割除

14–6 𘝰𗹬𗏵𗫂𗋭𘊒𘏸。𗣼𗹬𘏸𘝰𘊒𗷸𘏸𗋭𗝝𗟀𗣼𗏵𗣼。𗾁

故其之德功说也。悉哩谓者大悲心以情有成熟令是。萨

14–7 𘝰𗷸�3𗞼𘊒𗷸𘏸�°𘊒𗞼𗣼�°。𗋭�°𗷸�°𘊒𗏵𗣼𘏸。𘊒�°𘍨

者妄念竭枯（助）烦恼（助）清净是。炳者妄念灭之谓。呐者法

14–8 𘘥𘘥�°𗣼𘎃𗣼。�°�°𗷸�°𘘥𘘥�°𗣼。�°�°�°𘏸𗣼𗣼�°

皆皆因与离是。杷者妄念皆皆吞也。布者胜慧益寻以吞

14–9 𗏵𘏸。�°�°�°�°𗏵𗣼�3𗷸�°𗷸𘏸𘊒𗣼𘎃�°�°𗋭�°。�°�°𗹬

之谓。裨者胜慧益寻一味以妄念与离故地墓是。娄者其

14–10 𘊒𘏸�°𗫂𗏵𗣼𘏸。𗟀�°�3□□□�°𗏵�°𘏸。�°�°�°𘏸�3𘏸。

等生（助）悟之谓。底者法□□□于居住也。喇者嘛喇种是。

14–11 □𗼳𗏵□□𗞼𗏵�°𘏸。□□𗷸𗟀�2𗏵𗣼𘏸。�3𗞼�°𗼳𗏵𘏸

□其之□□于住也。□□情有成就令也。底哩者彼之种

14–12 𗫂𘏸�2𗼳𗏵𘏸。�°�°�°𗏵𗼳�2�°𘊒𘏸𗣼�°�°�°𗏸𗣼𘏸。𘏸𗣼

（助）等持于住也。何未喇之声依唤（助）故生坏弃之谓。咕及

14-13 𗀚𗣼𗣐𗣴𗤁𗩾𗐗𗤁𗰔𗓽𗰠𗤀。𗤁𗤁𗰰𗔇𗤁𗰠𗲮𗤒𗣴𗤘𗰱

卡者其之种（助）等持于住也。拶者先说等持以益寻胜慧

14-14 𗤘𗱲𗤂𗤒𗒛𗤀。𗤁𗤁𗱲𗱈𗤒𗒛𗤘𗤌𗤀。

之二胫以执也。恰者二手以执之谓也。

意译：

敬礼诸最妙上师。

依领悟话语之句宣说，则所依处人、居处、受持诸集、事业及话语等五种。依何所应，独字乃之句与证悟相应。依真性宣说则"捺"者为方便。"嫡"者是胜慧之谓。谓"博"者是禀持不二菩提心。谓"须"者禀持菩提心，故是妄念。"嘛"者依"嘛"字唤，故令法界生起之谓。"牟"者是令瑜伽士之喜生起。"把"者是胜乐或部分赐予。"毗"者显空不二之谓。"琉"者断除妄念或烦恼，故说彼之功德也。谓"悉哩"者是以大悲心令众生成熟。"萨"者是妄念枯竭或烦恼清净。"炳"者是妄念灭之谓。"呬"者是一切法与因分离。"把"者一切妄念持也。"布"者以胜慧方便持之谓。"禅"者胜慧方便以一味与妄念分离，故是墓地。"娄"者此解悟俱生之谓。"底"者法□□□于居住也。"喇"者是"嘛喇"种姓。□其之□□于住也。□□令众生成就也。"底哩"者依止于其之种姓或三摩地也。抑或依"喇"之声韵请唤，故生是坏弃之谓。"咕"及"卡"者依止于彼之种姓或三摩地也。"拶"者前面所说以三摩地方便胜慧之二腿持受也。"恰"者以二手持受之谓也。①

14-15 𗤁𗣼𗤁𗤘𗣐𗣴𗤁𗤌𗤁𗤒，𗰱𗤘𗤁𗤘𗲮𗣐𗤜𗤁𗣼𗣐𗤁𗤁

九第节之一第殊妙做中，集终次之果于（助）问者何（助）何

14-16 𗤜，𗰱𗤒𗣴𗤁𗤁𗤘𗤀𗤁。𗤁𗤁𗤁𗣾𗤒𗤁𗰠𗤒𗤁𗤁𗤌𗤁𗤁

---

① 该段在藏文本中无。

如，宫中（助）谓者法身是。行及不行实游戏谓者二种色身

14-17 （西夏文）

之谓。其亦行者佛是。不行者胜妙殿之谓。圆寂胜果谓者

14-18 （西夏文）

法身是。实圆满谓者二种色身之谓。坏有出天谓者导师

14-19 （西夏文）

之三身依皆问义是。佛语谓者答是。其亦皆皆自性常居

14-20 （西夏文）

住谓者法身依直直（助）答作也。一第节之三第殊妙做中，

15-1 （西夏文）

何（助）其应先说者密应最上喜悦中，皆皆自性常居住谓

15-2 （西夏文）

者后续中导师及宫及绕围与合以说也。此者先说行及

15-3 （西夏文）

不行实游戏，实圆满依问之答是。清净世间者依说故直

15-4 （西夏文）

直依答作者妄念心依（助）持是。谓习应之导引义因（助）说，

15-5 （西夏文）

此者清净依解说是。（助）一第节之三第殊妙做及六第节

15-6 （西夏文）

之一第殊妙做中，身心之往来法依（助）说与违也谓。故其

15-7 （西夏文）

者不违清净依（助）说，彼之理趣说听应谓也。

意译：

第九节之第一品中，询问圆满次第之果者何所如。谓居所中者是法身。谓行与不行，真实游戏者是二种色身之谓。其亦行是佛，不行是无量宫之谓。谓涅槃胜果者是法身。谓真实圆满者是二种色身之谓。谓出有

坏天者是依导师之三身皆为问义。谓佛语者是应答。其亦谓一切自性常居住者依法身而直接应答也。第一节之第三品，何已彼应前面所说秘密无上喜悦中，谓一切自性常居住者后续中，导师及居所并与眷属相应而宣说也。此者前面所说行与不行实游戏，依真实圆满是问之答。依清净世间人宣说，则直接作答，彼者是妄念依心所持。谓所化之引导义，故宣说。此者是依清净而解说。然则，第一节之第三品及第六节之第一品中，与所说随身心之往来之仪相违也。故彼者不相违依清净宣说，解说彼之理趣应听闻也。①

15-8　𗼖𗟲𗤓𗣼𗯟𗗙𗫡
　　　最妙上师数之礼敬

15-9　𗷝𗎠𗫡𗯿𗤳𗤜𗈤𗫡𗼻，𗊠𗥦𗎠𗫪𗫰𗫰𗯿。𗫡𗫦𗫰𗎠𗄟
　　　悲谓者三种悲以旨寻也，一心以谛听应也。何听应谓故

15-10　𗝤𗲲𗯱𗎠𗫡𗯟𗈜𗎠𗣼𗯟𗯱𗎠。𗴦𗴦𗤜𗎠𗫡𗣼𗟏𗗙。
　　　诸本续之谓者胜慧及益寻续之谓。真真以谓者语序是。

15-11　𗴬𗫰𗫡𗫮𗙱𗬨𗟆𗴦𗴦𗃔𗦻𗇋𗯟𗎠。𗫭𗫡𗫮𗕗𗕰𗫫
　　　密应最上喜悦中皆皆自性常居住谓。二句者啰诃萨与

15-12　𗤓𗫰。𗯿𗫰𗈤𗧤𗎠𗫰𗫮𗎠𗍲𗫰𗴙𗃩𗥦𗯟𗴙𗍫𗤓𗯟。𗵤
　　　合应。集绕以时谓者悟及不悟依身心之往来法说也。噎

15-13　𗤓𗫰𗵤𗗦𗗙𗑾𗥦𗯟𗆠𗏁𗈤𗯿𗣼𗈜𗤓。𗉛②𗯟𗈜𗯱𗫪
　　　谓者噎伐弥嘛耶等四字益寻续之语序说。此胜慧续依

15-14　𗫰𗴬𗫰𗫡𗫮𗯟𗆢𗣼𗈤𗤓𗯟。𗃔𗤓𗁛𗅆𗎠，𗉛𗫡𗵤𗗦𗭴𗗦
　　　者密应最上之四句以说也。性气不显谓，此者噎伐我等

15-15　𗝦𗯟。𗁛𗴙𗫡𗎠𗫡𗴬𗫰𗫮�I𗗦𗣼𗯟𗴙�⽦𗱕𗎠𗵀𗯟𗴙
　　　无也。宫依者谓者密应最上等语序依上乐轮及后续依

---

① 该段在藏文本中无。
② 原文中作𗉫，误，此据藏文本改。

15-16 ꤗꤗꣳ。ꡗꢓꢓ꣸ꢄꣳꢄꣳ꤭ꢄꢄꣳ。ꢓꤖꢄꣳꢄꣳꣳꢄꣳꤖꣳꣳꢄ

有也。久常心及谓者往来法是。心之往者醒悟圆寂等持

15-17 ꤗꤖꢄ。ꢓꤖ꤭ꢄꣳꣳꢄ꤭ꢄꢄꣳ꤭꤭ꢄꤖꤗꣳꢓꢄꣳ。ꤖꤖ

智之谓。心之来者不悟依流传中住及察有三喜是。界之

15-18 ꢄꣳꣳ꤭ꤗꢄꤖꣳꢄꣳ꤭ꢄꤗꣳ꤭ꣳ。꤭ꣳꣳꣳꢄꣳ꤭꤭ꤖꣳꣳ

往者流传（助）悟依圆寂证获也。来者不悟依十六界流传

15-19 ꤖꢄꤗꢄꣳ。꤭ꢄꢄꣳꣳꢄꣳ꤭ꤖꣳꣳ，꤭ꣳꣳ꤭ꤖꣳꣳꤗꤖꢄ。

于居住也。何未往者十六界是，来者出入三种风之谓。

15-20 □ꣳꤗꢄꤖꤖ꤭ꤖꢄꣳꤖꣳꣳꤖꤖꢄꢄꣳ。꤭ꣳꢄꤖꢄꤖꣳ

□数等之二间（助）谓者二臂上二胯间是。此数（助）身执持

16-1 ꤖꣳꣳꤗꣳ。

风以至也。

意译：

敬礼诸最妙上师。

谓悲悯者以三种悲悯加持也，应以专心谛听也。谓应听何，则诸本续之谓，智慧续及方便续之谓。以真实谓者是序言。秘密无上之喜悦中，一切自性常居住。二句者与啰诃萨相应。谓集略者依解悟与不解悟，解说身心往来之法也。谓"噎"者"噎伐弥嘛耶"等四字，解说方便续之序言。此以智慧续者以秘密无上之四句解说也。谓性气不明显，此者"噎伐我"等无也。谓依止是依秘密无上等序言，依上乐轮及后续有也。常久心是往来之法。心之往是证悟、涅槃及俱生智之谓。心之来是由不悟住轮回中及三寻思喜。界之往者因领悟轮回而证获涅槃也。来者因不悟而安住于十六界轮回也。抑或往是十六界，来是流动三种风之谓。谓□数等之二者之间是二腕上、二胯间。此数受持身是以风至也。①

---

① "谓□数等之二者之间是二腕上、二胯间。此数受持身是以风至也。"藏文本中无。

藏文转写：

brtse ba ni snying rje rnam pa gsum gyi sgo nas zhu ba ste/ rtse gcig pavi yid kyis nyan par gyis/ gang nyan na rgyud rnam kun shes rab dang thabs kyivo// nges pa gang gi gleng gzhi ste/ gsang ba mchog gi dgyes pa nas/ thams cad bdag nyid brtag tu bzhugs pavi rkang pa gnyis la ha sa sbyar bavo// mdor bsdus ni de shes pa dwangs ma shes pa las lus dang sems kyi vgro vong ji ltar vong pa bshad pavo// e zhes bya ba ni e waṃ ma ya la sogs pa yi ge bzhi bcu pa de thabs kyi rgyud du gleng gzhi bshad la/ vdir shes rab kyi rgyud du ni gsang ba mchog gi tshig bzhis vchad pas na/ mtshan nyid mi gsal te vdir e waṃ la sogs pa med do//

gnas pas ni gsang ba mchog la sogs pa gleng gzhi bde mchog vkhor lo dang rgyud phyi mar gnas pavo// rtag tu sems dang vgro dang vong bar gyur te/ sems kyi vgro ba rtogs pas mya ngan las vdas pa dang lhan cig skyes pavi ye shes la byavo// sems kyi vong ba ni ma shes pas vkhor bar gnas pa dang/ dgav ba rtog bcas gsum mo/ khams kyi vgro ba ni vkhor ba shes pas mya ngan las vdas pa thob pavo// vong ba ni ma shes pas khams bcu drug vkhor bar gnas pavo// yang vgro ba ni khams bcu drug vong ba ni rgyu rlung gsum mo//[①]

16-2 𗢳𗄼𗫽𘝣𗋽𗄈𗡞，𗵘𘓓𗫽𗲟𗸍𗵘𗫽𗤻。𘝣𗷸𘝣𘝁𗴷𗤻𗼋𗩱

　　　风之宫者二种有，共同宫及不同宫是。一第者肚脐独（助）

16-3 𗻡𗅲𗤻𗢳𗙴𗆈𗣼。𗲟𘝣𗼋𗸍𗫽𗲣𗴟𗹟𗢳𗙴𗆈，𗻱𗤻𗎲

　　　亦四大风出入也。二第不同宫者脐间地风出入，下以上

16-4 𗧓𗆈𗅆，𗧠𘄒𗰖𗘂𗗙𗸅𗙴𗆈𗣼。𗲟𗸅𘄑𘝣𗴝𗹟𗨁𗒹𗢳𗘂𗗙

　　　方于成，鼻内外依一指出入也。二足谓者心间水风外依

---

① 俄·秋谷多吉等：《先哲遗书·俄派师徒文集》第 226 册，第 199—200 页。

16-5 〔西夏文〕。〔西夏文〕。故

二指出入也。四谓者大乐中风之风外依四指出入也。（助）

16-6 〔西夏文〕。

等谓者喉间火风外依六指出入也。

16-7 〔西夏文〕。〔西夏文〕

略说中咒次与合（助）注依显也。智次与合故生（助）宫谓者

16-8 〔西夏文〕。〔西夏文〕①〔西夏文〕

左右鼻孔内风出入之谓。声仪谓者眉间导应心导（助）风

16-9 〔西夏文〕，〔西夏文〕。〔西夏文〕

（助助）导引以心虚空中观，故定入外依生。净梵穴中风内

16-10 〔西夏文〕。□□□〔西夏文〕

方来依定出内方起也。□□□谓者其时节（助）大乐内菩

16-11 〔西夏文〕。□□□〔西夏文〕

提心鸣响响以流之谓。□□□谓者其时节（助）主根察无

16-12 〔西夏文〕。〔西夏文〕。

成。他咒次与同也。

意译：

风之处所者有二种，是共同处及不同处。第一共同处者仅仅从肚脐处亦是四大之风出入也。第二不同处者从脐间地之风出入，向下变成向上，从鼻之外面一指处出入也。谓二足者心间水之风从外面二指处出入也。谓四者大乐轮中风之风从外面四指处出入也。谓其他者喉间火之风从外面六指处出入也。

略说中，与咒之次第相应之法，依注释而明显也。谓与智慧次第相应，则谓所生处者左右鼻孔中，风出入之谓。谓声律(一)者所导眉间白毫，以所导心和能导风作引导，心识所缘于虚空，故禅定由外生起也。净梵穴

---

① 原本作〔西夏文〕，误，此据藏文本改。

中，风来于里面，出定由里面生起也。□□□谓者彼时节上，大乐轮内以菩提心鸣响^(二)而盈流之谓。□□□谓者彼时节上，主尊成为无寻思。其他与咒之次第相同也。

注释：

（一）声律：西夏文作𗹙𗾪，直译是"声仪"。其在《吉祥三菩怛经典明灯》中作 sgra tshul，译为"声律"，指声明学中的律仪。

（二）鸣响：西夏文作𗫴𗮔𗮔，直译是"鸣响响"。《吉祥三菩怛经典明灯》中对应作 si li li，指奏乐器的声音。

藏文转写：

rlung rgyu ba ni gnas pa gnyis te/ thun mong gi gnas dang/ thun mong ma yin pavi gnas so// thun mong gi gnas ni lte ba gcig pu nas kyang vbyung ba bzhivi rlung rgyu bavo// thun mong ma yin pavi gnas ni lte ba nas thag ring par sna nas phyi rol du sor gcig rgyu ba rkang gcig go/ rkang gnyis ni snying ga nas chuvi rlung phyir sor gnyis rgyu bavo// bzhi ni bde chen nas rlung gi rlung phyir bzhi rgyu bavo// sogs ni mgrin pa nas mevi rlung phyir sor drug rgyu gsung ste brgyad du bdevo//^①

de yang ye shes kyi rim pa dang sbyar na/ vbyung gnas ni sna bug g-yon nas rlung rgyuvo// sgra tshul ni mdzod pu nas shes pa khrid bya de rlung khrid byed kyis khrid nas sems nam mkhav la gtad nas mnyam bzhag phyir skye bavo// tshangs pa bu ga nas rlung nang du vong pas/ rjes thob nang du skye bavo// nges vbyung ni devi dus na bde chen nas byang sems si li li vbab pavo// dam tshig spyod pa ni devu dus su dbang po rtog med du song pavo// gzhan gong dang vdravo//^②

16–13 𗫂𗫵𗭴𗀉𗭴𗫵𗭴𗎱𗭴𗱈𗰖，𗥐𗫣𗭴𗷓𗀊𗤻𗣼𗬩𗫵𗥐𗤻𗰖

① 俄·秋谷多吉等：《先哲遗书·俄派师徒文集》第 226 册，第 204 页。
② 俄·秋谷多吉等：《先哲遗书·俄派师徒文集》第 226 册，第 201 页。

六第节三第殊妙做中，身中围成实心悦谓者身清净

16-14 ᩅᩅᩅᩅᩅᩅᩅᩅᩅᩅ。ᩅᩅᩅᩅᩅᩅᩅᩅᩅᩅᩅ
于依靠以心清净起之谓。何未外依住胜妙宫内住者实

16-15 ᩅᩅᩅᩅᩅᩅᩅᩅᩅᩅ。ᩅᩅᩅᩅᩅᩅᩅᩅ
心悦如内方五境等生智显现也。先（助）说之谓者先四轮

16-16 ᩅᩅᩅᩅᩅᩅᩅᩅᩅ。ᩅᩅᩅᩅᩅᩅᩅ。ᩅᩅᩅ
二第殊妙做中（助）说之示也。四门有谓者四轮是。彼（助）首

16-17 ᩅᩅᩅᩅᩅᩅᩅᩅ。ᩅᩅᩅᩅᩅᩅᩅᩅᩅᩅᩅ
谓者三角有脉结是。分居住谓者彼之三角（助）三点圆居

16-18 ᩅᩅᩅ。ᩅᩅᩅᩅᩅᩅᩅᩅᩅᩅᩅᩅᩅᩅᩅᩅ
住之谓。其又渐渐多成依菩提心密宫中三十二脉之三

16-19 ᩅᩅᩅᩅᩅᩅᩅᩅ。ᩅᩅᩅᩅᩅᩅᩅᩅᩅᩅᩅᩅ
十二叶花净生谓也。其又喉间十六叶络线相如（助）生依

16-20 ᩅᩅᩅᩅᩅᩅᩅᩅᩅᩅ。ᩅᩅᩅᩅᩅᩅᩅᩅᩅᩅᩅ
十六叶伞相如自各成也。喉间下方八叶脉心间络线垂

17-1 ᩅᩅᩅᩅᩅᩅᩅᩅᩅᩅ。ᩅᩅᩅᩅᩅᩅᩅᩅᩅᩅ
如（助）生依八叶松树枝条如成也。其又复四大之四脉络

17-2 ᩅᩅᩅᩅᩅᩅᩅᩅᩅᩅᩅ。ᩅᩅᩅᩅᩅ
线相如脐间（助）生时其四者松树枝条如成也。其亦顶间

17-3 ᩅᩅᩅᩅᩅᩅᩅᩅᩅᩅᩅᩅᩅᩅ，ᩅᩅᩅᩅᩅᩅᩅ
三十二脉喉间十六心间八脐间八等，自共结合六十四

17-4 ᩅᩅ。ᩅᩅᩅᩅᩅᩅᩅᩅᩅᩅᩅᩅᩅᩅᩅ。ᩅᩅᩅᩅᩅ
是也。声亦解谓者别嘎答谓显明（助）解之谓。中围实毕终

17-5 ᩅᩅᩅᩅᩅᩅᩅᩅᩅ，ᩅᩅᩅᩅᩅᩅᩅ。ᩅᩅᩅᩅᩅᩅ。ᩅᩅᩅ
谓者乐成于真谛是，明满之四句是。上供修（助）说终。共同

17-6 ᩅᩅᩅᩅᩅᩅᩅᩅᩅᩅᩅᩅᩅᩅᩅᩅᩅᩅᩅ。
依成就亦成（助）说者声闻之二句以说也。

意译：

第六节之第三品中，谓成为身轮真实如意是依靠身清净而生起心清净之谓。抑或由外住，住于无量宫中者真实如意，里面五境俱生智显现也。前面所说之谓者前面四轮于第二品中所说之示现也。谓具四门者是四轮。谓于彼首者是三角脉结。谓分居住者彼之三角上安住三明点之谓。其又渐渐盈实，故菩提心秘密处内三十二脉之生三十二叶莲花生长谓也。其又喉间生十六叶脉如络线形生起，十六叶脉各自成如伞相也。喉间下方八叶脉，心间如垂络线而生起，此八叶脉成如松树枝条也。彼又得四大之四脉如络线形脐间生起时，彼四脉如成松树枝条也。彼亦顶间三十二脉、喉间十六脉、心间八脉、脐间八脉等，相互结合共是六十四脉也。谓声韵亦理解者谓"别嘎答"，显明理解之谓。谓坛城实完毕者抉择于欢乐成，是佛之四偈句。解说无上修供终。依共同所说成就亦成者以声闻之二偈句解说也。①

17-7　𗈁𗫉𗦀𗵉𗼅𘁀𗫠𗴛𘉗𗬥𗴝𗢳𗵩𗴝𗬥𗪚𗴝𗍫𘟣𗆀𗁤。𗴮

金成（助）药之要论依净令法及煮法及伏法等三种是。石

17-8　𗵩𗵃𗰖𗫉𗆀𗂸𗁤。𘑛𗆀𗵩𗵃𗿈𗫭𗆀𗂸𗁤。𗼒𗒘𗆀𗵩𗤼𗡞

谓者水银四钱是。海生谓者硫黄四钱是。醋汁谓者棣拉

17-9　𗥫𗑗𗂸𗁤。𗰖𗫉𗆀𗵩𗶃𗢳𗂸□𗫻𗫻𘁀𗆀。𗴮𘕣𗤶𗆀𗵩𗱕

果半钱是。水银谓者先说诸□皆皆之谓。石具热谓者其

17-10　𘁀𗨁𗔀𘝣𗱷𗣼𗴝，𗵩□□□□𗵃𗼓𗴝𗧾𗣼𗱕𘁀𗆀。𗴮

之底下火（助）作也，复□□□□者其数捣作时混之谓。悉

17-11　𘔗𗊱𗆀𗵩𗪜𗾟𘃏𗊱□□□□𘋠𘝣𗆀𗵩𗵃𗼒𗰿𗴝。𗢤𘜕

奴诃谓者什哩卡达□□□□栗尼谓者花净瓣是。肉豆

17-12　𗰖𗫐𗰺𗹙𗆀𗵩𗤼𗵂𗄈𗴝。𗼥□𗴝𗼓𗴝𘎑𗺹𗜓𘕣𗨳𗣼𗴝

————————

① 该段在藏文本中无。

526

蔻及汁醋谓者楝拉果是。 墓□等其数分岸齐时先说三

17-13 （藏文）

种与混，铜具中煮应。铁粉者梵本于无。铁具（助助）生其亦

17-14 （藏文）

铁取石以为应。彼内跋咕喇及乌钵罗及先说数与混混

17-15 （藏文）

谓者跋咕喇及乌钵罗二种混成令之限量是。此者净令

17-16 （藏文）

法是。石王乳谓者什哩卡达是。揉时谓者先（助）说数混之

17-17 （藏文）

谓。滴洒及泼洒分岸齐时，抹者先与混及铜银岸齐谓者

17-18 （藏文）

四钱各是。严达舍谓者硫黄是。半与一（助）谓者二钱是也。

17-19 （藏文）

口合具中谓者铁取具中煮时，垢数铜成清净银成也。其

17-20 （藏文）

亦烧则金成也。此者伏法是，终。

意译：

依《成金药之要论》是净治法、煮法和调伏法等三种。谓石者水银四钱。谓海生者硫黄四钱。谓醋汁者楝拉果^{（一）}半钱。谓水银者前面所说一切诸□之谓。谓热石器具者彼底下生火也，又□□□□者彼数捣碎相混之谓。谓"悉奴诃"者"什哩卡达□□□栗尼"谓者是莲花瓣。谓肉豆蔻^{（二）}及醋汁者是楝拉果。墓□等彼诸份等齐时，与先面所说三种相混，铜器具中所煮。铁粉者梵文本中无。铁器具上而生，彼亦以磁铁所为。谓彼内跋咕喇、乌钵罗及与前面所说数混合是跋咕喇、乌钵罗二种混合之程度。此者是净治法。谓金刚乳者是什哩卡达^{（三）}。谓搓揉时前面所数相混之谓。滴洒及泼洒诸份等齐时，抹者谓与前先数相混及谓铜银等齐者是各四

钱。谓严达舍^(四)者是硫黄。谓与半份一起者是二钱也。谓有盖器具中者磁铁器中煮时，诸垢成为铜，精华成为银也。彼亦烧则成金也。此者是调伏。终。①

注释：

（一）棣拉果：西夏文作蘜蘝鍐，译为"棣拉果"。棣拉为一种植物名，其果酸。

（二）肉豆蔻：西夏文作龘㿝甐，音译为"肉豆蔻"，即丁香（lig shi ber），又称香王（spos kyi rgyal po）。

（三）什哩卡达：音译西夏文纞鵬禖獙，《吉祥三菩怛经典明灯》中记音为 shi ri khan da。按《吉祥遍至口合本续之广义文》注解，其指"金刚乳"。

（四）严达舍：音译西夏文璽獙瓿，前文又作璽獙綬毻（严达喇舍），《吉祥三菩怛经典明灯》中对应作 ghan dha la shi。按文中解释，"严达舍"指"硫黄"。

18-1 羹磝胒孙絅磝羠朌瓺鞴，蘇蘝鐩蘝鐩蹨鬠绎㪉聨鬠蔵蘝聑毠
　　七第节之四第殊妙做中，旨寻义者西宁那弥巴师此如

18-2 鐩。㪉鞴聑鐩鄌鹙蘝蘇螩蘝鄌鹙，绎蘝㪉雛絘蘇瓺鐩
　　说。文中（助）说（助）谓者何云（助）说（助）谓，故义与依法（助）说

18-3 鄌鹙聑。蹨蘝㪉雛絘蘇蘝鐩鹿禖禠禠龍礽缸蘝鐩蘝絘蔵
　　（助）谓也。此义与依法以说者诸法皆皆独集身谓者显现

18-4 鎉虥禖禠禠甐媿基禠禠鹿羴风鐩刭蘝蘇缸鹬缹蘿蘇㪉
　　缘起法皆皆（助）五种皆皆皆自性依一味以集时坏有出

18-5 蘇穏孖禖綏，蘿窂蘝雛孙蔵缯㪉蘝羓䫀绎蘝聑。窂蘝鞿
　　大喜欢者我，石王心真之其实解说恩赐应谓也。其实何

_____

① 该段在藏文本中无。

18-6 〔西夏文〕

（助）是谓则获得难谓，此者他续中获难谓也。获难谓故

18-7 〔西夏文〕

胜住及咒诵及烧施者获难也。其亦善谓者胜住令依世

18-8 〔西夏文〕

及世出果证也。九第节之三第殊妙做中，笔等摄授写者

18-9 〔西夏文〕

赐谓依胜住令是也。此胜住谓者心依念定首成（助）静虑

18-10 〔西夏文〕

首成事于问是。咒诵谓者八第节之四第殊妙做中，咒颂

18-11 〔西夏文〕

首成做事于问是。烧施谓者烧施重成做事于问是。一第

18-12 〔西夏文〕

之静虑等以答作。二第之答者八第节之四第殊妙做中

18-13 〔西夏文〕

说。三第之答者彼中谓以说也。

18-14 〔西夏文〕

外彩末绳弹谓者由罨本续中绳。法仪依大密法之中

18-15 〔西夏文〕

围绳，亦由罨本续与一样知应也，终。

意译：

第七节之第四品中，方便义者西宁那弥巴师如是所说。谓文中所讲说者如何讲说，故如理依仪讲说也。此如理依仪说者一切诸法唯一汇集是身，彼者一切明相缘起法或一切五种姓^(一)皆依自性一味汇集时，出有坏大欢喜，金刚藏之彼实解说应谓恩赐也。彼实是谓何，则谓难获得。此者他续中谓难获也。谓何难获得，则胜住、诵咒及护摩者难获得也。彼亦谓善者依胜住获证世间及出世间果也。第九节之第三品中，加持笔等赐予写

529

者是谓胜住也。谓此胜住是问依心所修之或禅定重点之羯磨。谓诵咒者第八节之第四品中，是问咒颂重点之羯磨。谓护摩是问护摩重点之羯磨。第一之以禅定等回答。第二之回答者第八节之第四品中所说。第三之回答以彼中所解说也。

谓表面弹彩色绳者《由嗢本续》中绳。法仪所依是大密法之坛城绳，亦与《由嗢本续》一样所知也。终。①

注释：

（一）五种姓：指五种补特伽罗——声闻乘种姓、独觉乘种姓、如来种姓、不定种姓和无种性。有时也指五方佛。

藏文转写：

ji ltar na tshul bzhin duvo// gang tshul bzhin du bstan na chos rnams thams cad cig bsdus sku ste/ snang ba rten vbrel gyi chos thams cad dam rigs lnga po thams cad ngo bo nyid du ro gcig pavo// sus na bcos ldan dgyes pa chen povo// rdo rje su la na rdo rje snying po bdag lavo// ci bstan na de nyid bshad pavi bkav drin mdzod/ de nyid gang zhe na snyid par dkav ba ste/ rgyud gzhan duvo// gang rnyed par dkav na rab gnas dang/ bzlas pa dang sbyin sreg go//

de yang dge ba ni rab gnas kyis vjig rten dang lo ka las vdas pavi vbras bu thob par byed pa ste dgu pavi rab byed gsum pa nas por bsogs byin rlabs dri ma can sbyin zhes pas rab gnas gzung bavo// rab gnas sems kyi bsgom pa gtso bas bsam gtan gtso bavi las la dris pa yin/ bzlas pa brgyad pavi rab byed bzhi pa nas sngags gtso bovi las la dris/ sbyin sreg ni sbyin sreg gtso bavi las la dris pavo// dang povi lan bsam gtan la sogs pas btab/ gnyis pavi lan brgyad pavi rab byed bzhi par vong/ gsum pavi las de la dang po sa sbyang pa ni/ rab byed lnga

---

① "谓表面弹彩色绳者《由嗢本续》中绳。法仪所依是大密法之坛城绳，亦与《由嗢本续》一样所知也。终。"藏文本中无。

pa dang vbrel te/ gzhan go slavo//[①]

18-16 𗤊𗖰𗟲𗴮𘄴𗤓𗿒𘄴。

最妙上师数之礼敬

18-17 𗣼𗫉𘗽𗫩𗟲𗤒𘘥𘓹𘄴𗤙𗤓𗖫𗴱𘐰𘐯𘔆。𗤙𗤓𗴱𘝗𘄴

身修造时上方风重以脐之脉于拙火火燃。脐之脉叶数

18-18 𘄴，𗟲𗤒𘓿𘔆𘈷𘘥𗤞𗿒𘄛𘄴，𘄌𘘥𗿒𘈣𗤓𘄛𘄴𘘏，𗴱𘐰

烧，上方烧燃心间法轮及字烧，喉间及其之字烧时，拙火

18-19 𗤓𘄴𘌣𘑊𘒎𘃅𗤙𗢌𗦺𗿒𘐯𘄛𗤙𘄷𘈲𘄴，𘖫𗧍𘈩𘄴。𘘐𗤙

之智右左鼻孔之直直及眉间直直至时，空分起也。彼之

18-20 𘝙𘑊𗿒𘄴，𘘏𗧮𗧍𘐹𘘉𗤙𘄴𘑊𘈩𘄴。𘋦𘑩�𘄞𘘥𗤓𘄷𗴢

顶轮烧时，妄念皆皆止之觉受起也。其又复菩提心盛依

19-1 𘝙𗢌𘘏𗩴𘓹。𘋦�𗴬𘓿𘄌𗿒𘐹𘄛𗿚，𘋦�𗴄𘐹𘄛𗿚。𘋦

顶轮圆满成。其又下流喉轮滋长令，其又心间滋长令。其

19-2 �𘄌�𘐹𘄛𗿚𘄴，𗟲𗤒� 𘄛𗴱𘄴𘓿𘄌，𘄌𗤙𘕭𘔆�Ɩ𘋙

又脐间滋长令时，上方轮数于菩提心流，脐间火于入觉

19-3 𘄞𘉆𘄷𗐅𘂥𗤓。𘋦�𗴬𘄛𗤙𗿚，𘄊𗟲𗤒𘄛𘈷𗟲𗤒𘄛𘄛

受（助）起（助）如定作。其又复茂盛令，故上方烧以下方滋长

19-4 𗿚𗴱𘈷𘄼𘂥𗿚𘉆𘔆。𘈷𘄛𘉆�，𘄮𘃅𘁈𘄞𘈷𘄛𘘉𘄼

令于心居住令应也。菩提心衰作，故毛孔中菩提心发尖

19-5 𘄷𗣼𗴱𘈲𗴢�Ɩ𘄴��¢�Ɩ𘈲�，𗣼𗢤��Ɩ𘈲�。𘒼𘒻𘜶𘃝𘘥

略身于外依得时复定作应，身空亦定作应。喜石王中脉

19-6 𘗽𘄛𘄞𘈷𗤙𗟷𘂥𘄡�𘘥𘓹�ⱶ𘝗�𘄞。��𗤓𘄷𗴢𘓼�…

风菩提心之念定四轮于依靠法是。西宁那弥巴大师此

19-7 �¢𘄡�𘄞𘔆𘘥𗿒𘄴。𘄷。

<hr>

① 俄·秋谷多吉等：《先哲遗书·俄派师徒文集》第 226 册，第 233—234 页。

如（助）说文字依（助）写。终。

意译：

敬礼诸最妙上师。

修治身时，上方风猛厉，拙火之火燃烧于脐间脉。脐间诸脉叶烧，向上方燃烧。心间法轮及种字烧、喉间及彼之种字烧时，拙火之智至左右鼻孔之正前及眉间正前时，空性部分生起也。彼之顶轮烧时，一切妄念停止而觉受生起也。彼复又因菩提心炽盛，顶轮成为圆满。彼又向下流动，令喉轮滋长，彼又令心间滋长。彼又令脐间滋长时，菩提心流于上方诸轮，入于脐间火，觉受能生起如作禅定。彼复又令茂盛，故以上方燃烧令下方滋长，令心所依止也。菩提心衰弱，故毛孔中菩提心微如发尖，由身外炽热时复应修定，身空性亦应修定。此是《喜金刚》中，脉、风、菩提心四修定轮之所依。依西宁那弥巴大师如是所说文字而写。终。

藏文转写：

dgyes pa rdo rjevi dbang du byas na lus bcos steng rlung sdigs pas lte bavi rtsa nas/ gtum movi me vbar bas lte bavi rtsavi vdab ma rnams sreg nas/ yar vbar bas snying ga chos kyi vkhor lo dang yi ge sreg mgrin pa dang/ devi yi ge sreg nas gtum movi mes sna bug g-yas g-yon gyi thad ka dang/ mdzod spuvi thad kar phyin tsam na stong pavi cha skye bavo// de spyi gtsug gi vkhor lo bsreg pas/ rtog pa thams cad vgags pavi nyams vbyung bavo// de nas slar byang chub kyi sems vphel bas/ spyi bovi vkhor lo rgyab de nas mar bab pas mgrin pavi vkhor lo gsos/ de nas lte ba gsos nas/ vkhor lo gong ma rnams las byang chub sems bab nas lte bavi me la thim zhing nyams su myong ba skyes par bsgom mo// de nas yang bogs dbyung bavi phyir yang sreg cing mar gso ba la sems gnas par byavo// byang chub sems vtshor na ba spu nas/ byang chub sems skravi rtse movam lus la phar spros pa yang bsgom/ lus kyang stong par yang bsgom mo// dgyes pa rdo rjevi rtsa rlung byang chub sems kyi bsgom pa vkhor lo bzhi la rten pavo//[①]

19-8 　六第节之四第殊妙做中，业谓者身修造是。风谓者左右

19-9 　重也，此以拙火起令也。彼（助）行往谓者顶间火（助）生之谓。

19-10 　何（助）生谓故脐间生也。其火以脐脉烧之我无母谓也。此

19-11 　以心之清浊分离因跋萨尼怛是。心间烧受持烧二鼻孔

19-12 　眉间火至依明满菩提勇识谓者空分起也。其又顶间烧

19-13 　复出谓者四轮是。先说门中（助）复亦谓者上方止也。（助）烧

19-14 　谓者上方烧依觉受起也，下方滋长依菩提心脐间来也。

19-15 　先（助）如依谓者上方烧以下方滋长令也。百分发尖谓之

19-16 　五句以菩提心流盈，故修造法是。天及天非谓者此如定

19-17 　作之功德是。六第节之四第殊妙做中要论依（助）合，终。

意译：

　　第六节之第四品中，谓业者是修治身。谓风者左右燃烧也，以此拙火令起也。谓彼处行往者顶间火生起之谓。谓从何处则脐间生起也。彼以

① 俄·秋谷多吉等：《先哲遗书·俄派师徒文集》第226册，第225页。

火脐间脉炽然之无我母也。以此心识之清浊分离，故是上乐^{（一）}。心间炽燃，喉间^{（二）}炽燃，二鼻孔、眉间火至，佛、菩萨者是生起空性分也。彼又顶间炽燃，复又出是四轮。先前所说门中处又亦谓者上方阻止也。谓已燃烧者由上方炽燃觉受生起也，由下方滋长菩提心脐间降也。谓依如前者由上方炽燃而令下方滋长也。以发梢百分之一^{（三）}之五句菩提心盈流，故是修治之仪。天及非天是如此修定之功德。第六节之第四品中依《要论》相应，终。

注释：

（一）上乐：西夏文作𗧰𗵒𗷀𗄑，音译为"跋萨尼怛"，当为音译梵文 Basanta<u>h</u>，译为"上乐""胜乐""心脏""喜"。对应藏文为 dpyid，此义亦为"胜乐""喜""心脏"。跋萨尼怛指藏传佛教所说体内风、脉、明点三者中之大乐风。

（二）喉间：西夏文作𗜈𗄣，译为"受用"，藏文当为 longs spyod，指"受用轮"。因其位于喉间，是受用饮食味道的脉轮，故又称喉间受用轮、喉间报轮。

（三）百分之一：西夏文作𗥴𘃉，直译是"百分"，藏文当为 brgya cha，指百分之一。

藏文转写：

de gzhung dang sbyar na/ las ces pa ni lus bcos pavo// rlung ni g-yas g-yon sreg pavo// des gtum mo bskyod pavo// der vgro ba ni spyi bor me vgro bavo// gang nas vgro na lte ba nas so// mes lte bavi rtsa sreg pa la bdag med ces byavo// bsreg pa zhes yar sreg pas nyams myong skyes pavo// mar g-yos pas byang chub sems lte bar song bavo// sngon bzhin ni yar sreg pa ni mar gso bavo// skra rtse zhes pa tshig lngas ni byang chub sems vdzag na bcos pavo// lha dang lha min ni de ltar bsgoms pavi phan yon no//^①

---

① 俄·秋谷多吉等：《先哲遗书·俄派师徒文集》第 226 册，第 225—226 页。

19-18 盖此日月执持法者毗卢巴师（助）成作。此师之生长（助）土

19-19 地者果我迦那国是。其国中道又喜信。迦努拶谓国王一

19-20 有，师彼之调伏欲。故酒沽妇舍处（助）往。酒（助）沽作我谓（助）

20-1 其酒沽妇（助助）酒沽（助）给谓。师言：日者押屋我谓（助）当是

20-2 谓。晒之限量地于（助）写（助）写。酒（助）饮（助）其国中国王之水

20-3 量棍杖等皆（助）乱有作。国王处（助）告，王语：默有者中威力

20-4 疑是谓，（助）觅寻令。酒沽妇之舍处默有者（助）获。敕（助）寻（助）

20-5 日（助）释，夜半略为也。终。

意译：

盖此秉持日月者毗卢巴师（一）所成就。此师生长之地为果我迦那国（二）。此国中喜信外道。在迦努拶（三）地方有一国王，师欲调伏他。因而往卖酒妇之屋舍处，师云："卖酒于我。"此卖酒妇卖酒给师。师曰："我以太阳作抵押（四）。"遂用所饮酒在地上画写日影界线。其国中，国王之漏滴、日晷（五）等尽皆错乱。告知国王后，国王云："疑是瑜伽士中有人显神通。"便命人寻觅，在卖酒妇屋获瑜伽士。国王乞令瑜伽士释放太阳，已是半夜。

注释：

（一）毗卢巴师：音译西夏文𗗊𗧾𗣼，藏文作 birwapa、birūpa，梵

535

文为 Virūpa，西夏和元代汉译为"密哩斡巴"，印度八十四大成就者之
一，在《八十四位成就者传》中列第 3 位。他融合《红阎摩德迦续》、《喜
金刚续》和《胜乐根本续》的思想和修持方法创立了道果教授，是道果
法印度始祖。[①]

（二）果我迦那国：音译西夏文𗾔𘈩𗌭𘈬，指南印度古国 Końkana。
按汉语切音习惯，西夏文小字𗾔（我），音译梵文 Końkana 中的鼻韵尾 ń，
与前面的𗾔（果）组成二合音。Końkana，《大唐西域记校注》中称"恭
建那补罗国"；[②]《大慈恩寺三藏法师传》中作"建那补罗"；[③]《宋史》中
作"供迦拿国"。[④]

（三）迦努拶：音译西夏文𗉮𗾮𘈬，是藏文 kanutsa 之音译，印度地
名。《八十四位成就者传》中记载为噶那萨达（Kanasata）。[⑤]

（四）抵押：西夏文作𘀨𗈬，直译为"押室"，即"当铺"。这句话的
意思是毗卢巴把太阳抵押给卖酒妇来抵酒钱。其办法是用所饮酒在地上
画一界线，日影一旦越过线就付酒钱。传说毗卢巴止住红日三天不动。

（五）漏滴日晷：西夏文作𗇅𗡞𘊴𘊵。𗇅𗡞字面直译是"水量"，是藏
文 chu tshod 之对译。chu tshod 常译为"漏滴""漏刻"，是一种计时装置，
由滴漏水计时而得名。𘊴𘊵字面直译是"杖棍"，当为藏文 dbyug gu（或
dbyu gu）之直译，其字面直译是"短杖"，古代它又指木质圭表，即旧
式日晷仪，用来观察日影以定时刻的仪器。

---

① 《中华大藏经·丹珠尔》（藏文对勘本）第 48 卷，第 416 页；索南才让：《西藏密教
史》，第 353 页。

② 玄奘、辩机原著，季羡林等校注《大唐西域记校注》卷 11，第 887 页。

③ 慧立、彦悰：《大慈恩寺三藏法师传》卷 4，孙毓棠、谢方点校，中华书局，2000，
第 90 页。

④ 《宋史》卷 490《外国六·天竺》，中华书局，1997，第 14105 页。

⑤ 《中华大藏经·丹珠尔》（藏文对勘本）第 48 卷，第 418 页。

藏文转写：

nyi zla gzung ba vdi birwapas grub pa yin te/ devi yul yang yul Koṅkana
zhes bya bar skyes pa yin te/ vdis mu stegs pa la dang pavi kanutsavi rgyal po
gcig vdul bavi don du/ chang vtshong mavi khyim du phyin nas/ chang nyo
byas pas ta ma ga re zer gtav ma nyi ma gzhug gis byas pas/ rung zer te nyi
mavi tshad sa la ri mo bris nas/ chang vthungs pas/ khong gi chu tshod la sogs
pavi rtsis thams cad vkhrugs nas ma btub pa la rgyal po la zhus pas/ rnal vbyor
pa nus pa can gyis gzung ba yin zer nas btsal bas chang vtshong mavi khyim
gyi rnal vbyor pa rnyed de nas zhu ba phul bas nam phyed na phar phyra yis
song ba yin no// [①]

20-6 𑖲𑗂𑗂𑗂𑗂𑗂 𑗂𑗂𑗂𑗂𑗂𑗂𑗂𑗂𑗂𑗂𑗂𑗂𑗂𑗂𑗂𑗂。𑗂𑗂 𑗂𑗂𑗂𑗂𑗂

    此他兵拘缚法者尼摩波罗善近（助）成作。此亦彼国中东

20-7 𑗂𑗂𑗂𑗂𑗂𑗂𑗂𑗂𑗂𑗂𑗂𑗂，𑗂𑗂𑗂𑗂𑗂𑗂𑗂𑗂：𑗂𑗂𑗂𑗂𑗂𑗂

    方林一中圣六字（助）诵，世音观（助助助）记：汝大手印成就

20-8 𑗂𑗂𑗂，𑗂𑗂𑗂𑗂𑗂𑗂𑗂𑗂𑗂𑗂𑗂𑗂𑗂𑗂，𑗂𑗂𑗂𑗂𑗂

    得欲（助），故殈伽河水边于果栗什奢旃檀有，彼以我之像

20-9 𑗂𑗂𑗂，𑗂𑗂𑗂𑗂𑗂𑗂𑗂𑗂𑗂𑗂𑗂𑗂𑗂𑗂𑗂𑗂𑗂

    一（助）作，其之胜住令时（助）大手印成就赐我谓者旃檀寻

20-10 𑗂𑗂𑗂𑗂𑗂𑗂𑗂𑗂𑗂𑗂𑗂𑗂𑗂𑗂𑗂𑗂，𑗂𑗂𑗂𑗂𑗂𑗂𑗂𑗂𑗂

    （助）亦摩醯暖力大（助）何凉（助）卧，故沙（助助）卧见，彼下（助）掘

20-11 𑗂𑗂𑗂𑗂𑗂𑗂𑗂。𑗂𑗂𑗂𑗂𑗂𑗂𑗂𑗂𑗂𑗂，𑗂𑗂𑗂𑗂𑗂

    果什奢旃檀（助）得。此者磨时世音观之像作，供修我谓心

20-12 𑗂𑗂。𑗂𑗂𑗂𑗂𑗂，𑗂𑗂𑗂𑗂𑗂𑗂𑗂𑗂𑗂𑗂𑗂𑗂，𑗂𑗂𑗂

    （助）起。又其之磨者，国王之皇女家法以未污一需，故皇女

---

① 俄·秋谷多吉等：《先哲遗书·俄派师徒文集》第226册，第237页。

20-13 𗧇𗣜𗣼𗧁𗣙𗧘𗦇𗒹。𗦣𗰖𗧀𗦴𗭫𗋽𗳒𗒹。𗧅𗒘𗤋𗐩𗵘

一（助）摄旃檀（助）磨令。后彼皇女于先无香生。父王（助助）汝

20-14 𗋽𗧘𗭘𗟻𗡞。𗧀𗰔𗢳𗟻𗧘𗣜𗒘。𗳒�752𗒹𗤋𗵘𗣙𗣜

何（助）来（助）谓。皇女（助）泣何（助）来无差，我之人一（助助）旃檀

20-15 𗣙𗧘𗦇𗢳𗟻。𗦴𗵙𗤋𗵘𗵘𗐩𗧘𗒹𗖻𗳌𗰤，𗐩𗰖𗤌𗱕

（助）磨令我谓。彼又父（助助）脊背（助）菜果白一包，底于孔有

20-16 𗧇𗣜𗆫𗵘。𗵙𗵘𗖻𗣜𗴟𗦶𗵾𗳒𗒹，𗰖𗣛𗵾𗫡𗱚𗰥𗵘

一（助）缚作。菜果白（助）漏（助）夏时（助）生，其痕迹随以军大（助）

20-17 𗝢。𗵙𗧘𗵙𗵄𗴟𗆫，𗵲𗵛𗵸：𗳒𗝓𗰖𗤌𗤋𗵘𗦇𗒹。𗵘𗴟𗵘𗧘

起。彼善近（助）至往，善近语：我汝之害未曾我谓。莫肯作（助）

20-18 𗟇^① 𗵾𗰖𗵘𗵾𗵘𗣜𗵾𗇁𗖻𗳒𗵾𗵘𗵾�8𗒹𗚉�'𗟻𗡞。

蛇颈于（助）写（助助助）国王之颈于（助）写（助）生首斩作（助）谓。

20-19 𗹧𗵅𗹭𗹧𗢳𗠇𗣤。

（助助）惧（助）调伏也。

意译：

此禁缚他兵者罗摩波罗居士^{（一）}所成。其在彼国东部一林中诵圣六字真言，观世音授记云："汝欲获得大手印成就，则在殑伽河^{（二）}水边有果粟什奢旃檀^{（三）}，用此作成我之像，当作胜住时，我赐汝大手印成就。"遂寻旃檀，依大水牛极热^{（四）}卧凉处，故见卧于沙，彼下掘而获果粟什奢旃檀。以此磨后，作观世音之像，修供则觉心生起。又其磨者，需国王之家法^{（五）}未染之公主。故召请一公主，令磨此旃檀。后彼公主生起无垢^{（六）}。父王云："汝何来？"公主哭泣云："何来，不知道，令我一人研磨旃檀。"彼又在其父脊背施设^{（七）}一包白芥子，底有一孔。白芥子漏下，夏季生出，随彼痕迹，引导大军。彼往居士处，居士云："汝未曾有害。若不听从，蛇颈上书写，犹如国王之颈上书写，当发生时汝斩其首。"（他兵）惧而调

---

① 原文作𗟍（瓶），据藏文本改为𗟇（蛇）。

伏也。

注释：

（一）罗摩波罗居士："罗摩波罗"西夏本作􀀀􀀀􀀀􀀀，音译为"尼摩波罗"。其在藏文本作 ra ma pa la，西夏本可能有误，据藏文本改为"罗摩波罗"。"居士"的西夏文作􀀀􀀀，字面义为"善近"，对应藏文为 dge bsnyen（善近），佛书中译作近事男、居士。"罗摩波罗居士"具体为哪一位，笔者未能勘定。

（二）殑伽河：西夏文作􀀀􀀀，其中"殑伽"是􀀀􀀀之音译，梵文为 Gaṅgā，汉文文献音译为殑伽河、恒伽河等，即恒河。

（三）果栗什奢旃檀：音译西夏文􀀀􀀀􀀀􀀀􀀀，藏文本作 tsan dan gorshiśa，译作"果栗什奢旃檀"。按文献记载，旃檀主要分为三种，白旃檀、红旃檀和牛头旃檀。"果栗什奢旃檀"即汉文文献中的"牛头旃檀"。因其产地摩罗耶山（Malaya）状似牛头，故名。

（四）水牛极热：西夏文作􀀀􀀀􀀀􀀀，译为"摩醯大暖力"。其在藏文本中作 ma he drod che ba，译为"水牛极热"。

（五）家法：西夏文作􀀀􀀀，直译是"舍法""家法"，其义不解。藏文本作 vdod pavi tshon，直译是"欲之颜色"，与西夏文不同。

（六）无垢：西夏文作􀀀􀀀，字面义为"无香"，藏文本作 med pavi dri，字面义与西夏本同，译为无垢、洁净。

（七）施设：西夏文作􀀀􀀀，字面义为"缚作"，藏文转写为 btags pa（系、缚），佛书中译作"施设""假立"。

藏文转写：

pha rol gyi dpung bcing pa vdi dge bsnyen ra ma pa la zhes bya bas grub yin/ de yang shar phyogs de nyid na nags kyi gseb gcig nas yi ge drug pa bzlas pa byas pa/ thugs rje chen pos lung bstan nas khyod mahāmuvi si ti vdod na/ chu bo Gaṅgāvi vgram na tsan dan gorshiśa yod kyis de la ngavi gzugs kyis ma devi rab gnas kyed pavi dus su phyag rgya chen povi si ti sbyin zer ro/ de vtshol ba yang ma he drod che bas gang na bsil ba bsnyag pas bye mavi steng

na nyal lo/ devi vog nas brkos pas tsandan gorshiśa snyed nas de btags la spyan

ras gzigs kyi gzugs brnyan byas la bsgrub snyam nas/ de ma thag la rgyal povi

bu mo vdod pavi tshon gyis ma gos pa gcig dgos nas/ bu mo dgug pa byas te

tsan dan vthag tu bcug nas/ phyis bu mo la sngar na med pavi dri byung nas/

pha rgyal pos khyod sad duvng byas pas/ nu ma rngus nas ngas gar phyin cha

med par nga la gcig gis tsan dan vthag tu bcug pa yin no// des phas rgyab tu

nyungs dkar thum po zhabs sug pa gcig btags pas nyungs dkar vdzags nas

dbyar gyi dus su skyes pa las rtsad btag nas/ dmag drangs pas/ dge bsnyen des

nga ni gnod pa ma byas byas pas ma nyan no/ de rol pavi ske la ri bo btang nas

ske gcod do byas nas btul lo//[①]

20-20 𗥃𗖰𗪘𗰔𘄒𗮔�313𗫩𘏢𗆴𗵃𗋆𗦇𘄒 𗣬𗭪𗱲𗗟𗄼𘄒𗤁𗬈𗵃

　　　 此神裂令（助）者毗卢巴师（助）成作。其亦跋林底ᨑ国中道

21-1　𗤌𘏮𗕥�312𗆸𗴺𗌱𗵃，𗰔𗧘，𗫴𗢩𗅱𘀄𗫺𗦇𗪮𗵂𗔓，𗤌𗫴𗢩

　　　 又空行母住处（助）往，（助）乞，一手中珠白一粒（助）赐，又一手

21-2　𗅱𗰱𗱲𗆸𗌱𗩛𗵂𘄒𗥃�312𗵃𗢭𗴷𗪮𘀄𘄒𗰔𗅱�~𘏼𘄒𗪟𗗘𗭪

　　　 中乌钵罗一棵（助）赐。此者（助）卖往（助）谓。城中卖往。诸人语：

21-3　𗱲𗤋𗆸𗘦𗱾𘀄𘄒𗭪𘏢𗵃𘏼𘄒𘄒𗔓𗵈𘄒𗥃��313𗥃𗖰𗪘𗱲

　　　 跋须喇悲不哀谓。语：缘何是谓，（助）问。此者道又空行母（助）

21-4　𗭪𗨳𗤙𘏢𗤋𘀄𗬉𘀄𘄒𗨳𗰱𗱲𗆸𗵃𗭰𘀄𘄒𘓿𘏢𗱾�311𗅩�

　　　 （助）汝之（助）记（助助）是。汝乌钵罗（助）除（助）谓，除不能依今夜

21-5　𘓿𘀄𘄒𗥃𗨳𗤍𗴢𗵃𗰕𘀄𘄒𗵃𗱾𘄒𗥃𗬉𗪯𗰔�312𗵁𘏼𗧆𘕥𘀄，

　　　 杀（助）谓。此之方便何有谓，（助）问。此旁近正法默有者一住，

21-6　𗪮𘕥𗵃𗱾𘀄𘄒𗪮𘕥𗱾𗴺𘄒𗣬𗬉𘕥𗧆𗭪𗨳𘏮𘂝𗄜𗵃𗚉𗦜

---

① 俄·秋谷多吉等：《先哲遗书·俄派师徒文集》第226册，第237—238页。

彼处（助）问（助）谓。彼处（助）往。其默有者言：汝今四由旬（助）半

21-7

渡（助），则不死（助）谓。毗卢巴师言：今时日半成，我今行驿不

21-8

能谓。（助助）我之酒罐陶下（助）往（助）谓,（助）示。尔时，其空行母

21-9

来，酒罐陶（助）易。其默有者（助助）复（助）易其（助）如自共（助）易

21-10

以天晓作（助）空行母（助）遁。其又师（助）逃。吉祥山中龙菩提

21-11

师处狱帝主旨（助）寻（助）祈修，威力特出（助）成。次，后空行母

21-12

之调伏。故先空行母住处（助）往，复（助）乞，先如（助）作，其夜晚

21-13

弃（助）坐。空行母数（助助助）摄。十三佛中围（助）化依，其数（助）

21-14

闷乱，其时（助助）调伏。其后次依，果我迦那国中（助）往，道又

21-15

佛像处礼（助）敬依（助）裂也。毗迦摩罗什罗众宫中（助）往，

21-16

种种贱实（助）作依，大众数言：此（助助）正法中风遣作（助）也

21-17

谓。水中（助）投弃，水面（助）依持去。其后毗卢巴谓名（助）盛作。

意译：

此所令劈裂神像者乃毗卢巴师而成。其往跋林底啰国[一]中外道空行母住处祈与。空行母一手赐予他一颗燕珠[二]，一手赐予他一朵乌钵罗花，曰："此者汝卖之。"他遂往城中。众人云："明显呀，真可怜！"[三]他问：

"此是何故？"众人回答："此者是外道空行母给汝的印记，扔掉乌钵罗花。因扔不掉，故今夜来杀汝。"他问："此有何方便？"答："附近住一正法瑜伽士，汝到彼处问。"于是他往彼处。瑜伽士云："汝今能到四由旬^{（四）}半以外，则汝不死。"毗卢巴师曰："今日已过半，我来不及赶到。""然汝可躲于陶酒瓮下"，瑜伽士指着陶酒瓮说。尔时，彼空行母至，变成陶酒瓮。瑜伽士也又变。他们相互变化，天已拂晓。空行母遁去。其后，师走吉祥山^{（五）}龙菩提师^{（六）}处，祈求传授降阎摩尊修法。观修之后，法力大增。其后，师欲调伏外道空行母，遂往此前空行母住处。如前所为，此夜晚师坐而丢弃印记。众外道空行母说被招摄的人来了。师因化十三佛坛城，众外道空行母闷绝，被师降伏。其后之次第，师往果𰻞迦那国中，因礼敬外道神像，神像劈裂。往毗迦摩罗什罗寺院^{（七）}中，因种种行为^{（八）}，众人曰："正法中此行为当抛弃^{（九）}。"于是投毗卢巴于水中，他脚踩水面而走。其后，毗卢巴名更盛。

注释：

（一）跋林底啰国：音译西夏文[西夏文]，当为梵文 Varendra 之音译，藏文本作 vbav len ṭara，古印度东部一地名。多罗那它《印度佛教史》记载毗卢巴降伏外道空行母是在东印度的提毗果吒（Devīkoṭa）。^①

（二）燕珠：西夏文作[西夏文]，字面直译是"白珠"，《番汉合时掌中珠》将其对译为"燕珠"。^②

（三）明显呀，真可怜：西夏文作[西夏文]，前三字音译为"跋须啰"，后三字译为"愍莫悲"。"跋须啰"当为梵文音译词，藏文本作 Bhasula，或作 Bhāsura，意为"明显的"。"真可怜"西夏文直译为"愍莫悲"，藏文作 snying re rje，译为"真可怜"。

（四）由旬：西夏文作[西夏文]，音译为"由旬"，梵文作 Yojaṇa，藏文为 dpag tshad，汉文文献译为踰缮那、瑜膳那、由旬等。

---

① 多罗那它：《印度佛教史》，第 162 页。
② 骨勒茂才：《番汉合时掌中珠》，第 26 页。

（五）吉祥山：西夏文作𗱢𘒁𗗚，译为"吉祥山"，印度山名，藏文为 dpal gyi ri，梵文作 Śriparāta。藏文文献记载，吉祥山是龙树菩萨的居住之地。[1] 而《大唐西域记校注》载龙树菩萨居住于跋逻末罗耆厘山（Bhrāmara giri），二者当为同山异名。关于吉祥山（跋逻末罗耆厘山）的所在，学界有不同的比定，其中较为合理的是布吉斯（Burges）的观点，认为今马尼克杜尔格（Manikdurg）以南二百五十英里、克里希那（Krisna）河南岸的吉祥山，不仅山名与藏文文献记载的一致，而且山形及山中寺院遗址也与玄奘所记相符。[2]

（六）龙菩提师：西夏文作𗉋𗖻𗉋𗭔，译为"龙菩提师"。龙菩提指印度八十四大成就者之一的 Nāgabodhi，汉文文献译作龙觉、龙智等，藏文为 kluvi byang chub（龙菩提）。他是一牧人之子，相传曾依止龙树菩萨出家，受诸续传承要门。龙树去世后，他居住于吉祥山的一深窟之中，专心观修十二年，终获大手印成就。[3]

（七）毗迦摩罗什罗寺院：西夏文作𗱢𘜶𗜈𗗚𘝵𗗚𗏆𗒹，译为"毗迦摩罗什罗寺院"，梵文为 Vikramalaśila，汉文文献中译作超戒寺、超岩寺等。其在藏文本中记作 bi tra ma shi la，少一个 la 的音。毗迦摩罗什罗寺位于古印度摩揭陀国（Magadhā）北部，恒河东岸那烂陀寺（Nārandā）附近的小山上，始建于波罗王朝第二代王达摩波罗（Dharmapāla，770—810）时期。此寺有 108 座经堂，分成两半，分属密教内道部分和外道部分。据藏文资料，这里常住寺学者有 108 人，执事 114 人，为印度佛教晚期重要寺院，也是当时传播密教的中枢。特别是藏传佛教后弘期诸法系，大多出自此寺之大师，如莲花戒、六贤门、阿底

---

[1] 多罗那它:《印度佛教史》，第 85 页。
[2] 玄奘、辩机原著，季羡林等校注《大唐西域记校注》，第 832 页；慧超撰，张毅笺释《往五天竺国传笺释》，中华书局，2000，第 46 页。
[3] 多罗那它:《印度佛教史》，第 99 页。

峡等。①

（八）行为：西夏文作繳薞，直译为"贱实"，其义不解，西夏本可能有误。其在藏文本中对应为 spyod pa，译为"行为""举止"。此据藏文本译。其当指毗卢巴在毗迦摩罗什罗寺院所做的不被正法允许的一些行为，如他修炼时没有征兆就把念珠扔到厕所里，经常在寺院里喝酒吃肉，又把寺院里的鸽子杀了吃，等等。

（九）抛弃：西夏文作鞁薞，译为"风遣"，对应藏文为 rlung la bskur ba（字面义与西夏本一致），译作"舍弃""抛弃"。

藏文转写：

lha drags pa vdi birwapas grub pa yin te/ de yang vbav len ṭara mu stegs mkhav vgro yod pavi sar phyin te/ blangs pas/ lag pa ya gcig tu vgron bu gcig byin/ ya gcig tu Utpala gcig byin no/ de tshong zer ro/ de grong du khyor nas btsong pas/ kun na re bhasula zhes snying re rje zer/ ci nyes byas pas vdi mu stegs kyi ḍākinis mtshan pa btab pa yin te Utpala phyi dang byas ma phyid do/ do do nub gsob pa yin zer ro// thabs ci yod byas pas/ vdi na sangs rgyas pavi yo gi gcig yod pas de la dris zer ro// devi gan du phyin pas khyed kyis dpag tshad phed dang lnga chod na mi vchi zer ro// nyi ma phyed du song dang ngas vgro mi nus zer ro// vo na ngavi chang rdzivi nang du zhugs gcig zer nas bsdad do// der ḍākini byung nas rje ma bkug de bzhin du phar bkug tshur bkug la nam langs ḍākini gyes/ de nas dpal bros nas dpal gyi ri la kluvi byang chub la gshin rje zhus nas bsgrub pa nus pa thob pa yin no// de nas phyis ḍākini vdul bavi don du der phyi nas/ yang blangs pas sngar bzhin byas so// de nas devi nub mo vdug pas/ khong gis bkugs lha sun cu rtsa gsum gyi dal du sprul nas/ khong rnams brgyal nas devi dus su brtul ba yin no// de nas Koṅkanas phyin nas mu stegs kyi lha rten la phyag byas pas gsang ba yin no// bitramashilar phyin nas

① 刘立千：《印藏佛教史》，民族出版社，2000，第38页；多罗那它：《印度佛教史》，第207页；松巴堪布·益西班觉：《如意宝树史》，第191页。

544

spyod pa na dgu byas pas dge vdun rnams kyis bstan pa rlung la bskur byas

pas/chu la bskur bas gyen la khyer ro// de nas birwapar thogs so//[①]

21–18 𑒀𑒭𑒩𑒮𑒯𑒬𑒥𑒬𑒩。

 最妙上师数之礼敬

21–19 𑒀𑒭𑒩𑒮𑒩𑒬𑒯𑒬𑒩𑒬，𑒬𑒩𑒯𑒬𑒥𑒬𑒩𑒬𑒩，𑒥𑒯𑒬

 南西迦栗那怛巴国中，父母（助助）名（助）得作色黑，众人（助）

21–20 𑒯𑒬𑒩𑒮𑒩𑒬𑒯𑒬。𑒬𑒯𑒬𑒩𑒮𑒩𑒮，𑒬𑒯𑒩𑒬𑒩𑒬𑒩𑒬𑒩

 （助）名迦栗那怛巴谓。此师轮集闻欲，故西天中摩揭陀国

22–1 𑒯𑒬𑒩𑒥𑒬𑒯𑒬𑒯𑒬𑒩𑒬。𑒬𑒯𑒬𑒯𑒬𑒬𑒯𑒬𑒯，𑒬𑒥𑒯

 中罗底伐折罗师处（助）往。轮集（助）说作（助）不信因，赡部河

22–2 𑒥𑒯𑒬𑒬𑒩𑒯𑒬𑒥𑒬𑒩𑒬𑒬𑒯𑒩𑒬𑒩𑒯𑒬𑒩，𑒬𑒬𑒯

 园二十四宫中往，二十四宫空行母一悦喜令时，闻思（助）

22–3 𑒩。𑒯𑒬𑒯𑒬𑒯𑒬𑒩𑒬，𑒯𑒬𑒯。𑒬𑒯𑒬𑒯𑒬𑒩𑒯𑒬，𑒯𑒬𑒯。𑒯𑒬𑒯𑒬

 起。宫何（助）近亲谓，（助）问。东方迦弥噜（助）亲谓,（助）去。屋舍旧

22–4 𑒬𑒥，𑒯𑒬𑒯𑒬𑒯𑒬，𑒯𑒯𑒬𑒩𑒯。𑒀𑒭𑒩𑒯𑒬𑒩𑒯𑒬𑒯𑒬𑒯，𑒯𑒯

 一在，人有（助）无谓，地于（助）坐。最中美善女人一（助）出，班弥

22–5 𑒯𑒩，𑒯𑒬𑒯𑒬𑒯𑒬𑒯，𑒯𑒬𑒯𑒯𑒬。𑒯𑒬𑒯𑒬𑒩𑒬𑒯𑒬𑒯𑒩𑒯𑒬

 怛，地于莫坐汝，里方请来谓。里方（助）去，先女人如胜殊美

22–6 𑒬𑒩𑒯𑒬𑒩𑒯𑒬𑒩。𑒯𑒬𑒩𑒯𑒬𑒯，𑒯𑒯𑒬𑒩𑒯𑒬𑒯𑒬𑒯，𑒯𑒬𑒯。𑒯𑒯

 善女人一坐见。彼女人（助助），班弥怛何往汝谓，（助）问。师语，

22–7 𑒯𑒬𑒩𑒯𑒬𑒩𑒯𑒬𑒬𑒯𑒬𑒩𑒯𑒬，𑒯𑒬𑒩𑒯𑒬𑒩𑒬𑒬𑒯𑒩𑒯𑒬

 罗底伐折罗处轮集（助）闻，不信依，二十四宫游以空行母

22–8 𑒯𑒬𑒩𑒬𑒬𑒯𑒬𑒯𑒯𑒯𑒬𑒩𑒯𑒬，𑒯𑒬𑒩𑒯𑒬𑒩𑒬𑒬𑒩𑒬，𑒬𑒩𑒯𑒬

 （助）法闻往我谓（助）彼女人语，迦弥噜者此自现是，我空行

① 俄·秋谷多吉等:《先哲遗书·俄派师徒文集》第 226 册，第 238—239 页。

22-9 薿薐嫡綝荄蔽，綖繼彩彩阫豩，慨辍薶蕤綖豩。羪慨腷羹

母迦摩啊叽是，我今说作汝谓，不信依往我谓。其后跋多

22-10 彩豩粝諔愇綖薜豩豩菈蔽，薿刻豩豩莸祗豩。綋蕤絕

利谓草络中粳米盛作以（助）赐，道一也谓（助）遣作。次依复

22-11 絕藷綖。絕羪羿徙薆豩羐繊愰，乮琙蔍綖耙，薿蘛淐綖虓

复（助）去。复彼屋舍旧侧于至来，彼于（助）羞愧，道（助）误我（助）

22-12 豩。絕羪薹絼綖綖，蒥狐豩，絟琙薆鐆阫，愇鐆蘛莭。虠薐豩

谓。复彼女人（助）出：班弥怛，地于莫坐汝，里方请来。盖迦弥

22-13 嫡豩綖刻豩豩，慨辍蕤，綖薜蕤豩莸祗豩。羪綖刻蘛蘛

摩噜者（助）一是谓，不信依，粳米（助）赐（助）遣作。彼日一日（助）

22-14 綖，絕羪羿徙薆綖莸綖綖葁。乮琙彫豩核憐桼羸。刻薿蘛

逝，复彼屋舍旧处傍晚至往。彼于师三种惑（助）起。一道（助）

22-15 核綖薲。楠屍赑綖鏊虓彫綖薆葊綖愰綖薲。豩綖核薿

识我（助）。二饮食卧坐于耽此（助）做故（助）来我（助）。三何将空

22-16 屍薿羕綔豩綖綖豩。豩核憐莭豩，羪薹绰绝薆綖，薿蘛蘛

行母自现曰应是谓。三种惑起时，彼女人复（助）出，里方请

22-17 蔪豩，薐豩蒥綖綖刻豩豩。豩憐桼莭。羪愇核綖絕藷綖。

来谓，迦弥噜者（助）一是谓。因惑（助）起。彼惑除故复（助）去。

意译：

敬礼诸最妙上师。

西南迦粟那怛巴（一）地方，父母已给师取名黑色，众人谓之曰迦粟那怛巴。此师欲闻集轮，故往中天竺摩揭陀国罗底伐折罗师（二）处。又因不信彼师所讲集轮，又往赡部洲二十四宫，令二十四宫一空行母喜悦，生起闻思。师问："附近何处？"空行母云："附近东方迦弥噜（三）。"说罢而去。师来到一旧屋前，问："有无人乎？"遂坐于地上。一殊胜善美女子出来，云："班弥怛，汝勿坐地上，请进屋里。"师进屋，见坐着一位如先前殊胜善美女子。彼女子问："班弥怛，汝何往？"师曰："因不信罗底伐折罗师处所听

闻之集轮，欲游二十四宫，往空行母处闻法。"彼女人曰："我是空行母迦摩啊叽（四），迦弥噜是我自现。今因汝不信我所说，故而前往。此后有跋多利（五）草络中盛粳米与汝。"乃遣，次第而去。后，此师又来到此旧屋边。师羞愧云："我走错路矣！"又彼女子出，云："班弥怛，勿坐地上，请进屋里。盖迦弥噜者是我。"因师不信，给予粳米而遣。是日，一日将逝，傍晚，师复亦来到此旧屋处。于此，师遂生三种惑：一吾识途乎；二耽着于饮食坐卧，故来此；三何将是空行母自现？三种惑生起，彼女人复又出，云："请进屋里，迦弥噜是我自己。"因此而生惑。彼惑除，故又离去。

注释：

（一）迦栗那怛巴：音译西夏文𗾧𗹙𗙴𗫷，印度地名，藏文本作 karnatapa 或 karnapa。按《吉祥遍至口合本续之广义文》，其位于印度西南部，具体位置不详。又从"父母已给师取名黑色，众人谓之曰迦栗那怛巴"以及文中记述的事迹来看，此又为人名。作为人名，"黑色"（nag po）和"迦栗那怛巴"（karnatapa）显然是指印度大成就者黑色足师（Kṛṣṇāpāda），又作黑行师（Kṛṣṇācārya）、噶哈那巴（Kahnapa）、噶那哈（Kāṇha），藏语又作纳波觉巴（nag po spyod pa）、那波巴（nag po pa）等。黑行师为印度最为著名的大成就者之一。关于他的得名，《佛教史大宝藏论》中有详载，[①] 其标志为手持天杖、颅具酒器、小鼓并以骨饰庄严。[②] 据藏文文献，他出身于东印度的欧噜毗舍（Oruviśa），婆罗门种姓。他傲慢不遵师命，又不重道友劝诫，自以为是，在中有界获得成就。其著作内容涉及密集、大威德、胜乐等，尤其是胜乐教法最为突出，仅收入《佛教史大宝藏论》佛经目录中的就有二十多种。[③]

---

① 《佛教史大宝藏论》载："又在阿汝毗地区，有大精进士夫出现，其名同'波惹玛尼'字经的第一组'嘎'字，以第一韵母为修饰，和第七组第四字带'纳啰'声字，这一瑜伽自在师，将得八大成就。此一名字为嘎哈、纳、巴，即为'纳波觉巴'（黑行尊者，即黑尊者）所授记。"（第126页）

② 《佛教史大宝藏论》载："有名智慧者，持铃杵诸人，饮酒用颅器，手持喀章嘎，酒器江得乌，骨饰以庄严，大名那波巴。"（第126页）

③ 索南才让:《西藏密教史》，第126—129页。

（二）罗底伐折ᛙ师：西夏文作𗇺𗥤𗐩𗲲𗐩𗐯，藏文本作 ratibadzra，事迹不详。藏文文献中，一般认为黑行师的根本上师是北印度阇兰达啰（Jālandhara）的阿遮黎阇兰达黎巴（Jālandharipa，持燃者）。[1] 又据西夏本后文黑行师死前生起五因，其中有"三者不遵罗底伐折ᛙ师之语"，而文献记载黑行师因违上师 Jālandharipa 教诫，中有身才获得大手印成就。说明西夏本中的罗底伐折ᛙ师与藏文文献中的阿遮黎阇兰达黎巴 Jālandharipa 或为同一人。

（三）迦弥噜：音译西夏文𗧓𗀖𗥦，藏文本作 kamru，空行母名。

（四）迦摩啊叽：音译西夏文𗧓𗑗𗤫𗰛，藏文本作 kama ake，空行母名。《多罗那它的黑行师生平》记载此空行母为跋得利（Bhadri）。[2]

（五）跋多利：音译西夏文𗧩𗵿𗤽，藏文本作 bhatoli，即《多罗那它的黑行师生平》中的空行母跋得利（Bhadri），指印度和中国西藏人们熟知的神话人物卓娃桑姆（vgro ba bzang mo）。

藏文转写：

de lta buvi dpal bde mchog vkhor lo de lho nub karnapa bya ba na pha mas btags pa nag po/ yul gyi mi karnapa zhes bya ba des/ bde mchog shes par vdod nas yul dbus magadhāna slob dpon ratibadzra bzhugs pa la zhus so// der bde mchog gi bshad pa la yid ma ches nas/ vdzam bu gling gi gnas nyi shu rtsa bzhir phyin la mkhav vgro ma nyi shu rtsa bzhivi gcig mnyes par byas la mnyan snyam nas/ gnas gar nye dris pas shar phyogs kam ru nye thag yin pas der song zer nas phyin pas/ grong rnying pa gcig na mi yod dam med snyam nas sa la sdad pas bud med shin tu mdzes ma gcig byung nas paṇḍita sa la ma bzhugs nang du gshegs zer nas nang du phyin nas nang na bud med de bas gzugs bzang ba mdzes pa gcig vdug nas/ de na re paṇḍita gar vgro zer slob dpon ratibadzra la bde mchog mnyan pas yid ma ches nas gnas nyi shu rtsa

---

① *Taranatha's Life of Kṛṣṇācārya/Kāṇha*, pp.6-16.
② *Taranatha's Life of Kṛṣṇācārya/Kāṇha*, p.510.

bzhir bgrod nas mkhav vgro ma la chos nyan du vgro byas pas/ bud med de
na re kam ru vdi rang yin/ nga mkhav vgro ma ka ma a ke bya ba yin la bshad
byas pas/ yid ma ches te vgro zer ro//

de nas bha to li bya bas rtsa bavi drwa bavi nang du vbras zan gtums nas
bskur/ lam vdi yin byas nas btang ngo// de nas vongs tsam na slar grong rnying
pa devi rtsar phyin no// de ngo re tsha lam nor nam snyam nas yod tsam na/
yang kam ru vdi yin byas pas ma nyan nas yid ma ches te/ yang vbras zan bkur
nas btang ngo/ der nyi ma tal tsher ngos tsam na yang grong der dgongs mo
phyin no//

der jo bo the tshom gsum skyes te/ nga lam log pa yin nam snyam pa
dang/ na bzav ma mal cha la chags nas vdir snyogs nas vongs pa yin du vong
snyam pa dang/ yang na mkhav vgro ma yang yin nam snyam pavi rnam rtog
skyes tsam na/ yang bud med de byung nas nang du gshegs zer nas kam ru vdi
rang yin byas pas the tshom skyes nas de bcad pavi phyir yang phyin no//[①]

22-18 𗗉𗆐𗢸𗯬𗷒𗤒𗧈𗆟。𗦻𗥃𗺟𗵽𗨚𗥨𗿉。𗗙𗅆𗏵𗾔𗚉。𗨚𗅟𗿉𗼽

　　　午后复彼（助）至来。彼空行母之足洗，曼荼罗（助）献，足于（助）坌

22-19 𗽂。𗔇𗥰𗔇𗔼𗯬𗨚𗿉𗘟𗺔𗧆。𗤒𗣼𗏁。𗷟𗯸𗱽𗆐𗪺𗱡

　　　作。阿𪗉嘛阿噜萨罗之（助）持我谓，旨（助）寻，汝今妄念重厚

22-20 𗜓𗇋𗤵𗆐𗒦𗖥𗤓𗦴𗣼𗈷𗂼𗁅𗨚𗿉。𗰗𗧡𗵽𗏵。𗙵𗟻𗳛𗦴𗀜

　　　依现世于大手印成就不获汝谓。主（助）授令，喜石王与轮

23-1 𗺎𗑱𗷒𗤵𗔨𗤱𗼋𗤸𗺰𗨚𗿉。𗥰𗟟𗣼𗳱𗨚𗇋。𗟻𗤓𗨚𗯼𗢳𗵹

　　　集（助）说作（助）求修往汝谓，殑伽河水之侧，上乐之宫俄诃

23-2 𗤓𗑱𗿉𗭎𗳚𗤱𗈪𗣼𗦴𗑱𗇋𗤵𗆐𗣼𗧢𗓣𗤓𗤱𗼋。𗙵𗟻𗳛

　　　巴哩谓供施之河江侧于大宝等（助助）往（助）求修。喜石王

① 俄·秋谷多吉等：《先哲遗书·俄派师徒文集》第226册，第92—93页。

23-3 𗼋𗟠𘈈𘄬𘓨𗟠𗲦𗠁𗱲𗏫，𘟀𗭪𘉍𗟟，𗎭𘓶𘈽𗄈𘋧𘃡𘄴

之四种察法依四事（助）求修，亦（助）成作，（助）我业行时节（助）

23-4 𘐧𗟨，𗼃𗼃𘗐𗭪𘄴𗣴𘈈𗠁𗱲。𘟀𘍦𗷝𗱲𘖑𗶷𘐀𗣴𘃮

为谓，多明女导（助）戏论业（助）行。彼亦主业骨璎珞庄严

23-5 𗣴𗼃𘞵𗒅𗱲𗱲𘓨，𘓶𘈽𘅍𗵐。𘟀𘍫𗕱𘓨，𘗣𗱲𘋨𘓶𘈅𘄴

以多国中业（助）行依，诸人（助）见。其后次依，罗底伐折罗师

23-6 𘞵𗵐，𗼃𘈆𗟨𘗱𗒅。𗂅𗱲𗠁𘏲𘑲𘈆𗟨。𗼃，𘈅𘓶𘄴𘓼𘋩𘋱𗱲

（助）见，谁是谓（助）问。迦栗那怛巴是谓。次，罗底伐折罗师（助）

23-7 𘋱𗱲𗱲𘍰𗟠𘄬𘈅𘗐𗟨。𗂅𗱲𗠁𘏲𘑲𗵐𘍰𘆝𘃡𗱲𘌄𗟨，

（助）业行不时莫作汝谓。迦栗那怛巴心下我之惧我（助）谓，

23-8 𘄴𘈼𘋱。𘟀𘍫𘍰𘇨𘋱𘍰𘚕𘚕𗟨。𘋨𗱲𘈅𘓶𘋩𘋱𗟠𘁝𘄴𗲦

不肯作。彼又集轮作一请来谓。罗底伐折罗师绕围与一

23-9 𘗔𘍰𘉰𗎭�𘇨𘍤�(边)，𗂅𗱲𗠁𘏲𘑲𘋨𗟠𘁝𘄴�𘗔𘍰𘉰

（助）尸座于右方处（助）坐，迦栗那怛巴师绕围与一（助）尸座

23-10 𘉍𗁁𘇨�$\square$𘍤�(边)��$\square$$\square$𗱲。𘋨𗱲𘈅𘓶𘋩𘋱，𗂅𘙊𘇨�

于左方处（助）坐以集$\square$$\square$作。罗底伐折罗师语，尸送无样

23-11 𘄬𘇨�$\square$𘉰𗱲。𘈬𘌴$\square$$\square$，𘋨𗱲𘈅𘓶𘋩𘋱𗟠𘁝𘄴�𘟀

地墓中愿往谓。指（助）$\square$$\square$，罗底伐折罗师绕围与一（助）之

23-12 𘉰𘍮𘍤𘓚�$\square$，𗂅𗱲𗠁𘏲𘑲𘋱𘉰𘓚��+$\square$。𘋨𗱲𘈅𘓶

尸迅速（助）去，迦栗那怛巴师之尸动摇不能。罗底伐折罗

23-13 𘋱𗱲𘈽�𘋹𗵳，�𘁝𘋱𗱲𘄴𗵐，𘟀𘍦𗱲𘈽𘓨，𘃷𘈈

师之等持以（助）忍，我此量略威力有，我亦业不行依，汝今

23-14 𗱲𘈽𘍤𗟨。𘄴𘈼𘋱。𘗔�)𗴺𘋱��%𘄷𘉖𗟨。�#�#

业莫行汝谓。不肯作。次色黑足师（助助）西西摩喇谓。空行

23-15 𘌾𘋱𗦗𘃪𘄫𘈵𘈅�½𘄷�#，𘁝�½𗋑𗴟𘄴，�½𘗲𘋹。�#𘒳�

母正法本持者（助）之憎一有，彼之调伏欲，故（助）去。其至往，

23-16 𘈬𗔅𗱲𘈌𘋱𘄴�%𘓨，𘟀𗵳�#��#𘃪，�½𘒳�½𘘊𘃪。

二十九日时与（助）遇依，皆他方（助）去不在，仆使女一在。

意译：

（次日）午后，又来到彼处，师洗空行母之足，献曼荼罗，礼其足^{（一）}，持阿底嘛阿噜萨罗^{（二）}。空行母云："我今加持汝，因汝妄念厚重，于现世不能获得大手印成就。今给汝灌顶，授喜金刚、集轮，汝往殑伽河之滨，谓俄诃巴哩^{（三）}的上乐之地施供，在此江河边大宝等处修行。依彼喜金刚之四种看视法，修供四事，亦可成就。我修习时候已到。"引导众多明女修行戏论业。其亦师以骨璎珞严身，在其他国中所行利益，众人已见矣。其后之次第，罗底伐折罗师见，问："汝是谁？""我是迦粟那怛巴。"复次，罗底伐折罗师云："未行业时，汝莫作。"迦粟那怛巴想"然惧我"，不肯为。复又请来作集轮，罗底伐折罗师与眷属一起坐于尸座右侧，迦粟那怛巴师与眷属一起坐于尸座左侧，以此作集□□。罗底伐折罗师云："无须^{（四）}搬运，愿尸座到尸林^{（五）}。"指□□，罗底伐折罗师与眷属之尸座立即而去，迦粟那怛巴师之尸座却不能动。罗底伐折罗师以三摩地禁诫，云："我略有此能力，亦不能作所行业，汝今所行更莫能。"（迦粟那怛巴）不从。次，黑足师^{（六）}传于西西摩喇^{（七）}。有一厌憎禀持正法的外道空行母，师欲调伏彼。至其住所，时值二十九日时节。空行母往他处不在，仅有一女僮仆。

注释：

（一）礼其足：西夏文作𘚿𗴓𗤌𗟻𘝞，译为"足于坌作"，藏文本作 rkang pa la vjus，译为"礼足"。"礼足"是古印度致敬仪式的一种。如《大唐西域记校注》载："致敬之式，其仪九等……跪而赞德，谓之尽敬。远则稽颡拜手，近则舐足摩踵。"^①

（二）阿底嘛阿噜萨罗：音译西夏文𘐞𗼑𗰜𘐞𗙼𗟻𘝞，藏文本作 atma aru，与西夏本略不同。其义不解。

---

① 玄奘、辩机原著，季羡林等校注《大唐西域记校注》卷2，第205页。

（三）俄诃巴哩：音译西夏文𗟲𗆫𗳒𘂜，藏文本作 go ta ba ri，恒河岸边一地名，具体位置不详。

（四）无须：西夏文作𗍳𗼾，直译是"无样"。彼在藏文本中作 mi dgos pa，译为"无须"，疑西夏文有误。

（五）尸林：西夏文作𗱟𗩾，译为"墓地"，是藏文 dur khrod 之直译，梵文作 Slta vana，汉文文献音译为尸陀林、尸多婆那、尸林等，或意译为寒林，即弃死尸之处。

（六）黑足师：西夏文作𘄒𗹐𗄦𗖰，译为"黑色足师"，藏文本作 nag po，梵文为 Kṛṣṇāpāda，指黑行师。

（七）西西摩喇：音译西夏文𗢸𗢸𘂧𗆫，此名藏文本中无。当为古印度瑜伽师，其事迹不详。

藏文转写：

phyin pas phyi dro yang der phyin nas vdug nas/ mkhav vgro ma devi zhabs bkrus maṇḍala phul nas rkang pa la vjus nas a tma a ru yang na bdag rjes su bzung vtshal byas nas zhus pas/ khyod rnam rtog che bas phyag rgya chen po tshe cdi la mi vthob zer/ dbang bskur dgyes pa rdo rje dang bde mchog bshad nas bsgoms shig zer nas btang ngo// gang gāvi gtsang povi vgram bde mchog gi gnas go ta ba ri bya ba mchod sbyin gyi vgram rin po che la sogs par phyin nas bsgoms so// der dgyes pa rdo rjevi lta stangs bzhi las bzhi bsgrub pa yang grub nas/ nga spyod pa bya ran snyam nas spyod pa byed pa la rig ma mang po khrod nas spros bcas kyi spyod pa byas so// de yang tshogs bdag gi spyod pa rus pavi rgyan gyis brgyan nas yul mang por spyod pa byas pa las mi kun gyis mthongs so//[①]

de nas slob dpon ratibadzras mthong nas su yin byas pa la karnatapa yin zer/ de nas ratibadzras spyod pa mi ran par ma byed byas pas/ karnapas mtho

---

sdogs su mthong nas ma mnyan to// de tshogs bya yis shog byas nas tshogs byas te/ ratibadzra vkhor de bcas pa rovi gdan la g-yas gral du dgrigs/ karnapa vkhor bcas rovi gdan la g-yon du dgrigs nas tshogs byas so// ratibadzra na re ro bskyal mi dgos par dur khrod du thong cig zer ro// ratibadzra vkhor rang bcas pavi ro se gol gtogs pas song ngo// nag povi ro tig tig vdug pas ratibadzra ting nge vdzin gyis mnan no/ nga la nus pa vdi tsam yod pa yang/ spyod pa mi byed par khyod spyod pa ma byed byas pas ma nyan no// de nas nag po si ti mkhav vgro ma nang pa sangs rgyas pa la sdang ba yod na de vdul bar dgongs nas der phyin no// devi thams cad nyi shu dguvi mchod pa la song nas mi vdug go//①

23-17 𗄊𗥥𗐩𗀼𗄊𗏇𗤒，𗤻𗰖𗏇𗍁𗐻𗖜𗆧𗱕𗤜𗥑𗰜𗏀𗔺。𗄊𗼃𗥒
　　　彼（助）那哩鸠唻谓，木果（助）乞汝（助）摘汝谓（助）不（助）赐。彼于上

23-18 𗓽𗥧𗼬𗣜𗏇𗣫𗤻𗰖𗣫𗼳𗏀𗤓𗴢𗣴。𗣛𗳢𗤻𗥧𗣬𗧬𗤺𗵜
　　　师（助助）察（助）以木果数地于（助）坠作。仆使女（助助）复（助）接

23-19 𗉌。𗤽𗏇𗧬𗧬𗣫𗐩𗣰𗡺，𗤻𗣵𗤇𗵉。𗤽𗁇𗑑𗴴𗴺𗣀𗣴𗔜𗔜
　　　令。此如重复以（助）作依，上师（助）怒。我一班弥悒是及二二

23-20 𗣐𗦜𗍭𗤽𗣫𗤜𗀔𗤻𗦕𗤽𗥑𗴌𗣬。𗣫𗣫𗼉𗕿𗵣𗡺，𗤽𗏇
　　　十四宫游及三空行母容面（助）见等。三种德功众依，此如

24-1 𗒽𗥒𗴴𗣀𗍬𗣀𗥤。𗅩𗮀𗇋𗼬𗥑𗏹，𗌦𗣫𗍭𗄊𗔺𗴉𗙿𗼉𗥘
　　　作（助）者岂近也谓。彼女人之（助）桴，树等根于起（助）拔（助）弃

24-2 𗱲𗴢。𗆖𗱙𗼃𗄊𗤜𗀔𗤻𗣫𗣫𗘂𗚿𗉌𗱅𗣬𗖜𗤜𗥘𗱫。𗱫𗤽
　　　掷作。迦弥布鸠空行母等（助）归来（助）此谁来谓（助）问。色黑

24-3 𗉌𗴢𗫂𗼬𗓽𗧬𗼉𗌚𗣴𗣴𗤽𗼬𗣬𗋽𗴴𗄋𗣀𗥥𗣴𗴬。𗤽𗴢
　　　足师来之语故（助）说及然此之间断作需也谓（助）去。上师

---

① 俄·秋谷多吉等:《先哲遗书·俄派师徒文集》第226册,第93—94页。

24-4 𗾟𗾟𗾟𗾟𗾟𗾟𗾟𗾟𗾟𗾟𗾟𗾟。𗾟𗾟𗾟𗾟𗾟𗾟𗾟𗾟𗾟𗾟，

　　　甲胄佛于（助）坚固依间断作不得。尔时如何间断做我谓，

24-5 𗾟𗾟𗾟𗾟𗾟𗾟𗾟𗾟𗾟𗾟𗾟𗾟𗾟𗾟𗾟𗾟𗾟𗾟𗾟𗾟。

　　　凡俗女化以色黑足师之弟子手印悉地悉闻（助）处（助）往。

意译：

　　彼处叫那哩鸠喇[一]，上师乞："请给我汝摘[二]之水果[三]。"女仆不给。上师做看视法，诸水果坠落地上。女仆复亦做看视法，水果回到树上[四]。如此不断重复。上师愤怒，我一是班弥怛；二遍游二十四宫；三亲见空行母面等。依三种众功德，如此而作岂亲近也。遂梓彼女子，诸树连根拔起，弃置一边。迦弥布鸠[五]空行母等归来，问："谁来此处？"因听黑足师来之话，说："然此需留难也。"而去。上师有甲胄佛[六]坚固守护，不能留难。尔时我如何留难？变化成凡俗女，往黑足师之悉闻手印悉地[七]弟子处。

注释：

　　（一）那哩鸠喇：音译西夏文𗾟𗾟𗾟𗾟，藏文本作 na ri ke la，古印度地名，具体位置不详。按《八十四位成就者传》，此地又叫跋哆果拉（Bhadhokora），在距离东方索麻补拉（Somapūra）约一百里的城市附近；[①] 又《多罗那它的黑行师生平》记载此事发生在东印度 Varendra 地方。[②]

　　（二）摘：西夏文作𗾟。该字常译为"抽""拔"，此处引申为"摘取"。

　　（三）水果：西夏文作𗾟𗾟，字面译作"木果"，为藏文 shing gi vbras bu（shing vbras）之直译，译作水果、果实。

　　（四）女仆复亦做看视法，水果回到树上：西夏文作𗾟𗾟𗾟𗾟𗾟𗾟𗾟，字面义为"女僮仆复令连接"。根据上文，译为"女仆复亦做看视

　　① 巴瓦沃色：《八十四位成就者传》，《中华大藏经·丹珠尔》（藏文对勘本）第 48 卷，第 456 页。

　　② *Taranatha's Life of Kṛṣṇācārya/Kāṇha*, p.37.

法，水果回到树上"。

（五）迦弥布鸠：音译西夏文􀀀􀀀􀀀􀀀，藏文本作 kam po rtse，外道空行母名。按《多罗那它的黑行师生平》，此外道空行母名叫婆呼黎（Bahurī），[1] 与此不同。

（六）甲胄佛：西夏文作􀀀􀀀，字面义为"甲胄佛"，藏文本作 go chavi lha，译为"披甲佛"，指守护密乘行者根门的神。

（七）悉地：音译西夏文􀀀􀀀，为梵文 Siddhi 之音译，译为"成就"。

藏文转写：

g-yog mo gcig vdug nas de la na ri ke la bya bavi shing thog blangs pas khyo rang thogs zer nas ma ster ro// der slob dpon gyis lta stangs kyis shing gi vbras bu rnams sa la phab pas mos slar lta stangs byas kyi slar sbyar ro// de ltar yang nas yang du byas pas slob dpon khros te paṇḍita yin pa dang/ gnas nyi shu rtsa bzhi bgrod pa dang/ dngos su ḍā ki zhal mthong ba dang/ yon tan gsum dang ldan pa la vdi tsug byed pa snyam nas/ bud med de brdungs/ shing la sogs pa rtsad nas phyungs so// mkhav vgro ma kam po rtse la sogs pa log nas byung tsam na vdir su vongs zer/ der nag po vongs pavi lo rgyus rnams bshad pas/ vo na vdi la bar chod gcig bya dgos zer nas phyin pa la/ slob dpon go chavi lha la sems brtan pas bar chod ma tshugs so// der bar du gcod pa ji ltar bya snyam nas tha mal gyi bud med du sprul nas nag povi slob ma phyag rgya mavi gan du phyin nas//[2]

24-6 􀀀􀀀􀀀􀀀􀀀􀀀􀀀􀀀􀀀􀀀􀀀􀀀。􀀀􀀀􀀀􀀀。􀀀􀀀􀀀􀀀􀀀􀀀

上师之间断作可不（助）谓（助）问。作可不谓。然皆皆中甲胄

24-7 􀀀􀀀􀀀􀀀􀀀􀀀。􀀀􀀀􀀀􀀀，􀀀􀀀􀀀􀀀􀀀􀀀􀀀􀀀􀀀􀀀，􀀀

与不离（助）谓（助）问。离时一有，道中前前于舍声（助）生时，时

---

[1] *Taranatha's Life of Kṛṣṇācārya/Kāṇha*, p.38.

[2] 俄·秋谷多吉等:《先哲遗书·俄派师徒文集》第226册，第94页。

24-8 𗗿𗷓𗏇。𗗂𗷓𗗅𗷓𗅢𗵒，𗵘𗆉𗵘𗊱𗵘𗷓𗌭𗈜𗥤𗏵𗗖𗐬𗴮，

离也谓。其（助）方便获依，道又空行母（助助）上师定于（助）入，

24-9 𗵒𗐬𗗖𗷓𗐬，𗵒𗆉𗜈𗵘𗌭𗵒𗒹𗄼𗏵𗵒，𗗿𗗿𗙼𗼰𗵒𗱲𗵒

次定于（助）出，（助）来中道中飞禽一（助）飞，彼（助）候（助助）惊及

24-10 𗵒𗄈𗵒𗽫。𗄈𗵒，𗙼𗵒□□𗥤𗆦𗵒𗕿𗵘𗵒𗵒，𗐽𗵒𗊱𗵘

间断（助）作。尔时，记句□□之五因心于（助）生：一者空行母

24-11 𗥤□□□□𗗷𗏇，□□□𗊱𗵘𗵒𗆉𗕈□𗗷𗏇，𗖼𗵒𗐬𗈜

之□□□□也谓，□□□行母（助）不信□作谓，三者罗底

24-12 𗴮𗵒𗐬𗐬𗥤𗐜𗺉𗵘�bridge𗏇𗏇，𗬷𗵒𗈨𗺉𗅢�'�𗏇，𗊱�'�'

伐折罗师之语未听（助助）谓，四者允未获依是谓，五者业

24-13 𗑠�'�🇹�'�'𗷓�🇮，���'�'。�'�'�'𗶎�'�'�'�'�'�'

行（助）急依是也谓，心于（助）生。我今此现世于大手印成就

24-14 𗆉�'�'，�'�'�'�'�'�'�'�'�'�'�'�'�'，�'�'�'�'�'�'

不获依，次生续续间大手印成就求我谓，妙殿一中（助）坐，

24-15 �'�'�'�'�'�'�'，�'�'�'�'�'�'�'�'�'�'�'�'。𗗂𗆉

入口坚固以（助）堵，弟子数之七日入口莫开（助）谓（助）命令。彼院

24-16 �'�'�'�'�'�'�'�'�'�'。�'�'�'�'�'�'�'�'�'�'�'，𗗿𗆉

中他尸一于识入欲中。道又空行母（助助）碍障（助）作，彼又

24-17 �'�'�'�'�'�'�'�'�'𗏇。�'�'�'�'�'�'�'�'�'�'，

身之尸于识入使我谓。空行母人化以弟子数之欲界中，

24-18 �'�'�'�'�'�'�'�'�'�'，�'�'�'�'�'�'�'�'𗏇。�'�'�'�'�'�'

人者七日饮食与离则死，故入口（助）开（助）谓。弟子数（助助）不

24-19 �'�'�'�'�'�'�'�'�'�'�'�'�'�'，�'�'�'�'�'�'�'�'�'�'�'�'

肯作于空行母（助助）强以（助）开，里方上师（助）灭见依（助）焚

24-20 �'�'�'�'�'�'�'�'�'�'�'�'�'�'，�'�'�'�'�'�'，�'�'�'

七日成（助）虚空中达麻噜响令以来，识入可不获，声音（助）

25-1 �'，�'，�'

生，跋醩与达弥二弟子之我此世于大手印成就不获，中

25-2 （西夏文）
有身于获我，汝等大手印成就现前获时悉地悉闻（助）空

25-3 （西夏文）
行母之（助）调伏。亦我之间断（助）生者手印悉地悉闻（助）之

25-4 （西夏文）
弟子（助）做，我（助助）依是。汝等亦女人之弟子莫作令亦谓。

25-5 （西夏文）
中有身于大手印成就（助）证。此师（助助）吽巴哇师之（助）说

25-6 （西夏文）
作，此师肢无石王师之（助）说作，此师底哩怛啰之（助）说作，

25-7 （西夏文）
此师咪尼捺林我巴之（助）说作，此师悉宁那弥巴之（作）说

25-8 （西夏文）
作，此师螺巴之（助）说作。终。

25-9 （西夏文）
吉祥遍至口合本续之广义文下半。

25-10 （西夏文）　（西夏文）
典印勾管作者沙门释子高　法慧

意译：

"上师不可留难吗？""不可！"问："然一直与甲胄不离？""有分离时，当道中面前突生'舍'声时，此时甲胄分离。"因获得彼处方便，外道空行母入于上师定中，次又从定中出来间，道中有飞禽倏然飞起，因彼惊恐，上师留难成。尔时，记句□□之心中生起五因缘：一者空行母之□□□□也，□□□行母处不信□作，三者不遵罗底伐折罗师之语，四者是因未获（师）允许，五者因急于利益众生也。五因生于心。我今现世未证获大手印成就，次，欲转生中求大手印成就。师坐于无量宫殿中，入口

557

坚固封堵。命令诸弟子入口七日不得开启。彼宫中欲入识于他尸，其间外道空行母设障碍，使师迁识于自之尸。空行母化为人："诸弟子，欲界中人七日没有饮食则死，故入口要开启。"诸弟子不肯开启，空行母强行打开，见里面上师已寂灭。焚之七日，虚空中传来达麻噜响声，不能获得迁识，声音生起："跋醯、达弥[一]二位弟子，我此世不能获大手印成就，将于中有身获得。汝等现前获得大手印成就，悉闻悉地者调伏彼空行母。我产生之留难，悉闻手印悉地之弟子所作，是为我做。令汝等莫授女弟子[二]。"其于中有身证获大手印成就。此师传于吽巴哇师[三]，此师传于无肢金刚师，此师传于底哩怛啰[四]，此师传于咪尼拶林我巴[五]，此师传于悉宁那弥巴，此师传于螺巴[六]。[①] 终。

《吉祥遍至口合本续之广义文》下半。

印本勾管者沙门释子 高法慧。

注释：

（一）跋醯、达弥：音译西夏文𗙩𗗲、𗘅𗗾，藏文作 bha dre 和 dha me，黑行师的两位弟子。黑行师的门徒有多人，男弟子著名的有：Eyala、Mahila、Dhamapa、Dhumapa、Bhadrapa、Cimbupa、Bhadālipa、Lapāyipa 等，女弟子著名的有 Mekhala 和 Knakala 姐妹、Bandhepa 等。[②] 西夏本中黑行师的两位弟子"跋醯""达弥"或可同定为 Bhadrapa 和 Dhamapa。

（二）令汝等莫授女弟子：西夏文作𗵐𗴾𘋫𗴿𗗙𗤺𗴕𗵤𗑣𘃵，直译是"汝等亦女人之弟子莫为令"，其意可能是令门徒莫授女弟子。黑行师有众多女弟子，但外道空行母化作世俗女子混入诸弟子中，他因此而死。故此处理解为令门徒莫授女弟子。

（三）吽巴哇师：音译西夏文𘕿𘃽𘗾，印度密教高僧名，生平和事迹

---

① "此师传于吽巴哇师，此师传于无肢金刚师，此师传于底哩怛啰，此师传于咪尼拶林我巴，此师传于悉宁那弥巴，此师传于螺巴。"藏文本中无。

② *Taranatha's Life of Kṛṣṇācārya/Kāṇha*, pp.51-78.

不详。

（四）底哩怛啰：音译西夏文刻〇〇〇，印度密教高僧名，生平和事迹不详。

（五）咪尼拶林我巴：音译西夏文〇〇〇〇，印度密教高僧名，生平和事迹不详。

（六）螺巴：音译西夏文〇〇，印度密教高僧。其或指迦湿弥罗（Kaśmira，又称箇什迷，即今克什米尔）高僧迦耶达啰。迦耶达啰生活在 11 世纪，他有多个名号，其中红衣（Lwa ba dmar po，la bavi na bzav can）或称云力论师。此处的螺巴或为 Lwa ba 或 la ba 之音译。他受吐蕃大译师卓弥·释迦益西、桂·枯巴拉拶等人的邀请曾三次入藏，翻译了大量佛经，其中就有《吉祥遍至口合本续》，后圆寂于卡热堆浦。①

藏文转写：

slob dpon la bar chod mi tshugs sam byas pas mi tshugs zer/ vo na dus thams cad go cha dang mi vbral lam byas pas vbral bavi dus gcig yod de/ rdog sna nas srag pavi khu rings pa gcig gi dus su vbral byas pas/ der thabs snyed nas mu stegs kyi ḍā ki mas slob dpon ting de vdzin la mnyam par gzhag nas/ de nas langs nas vongs tsam na rdog sna nas bya vphur ro// de la yeng pa gcig byung nas bar chod byas so// der dam tshig nyams pavi rgyu lnga dran no// mkhav vgro mavi bkav bcag pas lan nam snyam pa dang gcig/ dang po ḍā ki ma la ma mos pas lan nas snyam pa dang gnyis/ ratibadzra bkav bcag pas lan nam snyam pa dang gsum/ratibadzra la gnang ba ma mnos pas lan nam snyam pa dang bzhi/ spyod pa sngas pa yin snyam pa dang lnga dran no//②

de tshe vdi la phyag rgya chen po ma grub nas/ da ni skye ba brgyud nas

---

① 《佛教史大宝藏论》，第 192 页；土观·罗桑却吉尼玛：《土观宗派源流（讲述一切宗派源流和教义善说晶镜史）》，刘立千译注，民族出版社，2000，第 106 页；王尧、陈庆英主编《西藏历史文化辞典》，第 62 页。

② 俄·秋谷多吉等：《先哲遗书·俄派师徒文集》第 226 册，第 94—95 页。

phyag rgya chen po gcig bsgrub snyam nas khang bzangs gcig tu bsdad nas sgo shin tu dam par bcad nas slob ma rnams la zhag bdun du sgo ye ma dbye gcig byas nas sdad do// devi bar du ro gzhan gcig la shes pa gzhug par vdod pa la mu stegs kyi mkhav vgro mas bkag de nas rang gi ro la shes pa gzhug snyam nas log tsam na/ mkhav vgro ma mir brdzus na slob ma tsho la vdod pavi khams kyi sems can zas dang zhag bdun bral na vchi bas sgo phye byas nas sgo phye ba dang/ yang na ḍā kis btsan phul byas nas song/ der slob dpon vdas nas vdug pa mthong nas bsregs so// der zhag bdun na nam mkhar ḍa ma ruvi sgra khrol gyis byung tsam na shes pa gzhug sa med nas/ sgra byung ste slob ma bha dre dang dha me gnyis la/ ngas phyag rgya chen po ma thob pas bar dor thob par bya/ khyed kyis phyag rgya chen po thob kyis si ti pi si ma livi mkhav vgro ma thul zer/ nga la bar chad byung ba phyag rgya ma si ti si mi na slob ma byas pas lan pas khyed kyang bud med la slob ma ma byed zer nas/ bar dor phyag rgya chen po mngon du mdzad do//[①]

---

① 俄·秋谷多吉等:《先哲遗书·俄派师徒文集》第 226 册, 第 95—96 页。

参考文献

一　史料

（一）史籍

段成式:《酉阳杂俎》,《唐五代笔记小说大观》,上海古籍出版社,2000。

胡汝砺编,管律重修《嘉靖宁夏新志》,陈明猷点校本,宁夏人民出版社,1982。

李焘:《续资治通鉴长编》,中华书局,1992。

刘昫等:《旧唐书》,中华书局,1975。

欧阳修、宋祁:《新唐书》,中华书局,1975。

宋濂等:《元史》,中华书局,1976。

陶宗仪:《南村辍耕录》,中华书局,1959。

脱脱等:《辽史》,中华书局,1974。

脱脱等:《宋史》,中华书局,1985。

吴广成:《西夏书事》,龚世俊等校证本,甘肃文化出版社,1995。

朱旃撰修《宁夏志》,吴忠礼笺证本,宁夏人民出版社,1996。

（二）佛教著述

不空译《金刚顶瑜伽护摩仪轨》,《大正新修大藏经》卷18,台北:佛陀教育基金会出版社,1992。

道世:《法苑珠林》，上海古籍出版社，1991。

道宣:《释迦方志》，范祥雍点校，中华书局，2000。

道宣:《续高僧传》，《大正新修大藏经》卷 51。

法藏译《华严经探玄记》，《大正新修大藏经》卷 35。

法贤译《钵兰那舍缚哩大陀罗尼经》，《大正新修大藏经》卷 21。

法显:《高僧法显传》，《大正新修大藏经》卷 51。

法云:《翻译名义集》，《大正新修大藏经》卷 54。

灌顶译《大般涅槃经玄义》，《大正新修大藏经》卷 38。

慧立、彦悰:《大慈恩寺三藏法师传》，孙毓棠、谢方点校，中华书局，2000。

慧琳:《一切经音义》，《大正新修大藏经》卷 54。

慧远译《大乘义章》，《大正新修大藏经》卷 44。

窥基:《大般若波罗蜜多经般若理趣分述赞》，《大正新修大藏经》卷 33。

窥基:《妙法莲华经玄赞》，《大正新修大藏经》卷 34。

礼言:《梵语杂名》，《大正新修大藏经》卷 54。

李师政:《法门名义集》，《大正新修大藏经》卷 54。

善无畏、一行译《大毗卢遮那成佛神变加持经》，《大正新修大藏经》卷 18。

希麟:《续一切经音义》，《大正新修大藏经》卷 54。

玄应:《一切经音义》，《大正新修大藏经》卷 54。

玄奘、辩机原著，季羡林等校注《大唐西域记校注》，中华书局，2000。

玄奘译《俱舍论》，《大正新修大藏经》卷 29。

一行记《大毗卢遮那成佛经疏》，《大正新修大藏经》卷 39。

义净原著，王邦维校注《南海寄归内法传校注》，中华书局，1995。

义净译《金光明最胜王经》，《大正新修大藏经》卷 16。

佚名:《翻梵语》,《大正新修大藏经》卷 54。

(三)藏文史料

阿旺·贡噶索南:《萨迦世系史》,陈庆英、高禾福、周润年译注,西藏人民出版社,1989。

八思巴辑著《大乘要道密集》,台北:自由出版社,1962。

班钦·索南查巴:《新红史》,黄颢译,西藏人民出版社,1984。

布顿大师:《佛教史大宝藏论》,郭和卿译,民族出版社,1986。

蔡巴·贡噶多吉:《红史》(藏文本),东嘎·洛桑赤列校注,民族出版社,1981。

蔡巴·贡噶多吉:《红史》(汉译本),东嘎·洛桑赤列校注,陈庆英、周润年译,西藏人民出版社,1988。

达仓宗巴·班觉桑布:《汉藏史集——贤者喜乐赡部洲明鉴》,陈庆英译,西藏人民出版社,1986。

多罗那它:《印度佛教史》,张建木译,四川民族出版社,1988。

俄·秋谷多吉等:《先哲遗书·俄派师徒文集》,中国藏学出版社,2013。

管·宣奴贝:《青史》,王启龙、还克加译,中国社会科学出版社,2012。

松巴堪布·益西班觉:《如意宝树史》,蒲文成、才让译,甘肃民族出版社,1994。

索南坚赞:《西藏王统记》,刘立千译注,民族出版社,2000。

土观·罗桑却吉尼玛:《土观宗派源流(讲述一切宗派源流和教义善说晶镜史)》,刘立千译注,民族出版社,2000。

五世达赖喇嘛:《西藏王臣记》,刘立千译注,民族出版社,2000。

《藏文大藏经》(北京版),日本大谷大学西藏大藏经研究会编辑并影印出版,1955—1958。

二　工具书

安世兴编《梵藏汉对照词典》，民族出版社，1993。

丁福保编《佛学大辞典》，上海书店出版社，2000。

格西曲吉扎巴：《藏文辞典》，法尊、张克强译，民族出版社，1957。

骨勒茂才：《番汉合时掌中珠》，黄振华、聂鸿音、史金波整理，宁夏人民出版社，1989。

李范文编著《夏汉字典》，中国社会科学出版社，1997。

林光明、林怡馨：《梵汉大辞典》，台北：嘉丰出版社，2005。

榊亮三郎编《梵藏汉和四译对校翻译名义大集》，京都大学，1925。

王尧、陈庆英主编《西藏历史文化辞典》，西藏人民出版社、浙江人民出版社，1998。

张怡荪主编《藏汉大辞典》，民族出版社，1985。

三　论著

（一）专著

白滨编《西夏史论文集》，宁夏人民出版社，1984。

陈炳应：《西夏文物研究》，宁夏人民出版社，1985。

措如·次朗：《藏传佛教噶举派史略》，王世镇译注，宗教文化出版社，2002。

杜建录主编《二十世纪西夏学》，宁夏人民出版社，2004。

段玉泉：《西夏〈功德宝集偈〉跨语言对勘研究》，上海古籍出版社，2014。

戈尔芭切娃、克恰诺夫：《西夏文写本和刊本目录》，东方文学出版社，莫斯科，1963。译文见中国社会科学院民族研究所历史研究室资料组编译的《民族史译文集》（3），内部印行，1978。

龚煌城：《汉藏语研究论文集》，台北：中研院语言学研究所筹备处，2002。

龚煌城：《西夏语言文字研究论集》，民族出版社，2005。

胡进杉：《西夏佛教探微》，上海古籍出版社，2015。

惠宏、段玉泉编《西夏文献解题目录》，阳光出版社，2015。

克恰诺夫：《西夏文佛经目录》，京都大学文学部，2000。

克珠群佩主编《西藏佛教史》，宗教文化出版社，2009。

李范文、韩小忙：《同义研究》，《西夏研究》第 1 辑，中国社会科学出版社，2005。

李范文：《同音研究》，宁夏人民出版社，1986。

李范文：《西夏陵墓出土残碑粹编》，文物出版社，1984。

李范文主编《西夏语比较研究》，宁夏人民出版社，1999。

李富华、何梅：《汉文佛教大藏经研究》，宗教文化出版社，2003。

刘立千：《印藏佛教史》，民族出版社，2002。

宁夏文物考古研究所编著《拜寺沟西夏方塔》，文物出版社，2005。

宁夏文物考古研究所编著《山嘴沟西夏石窟》，文物出版社，2007。

沈卫荣、侯浩然：《文本与历史》，北京大学出版社，2016。

沈卫荣：《西藏历史和佛教的语文学研究》，上海古籍出版社，2010。

沈卫荣编《大喜乐与大圆满：庆祝谈锡永先生八十华诞汉藏佛学研究论集》，中国藏学出版社，2014。

沈卫荣主编《文本中的历史——藏传佛教在西域和中原的传播》，中国藏学出版社，2012。

石泰安：《西藏的文明》，耿昇译，王尧审订，中国藏学出版社，1999。

史金波、白滨、黄振华：《文海研究》，中国社会科学出版社，1983。

史金波、克恰诺夫主编《俄藏黑水城文献》（7—10 册），上海古籍出版社，1997—1999。

史金波、聂鸿音、白滨译注《天盛改旧新定律令》，法律出版社，2000。

史金波：《西夏佛教史略》，宁夏人民出版社，1988。

孙伯君编《国外早期西夏学论集》，民族出版社，2005。

孙昌盛：《西夏文〈吉祥遍至口合本续〉整理研究》，社会科学文献出版社，2015。

索南才让：《西藏密教史》，中国社会科学出版社，1998。

王静如：《西夏研究》（第1—3辑），中央研究院历史语言研究所单刊之八、十一、十三，1932—1933。

西田龙雄：《西夏文华严经》（Ⅰ、Ⅱ、Ⅲ卷），京都大学文学部，1975、1976、1977。

谢继胜：《西夏藏传绘画——黑水城出土西夏唐卡研究》，河北教育出版社，2002。

杨贵明、马吉祥编译《藏传佛教高僧传略》，青海人民出版社，1994。

（二）论文

巴卧·祖拉陈哇：《〈贤者喜宴〉译注（一）》，黄颢译注，《西藏民族学院学报》1986年第2期。

陈庆英：《〈大乘要道密集〉与西夏王朝的藏传佛教》，《中国藏学》2003年第3期。

陈庆英：《大乘玄密帝师考》，《佛学研究》2000年第9期。

陈庆英：《简论藏文史籍关于西夏的记载》，《中国藏学》1996年第1期。

陈庆英：《西夏及元代藏传佛教经典的汉译本——简论〈大乘要道密集〉（〈萨迦道果新编〉）》，《西藏大学学报》2000年第2期。

陈庆英：《西夏与藏族的历史、文化、宗教关系初探》，《藏学研究论丛》第 5 辑，西藏人民出版社，1993。

大普布次仁:《略谈汉藏翻译中的直译方法》,《西藏大学学报》2000 年第 2 期。

邓如萍（R.W.Dunnell）:《党项王朝的佛教及其元代遗存——帝师制度起源于西夏说》,聂鸿音、彭玉兰译,《宁夏社会科学》1992 年第 5 期。

韩小忙:《西夏语言文字研究的回顾与展望》,《西北民族研究》2000 年第 2 期。

韩小忙:《〈夏汉字典〉补证之三:字义补识（一）》,《宁夏社会科学》2005 年第 3 期。

胡进杉:《藏文〈声明要领二卷〉研究》,《民族学报》第 22 期, 1996 年。

黄颢:《藏文史书中的弥药（西夏）》,《青海民族学院学报》1985 年第 4 期。

黄振华、常凤玄:《明代重刊藏汉合璧〈圣胜慧到彼岸功德宝集偈〉西夏译经题记研究》,《藏学研究文选》,西藏人民出版社,1989。

黄振华:《略论吐蕃文化对西夏的影响》,《藏族学术讨论会论文集》, 西藏人民出版社,1984。

卢梅、聂鸿音:《藏文史籍中的木雅诸王考》,《民族研究》1996 年第 5 期。

罗秉芬、周季文:《藏文翻译史上的重要文献——〈语合〉——附〈语合〉序与跋的汉译》,《中央民族学院学报》1987 年第 5 期。

罗福苌:《妙法莲华经弘传序释文》,《国立北平图书馆馆刊》第 4 卷第 3 号（西夏文专号）,1932 年。

罗福成:《大般若波罗密多经卷第一释文》,《国立北平图书馆馆刊》第 4 卷第 3 号（西夏文专号）,1932 年。

罗福成:《居庸关石刻》,《国立北平图书馆馆刊》第 4 卷第 3 号（西夏文专号）,1932 年。

罗福成:《圣大明王随求皆得经卷下释文》,《国立北平图书馆馆刊》第 4 卷第 3 号（西夏文专号）,1932 年。

罗福成:《西夏文残经释文》,《国立北平图书馆馆刊》第 4 卷第 3 号（西夏文专号）,1932 年。

罗福颐:《西夏护国寺感通塔碑介绍》,《文物》1961 年第 4、5 期。

罗炤:《藏汉合璧〈圣胜慧到彼岸功德宝集偈〉考略》,《世界宗教研究》1983 年第 4 期。

毛利瑟（M.G.Morisse）:《西夏语言文字初探》,孙伯君编《国外早期西夏学论集》,民族出版社,2005。

聂鸿音:《西夏文〈新修太学歌〉考释》,《宁夏社会科学》1990 年第 3 期。

聂鸿音:《俄藏 5130 号西夏文佛经题记研究》,《中国藏学》2002 年第 1 期。

聂鸿音:《吐蕃经师的西夏译名考》,《清华大学学报》2002 年第 1 期。

聂鸿音:《大度民寺考》,《民族研究》2003 年第 4 期。

聂鸿音:《贺兰山拜寺沟方塔所出〈吉祥遍至口和本续〉的译传者》,《宁夏社会科学》2004 年第 1 期。

聂鸿音:《西夏帝师考辨》,《文史》2005 年第 3 期。

聂鸿音:《西夏的佛教术语》,《宁夏社会科学》2005 年第 6 期。

聂历山、石滨纯太郎:《〈八千颂般若经〉片断考释》,《国立北平图书馆馆刊》第 4 卷第 3 号（西夏文专号）,1932 年。

牛达生:《我国最早的木活字印刷品——西夏文佛经〈吉祥遍至口和本续〉》,《中国印刷》1994 年第 2 期。

热贡·多杰卡:《藏族古代佛经翻译史略》,《西藏研究》1996 年第 2 期。

沈卫荣:《初探蒙古接受藏传佛教的西夏背景》,《西域历史语言研究集刊》第 1 辑,科学出版社,2007。

沈卫荣:《西夏文藏传续典〈吉祥遍至口合本续〉源流、密意考述

（上）》，杜建录主编《西夏学》第 2 辑，宁夏人民出版社，2007。

石泰安：《有关弥药与西夏的藏文新材料》，方凌川、陈宗祥译，《宁夏社会科学》试刊号，1981。

史金波：《〈西夏译经图〉解》，《文献》1979 年第 1 期。

史金波：《西夏文〈过去庄严劫千佛名经〉发愿文译证》，《世界宗教研究》1981 年第 1 期。

史金波：《西夏语中的汉语借词》，《中央民族学院学报》1982 年第 4 期。

史金波、黄振华：《黑城新出西夏文辞书〈音同〉初释》，《文物》1987 年第 7 期。

史金波：《西夏佛教制度探考》，《汉学研究》第 13 卷第 1 期，1995 年。

史金波：《西夏的藏传佛教》，《中国藏学》2002 年第 1 期。

孙昌盛：《西夏文佛经〈吉祥遍至口和本续〉题记译考》，《西藏研究》2004 年第 2 期。

孙昌盛：《西夏文藏传佛经〈吉祥遍至口合本续〉勘误》，《北方民族大学学报》2015 年第 5 期。

孙昌盛：《西夏文藏传佛经〈本续〉中的古代印藏地名及相关问题》，《西藏研究》2015 年第 6 期。

孙昌盛：《西夏文藏传密续〈广义文〉》所见印度大成就者黑行师事迹译注》，《西夏研究》2016 年第 3 期。

孙昌盛：《俄藏西夏文藏传密续〈胜住仪轨〉题记译考》，《北方民族大学学报》2017 年第 2 期。

孙昌盛：《西夏藏传文献中所见印度大成就者毗卢巴事迹译注》，《西夏学》2017 年第 2 期（总第 15 辑），甘肃文化出版社，2018。

孙昌盛：《方塔出土两部西夏文藏传续典源流考》，《北方民族大学学报》2020 年第 4 期。

王静如：《甘肃武威发现的西夏文考释》，《考古》1974 年第 3 期。

王静如:《西夏语音系导言》,《民族语文》1982 年第 2 期。

魏文:《〈最胜上乐集本续显释记〉译传考——兼论西夏上乐付法上师》,《中国藏学》2013 年第 1 期。

谢继胜:《西夏唐卡中的双身图像内容与年代分析》,《艺术史研究》第 2 辑，中山大学出版社，2000。

谢继胜:《吐蕃西夏历史文化渊源与西夏藏传绘画》,《西藏研究》2001 年第 3 期。

野村博（松泽博）:《西夏语释〈白伞盖陀罗尼经〉断片考》,《龙谷史坛》第 68、69 合刊号，1974 年。

野村博:《西夏语译〈佛顶心观世音菩萨大陀罗尼经〉》,《东洋史苑》第 8 号，1974 年。

野村博:《关于仁宗校订期有西藏经典题目的西夏经典考察》,《东洋史苑》第 9 号，1975 年。

野村博:《西夏语译经史研究（1）》,《佛教史学研究》第 19 卷第 2 号，1977 年。

张云:《论吐蕃文化对西夏的影响》,《中国藏学》1989 年第 2 期。

A.Wylie, "On an Ancient Buddhist Inscription at Keu-yung-kwan,in North China", *Journal of the Royal Asiatic Society*, Vol.7, 1870.

B.Laufer: "The Si-hia Language: A study in Indo-Chinese philology", *T'oung Pao*, Vol.17, 1916.

E.Sperling, "Lama to the King of Hsia", *The Journal of the Tibet Society*, Vol.7, 1987.

George Robert Elder, "The Saṃpuṭa-tantra: Edition and Translation Chapters 1-4", Columbia University, Ph.D., 1978.

Tadeusz Skorupski, "The Saṃpuṭa-tantra Sanskrit and Tibetan Versions of Chapter One", *The Buddhist Forum*,Vol. 4,School of Oriental and African Studies University of London, 1996.

图书在版编目（CIP）数据

西夏文《三菩怛经典明灯》整理对勘研究 / 孙昌盛
著 . -- 北京 : 社会科学文献出版社 , 2024. 12. -- （北
方民族大学铸牢中华民族共同体意识研究文库）.

ISBN 978-7-5228-3890-8

Ⅰ .B946.6

中国国家版本馆 CIP 数据核字第 2024L9E901 号

·北方民族大学铸牢中华民族共同体意识研究文库·

西夏文《三菩怛经典明灯》整理对勘研究

著　者 / 孙昌盛

出 版 人 / 冀祥德
责任编辑 / 汪延平
责任印制 / 王京美

出　　版 / 社会科学文献出版社 · 历史学分社（010）59367256
　　　　　　地址：北京市北三环中路甲29号院华龙大厦　邮编：100029
　　　　　　网址：www. ssap. com. cn
发　　行 / 社会科学文献出版社（010）59367028
印　　装 / 唐山玺诚印务有限公司

规　　格 / 开　本：787mm×1092mm　1/16
　　　　　　印　张：36.25　字　数：500千字
版　　次 / 2024年12月第1版　2024年12月第1次印刷
书　　号 / ISBN 978-7-5228-3890-8
定　　价 / 168. 00元

读者服务电话：4008918866